朝鮮 예수敎 長老會史記 上

조선예수교장로회사기 상
ⓒ 한국기독교사연구소 2018

2014년 12월 26일 1판 1쇄 인쇄
2014년 12월 26일 1판 1쇄 발행
2018년 06월 28일   2쇄 발행

편저자: 차재명
편 집: 박용규
번 역: 이교남
펴낸이: 박용규
펴낸곳: 한국기독교사연구소
등 록: 2005. 10. 5. 등록 제 25100-2005-212호
주 소: 122-8 서울 마포구 합정동 376-32
전 화: 070-8235-1963, (02) 3141-1964
이메일: kich-seoul@hanmail.net

기 획: 한국기독교사연구소 기독교고문헌편찬위원회
표지디자인: 김은경
내지디자인: 조희원
인 쇄: 아람 P&B

저작권자의 허락 없이 이 책의 일부 또는 전체를 무단 복제, 전재, 발췌하면 저작권법에 의해서 처벌 받습니다.

ISBN 978-89-967810-5-9 (04230)

이 도서의 국립중앙도서관 출판예정도서목록(CIP)은 서지정보유통지원시스템 홈페이지 (http://seoji.nl.go.kr)와 국가자료공동목록시스템(http://www.nl.go.kr/kolisnet) 에서 이용하실 수 있습니다. (CIP제어번호 : CIP2014033699)

朝鮮예수敎長老會史記 上

主紀元 一千九百二十八年

朝鮮예수敎長老會總會 發行

조선예수교장로회사기 해제

<조선예수교장로회사기 상>은 1928년에 출간되었다. 하권은 1930년에 교정이 완료되었지만 일제 강점기 경제적 어려움과 6·25라는 민족적 수난으로 인해 40년이 지난 1968년에야 출간되었다.

이 두 책은 1934년에 간행된 Harry Rhodes가 편집한 *History of the Korea Mission, PCUSA 1884-1934* 와 더불어 한국장로교회 초기 역사를 이해하는 가장 중요한 문헌이다. 후자가 한국 주재 장로교선교사가 한국 선교 초기부터 선교 희년을 맞는 1934년까지 한국장로교의 역사를 영어로 정리했다면 전자는 초기 한국장로교의 역사를 한글로 정리한 역사서이다. 후자는 한국장로교, 특별히 북장로교 역사만 기술한 반면 전자는 한국장로교 전체의 역사를 기술했다는 점에서 더욱 중요한 의미를 지닌다.

독자들의 이해를 돕기 위해 조선예수교장로회사기 상하가 어떤 과정을 거쳐 출간하게 되었는지, 또 그 책에 담고 있는 핵심 내용이 무엇인지를 기술하려고 한다. 사기 준비 기간은 왕길지(王吉志, George O. Engel)를 편집위원장으로 한 초기(1916-1922), 박덕일을 편집위원장으로 한 중기(1922-1925), 양전백을 검열위원장으로 한 후기(1924-1928), 그리고 사기 하권 출간을 위한 수정위원회 활동기(1928-1934)로 나눌 수 있다.

시기별 활동에 대한 이해는 본서를 이해하는데 매우 중요하다. 처음 선교사 중심의 사기 편집 준비가 시간이 지나면서 한국인 중심으로 리더십이 옮겨갔다.

1. 왕길지(George O. Engel)를 편집위원장으로 한 초기(1916-1922)

<조선예수교장로회사기 상>은 비록 1928년에 출간되었지만 그 준비는 1916년 제 5회 조선예수교장로회총회에서부터 진행되었다. 1916년 9월 2일 평양 신학교에서 열린 제 5회 총회는 "죠션예수교쟝로회교회스긔" 편집위원으로 마포삼열(馬布三悅, Samuel A. Moffett), 길션두, 리눌셔(李訥瑞,, William D. Reynolds), 김인젼, 공위량(孔韋亮, William C. Kerr), 림틱권, 업아력(鄴亞力, A. F. Robb), 박챵영, 왕길지(王吉志, George O. Engel), 졍직슌, 곽안련(郭安連, Charles Allen Clark), 함태영, 함가륜(咸嘉倫, Clarence S. Hoffman), 이상 14명을 선임했다.[1]

본래 출판하려고 한 책 이름이 "조선예수교장로회사기"가 아니라 "조선예수교장로회교회사기"였다. 두 명칭 사이에는 시각에 따라 다소 차이가 있을 수 있다. 조선예수교장로회사기라고 했을 때는 당회, 노회, 총회라고 하는 장로회 제도를 중심으로 한 역사를 의미하고 조선예수교장로회교회사기라고 했을 때는 조선에 있는 장로교회 전반의 역사를 의미한다. 본서는 교회 당회록, 노회록, 총회록을 중심으로 기술했다는 점에서 지금의 <조선예수교장로회사기>가 더 내용에 부합된 제목이라 여겨진다. 사기 편집위원 14명 가운데 7명이 선교사이고 7명이 한국인이다. 위원회가 선교사와 한국인이 동수로 구성되었다. 7명의 선교사들 중 마포삼열(馬布三悅, Samuel A. Moffett), 곽안련(郭安連, Charles Allen Clark), 공위량(孔韋亮, William Kerr)은 북장로교 선교회 소속이고, 이눌서(李訥瑞, William David Reynolds, 1867-1951)는 남장로교선교회, 왕길지(王吉志, George O. Engel)는 호주장로교선교회, 업아력(鄴亞力, A. F. Robb)은 캐나다장로교선교회 소속으로 4개 장로교 선교회에 위원들이 고루 분포되었다.

1917년 9월 1일 서울 승동교회당에서 열린 제 6회 총회에서 심취명, 김진근, 안의와(安義窩, James Edward Adams, 1867-1929), 사락슈(謝樂

---

[1] 조선예수교장로회 총회 제 五회회록 (평양: 광문사, 1916), 91.

秀, Alfred M. Sharrocks) 등 4명이 위원회에 추가되었다. 추가된 4명 중 2명이 선교사이고 2명이 한국인이다. 한 가지 주목하는 것은 1916년 제 5회 총회에서는 명칭이 "조선예수교장로회ᄉᆞ긔 위원"였는데 1917년 제 6회 총회에서는 조선예수교장로회ᄉᆞ긔 편집부원"으로 바뀌었다.[2] 호주장로교 선교회 소속으로 전 해 위원장을 맡았고 평양장로회신학교에서 교회사를 가르쳤던 왕길지(王吉志, George O. Engel) 선교사가 편집부 부장을 맡았다.

장로회사기 편집위원회는 각 교회 당회록, 노회록, 총회록 자료로만 가지고 사기를 편집한다는 중요한 원칙을 정했다. 1918년 8월 31일 평북 선천읍 북예배당에서 열린 제 7회 총회에서 "교회ᄉᆞ긔" 편집부장 왕길지(王吉志, George O. Engel)가 다음과 같이 보고했다:

교회사기 편집부쟝 왕길지시 보고ᄒᆞ매 채용한 전문이 여좌하니
1. 경셩 곽안련시의 선교ᄉᆞ긔 편즙이 잇ᄉᆞ와 죠션교회 ᄉᆞ긔에 참고 건이 되온 즉 각 교회의 현금 ᄉᆞ긔 자료를 슈집중이오미 본 ᄉᆞ긔 편찬을 1년만 더 연기ᄒᆞᆯ 일
2. 각 로회에서 슈집한 ᄉᆞ긔 자료ᄂᆞᆫ 경남 부산딘 왕길지시의게로 보낼 일
3. 본 총회에서 각 로회에 부탁ᄒᆞ야 속히 보ᄂᆡ게 ᄒᆞᆯ 일[3]

여기서 우리는 몇 가지 중요한 사실을 도출할 수 있다. 평양장로회신학교에서 교회사를 교수하는 왕길지(王吉志, George O. Engel) 선교사가 자료 수집의 총 책임을 맡아 진행했다. 그는 자료 수집과 관련하여 각 교회는 노회에, 각 노회는 총회에 보고하는 순서를 택했다. 왕길지(王吉志, George O. Engel)가 1년만 더 연장하자고 제안한 것으로 볼 때 편집부원들은 사기 출간이 단시일에 끝날 작업으로 생각하고 계획을 했던 것으로 여겨진다.

많은 노력에도 불구하고 사기 편집은 큰 진척이 없었다. 그것은 1919년 10월 4일 평양신학교에서 열린 제 8회 총회에 보고한 장로회사기편집부장의

---

[2] 조선예수교장로회 총회 제 六회회록 (평양: 광문사, 1917), 70.
[3] 조선예수교장로회 총회 제 七회회록 (평양: 광문사, 1918), 27-28.

보고를 통해서 어렵지 않게 읽을 수 있다:

1. 작년 총회시에 각로회에서 사긔 자료를 속히 보내기로 결뎡ᄒ여 스되 오직 황회로회에셔만 보내여 스니 금년은 十一로회가 면력ᄒ여 속히 보내주시기를 원하오며
2. 각로회가 슈집ᄒ는 사긔 자료는 평양부신학교 내 왕길지 시의게 보내주심을 바라나이다.[4]

황해노회에서만 왕길지(王吉志, George O. Engel)에게 사기 자료를 보내왔지 그 외 11개 노회는 반응이 없었다. 왜 그랬는지 좀 더 연구를 해야 하겠지만 일단 당시 분명한 한 가지는 1919년 3.1운동으로 교회나 노회나 총회 모두 불안정했기 때문으로 여겨진다. 목사와 장로와 집사 중 상당수가 구속되거나 고문을 당하거나 심지어 살해당하는 바람에 총회나 노회는 이를 수습하기조차 힘들었다. 이런 상황에서 장로회사기를 예정대로 진행하기가 현실적으로 불가능했다.

1920년 10월 2일 서울 안동예배당에서 열린 제 9회 총회에서 사기 편집부장은 3가지를 보고했다:

一, 사긔 편집자료가 각 로회에서 오지 아니ᄒ오니 총회쟝 의셔는 각 로회 사긔편즙위원의게 각셩케ᄒ야 본 위원회로 가져오게 ᄒ여 주시며,
二, 각 로회에셔 사긔 자료를 편셩ᄒ여 평양부 신양리(신양리 103번지) 김션두시의게로 보내기를 ᄇ라오며
三, 사긔 슈집ᄒ는 듸 비용은 총회에셔 지출ᄒ기를 ᄇ라ᄂ이다.[5]

1920년 9회 총회에서 수집 담당이 왕길지(王吉志, George O. Engel)에서 김션두로 바뀌었다. 지체되자 편집부장이 총회 석상에서 총회장의 직권으로 각 노회에 재촉해 줄 것과 자료 수집과정에서 드는 비용도 총회가 지원해

---

[4] 조선예수교장로회 총회 제 八회회록 (평양: 광문사, 1918), 21.
[5] 조선예수교장로회 총회 제 九회회록 (평양: 광문사, 1920), 64.

줄 것을 요청했다.

1921년 9월 10일 평양장대현교회에서 열린 제10회 총회에서는 사기 편집을 위해 일곱 가지 "史記編輯樣式" 내용을 다음 순서로 보고해 줄 것을 정했다.

1. 교회설립자와 인도자
2. 교회설립과 교육에 관한 사
3. 교회 환란
4. 치리회가 조직된 사(당회와 노회)
5. 교회 직원과 장립, 집사, 장로, 목사
6. 전도사업, 전도회, 전도인 파송, 선교사 파송
7. 교회의 특별 사항[6]

교회 환란이 보고 항목으로 들어간 것은 1919년 3.1운동으로 개교회와 노회가 큰 피해를 입고 이로 인해 교회가 많은 어려움을 겪고 있었기 때문이다.

2. 박덕일을 편집위원장으로 한 중기(1922-1925)

사기 편집을 중단하지 않고 지속하면서 편집은 조금씩 진전이 있었다. 그것은 1922년 서울 승동교회당에서 열린 제11회 총회에서 편집부장 왕길지(王吉志, George O. Engel)의 다음과 같은 보고에서도 읽을 수 있다:

1. 황히, 남만, 간도 三로회 스긔는 잘되엿스옵기 밧앗사오며
2. 경북로회의 박덕일, 경안로회의 권찬영 량시의 보닌 사긔는 너머 간단하오니 다시 보니여 더 자세히 슈집하야 보닐 것시오며
3. 지금식지 편즙못한 로회 스긔는 릭년 총회 一삭젼에 노니여 보고케

---
[6] 조선예수교장로회 총회 제 十회회록 (평양: 광문사, 1921), 86.

> ᄒᆞ되 만일 명년총회 ᄭᆡ지 못ᄒᆞ면 이번 편즙ᄒᆞᄂᆞ ᄉᆞ긔에ᄂᆞᆫ 편입지
> 못할 거시오나 특별 쥬의ᄒᆞ여 주실 거시오며[7]

1916년 제 5회 총회에서 조직된 사기편집위원회가 6년이 지난 1922년에도 사기를 완성하지 못한 것이다. 박덕일이 편집부장을 맡고 장덕생이 서기를 맡은 것은 편집을 좀 더 효율적으로 진행하기 위해 내린 결단으로 풀이된다. 왕길지(王吉志, George O. Engel)는 여전히 편집위원으로 남아 지금까지 진행해 온 것이 단절되지 않도록 배려했다.

착수 6년이 지난 1922년에도 9개 노회만 자료를 보냈다. 무작정 기간을 연장할 수 없어 총회 사기 편집부는 "ᄉᆞ긔원고ᄂᆞᆫ 명년 11월말 ᄭᆡ지 접수ᄒᆞ기로"[8] 결정했다. 사기는 출간해서 각 노회와 교회에 판매하는 것을 원칙으로 했으며, 신속한 진행을 위해서 편집위원들도 대폭 교체했다. 새로 구성된 편집위원은 "왕길지 뎡긔뎡 변린셔 정덕싱 차샹진 박덕일 김ᄂᆞ범 홍종필 오득인"이었다. 새로 구성된 편집위원들은 왕길지(G. Engel)를 제외하고는 모두 한국인들이었다. 편집부장도 선교사에서 한국인으로 바뀌었다. 이것은 선교사들이 사기 편찬을 한국인들에게 전적으로 위임하겠다는 의지로 보인다. 왕길지(王吉志, George O. Engel)가 계속 위원에 남아 있었던 것은 편집의 연속성과 교회사적 안목을 갖춘 사람이 필요했기 때문이다.

1924년에 와서 사기는 상당히 진척되었다. 1924년 9월 13일 함흥 신창리 예배당에서 회집된 제 13회 총회에서 편집부장 박덕일은 다음과 같이 보고했다.

> 사긔편집보고. 사기 편집부장 박덕일시가 여좌히 보고와 청원을 하매
> 보고는 채용하고 청원은 허락하기로 동의하다.
> 一. 본 위원등이 사세로 인하야 금년 三월 一일에 모히지 못하고 七월
> 九일에 평양신학교에 모혀 각 로회에셔 수집하여 보낸 원고에 의하

---

[7] 조선예수교장로회 총회 제 十一회회록 (평양: 광문사, 1921), 52-53.
[8] 조선예수교장로회 총회 제 十二회회록 (평양: 광문사, 1922), 52.

야 편집에 착슈하엿난대 위원 박덕일, 왕길지(G. Engel), 김내범, 챠샹진, 졍덕생, 변린셔, 홍죵일 졔시오 졍긔졍, 오득인 량시난 미참 되엿사오며

二, 평양셔 일쥬간 시무하다가 일긔가 너무 더워셔 원산 봉슈동 셩경학원에 가셔 一개월 동안 편집하엿난대 원고를 바다 수졍된 로회난 경츙, 젼북, 경북, 경안, 경남, 함남, 간도, 황해, 평양, 평셔, 평북, 의산, 산셔, 남만이오 안쥬난 늣게 밧아셔 수졍치 못하고 젼남과 순텬은 원고가 불완젼하야 각하하엿스며 함북과 셔비리아난 아즉도 아니 왓사오며

청원건.

一, 원고를 보내지 아니한 로회난 금년 十一월말일내로 경셩셔대문뎡 피어선셩경학원닉 챠샹진 목사의게로 보내쥬시기를 쳥원하오며(京城府西大門町 一丁目六八 車相晋)

二, 남은 원고를 편집하난 일은 챠샹진, 홍죵필 량시의게 젼임하기를 쳥원하오며

三, 스긔가 다 탈고(脫稿)되면 一쳔부 위한하고 츌간하기를 쳥원하오며 (한 三四쳔부를 인쇄하되 사긔 검열위원 三인을 회장이 자병션정하야 검열한 후에 츌간하기로 함) (검열위원 량뎐백, 함태용, 김영훈)

四, 츌간 되는대로 각로회 디경 큰 교회에 난 一부식 배부하야 발매케ᄒ기를 쳥원ᄒ오며

五, 츌간비용은 총회회계가 위션 대츌하기를 쳥원ᄒ나이다. (총회재경 예산이 부죡하니 셔회나 창문사에 위탁츌간케 ᄒ기로 함)[9]

편집위원들은 1924년 7월 평양에서 1주일간 모여 편집 작업을 진행했다. 장로회 사기 원고를 아직 보내지 못한 노회는 차상진 홍종필이 책임을 맡았다.

---

[9] 조선예수교장로회 총회 제 十三회회록 (평양: 광문사, 1924), 46.

3. 양전백을 검열위원장으로 한 후기(1925-1928)

1924년부터는 사기 출간의 속도를 내기 위해 기성의 편집위원회에다 검열위원회를 새로 구성했다. 검열위원으로 양전백, 함태영, 김영훈 세 사람이 임명되었다. 검열위원 3인의 검열을 거쳐 장로회사기 3, 4천부를 발행하기로 의견을 모았고, 출판은 창문사에 맡기기로 정했다. 판매를 위해서는 각 노회와 큰 교회에서 1부씩 구입하도록 한다는 원칙도 세웠다. 이미 총회 안에 중요한 리더십을 발휘하는 이들 3사람이 검열 책임을 맡았기 때문에 사기 출간은 더욱 속도를 내기 시작했다.

이런 상황에 1925년 9월 12일 평양서문밖교회에서 열린 제 14회 총회에서 검열위원회는 더욱 중요한 것을 결정했다. 시대구분을 공의회, 독노회, 총회 셋으로 나누고 실제로 내용도 각 시대에 맞도록 조정하기로 했다. 앞으로 출간될 장로회 사기가 본격적으로 모양을 갖추기 시작한 것이다.

> 사긔 검열위원 함태영시가 죄긔와 여히 보고하매 채용하고 검열교긔사에 정하는 젼 책임을 검열위원의게 다시 맛기기로 가결하다.
> 一, 본 사긔를 공의회, 독노회, 총회의 삼시대로 분편한 거슨 테재가 합당한 줄노 인뎡하오며
> 一, 임의시대로 분편한 이상에는 긔사도 명확히 분간하야 편찬하는 것이 가하온바 차시대 긔사에 타시대 긔사가 련손된 거슨 개정 편찬케하는 거시 가한 듯 하오나 본 위원 등은 쳐단키 난하오니 지시하심을 바라오며
> 一, 사긔검열은 신중한 일이온대 토의할 만한 것이 잇서도 토의치 못하고 각기교역에 종사하는 중 모호하게 열람하는 것은 너무도 소홀하와 검열에 효가 무하오니 합셕 교열 홀 긔회를 주심을 바라나이다.[10]

1925년 총회에 이르러 시베리아 노회만 원고를 보내지 않았다.[11] 사기

---

[10] 조선예수교장로회 총회 제 十四회회록 (평양: 광문사, 1925), 41-42
[11] 조선예수교장로회 총회 제 十四회회록, 42

편집위원회는 1개월간 모여 각 노회에서 보낸 원고를 모두 편집하고 검열위원에게 원고를 넘기고, 장차 원고 초본은 총회에서 보관하기를 청원했다. 13회 총회 이후에는 사기검열위원들이 사기 출판에 대한 전적인 책임을 맡아 추진했다. 그것은 이미 원고가 각 노회와 교회에서 모두 올라와 편찬위원회를 통해 자료 편집이 완료되었기 때문이다.

원고를 건네받은 검열위원들은 1926년 7월 서울에서 모임을 갖고 의금강 온정리에 장소를 정하고 1개월간 집무를 했다. 이들이 맡은 주요 책임은 공의회시대, 독노회시대, 총회시대 셋으로 구분하고 각 시대에 맞게 내용을 수정하는 일이었다. 1개월간 함께 모여 작업을 한 결과 제 2편 독노회 시대까지 수정을 완료했다.[12] 검열위원들은 사기 역사 구분을 확정하고 검열위원장 양전백 이름으로 다음과 같이 보고했다.

제 1편 계발시대(啓發時代) 1865년 – 1892년
  제 1 장 총론(總論)
  제 2 장 개척(開拓)
    1. 천주교의 유래 2. 예수교의 유래
  제 3 장 발전(發展)
    1. 전도(傳道) 2. 환란(患難) 3. 교육(敎育)
제 2편 공의회 시대(公議會時代) 1893년 – 1907년
  제 1 장 총론(總論)
  제 2 장 영어공의회 1893년-1900년
    1. 교회설립(敎會設立) 2. 환난(患難) 3. 교육(敎育) 4. 자선사업
    (慈善事業)
  제 3 장 선어공의회(鮮語公議會) 1901년-1906년
    1. 교회설립(敎會設立) 2. 전도(傳道) 3. 환난(患難) 4. 교육(敎育) 5. 자선사업(慈善事業) 6. 진흥(振興)
제 3편 독노회시대(獨老會時代) 1907년 – 1911년
  제 1 장 총론(總論)
  제 2 장 경충대리회(京忠代理會)

---

[12] 조선예수교장로회 총회 제 十五회회록 (평양: 광문사, 1925), 49

제 3 장 평북대리회(平北代理會)
제 4 장 평남대리회(平南代理會)
제 5 장 황해대리회(黃海代理會)
제 6 장 전라대리회(全羅代理會)
제 7 장 경상대리회(慶尙代理會)
제 8 장 함경대리회(咸鏡代理會)

제 4편 총회시대(總會時代) 1912년 - 1924년
제 1 장 총론(總論)
제 2 장 경충노회(京忠老會)
제 3 장 북평안노회(北平安老會)
제 4 장 남평안노회(南平安老會)
제 5 장 황해노회(黃海老會)
제 6 장 전라노회(全羅老會)
제 7 장 경상노회(慶尙老會)
제 8 장 함경노회(咸鏡老會)
제 9 장 경남노회(慶南老會)
제 10 장 산서노회(山西老會)
제 11 장 전남노회(全南老會)
제 12 장 함북노회(咸北老會)
제 13 장 의산노회(義山老會)
제 14 장 안주노회(安州老會)
제 15 장 평서노회(平西老會)
제 16 장 경안노회(慶安老會)
제 17 장 남만노회(南滿老會)
제 18 장 순천노회(順天老會)
제 19 장 충청노회(忠淸老會)
제 20 장 함중노회(咸中老會)
제 21 장 동민노회(東滿老會)[13]

위 연대표에서 읽을 수 있듯이 본래 검열위원들은 총회시대까지 다루기로 한 것이다. 1927년 7월 검열위원들은 피어선 신학교에서 1개월간 모여 마지막 검열 작업을 했다. 그러나 3편까지 밖에 완료하지 못해 3편까지만

---

[13] 조선예수교장로회 총회 제 十五회회록 (평양: 광문사, 1926), 79-80.

먼저 출간하기로 결정하고 9월 9일 원산부 관석동 예배당에서 회집된 제 16회 총회에 이를 보고했다. 그동안 들어간 경비도 상세하게 보고했다.

> 사긔 검열위원장 함태영시가 여좌히 보고하매 보고는 밧고 회계는 재정 부에 보내기로 가결하다.
> 一, 본위원등이 본년 七月 분에 경성피어선학원에 회집하야 一개월간 시무하엿사오며
> 二, 사긔 톄재는 작년보고와 갓치 분류하엿사오며
> 三, 시일관계로 간신히 제 三편ᄭ지 수정하엿사오며
> 四, 수정한 三편은 출간코져 하엿사오나 당국에 검열을 경과치 못한고 로 검열을 수속 중이오며
> 五, 회계는 여좌히 보고하나이다.
> 一, 수입금 二百원 총회 회계의게서
> 二, 지츌금 一百八十八원 二十田 이하 생략[14]

1927년 3편까지 검열을 마친 원고를 가지고 검열위원회는 <조선예수교장로회교회사긔> 출간에 들어갔다. 1928년 총회록에 기록된대로 조선예수교장로회 "교회사 제 1편으로 3편은 교섭 위원 차재명시의게 위탁하야 당국의 발행 허가를 엇어 1만부를 챵문사에 인쇄하 온바 편집 及 발행은 총회대표로 하랴고 하엿스나 당국에서 불허함으로 차재명시의 명의로 출간"[15]하였다. 총회 대표로 발행하는 것을 당국이 반대하는 바람에 실제로 제 16회 총회 총회장 이름은 <조선예수교장로회사가> 상권의 발행인에도 없고 다른 어느 곳에서도 찾아 볼 수 없다.

사긔 상은 328쪽으로 1865년 토마스(Robert Jermain Thomas)에 의해 복음이 전해지고 1912년 총회가 설립되기 전까지의 역사를 제 1편 계발시대(1865-1892), 제 2편 공의회시대(1893-1906), 제 3편 독노회시대(1907-1911)등 세 시대로 구분하여 기술하였다.

---

[14] 조선예수교장로회 총회 제 十六회회록 (평양: 광문사, 1927), 19-21.
[15] 조선예수교장로회 총회 제 十七회회록 (평양: 광문사, 1928), 30.

계발시대를 1865년으로 잡은 것은 토마스(Robert Jermain Thomas) 선교사가 황해도 창린도에 와서 3개월 머물면서 조선어를 배우고 가지고 온 한문 쪽 복음을 나누어 주던 때를 출발점으로 잡았기 때문이다. 공의회 시대는 1893년부터 1900년까지 선교사들이 영어로 공의회를 진행하던 선교사공의회 시대와 1901년부터 1906년까지 선교사들과 한국인들이 합동으로 공의회를 진행하던 합동공의회 시대로 구분된다. 1907년부터 진행되는 독노회 시대는 경충대리회, 평북대리회, 평남대리회, 황해대리회, 전라대리회, 경상대리회, 함경대리회로 대별하여 기술하였다.

4. 사기(史記) 하권 출간위한 수정위원회 활동기(1928-1934)

양전백 사기 검열위원장은 하권 출간을 위해 4편 수정을 1928년 여름에 마치기를 원했다. 하지만 검열위원 김영훈이 "내환과 가사"로 인해 참석하지 못하고 그 대신 임시로 역할을 맡은 김종수로 중도에 그만 두는 바람에 끝내 지를 못했다.

> 二. 제 四편은 금년 하긔에 마산에 회집하야 다 맛하엿스나 위원 중 김영훈시는 내환과 가사를 인하야 샹약한 시긔에 출석지 못하고 길 종슈 시를 림시 대시케 ᄒ엿삽더니 해시도 역시 十五일이 불과하야 친환을 인하야 도라감으로 경성 차샹진 시를 쳥하야 오게 되엿고 인쇄에 대한 교정의 불편과 시급함을 인하야 위원 중 함태영 시를 출쟝케 됨으로 二十일 만에 검열의역을 마치엿사오며
> 三. 데 사편을 계속 슈정 할 거시 급하온데 시일 천연이 미안하오니 금년에는 특별히 쳐분하심을 요망하나이다.[16]

사기 하권의 출판을 위해 검열위원들은 계속 모임을 가졌다. 1928년 총

---

[16] 조선예수교장로회 총회 제 十七회회록, 31.

회에서는 검열위원회가 수정위원회로 전환되었고, 위원장에 함태영이 맡았다. 1929년 9월 6일 새문안교회에서 소집된 제 18회 총회에서 사기수정위원장 함태영은 다음과 같이 보고했다.

　一, 본 위원들이 五월 一일로 六월 十일까지 四十일 간 슈정하엿사오며
　二, 위원 중 량뎐백 목사난 유병 불참으로 김석항 시를 쳥하야 시무게 하엿사오며
　三, 현금 총회시대 사긔를 슈졍 중이온대 당초 편즙시로 회의안이 루락 됨을 인하야 각 로회에 회록을 쳥구하야 로회의 안을 긔입케 됨으로 시일이 지연되나이다.[17]

이 보고는 총회에서 채용되었다. 위 보고 내용에 있는 대로 사기 하권의 출판이 예상보다 지연되었다. 1930년 여름에야 제 4편 수정을 완료했다. 양전백 목사가 신병으로 불참하는 바람에 1930년 7월 18일부터 8월 22일까지 중국 안동현에서 함태영과 김영훈 두 사람만 모여 4편 수정을 마친 것이다. 그러나 본래 1912년부터 1924년까지 총회 역사를 다루기로 했으나 1924년도 사기 사료를 보내온 노회가 많지 않아 통일을 기하기 위해 1년을 앞당겨 1923년까지 총회 역사만 다루기로 했다. 1930년 9월 12일 평양서문밖예배당에서 열린 제 19회 총회에서 사기 수정위원회 함태영과 김영훈은 다음과 같이 보고했다.

　一, 본 위원 중 량뎐백 목사는 신병으로 회합지 못하옵고 본인들만 본년 七월 十八일부터 八월 二十二일까지 중국 안동현에 회집하야 본 쟝로회 사 데 四편 슈졍을 필료한 일이오며
　二, 본편은 총회 셜립후 사건으로만 셜립한 쟈인대 년대를 一九一二년으로 긔하야 一九二三년으로 죵함은 각 교회의 슈집된 사건이 一九二三년까지 짓친 것이 만혼 연고이오며 一九二四년까지 슈집된 로회가 혹 잇스나 일치키 위하야 이는 긔재치 안키로 하얏고 一九二三년

---

[17] 조선예수교장로회 총회 제 十八회회록 (평양: 광문사, 1929), 34.

에 불급한 로회도 혹 잇스니 다른 로회에 비하면 멧 개년 사가 결루됨
이 유감의 일이지만은 슈합 보층의 겨를이 업슴으로 부득이 슈집된
대로 만 편입함.
三, 각 로회의 의안을 각기로 회사 선두에 긔재하야 그 사기 강령을
작한바 혹 엇던 로회의 회록은 젼부를 엇지 못한고로 혹 루기된 것이
잇스나 후일 속슈의 긔히를 기다려 이에 보층을 도모할 쑨이오며
四, 긔간한 샹편 중 오락에 대하야 인명 디명은 각 청구대로 정오표를
편두에 계하나 지약 년대와 긔사에 대하야는 一九一二년 이후 사는
청구대로 긔입하고 그 이젼사는 샹편을 개편 재간하는 외에는 다른
도리가 업사오며
五, 샹권 편집에 루락된 멧개 교회사는 부득불 긔재하야만 되갓는고로
샹편 보유라 명명하야 일편을 짜로 셰울 일이오며
六, 우리교회 헌법 젼부를 총회란에 긔재코저 하엿스나 여러 폐지를
요케됨으로 신경만 긔입하야 독자의 고구의 고한 일이오며
七, 셔사의 홀략과 문샤의 조렬에 대하야는 제위의 관량을 심망하나이
다.[18]

    함태영 김영훈이 위에서 보고한 대로 1930년 8월에 장로회 사기 하권에 해당하는 제 4편 총회시대, 좀 더 구체적으로 1912년부터 1923년까지 총회 역사 원고의 수정이 완료되었다. 상권에 누락된 교회들의 역사는 하권에 "보유"라는 이름으로 한편을 별도로 출간할 계획도 세우고 보고도 했다. 보고 내용은 총회에서 채용되었다. 이후 수정위원회의 활동은 더 이상 기록에서 찾을 수 없다. 아마도 1930년 수정위원회가 맡은 수정 책임을 완료했기 때문에 이후 수정위원회 활동이 중지된 것으로 보인다.
    수정을 완료했지만 사기 하권은 출판되지 않았다. 출판하지 않은 것이 아니라 못한 것으로 보인다. 정확한 이유는 알 수 없지만 몇 가지 가능성은 추론할 수 있다. 1928년에 출간된 사기 상권이 총회 예산이 없어 창문사에 위탁하여 출판한 상황에서 하권 출판 예산을 총회 예산에서 뽑아내기가 쉽지

---

[18] 조선예수교장로회 총회 제 十九회회록 (평양: 광문사, 1930), 29.

않았을 것이다. 더구나 당시 금강산수양관이 총회가 총력을 기울여 진행하는 사업이어서 다른 목적으로 경비를 지출하는 것은 현실적으로 어려웠다. 금강산수양관을 건립하면서 부족한 재원을 장로회사기 판매 수익금에서 충당할 계획도 세운 것에서 짐작할 수 있다. 1930년 당시 한국경제는 말할 수 없이 어려운 상황이었다.

총회와 노회의 경제상황도 예외가 아닌 듯하다. 사기가 출판된 후 비용 문제를 해결하기 위해 "사기청산위원회"가 조직되었고 정일선이 책임을 맡았다. 1930년 9월 총회에 사기청산위원 정일선은 다음과 같이 보고했다.

> 一, 사긔 대가로 챵문샤 一七七八원 七十젼과 슈양관 건츅비 즁 一千원 대입됴를 청산하려 하엿사오나 각 로회에서 실행치 안엇슴으로 지불할 길이 업사오니 총회에서 二千六百원 지불 쳥원은 (재정부에 보내기로)
> 二, 사긔 분배는 각 교회, 목사, 쟝로, 젼도사, 제직까지 一책식 사게하여 주심을 바라나이다.[19]

장로회사기 상권 출판비로 1,778원 70전이 들었던 것을 알 수 있다. 1931년 제 20회 총회에서 "사긔분배위원" 정일선은 그동안 분배한 사기와 관련하여 보고한 내용 중에 이런 내용이 있다.

> 二, 책수, 각인의게 분배한 것 四千七百七十二권 챵문사 재고품 제본된 一千二百三十九권 제본되지 못한 것 三千권 총합계 九千十一권
> 一, 쳥원건, 일금 五百九十원은 챵문사 출판비 미불건, 일금 九百四十원은 슈양관 건츅비 미불건과 챵문사 재고품 각인의게 잇는 책을 쳐분쳥원 건은 미지출건은 재정부로 보내고 재고품에 대하야는 제본 못된 것은 그대로 두고 제본된 것은 이세브터 권포의 한권에 五十젼식 감하야 발매하기로 가결하다.[20]

---

[19] 조선예수교장로회 총회 제 十九회회록, 37.
[20] 조선예수교장로회 총회 제 二十회회록 (평양: 광문사, 1931), 25.

여기서 우리는 4가지 중요한 사실을 도출할 수 있다. 첫째, 장로회사기 상권이 6,011권이 출간되었고, 그 외 인쇄되었으나 제본이 되지 않은 미간행 3천권이 출판사에 보관되어 있다는 사실, 둘째 출판비 1,778원 중에서 590원을 총회가 아직 창문사에 지불하지 못했다는 사실, 셋째 4,772권을 개인에게 배본했으나 대금을 받지 못한 경우가 많다는 사실, 넷째 아직 배본되지 않은 1,239권은 할인 판매를 하겠다는 것이 바로 그것이다.

이후 정일선은 장로회사기 상권의 보급을 맡아 판매하거나 수금하고 수입과 지출을 총회에 계속해서 보고했다. 1932년 총회에서는 아직 판매가 되지 않은 사기 보급을 위해 노회장이 책임지고 "가급적 발매케 하도록 하기로" 결정했다.[21] 평북 선천읍 남예배당에서 열린 제 22회 총회에서는 사기분배위원장 정일선의 청원대로 창문사에 보관되어 있는 "未製品 三天權"을 총회종교교육부 사무실로 옮겨 보관하기로 결정했다.[22] 이런 과정을 거치면서 1934년 제 23회 총회까지 재고로 남아 있는 상당수의 책이 배본되었다.[23]

이후 총회는 사기 상권을 출간하지 못하고 해방을 맞았다. 김광수는 그 이후 사기 하권이 출판되기까지 진행 상황을 이렇게 기록했다.

사기 상권이 발행된 후 총회시대 부분의 편집작업이 속행되어 1930년에 수정이 완료되었다. 그러나 상권의 판매 수입이 용이하지 않고 또한 재력이 없었기 때문에 하권은 출간을 보류해야 하였다. … 그후 6·25사변 당시 사기 하권의 원고는 총회 사기 편찬위원이던 함태영 목사가 일본에서 모국을 방문한 오윤태(五允台) 목사에게 사기 하권의 고본(稿本)을 넘겨 주고 일본에서 출판하도록 부탁하였다. 그러나 오윤대 목사 개인의 힘으로 출간계획이 실현되지 못하고 있었다. 1965년 일본을 방문했던 백낙준(白樂濬) 박사가 오윤태 목사를 만나 사기 하권의 고본을 입수하여 그것을 복사하고 1967년 한국교회사학회(韓國敎會史學

---

[21] 조선예수교장로회 총회 제 二十一회회록 (평양: 광문사, 1932), 29.
[22] 조선예수교장로회 총회 제 二十二회회록 (평양: 광문사, 1933), 50.
[23] 조선예수교장로회 총회 제 二十三회회록 (평양: 광문사, 1934), 16.

會) 제 2차 발표회 때 이 사진판을 전회원에게 회람케 하고 간행의 필요성을 역설하였다. 그리하여 전회원이 원고정리 및 편집비용을 담당하기로 하고 마침내 1968년 7월 5일 하권을 발행하였다.[24]

참으로 어려운 과정을 거쳐 장로회사기 하권이 출간된 것이다. 6·25전쟁에 원고가 소실되지 않고 남아 오늘날 우리에게 전해졌다는 것이 하나님의 은혜요, 축복 중에 축복이 아닐 수 없다.

하권의 편자는 한국교회사학회(회장 백낙준)이고 발행처는 연세대학교 출판부, 편제는 국판 404면, 국한문혼용, 내려 쓰기로 인쇄했다. 사기 하권은 본래 준비했던 대로 제 4편은 총회시대(1912-1923)를 다루고 있다. 1923년 총회 당시까지 22개 노회 역사를 기술했다. 사기 하는 제 1장 총론 (總論), 제 2장 경충노회(京忠老會), 제 3 장 평북안노회 (平北安老會), 제 4 장 평남노회(平南老會), 제 5장 황해노회(黃海老會), 제 6장 전라노회(全羅老會), 제 7장 경상노회(慶尙老會), 제 8장 함경노회(咸鏡老會), 제 9장 경북노회(慶北老會), 제 10장 경남노회(慶南老會), 제 11장 산서노회(山西老會), 제 12장 전북노회(全北老會), 제 13장 전남노회(全南老會), 제 14장 함남노회(咸南老會), 제 15장 함북노회(咸北老會), 제 16장 의산노회(義山老會), 제 17장 평양노회(平安老會), 제 18장 안주노회(安州老會), 제 19장 평서노회(平西老會), 제 20장 경안노회(慶安老會), 제 21장 남만노회(南滿老會), 제 22장 간도노회(間島老會), 제 23장 순천노회(順天老會)으로 구성되었다.

이들 외에 상권 출간시 미처 노회에서 사기 자료를 보내지 않아 출판하지 못한 누락된 부분이 "보유(補遺)"라는 이름으로 실렸다.

5. 조선예수교장로회사기 상하의 한국교회사적 평가

곤잘레스는 만약 유세비우스의 <교회사>가 없었다면 초대교회 문헌

---

[24] 김광수, "조선예수교장로회사기," 기독교대백과사전 (서울: 교문사, 1986), 1226.

3분의 1은 소실되었을 것이라고 말한 적이 있다. 조선예수교장로회사기가 그렇다. 이 책이 출간된 것은 한국교회로서는 대단한 축복이다. 이 책을 통해 이 땅에 복음이 전해지고 어떻게 교회가 공의회를 거쳐 노회와 총회로 발전되었는지, 또한 총회가 초기 어떤 과정을 거쳐 발전되어 왔는지를 한눈에 볼 수 있기 때문이다. 초기 문헌이 많지 않은 상황에서 사기는 매우 중요한 가치를 지닌다.

양전백이 사기 상의 "서언"을 쓴 것은 왕길지(G. Engel)가 오랫동안 편집책임을 맡아 수고했지만 마지막 양전백이 검열위원장으로 책이 출간되기까지 실무 책임을 맡았기 때이다. 조선예수교장로회사기 상의 간지에는 "저작자겸 발행자"가 차재명으로 되어 있다. 앞에서 언급한 것처럼 교섭위원으로 당국의 발행 허가를 받고 총회장 이름으로 발행하려고 하였으나 당국이 허락지 않아 불가불 차재명 명의로 발행한 것이다. 발행소도 서울 서대문구 신문내교회당이다. 이 모든 것은 어느 정도는 출판을 하기 위해 불가피한 조치였다.

하지만 차재명이 저작자를 자신의 이름으로 한 것은 문제이다. 그가 편집에 관여한 것도 그렇다고 검열에 참여한 것도 아니고 다만 교섭위원으로 당국과 교섭하는 책임을 맡은 것일 뿐인데 자신을 저작자로 한 것은 이해하기 힘들다. 저작자를 "조선예수교장로회교회사기 편집부 (혹은 편집위원회)"로 하는 것이 더 정확했다.

사기 하권 "서언"은 백낙준이 썼다. 원고를 오윤태로부터 입수하고 그것을 일일이 타이핑하고 학회 회원들에게 회람하여 다시 교정 작업을 거치는 수고를 담당했다는 의미에서 백낙준이 한국교회사학회 회장으로 사기 하권 서언을 충분히 쓸 자격이 있다. 하지만 사실 엄밀한 의미에서 사기하권 편찬을 위해 수고한 양전백이나 함태영이 썼어야 했다.

조선예수교장로회사기의 특징, 한계, 문제점은 다음 몇 가지로 정리할 수 있다.

첫째, 김광수가 지적한 대로 "조선예수교장로회사기는 공식적인 문서인 당회록과 노회록, 총회록만을 자료로 편집하는 것을 원칙으로 하였기 때문에 철저하게 술이부작(述而不作)이 적용되어 있어 역사적 사실을 파악하는 데 있어서 전혀 오류가 있을 수 없는 장점을 지니고 있다."[25] 한 개인의 관점으로 기술되지 않고 편집위원회를 구성하고 각 노회 노록 각 교회 당회록 총회 총회록을 중심으로 역사를 편집하여 객관적이고 사실적으로 기술하여 초기 장로교 역사를 정확히 전달한다. 한국선교가 언제 어떻게 시작되었는지 처음 선교사들이 입국한 시기부터 공의회시대와 독노회시대까지 한국장로교회의 태동과 발전을 객관적으로 한 눈에 볼 수 있다.

둘째, 책 제목, <조선예수교장로회사기 상>이 말해주듯 이 책은 전체 사기 중에서 상권에 해당하는 것이다. 사기 상은 앞서 15회 총회에서 보고한 시대구분을 거의 그대로 따르되 총회시대는 원고가 정리되지 않아 불가불 계발시대, 공의회시대, 독노회시대까지 역사만 출판했다. 하권에는 1912년 총회 설립부터 1923년 제 12회 총회까지 12년간의 총회 역사와 함께 22개 노회의 역사를 담고 있다.

셋째, 각 교회와 각 노회가 자체적으로 수집한 자료이기 때문에 당시 한국장로교의 실세 모습을 담아내고 있다. 왜곡되거나 한쪽에 치우치거나 어느 부분이 누락되지 않고 각 교회와 각 노회의 형편을 충실하게 반영하고 있다. 교회의 역사는 하나님께서 어떻게 한 교회, 노회, 총회를 통해서 당신의 나라를 확장해 나가시는가를 조명하는 것이라고 할 때 조선예수교장로회사기는 본연의 사명에 충실했다. 이 때문에 당시 출간된 어느 책보다도 신뢰도가 높다.

넷째, 그럼에도 불구하고 장로회사기는 다음 몇 가지 점에서 문제점과 한계를 지닌다. 상권 목차에는 있는데 실제 책 내용에서는 빠져 있는 것이 있다. 예를 들어 제 3편 독노회 시대 1장 3항에 "시대의 형편"과 같은 항목이다. 하권에 "보유"라는 이름으로 보완하기는 했지만 <조선예수교장로회사기 상>에는 일부 누락된 부분이 있다. 상권의 경우 편집과정에서의 실수인지 아니면 인쇄과정에서의 실수인지 몰라도 오자 탈자가 발견되고 글자 순서

---

[25] 김광수, "조선예수교장로회사기," 1226.

가 바뀐 것도 몇 군데 있으며, 한문을 잘못 기재한 경우도 여러 군데 있고, 연도와 내용이 틀린 경우도 있다. 상권에는 외국인의 경우 인명이 통일되지 않고 달리 기록된 것도 있으며, 매우 중요한 역사적 사건이나 사실도 틀린 경우도 종종 있다. 상권은 오랜 기간 동안 준비했지만 원고가 출간 불과 2-3년 전에 모두 취합되어 검토할 시간이 충분하지 않은데다 그것도 여름 한 달 동안 집중적으로 작업을 진행한데서 야기된 현상으로 보인다.

독자의 이해를 돕기 위해 "조선예수교장로회사기 해제"를 추가하고 "서언"과 제 1편 "총론"은 번역문과 원문을 병기했다. 현대적 의미로 전달하기 위해 세로쓰기로 된 원문을 가로쓰기로 바꾸고 읽기 편하게 편집과 체제를 바꾸었다. 학문적 연구나 원본과 대조할 수 있도록 원본의 페이지를 페이지가 끝나는 곳에 [   ]를 하고 그 안에 해당 페이지를 기입했다.

대부분이 한문으로 되어 일일이 토를 달아 읽기 쉽도록 하였고, 원본에서는 각 편마다 매 장을 1번부터 다시 시작했는데 새로 편집하면서 목차의 연속성을 갖도록 전체 14장으로 통일시켰다. 외국지명이나 외국 이름 밑에는 원본에 있는 대로 밑줄을 그었다. 선교사 이름 혹은 선교사의 한글 이름 옆에 [   ]를 하고 영어 이름을 병기하고 영어 이름을 확인할 수 없는 선교사는 한글명 그대로 두었다. 원본상 오류는 가능한 수정하지 않고 그대로 두었다. 대신 각주를 통해 틀린 부분을 교정하고, 내용 중에서 틀린 것이나 보충 설명을 필요로 하는 경우 각주를 통해 보완했다. 참고로 조선예수교장로회사기에는 각주가 전혀 없다. 독자들의 이해와 편의를 돕기 위해 상세하게 색인을 만들었다.

한국기독교사연구소가 본서를 새로운 체제로 간행하게 되어 영광으로 생각한다. 앞으로 한국교회사연구에 꼭 필요한 귀중한 사료들을 계속해서 발굴하여 한국교회에 소개하는 일을 하려고 한다. 이 책이 출간되기까지 수고를 아끼지 않은 여러 사람들의 노고를 기록으로 남겨야 할 것 같다. 본서를 번역한 이교남 목사, 번역 내용 전체를 직접 타이핑하고 섬세하게 색인을 만들며 인쇄 과정에서의 오자 탈자를 찾아낸 강현주 자매, 서언과

제 1편 "총론"을 매끄럽게 번역해준 고영조 전도사, 편집 실무를 맡아 수고한 본 연구소 이영식 실장과 조희원 간사, 표지를 아름답게 디자인 해준 김은경 자매에게 깊이 감사한다.

　무엇보다도 부족한 본 한국기독교사연구소를 변함없이 후원해준 여러 목사님들과 후원교회에 진심으로 감사드리며, 주님께서 크신 은혜를 더하시길 두 손 들어 기원한다. 사기에 수록된 북한의 수많은 교회들이 다시 회복되어 북녘 하늘 아래에서도 마음 놓고 하나님을 찬양하고 예배하는 그날이 오기를 간절히 소망한다.

　본서가 한국교회사 연구에 작은 기여를 할 수 있기를 바라며 하나님께 영광을 올려드린다.

2014년 12월 22일

朴容奎
(한국기독교사연구소 소장, 총신대 신대원 교수)

조선예수교장로회사기 서언

하늘의 도는 지극히 공정하여 온 세계를 한 가족처럼 똑같이 대우하고, 태양은 사사로움 없이 공정하여 그늘진 절벽도 볕드는 골짜기와 나란히 비추나니, 죄 많은 곳에 은혜가 더욱 풍성하도다. 옛적에 조선이 아시아 동쪽에 치우쳐 있어서 국방을 자물쇠로 꼭 잠그고 외교를 굳이 사양하여, 옛 제도를 중요하게 생각하고 새로운 가르침을 모두 배척하여, 모든 백성을 구하지 못할 땅에 틀어박혀 있었더니, 오직 구원의 참 하나님께서 그 예정하신 큰 뜻으로써 신의 사자를 여러 번 파견하여 죄인을 점차 구원하시니, 천주교의 모방(羅伯多祿, [Pierre Philibert Maubant])등과 기독교의 토머스 [Robert Jermain Thomas]와 같은 자는 바로 하나님의 사자가 환하게 나타난 것이라.

당시 국법으로 금함을 무릅쓰고 몸과 목숨을 내걸며 복음을 전할새, 도를 전하는 자와 가르침을 받는 자가 모두 위태로움을 분명히 알진대, 오히려 꾹 참고 힘써 행한 것은 다름이 아니라 하나님의 명령이 사람으로서의 권리보다 더욱 무겁고 내세가 금생보다 훨씬 귀함을 깊이 깨달음이라. 이로써 뜨거운 마음으로 가르침을 전한 지 수년이 지나지 않아 수천수만의 신도가 형벌로 마구 죽임과 큰 소리의 위협과 핍박과 훼방을 두려워하지 않고 복음의 사역에 마음과 힘을 다하였으니 그 하나님의 감동의 능력을 어찌 다 말하리오. 지금도 천주교의 참화를 듣는 자는 모골(毛骨)이 송연(竦然)하나니 몸서리치게 끔찍하여 차마 말로 옮길 여지가 없거니와 개신교의 계몽사업에도 피 흘리는 자와 쫓겨난 자와 핍박당한 자와 비방을 당한 자가 10수년간

(十數年間)에 가히 천만에 이르리로다.

　본사(本史)에 낱낱이 들어서 말할 겨를이 없고 대략 중요한 일만 간단히 서술하노니 이 가르침의 터를 닦기 시작함의 어려움이 어찌 또한 다 하겠는가. 현재 우리 조선의 개신교도가 이미 삼천여 만에 도달함은 아닌게 아니라 진실로 하나님의 확정하신 풍성한 은혜이며 또한 선배 된 자들의 쌓아 놓은 공로로 인한 경사이니 후세 사람들에게는 더욱 귀감이 될지어다.

　이 사기가 장차 이루어짐에 잊지 못할 것은 검교(檢校)의 명(命)을 두렵게 받아 지나간 일을 돌이켜 생각하고 내세를 참된 마음으로 비는 중에 서둘러 말을 약술하노라.

주 기원 1926년 8월 5일
선천 교제 양전백 근서

朝鮮예수敎長老會史記 序言

천도(天道)난 지공(至公)하야 만국(萬國)을 일가(一家)로 동시(同視)하고 대광(大光)은 무사(無私)하야 음애(陰崖)도 양곡(陽谷)과 병조(並照)하나니 죄다(罪多)한 처(處)에 은(恩)이 우풍(尤豐)하도다. 석자(昔者)에 조선(朝鮮)이 아동(亞東)에 편재(偏在)하야 국방(國防)을 심쇄(深鎖)하고 외교(外交)를 고사(固謝)하야 구제(舊制)를 유중(惟重)하고 신교(新敎)를 병척(並斥)하야 증민(蒸民)을 막구(莫救)할 경지(境地)에 칩처(蟄處)하였더니 유시구진신(惟是救眞神)은 기예정(其預定)하신 대지(大旨)로써 신사(神使)를 루견(屢遣)하야 죄인(罪人)을 수구(垂救)하시니 천주교(天主敎)의 모판(羅伯多祿, [Pierre Philibert Maubant]) 등(等)과 기독교(基督敎)의 도마스[Robert Jermain Thomas]와 여(如)한 자(者)난 시신사지교저자야(是神使之較著者也)라.

당시(當時)에 국금(國禁)을 모(冒)하고 신명(身命)을 도(賭)하야 복음(福音)을 전(傳)할새 수도자(授道者)와 수교자(受敎者)의 구위(俱危)함을 명지(明知)호대 유은인력행자(猶隱忍力行者)난 무타(無他)라 신명(神命)이 인권(人權)에서 우중(尤重)하고 내세(來世)가 금생(今生)보다 유귀(愈貴)함을 심각(深覺)함이라. 시이(是以)로 열충전교(熱衷傳敎)한 지 수년(數年)에 불과(不過)하야 기천기만(幾千幾萬)의 신도(信徒)가 주륙(誅戮)과 위갈(威喝)과 핍박(逼迫)과 훼방(毁謗)을 불외(不畏)하고 복음(福音)의 사역(使役)에 종사(從事)하엿스니 기신감(其神感)의 능력(能力)이 여하(如何)타 위(謂)하리오. 구교(舊敎)의 참화(慘禍)를 상금문자(尙今聞者) — 모골송연(毛骨竦

然)하나니 인언(忍言)할 여지(餘地)가 업거니와 신교(新敎)의 계발(啓發)에도 유혈자(流血者)와 피축자(被逐者)와 견핍자(見逼者) 조방자(遭旁者)가 10수년간(十數年間)에 천만(千萬)으로 가산(可算)하리로다.

  본사(本史)에 매거(枚擧)카 불황(不遑)하고 대요(大要)만 약술(略述)하노니 합사교지개자(盍斯敎之開基)가 궐역간재(厥亦艱哉)인뎌 현아조선(現我朝鮮)의 교도(敎徒)가 3천여만(三千餘萬)에 기달(己達)함은 막비진신(莫非眞神)의 확정(確定)하신 풍은(豐恩)이며 역위전배(亦爲前輩)의 적사(積사)한 여경(餘慶)이니 어호후인(於乎後人)은 상기감재(尙其鑑哉)여다. 차사장성(此史將成)에 불망(不忘)은 검교(檢校)의 명(命)을 외몽(猥蒙)하야 왕사(往事)를 추상(追想)하고 내세(來世)를 암축(暗祝)하난 중(中) 변언(弁言)을 약술(略述)하노라.

          주기원(主紀元) 1926년(一千九百二十六年) 8월(八月) 5일(五日)
          선천교제(宣川敎弟) 양전백 근서(梁甸伯 謹序)

조선예수교장로회사기(朝鮮예수敎長老會史記) 목록(目錄)

조선예수교장로회사기 해제 ·································· 5

조선예수교장로회사기(朝鮮야소敎長老會史記) 서언(序言) ············ 27

제 1편 계발시대(啓發時代) 1865년 - 1892년 ············ 35

제 1 장 총론(總論) ·· 36
　　1. 조선법률의 관계(一, 朝鮮法律의 關係) ················ 36
　　2. 조선사회의 선도(二, 朝鮮社會의 先導) ················ 37
　　3. 조선종교의 신앙(三, 朝鮮宗敎의 信仰) ················ 38

제 2 장 개척(開拓) ·· 43
　　1. 라마교[천주교]의 유래(一, 羅馬敎의 由來) ············ 43
　　2. 예수교의 유래(二, 예수敎의 由來) ····················· 46

제 3 장 발전(發展) ·· 55
　　1. 전도(一, 傳道) ·· 55
　　2. 환란(二, 患難) ·· 56
　　3. 교육(三, 敎育) ·· 57

제 2편 공의회 시대(公議會時代) 1893년 - 1906년 ·········· 59

제 4 장 총론(總論) ·· 60
　　1. 공의회을 설립(一, 公議會을 設立) ······················ 60
　　2. 공의회의 권리(二, 公議會의 權利) ······················ 61

3. 시대의 편의(三, 時代의 便宜) ·················· 61
   4. 시대의 간험(四, 時代의 艱險) ·················· 62

제 5 장 선교사공의회(宣教師公議會) 1893년-1900년 말 ·········· 64
   1. 교회설립(一, 教會設立) ························· 64
   2. 전도(二, 傳道) ······························· 124
   3. 환난(三, 患難) ······························· 125
   4. 교육(四, 教育) ······························· 130
   5. 자선사업(五, 慈善事業) ························ 132

제 6 장 합동공의회(合同公議會) 1901년-1906년 말 ·········· 133
   1. 교회설립(一, 教會設立) ························ 133
   2. 전도(二, 傳道) ······························· 228
   3. 환난(三, 患難) ······························· 229
   4. 교육(四, 教育) ······························· 231
   5. 자선사업(五, 慈善事業) ························ 234
   6. 진흥(六, 振興) ······························· 236

제 3편 독노회시대(獨老會時代) 1907년 - 1911년 말 ······· 239

제 7 장 총론(總論) ····································· 240
   1. 독노회설립(一, 獨老會設立) ···················· 240
   2. 노회의 의안 처리(二, 老會의 議案 處理) ········· 241
   3. 시대의 형편(三, 時代의 形便) ··················

제 8 장 경충대리회(京忠代理會) ························· 245
   1. 교회조직(一, 教會組織) ························ 245
   2. 전도(二, 傳道) ······························· 256
   3. 환난(三, 患難) ······························· 257
   4. 교육(四, 教育) ······························· 257
   5. 진흥(五, 振興) ······························· 258

제 9 장 평북대리회(平北代理會) ························· 259
   1. 교회조직(一, 教會組織) ························ 259

2. 전도(二, 傳道) ·· 285
  3. 환난(三, 患難) ·· 286
  4. 교육(四, 敎育) ·· 286
  5. 자선사업(五, 慈善事業) ································ 289
  6. 진흥(六, 振興) ·· 291
  7. 이단(七, 異端) ·· 292

제 10 장 평남대리회(平南代理會) ······················· 293
  1. 교회조직(一, 敎會組織) ································ 293
  2. 전도(二, 傳道) ·· 308
  3. 환난(三, 患難) ·· 308
  4. 교육(四, 敎育) ·· 309
  5. 자선사업(五, 慈善事業) ································ 309
  6. 진흥(六, 振興) ·· 310

제 11 장 황해대리회(黃海代理會) ······················· 311
  1. 교회조직(敎會組織) ······································ 311

제 12 장 전라대리회(全羅代理會) ······················· 318
  1. 교회조직(一, 敎會組織) ································ 318
  2. 전도(二, 傳道) ·· 345
  3. 환난(三, 患難) ·· 345
  4. 교육(四, 敎育) ·· 346
  5. 자선사업(五, 慈善事業) ································ 347
  6. 진흥(六, 振興) ·· 348
  7. 이단(七, 異端) ·· 348

제 13 장 경상대리회(慶尙代理會) ······················· 349
  1. 교회조직(一, 敎會組織) ································ 349
  2. 전도(二, 傳道) ·· 377
  3. 환난(三, 患難) ·· 378
  4. 교육(四, 敎育) ·· 378
  5. 자선사업(五, 慈善事業) ································ 379

제 14 장 함경대리회(咸鏡代理會) ························· 380
   1. 교회조직(一, 敎會組織) ····················· 380
   2. 전도(二, 傳道) ··························· 399
   3. 환난(三, 患難) ··························· 400
   4. 교육(四, 敎育)) ·························· 400
   5. 자선사업(五, 慈善事業) ····················· 400
   6. 진흥(六, 振興) ··························· 401

색인(索引) ···································· 403

제 1편
계발시대(啓發時代) 1865년 – 1892년

제 1 장
총론

곰곰이 생각하건대 우리 민족의 종교심이 이미 오래도다.

1928, 조선예수교장로회사기

1. 조선법률의 관계

　백성이 있으면 나라가 서고 나라가 세워지면 법률을 정하여 안으로 민족을 보호하며 밖으로 침략을 방어하나니 우리 조선이 전에 전제시대에 머물러 있을 때에는 명령을 시행함이 오직 군주에게만 있었던지라. 이조(李朝)는 유교를 유일한 종교로 삼았기 때문에 법률도 이 가르침을 중시하여 제정하였나니 죽은 성현들을 각 군(郡)에서 숭배하며 서거한 조상들을 각 가정에서 받들어 비는 것은 흘러온 통례(通例)라.
　누구를 막론하고 이러한 전례(典禮)에 태만하거나 혹 철폐하면 국법(國法)으로 용납하지 않으며 민간의 풍속과 위배되어 오랑캐와 금수(禽獸)와 같이 여겨 몰아 내쫓고 지적하며 탓하기를 더할 나위가 없었나니 기독교가 조선에 처음 들어올 때에 국법으로 금지하기를 오직 하나님만을 섬기며 조상을 숭배하지 않음은 국가에 반역이라 규정한 조정(朝廷)의 명령에서 알 수 있도다. 인간은 신앙의 동물이라 한 철학자의 말은 인류학자가 객관적으로 깨달은 뒤 한 말이니 국법으로 제정하여 살아있는 백성의 자유를 막음이 너무 심하니 이로써 조선민족은 500년간 종교의 자유를 완전히 상실하였다 하여도 과언이 아니로다.

국법이 이처럼 너무 엄한 중에도 진리의 씨앗이 사람의 마음에 뿌리내리고 자라 수많은 아름다운 열매를 내었으니 이러한 일이 진실로 대단히 많도다.

2. 조선사회의 선도

성경에 이르기를 너희는 세상의 빛이라 하였으니 너희는 교회를 의미함이요 세상은 사회를 가리킴이요 빛은 앞장서서 인도함을 말로서 똑똑히 나타냄이니 진실로 그러함이로다. 동서의 역사를 참고하며 세계의 대세를 두루 바라보건대 인류의 도덕, 문학, 법률, 예술이 기독교회의 소개가 아니고 스스로 발동한 것이 거의 드물다.

그러므로 현세의 사회를 지배할만한 능력은 기독교회로부터 말미암음이라 하나니 무엇이리오. 기독교가 우리 조선에 들어온 지 수십년 만에 도덕의 인도함과 교육의 발전과 풍속의 개량과 좋지 못한 풍습의 혁파 등 모든 아름다운 발자취를 일일이 들어 말할 수는 없을 것이라. 지금의 사회를 돌아보건대 혹 교회에서 한 두 사람의 행동을 몰래 엿보고 종교의 전체를 번번이 들추어내어 비난을 더함은 족히 말할 바가 아니로다.

세계 전쟁으로 말미암은 피해가 점차 회복함으로부터 자유평등을 부르짖는 국면에 어떤 종교를 신앙하며 어떤 사회를 설립하든지 각각 자기 의견을 가려 뽑는 동시에 신구(新舊)의 현혹과 시비(是非)의 교착을 바로잡아 인류를 일대 혁신할 관념이 있도다. 이때를 맞아 우리 조선도 역시 세계의 일원으로 그 소용돌이 가운데 함께 들어왔음으로 각 사회가 떠들썩하게 들레어 그 논하고 평하는 대부분은 대개 종교의 분야에 있나니 종교의 책임이 또한 중대하도다.

3. 조선종교의 신앙

　곰곰이 생각하건대 우리 민족의 종교심이 이미 오래도다. 유교는 자고이래(自古以來)로 쉼 없이 변천하여 상하귀천(上下貴賤)이 고유종교로 믿거니와 도교와 불교의 유입으로 또한 각자 스스로 믿고 따라 큰 사찰과 작은 암자에서 스승과 제자가 서로 전하여 은연히 정립의 세력을 이미 이루었고 혹은 나라의 법으로 금함을 무릅쓰고 천주교(天主敎)를 믿어 죽음에 이르도록 그 가르침을 지켰고 혹은 천도교(天道敎)와 시천교(侍天敎)와 같은 종교를 주창하되 타 종교의 정수를 골라내어 새로운 종교를 발명하였으니 각종의 사실을 모아서 고찰컨대 우리 민족의 종교심은 풍부하다고 말할 수 있을 것이다.
　그러나 혹자는 지구력이 부족하여 오늘은 이 종교에서 내일은 저 종교로 뛰어들며 오늘은 저 종교에서 내일은 이 종교에 들어오나니 이는 족히 말하지 못하리로다. 지금은 시대가 변천하여 신앙과 종교의 자유를 공인한 바 3교(三敎) 이 복잡한 종교가 성행하나니 조선에 본디 있던 유불선 3교 이외에 신교인 천도교, 시천교, 대종교, 청림교, 태을교 등이 한꺼번에 나란히 일어났는데 각기 문호를 수립하여 통일을 기도(企圖)하나니 대개 유교는 하늘과 사람의 이치를 주장하고 도교는 자연을 부르짖어 사람을 인도하고 불교는 열반을 숭상하고 이외의 각 종교도 주장하는 요지가 각각 뛰어나 우리 기독교의 유일하신 참 하나님을 전적으로 신뢰하며 영혼 구원의 큰 진리를 확신하는 본의와 더불어 배치(背馳)됨이 서로 멀도다. 현재 기독교가 점차 진흥함을 따라 각 종교에서도 중흥을 시도하여 방책을 고쳐 개혁하나니 지금부터 다가오게 될 앞날의 결과는 예언할 필요가 없노라.

제 1 장
총론(總論)

월유(粤惟)컨디 우리 민족적(民族的) 종교심(宗敎心)이 기구(己久)하도다.

1928, 조선예수교장로회사기

1. 조선법률의 관계(朝鮮法律의 關係)

민중(民衆)이 유(有)하면 국가(國家)가 립(立)하고 국가(國家)가 립(立)하면 법률(法律)을 정(定)하야 내(內)로 민족(民族)을 보호(保護)하며 외(外)로 침모(侵侮)를 방어(防禦)하나니 아조선(我朝鮮)이 석(昔)에 전제시대(專制時代)에 처(處)하야 호명(號命)을 발시(發施)함이 군주(君主)에 전재(專在)한지라.

이조(李朝)난 유교(儒敎)로써 유일(惟一)한 종교(宗敎)를 삼은 고(故)로 법률(法律)도 사교(斯敎)로 위중(爲重)하야 제정(制定)하엿나니 기몰(己沒)한 성현(聖賢)을 각군(各郡)에 숭배(崇拜)하며 기서(己逝)한 조종(祖宗)을 각가(各家)가 봉축(奉祝)하난 것은 유래(流來)에 통례(通例)라.

수모(誰某)를 물론(勿論)하고 차등전례(此等典禮)에 태만(怠慢) 혹(或) 철폐(撤廢)하면 국법(國法)에 불용(不容)하며 민속(民俗)이 위비(爲非)하야 이적금수(夷狄禽獸)로 구축지척(驅逐指斥)키를 다시 여지(餘地)가 업섯나니 기독교(基督敎)가 조선(朝鮮)에 시입(始入)할 시(時)에 국법(國法)으로 금지(禁止)키를 천주(天主)를 전사(專事)하며 조종(祖宗)을 불배(不拜)함은 국가(國家)에 반역(反逆)이라 한 조령(朝令)에 가지(可知)로다.

인생(人生)은 신앙(信仰)의 동물(動物)이라 한 철언(哲言)은 인류학자(人類學者)의 경험후담(經驗後談)이니 국법(國法)으로 제정(制定)하야 생민(生民)의 자유(自由)[1]를 조알(阻遏)함은 태심(太甚)함이니 시이(是以)로 조선민족(朝鮮民族)은 500년간(五百年間) 종교(宗敎)의 자유(自由)를 전연상실(全然喪失)하엿다 하여도 과언(過言)이 아니로다.

국법(國法)이 여시태엄(如是太嚴)한 중(中)에도 진리(眞理)의 종(種)이 인심(人心)에 근식(根植)하야 허다(許多)한 가과(嘉果)를 산출(産出)하엿스니 차진천지(此眞天地)로다.

2. 조선사회의 선도(二, 朝鮮社會의 先導)

성경(聖經)에 이르기를 이등(爾等)은 세상(世上)에 광(光)이라 하엿스니 이등(爾等)은 교회(敎會)를 의미(意味)함이요 세상(世上)은 사회(社會)를 지칭(指稱)함이요 광(光)은 선도(先導)를 언명(言明)함이니 성연(誠然)이로다. 동서(東西)에 역사(歷史)를 참고(參攷)하며 세계(世界)에 대세(大勢)를 편관(遍觀)컨듸 인류상(人類上)에 도덕(道德) 문학(文學) 법률(法律) 예술(藝術)이 기독교회(基督敎會)의 소개(紹介)가 아니고 자발(自發)한 것이 기희(幾稀)하니라.

고(故)로 현세(現世)의 사회(社會)를 지배(支配)할만한 역능(力能)은 기독교회(基督敎會)로 유래(由來)라 하나니 하자(何者)오 기독교(基督敎)가 아조선(我朝鮮)에 입래(入來)한 지 수십(數十) 연래(年來)에 도덕(道德)의 도화(導化)와 교육(敎育)의 발전(發展)과 풍속(風俗)의 개량(改良)과 패습(悖習)의 혁제(革除) 등(等) 제반미적(諸般美蹟)을 매거(枚擧)키 불능(不能)

하나니라. 고금사회(顧今社會)에서 혹(或) 교회(敎會) 중(中) 일이개인(一二個人)의 행동(行動)을 규견(窺見)하고 종교(宗敎)의 전체(全體)를 첩거(輒擧)하야 비난(非難)을 가(加)함은 족언(足言)할 바 아니로다.

세계전화(世界戰禍)가 점차평복(漸次平復)함으로부터 자유평등(自由平等)을 규회(叫呼)하난 방면(方面)에 하종교(何宗敎)를 신앙(信仰)하며 하사회(何社會)를 설립(設立)하던지 각기(各其) 기견(己見)을 선출(撰出)하는 동시(同時)에 신구(新舊)가 현혹(眩惑)하고 시비(是非)가 교착(交錯)하야 정(正)히 인류(人類)의 일대혁신(一大革新)의 관념(觀念)이 유(有)하도다.

차시(此時)를 당(當)하야 아조선(我朝鮮)도 역시(亦是) 세계(世界)의 일원(一員)으로 기와중(其渦中)[2]에 공(共)히 투입(投入)하엿슴으로 각(各) 사회(社會)가 노노효효(呶呶囂囂)하야 기론평적(其論評的) 대부분(大部分)은 종교(宗敎)의 방면(方面)에 개재(槪在)하나니 종교(宗敎)의 책임(責任)이 쏘한 중대(重大)하도다.

3. 조선종교의 신앙(三, 朝鮮宗敎의 信仰)

월유(粤惟)컨딕 우리 민족적(民族的) 종교심(宗敎心)이 기구(己久)하도다. 유교(儒敎)난 고래(古來)로 유전(流轉)하야 상하인사(上下人士)가 고유종교(固有宗敎)로 신앙(信仰)하거니와 노불(老佛)의 유입(流入)에 역각자유(亦各自由)로 신종(信從)하야 대찰정암(大刹靜庵)에 사도상전(師徒相傳)하야 은연(隱然)히 정치(鼎峙)의 세(勢)를 기성(己成)하엿고 혹(或)은 국금(國禁)을 모(冒)하고 천주교(天主敎)를 신앙(信仰)하야 사(死)에 지(至)토록 도(道)를 수(守)하엿고 혹(或)은 천도교(天道敎)와 시천교(侍天敎)와 여(如)한 교(敎)를 주창(主唱)하되 타교(他敎)의 정화(精華)를 선출(撰出)하야 신교(新敎)를 발명(發明)하엿스니 각종(各種)의 사실(事實)을 종찰(綜察)컨대 우리 민족(民族)의 종교심(宗敎心)은 풍부(豊富)타 가위(可謂)할 것이나 연이혹자(然而或者)난 지구력(持久力)이 부족(不足)하야 금일차교(今日此敎)

로부터 명일피교(明日彼敎)에 투(投)하며 금일피교(今日彼敎)로부터 명일차교(明日此敎)에 입(入)하나니 차(此)난 족언(足言)치 못하리로다.

　현금(現今)은 시대(時代)가 변천(變遷)하야 신교(信敎)의 자유(自由)를 공인(公認)한 바 복잡(複雜)한 종교(宗敎)가 성행(盛行)하나니 조선소유(朝鮮素有)의 유불노(濡佛老) 3교(三敎) 이외(以外)에 신교(新敎)인 천도교(天道敎), 시천교(侍天敎), 대종교(大宗敎), 청림교(靑林敎), 태을교(太乙敎), 등(等)이 병기(並起)하난대 각기(各其) 문호(門戶)를 수립(樹立)하야 통일(統一)을 계도(計圖)하나니 개유교(蓋儒敎)난 성리(性理)를 주장(主張)하고 노교(老敎)난 자연(自然)을 창도(倡導)하고 불교(佛敎)난 적멸(寂滅)을 숭상(崇尙)하고 시외(是外) 각교(各敎)도 소쥬(所主)하난 종지(宗旨)가 각슈(各殊)하야 아기독교(我基督敎)의 독일진신(獨一眞神)을 전뢰(專賴)하며 구령(救靈)의 대도(大道)를[3] 확신(確信)하난 본의(本意)와 더브러 배치(背馳)됨이 상원(相遠)하도다.

　현금(現今) 기독교(基督敎)의 점차진흥(漸次進興)함을 따라 각교(各敎)에서도 중흥(中興)을 개도(改圖)하야 방책(方策)을 경장(更張)하나니 래두(來頭)의 결과(結果)난 예언(預言)을 불요(不要)하노라.

제 2 장
교회의 개척(敎會의 開拓)

희(噫)라 철언(哲言)에 유운(有云)하되 「순교자(殉敎者)의 혈(血)은 교회(敎會) 의 종(種)」이라 하더니 과연(果然)이로다. 합천주도(盖天主徒)의 피륙당시(被 戮當時)에야 금일(今日)에 흥륭(興隆)이 유(有)할 줄을 엇지 기(期)하야스리요 피순교자(彼殉敎者) 등(等)의 의혈(義血)은 단천주교(但天主敎)에만 미종(美 種)이 될뿐 아니라 아예수교(我예수敎)의 도선(導線)됨을 가지(可知)로다.

교회의 개척, 조선예수교장로회사기

1. 천주교의 유래(一, 天主敎의 由來)

우리 예수교가 아방(我邦)에 선전(宣傳)되기 약(約) 100년(百年) 전(前) 에 명사(名士) 정약용(丁若鏞) 형제(兄弟)와 이강환(李康寰) 형제(兄弟) 등 (等)이 중국방면(中國方面)으로부터 종교서적(宗敎書籍)을 잠수연구(潛輸 硏究)한 결과(結果) 그 교지(敎旨)가 재래(在來)의 유불(儒佛)에 비교(比較) 하면 우승(優勝)함에 감오(感悟)되야 드듸여 천주교(天主敎)에 귀의(歸依) 하고 기독서적(基督書籍)을 당시(當時) 국왕(國王)의 밀헌(密獻)하야 각자 (各自)의 소신(所信)하난 도리(道理)를 주달(奏達)하얏고 기후(其後) 국민 (國民)의게도 점차(漸次)로 전포(傳布)하야 경향(京鄕) 각처(各處)에 교도

(敎徒)가 울흥(鬱興)함으로 유림(儒林)의 이목(耳目)을 경동(驚動)하야 정부(政府)의 사핵(査覈)을 젼죠(轉遭)하니 개기이유(蓋其理由)난 쳔쥬(天主)를 젼사(專事)하고 조령(祖靈)을 불배(不拜)함은 국제조헌(國制朝憲)에 반역(反逆)이라 인정(認定)하야 1784년(一七八四年)에 조령(朝令)을 반포(頒布)하되 쳔쥬교(天主敎)난 사학(邪學)이니 신봉(信奉)하난 쟈(者)는 엄형(嚴刑)에 쳐(處)하리라 하고 당시(當時)에 정이(丁李) 양인(兩人)을 원도유형(遠島流刑)에 쳐(處)하고 기타신도(其他信徒)도 일절주륙(一切誅戮)하얏스나 연(然)이나 신도(信徒)들은 신앙(信仰)이 견확(堅確)하야 여사(如斯)한 박해(迫害)를 조우(遭遇)하되 동심(動心)치 안코 젼도(傳道)하기를 더욱 근면(勤勉)히 하야 암암리(暗々裡)에 입교(入敎)하난 쟈불선(者不尠)ᄒᆞ더라.

　이후(以後) 수십년간(數十年間)에 금법(禁法)이 수엄(雖嚴)이나 신종자(信從者) 종기(踵起)하더니 1833년(一八三三年)에 불국(佛國) 동양젼도부(東洋傳道部)[4]가 조선교도(朝鮮敎徒)의 정형(情形)을 요문(遙聞)하고 주교(主敎) 피엘. 모판(羅伯多祿. [Pierre Philibert Maubant])의게 젼도감독(傳道監督)의 직(職)을 슈(授)하야 조선포교(朝鮮布敎)의 명(命)을 임(任)하니 모판(羅伯多祿. [Pierre Philibert Maubant]) 주교(主敎)난 중국(中國) 만쥬(滿州)로브터 국금(國禁)을 모(冒)하고 조선내지(朝鮮內地)에 입(入)하야 션교(宣敎)를 면력(勉力)하더니 기후(其後) 1837년(一八三七年)에 신부(神父) 샤야 스톤(鄭牙各伯. [Jacques-Honore Chasten])이 잠입(潛入)하고 기익년(其翌年)에 쪼셉 암벨[Laurent Marie Joseph Imbert]이 역래(亦來)하야 3인(三人)이 합력젼교(合力傳敎)하니라.

　1839년(一八三九年) 을해(乙亥)에 금령(禁令)을 왕혹(九酷)케 하야 교도(敎徒)를 진멸(殄滅)키로 위도(爲圖)하고 모판(羅伯多祿. [Pierre Philibert Maubant]) 등(等) 3인(三人)을 참살(斬殺)하며 기타교도(其他敎徒) 백유여명(百有餘名)을 일병학살(一並虐殺)하얏나니라. 당시(當時) 천주교도(天主敎徒)를 참살(慘殺)한 관음(綸音)을 략론(畧論)하건대 기명(其名)을 척사(斥邪)라 하엿스니 운(云)하엿스되 훼역닉영(虺蜮匿影), 량유역종

(糧莠易種), 역수섭성이출몰(逆竪變姓而出沒), 요역제화이교통(妖譯齊貨而交通), 성기접어이역(聲氣接於異域), 맥락통간동당(脉絡通干同黨) (중략(中略)) 강수어혼야밀실지중(講授於昏夜密室之中), 소취어심산궁곡지간(嘯聚於深山窮谷之間), 호칭교우(互稱教友), 각설사호(各設邪號), 장두은미(藏頭隱尾), 타성일단운운(打成一團云々)이러라. 당시(當時) 교도(教徒)의 당(當)한 박해(迫害)가 약시기심(若是其甚)이로되 진신(眞神)의 축복(祝福)하심만 유기(惟冀)하고 국금(國禁)을 감모(敢冒)하야 신명(身命)을 도(賭)하고 교회(教會)를 위하야 노력(努力)하난 것은 가(可)히 승찬(勝贊)키 난(難)하도다. 기후(其後) 국경(國境)의 감시(監視)난 경가엄중(更加嚴重)하되 신부(神父)의 입국(入國)은 우(尤)히 계종(繼踵)하야 아족(我族)의 교화(教化)로써 자기(自己)들의 천직(天職)을 삼앗나니라.

1863년(一八六三年) 계해(癸亥) 경(頃)에난 교도(教徒)가 수만여인(數萬餘人)에 기달(己達)하얏고 고종(高宗) 즉위(卽位) 초(初)에난 귀족신교자(貴族信教者)도 역대(亦多)하니 왕(王)의 유모(乳母) 박씨(朴氏)와 남종삼(南鍾三) 홍봉주 (洪鳳周) 이신달(李身達) 등(等)이 최유력자(最有力者)라. 특(特)히 남종삼(南鍾三)[5]은 재학(才學)이 병우(並優)하야 선교(宣教)에 전력(專力)하야 주교(主教) 장경일(張敬一) 본명(本名) 베드로를 자가(自家)에 초치(招致)하야 잠주(潛住)케 하엿스니 시시(是時)난 대원군(大院君)의 섭정(攝政) 초(初)라 국금(國禁)이 초이(稍弛)하야 성서(聖書)를 간행(刊行)하니 교회(教會)가 발전(發展)되야 기탄(忌憚)이 태무(殆無)케 된지라.

배드로(베르노, [Berneux]) 주교(主教)는 본전도부(本傳道部)에 갱청(更請)하야 다수(多數)의 신부(神父)를 초래(招來)하얏더니 1866년(一八六六年) 병인(丙寅) 2월(二月)에 대원군(大院君)이 유림(儒林)의 의견(意見)을 경청(傾聽)하고 돌연(突然)히 명(命)을 하(下)하야 교도(教徒)를 전멸(全滅)할새 위선(爲先) 남종삼(男鐘三) 등(等)의 각(各) 가족(家族)을 주멸(誅滅)하며 기타경향(其他京鄕)에 산재(散在)한 교도(教徒)난 귀천(貴賤)을 불문(不問)하고 일병도륙(一並屠戮)할새 혹이(或以) 석탄(石彈)으로 박살(撲殺)하며 혹이(或以) 죽첨(竹尖)으로 관천(串穿)하야 수족(手足)을 분리(分

離)하고 심단(心胆)을 부열(剖裂)하야 선혈(鮮血)이 창천(漲川)하고 적시(積尸)가 성릉(成陵)하되 민중(民衆)은 화액(禍厄)이 급신(及身)할가 공(恐)하야 수친척고구(雖親戚故舊)의 시체(屍體)라도 매장(埋葬)치 못하니 기참혹(其慘酷)한 정경(情境)은 목불인견(目不忍見)이러라.

시시(是時)에 불국(佛國) 주교(主教) 베드로(베르노, [Berneux])와 신부(神父) 8명(八名)도 또 체포(逮捕)되야 법관(法官)의 위협(威脅)에 불굴(不屈)하고 종교(宗教)의 대의(大意)를 종수(終守)하야 동시(同時)에 다 피해(被害)하야 순교(殉教)의 방명(芳名)을 득전(得專)하니라.

희(噫)라 철언(哲言)에 유운(有云)하되「순교자(殉教者)의 혈(血)은 교회(教會)의 종(種)」이라 하더니 과연(果然)이로다.[1] 합천주도(盖天主徒)의 피륙당시(被戮當時)에야 금일(今日)에 흥륭(興隆)이 유(有)할 줄을 엇지 기(期)하야스리요 피순교자(彼殉教者) 등(等)의 의혈(義血)은 단천주교(但天主教)에만 미종(美種)이 될쑨 아니라 아예수교(我예수教)의 도선(導線)됨을 가지(可知)로다. 고(故)로 자(玆)에 기위열(其偉烈)을 약술(略述)하야 오교(吾教)의 진리(眞理)임과 선전(宣傳)의 다난(多難)을 묵념(黙念)케 하노라.[6]

2. 예수교의 유래(二, 예수教의 由來)

아장로교회(我長老教會)의 개척(開拓)된 원인(原因)을 삭구(搠究)컨대 전술(前述)한 천주교도(天主教徒)의 학살(虐殺)되난 당시(當時)에 국방(國防)이 극엄(極嚴)하야 외교(外教)의 종입(從入)할 로(路)가 무(無)한 중(中)일지라도 오히려 구주(救主)의 사명(使命)을 각준(恪遵)하야 자신(自身)을 희생(犧牲)하고 복음(福音)을 선전(宣傳)키로 종사(從事)하난 자(者)가 유(有)한지라. 1865년(一八六五年) 을축(乙丑)에 북미합중국(北美合衆國[英

---

[1] 초대교회 교부 터툴리앤(Tertullian)이 "순교는 교회의 씨앗"이라는 유명한 말을 지칭한 것이다.

國) 목사(牧師) 도마스[Robert Jermain Thomas, 1829-1866]가 중국(中國)으로부터 풍범선(風帆船)을 탑승(搭乘)하고 황해도연안(黃海道沿岸)에 잠박(潛泊)하야 한문복음(漢文福音)을 전파(傳播)하고 익년(翌年) 즉(卽) 1866년(一八六六年) 병인(丙寅) 천주교도(天主敎徒) 학살(虐殺) 시(時)에 미국상선(美國商船) [General Sherman 호]을 편승(更乘)하고 한문성경(漢文聖經)을 다재(多載)하고 평양(平壤) 대동강(大同江)에 래박(來泊)하엿더니 관찰사(觀察使)의 습격(襲擊)을 조(遭)하야 해상민(該商民) 등(等)과 도마스[Robert Jermain Thomas, 1829-1866]가 불행(不幸)히 동시병사(同時並死)하니 개도군(盖도君)은 당시(當時)에 국금(國禁)을 명지(明知)하되 사(死)를 모(冒)하고 도(道)를 전(傳)하엿나니 시(是)난 아(我) 예수교(敎)의 파종(播種)한 의혈(義血)이라 위(謂)하리로다.¹ 이후(爾後) 평양교회(平壤敎會) 성립(成立) 시(時)에 도군(도君)의 휴전(携傳)한 성경(聖經)을 득견(得見)하고 신교(信敎)한 자(者)가 잇섯다 운(云)하니라.

1873년(一八七三年) 계유(癸酉) 경(頃)에 아국상민(我國常民)이 중국(中國) 봉천(奉天)에 왕(往)하얏다가 영국(英國) 스키트란드장로회(長老會) 존 로스[John Ross] 선교사(宣敎師)의게 복음(福音)을 시문(始聞)하엿고 1876년(一八七六年) 병자(丙子)에 아족수인(我族數人)이 봉천(奉天) 선교사(宣敎師) 매킨다일[John McIntyre]의게 세례(洗禮)를 밧고 기후(其後)에 해선교사(該宣敎師)의 지도(指導)를 밧아 김진기(金鎭基), 이응찬(李應贊) [백홍준] 수인(數人)은 봉천(奉天)에 체재(滯在)하야 한문복음(漢文福音)을 선문(鮮文)으로 번역(繙譯)하야 목판(木版)으로 인쇄(印刷)하고 서상륜(徐相崙) 이성하(李成夏) 등(等)은 본국(本國)[7] 매서(賣書)로 임명(任命)되야 잠종(潛蹤)으로 전도(傳道)케 할새 서상륜(徐相崙) 씨(氏)난 선(先)히 의주(義州)로 잠입(潛入)하다가 봉황성(鳳凰城) 책문(柵門)에 지(至)하야 당시(當時) 순포(巡捕)의게 수색(搜索)되야 성서(聖書)가 로출(露出)된지라.

---

¹ 1866년 제너럴 셔먼호를 타고 입국했다 그해 9월 2일 대동강에서 순교한 Robert Jermain Thomas(1829-1866)를 말하며, 당시 평양감사는 박규수였다.

즉시(卽時) 별정소(別定所)에 구금(拘禁)되니 당시(當時) 국금(國禁)에 의(依)하면 생명(生命)이 위경(危境)에 지(至)하얏더니 적기척속(適其戚屬)인 본부집사(本府執事) 김효순(金孝順)이 차(此)를 견(見)하고 경악주선(驚愕周旋)하야 당야사편(當夜四便)에 세마치송(貰馬馳送)으로 사지(死地)를 도탈(逃脫)케 하니라. 후(後)에 경성(京城)에 잠도(潛到)하야 복음전포(福音傳布)키를 경영(經營)하더니 봉천(奉天) 선교사(宣敎師) 로스 요한(John Ross)이 상해성서공회(上海聖書公會)에 위탁(委托)하야 선문(鮮文)으로 역간(譯刊)한 성경(聖經) 6천여본(六千餘本)을 조선경성(朝鮮京城) 서저(徐邸)[서상륜]에 수송(輸送)케 한 것이 인천해관(仁川海關)에서 발견(發見)되야 압수(押收)하고 불측(不測)의 사(事)가 생(生)케 되엿더니 적기시(適其時) 외아문협변(外衙門協辨) 목인덕(穆仁德, [Paul Georg von Möllendorff, 1848-1901])의 부인(婦人)은 독실(篤實)한 신자(信者)라 전도(傳道)에 유의(有意)하더니 로스[John Ross] 목사(牧師)의 치서촉탁(致書囑托)으로 목협변(穆協辨)이 서상륜(徐相崙)을 밀초(密招)하야 사유(事由)를 문지(聞知)하고 정부(政府)에 선언(善言)하야 무사(無事)이 되엿스며 서상(書箱)은 서저(徐邸)에 송치(送致)됨으로 서군(徐君)은 은밀(隱密)히 전도(傳道)에 종사(從事)하다가 기후(其後)에난 원두우(元杜尤, [Horace G. Underwood]) 목사(牧師)의 래경(來京)을 기회(機會)로 하야 경성(京城)에서 전도(傳道)의 문(門)이 점개(漸開)케 되나라.

동시(同時) 이성하(李成夏)는 의주(義州)로 잠도(潛渡)하야 비밀리(秘密裡)에 복음(福音)을 구설(口舌)노 상전(相傳)하되 서적(書籍)은 수입(輸入)할 방편(方便)이 무(無)하야 중국(中國) 구연성(九連城) 지나인(支那人) 여관(旅館)에 다수(多數)한 서적(書籍)을 적치(積置)하고 국방(國防)의 해이(解弛)할 시기(時機)를 고사(苦竢)하더니 해관주인(該舘主人)이 기서상(其書箱)이 축년첨적(逐年添積)됨을 혐기(嫌忌)하야 이거(移去)하기를 독촉(督促)함에 세무나하(勢無奈何)라. 부득이(不得已) 기성서(其聖書)를 혹(或) 강(江)에 투엽(投棄)하며 혹(或) 화(火)에 소멸(燒滅)하야 다년적치(多年積置)하엿던 것이 일죠(一朝)에 오유(烏有)에 귀(歸)케 된지라.

기후(其後) 유인(有人)이 로스[John Ross] 목사(牧師)의게 고지(告知)어널 위연자위(喟然自慰)하고[8] 관대이언왈(寬貸而言曰) 성경표탁(聖經漂濯)의 슈(水)를 음(飮)하난 고려인(高麗人)의게 필(必)히 생명(生命)이 될 것이요. 성경소신(聖經燒燼)의 회(灰)를 몽(蒙)하난 고려인(高麗人)의게 필(必)히 비료(肥料)가 되야 래두(來頭) 고려교회(高麗敎會)의 발전(發展)을 가기(可期)라 함을 당시(當時) 중국신자(中國信者)들이 듯고 암소(暗笑)하엿스나 로스[John Ross]의 예언(預言)이 후래(後來)에 응험(應驗)될 줄 수(誰)가 능(能)히 료도(料度)하엿스리요.

기후(其後) 이성하(李成夏)는 신병(身病)으로 사면(辭免)하고 백홍준(白鴻俊)이 계후(繼後)하야 암행(暗行)으로 내지(內地)에 루인(屢人)하얏스나 성서(聖書)는 수입(輸入)지 못하더니 후(後)에 선교사(宣敎師) 원두우(元杜尤, [Horace G. Underwood])의 개로(開路)를 이용(利用)하야 의주(義州)에 거쥬(居住)하며 수반(首班)의 조사(助師)로 시무(視務)하니라.

주후(主後) 1884년(一八八四年) 갑신(甲申) 7월(七月) 4일(四日)에 한미조약(韓美條約)이 성립(成立)되며 자시(自是)로 전도(傳道)의 문(門)이 시개(始開)하야 시년(是年) 9월(九月) 20일(二十日)에 북미합중국(北美合衆國) 북장로회(北長老會) 선교의사(宣敎醫師) 안련(安連, [Horace Newton Allen]) 부부(夫婦)가 경성(京城)에 래쥬(來住)하고 익년(翌年) 4월(四月)에 장로회선교사(長老會宣敎師) 원두우(元杜尤, [Horace G. Underwood])와 미감리회선교사(美監理會宣敎師) 아편설라(亞扁薛羅, [Henry Gerhart Appenzeller, 1858 - 1902])가 계래(繼來)하고 동년(同年) 6월(六月)에 의사(醫師) 헤론[John W. Heron] 부부(夫婦)가 역래(亦來)하야 병력선교(並力宣敎)함으로 교회(敎會)가 창건(創建)하니라.

1885년(一八八五年) 을유(乙酉)에 의주인(義州人) 서경조(徐景祚)가 중국(中國)으로부터 복음(福音)을 득문(得聞)하고 귀국(歸國)하야[3] 황해도(黃

---

[2] 조미수호조약이 체결된 것은 1884년이 아니라 1882년이다. 본서에는 연도의 오류가 상당히 발견되는데 이 사건의 연도 오기는 대표적인 사례다.

[3] 소래교회 설립년도를 1885년으로 기록한 것은 분명한 오기이다. 1883년 서상륜이 존

海道) 장연현(長淵縣) 대구면(大救面) 송천동(松川洞)에 이주(移住)하고 기형(其兄) 상륜(相崙)의게 성경서적(聖經書籍)을 다수청득(多數請得)하야 린리(鄰里)에 전파(傳播)하야 신자(信者)를 소집(召集)하엿스니 차(此)가 송천교회(松川敎會)의 창립(創立)이니라.

시하(是夏)에 경죠(景祚)난 상경(上京)하야 원두우(元杜尤, [Horace G. Underwood]) 목사(牧師)의게 세례(洗禮)를 밧고 시추(是秋)에 원두우(元杜尤, [Horace G. Underwood]) 목사(牧師)난 송천(松川)에 순왕(巡徃)하야 경죠(景祚)의 유자(幼子) 병호(丙浩)의게 세례(洗禮)를 주어스니 차(此)가 조선교회(朝鮮敎會)의 아세(兒洗)의 시(始)니라.[9]

1886년(一八八六年) 병술(丙戌)에 의사(醫師) 안련(安連, [Horace Newton Allen])이 아국(我國)에 초차(初次)로 병원(病院)을 창설(創設)할새 관민(官民)의 호의(好意)를 득(得)하야 정부(政府)로서 당시(當時) 동현(銅峴) [금(今) 황금정(黃金町) 4가(四街)]에 재(在)한 광활(廣濶)한 건물(建物)을 기부(寄附)하야 환자(患者)를 다수수용(多數受容)케 됨에 시인(時人)이 국립병원(國立病院)이라 칭(稱)하다. [현금(現今) 남대문통(南大門通) 세부란시병원(世富蘭偲病院)의 전신(前身)이라.]

동시(同時)에 교사(敎師) 흘법(屹法, [Homer Bezaleel Hulbert])이 감리회선교사(監理會宣敎師) 정부(政府)의 고빙(雇聘)으로 래도(來到)하야 미기(未幾)에 교장(校長)으로 피임(被任)되야 남자학교(男子學校)를 설립(設立)하고 육영공원(育英公院)이라 명명(命名)하니 당시(當時) 명가자제(名家子弟)가 만히 교육(敎育)을 밧앗고 선교사(宣敎師) 원두우(元杜尤, [Horace G. Underwood])는 전도(傳道)에 전력(專力)하야 신자(信者) 약간인(若干人)의게 시세(施洗)하고 성찬식(聖餐式)을 거행(擧行)할 시(時)난 가정(家丁)으로 외문(外門)을 파수(把守)하야 불우(不虞)를 예비(豫備)하니라.

로스(John Ross)의 전도를 받고 성경번역에 동참하고 쪽 복음을 가지고 고려문을 통해 입국해 처음에 고향 의주에서, 다시 황해도 솔래로 옮겨 복음을 전했다. 따라서 1883년 혹은 적어도 1884년으로 설립연도를 잡아야 할 것이다.

⁴ 1884년 9월 20일 입국한 알렌이 광혜원(곧 제중원으로 개명)을 설립한 것은 1885년 4월 10일이다. 언더우드가 1885년 4월 5일 입국하고 5일 후에 광혜원이 개원되었다.

그러나 선교사(宣敎師)의 열심(熱心)은 더욱 격렬(激烈)하야 복음(福音) 전(傳)하기를 전무(專務)함에 사도(斯道)가 전포(傳布)된 지 근(僅)히 2개년 간(二個年間)에 의치(醫治)와 교육(敎育)과 포교(布敎)의 3방면(三房面)으로 사업(事業)이 대세(大勢)를 초득(稍得)하야 점차전진(漸次前進)하야 체육(體育) 지육(智育) 영육(靈肉)으로써 아민족(我民族)의 기독화(基督化)를 촉진(促進)함이 어사(於斯)에 위시(爲始)하니라.

감리회선교사(監理會宣敎師) 아편설라(亞扁薛羅, [Henry Gerhart Appenzeller, 1858 - 1902])가 평북(平北) 의주(義州)에 순행(巡行)하야 전도(傳道)함에 박상모(朴相模) 송상하(宋相夏) 양인(兩人)이 최선(最先) 입교(入敎)하니라.

1887년(一八八七年) 정해(丁亥)에 선교사(宣敎師) 원두우(元杜尤, [Horace G. Underwood])난 방언(方言)을 조해(粗解)함으로 각지(各地)에 순행(巡行)할새 경성(京城)으로부터 서북(西北) 각도(各道)를 편람(遍覽)하고 장래(將來)의 전도요소(傳道要素)와 중심지(中心地)를 산정(算定)하니라.

감리회선교사(監理會宣敎師) 조원시(趙元始, [George Heber Jones, 1867-1919]) 시란돈(施蘭敦, [William B. Scranton])과 의사(醫師) 가락(架樂, [William James Hall])이 의주(義州)에 동왕(同往)하야 읍내교동(邑內校洞)에 와가(瓦家) 1좌(一座)[10]를 매수(買收)하야 회당(會堂)으로 사용(使用)하니 기시(其時) 신자(信者)난 박상모(朴相模), 장진방(張鎭邦), 이응인(李膺寅), 이의석(李義錫), 김상옥(金相玉) 등(等)이러라 후래(後來)에 해회(該會)가 부진(不振)함으로 장로회(長老會)에 합병(合併)하니라.

1888년(一八八八年) 무자(戊子)[에] 영국선교사(英國宣敎師) 기일(奇一, [James Gale])과 미국선교사(美國宣敎師) 기보(奇普, [Daniel Lyman Gifford]) 부부(夫婦) 계래(繼來)하야 교역(敎役)에 종사(從事)하니라.

1890년(一八九０年) 경인(庚寅)에 미국선교사(美國宣敎師) 마포삼열(馬布三悅, [Samuel A. Moffett])이 계래(繼來)하야 경성(京城)에 주거(住居)하고 관서(關西)를 순행(巡行)할새 8월(八月)에 평양(平壤)에 도(到)하야 복

음(福音)을 시전(始傳)하고 의쥬(義州)에 지(至)하야 지방(地方)을 시찰(視察)하고 복음(福音)을 전포(傳布)하니라.

4월(四月)에 부산(釜山)에 래쥬(來住)한 영국선교사(英國宣敎師) 매비[Henry Davies]가 별세(別世)함에 동지(同地) 복병산록(伏兵山麓)에 매장(埋葬)하니라.

경성(京城) 서대문내(西大門內)에 교회(敎會)가 최선설립(最先設立)하다. 선시(先是)에 신자(信者) 10여인(十餘人)이 선교사(宣敎師) 원두우(元杜尤, [Horace G. Underwood]) 사저(私邸) 정동(貞洞)에 회집예배(會集禮拜)하더니 지시(至是)에 선교사보조(宣敎師補助)로 경성(京城) 서대문내(西大門內)에 기지(基地)를 매수(買收)하고 교우(敎友)들이 연보(捐補)하야 와가(瓦家) 20여간(二十餘間)을 신축(新築)하고 신문내제일예배당(新門內第一禮拜堂)이라 명명(命名)하니[5] 당시(當時) 교역자(敎役者)난 서상륜(徐相崙) 서경죠(徐景祚) 등(等)이러라.

1891년(一八九一年) 신묘(辛卯)에 선교사(宣敎師) 마포삼열(馬布三悅, [Samuel A. Moffett]), 기일(奇一, [James Gale])과 전도인(傳道人) 정공빈(鄭公斌) 최명오(崔明梧) 등(等)이 동반순행(同伴巡行)하야 관서(關西) 각현(各縣)을 편찰(遍察)하고 의쥬(義州)에 경도(更到)하야 교회(敎會)를 시설(始設)할새 한석진(韓錫晉) 김정현(金定鉉) 김석례(金錫禮) 3인(三人)이 세례(洗禮)를 밧고 기타(其他)의 신자(信者)도 점흥(漸興)이라. 선교사(宣敎師)의 경영(經營)으로 서문외(西門外)에 광윤(廣潤)한 기지(基地)[11]와 굉걸(宏傑)한 와가(瓦家)를 매수(買收)하야 [금(今)] 서회당(西會堂)이 즉(卽) 기기지(其基地)에 건축(建築)함 회당(會堂)으로 사용(使用)하니 자차(自此)로 읍촌(邑村) 각처(各處)에 신자(信者)가 점다(漸多)하더라.

시행(是行)에 기일(奇一, [James Gale]) 마포삼열(馬布三悅 [Samuel A. Moffett]) 양선교사(兩宣敎師)난 서북(西北) 각군(各郡)과 만쥬(滿洲) 각현(各縣)을 순찰(巡察)하야 지방민정(地方民情)을 시탐(視探)하고 동해연

---

[5] 1887년 9월 27일 언더우드가 14명의 성도들과 함께 설립한 새문안교회를 말하는 것이다. 그날 존 로스(John Ross)가 함께 참석했다.

안(東海沿岸)으로 순환(循環)할새 예기이상(預期以上)의 성적(成績)을 박득(博得)함으로 진신(眞神)의게 파견(派遣)됨을 무한감사(無限感謝)하더라.

　미국선교사(美國宣敎師) 배위량(裵緯良, [William M. Baird, 1862-1931]) 부부(夫婦)가 계래(繼來)하야 부산(釜山)에 거류(居留)하고 의사(醫師) 빈돈(賓頓, [Cadwallader C. Vinton, 1856-1936])은 경셩(京城)에 래주(來住)하니라.

　1892년(一八九二年) 임진(壬辰)에 북미선교사(北美宣敎師) 소안론(蘇安論, [William L. Swallen]) 부부(夫婦) 모삼열(牟三悅, [Samuel Foreman Moore, 1860-1906]) 부부(夫婦) 민노아(閔老雅, [Frederick S. Miller]) 부부(夫婦) 이길함(李吉咸, [Graham Lee]) 부부(夫婦)와 남미선교사(南美宣敎師) 이눌서(李訥瑞, [William David Reynolds, 1867-1951]) 부부(夫婦) 전위렴(全緯廉, [William M. Junkin, 1865-1908]) 부부(夫婦)와 최의덕(崔義德, [Lewis Boyd Tate])과 기매(其妹) 최(崔) 매리[Mattie S. Tate]와 데비늬[Linnie Davies]양(孃)이 계래(繼來)ᄒᆞ야 남북미선교사회(南北美宣敎師會)를 각기(各其) 조직(組織)하니라.

　선시(先是)에 제선교사(諸宣敎師)가 각지(各地)를 순찰(巡察)하야 전도(傳道)할 지방(地方)을 예정(預定)이러니 지시(至是)에 원두우(元杜尤, [Horace G. Underwood]), 모삼열(牟三悅, [Samuel Foreman Moore, 1860-1906]), 민노아(閔老雅, [Frederick S. Miller])난 경셩(京城)에 미포삼열(馬布三悅, [Samuel A. Moffett]), 이길함(李吉咸, [Graham Lee])은 평양(平壤)에 기일(奇一, [James Gale]), 소안론(蘇安論, [William L. Swallen])은 원산(元山)에 이눌서(李訥瑞, [William David Reynolds, 1867-1951]) 부부(夫婦) 전위렴(全緯廉, [William M. Junkin, 1865-1908]) 부부(夫婦) 최의덕(崔義德, [Lewis Boyd Tate]) 최(崔) 매리[Mattie S. Tate]와 데비늬[Linnie Davies] 양(孃)은 전주(全州)에 각기(各其) 주거(住居)하야 전도(傳道)하게 하니라.

　선교사회(宣敎師會)에서 감리회(監理會)와 협의(協議)하야 호상협조(互相協助)하고 조득(阻得)치 안키로 초차계약(初次契約)을 셩립(成立)하니

라.[12]

　봉천(奉天) 선교사(宣敎師) 로식[John Ross] 요한이 자기(自己)가 기득(旣得)한 국경방면(國境方面)에 산재(散在)한 아족신도(我族信徒)를 조선교회(朝鮮敎會)로 이명(移名)하기를 청요(請要)함으로 선교회(宣敎會)난 위원(委員)을 파송(派送)하야 인수(引受)하야 도래(渡來)하니라. 시시(是時)에 봉천(奉天)과 일본(日本)에서 번역(繙譯)한 성경(聖經)이 국내(國內)에 유행(流行)하난대 착오처(錯誤處)가 파다(頗多)하다 하야 선교회(宣敎會)난 협의(協議)하고 본문(本文)에 의(依)하야 갱역(更繹)키로 약정(約定)하고 기후(其後)에 마가복음(馬可福音)을 선차발간(先次發刊)하니라.

　각(各) 선교사(宣敎師)가 협의(協議)하야 경성(京城)에 야소교서회(耶穌敎書會)를 설립(設立)하니라.

　경성(京城) 정동(貞洞)에서 전국신자(全國信者)를 초집(招集)하야 1삭간(一朔間) 성경(聖經)을 사구(査究)하얏난대 래회자(來會者) 합 16인(合十六人)이니 경성(京城)에 서상륜(徐相崙) 홍정후(洪正厚) 의주(義州)에 한석진(韓錫晋) 송석준(宋錫俊) 귀성(龜城)에 김관근(金灌根) 양전백(梁甸伯) 문화(文化)에 우종서(禹鍾瑞) 해주(海州)에 최명오(崔明梧) 장연(長淵)에 서경조(徐景祚) 자성(慈城)에 김병갑(金秉甲)이 차기교저자(此其較著者)니 후래(後來) 교회(敎會) 중(中)에 다대(多大)한 공헌(貢獻)이 유(有)하니라.

제 3 장
교회의 발전(敎會의 發展)

> 진신(眞神)의 권고(眷顧)로 민중(民衆)의 감응(感應)이 약시속진(若是速進)하
> 야 10년지간(十年之間)에 재래(在來)의 제종교(諸宗敎)를 능가(凌駕)하야 전선
> (全鮮)이 풍미(風靡)하야 기초(基礎)를 확립(確立)하엿스니 장래(將來)의 흥륭
> (興隆)을 지일가기(指日可期)로다.
>
> 교회의 발전, 조선예수교장로회사기

1. 전도(一, 傳道)

1888년(一八八八年) 무자(戊子)에 선교사(宣敎師) 원두우(元杜尤, [Horace G. Underwood])난 각지(各地)에 순찰(巡察)을 필(畢)하고 선교계획(宣敎計劃)을 확정(確定)한 후(後) 다시 순행(巡行)하야 황해도(黃海道) 장연군(長淵郡) 송천(松川)에 지(至)하야 7인(七人)의게 세례(洗禮)를 주고 교회(敎會)를 설립(設立)하다 시시(是時)에 매서(賣書) 4인(四人)을 선정(選定)하야 1인(一人)은 경성(京城) 근방(近方)에 1인(一人)은 장연(長淵) 근방(近方)에 1인(一人)은 평양(平壤) 근방(近方)에[13] 1인(一人)은 의주(義州) 근방(近方)에 전도(傳道)하니 이난 조선교역자(朝鮮敎役者)의 임명

(任命)의 초보(初步)니라.

1889년(一八八九年) 기축(己丑)에 기일(奇一, [James Gale])은 영남(嶺南) 각군(各郡)에 순행전도(巡行傳道)하고 원두우(元杜尤, [Horace G. Underwood])난 관서(關西) 각군(各郡)에 순행전도(巡行傳道)할새 의주(義州)에 지(至)하야난 동시(同時)에 32인(三十二人)의게 압록강상(鴨綠江上)에셔 세례(洗禮)를 주엇난대 개시도리(皆是道理)에 생소(生疎)한 자(者)라. 개원군(盖元君)이 방언(方言)에 미숙(未熟)함으로 오직 조사(助師)의 소언(所言)만 신(信)하고 성례(聖禮)를 행(行)하여스니 신자(信者)난 실(實)로 소수(少數)이더라.

시년(是年)에 오스트렐야 선교사(宣敎師) 써비이스[Henry Davis]가 초도(初渡)하야 부산(釜山)에 근거(根據)을 정(定)하고 전도(傳道)하기를 시작(始作)하니라.[6]

2. 환난(二, 患難)

시시(是時)는 천주교(天主敎)의 박해(迫害) 후(後)라. 시인(時人)은 신구(新舊)를 막변(莫辨)하며 진위(眞僞)를 동시(同視)하야 복음(福音)을 신종(信從)하난 자(者)를 개시천주학(皆是天主學)이라 첩칭(輒稱)하야 서인(西人)을 귀자(鬼子)라 통칭(通稱)하며 성서(聖書)난 사학(邪學)이라 공지(共指)하야 국제소관(國際所關)으로 종전(從前) 갓이 유혈(流血)의 참화(慘禍)난 수무(雖無)하나 전도도처(傳道到處)에난 지숙(止宿)을 불허(不許)하며 사석(沙石)을 난투(亂投)하야 무한(無限)한 훼언(毀言)이 비지(備至)하야 조애(阻碍)가 심다(甚多)하엿스니 선도자(先導者)의 개로(開路)가 성난의(誠難矣)로다.

---

[6] 이 기록은 엄밀한 의미에서 정확하지 않다. 헨리 데이비스는 부산에 도착해 이틀 후 1890년 4월 5일 세상을 떠났기 때문이다. 부산에 거주하던 제임스 게일이 헨리 데이비스를 간호해주었고, 죽음의 현장에 함께 있었다.

시기통례(是其痛例)어니와 약기개인(若其個人)의 소조(所遭)를 략론(畧論)컨대 엇더한 전도인(傳道人)의 소거지방(所居地方)에서난 유력(有力)한 토호(土豪)들이 향리(鄕里)의 공회(公會)를 소집(召集)하고 공약(公約)을 확정(確定)하되 사학(邪學)을 전파(傳播)하난 자(者)난 훼가출(毁家黜)[14]경(境)하야 다시 만연(蔓延)치 못하게 박해(迫害)한 일도 잇스며 엇던 전도인(傳道人)은 타향(他鄕)에 전왕(轉往)하야 예배(禮拜)하난 중(中)에 린인(隣人)이 작당(作黨)하야 틈입난타(闖入亂打)에 기지사경(幾至死境)을 주인(主人)의 애걸(哀乞)노 근면(僅免)한 일도 잇스며 엇더한 교회(敎會)서난 동민(洞民)의 구박(驅迫)으로 출입(出入)을 부득(不得)하며 작농(作農)을 장폐(將廢)러니 군슈(郡守)의 효유(曉諭)와 도백(道伯)의 지령(指令)으로 유신경작(惟辛耕作)케 된 일도 잇고 엇더한 교인(敎人)은 신지말구(信之末久)에 기형(其兄)이 엄금(嚴禁)하되 오히려 불청(不聽)하고 일향독신(一向篤信)함으로 형내대노(兄乃大怒)하야 신교자(信敎者)ᄂᆞᆫ 비오제(非吾弟)라 하고 보책(譜冊)에 제명(除名)하며 문외(門外)에 구축(驅逐)한 일도 잇고 엇더한 부녀(婦女)난 과거독신(寡居篤信)하난대 시문(媤門)이 위집(蝟集)하야 박타기시(撲打幾死)에 오히려 신종(信從)하거날 종내가산(終乃家産)을 박탈(剝奪)하고 축출(逐出)하야 걸식(乞食)케 한 일도 잇스며 엇더한 여도(女徒)난 독신심신(獨身深信)함으로 시가전족(媤家全族)이 매일구타(每日毆打)하야 전신(全身)에 완부(宛膚)가 업스며 두부(頭部)에 여발(餘髮)이 업스되 오히려 신종(信從)함으로 수년(數年) 후(後)에 기전가(其全家)가 귀도(歸道)한 일도 잇셧ᄂᆞ니라. [차등(此等) 여도개다(女徒概多).]

3. 교육(三, 敎育)

상술(上述)한 바 미국선교사(美國宣敎師) 흘법(屹法, [Homer Bezaleel Hulbert])은 육영공원(育英公院)에서 다수(多數)한 청년(靑年)을 배양(培養)하엿스니 차내당시(此乃當時) 고등교육(高等敎育)이라. 기시(其時)에 각

해관(各海關) 급(及) 외아문(外衙門)에 시무(視務)하난 관리(官吏)난 시원(是院)에서 다출(多出)하엿나니라. 기외(其外)에도 남녀소학교(男女小學校)를 설립(設立)하야 보통과(普通科)와 성경과(聖經科)를 교수(敎授)할새 당시(當時)난 창고시대(蒼古時代)라.

부형(父兄)된 자(者)들이 자제(子弟)의 신식교육(新式敎育)을 불원(不願)함으로 학비(學費)를 지당(支當)할만한 학생(學生)은 1인(一人)도 불참(不叅)핸15]지라. 선교사회(宣敎師會)난 고아원제(孤兒院制)에 의(依)하야 학생(學生)의 의식(衣食)과 학비(學費)를 전담(全担)하니 기시(其時) 학생(學生)이 백유여인(百有餘人)이라. 기후(其後)에 교역(敎役)에 종사(從事)한 자(者)도 불소(不少)하더라. 차등(此等) 소규적교육(少規的敎育)을 족(足)히 칭도(稱道)치 못할 것이나 연(然)이나 전도(傳道)의 초(初)에 여시설비(如是設備)함은 장래대체(將來大體)의 기관(機關)이 실(實)노 차시(此時)에 립(立)하엿도다.

이상(以上)은 교회(敎會)의 발전(發展)을 략술(畧述)함이니 진신(眞神)의 권고(眷顧)로 민중(民衆)의 감응(感應)이 약시속진(若是速進)하야 10년지간(十年之間)에 재래(在來)의 제종교(諸宗敎)를 능가(凌駕)하야 전선(全鮮)이 풍미(風靡)하야 기초(基礎)를 확립(確立)하엿스니 장래(將來)의 흥륭(興隆)을 지일가기(指日可期)로다.[16]

제 2편
공의회시대(公議會時代) 1893년 - 1906년

제 4 장
총론 (總論)

차공의회(此公議會)를 2기(二期)에 분(分)하니 제 1기(第一期)난 선교사공의회시대(宣敎師公議會時代)인대 즉(卽) 1893년(一千八百九十三年) 지 1900년(至一千九百年)이라 유외국선교사(惟外國宣敎師)만 회원(會員)이 되엿고 제 2기(第二期)난 합동공의회시대(合同公議會時代)인대 즉(卽) 1901년(一千九百一年) 지 1906년(至 一千九百六年)이니 내외국위원(內外國委員)이 함의 회원(會員)이 되엿나니라.

총론, 조선예수교장로회사기

1. 공의회의 설립(一, 公議會의 設立)

기독교(基督敎)가 아조선(我朝鮮) 래전(來傳)한 지 10년(十年)에 미만(未滿)하야 교도울흥(敎徒蔚興)하고 교회(敎會)가 성립(成立)하난 동시(同時)에 치리(治理)하난 상회(上會)가 무(無)함으로 제위원(諸委員) 등(等)이 일공의회(一公議會)를 조직(組織)하얏스니 시회(是會)난 장래(將來)의 적법(適法)대로 설립(設立)할 치리회(治理會)가 현출(現出)하기 전(前)에난 전권(專權)으로 치리(治理)하난 상회(上會)가 되엿나니라. 차공의회(此公議會)를 2기(二期)에 분(分)하니 제 1기(第一期)난 선교사공의회시대(宣敎師

公議會時代)인대 즉(即) 1893년(一千八百九十三年) 지(至) 1900년(一千九百年)이라 유외국선교사(惟外國宣敎師)만 회원(會員)이 되엿고 제 2기(第二期)난 합동공의회시대(合同公議會時代)인대 즉(即) 1901년(一千九百一年) 지(至) 1906년(一千九百六年)이니 내외국위원(內外國委員)이 함씌 회원(會員)이 되엿나니라.

2. 공의회의 권리(二, 公議會의 權利)

시시(是時) 회원(會員)은 외국인(外國人) 측(側)에 제선교사(諸宣敎師)가 구참(俱叅)하고 국인측(本國人) 측(側)에난 목사(牧師)가 기무(旣無)하고 장로(長老)는 수유(雖有)하나 소수(少數)에 불과(不過)함으로 각(各) 선교지방(宣敎地方)으로브터 총대(總代)를 선송(選送)하야 (장로(長老) 안인 이[17]도 피선(被選)됨) 본공의회(本公議會)를 성립(成立)한 고(故)로 처리권(處理權)이 별무(別無)하고 다만 토의(討議), 권고(勸告), 보고(報告), 간친(懇親) 등(等) 사(事)를 략행(畧行)하얏고 각(各) 지교회(支敎會)의 치리(治理)는 제선교사(諸宣敎師)에게 잉속(仍屬)하엿나니 시회(是會)난 장래(將來)의 정식치리회(正式治理會)의 예비적공회(預備的公會)라 가위(可謂)하리로다.

3. 시대의 편의(三, 時代의 便宜)

우리 기독교(基督敎)가 일즉 계발시대(啓發時代)에 처(處)하여셔는 전도(傳道)의 문로(門路)가 오히려 협소(夾少)하더니 차시(此時)에는 기회(機會)가 대벽(大闢)에 발전(發展)이 신속(迅速)한지라. 기원인(其原因)을 추구(推究)컨대 일(一)은 관리(官吏)의 학정(虐政)으로 인(因)함이니 당시(當時) 패관(稗官) 등(等)이 위권(威權)을 남용(濫用)하야 곡직(曲直)은 불관(不關)

하고 구유재이무권자(苟有財而無權者)면 문득 유죄(有罪)로 구성(構成)하야 형륙장수위갈(刑戮杖囚威喝)을 자행(恣行)함으로 생민(生民)은 호소(呼訴)할 처소(處所)가 업서 원억(寃抑)함을 규회(叫呼)하더니 전도자(傳道者)의 속죄설(贖罪說)을 득문(得聞)하난 자(者)난 쟁선입교(爭先入敎)하고 입교자(入敎者)를 피관인배(彼官人輩)가 자외(自畏)하되 외국인(外國人) 즉(卽) 선교사(宣敎師)는 무삼 권력(權力)이 유(有)한가 하야 막감침해(莫敢侵害)하니 유시(由是)로 생민(生民)은 구작(驅雀)의 총림(叢林)과 주어(走魚)의 심연(深淵)과 갓치 교회(敎會)로 의귀(依歸)함이로 이(二)난 병난(兵亂)의 경과(經過)로 인(因)함이니 아방(我邦)은 300년래(三百年來)로 외교(外交)도 부지(不知)하고 전술(戰術)도 불문(不聞)이라가 일청전시(日淸戰時)를 거당(遽當)하야 관문동개(關門洞開)에 외인(外人)이 옹입(擁入)하난지라. 포성(砲聲)이 이(耳)를 진(震)하고 검광(劒光)이 목(目)을 경(驚)함에 비로소 자존주의(自尊主義)를 포기(抛棄)하고 종교공행(宗敎公行)을 각오(覺悟)하야 상하남녀(上下男女)가 번연(幡然)히 개오(改悟)하야 복음(福音)을 신종(信從)하엿스니 차등기회(此等機會)난 진신(眞神)의[18] 계도(啓導)라 감사(感謝)를 불금(不禁)하리로다.

4. 시대의 간험(四, 時代의 艱險)

종전(從前) 계발시대(啓發時代)에난 개문(開門)의 초두(初頭)에 난고(難苦)를 루경(屢經)하엿스나 단소도처(但所到處)가 무다(無多)한 고(故)로 국내관민(國內官民)이 창해입속(滄海粒粟)으로 위인(爲認)하야 족(足)히 위려(爲慮)할 것이 무(無)라 하더니 차시(此時)에난 내외국인(內外國人)의 전도자(傳道者)의 적(跡)이 대도소촌(大都小村)과 심산벽항(深山僻巷)에 주행(周行)하야 복음(福音)을 편전(遍傳)하고 교회(敎會)가 상접(相接)하야 남녀(男女)의 개방(開放)과 귀신(鬼神)의 배척(排斥)이 습관(習慣)을 편성(便成)함에 차등성문(此等聲聞)이 피유권자(彼有權者)들의 이막(耳膜)을 진경

(震驚)케 한지라.

어시(於是)에 군부(軍部)는 도륙지계(屠戮之計)를 모(謀)하고 방백(方伯)은 수금지형(囚禁之刑)을 행(行)하고 군수(郡守)난 축출지명(逐出之命)을 시(施)하엿고 기타사회(其他社會)의 공갈(恐喝)과 족속(族屬)의 위협(威脅)이 수처(隨處)에 개유(皆有)하엿스나 당기시(當其時)에 내외국(內外國) 전도자(傳道者)는 백절불굴(百折不屈)할 열성강력(熱誠強力)으로 각처(各處)로 순행(巡行)하난 중(中) 숙(宿)할 처소(處所)도 무(無)하고 식(食)할 량자(糧資)도 무(無)하야 효복노숙(枵腹露宿)으로 례사(例事)를 삼고 후욕배척(詬辱排斥)으로 영업(營業)을 삼아스니 교역자(敎役者)의 간인(艱因)이 어사위심(於斯爲甚)이로다.

제 5 장
선교사 공의회(宣敎師公議會) 1893년-1900년 말

주후(主後) 1893년(一八九三年) 계사(癸巳) 시시(是時) 각처(各處)에 신도(信徒)가 수다(數多)하나 치리회(治理會)가 현무(現無)함으로 선교사(宣敎師) 등(等)이 일공의회(一公議會)를 조직(組織)하야 조선예수교장로회(朝鮮예수敎長老會)가 완전(完全)히 성립(成立)될 시기(時期)까지 전국교회(全國敎會)에 전권치리(專權治理)하난 상회(上會)가 되얏스니 제 1회(第一回) 회장(會長)은 이눌서(李訥瑞)러라.

1893 조선예수교장로회선교사공의회

1. 교회설립(一, 敎會設立)[19]

주후(主後) 1893년(一八九三年) 계사(癸巳) 시시(是時) 각처(各處)에 신도(信徒)가 수다(數多)하나 치리회(治理會)가 현무(現無)함으로 선교사(宣敎師) 등(等)이 일공의회(一公議會)를 조직(組織)하야 조선예수교장로회(朝鮮예수敎長老會)가 완전(完全)히 성립(成立)될 시기(時期)까지 전국교회(全國敎會)에 전권치리(專權治理)하난 상회(上會)가 되얏스니 제 1회(第一回) 회장(會長)은 이눌서(李訥瑞, [William David Reynolds, 1867-1951])러라.

시시(是時)에 선교사(宣敎師) 모삼열(牟三悅, [Samuel Foreman Moore, 1860-1906])이 경성(京城) 미동(美洞)에 거주(居住)하야 아직 방언(方言)을 미해(未解)하나 열심(熱心)히 심열(甚烈)하야 매일(每日) 교도(敎徒)와 동반(同伴)하야 시가전도(市街傳道)를 위무(爲務)하니 당시(當時) 조사(助師)난 김영옥(金泳玉) 천광실(千光實)이오 전도(傳道)난 마영준(馬永俊) 이승두(李承斗)러라. 개모(蓋牟) 목사(牧師)의 신덕(信德)과 자선(慈善)은 중(中)에 성(誠)하야 외(外)에 형(形)한 고(故)로 관감자(觀感者) 파다(頗多)하야 신흥불신(信興不信)을 무론(毋論)하고 인목(人牧)이라 공칭(共稱)하고 기가(其家)난 인의예지가(仁義禮智家)라 칭(稱)하더라. 미기(未幾)에 모삼열(牟三悅, [Samuel Foreman Moore, 1860-1906])이 경기(京畿) 동변(東邊)으로 순행(巡行)할새 김영옥(金泳玉) 천광실(千光實)이 반왕(伴往)하야 양주(楊洲) 포천(抱川) 등지(等地)에 전도(傳道)하야 수처(數處) 교회(敎會)를 설립(設立)하니라.

선교사(宣敎師) 마포삼열(馬布三悅, [Samuel A. Moffett])이 평양(平壤) 양촌(陽村)에 이주(移住)하야 한석진(韓錫晋)을 조사(助師)로 선정(選定)하야 회무(會務)를 협찬(協贊)케 하고 성내(城內) 판동(板洞)에 1옥(一屋)을 매수(買受)하야 회당(會堂)을 설립(設立)하고 교도(敎徒)가 회집(會集)하니 차(此)가 평양(平壤)에 수립(首立)한 교회(敎會)러라.

평원군(平原郡) 한천교회(漢川敎會)가 설립(設立)하다. 선시(先是)에 송린서(宋麟瑞)가 복음(福音)을 신종(信從)하고 평양(平壤)으로브터 죽동(竹洞)에 이거(移居)하야 전도(傳道)한대 린인(隣人)이 비소(鼻笑)하더니 기후(其後)에 동학난(東學亂)으로 인심(人心)이 동요(動搖)하야 김정연(金鼎淵) 김봉준(金鳳俊) 등(等)이 선후(先後)하야 신(信)함으로 주일(主日)을 수(守)하더니 선교사(宣敎師) 마포삼열(馬布三悅, [Samuel A. Moffett])과 전도인(傳道人) 이영언(李榮彥)이 래고(來顧)하야 교회(敎會)를 설립(設立)하니 수년(數年)이 불과(不過)하야 신자(信者)가 증대(增多)함으로 회당(會堂)을 건축(建築)하고 한천(漢川)[20]회당(會堂)이라 명명(命名)하니라.

평원군(平原郡) 명당동교회(明堂洞敎會)가 성립(成立)하다. 선시(先是)

에 송린서(宋麟瑞)가 시처(是處)에 전도(傳道)함으로 박용섭(朴容涉) 김용섭(金用燮) 등(等)이 신종(信從)고 한천교회(漢川敎會)에 왕래(往來)하며 예배(禮拜)하더니 미기(未幾)에 본동(本洞)에 기도소(祈禱所)를 설립(設立)하고 신자(信者)를 초집(招集)함에 이한진(李漢鎭) 우기모(禹琦謨)가 신(信)하고 열심의연(熱心義捐)하야 예배당(禮拜堂)을 신축(新築)할새 동민(洞民) 박이건(朴履健) 박이리(朴履理) 양인(兩人)이 건축비(建築費) 반액(半額)을 보조(補助)하얏스니 불신자(不信者) 중(中)에서 여시용력(如是用力)함은 석자(昔者) 예루살넴 성전건축(聖殿建築)할 시(時)에 두로인(人)이 래조(來助)함과 상교(相較)할 사(事)이러라. 한천(漢川)으로브터 교회(敎會)를 분립(分立)ᄒ니라.

용강군(龍岡郡) 죽본리교회(竹本里敎會)가 성립(成立)하다. 선시(先是)에 방기창(邦基昌) 송린서(宋麟瑞) 등(等)이 전도(傳道)함으로 김시용(金時容) 김대혁(金大赫) 김낙문(金樂汶) 유형근(劉亨根) 김씨경반(金氏敬磐) 등(等)이 신(信)하고 신자사제(信者私第)에셔 예배(禮拜)하다가 기후(其後)에 교인(敎人)이 의연(義捐)하야 와가(瓦家) 6간(六間)을 매수(買收)하야 회당(會堂)으로 사용(使用)하고 교인(敎人)이 합심신도(合心信道)하야 교세(敎勢)가 소진(稍振)하얏더니 석재(惜哉)라. 교인(敎人) 김승원(金承元)은 안식교(安息敎)에 송창걸(宋昌杰)은 자유교(自由敎)에 투왕(投徃)하니 일시분규(一時紛糾)가 유(有)하엿스나 신(辛)히 진신(眞神)의 보우(保佑)를 몽(蒙)하야 교회(敎會)난 의구유지(依舊維持)하니 교역자(敎役者)난 방기창(邦基昌)이러라. 기후(其後)에 김창문(金昌文) 변봉조(邊鳳朝) 이응호(李應浩) 김취익(金就益) 김대혁(金大赫) 유형근(劉亨根) 백일승(白日昇) 등(等)이 상계(相繼)하야 교역(敎役)에 종사(從事)하니라.

의쥬(義州) 조사(助師) 백홍준(白鴻俊)이 별세(別世)하고 기서(其婿) 김관근(金灌根)이 대리(代理)하니 관근(灌根)은 구성인(龜城人)이라. 선년(先年)에 세례(洗禮)를 밧고 시시(是時)에 임명(任命)되엿스니 개선교사(蓋宣敎師) 마포삼열(馬布三悅 [Samuel A. Moffett])의 주지(主旨)난 한석진(韓錫晋)으로 평남(平南) 전경(全境)을 순회(巡廻)하고 김관근(金灌根)으로

평북(平北) 전경(全境)을 순회(巡廻)케 함이라.[21]

시시(是時)로부터 주일(主日)에 3차(三次) 예배(禮拜)와 수요일석(水曜日夕)에 기도회(祈禱會) 설행(設行)하기로 정규(定規)하니 차례(次例)가 거의 전국(全國)에 통행(通行)되니라.[1]

부산(釜山) 초량교회(草梁敎會)가 성립(成立)하다. 선시(先是)에 미국(美國) 북장로회선교사(北長老會宣敎師) 배위량(裵緯良, [William M. Baird, 1862-1931]) 부부(夫婦)가 영서현(英署峴)에 래왕(來往)하고 기후(其後)에 하대(河鯉永, [Robert Hardie]) 의사(醫師) 부부(夫婦)가 역래(亦來)하야 동시전도(同時傳道)함으로 신자(信者)가 점기(漸起)하고 시년(是年)에 선교사(宣敎師) 손안로(孫安路, [Andrew Adamson])가 초량(草梁) 현금(現今) 예배당(禮拜堂) 기지(基地)에 래주(來住)하야 교회(敎會)를 설립(設立)하니라. [기후(其後)에 손안로(孫安路, [Andrew Adamson])가 마산(馬山)에 이주(移住)할 시(時)에 영서현교회(英署峴敎會)와 병합(併合)하얏고 예배당(禮拜堂)을 영주동(瀛洲洞)에 이전(移轉)하니라.] 시시(是時)에 선교사(宣敎師) 배위량(裵緯良, [William M. Baird, 1862-1931])은 부산(釜山)으로브터 대구(大邱)에 이주(移住)하야 해처(該處)를 동도(同道)의 중심지(中心地)를 삼아 열심(熱心)히 전도(傳道)함에 신자(信者)가 점진(漸進)하야 교회기초(敎會基礎)가 성립(成立)되엿난대 서두찬(徐斗燦)이 처음 세례(洗禮)를 밧앗나니라.

원산항(元山港) 명석동교회(銘石洞敎會)가 성립(成立)하다. 선년(先年)에 선교사(宣敎師) 기일(奇一, [James Gale])과 소안론(蘇安論, [William L. Swallen])이 시처(是處)에 래주(來住)함으로브터 교무(敎務)에 전력(專力)할새 기일(奇一, [James Gale])은 어학준비(語學準備)와 성경번역(聖經繙譯)을 담임(擔任)하야 후래(後來)에 한영자전(韓英字典) [1895년(一八九

---

[1] 당시 주일날 오전 10시, 오후 2시, 저녁 7시 세 차례 예배를 드렸다. 오전 10시는 성경공부를 했고 오후 2시에 주일예배를 드렸으며 저녁에는 일종의 부흥집회 형식의 예배였다. 수요일에 수요기도회를 드렸다. 이런 예배 형식은 곧 전국교회들이 따랐다. 평양대부흥 당시까지도 주일날 3차례의 예배가 드려졌다.

五年) 공의회(公議會)가 작정발간(作定發刊)과 로가복음(路加福音)이 발행(發行)되엿고 소안론(蘇安論, [William L. Swallen])은 선복(鮮服)을 환간(換看)하고 조사(助師) 전군보(田君甫) 이기풍(李基豊) 등(等)과 병력(幷力)하야 수륙(水陸) 각지(各地)에 열심전도(熱心傳道)함으로 원산부내(元山府內) 김용보(金容甫) 송창운(宋昌雲) 김수억(金守億) 유태연(劉泰然) 이근식(李根植) 등(等)이 전후신종(前後信從)하야 교회(敎會)가 성립(成立)되고 김수억(金守億) 오승초(吳承楚) 강경조(康敬祚) 등(等)은 합동연보(合同捐補)하야 구화(舊貨) 800량(八百兩)으로 동내노전(洞內蘆田)을 매입(買入)하얏다가 후래(後來)에 역장기지(驛場基地)로 척매(斥賣)[22]하야 교회(敎會)의 기본금(基本金)을 설치(設置)하니라.

재령군(載寧郡) 신환포교회(新澳浦敎會)가 성립(成立)하다. 선시(先是)에 선교사(宣敎師) 마포삼열(馬布三悅, [Samuel A. Moffett]) 이길함(李吉咸, [Graham Lee])과 전도인(傳道人) 한치순(韓致淳)이 당지(當地)에 래도(來到)하야 복음(福音)을 선전(宣傳)하니 신자수흥(信者隨興)이라. 최종엽(崔宗燁) 차종학(車宗學) 김경엽(金京燁) 문재현(文在賢) 문장호(文章灝) 정이헌(鄭利憲) 한선주(韓善周) 이현서(李賢瑞) 등(等)이 신종(信從)하야 한치순(韓致淳) 사저(私邸)에 회집예배(會集禮拜)라가 시년(是年)에 가옥(家屋)을 매수(買收)하야 예배당(禮拜堂)으로 사용(使用)하고 직원(職員)을 선정(選定)하니 조사(助師) 송린서(宋麟瑞) 영수(領袖) 한치순(韓致淳) 집사(執事) 송은범(宋殷範)이라. 미기(未幾)에 예배당(禮拜堂)을 신축(新築)하니라.

기후(其後) 한치순(韓致淳)을 제 1회(第一回) 장로(長老)로 장립(將立)하야 당회(堂會)를 조직(組織)하엿스며 기후장로(其後長老) 최종신(崔宗信) 장경호(蔣景鎬) 조사(助師) 이원민(李元敏) 황인성(黃寅晟) 김윤점(金允漸) 이춘형(李春瀅) 최종신(崔宗信) 정원형(鄭元衡) 이근필(李根弼) 선교사(宣敎師) 한위렴(韓緯廉, [William B. Hunt]) 군예빈(君芮彬, [Edwin Wade Koons]) 목사(牧師) 정원형(鄭元衡) 장홍범(張弘範)이 상계시무(相繼視務)하니라.

동군(同郡) 상거동교회(上居洞敎會)가 성립(成立)하다. 어시(於是)에 전도인(傳道人) 한치순(韓致淳)이 동지(同地)에 순행전도(巡行傳道)함으로 유동빈(柳東彬) 전가(全家)가 초신(初信)하고 린근인(隣近人)의게 상권(相勸)하야 신자(信者)가 계흥(繼興)한지라. 지시(至是)에 회당(會堂)을 건축(建築)하고 교회(敎會)를 건설(建設)하니라. 기후(其後) 라마교인(羅馬敎人)의 박해(迫害)를 인(因)하야 교회(敎會)가 점쇠(漸衰)하더니 의외(意外)에 동지(同地) 라마교회장(羅馬敎會長) 최기현(崔基鉉)이 개종(改宗)하고 야소교(耶穌敎)에 입(入)하야 열심전도(熱心傳道)하니 교회(敎會)가 부흥(復興)하얏고 최기현(崔基鉉)을 제 1회(第一回) 장로(長老)로 장립(將立)하야 당회(堂會)를 조직(組織)하니라.

동군(同郡) 북율면(北栗面) 강촌교회(江村敎會)가 성립(成立)하다. 선시(先是)에 전도인(傳道人) 한치순(韓致淳)이 순행전도(巡行傳道)함으로 한치익(韓致益) 김이홍(金利弘) 등(等)이 시신(始信)하고 린인(隣人)을 권(勸)하야 신종(信從)케 하야 교회(敎會)를 설립(設立)하니라.[23]

안악군(安岳郡) 교동교회(橋洞敎會)가 성립(成立)하다. 선시(先是)에 선교사(宣敎師) 이길함(李吉咸, [Graham Lee])의 전도(傳道)를 문(聞)하고 조동직(趙東稷) 이한두(李漢斗) 양인(兩人)이 최선신종(最先信從)하고 합심전도(合心傳道)하야 교회(敎會)를 설립(設立)하니라.

동군(同郡) 덕산면교회(德山面敎會)가 성립(成立)하다. 선시(先是)에 한치순(韓致淳)의 전도(傳道)로 정택노(鄭宅老)가 수선신종(首先信從)하야 교회(敎會)를 설립(設立)하니라.

동군(同郡) 서하면(西河面) 대동교회(大同敎會)가 성립(成立)하다. 선시(先是)에 한치순(韓致淳)의 전도(傳道)로 장석두(張錫斗) 장석규(張錫奎) 장석정(張錫鼎) 장석구(張錫九) 장석쥬(張錫周) 장석영(張錫英) 등(等)이 최선신종(最先信從)하야 교회(敎會)가 성립(成立)하고 익년(翌年)에 예배당(禮拜堂)을 신축(新築)하니 당시(當時) 선교사(宣敎師)난 마포삼열(馬布三悅, [Samuel A. Moffett])이오 조사(助師)난 이원영(李元英)이러라.

동군(同郡) 읍내교회(邑內敎會)가 성립(成立)하다. 선시(先是) 전도인

(傳道人) 김백영(金伯榮)의 전도(傳道)로 오계한(吳啓漢) 차승용(車昇庸) 김경변(金慶番) 등(等)이 신종(信從)하고 신자계진(信者繼進)하야 교회(敎會)가 수성(遂成)하니라.

동군(同郡) 무석교회(武石敎會)가 성립(成立)하다. 선시(先是)에 신도(信徒) 장석두(張錫斗)의 전도(傳道)로 동민(洞民)이 신종(信從)하야 오계한(吳啓漢) 가(家)에 회집(會集)하야 예배(禮拜)하니라.

동군(同郡) 삼상교회(三上敎會)가 성립(成立)하다. 최초(最初)에 동민(洞民) 신학보(申學甫)가 복음(福音)을 득문(得聞)하고 린인(隣人)에게 전도(傳道)하야 신자(信者)가 점진(漸進)하난지라 어시(於是)에 교회(敎會)를 설립(設立)하니라.

장연군(長淵郡) 칠곡교회(柒谷敎會)가 성립(成立)하다. 선시(先是)에 송천(松川) 서경조(徐景祚)의 전도(傳道)로 김치도(金致道) 홍영범(洪永範) 등(等)이 신종(信從)하야 교회(敎會)를 건립(建立)하니라.[24]

장연읍교회(長淵邑敎會)가 성립(成立)하다. 선시(先是)에 선교사(宣敎師) 원두우(元杜尤, [Horace G. Underwood])의 전도인(傳道人) 김원여(金元汝)가 시신(始信)하고 린인(隣人)의게 상전(相傳)하야 신자(信者)가 계흥(繼興)한지라. 어시(於是)에 교회(敎會)를 창립(創立)하니라.

봉산군(鳳山郡) 사인면(舍人面) 당포동교회(唐浦洞敎會)가 성립(成立)하다. 선시(先是)에 한치슌(韓致淳)이 순행전도(巡行傳道)함으로 오봉서(吳鳳瑞) 부부(夫婦)가 시신(始信)하고 기휘(其後) 신자(信者)가 점흥(漸興)하야 교회(敎會)를 창설(創設)하엿고 기후(其後) 박태화(朴泰和)를 제1회(第一回) 장로(長老)로 장립(將立)하야 당회(堂會)를 조직(組織)하니라.

문화군(文化郡) 사평동교회(沙坪洞敎會)가 성립(成立)되다. 선시(先是)에 선교사(宣敎師) 원두우(元杜尤, [Horace G. Underwood])의 전도(傳道)로 양성즉(梁聖則) 이기태(李基太) 등(等)이 시신(始信)하고 신자(信者)가 점흥(漸興)하야 송천지회(松川支會)로 조직(組織)하니라. 기시(其時) 신도(信徒)가 고백(古柏)한 사상(思想)으로 의정(議定)하기를 아등(我等)의게 전도(傳道)한 선교사(宣敎師) 원두우(元杜尤, [Horace G. Underwoo])가

아니면 세례(洗禮)를 불원(不願)이라 하야 수년(數年)을 도과(徒過)하다가 마포삼열(馬布三悅, [Samuel A. Moffett])의 간권(懇勸)으로 다수신자(多數信者)가 동시(同時)에 세례(洗禮)를 밧고 교회(教會)가 확립(確立)되니라.

송화군(松禾郡) 덕안리교회(德安里教會)가 성립(成立)하다. 선시(先是)에 교인(教人) 김원여(金元汝)의 전도(傳道)로 박기순(朴基淳) 전가(全家)가 신종(信從)하고 신자(信者)가 계흥(繼興)하야 교회(教會)가 수성(遂成)하니라.

대영성서공회(大英聖書公會)가 아방교회(我邦教會)의 륭흥(隆興)을 득문(得聞)하고 경성(京城)에 지부(支部)를 설립(設立)하다. 선시(先是) 중국(中國) 봉천(奉天) 선교사(宣教師) 로스 요한(John Ross)과 믹켄 다일(John McIntyre)이 아방인(我邦人) 김진기(金鎭基) 이응찬(李應賛) 등(等)으로 한문복음(漢文福音)을 선문(鮮文)으로 번역(繙譯)하야 아방(我邦)에 전파(傳播)하엿더니 기후(其後)에 대영성서공회(大英聖書公會)가 우양(右兩) 선교사(宣教師)의게 선문성서(鮮文聖書)에 관(關)한 개인사업(個人事業)을 인계(引繼)하야 종전(從前)에 번역(繙譯)한 비금(費金)을 진수상환(盡數償還)하고 기역문(其譯文) 원고(原稿)를 수집(蒐輯)해[25]야 누가복음(福音)과 요한복음(福音) 3천권(三千卷)을 기익년(其翌年)에 중국(中國)에 주문발간(注文發刊)하엿난대 기방언(其方言)이 서선(西鮮)에난 적합(適合)하되 기호(畿湖)에난 소이(稍異)한 고(故)로 교정(矯正)하야 1천권(一千卷)을 경간(更刊)하야 조선내(朝鮮內) 전파(傳播)에 공급(供給)하고 자족(自足)로 독역(讀繹)하여 4복음(四福音)과 사도행전(使徒行傳)을 차제발간(次第發刊)하야 전파(傳播)한 것이 1만5천권(一萬五千卷)에 달(達)하엿스며 1887년(一八八七年)에난 신약전서(新約全書)가 완성(完成)되야 서선지방(西鮮地方)에 전력전도(專力傳道)케 함으로 1년간(一年間)에 6천여부(六千餘部)를 분포(分布)하니라.

시후(是後)에난 아방(我邦)에 래주(來住)한 선교사(宣教師)의게 성서

---

2 1887년에 완간된 로스(John Ross) 역 예수성교전서를 말한다.

(聖書)를 충분수용(充分需用)하도록 공급(供給)하엿고 서상륜(徐相崙)이 최선경성(最先京城)에서 포교전로(布教前路)를 예비(預備)하엿슴으로 선교사(宣教師) 등(等)이 래도(來到) 미기(未幾)에 수십인(數十人)이 세례(洗禮)를 밧앗스니 차(此)난 성서공회(聖書公會)가 선도(先導)가 됨이니라. 1888년(一八八八年) 이래(以來)로 성서전파(聖書傳播)의 성적(成績)이 우호(尤好)하야 1년(一年)에 5만여책(五萬餘冊)이 분포(分布)되엿더니 동년(同年)에 대영성서공회(大英聖書公會)에서 조선지부(朝鮮支部)를 경성(京城)에 설치(設置)하고 사업(事業)을 확장(擴張)하야 1년(一年) 중(中)에 50만부(五十萬部)를 전파(傳播)하엿고 번역(繙譯)을 계속(繼續)하니라.

시년(是年)에 북미(北美) 선교의사(宣教醫師) 어비신(魚丕信, [O. R. Avison]) 부부(夫婦)가 경성(京城)에 래주(來住)하니라.[3]

1894년(一八九四年) 갑오(甲午) 시년(是年) 공의회회장(公議會々長)은 배위량(裵緯良, [William M. Baird, 1862-1931])이라.

시년(是年)에 선교사(宣教師) 원두우(元杜尤, [Horace G. Underwood])난 전도(傳道)의 방침(方針)을 확장(擴張)하야 서상륜(徐相崙) 김흥경(金興京) 박태선(朴泰善) 유흥렬(劉興列) 등(等)으로 경성(京城) 근방(近方)에 전도(傳道)케 하고 신화순(申和淳) 도정희(都正熙) 이춘경(李春景) 등(等)으로 고양(高陽) 김포(金浦) 등지(等地)에 전도(傳道)케 하니 동시(同時)에 사오처(四五處) 교회(教會)가 신설(新設)되고 의사(醫師) 헤론(惠論)은 동현(銅峴)에 병원(病院)을 설립(設立)한 후(後) 일변(一邊)으로 질병(疾病)을[26] 구료(救療)하며 일변(一邊)으로 복음(福音)을 선전(宣傳)하야 은연(隱然)히 교회(教會)를 성립(成立)하엿더니 기후(其後) 병원이전(病院移轉) 시(時)에 교인(教人)은 남문외(南門外)와 승동교회(勝洞教會)로 분(分)하야 각기(各其) 대회(大會)를 경성(竟成)하니라.

시년(是年) 춘(春)에 호남지방(湖南地方)에 동학당(東學黨)이 난(亂)을 기(起)하야 척양(斥洋)을 창(唱)하고 기세창궐(其勢猖獗)하야 도로(道路)가

---

[3] 세브란스 병원을 설립한 북장로교 소속 의료 선교사 에비슨(Oliver R. Avison, 1860-1956)이 입국한 것은 1888년이 아니라 1893년 6월이다.

불통(不通)하난지라. 전주(全州)에 거쥬(居住)하던 남미선교사(南美宣敎師) 이눌서(李訥瑞, [William David Reynolds, 1867-1951]) 최의덕(崔義德, [Lewis Boyd Tate]) 전위렴(全緯廉, [William M. Junkin, 1865-1908]) 등(等)은 피난(避亂)하야 경성(京城)에 우거(寓居)래타가 반년(半年) 후(後)에 복귀(復歸)하야 전주(全州)와 군산(群山)을 전도(傳道)의 중심지(中心地)로 작정(作定)하고 사업(事業)을 확장(擴張)하더라.

평양(平壤) 판동교회(板洞敎會)에 신도(信徒)가 점증(漸增)하난 중(中) 최선(最先)으로 최치량(崔致良) 전재숙(田載俶) 문흥준(文興俊) 이동승(李東昇) 조상정(趙相鼎) 한태교(韓台敎) 박정국(朴鼎國) 등(等)이 세례(洗禮)를 밧고 이동(李東昇)이 제 1회(第一回) 영수(領袖)로 피임(被任)되니라.

봉산군(鳳山郡) 모동교회(慕洞敎會)가 성립(成立)하다. 선시(先是)에 선교사(宣敎師) 마포삼열(馬布三悅, [Samuel A. Moffett])과 한치순(韓致淳)이 순행전도(巡行傳道)함으로 최행권(崔行權) 오성강(吳成綱) 박종도(朴宗道) 장선학(張善學) 최원모(崔元模) 등(等)이 신종(信從)하야 본동(本洞) 사숙(私塾)을 차득예배(借得禮拜)하니라.

동군(同郡) 사리원교회(沙里院敎會)가 성립(成立)하다. 선시(先是)에 이재선(李在善) 박상응(朴尙應) 강호윤(姜浩允) 권국진(權國鎭) 등(等)이 모동교회(慕洞敎會)로부터 복음(福音)을 득문(得聞)하고 모동(慕洞) 속회(屬會)가 되엿더니 기후(其後) 신자(信者)가 점증(漸增)하야 교회(敎會)를 분립(分立)하얏고 이재선(李在善)을 제 1회(第一回) 장로(長老)로 장립(將立)하야 당회(堂會)를 조직(組織)하니라.

시년(是年)에 가나다 선교사(宣敎師) 김세(金世, [William John Mckenzie])가 장연군(長淵郡) 송천(松川)에 래쥬(來住)하야 열심전도(熱心傳道)할새 기거처(其居處) 음식(飮食)을 아족(我族)과 동일(同一)히 하고 교회(敎會)를 확장(擴張)하야 남녀학교(男女學校)를 설립(設立)하고 교육(敎育)에 겸무(兼務)하더니 기익년(其翌年)[27]에 불행(不幸)히 인병별세(因病別世)하니 린리(隣里)가 차석(嗟惜)하더라.

곡산군(谷山郡) 도화면(桃花面) 무릉리교회(武陵里敎會)가 성립(成立)

하다. 선시(先是)에 리인(里人) 조문백(趙文伯)이 김재정(金載禎)의게셔 전도문(傳道文) 2책(二冊)을 득견(得見)하고 이태겸(李泰謙) 이치겸(李致謙) 김해득(金海得) 3인(三人)으로더브터 수삭간(數朔間) 연구(研究)한 후(後) 신종(信從)하기로 작정(作定)하야 경성(京城)에 왕(往)하야 1년(一年)을 유(留)하며 선교사(宣敎師) 원두우(元杜尤, [Horace G. Underwood])의게 도리(道理)를 학득(學得)하고 본향(本鄕)에 귀(歸)하야 열심전도(熱心傳道)함으로 신자(信者)가 점기(漸起)하야 교회(敎會)를 수성(遂成)하니라.

곡산읍교회(谷山邑敎會)가 성립(成立)하다. 선시(先是)에 김재정(金載禎) 조문백(趙文伯) 김두호(金斗昊) 김사요(金思堯) 등(等)이 선교사(宣敎師) 원두우(元杜尤, [Horace G. Underwood])의게셔 복음(福音)을 듯고 감화(感化)를 밧아 봉인(逢人)하난대로 전도(傳道)하더니 기후(其後) 서경조(徐景祚) 순행(巡行) 시(時)에 교회(敎會)가 설립(設立)되니라.

용인군(龍仁郡) 백봉리교회(栢峯里敎會)가 성립(成立)하다. 선시(先是)에 리인(里人) 서상직(徐相稷) 이원서(李元瑞) 등(等)이 복음(福音)을 득문(得聞)하고 린인(隣人)의게 전도(傳道)하더니 선교사(宣敎師) 민노아(閔老雅, [Frederick S. Miller])가 순행(巡行)하야 교회(敎會)를 설립(設立)하고 선교사(宣敎師) 피득(彼得, [Alexander A. Pieters])이 계도(繼到)하야 회무(會務)를 관리(管理)하더니 미기(未幾)에 교회(敎會)가 점흥(漸興)하야 예배당(禮拜堂)을 신축(新築)하고 이원서(李元瑞) 최병권(崔秉權)이 상계(相繼)하야 시무(視務)하니라.

강서군(江西郡) 탄포리교회(灘浦里敎會)가 성립(成立)하다. 선시(先是)에 교인(敎人) 안창호(安昌鎬)가 평양(平壤)으로부터 본리(本里)에 래(來)하야 전도(傳道)함으로 서순화(徐順化) 김용기(金用基) 오하쥰(吳夏俊) 등(等)이 신종(信從)하고 평양(平壤) 판동교회(板洞敎會)에 왕래(往來)하며 예배(禮拜)하더니 미기(未幾)에 신자(信者) 11인(十一人)이 안창호(安昌鎬) 가(家)에 회집(會集)하야 교회(敎會)를 수성(遂成)하니라.[28]

강서군(江西郡) 청산포교회(靑山浦敎會)가 성립(成立)하다. 선시(先是)에 안창호(安昌鎬)의 전도(傳道)로 이택진(李澤鎭) 이태화(李泰和)가 시신

(始信)하고 장대현(章臺峴) 고씨(高氏)의 전도(傳道)로 김재건(金在鍵) 김도순(金道淳) 강락호(康樂浩) 등(等)이 계진(繼進)하야 열심전도(熱心傳道)함으로 신자(信者)가 점흥(漸興)하야 교회(敎會)가 수성(遂成)하니라.

평원군(平原郡) 외서창교회(外西倉敎會)가 성립(成立)하다. 선시(先是)에 김씨영광(金氏榮光)이 최초신교(最初信敎)하고 정용국(鄭龍国) 문치항(文致恒) 등(等)이 상계귀도(相繼歸道)러니 선교사(宣敎師) 마포삼열(馬布三悅, [Samuel A. Moffett])이 순행(巡行)하야 교회(敎會)를 설립(設立)한 후(後) 이재형(李在衡) 조민국(趙珉國) 등(等)이 배출(輩出)하야 열심전도(熱心傳道)함으로 교회진흥(敎會振興)하다.

시년(是年)에 북미선교사(北美宣敎師) 안의와(安義窩, [James Edward Adams, 1867-1929]) 선교사가 계래(繼來)하야 대구(大邱)에 거쥬(居住)하니라.

시년(是年)에 동학(東學)의 동란(動亂)을 인(因)하야 일청양국(日淸兩國)이 교전(交戰)케 되니 300여년(三百餘年) 승평(昇平)을 안형(安亨)하고 공상리론(空想理論)에 미취(迷醉)하야 외세소장(外勢消長)을 막구(莫究)하던 아족(我族)이 병화(兵火)를 첩조(輒遭)하니 현우(賢愚)를 물론(勿論)하고 소차(小借)를 막지(莫知)하야 휴노제유(携老提幼)하고 환산피난(渙散避亂)하니 자경지만(自京至灣)에 황량경색(荒凉境色)이 막불체령(莫不涕零)이라. 연(然)이나 화(禍)를 전(轉)하야 복(福)을 성(成)하시난 상제(上帝)의 경영(經營)은 전능지대(全能至大)하샤 아족(我族)의 완몽(頑夢)이 포성(砲聲) 즁(中)에 시각(始覺)하고 미상(迷想)이 검광리(劒光裏)에 수소(隨消)케 하심으로 자아(自我)의 사상(思想)을 포기(抛棄)하고 진도(眞道)의 연원(淵源)을 탐구(探究)케 됨에 복음(福音)의 소도(所到)에 중혼(衆魂)이 시소(始蘇)하야 교회(敎會)가 종차발전(從此發展)하니라.

1895년(一八九五年) 을미(乙未) 시년(是年)에 공의회회장(公議會會長)은 전위렴(全緯廉, [William M. Junkin, 1865-1908])이라.

광주군(廣州郡) 신대리교회(新垈里敎會)가 성립(成立)하다. 선시(先是)에 이천군(利川郡) 신자(信者) 박진영(朴鎭榮)이 곤지암리(昆池岩里)에 래도(來到)하야[29] 전도(傳道)함으로 이문명(李文明) 김치쥰(金致俊)이 시신(始信)하고 기휴(其后) 신도(信徒)가 계흥(繼興)함으로 교회(敎會)가 설립(設立)되고 쳔덕윤(千德允)이 선도자(先導者)가 되니라.

평양(平壤) 부판동교회(府板洞敎會)에서 김종섭(金鍾燮) 이영언(李榮彦)을 제1회(第一回) 영수(領袖)로 선임(選任)하니라.

대동군(大同郡) 신흥리교회(新興里敎會)가 성립(成立)하다. 선시(先是)에 평양(平壤) 여도(女徒) 박관선(朴寬善)의 전도(傳道)로 방승건(方昇健) 이용진(李用鎭) 고씨응선(高氏應善)이 동신(同信)하고 초옥(草屋) 4간(四間)을 매수(買收)하야 수년예배(數年禮拜)하다가 신흥리(新興里)에 12간(十二間) 예배당(禮拜堂)을 신축(新築)하고 전도(傳道)를 익면(益勉)하야 교회(敎會)가 전진(前進)하니라.

강서군(江西郡) 대안교회(大安敎會)가 성립(成立)하다. 교인(敎人) 김응쥬(金應周) 김효섭(金孝涉) [후래(後來) 안식교(安息敎)에 투왕(投住)함이 당지(當地)에 전도(傳道)함으로 리인(里人) 김락봉(金樂鳳) 급(及) 박씨신망(朴氏信望)이 신종(信從)하고 동리(同里)에 전도(傳道)하야 신자(信者)가 수명(數名)에 달(達)함에 사양(沙陽) 시내(市內)에 초옥(草屋) 4간(四間)을 신축(新築)이라가 교회(敎會)가 점진(漸進)하야 3간(三間)을 증축(增築)하더니 대안(大安)으로 이전(移轉)하야 6간(六間) 예배당(禮拜堂)을 건축(建築)하니라.

평원군(平原郡) 자덕교회(自德敎會)가 성립(成立)하다. 선시(先是)에 선교사(宣敎師) 마포삼열(馬布三悅, [Samuel A. Moffett])과 전도인(傳道人) 한석진(韓錫晋) 김두형(金斗瀅)이 시처(是處)에 전도(傳道)하야 한석태(韓錫泰) 김응쥰(金應俊) 전득권(全得權) 이시헌(李時憲) 등(等)이 시신(始信)하고 비구(匪久)에 신자(信者)가 계흥(繼興)하야 본면(本面) 간리(間里)에 예배당(禮拜堂)을 건축(建築)이러니 기후(其後)에 교인(敎人)이 우증(尤增)하야 와가(瓦家) 8간(八間)을 개축(改築)하고 교회(敎會)를 확립(確立)하얏스니 당시(當時) 선교사(宣敎師)난 마포삼열(馬布三悅 [Samuel A. Moffett])이오 조사(助師)난 한석진(韓錫晋) 김두형(金斗瀅)이라.

용강군(龍岡郡) 덕해교회(德海敎會)가 성립(成立)하다. 선시(先是)에 전도인(傳道人) 방기창(邦基昌) 정익노(鄭益魯)의 권면(勸勉)으로 정기승(鄭基昇) 정기[30]관(鄭基官) 등(等)이 시신(始信)하고 기후(其後) 10여인(十餘人)이 계진(繼進)하야 양화리(陽和里) 정기점(鄭基漸) 가(家)에 회집(會集)이러니 기후(其後) 신자(信者)가 증가(增加)하야 민가(民家)를 매수(買收)하야 예배당(禮拜堂)으로 사용(使用)하다가 신자(信者) 한정규(韓正奎)의 열심전도(熱心傳道)로 교도(敎徒)가 우가(尤加)하야 가동(佳洞)과 덕해(德海)를 병합(併合)하야 예배당(禮拜堂)롤 건축(建築)하고 교회(敎會)를 확립(確立)하니라.

울산군(蔚山郡) 병영교회(兵營敎會)가 성립(成立)하다. 선시(先是)에 리인(里人) 이희대(李喜大)가 복음(福音)을 득문(得聞)하고 린인(隣人)에 전도(傳道)하야 신도(信徒)가 점흥(漸興)함으로 교회(敎會)가 성립(成立)되니라.

구성군(龜城郡) 신시교회(新市敎會)가 성립(成立)하다. 선시(先是)에 리노(里老) 김이련(金利鍊) 급(及) 기차남(其次男) 관근(灌根)이 선교사(宣敎師) 마포삼열(馬布三悅, [Samuel A. Moffett])에게 복음(福音)을 득문(得聞)하고 부자(父子)가 동신(同信)하야 린인(隣人)에게 전도(傳道)하니 원용주(元龍朱) 장응벽(張應壁) 김진근(金振瑾) 김병갑(金秉甲) 양전백(梁甸伯) 등(等)이 적신(赤信)이라. 당시(當時)에 예배(禮拜)할 처소(處所)가 무(無)하야 회집(會集)치 못하더니 김이련(金利鍊)이 동민(洞民)과 협의(協議)하야 학당(學堂)을 창설(創設)하고 양전백(梁甸伯)을 교사(敎師)로 연빙(延聘)하야 주일(主日)에 신자(信者)와 학생(學生)이 학당(學堂)에셔 예배(禮拜)하더니 일청전화(日淸戰禍)에 학당(學堂)이 폐지(廢止)되니 회당(會堂)이 차무(且無)한지라. 양전백(梁甸伯)이 자기가사대금(自己家舍代金) 400량(四百兩)과 이길함(李吉咸, [Graham Lee])의 조사(助師) 금 200여량(金二百餘兩)으로 초가(草家) 6간(六間)을 매수(買收)하야 일신수리(一新修理)하고 예배당(禮拜堂)으로 사용(使用)하니 기시(其時) 조사(助師)는 김관근(金灌根)이러라.

장연군(長淵郡) 신화면(薪化面) 의동교회(儀洞敎會)가 성립(成立)하다. 선시(先是)에 교인(敎人) 김석호(金錫浩) 최상륜(崔相崙)의 전도(傳道)로 이철호(李喆浩) 이기언(李基彦)이 신종(信從)하고 기후(其後)에 신자(信者)가 계흥(繼興)함으로 교회(敎會)가 설립(設立)되니라.

재령군읍내교회(載寧郡邑內敎會)가 성립(成立)하다. 선시(先是)에 전도인(傳道人) 김백영(金伯榮)의 권면(勸勉)으로 신자(信者) 80여명(八十餘名)이 병(並)[31]흥(興)함에 송씨정신(宋氏正信)이 와가(瓦家) 8간(八間)을 기부(寄附)하야 예배당(禮拜堂)으로 사용(使用)하더니 당시(當時)에 부랑배(浮浪輩)가 교회(敎會)를 요혹(擾惑)하난 중(中) 신정용(辛正龍)의 요행사(遙行事)가 적기(適起)함에 라마교회(羅馬敎會)와 불신도(不信徒)의 핍박(逼迫)이 자심(滋甚)한 고(故)로 비록 신자(信者)가 잇슬지라도 거개낙심(擧皆落心)되야 회집(會集)이 정지(停止)한 고(故)로 오직 예배당(禮拜堂)만 존재(存在)할 쏜이얏스니 동회(同會)의 비운(悲運)이 차극(此極)에 지(至)하니라.

동군(同郡) 항내동교회(恒內洞敎會)가 성립(成立)하다. 선시(先是)에 전도인(傳道人) 김백영(金伯榮)의 전도(傳道)로 곽영택(郭永澤) 김병륜(金炳崙) 김봉슈(金奉守) 박기철(朴基哲) 등(等)이 동신(同信)하고 기후(其後)에 최병은(崔秉恩) 박광배(朴光培)가 입교(入敎)하야 협력전도(協力傳道)함으로 교회(敎會)가 진흥(振興)하니라. 기후(其後)에 김봉슈(金奉守)를 장로(長老)로 장립(將立)하야 당회(堂會)를 조직(組織)하니라.

봉산군(鳳山郡) 단산촌교회(丹山村敎會)가 성립(成立)하다. 선시(先是)에 전도인(傳道人) 최정엽(崔禎華)의 권면(勸勉)으로 이병규(李炳奎) 김창용(金昌庸)이 시신(始信)하고 기후(其後) 신자(信者) 점흥(漸興)함으로 교회(敎會)를 설립(設立)하얏고 기후(其後)에 윤문옥(尹文玉)을 장로(長老)로 장립(將立)하야 당회(堂會)를 조직(組織)하니라.

동군(同郡) 신원교회(新院敎會)가 성립(成立)하다. 선시(先是)에 본리인(本里人) 로흥인(魯興仁) 문규환(文奎煥)이 시신(始信)하고 모동교회(慕洞敎會)에 속(屬)하얏더니 지시(至是)하야 신자(信者)가 점가(漸加)함으로 교회(敎會)를 분립(分立)하니라.

동군(同郡) 창촌교회(倉村敎會)가 성립(成立)하다. 선시(先是)에 전도인(傳道人) 최정엽(崔禎燁)의 권면(勸勉)으로 오봉래(吳鳳來) 오정래(吳正來)가 시신(始信)하고 기후(其後) 김지교(金芝敎) 송남벽(宋南辟)이 계신(繼信)하야 교회(敎會)가 진흥(振興)하니라.

동군(同郡) 간촌교회(間村敎會)가 성립(成立)되다. 선시(先是)에 본리인(本里人) 김예상(金禮尙) 김이근(金利根)이 시신(始信)하고 모동(慕洞)에 부속(附屬)해[32]엿더니 지시(至是)하야 분립(分立)하니라.

은율군(殷栗郡) 중흥동교회(中興洞敎會)가 성립(成立)하다. 선시(先是)에 김치삼(金致三)의 전도(傳道)로 신자수흥(信者隨興)이라. 지시(至是)하야 교회(敎會)를 설립(設立)하니라. [기후(其後)에 신석련(申錫連)을 장로(長老)로 장립(將立)하야 당회(堂會)를 조직(組織)함.]

평산군(平山郡) 매화동교회(梅花洞敎會)가 성립(成立)하다. 선시(先是)에 김성보(金成甫)의 전도(傳道)로 이성서(李成瑞) 김광옥(金光玉) 등(等)이 신종(信從)하고 신자증진(信者曾進)함으로 교회(敎會)를 설립(設立)하니라.

안악군(安岳郡) 금산교회(金山敎會)가 성립(成立)하다. 선시(先是)에 전도인(傳道人) 한치순(韓致淳)의 전도(傳道)로 김영식(金永湜) 김익두(金益斗) 장덕상(張德尙) 이승용(李承龍) 등(等)이 신종(信從)하야 호상전도(互相傳道)함으로 교회(敎會)가 점흥(漸興)하니라. [기후(其後)에 이승용(李承龍)을 장로(長老)로 장립(將立)하야 당회(堂會)를 조직(組織)함.]

동군(同郡) 상벌리교회(上筏里敎會)가 성립(成立)하다. 선시(先是)에 이한두(李漢斗)의 전도(傳道)로 신자(信者)가 점흥(漸興)하야 교회(敎會)를 경성(竟成)하니라.

시년(是年)에 북미선교사(北美宣敎師) 피득(彼得, [Alexander A. Pieters])이 계래(繼來)하야 경성(京城)에 거주(居住)하니라.

1896년(一八九六年) 병신(丙申) 시년(是年)에 공의회장(公議會長)은 이길함(李吉咸, [Graham Lee])이러라.

경성부(京城府) 연동교회(蓮洞教會)가 성립(成立)하다. 선시(先是)에 선교사(宣教師) 민노아(閔老雅, [Frederick S. Miller]) 조사(助師) 김흥경(金興京)이 협력전도(協力傳道)하야 신자점기(信者漸起)함으로 교회(教會)가 설립(設立)되니라.

시년(是年)에 강서군(江西郡) 반석교회(磐石教會)가 성립(成立)하다. 선시(先是)에 전도인(傳道人) 방기창(邦基昌)의 권면(勸勉)으로 본리인(本里人) 노기주(盧基疇)[33] 김린우(金麟右) 임지환(林芝環) 등(等)이 공신(共信)하야 초차(初次)에 노기주(盧基疇) 가(家)에 회집(會集)하다가 기후(其後)에 초옥(草屋)을 매수(買收)하야 회당(會堂)으로 사용(使用)하고 안창동(安倉洞) 교인(教人)과 합(合)하얏다가 1년(一年) 만에 분립(分立)하고 6리(六里) 작교(斫橋) 사숙(私塾)을 차득사용(借得使用)하더니 지시(至是)하야 와가(瓦家) 10여간(十餘間)의 예배당(禮拜堂)을 건축(建築)하니 교회(教會)가 우흥(尤興)하니라.

대동군(大同郡) 태평외리교회(太平外里教會)가 성립(成立)되다. 선시(先是)에 본리인(本里人) 홍수길(洪秀吉)은 기형(其兄) 신길(信吉)의게 도(道)를 듯고 김옥슌(金玉順) 김응주(金鷹周)난 평양(平壤) 김종섭(金鍾燮)의게 도(道)을 밧아 신심(信心)이 구독(俱篤)하야 평양(平壤) 판동교회(板洞教會)에 왕래(往來)하더니 1년(一年) 후(後)에난 차진벽(車鎭璧) 가(家)에서 예배(禮拜)하다가 지시(至是)하야 예배당(禮拜堂)을 건축(建築)하니 교회(教會)가 전진(前進)하니라.

숙천군읍교회(肅川郡邑教會)가 성립(成立)하다. 선시(先是)에 선교사(宣教師) 마포삼열(馬布三悅 [Samuel A. Moffett])의 전도(傳道)를 득문(得聞)하고 김천일(金千一) 김용수(金用洙) 김성각(金成珏) 신현장(申鉉章) 김찬성(金贊成) 등(等)이 동시공신(同時共信)하야 김용수(金用洙) 가(家)에 회집(會集)하더니 미기(未幾)에 신자갱가(信者更加)하야 열심연보(熱心捐補)하야 와가(瓦家) 9간(九間)과 초가(草家) 9간(九間)을 매수(買收)하야 예배당(禮拜堂)으로 사용(使用)하니라.

평원군(平原郡) 관성리(舘城里) 삼관교회(三舘教會)가 설립(設立)하다.

선시(先是)에 선교사(宣敎師) 마포삼열(馬布三悅, [Samuel A. Moffett])과 전도인(傳道人) 박정찬(朴禎燦)의 전도(傳道)로 송국진(宋國鎭) 강정수(康禎洙) 강학수(康鶴洙) 강찬수(康贊洙) 강치수(康致洙) 등(等)이 밋고 통호리(通湖里)에 속회(屬會)되니라.

평원군(平原郡) 순정리(順井里) 소죽교회(蘇竹敎會)가 설립(設立)하다. 선시(先是)에 한병직(韓秉稷)의 전도(傳道)로 정국현(鄭國鉉) 이순만(李順萬) 강정단(康丁端) 김시정(金時正) 등(等)이 신교(信敎) 후(後) 정국현(鄭國鉉) 사저(私邸)에서 예배(禮拜)하니라.

평원군(平原郡) 주촌교회(朱村敎會)가 성립(成立)하다. 선시(先是)에 전도인(傳道人) 송린서(宋麟瑞)의 전도(傳道)로 최만엽(崔萬燁) 박풍엽(朴豊燁) 홍씨풍(洪氏豊)[34]성(盛) 등(等)이 신종(信從)하야 초(初)에난 한천교회(漢川敎會)에 왕래예배(往來禮拜)하더니 기후(其後)에 김신망(金信望) 가(家)에 회집(會集)하고 열심전도(熱心傳道)하야 교회(敎會)를 설립(設立)하니라.

강서군(江西郡) 고창교회(高昌敎會)가 설립(設立)하다. 선시(先是)에 방기창(邦基昌)의 전도(傳道)로 김제근(金濟根) 김진환(金鎭煥) 양인(兩人)이 시신(始信)하고 김제근(金濟根) 가(家)에 회집(會集)하더니 선교사(宣敎師) 이길함(李吉咸, [Graham Lee])이 순행(巡行) 시(時)에 회당(會堂)을 건축(建築)하얏다가 미기(未幾)에 신자(信者)가 증다(增多)하야 와제(瓦製) 17간(十七間)의 예배당(禮拜堂)을 중건(重建)니라.

진남포(鎭南浦) 노정교회(蘆井敎會)가 성립(成立)하다. 선시(先是)에 방기창(邦基昌)의 전도(傳道)로 본리(本里) 이승락(李承洛)이 시신(始信)하고 기후(其後)에 최경현(崔慶鉉) 이승진(李承鎭)이 차신(且信)하야 양화리교회(陽和里敎會)에 왕래(往來)하더니 진남포(鎭南浦) 비석리청년회(碑石里靑年會)에서 고승진(高承鎭)을 파송(派送)하야 전도(傳道)한 결과(結果)로 신종자(信從者) 칠팔인(七八人)이 증가(增加)한지라. 시시(是時)에 교회(敎會)를 창설(刱設)하고 최경현(崔慶鉉) 이승진(李承鎭)이 집사(執事)로 피임(被任)되니라.

삭주군읍내교회(朔州郡邑內敎會)가 성립(成立)하다. 선시(先是)에 본읍인(本邑人) 백유계(白留奚)가 기척제(其戚第) 양전백(梁甸伯)의게 복음(福音)을 득문(得聞)하고 서적(書籍)을 다수(多數)히 부래(負來)호야 읍인(邑人)의게 전파(傳播)한 결과(結果)로 김영국(金永國) 김종호(金宗浩) 최일형(崔鎰亨) 등(等) 남녀신종(男女信從) 수십인(數十人)이 최일형(崔鎰亨) 가(家)에 회집(會集)하다가 익년(翌年)에 와가(瓦家) 7간(七間) 초가(草家) 6간(六間)을 매수(買收)하야 예배당(禮拜堂)으로 사용(使用)하니 신자(信者)가 점다(漸多)하야 산군(山郡) 수십처(數十處)의 모교회(母敎會)를 성립(成立)하게 되니라.

중화군(中和郡) 신흥면(新興面) 대기암교회(大奇巖敎會)가 성립(成立)하다. 선시(先是)에 본리인(本里人) 박진준(朴鎭俊) 김영백(金永白) 등(等) 6인(六人)이 복음(福音)을 시문(始聞)하고 박진준(朴鎭俊) 가(家)에 회집(會集)이라가 후(後)에 회당(會堂)을 건설(建設)하니라.[35]

중화군(中和郡) 남창교회(南倉敎會)가 성립(成立)하다. 선시(先是)에 한석진(韓錫晋) 김재여(金在汝) 양인(兩人)이 동지(同地)에 복음(福音)을 전파(傳播)할새 김응규(金應奎)의 가족(家族)이 공신(共信)하고 자가(自家)에서 예배(禮拜)하다가 지시(至是)하야 신자(信者)가 증진(增進)함으로 김광순(金光淳)의 가옥(家屋)을 회당(會堂)으로 확정(確定)하야 교회(敎會)를 설립(設立)하고 동년(同年) 동(冬)에 김응규(金應奎) 김광순(金光淳) 서씨 기슌(徐氏基淳)이 세례(洗禮)를 시수(始受)하니라.

황주군(黃州郡) 구성면(九聖面) 홍촌교회(洪村敎會)가 성립(成立)하다. 선시(先是)에 선교사(宣敎師) 이길함(李吉咸, Graham Lee)의 전도(傳道)로 신자(信者)가 점흥(漸興)하야 초가(草家) 3간(三間)을 매수(買收)하야 회당(會堂)으로 사용(使用)하니 교회(敎會)가 설립(設立)되고 조병렬(趙秉烈)이 제 1회(第一回) 영수(領袖)가 되니라.

대구부(大邱府) 남성정교회(南城町敎會)가 성립(成立)하다. 선시(先是)에 선교사(宣敎師) 배위량(裵緯良, [William M. Baird, 1862-1931])이 본부(本府) 종로(鐘路)에 임시주소(臨時住所)를 정(定)하고 복음(福音)을 선

전(宣傳)할새 당지(當地)난 일즉이 라마교(羅馬敎)가 보급(普及)한 처소(處所)라. 일반(一般)의 인사(人士)가 이교(異敎)라 지칭(指稱)하야 훼방(毁謗)이 비상(非常)함으로 1년(一年)이 기과(己過)하도록 복음(福音)의 결과(結果)를 득(得)지 못하엿더니 지시(至是)하야 본군인(本郡人) 서자명(徐子明) 정완식(鄭完植) 등(等) 사오인(四五人)이 신종(信從)한지라. 선교사회(宣敎師會)에서 금 1천량(金一千兩)으로 남성정(南城町) 정씨(鄭氏) 가(家) 20여 간(二十餘間)을 매수(買收)하야 예배당(禮拜堂)으로 사용(使用)하고 신자상전(信者相傳)하야 교회(敎會)를 수성(遂成)함에 회직(會職)을 선택(選擇)하니 조사(助師)난 김기원(金基源)이오 영슈(領袖)난 김덕경(金德卿)이오 집사(執事)난 서성오(徐成五)러라.

전주군서문외교회(全州郡 西門外敎會)가 성립(成立)하다. 선시(先是)에 선교사(宣敎師) 최의덕(崔義德, [Lewis Boyd Tate])이 당지(當地)에 래주(來住)하야 전도(傳道)한 지 수년(數年)에 신자(信者) 30여인(三十餘人)을 자택(自宅)에 회집예배(會集禮拜)할새 김창국(金永國) 김내윤(金乃允)과 부인(婦人) 3명(三名)이 최선(最先)의[36]로 세례(洗禮)를 밧고 기후(其後) 선교사(宣敎師) 전위렴(全緯廉, [William M. Junkin, 1865-1908])이 시무(視務) 시(時)에 와제(瓦製) 30간(三十間) 예배당(禮拜堂)을 신축(新築)하나라.

함흥군읍내교회(咸興郡邑內敎會)가 성립(成立)하다. 선시(先是)에 선교사(宣敎師) 소안론(蘇安論, [William L. Swallen])과 조사(助師) 전군보(田君甫) 이기풍(李基豊)이 본군(本郡)에 순행(巡行)하야 읍촌(邑村)에 전도(傳道)할새 차시(此時)난 군인(軍人) 외(外)에 단발자(斷髮者)가 별무(別無)하고 군인(軍人)은 선달(先達)이라 통칭(通稱)하난대 소 목사(蘇 牧師)난 단발(斷髮)한 고(故)로 명자(名字)난 부지(不知)하고 단소선달(但蘇先達)이라 호칭(呼稱)하더라.

일일(一日)엔 만세교변(萬歲橋邊)에서 전도(傳道)할새 1부인(一婦人)을 봉착(逢着)하니 시(是)난 성신(聖神)의 감화(感化)를 밧은 자(者)라. 도(道)를 문(聞)하고 즉신(卽信)하야 성경문답(聖經問答)이란 소책(小冊)을 매수(買受)하고 기가(其家)에 즉귀(卽歸)하야 기부(其夫) 신창희(申昌熙)의게 전도(傳道)ᄒᆞ고 창희(昌熙)난 가우(其友) 진기종(陳夔鍾) 장홍술(張弘述)의게 전도(傳道)하야 신종(信從)함으로 점차(漸次) 교회(敎會)가 설립(設立)되엿스니 함흥신(咸興申) 부인(婦人)은 전일(前日) 빌닙보성(城) 루듸아에 가비(可比)할 자(者)이러라.

함흥군(咸興郡) 문산교회(文山敎會)가 성립(成立)하다. 선시(先是)에 선교사(宣敎師) 기일(奇一, [James Gale])이 시쳐(是處)에 전도(傳道)하난 중(中) 본리인(本里人) 전계은(全啓殷)이 최선(最先)으로 신종(信從)함에 동족(同族)의 핍박(逼迫)으로 구타(毆打)와 후욕(詬辱)을 무수(無數)히 당(當)하여스나 신심(信心)을 불변(不變)하더니 종말(終末)에난 기족인(其族人)이 귀화(歸化)하야 교역(敎役)에 종사(從事)하난 자(者)가 부쇼(不少)하고 기후(其後) 당회(堂會)를 조직(組織) 시(時)에 전계은(全啓殷)이 제 1회(第一回) 장로(長老)가 되고 본회목사(本會牧師)까지 되야 신흥리교회(新興里敎會)를 겸관(兼管)하얏고 차교회(此敎會)로부터 능전(陵前)과 옥평(玉坪) 양교회(兩敎會)가 분립(分立)되니라.

안변군읍내교회(安邊郡邑內敎會)가 성립(成立)하다. 선시(先是)에 김계선(金啓善) 오승기(吳昇基) 양인(兩人)이 당지(當地)에 이래(移來)하야 복음(福音)을 전파(傳播)하야 신자(信者)가 점기(漸起)함으로 교회(敎會)가 창립(創立)되고 기후(其後)에 유태연(劉泰然)을 장로(長老)로 장립(將立)하야 당회(堂會)[37]를 조직(組織)하니라. 당시(當時) 선교사(宣敎師)난 기일(奇一, [James Gale]) 부두일(富斗一, [W. R. Foote]) 업아력(鄴亞力, [A. F. Robb]) 매도날(梅道捺, [D. A. MacDonald]) 등(等)이 상계관리(相繼管理)하니라.

동시(同時)에 구고산교회(舊高山敎會)난 한치권(韓致權)이요 위북리교회(衛北里敎會)난 박익노(朴益老)요 낭성리교회(浪城里敎會)난 박홍식(朴鴻植)이요 사부리교회(沙阜里敎會)난 김기슌(金基淳)이 각기(各其) 설립자(設立者)가 되고 인두리교회(引豆里敎會)도 동시(同時)에 설립(設立)이 되얏난대 설립자(設立者)난 미상(未詳)하니라.

신흥군(新興郡) 동평리교회(東坪里敎會)가 성립(成立)하다. 선시(先是)

에 이채영(李采榮)이 복음(福音)을 득문(得聞)하고 초(初)에난 은휘(隱諱)하다가 3년(三年) 후(後)에난 선포(宣布)하기 시작(始作)하니 신종(信從)가 소진(稍進)함으로 교회(敎會)를 설립(設立)이러니 시민(市民) 40여명(四十餘名)이 단결살도(團結殺到)하야 성언(聲言)하되 융적(戎狄)의 도(道)를 주멸(誅滅)한다 하야 가옥(家屋)을 파상(破傷)하며 교도(敎道)를 구타(毆打)하난 중(中) 과부한씨(寡婦韓氏)난 독신자(篤信者)라. 기시문(其媤門)이 해래(偕來)하야 가옥(家屋)을 소기(燒棄)하며 재산(財産)을 탈거(奪去)하되 소허(少許)도 동념(動念)치 안코 시련(試鍊)을 능승(能勝)하야 교회(敎會)를 종성(終成)하니라. 기후(其後)에 이용제(李鏞齊)를 장로(長老)로 장립(將立)하야 당회(堂會)를 조직(組織)하얏고 청년전도회(靑年傳道會)를 조직(組織)하야 열심전도(熱心傳道)함으로 교회(敎會)난 전진(前進)하니라.

안악군(安岳郡) 교동교회(橋洞敎會)에서 교인(敎人)이 증대(增多)하야 회당(會堂)이 협착(狹窄)함으로 예배당(禮拜堂)을 신축(新築)하얏스며 기후(其後)에 조병직(趙炳稷)을 제1회(第一回) 장로(長老)로 장립(將立)하야 당(堂)를 회조직(會組織)하니라.

봉산군(鳳山郡) 모동교회(慕洞敎會)에서 초가(草家) 15간(十五間)을 신축(新築)하야 예배당(禮拜堂)으로 사용(使用)하니 교회(敎會)난 점차진흥(漸次振興)하더라.

봉산군(鳳山郡) 좌곡교회(左曲敎會)가 성립(成立)하다. 선시(先是)에 본리인(本里人) 김병육(金炳育) 강태범(姜太範)이 복음(福音)을 득문(得聞)하고 린인(鄰人)[38]에게 선전(宣傳)하야 교회(敎會)를 설립(設立)하니라. 기후(其後) 김병육(金炳育)을 장로(長老)로 장립(將立)하야 당회(堂會)를 조직(組織)하니라.

신천군(信川郡) 정여동교회(貞女洞敎會)를 성립(成立)하다. 선시(先是)에 전도인(傳道人) 한치순(韓致享)의 권면(勸勉)으로 본리인(本里人) 한응석(韓應錫) 김선주(金善周)가 신종(信從)하야 교도(敎道)를 갱득(更得)함으로 교회(敎會)가 설립(設立)되니라.

창원군(昌原郡) 월백리교회(月栢里敎會)가 성립(成立)하다. 선시(先是)

에 선교사(宣敎師) 라대벽(羅大闢, [David Murray Lyall])과 조사(助師) 이현필(李賢弼)이 순행전도(巡行傳道)함으로 신자점진(信者漸進)하야 교회(敎會)가 설립(設立)되니라.

시년(是年)에 평남(平南) 조사(助師) 한석진(韓錫晋)이 이거(移去)함으로 김종섭(金鍾燮)이 대임(代任)하고 평북(平北) 조사(助師) 김관근(金灌根)이 사면(辭免)함으로 양전백(梁甸伯)이 대임(代任)하니라.

시년(是年)에 북미선교사(北美宣敎師) 위대모(魏大模 [Norman C. Whittemore]) 선교부인(宣敎夫人) 왈불과 남미선교사(南美宣敎師) 배유지(裵裕址, [E. Bell 1868-1925]) 하월렴(河越廉, [William B. Harrison]) 최부인(崔夫人)[최의덕(崔義德, [Lewis Boyd Tate]) 처(妻)]이 계래(繼來)하야 각기(各其) 주소(住所)에 거류(居留)하니라.

1897년(一八九七年) 정유(丁酉) 시년(是年)[에] 공의회회장(公議會會長)은 최의덕(崔義德, [Lewis Boyd Tate])이라.

고양군(高陽郡) 행주교회(幸州敎會)와 토당리교회(土堂里敎會)가 성립(成立)하다. 선시(先是)에 선교사(宣敎師) 원두우(元杜尤, [Horace G. Underwood])의 파송(派送)한 전도인(傳道人) 도정희(都正熙) 신화순(申和淳) 등(等)의 전도(傳道)로 신자소진(信者稍進)하야 교회(敎會)가 설립(設立)되얏고 초(初)에난 양처교우(兩處敎友)가 일처(一處)에 회합(會合)하다가 지시(至是)하야 신자점흥(信者漸興)함으로 분립(分立)하야 각기(各其) 교회(敎會)를 완성(完成)하니라.

김포읍교회(金浦邑敎會)가 성립(成立)하다. 선시(先是)에 고양군(高陽郡) 세교교인(細橋敎人) 고군보(高君甫)와 기처(其妻) 박철라미(朴撒羅米)가 당지(當地)에 도(到)하야 열심전도(熱心傳道)함으로 본읍인(本邑人) 천덕현(千德鉉) 이봉춘(李奉春)과 걸포(傑浦) 리인(里人) 유공선(劉公善) 박성삼(朴聖三) 황춘근(黃春根) 유중(劉重)[39]근(根)이 시신(始信)하고 유공선(劉公善) 사저(私邸)에서 회집예배(會集禮拜)하더니 지시(至是)하야 신자(信者)가 일증(日增)하야 300여인(三百餘人)에 달(達)한지라. 동심협력(同心協力)하야 본읍(本邑) 서리(西里)에 16간(十六間) 가옥(家屋)을 매수(買

收)하야 예배당(禮拜堂)으로 사용(使用)하니 당시(當時) 조사(助師)난 홍성화(洪聖化)[추후(追後) 타락(墮落)함]러라.

　김제군(金堤郡) 송지동교회(松枝洞敎會)가 성립(成立)하다. 선시(先是)에 선교사(宣敎師) 전위렴(全緯廉, [William M. Junkin, 1865-1908])이 당지(當地)에 래도(來到)하야 전도(傳道)함으로 송원선(宋元善) 강문성(姜文成) 등(等)이 시신(始信)하고 신자(信者) 점차증가(漸次增加)한지라. 지시(至是)하야 예배당(禮拜堂)을 신축(新築)하니 교회(敎會)가 완성(完成)하니라.

　시시(是時)에 관서(關西) 각군(各郡)에 교회울흥(敎會蔚興)이라. 평양(平壤) 선교사(宣敎師) 등(等)이 소관지방(所管地方)을 분계시무(分界視務)할새 이길함(李吉咸, [Graham Lee])은 황해도(黃海道) 각군(各郡)을 마포삼열(馬布三悅, [Samuel A. Moffett])은 평안남도(平安南道) 각군(各郡)을 위대모(魏大模, [Norman C. Whittemore])난 평안북도(平安北道) 각군(各郡)을 순행전도(巡行傳道)의 구역(區域)으로 정(定)하니라.

　시년(是年) 춘(春) 2월(二月)에 선교사(宣敎師) 위대모(魏大模, [Norman C. Whittemore])가 평북지방(平北地方)을 순행(巡行)할새 방언(方言)을 미해(未觧)함으로 부산(釜山) 배위량(裵緯良, [William M. Baird, 1862- 1931])이 해행시무(偕行視務)하야 수삭간(數朔間)에 각교회(各敎會)를 순찰(巡察)하니라.

　의주군읍내교회(義州郡邑內敎會)가 진흥(振興)하다. 개의쥬(盖義州)난 아국서변(我國西邊)에 원재(遠在)하야 선교사(宣敎師)의 고견(顧見)이 희소(稀疎)함으로 교회(敎會)가 쇠미부진(衰微不振)하더니 선시(先是)에 배위량(裵緯良, [William M. Baird, 1862-1931]) 선교사(宣敎師)가 래도(來到)하야 복음(福音)을 선포(宣布)하며 회무(會務)를 정돈(整頓)하니 신자배출(信者輩出)이라. 읍인(邑人) 장유관(張有寬) 김병원(金炳元) 김병농(金炳穠) 유원용(劉元龍) 유원명(劉元明) 김씨고근(金氏固根) 유씨마리아(劉氏馬利亞) 박씨미도(朴氏美道) 최씨기반(崔氏基盤) 홍씨신애(洪氏信愛) 김씨의석(金氏義錫) 이씨형락(李氏亨樂)과 위원면인(威遠面人) 김준건(金俊鍵) 김창건

(金昌鍵) 김(金)[40]형건(亨鍵) 김응건(金應鍵) 유천복(劉天福) 이원국(李元局) 황씨사성(黃氏思聖) 조씨신성(趙氏信聖) 최씨준신(崔氏俊信) 등(等)이 동시귀주(同時歸主)하니 시개(是皆) 유력자(有力者)라. 후래(後來) 교회(教會)에 다대(多大)한 공력(功力)이 현저(顯著)하니라.

선천군읍교회(宣川郡邑教會)가 성립(成立)하다. 선시(先是)에 고읍(古邑)인 노효준(魯孝俊)과 본읍인(本邑人) 라병규(羅炳奎)가 평양(平壤)에 여행(旅行)이라가 복음(福音)을 득문(得聞)하고 각기(各其) 본동(本洞)에 귀래(歸來)하야 열심전도(熱心傳道)함으로 고읍(古邑)에 노국전(魯國典) 노효몽(魯孝蒙) 노효진(魯孝晋) 노효함(魯孝咸) 노효욱(魯孝郁)과 본읍(本邑)에 조규찬(趙珪燦) 이윤증(李允曾) 이근진(李根眞) 이성근(李成根) 이창석(李昌錫) 황운기(黃雲起) 노정관(魯晶瓘) 김덕선(金德善) 박승림(朴承林) 김씨기반(金氏基磐) 강씨신삼(康氏信三) 한씨은봉(韓氏恩奉) 이씨성덕(李氏成德) 구씨준덕(具氏峻德) 등(等)이 상계귀주(相繼歸主)하야 초즉(初則) 조규찬(趙珪燦) 가(家)에 회집(會集)함에 읍인(邑人)이 광자(狂者)라 지칭(指稱)하고 사석(沙石)을 난투(亂投)함으로 읍외(邑外) 이두찬(李斗燦) 가(家)에셔 예배(禮拜)하더니 시추(是秋)에 읍인(邑人) 김극선(金克鮮)이 계신(繼信)하고 기가(己家)에 집회(集會)하기를 쾌허(快許)함에 교인격증(教人激增)하난지라. 배위량(裵緯良, [William M. Baird, 1862-1931]) 선교사(宣教師)가 적래(適來)하야 세례(洗禮)를 시(施)하고 직원(職員)을 택(擇)하니 제 1 회(第一回) 집사(執事)난 라병규(羅炳奎) 조규찬(趙珪燦) 박승림(朴承林)이러라. 동년(同年) 성탄일(聖誕日)에 교인(教人)이 연금(捐金)하야 익년(翌年) 춘(春)에 금 600량(金六百兩)으로 석장동(石墻洞) 와가(瓦家) 30여간(三十餘間)을 매수(買收)하야 예배당(禮拜堂)으로 사용(使用)하니라.

철산군읍내교회(鐵山郡邑內教會)가 성립(成立)하다. 선시(先是)에 김씨경일(金氏敬一)이 의쥬(義州)에 시행(施行)하야 복음(福音)을 득문(得聞)하고 귀가(歸家)하야 전도(傳道)하니 읍인(邑人) 장태현(張台顯) 장관선(張寬善) 함찬몽(咸纘蒙) 변달성(邊達聖) 임득무(林㝡茂) 등(等)이 동시신주(同時信主)하고 김씨(金氏) 가(家)에서 회집(會集)한지 수년(數年)에 주일(主

日)이 위착(違錯)되고 예배(禮拜)가 무법(無法)하더니 조사(助師) 양전백(梁甸伯)이 순행도차(巡行到此)하야 신앙(信仰)의 도리(道理)와 예배(禮拜)의 모범(模範)을 지시(指示)하고 익년(翌年)에 배위량(裵緯良, [William M. Baird, 1862-1931]) 선교사(宣敎師)가 도래(到來)하야 교회(敎會)를 설(設)립(立)하고 회직(會職)을 선정(選定)하니 제 1회(第一回) 집사(執事)난 장태현(張台顯) 장관선(張寬善)이라 미기(未幾)에 동부동(東部洞)에 와옥(瓦屋) 10여간(十餘間)을 매수(買收)하야 예배당(禮拜堂)으로 사용(使用)하니라.

철산군(鐵山郡) 학암교회(鶴岩敎會)가 성립(成立)하다. 선시(先是)에 당지인(當地人) 정기정(鄭基定)이 복음(福音)을 득문(得聞)하고 신심(信心)이 발생(發生)하야 의주(義州)에 전왕(專往)하야 김준건(金俊健) 김관근(金灌根)을 방문(訪問)하야 도리(道理)를 상문(詳聞) 후(後) 귀가(歸家)하야 종전(從前)에 소상(所尙)하던 술서(術書)를 분훼(焚毁)하고 성경(聖經)을 전심연구(專心硏究)하며 전도(傳道)에 진력(盡力)한 결과(結果) 유상돈(劉尙燉) 유상엽(劉尙燁) 이현석(李顯錫) 이봉조(李鳳朝) 정경학(鄭敬學) 등(等)이 신종(信從)하야 정경학(鄭敬學) 가(家)에서 회집(會集)하더니 배위량(裵緯良, [William M. Baird, 1862-1931]) 선교사(宣敎師)와 조사(助師) 양전백(梁甸伯)이 해래(偕來)하야 교회(敎會)를 설립(設立)하고 정기정(鄭基定)을 제 1회(第一回) 집사(執事)로 선정(選定)하얏스며 기후(其後)에 정경학(鄭敬學) 가(家)를 매수(買收)하야 증등수리(增等修理)하야 예배당(禮拜堂)으로 사용(使用)하니라.

중화군읍내교회(中和郡邑內敎會)가 성립(成立)하다. 선시(先是)에 선교사(宣敎師) 마포삼열(馬布三悅, [Samuel A. Moffett])의 전도(傳道)로 본읍인(本邑人) 김태로(金泰櫓)가 시신(始信)하고 린인(隣人)의게 전도(傳道)하야 신자(信者)가 소진(稍進)함에 평양부(平壤府) 판동교회(板洞敎會)에 부속(附屬)하야 왕래(往來)하더니 시시(是時)에 신자(信者)가 증진(增進)하야 33인(三十三人)이 됨으로 읍내(邑內) 연당동변(蓮塘東邊)에 초옥(草屋) 3간(三間)을 매수(買收)하야 회당(會堂)으로 사용(使用)하니 선교사(宣敎

師) 이길함(李吉咸, [Graham Lee])이 순래(巡來)하야 태로(泰櫓)의게 세례(洗禮)를 주고 교회(敎會)를 분립(分立) 후(後) 태로(泰櫓)를 제 1회(第一回) 영슈(領袖)로 선정(選定)하니라

황주군(黃州郡) 읍내서리교회(邑內西里敎會)가 성립(成立)하다. 선시(先是)에 봉산(鳳山) 은파거(銀波居) 김월용(金月龍)의 전도(傳道)로 본읍인(本邑人) 김기황(金基璜) 이희철(李希哲) 원형준(元亨俊) 이일만(李一萬) 등(等)이 신종(信從)하야 벽성리(碧城里) 최원영(崔元永) 가(家)를 매슈(買收)하야 회당(會堂)으로 사용(使用)해[42]더니 기휴(其後) 교회(敎會)가 증진(增進)하야 김기황(金基璜)을 제 1회(第一回) 장로(長老)로 장립(將立)하야 당회(堂會)를 조직(組織)하니라.

동군(同郡) 청수면(淸水面) 석정교회(石井敎會)가 성립(成立)하다. 선시(先是)에 선교사(宣敎師) 이길함(李吉咸, [Graham Lee])의 전도(傳道)로 신자초기(信者稍起)하난지라. 초가(草家) 5간(五間)을 매슈(買收)하야 회당(會堂)으로 사용(使用)하니 교회(敎會)가 수성(遂成)하엿고 기휴(其後) 정예점(鄭禮漸)이 제 1회(第一回) 장로(長老)로 장립(將立)되야 당회(堂會)가 조직(組織)되니라.

동군(同郡) 흑교면(黑橋面) 용연리교회(龍淵里敎會)가 성립(成立)하다. 선시(先是)에 선교사(宣敎師) 이길함(李吉咸, [Graham Lee])의 전도(傳道)로 최덕준(崔德畯) 유경엽(劉景燁) 이태근(李泰根) 등(等)이 신종(信從)하고 열심전도(熱心傳道)하야 신자(信者)가 증다(增多)함으로 교회(敎會)가 설립(設立)되니라.

동군(同郡) 송림면(松林面) 연봉리교회(䁋峯里敎會)가 성립(成立)되다. 선시(先是)에 신천(信川) 김백영(金伯榮)과 본군(本郡) 최대만(崔大萬)이 복음(福音)을 래전(來傳)함으로 신자울흥(信者蔚興)하야 초(初)에난 박민식(朴敏植) 가(家)에서 회집(會集)하다가 시시(是時)에 초가(草家) 3간(三間)을 매슈(買收)하야 예배당(禮拜堂)으로 사용(使用)하니 교회(敎會)가 수성(遂成)하니라.

수안군(遂安郡) 천곡면(泉谷面) 대정리(大靜里) 두대동교회(斗岱洞敎

會)가 성립(成立)하다. 선시(先是)에 본리인(本里人) 김수봉(金守鳳) 김수규(金守奎) 양인(兩人)이 경성(京城)에 여행(旅行)하야 선교사(宣敎師) 원두우(元杜尤, [Horace G. Underwood])의게 복음(福音)을 득문(得聞)하고 귀가전도(歸家傳道)하난 중(中) 핍박(逼迫)이 루지(屢至)하되 예배(禮拜)를 불철(不撤)하더니 지시(至是)하야 신자(信者)가 점흥(漸興)함으로 교회(敎會)가 설립(設立)되니라.

동군(同郡) 공포면(公浦面) 강진교회(降眞敎會)가 성립(成立)하다. 선시(先是) 일청전역(日淸戰役) 시(時)에 평양인(平壤人) 한석진(韓錫晋) 최치량(崔致良)이 차지(此地)에 피난(避難)하야 복음(福音)을 선전(宣傳)함으로 본리인(本里人) 원정환(元貞煥) 윤두하(尹斗夏) 등(等) 9인(九人)이 한석진(韓錫晋) 가(家)에서 회집(會集)하더니 3년(三年) 후(後)에 선교사(宣敎師) 마포삼열(馬布三悅, [Samuel A. Moffett])이 순회(巡廻)할 시(時)에 교인(敎人)이 신력(信力)을 득(得)하야 초옥(草屋) 3간(三間)을 매수(買收)[43] 하야 회당(會堂)으로 사용(使用)하니 자시(自是)로 교회(敎會)가 설립(設立)되니라.

곡산군(谷山郡) 화촌면(花村面) 도이동교회(桃李洞敎會)가 성립(成立)하다. 선시(先是)에 본읍인(本邑人) 김두회(金斗昊)가 본동(本洞)에 래주(來住)하야 유서(儒書)를 교수(敎授)할새 조석(朝夕)으로 기도(祈禱)하며 복음(福音)을 전파(傳播)하니 김로택(金魯澤)이 선신(先信)하고 자기가정(自己家庭)에서 예배(禮拜)하더니 기후(其後) 최앵봉(崔鶯鳳) 김영구(金永九) 김영간(金永幹) 박래적(朴來迪) 등(等)이 상계신종(相繼信從)하니 교회점성(敎會漸成)이라. 선교사(宣敎師) 원두우(元杜尤, [Horace G. Underwood])가 래순(來巡)하야 세례(洗禮)를 시(施)하엿더니 지시(至是)하야 가옥(家屋)을 매수(買收)하야 신자(信者) 20여인(二十餘人)이 회집예배(會集禮拜)하니 교회수성(敎會遂成)하니라.

대동군(大同郡) 율리면(栗里面) 장천교회(將泉敎會)가 분립(分立)하다. 선시(先是)에 평양(平壤) 조사(助師) 한석진(韓錫晋)이 사직(辭職)하고 본동(本洞)에 래주(來住)하야 복음(福音)을 선포(宣布)하니 차승오(車承五)

노진형(盧鎭衡) 등(等) 10여인(十餘人)이 상계신종(相繼信從)하야 한석진(韓錫晋) 가(家)에 회집(會集)하더니 지시(至是)하야 선교사(宣敎師) 마포삼열(馬布三悅, [Samuel A. Moffett])이 래도(來到)하야 13인(十三人)의게 세례(洗禮)를 주고 회직(會職)을 선정(選定)하니 영수(領袖) 한석진(韓錫晋) 집사(執事) 차시헌(車始軒) 정학봉(鄭學奉)이러라.

평원군(平原郡) 순안교회(順安敎會)가 성립(成立)하다. 선시(先是)에 본동인(本洞人) 홍청여(洪淸汝)의 인도(引導)로 해읍사촌(該邑社村) 김두형(金斗瀅) 김용순(金龍淳) 김능준(金能俊) 홍대흡(洪大洽) 등(等)이 신종(信從)하야 김두형(金斗瀅) 가(家)에 회집(會集)하더니 리인(里人)이 점진(漸進)하야 교회(敎會) 기초(基礎)가 확립(確立)됨에 사촌(社村)에 와가(瓦家) 17간(十七間)을 매수(買收)하야 예배당(禮拜堂)으로 사용(使用)니 당시(當時) 선교사(宣敎師)난 마포삼열(馬布三悅, [Samuel A. Moffett])이요 조사(助師)난 김두형(金斗瀅)이러라. 기후(其後)에 사촌(社村)은 일우(一隅)의 지(地)라 하야 교회(敎會)를 읍내(邑內)에 이전(移轉)하고 회당(會堂)을 다시 매수(買收)하야 회집(會集)하니라.[44]

순안(順安) 동평리교회(東坪里敎會)가 성립(成立)되다. 선시(先是)에 본리인(本里人) 신이범(申利範)은 정신병자(精神病者)라. 읍내교회(邑內敎會)에 투왕(投住)함에 제신종(諸信從)가 위(爲)하야 기도(祈禱)함으로 득유(得愈)한지라. 특징(特徵)이 되야 신효범(申孝範) 이석준(李錫俊) 마관술(馬觀述) 이씨인선(李氏仁善)이 공신(共信)하고 읍교회(邑敎會)에 속(屬)하얏다가 시시(是時)에 초가(草家) 3간(三間)을 신축(新築)하고 교회(敎會)를 분립(分立)하니라. 기후(其後)에 회당(會堂)을 증축(增築)하고 읍교회(邑敎會)와 연합(聯合)하야 김두형(金斗瀅)을 조사(助師)로 시무(視務)케 되니라.

동군(同郡) 기탄교회(岐灘敎會)가 성립(成立)하다. 선시(先是)에 본리인(本里人) 임응익(林應益)이 순안(順安) 김두형(金斗瀅)의게 복음(福音)을 초문(初聞)하고 사촌교회(社村敎會)에 왕래(往來)하더니 기후(其後)에 임천원(林天源) 임진숙(林鎭淑) 임형익(林亨益) 등(等)이 계신(繼信)하야 임응익(林應益) 가(家)에 회집(會集)이라가 동년(同年)에 임성태(林成泰)가 적신(赤信)하야 해가(該家)에셔 예배(禮拜)하더니 신자(信者)가 증가(增加)하 난 고(故)로 예배당(禮拜堂) 5간(五間)을 신축(新築)하얏고 교회(敎會)를 분 립(分立)하엿더니 기후(其後)에 3간(三間)을 증축(增築)하니라.

평원군(平原郡) 통호리교회(通湖里敎會)가 성립(成立)하다. 선시(先是) 에 선교사(宣敎師) 마포삼열(馬布三悅 [Samuel A. Moffett])과 조사(助師) 한석진(韓錫晋)이 순행전도(巡行傳道)함으로 본리인(本里人) 김봉헌(金鳳 翰) 임한국(林漢國) 김익진(金益鎭) 등(等)이 밋고 김익진(金益鎭) 가(家)에 셔 회집(會集)이러니 기후(其後) 신자증진(信者增進)하야 동년(同年)에 와 가(瓦家) 14간(十四間)을 매수(買收)하야 예배당(禮拜堂)으로 사용(使用)하 고 김천일(金千一)이 조사(助師)로 시무(視務)하니라.

동군(同郡) 미륵리(彌勒里) 갈원교회(葛院敎會)가 성립(成立)하다. 선시 (先是)에 선교사(宣敎師) 마포삼열(馬布三悅, [Samuel A. Moffett])과 전 도인(傳道人) 김두형(金斗瀅)의 권면(勸勉)으로 본리인(本里人) 김사벽(金 史璧) 김명운(金明運) 김봉한(金奉翰) 김승용(金勝容) 김두선(金斗善) 정진 황(鄭鎭黃) 오린관(吳麟官) 이정운(李貞運) 손씨애광(孫氏愛光) 김씨용관 (金氏用官) 석씨경학(石氏敬學) 등(等)이 상계귀쥬(相繼歸主)하야 김사벽 (金史璧) 가(家)에 회집(會集)하더니 미기(未幾)에 연금(捐金)을 수합(收合) 하야 6간(六間) 초가(草家)를 매수(買收)하야 예배당(禮拜堂)으로 사용(使 用)하고 기후(其後) 교회(敎會)가 점흥(漸興)하야 300여명(三百餘名)에 달 (達)함으로[45] 와제(瓦製)로 예배당(禮拜堂)을 개축(改築)하니라.

동군(同郡) 용암리(龍岩里) 덕지교회(德池敎會)가 성립(成立)하다. 선시 (先是)에 한대엽(韓大燁)의 전도(傳道)로 본리인(本里人) 김병두(金炳斗) 김원식(金元植) 김찬근(金贊根) 김인찬(金仁贊) 박계춘(朴桂春) 등(等)이 신죵(信從)하야 본리(本里) 벽송제(碧松齊)에 회집(會集)이러니 시년(是年) 에 선교사(宣敎師) 이길함(李吉咸, [Graham Lee])이 시도(始到)하야 교회 (敎會)를 시찰(視察)하고 마포삼열(馬布三悅, [Samuel A. Moffett])이 계 래(繼來)하야 세례(洗禮)를 시(施)한 후(後) 교회점진(敎會漸進)하야 예배 당(禮拜堂) 8간(八間)을 신축(新築)하니라.

시년(是年)에 함안군(咸安郡) 사촌교회(舍村敎會)가 성립(成立)하다. 선시(先是)에 읍인(邑人) 조동규(趙棟奎)가 영인배설(英人裴說)의 발행(發行)하난 대한매일신보(大韓每日申報)에 게재(揭載)한 약한복음(約翰福音) 3장(三章) 16절(十六節)의 설명(說明)을 열람(閱覽)하고 심즁(心中)에 이상(異常)한 감동(感動)이 되야 신약전서(新約全書)를 구람(求覽)하고 진리(眞理)를 략해(畧解)하야 린근(隣近) 회당(會堂)에 진왕(進徃)한 즉(則) 일반교도(一般敎徒)가 흔연영접(欣然迎接)함으로 결심신도(決心信徒)하니 향리(鄕里)가 훼방(毁謗)하되 소호(少毫)도 동심(動心)치 안코 매주일(每主日) 회당(會堂)에서 기자질(其子姪)과 신자(信者)의게 도리(道理)를 강론(講論)하니 신자(信者)가 점진(漸進)하난지라. 자기소유(自己所有)의 답 2두락(畓二斗落)을 교회(敎會)에 기부(寄附)하야 와제예배당(瓦製禮拜堂)을 신축(新築)하니 당시(當時) 선교사(宣敎師)난 손안로(孫安路, [Andrew Adamson]) 외요] 조사(助師)난 한경연(韓敬然)이더라.

시년(是年)에 밀양군(密陽郡) 춘화리교회(春化里敎會)가 성립(成立)하다. 선시(先是)에 본리수인(本里數人)이 복음(福音)을 득문(得聞)하고 피차상전(彼此相傳)하야 신자점다(信者漸多)함에 3간(三間) 회당(會堂)을 신축(新築)하고 예배(禮拜)하니라

신천군(信川郡) 문산교회(文山敎會)가 성립(成立)하야 선시(先是)에 교인(敎人) 김영숙(金永淑)의 전도(傳道)로 본리인(本里人) 이민순(李敏淳)이 시신(始信)하고 린인(隣人)의게 선전(宣傳)하야 신자계흥(信者繼興)하야 교회(敎會)를 설립(設立)하고 기후(其後)에 이유용(李裕容)으로 장로(長老)를 장립(將立)[46]하야 당회(堂會)를 조직(組織)하니라.

안악군(安岳郡) 덕리교회(德里敎會)가 성립(成立)하다. 선시(先是)에 교인(敎人) 정한주(鄭漢周)의 전도(傳道)로 신자(信者)가 점기(漸起)하야 교회(敎會)가 설립(設立)되니라.

장연군(長淵郡) 칠곡교회(柒谷敎會)에셔 교인(敎人)이 증가(增加)함으로 예배당(禮拜堂)을 건축(建築)하고 기후(其後) 점익진흥(漸益振興)하야 3처(三處) 지회(支會)를 산출(産出)하고 기후(其後) 홍영범(洪永範)을 제 1회

(第一回) 장뢰(長老)로 장립(將立)하야 당회(堂會)를 조직(組織)하니라.

시년(是年)에 장연군(長淵郡) 태탄교회(苔灘敎會)가 성립(成立)하다. 본리인(本里人) 김승록(金昇錄) 차명재(車明在) 정씨승희(鄭氏承喜)가 밋고 송천교회(松川敎會)에 부속(附屬)하엿더니 지시(至是)하야 신자우다(信者尤多)함으로 교회(敎會)를 분립(分立)하니라.

진남포(鎭南浦) 비석리교회(碑石里敎會)가 성립(成立)하다. 선시(先是)에 교인(敎人) 김원섭(金元燮)의 전도(傳道)로 김리섭(金利燮) 정석홍(鄭錫弘) 홍창기(洪昌基) 박준삼(朴俊三) 이씨병선(李氏炳善) 등(等)이 동시(同時)에 신쥬(信主)하고 김원섭(金元燮) 가(家)에 회집(會集)하더니 신자증다(信者增多)함에 용정동(龍井洞)에 1옥(一屋)을 매수(買收)하야 예배당(禮拜堂)으로 사용(使用)하니라.

동부(同府) 억양기교회(億兩機敎會)가 성립(成立)하다. 선시(先是)에 교인(敎人) 김원섭(金元燮)의 전도(傳道)로 이경모(李景模) 백형재(白亨濟)가 시신(始信)하고 열심전도(熱心傳道)하야 원용덕(元容德) 박준삼(朴俊三) 등(等)이 계신(繼信)함으로 교회(敎會)가 점진(漸進)하야 학교(學校)를 설립(設立)하엿더니 기후(其後) 학교(學校)난 용정리(龍井里)에 이전(移轉)하고 회당(會堂)은 본리(本里)에 건축(建築)하니라.

동부(同府) 제현교회(祭峴敎會)가 성립(成立)하다. 선시(先是)에 교인(敎人) 김효섭(金孝燮)의 전도(傳道)로 임윤간(林允幹) 임익화(林益和) 황한쥬(黃漢柱)가 시신(始信)하고 신자점다(信者漸多)함으로 기동(其洞)에 회당(會堂)을 건설(建設)하엿더니 기후(其後) 노재원(盧載源) 변석문(邊錫文) 송창환(宋昌煥) 등(等)이[47] 배출(輩出)하야 열심전도(熱心傳道)함으로 교회일흥(敎會日興)이라. 지시(至是)하야 교회위치(敎會位置)를 제현(祭峴)에 이전(移轉)하고 와제(瓦製) 15간(十五間) 예배당(禮拜堂)과 5간(五間) 전도실(傳道室)을 신건(新建)하니라.

용강군(龍岡郡) 진지리교회(眞池里敎會)가 성립(成立)하다. 선시(先是)에 교인(敎人) 김창식(金昌植) 임형쥬(林亨柱)의 전도(傳道)로 본리인(本里人) 김선교(金善敎) 김덕규(金德奎) 김창규(金昌奎) 등(等)이 시신(始信)하고 이화동교회(梨花洞敎會)에 부속(附屬)하야 왕래(往來)하되 매수요일(每水曜日) 기도회(祈禱會)에난 김선규(金善敎) 가(家)에 회집(會集)하더니 신자점흥(信者漸興)하야 6간(六間) 회당(會堂)을 건축(建築)하니라. 동시(同時)에 미감리회선교사(美監理會宣敎師) 노보을(魯普乙, [William Arthur Noble]) 문약한(文約翰, [John Z. Moore II]) 순행(巡行) 시(時)에 김창규(金昌奎)난 전도사(傳道師)로 임직(任職)하야 타처(他處)에 이주(移住)케 하고 김몽한(金蒙漢)은 본회전도사(本會傳道師)로 임명(任命)하엿더니 기후(其後) 장감양교분계(長監兩敎分界) 시(時)에 본교회(本敎會)가 장로회(長老會)에 이속(移屬)하니라.

용강군(龍岡郡) 현암교회(絃岩敎會)가 성립(成立)하다. 선시(先是)에 박승규(朴承奎)의 전도(傳道)로 임관(林觀)과 박봉건(朴鳳健)의 시신(始信)하야 박만영(朴萬永) 가(家)에서 회집(會集)하더니 기후(其後)에 와가(瓦家) 6간(六間)을 매수(買收)하야 회당(會堂)으로 사용(使用)하고 미감리회선교사(美監理會宣敎師) 노보을(魯普乙, [William Arthur Noble]) 의 관리(管理)를 수(受)하다가 기후(其後) 양교파분계(兩敎派分界) 시(時)에 장로회선교사(長老會宣敎師) 소안론(蘇安論, [William L. Swallen]) 관할(管轄)에 이속(移屬)되얏난대 본교회(本敎會)난 원래(元來) 경전(耕田), 남산(南山), 동우(東隅), 삼처(三處) 교회(敎會)가 연합(聯合)하야 성립(成立)되얏더니 어동교회(漁洞敎會)가 연약(軟弱)함으로 병합(倂合)하야 1교회(一敎會)를 완성(完成)하얏고 기후(其後) 당회(堂會)를 조직(組織)하얏난대 장로(長老) 노경우(盧敬禹) 양최환(梁最煥) 한종현(韓宗鉉)과 목사(牧師) 김창원(金昌源) 방승건(方昇健) 김치근(金致根) 등(等)이 상계시무(相繼視務)ᄒᆞ니라.

대동군(大同郡) 차리교회(車里敎會)가 성립(成立)하다. 선시(先是)에 김응쥬(金應周)의 전도(傳道)로 곽준응(郭俊膺) 최관철(崔觀喆) 오원선(吳元善)이 신교(信敎)하고 태평동교회(太平洞敎會)에 왕래(往來)하다가 선(先)히 기도실(祈禱室)을 건축(建築)하고 열심전도(熱心傳道)하야 신자(信者)가 증가(增加)해[48]난지라 지시(至是)하야 예배당(禮拜堂)을 건축(建築)하고 회집(會集)하니 교회(敎會)가 수성(遂成)하니라.

시년(是年)에 북미선교사(北美宣敎師) 노세영(盧世永, [Cyril Ross]) 부부(夫婦) 한위렴(韓緯廉, [William B. Hunt]) 부부(夫婦) 피득(彼得, [Alexander A. Pieters]) 부인(夫人, [Field Eva]) 배귀례(裵貴禮, [Margaret Best]) 부인(夫人)이 계래(繼來)하니라.

1898년(一八九八年) 무술(戊戌) 시년(是年)[에] 영어(英語) 공의회회장(公議會々長)은 부두일(富斗一, [W. R. Foote])이러라.

선교사(宣敎師) 위대모(魏大模, [Norman C. Whittemore])난 평양(平壤)으로 조사(助師) 양전백(梁甸伯)은 귀성(龜城)으로브터 선천군(宣川郡) 읍내(邑內)에 이주(移住)하니 선천(宣川)은 평북(平北)에 중요지점(重要地點)인 고(故)로 선교(宣敎)의 중심지(中心地)로 선정(選定)하고 차(此)와 여(如)히 이주(移住)하니라.

의주군(義州郡) 남산교회(南山敎會)가 성립(成立)하다. 선시(先是)에 본리인(本里人) 조용렴(趙用廉) 조용묵(趙用黙) 전기청(田基靑) 고승엽(高承燁) 정계성(鄭啓聖) 정계인(鄭啓仁) 등(等)이 계속신주(繼續信主)하고 교회(敎會)를 설립(設立)하얏난대 회당(會堂)은 동지(同地)의 재래(在來)한 승원(僧院)이라 최(初)에 본리거(本里居) 조지봉(趙芝鳳)이 부지소재(富地所在) 사원전부(寺院全部)를 천금(千金)으로 매수(買收)하야 승려(僧侶)를 수용(收容)하더니 기손(其孫) 조용렴(趙用廉)이 신주(信主)하고 우사원(右寺院)을 교회(敎會)에 기부(寄附)함으로 예배당(禮拜堂)으로 사용(使用)하고 김관근(金灌根)이 인도(引導)하게 되니라.

강서군(江西郡) 송호리교회(松湖里敎會)가 성립(成立)하다. 선시(先是)에 방기창(邦基昌)의 전도(傳道)로 서화순(徐化順) 오하준(吳夏準) 우기모(禹琦謨) 등(等)이 신(信)하고 기양교회(岐陽敎會)와 고창교회(高昌敎會)에 왕래(往來)하다가 예배당(禮拜堂) 8간(八間)을 건축(建築)하고 분립(分立)하얏스며 기후(其後) 교회(敎會)가 점흥(漸興)하야 이로도교회(伊老鳥敎會)가 차(此)에서 분립(分立)되니라.

김해읍내교회(金海邑內敎會)가 성립(成立)하다. 선시(先是)에 본지인(本地人) 배성두(裵聖斗)가 부산(釜山)에셔 복음(福音)을 득문(得聞)하고 귀가전도(歸家傳道)하야 신자(信者) 10여명(十餘名)이 계흥(繼興)함으로 교회(敎會)가 수성(遂成)하니라.[49]

박천군(博川郡) 남호교회(南湖敎會)가 성립(成立)하다. 선시(先是)에 본리인(本里人) 이정선(李正善)이 과거선객(過去船客)의게셔 복음(福音)을 시문(始聞)하고 인리(隣里)에 전파(傳播)하니 이진성(李鎭成) 임처계(林處繼) 김찬득(金贊得)이 수신(遂信)하고 예배당(禮拜堂)을 신축(新築)하니 교회(敎會)가 수성(遂成)되니라.

박천군구읍교회(博川郡舊邑敎會)가 성립(成立)하다. 선시(先是)에 본리인(本里人) 김세범(金世範)의 권면(勸勉)으로 김찬수(金贊洙) 이경무(李璟懋) 장치무(張致武) 서윤성(徐允成) 서정생(徐禎生) 정세언(鄭世彦) 등(等)이 동시귀주(同時歸主)하야 김찬수(金贊洙) 가(家)에서 집회(集會)하더니 지시(至是)에 교도(敎徒)가 점가(漸加)하야 열심연보(熱心捐補)하야 예배당(禮拜堂)을 신축(新築)하고 교회(敎會)를 설립(設立)하니라.

철산군(鐵山郡) 서평교회(西平敎會)가 성립(成立)하다. 선시(先是)에 본리인(本里人) 방원태(方元泰)가 선천(宣川)에 여행(旅行)하야 복음(福音)을 시문(始聞)하고 본리(本里)에 귀래(歸來)하야 열심전도(熱心傳道)하야 고자(瞽者) 방여곤(方汝坤)과 기족인(其族人) 여관(汝觀) 문관길(文觀吉) 곤지봉(坤芝鳳) 등(等)으로 상계신종(相繼信從)케 하고 자기가(自己家)에 회집(會集)하더니 선교사(宣敎師) 위대모(魏大模, [Norman C. Whittemore])와 조사(助師) 양전백(梁甸伯)이 래순(來巡)하야 교회(敎會)를 설립(設立)하고 방원태(方元泰)로 인도(引導)케 하니라.

용천군(龍川郡) 동문외교회(東門外敎會)가 성립(成立)하다. 초(初)에 신경천(申敬天)과 기제(其弟) 경린(敬麟)이 밋고 철산(鐵山) 계암교회(鷄岩敎會)에 래왕(來往)하더니 미기(未幾)에 문윤국(文潤國) 이윤종(李允宗) 이윤옥(李允玉) 송준홍(宋準弘) 송문정(宋文正) 차학연(車學淵) 등(等)이 차제상신(次第相信)하고 가옥(家屋)을 매수(買收)하야 예배당(禮拜堂)으로 사용(使用)하니 교회(敎會)가 확립(確立)되고 이윤옥(李允玉)이 조사(助師)로 시무(視務)하니라.

용천군(龍川郡) 신창교회(新倉敎會)가 성립(成立)하다. 선시(先是)에 신자(信者) 조학용(趙學龍)이 의쥬(義州) 남산교회(南山敎會)에 왕래예배(往來禮拜)하더니 미기(未幾)에 황국보(黃菊保) 황국일(黃菊逸) 등(等)이 계신(繼信)하야 병력전도(並力傳道)하니 신자다기(信者多起)라 합심출연(合心出捐)하야 회당(會堂)[50]을 매슈(買收)하야 교회(敎會)를 설립(設立)하고 조학용(趙學龍)이 집사(執事)에 피임(被任)되야 인도(引導)하니라.

시년(是年)에 평양(平壤) 판동교회(板洞敎會)에서 길선쥬(吉善宙)를 영슈(領袖)로 택립(擇立)하니라.

곡산군(谷山郡) 서촌면(西村面) 화천리교회(貨泉里敎會)가 성립(成立)하다. 선시(先是)에 곡산인(谷山人) 김재정(金載禎)이 경성(京城)에 여행(旅行)하야 선교사(宣敎師) 원두우(元杜尤, [Horace G. Underwood])의게 복음(福音)을 시문(始聞)하고 귀향전도(歸鄕傳道)하니 이정희(李廷禧) 김재섭(金在涉) 등(等)이 신종(信從)하난지라. 선교사(宣敎師) 원두우(元杜尤, [Horace G. Underwood])의 순행(巡行) 시(時)에 세례(洗禮)를 밧고 김재정(金載禎) 가(家)에셔 회집예배(會集禮拜)하니 교회(敎會)가 수성(遂成)되야 김두회(金斗昊)가 조사(助師)로 시무(視務)하니라.

강동군(江東郡) 고천면(高泉面) 도덕리(道德里) 열파교회(閱波敎會)가 성립(成立)하다. 선시(先是)에 전도인(傳道人) 송린서(宋麟瑞)의 전도(傳道)로 김교회(金敎瑚) 황석홍(黃錫l) 황기전(黃基典) 김창희(金昌禧)와 부인(婦人) 수명(數名)이 상계신쥬(相繼信主)하고 김씨견신(金氏堅信) 가(家)에셔 회집(會集)할새 선교사(宣敎師) 마포삼열(馬布三悅, [Samuel A. Moffett])이 순래(巡來)하야 교회(敎會)를 설립(設立)하고 관리(管理)하니라.

강동읍교회(江東邑敎會)가 성립(成立)하다. 선시(先是)에 전도인(傳道人) 송린서(宋麟瑞)의 전도(傳道)로 임봉학(林鳳鶴) 최경환(崔京煥) 등(等)이 시신(始信)하고 사가(私家)에셔 예배(禮拜)하다가 신자(信者)가 점진(漸進)하난지라. 지시(至是)하야 석즙(石葺) 10간(十間)의 가옥(家屋)을 매수(買收)하야 예배당(禮拜堂)으로 사용(使用)하고 교회(敎會)를 성립(成立)하니라.

　중화군(中和郡) 해압면(海鴨面) 광석리(廣石里) 요포교회(瑤浦敎會)가 성립(成立)하다. 선시(先是)에 본리인(本里人) 이봉하(李鳳河) 이시학(李時學) 등(等) 수인(數人)이 대기암교회(大奇岩敎會)에서 전도(傳道)를 밧고 해예배당(該禮拜堂)에 왕래(往來)하더니 지시(至是)하야 신도(信徒)가 증가(增加)하난지라. 가옥(家屋)을 매수(買收)하야 예배당(禮拜堂)으로 사용(使用)하니 교회(敎會)가 경성(竟成)이라. 당시(當時) 선교사(宣敎師)난 윤산온(尹山溫, [George Shannon McCune, 1872-1941])이러라.[51]

　중화군(中和郡) 중화면(中和面) 장산리교회(長山里敎會) 성립(成立)하다. 선시(先是)에 본리인(本里人) 김치규(金致奎)가 중화읍교회(中和邑敎會)에서 복음(福音)을 득문(得聞)하고 린근(隣根)에 열심전도(熱心傳道)함으로 신자소진(信者稍進)하야 읍교회(邑敎會)에 부속(附屬)되야 왕래예배(往來禮拜)하더니 지시(至是)하야 교우(敎友)들의 열심연보(熱心捐補)하야 가옥(家屋)을 매수(買收)하고 분립예배(分立禮拜)하니라.

　중화군(中和郡) 중화면(中和面) 설매동교회(雪梅洞敎會)가 성립(成立)하다. 선시(先是)에 평북인(平北人) 이성하(李成夏) 최일형(崔鎰亨)이 당지(當地)에 래도(來到)하야 전도(傳道)함으로 채정민(蔡廷敏) 최훈(崔薰)이 신쥬(信主)하니 최훈(崔薰)은 본래(本來) 방탕기주인(放蕩嗜酒人)이라. 신주(信主) 휘(後)로 변(變)하야 광명(光明)한 자(者)가 되니 리민(里民)이 경이(驚異)하더라. 채최(蔡崔) 양인(兩人)이 열심전도(熱心傳道)하니 신자파다(信者頗多)하야 예배당(禮拜堂)을 건설(建設)하니 선교사(宣敎師) 이길함(李吉咸, [Graham Lee])이 순도(巡到)하야 채정민(蔡廷敏) 채희목(蔡熙穆) 손기철(孫基鐵)의게 세례(洗禮)를 시(施)하고 교회(敎會)를 설립(設立)하니라.

　중화군(中和郡) 동두면(東頭面) 용산리교회(龍山里敎會)가 성립(成立)하다. 선시(先是)에 채정민(蔡廷敏)의 전도(傳道)로 최은달(崔銀達) 주병국(朱炳國) 임효순(林孝淳)과 부인(婦人) 수명(數名)이 상계신주(相繼信主)하고 호상전도(互相傳道)함에 신자증가(信者增加)하야 30여인(三十餘人)에 달(達)하난지라. 지시(至是)하야 가옥(家屋)을 매수(買收)하야 예배당(禮拜堂)으로 사용(使用)하니라.

중화군(中和郡) 채송리교회(蔡松里敎會)가 성립(成立)하다. 선시(先是)에 본교회(本敎會)가 설매동교회(雪梅洞敎會)에 부속(附屬)되엿더니 신자점가(信者漸加)하난지라. 지시(至是)하야 교인(敎人)이 열심연보(熱心捐補)하야 예배당(禮拜堂)을 건축(建築)하고 분립회집(分立會集)하니 손기철(孫基鐵) 김반익(金磐益)이 영수(領袖)로 시무(視務)하니라.

대동군(大同郡) 대동강면(大同江面) 대원교회(大院敎會)가 성립(成立)하다. 선시(先是)에 전도인(傳道人) 송린서(宋麟瑞)의 전도(傳道)로 엄태섭(嚴泰燮) 강이(康利)[52] 하(河) 등(等)이 신쥬(信主)하고 평양(平壤) 판동교회(板洞敎會)에 왕래예배(往來禮拜)하다가 지시(至是)하야 예배당(禮拜堂)을 건축(建築)하고 분립회집(分立會集)하니 교회(敎會)가 점익왕셩(漸益旺盛)하니라.

대동군(大同郡) 우천리교회(友川里敎會)가 성립(成立)하다. 선시(先是)에 김종섭(金鍾燮)의 전도(傳道)로 김문쳘(金文喆) 심익현(沈益鉉) 정익수(鄭益洙) 김건하(金健夏) 곽씨내셩(郭氏耐性) 조씨애신(趙氏愛信) 등(等)이 신쥬(信主)하고 태평동교회(太平洞敎會)에 왕래예배(往來禮拜)하더니 본리(本里)에 3간(三間) 예배당(禮拜堂)을 신축(新築)하고 분립(分立)하얏다가 교회(敎會)가 점흥(漸興)하난지라. 지시(至是)하야 차탑(車塔)에 양제(洋製) 18간(十八間) 예배당(禮拜堂)을 중건(重建)하니라.

대동군(大同郡) 팔청리교회(八淸里敎會)가 성립(成立)하다. 선시(先是)에 김응주(金膺周)의 전도(傳道)로 노윤식(盧允植) 한응현(韓應賢) 김상현(金相鉉) 등(等)이 신쥬(信主)하고 태평동교회(太平洞敎會)에 래왕예배(來往禮拜)하더니 지시(至是)하야 신자점진(信者漸進)함으로 이목동(梨木洞)에 예배처소(禮拜處所)를 이전(移轉)하고 분립회집(分立會集)하니라.

덕천군(德川郡) 달하리교회(達下里敎會)가 성립(成立)하다. 선시(先是)에 김윤옥(金允玉)의 전도(傳道)로 왕병기(王炳基) 강덕삼(康德三) 백흥초(白興楚) 안병균(安秉均) 등(等)의 최선신쥬(最先信主)하고 왕병기(王炳基)

사저(私邸)에서 예배(禮拜)라가 지시(至是)하야 교인(敎人)이 증가(增加)함으로 와가(瓦家) 6간(六間)을 건축(建築)하야 예배당(禮拜堂)으로 사용(使用)하고 김용수(金用洙)가 조사(助師)로 시무(視務)하니라.

장연군읍교회(長淵郡邑敎會)에서 신자점증(信者漸增)하야 예배당(禮拜堂)을 건축(建築)하니라. 기후(其後)에 박성회(朴成浩)를 장로(長老)로 장립(將立)하야 당회(堂會)를 조직(組織)하얏고 조사(助師) 최승현(崔昇鉉)이 시무(視務) 중(中)에 불의(不義)의 사(事)가 잇서 교회(敎會)가 쇠미(衰微)하더니 황인성(黃寅晟)이 열심시무(熱心視務)함으로 교회(敎會)가 진흥(振興)하니라.[53]

은율군읍교회(殷栗郡邑敎會)가 성립(成立)하다. 선시(先是)에 선교사(宣敎師) 원두우(元杜尤. [Horace G. Underwood])의 전도(傳道)로 이찬영(李贊永) 홍성서(洪成西) 등(等)이 병신(並信)하야 교회(敎會)가 설립(設立)되고 김승교(金昇敎) 이상근(李尙根)의 계속귀도(繼續歸道)함으로 점차진흥(漸次振興)하니라.

송화군(松禾郡) 장촌교회(張村敎會)가 성립(成立)하다. 선시(先是)에 한정일(韓貞一)의 전도(傳道)로 양동환(楊東煥) 강재풍(姜在豊) 김덕회(金德會) 양원복(楊元福)이 신종(信從)하야 교회(敎會)가 시립(始立)되고 기후(其後) 김덕회(金德會)를 장로(長老)로 장립(將立)하야 당회(堂會)를 조직(組織)하니라.

재령읍교회(載寧邑敎會)가 부흥(復興)하다. 선시(先是)에 본교회(本敎會)가 라마교회(羅馬敎會)의 박해(迫害)를 인(因)하야 비운(悲運)에 처(處)하얏더니 시시(是時) 평양여학교(平壤女學校) 교사(敎師) 송씨정신(宋氏正信)이 사직귀향(辭職歸鄕)하야 열심전도(熱心傳道)하고 황덕영(黃德永) 한치순(韓致淳) 최병은(崔秉恩) 곽영택(郭永澤) 김홍주(金鴻周) 등(等)이 래조(來助)함으로 본읍(本邑) 김창일(金昌一)이 귀주(歸主)하야 친우(親友)를 권면(勸勉)하야 신종(信從)케 하니 자차(自此)로 교회(敎會)가 점흥(漸興)이라. 선교사(宣敎師) 한위렴(韓緯廉, [William B. Hunt])이 진력시무(盡力視務)하고 정찬유(鄭贊裕) 김익수(金益洙) 김두찬(金斗贊) 최석호(崔錫浩)

등(等)이 상계입교(相繼入敎)하니 개시(皆是) 유력신자(有力信者)로 후래(後來) 교회(敎會)에 공헌(貢獻)이 다대(多大)하니라.

장연군(長淵郡) 신화면(薪化面) 의동교회(儀洞敎會)가 점익진흥(漸益振興)함으로 예배당(禮拜堂)을 건축(建築)하고 기후(其後)에 이기언(李基彦)을 장로(長老)로 장립(將立)하야 당회(堂會)를 조직(組織)하니라.

장연군(長淵郡) 중화동교회(中化洞敎會)가 성립(成立)하다. 선시(先是)에 공주인(公州人) 김성진(金成鎭)이 당지(當地)에 적거(謫居)하야 전도(傳道)함으로 허득(許得) 최남산(崔南山) 김흥보(金興甫) 허간(許侃) 등(等)이 신쥬(信主)하고 교도증가(敎徒增加)하야 교회(敎會)가 수성(遂成)하고 기후(其後) 허간(許侃)을 장로(長老)로 장립(將立)하야 당회(堂會)를 조직(組織)하니라.

송화군(松禾郡) 태을리교회(太乙里敎會)가 성립(成立)하다. 선시(先是)에 하대용(河大龍)의 전도(傳道)로 김효섭(金孝涉) 김기황(金基黃) 강성칠(姜成七) 최씨(崔氏)[54]마리아(馬利亞)가 신종(信從)하고 신자(信者)가 점가(漸加)하야 예배당(禮拜堂)을 건축(建築)하고 기후(其後) 김기황(金基黃)을 장로(長老)로 장립(將立)하야 당회(堂會)를 조직(組織)하니라.

목포부(木浦府) 양동교회(陽洞敎會)가 성립(成立)하다. 선시(先是)에 선교사(宣敎師) 배유지(裴裕址, [E. Bell, 1868-1925])와 매서(賣書) 변창연(邊昌淵)이 당지(當地)에 래(來)하야 양동(陽洞)에 장막(帳幕)을 포진(布陳)하고 선교(宣敎)를 시작(始作)하야 열심전도(熱心傳道)함으로 노학구(魯學九) 김만실(金萬實) 김현수(金顯洙) 임성옥(任成玉) 지원근(池源根) 마서규(馬瑞奎) 김치도(金致道) 등(等) 20여인(二十餘人)이 신종(信從)하야 교회(敎會)가 수성(遂成)되고 의사(醫師) 오기원(吳基元, [Clement C. Owen, 1867-1909])이 적래(適來)하야 의약(醫藥)과 복음(福音)으로 예수의 자애(慈愛)를 실현(實現)하니 신도(信徒)가 축일증가(逐日增加)하더라.

고원군(高原郡) 덕지교회(德池敎會)가 성립(成立)하다. 선시(先是)에 선교사(宣敎師) 마구례(馬具禮, [D. M. McRae])와 조사(助師) 차을경(車乙慶)의 전도(傳道)로 장두익(張斗翼)이 시신(始信)하고 자기(自己) 사저(私

邸)에서 예배(禮拜)하더니 신자증가(信者增加)하야 예배당(禮拜堂)을 건축(建築)하고 교회(敎會)를 수성(遂成)하니라.

이원군(利原郡) 차호교회(遮湖敎會)가 성립(成立)하다. 선시(先是)에 선교사(宣敎師) 소안론(蘇安論, [William L. Swallen])의 전도(傳道)로 장남두(張南斗)의 전가(全家)가 귀주(歸主)하야 사저(私邸)에서 예배(禮拜)하다가 장택진(張澤辰) 신태하(申泰厦)의 전도(傳道)로 교회(敎會)가 진흥(振興)되고 장남극(張南極) 장문식(張文植) 권승하(權承夏) 등(等)의 용력(用力)으로 예배당(禮拜堂)을 신축(新築)하니라.

중국(中國) 남만주(南滿洲) 즙안현(楫安縣) 리양자교회(裡楊子敎會)가 성립(成立)하다. 선시(先是)에 이성삼(李聖三) 임득현(林得賢) 등(等)이 동지(同地)에 우거(寓居)하야 열심전도(熱心傳道)함으로 수십인(數十人)이 상계신주(相繼信主)하야 교회(敎會)를 수성(遂成)하니라.

시년(是年)에 남미(南美) 선교의사(宣敎醫師) 오기원(吳基元, [Clement C. Owen, 1867-1909])과 가나다 선교사(宣敎師) 구례선(具禮善, [R. G. Grierson]) 부부(夫婦)와 부두일(富斗一, [W. R. Foote]) 부부(夫婦)와 마구례(馬具禮, [D. M. McRae])[55] 계래(繼來)하야 오기원(吳基元, [Clement C. Owen, 1867-1909])은 목포(木浦)에 주(住)케 되고 구례선(具禮善, [R. G. Grierson]) 등(等)은 원산(元山)에 주(住)하야 가나다 장로회선교사회(長老會宣敎師會)를 조직(組織)함에 북장로회선교사회(北長老會宣敎師會)난 해지방(該地方)에 설립(設立)하엿든 교회(敎會)와 일절사무(一切事務)를 인도(引導)하니라.

1899년(一八九九年) 기해(己亥) 시년(是年)[에 공의회회장(公議會會長)은 원두우(元杜尤, [Horace G. Underwood])이러라.

대동군(大同郡) 재경리(在京里) 빙장교회(氷庄敎會)가 성립(成立)하다. 초(初)에 김종섭(金鍾燮) 강유훈(康有勳)의 전도(傳道)로 김형걸(金亨杰) 황용기(黃鏞基) 등(等)이 신교(信敎)하고 교회(敎會)가 점진(漸進)하야 기도실(祈禱室)을 건축(建築)하고 열심전도(熱心傳道)함으로 신도(信徒)가 증가(增加)되야 와가(瓦家) 10여간(十餘間) 예배당(禮拜堂)을 증축(增築)하니라.

    대동군(大同郡) 망덕리교회(望德里敎會)가 성립(成立)되다. 선시(先是)에 강유훈(康有勳) 김종섭(金鍾燮) 양인(兩人)의 전도(傳道)로 조석영(趙錫泳) 임도성(林道成) 김창선(金昌善) 등(等)이 신교(信敎)하고 순안읍교회(順安邑敎會)로 단니면서 예배(禮拜)하며 열심전도(熱心傳道)함으로 교회(敎會)가 성립(成立)하야 예배당(禮拜堂)을 건축(建築)하엿고 교회(敎會)난 점차전진(漸次前進)되야 기후(其後)에 당회(堂會)를 조직(組織)하고 장로(長老) 조석영(趙錫泳) 김도형(金道瀅) 김창선(金昌善)과 목사(牧師) 강유훈(康有勳) 김종섭(金宗燮) 김창문(金昌文) 심익현(沈益鉉) 김창선(金昌善) 김창원(金昌源) 우기모(禹琦謨) 김효걸(金孝杰) 박대흥(朴大興) 등(等)이 상계시무(相繼視務)하니라.

    강서군(江西郡) 반석(盤石) 이목동교회(梨木洞敎會)가 설립(設立)하다. 초(初)에 김응쥬(金膺周)의 전도(傳道)로 김강선(金剛璿) 지봉호(池鳳湖) 조준성(曺俊聖) 등(等)이 신교(信敎)하고 1년간(一年間) 태평동교회(太平洞敎會)에 단니며 예배(禮拜)하다가 후(後)에 팔청리(八淸里) 노윤식(盧允植)의 가(家)에서 예배(禮拜)할새 선교사(宣敎師) 소안론(蘇安論, [William L. Swallen]) 한위렴(韓緯廉, [William B. Hunt]) 양인(兩人)이 순시(巡視)하난 중(中) 교회점진(敎會漸進)하야 예배당(禮拜堂) 4간(四間)을 신축(新築)하니라.[56]

    강서군(江西郡) 이로도교회(伊老島敎會)가 성립(成立)하다. 선시(先是)에 안창호(安昌鎬)의 전도(傳道)로 정달요(鄭達堯) 고봉한(高奉翰) 한씨달신(韓氏達信) 등(等)이 귀도(歸道)하야 탄포리교회(灘浦里敎會)와 송호리교회(松湖里敎會)로 단니다가 점점왕성(漸々旺盛)하야 기도실(祈禱室) 4간(四間)을 신축(新築)하고 송호리(松湖里)에서 분립(分立)되야 다시 와가(瓦家) 8간(八間) 예배당(禮拜堂)을 증축(增築)하니라.

    진남포부(鎭南浦府) 예명교회(藝明敎會)가 설립(設立)하다. 초(初)에 방기창(邦基昌)의 전도(傳道)로 김인구(金仁九) 현씨경반(玄氏敬盤)이 신교(信敎)하고 열심전도(熱心傳道)함으로 신도일증(信徒日增)하야 예배당(禮

拜堂) 5간(五間)을 건축(建築)하니라.

평양부(平壤府) 판동교회(板洞敎會)에셔 동년(同年) 츄(秋)에 박춘곤(朴春坤)의게 시세(施洗)하니 차인(此人)은 병인양요(丙寅洋擾)에 협즁군(挾中軍)하고 초대동강(超大同江)이라하 관찰사(觀察使)의 포계(褒啓)로 안쥬우후(安州虞侯)의 직(職)을 슈(受)한 쟈(者)라. 시(時)에 신도(信徒)가 일증(日增)함으로 예배당(禮拜堂)을 장대현(章臺峴)에 신축(新築)할새 교인(敎人)의 연보(捐補)가 5천여원(五千餘圓)에 달(達)하고 선교사회(宣敎師會) 보조(補助)가 수천원(數千圓)이라. 시이(是以)로 72간(七十二間) 예배당(禮拜堂)의 공사(工事)를 시작(始作)하니라.

즁화군(中和郡) 간동면(看東面) 동장교회(東塲敎會)가 설립(設立)하다. 초(初)에 평양(平壤)으로브터 젼도인(傳道人)이 래(來)하야 복음(福音)을 젼(傳)함으로 현봉쥬(玄鳳周) 외(外) 4인(四人)이 신진(信進)하야 쥬일(主日)이면 임씨신덕(林氏信德) 가(家)에셔 예배(禮拜)하더니 신쟈(信者)가 33인(三十三人)에 달(達)한지라 이에 4간(四間) 가옥(家屋)을 매슈(買收)하야 예배당(禮拜堂)으로 사용(使用)하니 교회(敎會)가 시성(始成)되얏고 기후(其後) 선교사(宣敎師) 이길함(李吉咸, [Graham Lee])과 장로(長老) 최진태(崔鎭泰) 김백경(金白敬) 이경휘(李敬徽) 차재은(車在恩) 등(等)이 시직(視職)하니라.

대동군(大同郡) 용산면(龍山面) 하리교회(下里敎會)가 설립(設立)하다. 선시(先是)에 평양인(平壤人) 이영언(李榮彦)의 젼도(傳道)로 홍신길(洪信吉)이 쥬(主)를 신(信)하고 평양(平壤) 판동예배당(板洞禮拜堂)에 단니며 린근(隣近) 각처(各處)에 복음(福音)을 젼파(傳播)하야 13인(十三人) 신쟈(信者)를 득(得)하엿[57]고 열심연보(熱心捐補)하야 초가(草家) 3간(三間)을 매슈(買收)하고 13인(十三人) 가족(家族)이 회집예배(會集禮拜)함으로 판동교회(板洞敎會)에셔 분립(分立)되니 정기창(鄭基昌) 김종섭(金鍾燮)은 조사(助師)로 이용화(李龍化) 이경민(李景敏)은 장립집사(將立執事)로 시무(視務)하니라. 기후(其後)에 당회(堂會)를 조직(組織)하고 장로(長老)에 홍성쥰(洪聖濬) 강돈욱(康敦煜) 최동석(崔東錫) 조익쥰(趙益俊) 강기슈(康紀

守) 강관욱(康寬煜) 목사(牧師)에 김경삼(金敬三) 김창문(金昌文) 이재풍(李載豊) 심익현(沈益鉉) 등(等)이 상계시무(相繼視務)하니라.

함안군(咸安郡) 이령리교회(二靈里敎會)가 설립(設立)하다. 선시(先是)에 선교사(宣敎師) 노세영(盧世永, [Cyril Ross])과 의사(醫師) 어을빈(魚乙彬, [Charles H. Irvin])의 인도(引導)로 김세민(金世民)이 신종(信從)하야 교회(敎會)가 성립(成立)되니라.

용천군(龍川郡) 서석교회(西石敎會)가 설립(設立)하다. 초(初)에 최처도(崔處道) 최서국(崔瑞國) 차갑삼(車甲三) 안명환(安明煥) 등(等)이 신교(信敎)하고 철산(鐵山) 학석교회(鶴石敎會)에 왕래예배(往來禮拜)하난 중(中) 린리(隣里)에 전도(傳道)하야 신자초증(信者稍增)함으로 예배당(禮拜堂)을 건축(建築)하야 교회(敎會)를 분립(分立)하고 조사(助師) 한경희(韓敬禧) 고봉상(高鳳祥) 등(等)이 시무(視務)하니라.

용천군(龍川郡) 덕천동교회(德川洞敎會)가 설립(設立)하다. 선시(先是)에 김건주(金建柱)가 수도차(修道次)로 철산군(鐵山郡) 운암산(雲岩山) 중(中)에 은거(隱居)하엿더니 일일(一日)은 초동(樵童)의게 복음(福音)을 득문(得聞)하고 신교(信敎)한 후래가(後來家)하야 우인(友人) 조시저(趙恃瀦)에게 전도(傳道)하야 상서공신(相誓共信)하고 본군(本郡) 중성리(中城里) 기도회(祈禱會)에 참석(叅席)하더니 신자(信者)가 증가(增加)하야 예배당(禮拜堂) 4간(四間)을 신축(新築)하니라.

정주읍교회(定州邑敎會)가 설립(設立)하다. 초(初)에 철산인(鐵山人) 유상도(劉尙道)가 본읍(本邑)에 래(來)하야 전도(傳道)함으로 김시항(金時恒) 최현보(崔賢輔) 최성주(崔聖柱) 등(等)이 신교(信敎)하고 김시항(金時恒) 가(家)에서 예배(禮拜)하다가 후(後)에 예배당(禮拜堂)을 신축(新築)하니라.[58]

원산항교회(元山港敎會)가 예배당(禮拜堂)을 십자형(十字形)으로 신축(新築)하니 함경도내(咸鏡道內)에 최선건축(最先建築)이라. 교회(敎會)난 점점진흥(漸漸進興)하야 김용보(金容甫)를 전도인(傳道人)으로 세웟고 김계선(金啓善) 김창현(金昌鉉) 한치권(韓致權) 3인(三人)은 40리(四十里) 외

(外)에서 독신왕래(篤信往來)하며 예배(禮拜)하엿고 귀(貴)한 신자(信者)가 다(多)한 중(中) 이도원(李道元) 김사겸(金仕謙)은 개전도(皆傳道)에 열성(熱誠)을 다한 자(者)이며 동시(同時)에 차을경(車乙慶)은 본시(本是) 부랑(浮浪)한 청년(青年)으로 신교(信敎) 후(後) 사경회(查經會) 중(中)에 통회중생(痛悔重生)하야 진실(眞實)한 교역자(敎役者)가 되여스며 피택장로(被擇長老)로 신학 2년(神學二年)에 영면(永眠)하니라.

함흥읍교회(咸興邑敎會) 영수(領袖) 김숙현(金淑鉉) 집사(執事) 이주한(李柱漢)이 심(甚)한 핍박(逼迫) 중(中)에도 모석전도(冒石傳道)함으로 교회(敎會)난 일익전진(日益前進)되야 수백명(數百名)이 집회예배(集會禮拜)하난 중(中) 남문외예배당(南門外禮拜堂)이 협소(狹小)하야 동문내(東門內) 출신청(出身廳)을 매수(買收)하야 예배당(禮拜堂)을 사용(使用)하니라.

시년(是年)에 위원군(渭原郡) 위송면(渭松面) 석포동교회(石浦洞敎會)가 황봉규(黃鳳奎) 천연도(千連道) 2인(二人)의 전도(傳道)로 설립(設立)되여 교우(敎友)가 점진흥왕(漸進興旺)하니라.

남만즙안현(南滿楫安縣) 리양자교회(裡陽子敎會)난 당시(當時) 청국(淸國)에서 의화단(義和團)이 봉기(蜂起)하야 교회(敎會)를 잔해(殘害)할새 서인(西人)의 가옥(家屋)과 예배당(禮拜堂)을 충화(衝火)하고 교인(敎人)과 선교사(宣敎師)를 학살(虐殺)하며 분란(紛亂)을 대기(大起)한 중(中) 리양자교회(裡陽子敎會)도 예배당(禮拜堂)을 소실(燒失)하고 교인(敎人)들은 심산궁곡(深山窮谷)으로 피(避)하야 환난(患難)을 면(免)하엿더니 익년(翌年)에 선교사(宣敎師) 위대모(魏大模 [Norman C. Whittemore])와 조사(助師) 안승원(安承源)이 래방(來訪)하야 위무(慰撫)하고 이성삼(李聖三) 임득현(林得鉉) 2인(二人)을 집사(執事)로 세우니라.

장연군(長淵郡) 백촌교회(白村敎會)가 설립(設立)하다. 초(初)에 최긍주(崔肯柱)의 전도(傳道)로 신자일증(信者日增)하야 교회(敎會)가 성립(成立)되니[59]라.

재령군(載寧郡) 광탄교회(廣灘敎會)가 설립(設立)하다. 선시(先是)에 김여욱(金汝旭)의 전도(傳道)로 김용해(金龍海) 최여순(崔汝順) 이손덕(李孫

德)이 신종(信從)하야 설립(設立)되고 백천(白川) 민영하(閔永河)가 이주(移住)하야 열심전도(熱心傳道)함으로 교회(敎會)가 점차진흥(漸次振興)하니라.

평북(平北) 각군교회(各郡敎會)가 점점진흥(漸漸進興)되야 목사(牧師) 1인(一人)으로난 불능(不能)함으로 제직원(諸職員)들이 선천(宣川)에 함집(咸集)하야 철산인(鐵山人) 정기정(鄭基定)을 조사(助師)로 선정(撰定)하야 각군(各郡) 교회(敎會)를 순회시무(巡廻視務)케 하다. 정군(鄭君)은 본시(本是) 철산(鐵山) 농가유생(農家儒生)으로 유서(儒書)와 술서(術書)를 완미(玩味)하다가 쥬(主)의 도(道)를 듯고 신종(信從)함으로 전습(前習)을 통절(痛絶)하고 성서(聖書)를 권성연구(勸誠硏究)하야 유명(有名)한 신자(信者)가 되야 학암교회(鶴岩敎會)의 집사직(執事職)으로 잇다가 이에 조사(助師)로 임무(任務)케 되니라.

용천읍(龍川邑) 신창교회(新昌敎會)셔는 신자증가(信者增加)로 예배당(禮拜堂)을 증축(增築)하니라.

평원군(平原郡) 신정리(新井里)와 대동군(大同郡) 송림리(松林里)가 합(合)하야 예배당(禮拜堂)을 건축(建築)하고 양처(兩處) 교우(敎友) 40여명(四十餘名)이 집회(集會)하난 중(中) 조사(助師) 김두영(金斗英) 김천일(金千一) 강유훈(康有勳) 등(等)이 상계시무(相繼視務)하니라.

진남포(鎭南浦) 고읍교회(古邑敎會)가 성립(成立)하다. 선시(先是)에 방기창(邦基昌)의 전도(傳道)로 김기슌(金基淳) 김문모(金文模) 이창호(李昌浩) 박문흥(朴文興) 등(等)이 신주(信主)하고 제현교회(祭峴敎會)에 다니며 예배(禮拜)하더니 기도실(祈禱室) 4간(四間)을 건축(建築)하고 열심전도(熱心傳道)한 결과(結果) 교회(敎會)가 왕성(旺盛)하야 10여간(十餘間) 예배당(禮拜堂)을 신축(新築)하고 제현교회(祭峴敎會)에서 분립(分立)하니라.

덕천읍교회(德川邑敎會)가 설립(設立)하다. 최(初)에 강덕삼(康德三)이 가산인(嘉山人) 장수만(張壽萬)의 전도(傳道)를 듯고 김기항(金基恒) 김민근(金珉根)[60] 변응락(邊應樂) 장규태(張奎台) 김창근(金昌根) 등(等)과 동시신교(同時信敎)한 후(後) 주공삼(朱孔三) 강유훈(康有勳)의 열렬(烈烈)한 전도(傳道)로 백운학(白雲鶴) 등(等) 6인(六人)이 역귀주(亦歸主)하야 가옥(家屋) 3간(三間)을 매수(買收)하야 예배(禮拜)하니 교회(敎會)가 성립(成立)되니라.

　평원군(平原郡) 순정리(順井里) 소죽교회(蘇竹敎會)는 교우(敎友)들의 열심연보(熱心捐補)로 초가(草家) 3간(三間)을 예배당(禮拜堂)으로 건축(建築)하고 후(後)에 교인증가(敎人增加)로 3간(三間)을 증축(增築)하엿스며 교역자(敎役者)로난 김천일(金千一) 강유훈(康有勳) 김찬규(金贊奎) 등(等)이 상계시무(相繼視務)하니라.

　평원군(平原郡) 영유면(永柔面) 탑현교회(榻峴敎會)가 성립(成立)하다. 선시(先是)에 송기선(宋基善) 김천근(金天根) 등(等)이 신종(信從)하고 소죽교회(蘇竹敎會)에 래왕(來往)하다가 지시(至是)하야 신자(信者)가 점증(漸增)하난지라. 정이진(鄭利鎭) 가(家)에 회집예배(會集禮拜)하니 선교사(宣敎師) 마포삼열(馬布三悅, [Samuel A. Moffett])이 순래(巡來)하야 교회(敎會)를 설립(設立)하니라.

　평원군(平原郡) 영유면(永柔面) 어은리(漁隱里) 팔동교회(八洞敎會)가 설립(設立)하다. 초(初)에 김찬성(金燦星)의 전도(傳道)로 유찬수(兪贊洙) 이청풍(李淸風) 김찬효(金贊孝) 김봉조(金鳳祚) 이학범(李學範) 등(等)이 신교(信敎)하고 소죽교회(蘇竹敎會)에 래왕(來往)하며 예배(禮拜)하니라.

　평원군(平原郡) 영유면(永柔面) 화림리(華林里) 마촌교회(馬村敎會)가 설립(設立)하다. 초(初)에 정국현(鄭國賢)의 전도(傳道)로 옥승옥(玉承玉) 김찬간(金贊干)의 혼가(渾家)가 귀주(歸主)하고 소죽교회(蘇竹敎會)에로 단니며 예배(禮拜)하니라.

　나주군(羅州郡) 삼도리교회(三道里敎會)가 설립(設立)하다. 초(初)에 정원삼(鄭元三) 이문오(李文五) 윤상삼(尹相三) 등(等)이 밋고 광주(光州) 우산교회(牛山敎會)로 단니며 예배(禮拜)하더니 이문오(李文五)난 주업(酒業)을 폐기(廢棄)하고 기여막(其旅幕)을 예배처소(禮拜處所)로 사용(使用)할새 선교사(宣敎師) 배유지(裵裕祉, [E. Bell, 1868-1925])의 지방(地方)에 속(屬)하야 전도인(傳道人) 마서규(馬瑞奎)가 인도(引導)하엿스며 기후(其後)

에 영광군(靈光郡) 하라리(河羅里)와 광(光)[61]주(州) 구소(九巢) 양처(兩處)로 교회(敎會)가 분립(分立)되니라.

시년(是年)에 북미선교사(北美宣敎師) 부해리(富鮮理, [Henry Munro Bruen, 1874-1959])와 나초주(羅楚柱, [George Leck]) 부부(夫婦)와 의사(醫師) 사락수(謝樂秀, [Alfred M. Sharrocks]) 부부(夫婦)와 남미선교사(南美宣敎師) 부위렴(富緯廉, [W. F. Bull]) 부부(夫婦)가 계래(繼來)하다.

1900년(一九00年) 경자(更子) 시년(是年)[에] 영어(英語) 공의회장(公議會長)은 오기원(吳基元, [Clement C. Owen, 1867-1909]) 의사(醫師)러라.

시년(是年) 춘(春)에 의주군(義州郡) 창사교회(倉舍敎會)가 성립(成立)하다. 선시(先是)에 김석죠(金碩祚) 김노하(金老河) 조득성(趙得聖) 조득청(趙得淸) 한득룡(韓得籠) 한죽령(韓竹齡) 한송령(韓松齡) 유윤칙(劉允則) 등(等)이 상계신종(相繼信從)하야 유윤칙(劉允則) 사저(私邸)에셔 예배(禮拜)하더니 지시(至是)하야 교도(敎徒)가 합심연보(合心捐補)하야 구창방(舊倉房) 4간(四間)을 매수(買收)하야 예배당(禮拜堂)으로 사용(使用)하니 교회(敎會)가 종차전진(從次前進)하니라.

시년(是年)에 의주군(義州郡) 소관면(所申面) 중단교회(中端敎會)가 설립(設立)하다. 선시(先是)에 장제명(張齊明) 장제현(張齊鉉)이 경성(京城)에 여행(旅行)하야 쥬(主)의 도(道)를 시문(始聞)하고 환향(還鄕)하야 열심전도(熱心傳道)하야 장제백(張齊伯) 최규희(崔奎熙) 홍석봉(洪碩奉) 등(等)이 상계신주(相繼信主)하고 또 독신자(篤信者)인 황씨사성(黃氏思聖)이 당지(當地)에 이주(移住)하야 전도(傳道)에 전력(專力)하니 신자(信者)가 증가(增加)하야 초(初)에난 장제백(張齊伯) 사저(私邸)에서 회집(會集)하다가 지시(至是)하야 7간(七間) 가옥(家屋)을 기부(寄附)하난 자(者)가 유(有)하야 예배당(禮拜堂)으로 사용(使用)하니라.

정주군(定州郡) 렴방교회(濂防敎會)가 성립(成立)하다. 선시(先是)에 본읍인(本邑人) 최관흘(崔寬屹) 강제건(姜濟健)이 복음(福音)을 득문(得聞)하고 합심전도(合心傳道)하야 김선필(金善弼) 홍정익(洪貞益) 곽양로(郭陽魯)

김찬경(金贊京)과 김씨익화(金氏益化) 심씨중기(沈氏重基) 최씨경근(崔氏敬謹) 등(等)이 신주(信主)하고[62] 초(初)에난 곽양로(郭陽魯)의 사저(私邸)에서 임시회집(臨時會集)하기도 하며 임해진공해(任海鎭公廨)를 수리(修理)하고 회집(會集)도 하다가 지시(至是)하야난 교인(敎人)이 합심연보(合心捐補)하야 가옥(家屋)을 매수(買收)하야 예배당(禮拜堂)으로 사용(使用)하니라.

곽산교회(郭山敎會)가 성립(成立)하다. 선시(先是) 렴방인(濂坊人) 강제건(姜濟健)의 전도(傳道)로 홍문용(洪文龍) 홍금택(洪今澤) 김덕여(金德汝) 김준문(金俊文) 조광린(趙光麟) 강린우(姜麟祐) 등(等)이 신종(信從)하고 호상전도(互相傳道)하야 신자증가(信者增加)하니 초(初)에난 유동(柳洞)에 임시집회소(臨時集會所)을 설(設)하얏다가 지시(至是)하야 열심연보(熱心捐補)하야 거대(巨大)한 예배당(禮拜堂)을 신축(新築)하니라.

철산군(鐵山郡) 단도교회(椴島敎會)가 성립(成立)하다. 선시(先是)에 읍내교인(邑內敎人) 장관선(張寬善)의 전도(傳道)로 이정현(李貞顯) 김의면(金義冕) 김찬경(金贊京) 정서형(鄭瑞亨) 등(等)이 상계신종(相繼信從)함에 동군(同郡) 사경회(査經會)에 600여량(六百餘兩)을 보조(補助)하니 교우(敎友)가 병력연보(並力捐補)하야 예배당(禮拜堂)을 신축(新築)하고 기후(其後) 홍승한(洪承漢)이 조사(助師)로 시무(視務)하니라.

용천군(龍川郡) 덕흥교회(德興敎會)가 성립(成立)하다. 선시(先是)에 본리인(本里人) 김학호(金學浩) 양기화(梁基華) 등(等)이 최선신주(最先信主)하고 양인(兩人)의 전도(傳道)로 이상겸(李尙謙) 이학주(李學柱) 이형춘(李亨春) 장승무(張承武) 문진훤(文晋烜)이 차제신종(次第信從)하고 본군(本郡) 동문(東門)과 의주(義州) 남산교회(南山敎會)에 래왕(來往)하더니 지시(至是)하야 교도점증(敎徒漸增)하난지라. 10일간(十日間) 예배당(禮拜堂)을 신축(新築)하고 교회(敎會)를 분립(分立)하니라.

강계군(江界郡) 용림면(龍林面) 광성리교회(廣城里敎會)가 성립(成立)하다. 선시(先是)에 감리교교인(監理敎敎人) 서필환(徐弼還)의 전도(傳道)로 신자계흥(信者繼興)하야 교회(敎會)가 수성(遂成)하니라.

초산군(楚山郡) 동면(東面) 동장교회(東塲敎會)가 성립(成立)하다. 선시(先是)에 이승락(李承洛) 최명현(崔命賢)의 전도(傳道)로 신자(信者)가 점진(漸進)하야[63] 예배당(禮拜堂)을 건축(建築)하얏고 기후(其後)에 최명현(崔命賢)을 장로(長老)로 장립(將立)하야 당회(堂會)를 조직(組織)하니라.

시년(是年)에 재령군(載寧郡) 해창동교회(海倉洞敎會)가 성립(成立)하다. 선시(先是)에 김백영(金伯榮)의 전도(傳道)로 김홍주(金弘周)의 부부(夫婦)가 신종(信從)하고 수년간(數年間) 사가(私家)에서 예배(禮拜)하며 열심전도(熱心傳道)하야 교회(敎會)가 설립(設立)되고 3처(三處) 기도회실(祈禱會室)까지 설치(設置)하니라.

봉산군(鳳山郡) 냉정동교회(冷井洞敎會)가 설립(設立)하다. 선시(先是)에 김재택(金在宅)이 밋고 은파교회(銀波敎會)에 래왕(來往)하다가 신자초진(信者稍進)함으로 교회(敎會)가 성립(成立)되니라.

장연군(長淵郡) 송천교회(松川敎會)에서 서경조(徐景祚)를 장로(長老)로 장립(將立)하야 당회(堂會)를 조직(組織)하니 시내(是乃) 아국교회(我國敎會)의 최선장로(最先長老)러라. 동시(同時)에 교인(敎人)이 협력연금(協力捐金)하야 와제(瓦製) 8간(八間) 예배당(禮拜堂)을 신축(新築)하얏다가 익년(翌年)에 교인(敎人)이 증다(增多)함으로 와제(瓦製) 8간(八間)을 증축(增築)하니라.

봉산군(鳳山郡) 송정리교회(松亭里敎會)가 성립(成立)하다. 선시(先是)에 김동규(金東奎)의 전도(傳道)로 이민성(李敏成) 이택보(李澤普)가 신종(信從)하야 교회(敎會)가 설립(設立)되니라.

재령군(載寧郡) 귀암교회(龜岩敎會)가 성립(成立)하다. 본리인(本里人) 김동규(金東奎) 장창학(張昌學) 등(等)이 신종(信從)하고 사가(私家)에서 예배(禮拜)하다가 기후(其後) 교도(敎徒)가 증가(增加)하야 예배당(禮拜堂)을 신축(新築)하니라.

시년(是年)에 안악군(安岳郡) 유순리교회(俞順里敎會)가 성립(成立)하다. 선시(先是)에 최형신(崔亨信)의 전도(傳道)로 신자(信者)가 점진(漸進)하야 교회(敎會)가 수성(遂成)되니라.[64]

시년(是年)에 안악군(安岳郡) 동창교회(東倉敎會)가 성립(成立)하다. 선시(先是)에 본리인(本里人) 한석규(韓錫奎)가 최선신종(最先信從)하고 린리(隣里)에 전도(傳道)함으로 신자계흥(信者繼興)하야 교회(敎會)가 수성(遂成)되고 임성근(林成根)이 계신(繼信)하고 교회(敎會)에 주석(柱石)갓치 열심봉사(熱心奉事)함으로 교회(敎會)가 진흥(振興)하더라.

평양부(平壤府) 판동교회(板洞敎會)에서 김종섭(金鍾燮)을 장로(長老)로 장립(將立)하야 당회(堂會)를 조직(組織)하얏고 장대현(章臺峴)에 신축(新築)한 예배당(禮拜堂)을 준공(竣工)한 후(後) 이전회집(移轉會集)하고 장대현교회(章臺峴敎會)라 명명(命名)하니 축조(築造)의 굉걸(宏傑)함이 당시(當時) 도내(道內)에 가관(加冠)이러라.

대동군(大同郡) 용악면(龍岳面) 하리교회(下里敎會)가 성립(成立)하다. 선시(先是)에 순천군(順川郡) 용곡면(龍谷面) 신배동(新培洞) 최봉준(崔鳳俊)이 본리(本里)에 래(來)하야 전도(傳道)함으로 박찬옥(朴贊玉)과 이씨(李氏)가 신주(信主)하고 이씨(李氏) 가(家)에서 예배(禮拜)하더니 지시(至是)하야 신종증가(信從增加)한지라. 이씨(李氏) 가(家)를 매수(買收)하야 예배당(禮拜堂)으로 사용(使用)하니라.

대동군(大同郡) 부산면(釜山面) 남궁리교회(南宮里敎會)가 성립(成立)하다. 선시(先是)에 선교사(宣敎師) 마포삼열(馬布三悅, Samuel A. Moffett)이 래도(來到)함으로 이세주(李世疇) 이응주(李膺疇) 이철주(李喆疇) 외(外) 7인(七人)이 신주(信主)하고 혹(或) 평양(平壤) 경창리(景昌里) 전도실(傳道室)이나 혹(或) 이세주(李世疇) 가(家)에서 예배(禮拜)하다가 지시(至是)하야 신자(信者)가 점증(漸增)하난지라 교인(敎人)의 열심연보(熱心捐補)하야 와가예배당(瓦家禮拜堂)을 건축(建築)하고 직원(職員)을 선정(撰定)하니 조사(助師) 이영언(李榮彦) 영수(領袖) 이세주(李世疇) 집사(執事) 이동석(李東錫)이 피택(被擇)되니라.

대동군(大同郡) 조왕리교회(助王里敎會)가 성립(成立)하다. 선시(先是)에 본리인(本里人) 이영복(李永福) 홍익명(洪翊明) 등(等)이 신주(信主)하고 평양(平壤) 점동교회(店洞敎會)에 부속(附屬)되얏더니 지시(至是)하야 계진(繼進)된 신자(信者)가 70여명(七十餘名)에 달(達)하난지라. 합심연보(合心捐補)하[65]야 예배당(禮拜堂)을 건축(建築)하고 분립(分立)하니라.

대동군(大同郡) 고평면(古平面) 남리교회(南里敎會)가 성립(成立)하다. 선시(先是)에 본 교회(本 敎會)가 신흥리교회(新興里敎會)에 부속(附屬)되얏다가 지시(至是)하야 분립(分立)하니 당시(當時) 영수(領袖)난 김세석(金世錫) 집사(執事)난 임제훈(林齊勳)이라. 기후(其後)에 송산리(松山里)에 이전(移轉)하고 송산리교회(松山里敎會)라 개칭(改稱)하엿스며 기후(其後)에 당회(堂會)를 조직(組織)하고 장로(長老) 임제훈(林齊勳) 임태훈(林泰勳) 홍봉식(洪鳳植) 등(等)과 선교사(宣敎師) 소안론(蘇安論, [William L. Swallen]) 배위량(裵緯良, [William M. Baird, 1862-1931]) 목사(牧師) 김성호(金聲瑚) 김경삼(金敬三)이 계속시무(繼續視務)하니라.

대동군(大同郡) 용악면(龍岳面) 원리교회(元里敎會)가 성립(成立)하다. 선시(先是)에 전관일(全觀一) 박호섭(朴浩涉) 이용린(李龍麟) 등(等)의 전도(傳道)로 김찬섭(金贊涉) 김지선(金志善) 김지환(金志煥)의 가족(家族)과 나씨(羅氏) 능(等)이 신쥬(信主)하고 신자증가(信者增加)하야 교회수성(敎會遂成)되니 선교사(宣敎師) 편하설(片夏薛, [Charles F. Bernheisel]) 오월번(吳越藩, [Arthur G. Welbon]) 허일(許一, [Harry James Hill])과 조사(助師) 박응율(朴應律)이 시무(視務)하니라.

대동군(大同郡) 남관면(南串面) 벽지도교회(碧只島敎會)가 성립(成立)하다. 선시(先是)에 평양(平壤) 정익노(鄭益魯)의 전도(傳道)로 정진하(鄭鎭河) 정진홍(鄭鎭洪) 박노찬(朴老燦) 김선화(金善華) 등(等)이 시신(始信)하고 신자(信者)가 점가(漸加)하야 70여인(七十餘人)에 달(達)하난지라 지시(至是)하야 가옥(家屋)을 매수(買收)하야 예배당(禮拜堂)으로 사용(使用)하니 당시(當時) 선교사(宣敎師)난 마포삼열(馬布三悅, [Samuel A. Moffett]) 조사(助師)난 채정민(蔡廷敏)이러라.

대동군(大同郡) 율리면(栗里面) 추빈리교회(楸斌里敎會)가 성립(成立)하다. 선시(先是)에 남응우(南應佑) 외(外) 수인(數人)이 신쥬(信主)하고 장천교회(將泉敎會)에 왕래예배(往來禮拜)하더니 중화인(中和人) 최윤길(崔

윤길(允吉)이 차지(此地)에 이거(移居)하야 열심전도(熱心傳道)함으로 주형욱(朱亨郁) 주인섭(朱仁燮) 외(外) 수인(數人)이 상계귀주(相繼歸主)하야 최윤길(崔允吉) 가(家)에서 회집(會集)하니 교회수성(敎會遂成)하얏고 기후(其後) 선교사(宣敎師) 이길함(李吉咸, [Graham Lee]) 목사(牧師) 선우훈(鮮于勳)이 계속시무(繼續視務)하니라.[66]

대동군(大同郡) 추을미면(秋乙美面) 미정리교회(美井里敎會)가 성립(成立)하다. 선시(先是)에 본리인(本里人) 윤태흠(尹泰欽)이 평양(平壤)에셔 신주(信主)하고 판동교회(板洞敎會)에 원입교인(願入敎人)이 되얏다가 추후(追後) 장천교회(將泉敎會)에서 세례(洗禮)를 밧고 열심전도(熱心傳道)하야 신자(信者)가 증가(增加)함에 교회(敎會)가 경성(竟成)하고 기후(其後) 목사(牧師) 김종섭(金鐘燮) 장로(長老) 윤태흠(尹泰欽) 김국흥(金國鴻) 김기엽(金驥燁) 조사(助師) 한석진(韓錫晋) 외(外) 수인(數人)이 계속시무(繼續視務)하니라.

대동군(大同郡) 각금리교회(覺今里敎會)가 성립(成立)하다. 선시(先是)에 본리인(本里人) 강승국(康承國)이 신주(信主)하고 열심전도(熱心傳道)함에 신자(信者)가 40여인(四十餘人)에 달(達)하얏는지라. 지시(至是)하야 예배당(禮拜堂)을 건축(建築)하고 정익경(鄭益慶)을 집사(執事)로 택(擇)하엿스며 기후(其後)에 선교사(宣敎師) 이길함(李吉咸, [Graham Lee]) 마포삼열(馬布三悅, [Samuel A. Moffett]) 윤산온(尹山溫, [George Shannon McCune, 1872-1941]) 모의리(牟義理, [E. M. Mowry])와 장로(長老) 강정두(康正斗) 강승두(康昇斗)가 계속시무(繼續視務)하니라.

황주군(黃州郡) 천주면(天柱面) 외하리교회(外下里敎會)가 성립(成立)하다. 선시(先是)에 선교사(宣敎師) 이길함(李吉咸, [Graham Lee])의 전도(傳道)로 김재목(金在穆) 외(外) 3인(三人)이 신주(信主)하고 사가(私家)에셔 예배(禮拜)하더니 신자(信者)가 증가(增加)하는지라 지시(至是)하야 예배당(禮拜堂)을 건축(建築)하고 서태엽(徐泰燁)이 인도(引導)하니라.

황주군(黃州郡) 경천리교회(擎天里敎會)가 성립(成立)하다. 선시(先是)에 정한영(鄭漢泳)이 신주(信主)하고 열심전도(熱心傳道)함으로 정도영(鄭

道泳) 외(外) 3인(三人)이 진교(進敎)하고 신자계흥(信者繼興)하야 교회수성(敎會遂成)하니라.

황주군(黃州郡) 삼전면(三田面) 내송리(內松里) 도직가교회(道直街敎會)가 성립(成立)하다. 선시(先是)에 전광묵(田光默)의 전도(傳道)로 안봉열(安奉烈) 외(外) 6인(六人)이 신주(信主)하고 사가(私家)에서 예배(禮拜)하더니 선교사(宣敎師) 이길함(李吉咸, [Graham Lee])이 관리(管理)하야 교회(敎會)를 설립(設立)하얏고 기(其)[67]후(後)에난 목사(牧師) 안치호(安致護) 장로(長老) 조정빈(趙正彬)이 시무(視務)하니라.

수안군(遂安郡) 오동면(梧桐面) 능동교회(菱洞敎會)가 성립(成立)하다. 선시(先是)에 이도형(李道亨)의 전도(傳道)로 신덕규(申德奎) 임군삼(林君三) 김덕관(金德觀) 등(等)이 신(信)하고 김덕관(金德觀) 가(家)에서 예배(禮拜)하더니 선교사(宣敎師) 이길함(李吉咸, [Graham Lee]) 조사(助師) 김사요(金思堯)가 관리(管理)하야 교회(敎會)를 설립(設立)하니라.

대동군(大同郡) 원장리교회(院塲里敎會)가 성립(成立)하다. 선시(先是)에 평양(平壤) 임찬모(林賛謨)의 전도(傳道)로 임현모(林賢模) 김은칠(金恩七) 고지형(高志亨) 등(等)이 신교(信敎)하고 4년간(四年間) 안양동교회(安養洞敎會)의 래왕(來往)하다가 후(後)에난 김은칠(金恩七) 가(家)에서 예배(禮拜)하얏고 지시(至是)하야 교도점진(敎徒漸進)하야 포합동(捕合洞)에 예배당(禮拜堂)을 건축(建築)하니라.

대동군(大同郡) 장현교회(長峴敎會)가 성립(成立)하다. 선시(先是)에 본리인(本里人) 임기준(林奇俊)의 전가(全家)가 최선귀주(最先歸主)하야 순안교회(順安敎會)에 왕래(往來)하더니 한윤삼(韓允三) 강대년(康大年) 등(等)이 상계신종(相繼信從)하야 장성덕(張聖德) 가(家)에서 예배(禮拜)할새 선교사(宣敎師) 마포삼열(馬布三悅, [Samuel A. Moffett])이 래도(來到)하야 교회(敎會)를 설립(設立)하니라.

대동군(大同郡) 용악리교회(龍岳里敎會)가 설립(設立)하다. 선시(先是)에 홍갑길(洪甲吉)의 전도(傳道)로 김이형(金利亨) 김지수(金志洙)가 신주(信主)하고 김지수(金志洙) 가(家)에 회집예배(會集禮拜)하니라.

강서군(江西郡) 독좌동교회(纛坐洞敎會)가 성립(成立)하다. 선시(先是)에 안양동(安養洞) 거양돈(居楊敦)이 신병(身病)으로 경성부(京城府) 제중원(濟衆院)에 입원치료(入院治療) 중(中)에 신쥬(信主)하고 귀가(歸家)ᄒᆞ야 열심전도(熱心傳道)하니 명정학(明貞學) 최명권(崔明權) 하도원(河道源) 등(等)이 상계신종(相繼信從)하야 수간소옥(數間小屋)을 예배당(禮拜堂)으로 사용(使用)하더니 선교사(宣敎師) 마포삼열(馬布三悅, [Samuel A. Moffett])이 래도(來到)하야 교회(敎會)를 설립(設立)함[68]에 교회(敎會)가 일익왕성(日益旺盛)하난지라. 독좌동(纛坐洞)에 와가(瓦家) 10간(十間)을 건축(建築)ᄒᆞ고 교회(敎會)가 이전회집(移轉會集)하니라 기후(其後)에 전도실(傳道室) 4간(四間)을 건축(建築)하난대 건축비(建築費) 전부(全部)를 최석종(崔碩鐘)의 조모(祖母)가 담당(担當)하니라.

평원군(平原郡) 송정동교회(松井洞敎會)가 성립(成立)하다. 선시(先是)에 강유훈(康有勳) 김종섭(金鐘燮) 등(等)의 전도(傳道)로 박이애(朴利愛) 김영선(金永善) 이득림(李得霖) 등(等)이 신종(信從)하고 열심전도(熱心傳道)하야 신자점가(信者漸加)함으로 예배당(禮拜堂)을 건축(建築)하니라.

시년(是年)에 강서군(江西郡) 반석교회(盤石敎會)가 불신자(不信者)의게 다소군박(多少窘迫)을 당(當)하ᄂᆞᆫ 중(中) 방기창(邦基昌) 강유훈(康有勳) 이석관(李碩寬)이 래죠(來助)함으로 안위(安慰)를 슈(受)하얏고 안양동교회(安養洞敎會)와 협의(協議)하고 연합(聯合)하야 예배(禮拜)하니 교인(敎人)이 80여명(八十餘名)에 달(達)하니라.

순천군(順川郡) 양포교회(兩浦敎會)가 성립(成立)하다. 선시(先是)에 김씨영락(金氏榮洛)이 복음(福音)을 득문(得聞)하고 사촌교회(社村敎會)에서 신쥬(信主)하기를 작정(作定)하고 풍전교회(豊田敎會)에 왕래(往來)하다가 지시(至是)하야 양포리(兩浦里) 이서봉(李瑞奉) 가(家)에 회집예배(會集禮拜)함으로 교회(敎會)가 성립(成立)되얏고 선교사(宣敎師) 마포삼열(馬布三悅, [Samuel A. Moffett])이 순시(巡視)하며 이서봉(李瑞奉) 이병린(李炳麟) 김씨희봉(金氏喜奉)은 열심전도(熱心傳道)함으로 교회(敎會)가 일흥(日興)할새 본리거(本里居) 정씨(丁氏) 문중(門中)이 교회(敎會)에 대(對)하야 무한(無限)한 핍박(逼迫)을 가(加)하되 교회(敎會)난 주(主)의 권능(權能)을 의뢰(依賴)하야 인내(忍耐)로 승리(勝利)하니 신자(信者)가 70여인(七十餘人)에 달(達)하더라.

순천군읍교회(順川郡邑敎會)[관하리(舘下里)]가 성립(成立)하다. 선시(先是)에 김찬성(金燦星) 노윤식(盧允植) 등(等)의 전도(傳道)로 조영화(趙榮華) 강학(康學)[69]홍(弘)이 신교(信敎)하고 풍전교회(豊田敎會)에 래왕예배(來徃禮拜)하더니 1898년(一八九八年) 경(頃)에 교인(敎人)이 증가(增加)하야 한양직(韓陽直) 가(家)에 회집(會集)하얏고 지시(至是)하야 6간(六間) 가옥(家屋)을 매수(買收)하야 예배당(禮拜堂)으로 사용(使用)하니라.

순천군(順川郡) 사인장교회(舍人塲敎會)가 성립(成立)ㅎ다. 선시(先是)에 본리인(本里人) 김제현(金濟賢)이 한천거(漢川居) 진씨(陳氏)의게 복음(福音)을 득문(得聞)하고 신주전도(信主傳道)함으로 서정보(徐廷甫) 김제원(金濟元) 등(等)이 신종(信從)하고 선교사(宣敎師) 편하셜(片夏薛, [Charles F. Bernheisel]) 조사(助師) 안동식(安東植)이 열심시무(熱心視務)함으로 교인(敎人)이 증가(增加)하야 열심연보(熱心捐補)ㅎ야 초가(草家)를 매수(買收)ㅎ야 예배당(禮拜堂)으로 사용(使用)하얏고 기후(其後)에 직원(職員)이 불목(不睦)으로 다소(多少)의 곤란(困難)이 잇섯스나 교회(敎會)난 다시 진흥(振興)하야 와가(瓦家) 6간(六間)을 건축(建築)하야 예배당(禮拜堂)으로 사용(使用)하니라.

덕천읍교회(德川邑敎會)에서 신도(信徒)가 일익증가(日益增加)함으로 와가(瓦家) 24간(二十四間)을 신축(新築)하야 예배당(禮拜堂)으로 사용(使用)하니라.

덕천군(德川郡) 풍전리교회(豊田里敎會)가 성립(成立)하다. 선시(先是)에 김공근(金珙根) 이사원(李士允) 등(等)이 신주(信主)하고 송산교회(松山敎會)에 왕래예배(徃來禮拜)하다가 김공근(金珙根) 가(家)에 회집(會集)하얏고 교도(敎徒)가 점가(漸加)함으로 와가(瓦家)를 매수(買收)하야 예배당(禮拜堂)으로 사용(使用)하니라. 기후(其後)에 와가(瓦家) 8간(八間)을 개축(改築)하고 교역자(敎役者)난 김탁해(金倬河) 명광호(明光浩) 라기환(羅基

煥)이 상계시무(相繼視務)하니라.

평원군(平原郡) 영유면(永柔面) 어은리(漁隱里) 팔동교회(八洞敎會)에셔 열심연보(熱心捐補)하야 예배당(禮拜堂)을 신축(新築)하니라. 시시(是時)에 선교사(宣敎師) 마포삼열(馬布三悅, [Samuel A. Moffett])이 래(來)하야 세례(洗禮)를 시(施)ᄒ고 직원(職員)을 선정(撰定)하엿나니 특(特)히 유찬수(俞賛洙)의 열심전도(熱心傳道)[70]로 교회(敎會)가 울흥(蔚興)하야 어파교회(漁波敎會)와 율지교회(栗枝敎會)가 차교회(此敎會)로부터 분립(分立)되얏나니 당시(當時) 조사(助師)는 김천일(金千一)이러라.

대동군(大同郡) 부산면(釜山面) 중리(中里) 수우교회(水隅敎會)가 성립(成立)하다. 선시(先是)에 조사(助師) 김두영(金斗榮)의 전도(傳道)로 이용린(李龍麟) 김기경(金基景) 이용순(李龍淳) 김관하(金官夏) 김도운(金道云) 등(等)이 신쥬(信主)하고 사직리(社稷里)에 래왕(來往)하다가 변가동(邊哥洞) 이용린(李龍麟) 가(家)에서 예배(禮拜)하얏고 기후(其後) 수우리(水隅里)에 예배당(禮拜堂)을 신축이전(新築移轉)ᄒ야 예배(禮拜)함에 교도(敎徒)가 점증(漸增)하난지라. 3간(三間)을 증축(增築)ᄒ고 순안교회(順安敎會)와 연합(聯合)ᄒ야 김두영(金斗榮) 강유훈(康有勳)을 조사(助師)로 순시(巡視)케 하니라.

안주성내교회(安州城內敎會)가 성립(成立)하다. 선시(先是)에 최씨(崔氏)와 이진방(李鎭邦) 최인쥰(崔仁俊) 등(等)이 신(信)하고 염동(鹽洞)에 세가(貰家)를 득(得)하야 예배(禮拜)하더니 교회수성(敎會遂成)되야 점익증가(漸益增加)하는지라. 선교사(宣敎師) 마포삼열(馬布三悅, [Samuel A. Moffett]) 방위량(邦緯良, [William Newton Blair])이 래조(來助)하고 교인(敎人)이 열심연보(熱心捐補)하야 가옥(家屋)을 매수(買收)하야 예배당(禮拜堂)으로 사용(使用)하니라.

평원군(平原郡) 통호리교회(通湖里敎會)에서 교인(敎人)이 열심(熱心)으로 수천원(數千圓)을 연보(捐補)하야 와가예배당(瓦家禮拜堂)을 신축(新築)하니라.

군위군(軍威郡) 매성교회(梅成敎會)에 설립(設立)하다. 선교사(宣敎師)

어도만(魚塗萬, [Walter C. Erdman, 1877-1948])의 전도(傳道)로 설립(設立)되고 영수(領袖)에 김주옥(金周玉) 집사(執事) 이종연(李宗淵) 조사(助師) 김성삼(金聖三) 박동휘(朴東輝)가 시작(視織)하니라.

영천군(永川郡) 조곡리교회(助谷里敎會)가 설립(設立)하다. 선시(先是)에 이재채(李在彩) 모치관(牟致寬) 등(等)이 신종(信從)함으로 교회(敎會)가 성립(成立)[71]하니 선교사(宣敎師) 전해리(傳海利, [Henry Munro Bruen, 1874-1957]) 영수(領袖) 이재채(李在彩) 집사(執事) 최진규(崔振奎) 조사(助師) 조계환(曺桂煥) 서자명(徐子明) 박덕일(朴德逸) 등(等)이 상계시무(相繼視務)하니라.

옥구군(沃溝郡) 지경리교회(地境里敎會)가 설립(設立)하다. 선시(先是)에 선교사(宣敎師) 전위렴(全緯廉, [William M. Junkin, 1865-1908])과 당지인(當地人) 최흥서(崔興瑞)가 협력전도(協力傳道)하야 신자(信者)가 초진(稍進)함으로 예배당(禮拜堂)을 신축(新築)하얏고 기후(其後)에 최흥서(崔興瑞)를 장로(長老)로 장립(將立)하야 당회(堂會)를 조직(組織)하얏고 김옥여(金玉汝) 고성모(高聖模)가 장로(長老)로 계속시무(繼續視務)하니라.

옥구군(沃溝郡) 구암리교회(九岩里敎會)가 설립(設立)하다. 선시(先是)에 선교사(宣敎師) 전위렴(全緯廉, [William M. Junkin, 1865-1908]) 의사(醫師) 유대모(柳大模, [A. Damer Drew]) 전도인(傳道人) 장인택(張仁澤)이 당지(當地)에 래주(來住)하야 열심전도(熱心傳道)함으로 신자(信者)가 점가(漸加)하야 예배당(禮拜堂)을 신축(新築)하고 기후(其後)에 오인묵(吳仁默)을 장로(長老)로 장립(將立)하야 당회(堂會)를 조직(組織)하얏고 목사(牧師) 김필슈(金弼秀) 선교사(宣敎師) 부위렴(富緯廉, [W. F. Bull]) 장로(長老) 양응칠(梁應七) 김성삼(金聖三) 박연세(朴淵世) 고석주(高石柱) 유대남(劉戴南) 이창규(李昌珪) 조사(助師) 이수현(李守鉉) 등(等)이 상계시무(相繼視務)하니라.

시년(是年)에 목포부(木浦府) 양동교회(陽洞敎會)가 연와제(煉瓦製) 14간(十四間) 예배당(禮拜堂)을 신축(新築)하니 신도(信徒)가 100여인(百餘人)에 달(達)하얏고 수년(數年) 후(後)에난 예배당(禮拜堂) 14간(十四間)을 증축(增築)하얏나니라.

시년(是年)에 나주군(羅州郡) 삼도리교회(三道里敎會)가 가옥(家屋)을 매수(買收)하야 예배당(禮拜堂)으로 사용(使用)하다가 수년(數年) 후(後)에 난 12간(十二間)을 증축(增築)하얏고 교회점왕(敎會漸旺)하야 함평군(咸平郡) 성정(星亭), 마암(馬岩), 방동(方洞) 등(等) 교회(敎會)를 분립(分立)하니라.

시년(是年)에 함평군(咸平郡) 문장리교회(文場里敎會)가 성립(成立)하다. 선시(先是)에 박찬익(朴贊益) 임봉춘(林逢春) 정기선(鄭基先) 등(等)이 영광(靈光) 하나리교회(河羅里敎會)에 왕래(往來)하다가 신자점가(信者漸加)하야 교회(敎會)를 분립(分立)하고 선교사(宣敎師) 배유지(裴裕祉, [E. Bell, 1868-1925]) 남대리(南大理, [LeRoy T. Newland]) 조사(助師) 변창(邊昌)[72]연(淵), 마서규(馬瑞奎), 정순모(鄭順模), 이계수(李桂洙), 허원삼(許元三) 등(等)이 계속시무(繼續視務)하니라.

시년(是年)에 정평군(定平郡) 파춘교회(播春敎會)가 성립(成立)하다. 선시(先是)에 조사(助師) 차을경(車乙慶)의 전도(傳道)로 유용서(劉容瑞) 김석겸(金錫謙) 김우필(金禹弼) 등(等)이 신(信)하고 용천리(龍川里)에 회당(會堂)을 설립(設立)하얏다가 후(後)에 파춘장리(播春塲里)에 이전(移轉)하니라.

북청군(北靑郡) 안곡교회(安谷敎會)가 성립(成立)하다. 초(初)에 이석풍(李錫豊)이 귀도(歸道)함으로 교회(敎會)가 설립(設立)되엿난대 기문(其門) 중(中)에 무한(無限)한 핍박(逼迫)과 구타(毆打)를 당(當)하야 사경(死境)에 기지(幾至)하고 가옥(家屋)은 파쇄(破碎)되야 곤란(困難)이 막심(莫甚)한 시(時)에 선교사(宣敎師) 마구례(馬具禮, [D. M. McRae])와 조사(助師) 김영제(金永濟)가 래(來)하야 당지(當地) 군수(郡守)의게 교섭(交涉)한 결과(結果) 보호(保護)를 밧고 교회(敎會)난 점진(漸進)되니라.

시년(是年)에 단천읍교회(端川邑敎會)가 성립(成立)ᄒ다. 선시(先是)에 선교사(宣敎師) 소안론(蘇安論, [William L. Swallen]) 조사(助師) 전군보(田君甫) 이기풍(李基豊)이 차지(此地)에 최선전도(最先傳道)하얏고 시시

(是時)에 선교사(宣敎師) 구례선(具禮善, [R. G. Grierson])과 조사(助師) 홍순국(洪淳國)이 래(來)ᄒᆞ야 증왕문도자(曾往聞道者)를 수일방문(遂一訪問)ᄒᆞ고 신심(信心)을 고동(鼓動)ᄒᆞ며 예배모범(禮拜模範)을 가라침에 신도(信徒)가 시집(始集)ᄒᆞ야 예배(禮拜)함으로 교회(敎會)가 수성(遂成)ᄒᆞ니라.

시년(是年)에 공의회(公議會)에서 기익년(其翌年)브터난 조선인(朝鮮人) 대표자(代表者)를 참가(叅加)케 하고 의회(議會)의 반부(半部)난 영어(英語)로 반부(半部)난 조선어(朝鮮語)로 의사(議事)하기로 결정(決定)하니라.

시년(是年)에 오스트렐야 선교사(宣敎師) 왕길지(王吉志, [George O. Engel]) 가나다 선교사(宣敎師) 마구례(馬具禮, [D. M. McRae]) 부인(夫人) 이씨(李氏) 부인(夫人) 북미선교사(北美宣敎師) 사우업(史佑業, [Charles Edwin Sharp]) 부부(夫婦) 편하셜(片夏薛, [Charles F. Bernheisel]) 오월번(吳越藩, [Arthur G. Welbon]) 선우(鮮于) 부인(夫人)[Velma L. Snook] 남미선교의사(南美宣敎醫師) 오기원(吳基元, [Clement C. Owen, 1867-1909]) 부인(夫人, [Georgiana Whiting Owen])이 계래(繼來)ᄒᆞ야 각기(各其) 분정구성(分定區城)에 거류(居留)ᄒᆞ니라.[73]

시년(是年)에 선교사(宣敎師) 기보(奇普, [Daniel Lyman Gifford]) 부부(夫婦)가 경기(京畿) 부근지방(附近地方)에 순회(巡廻)ᄒᆞ며 열심선교(熱心宣敎)하던 중(中) 리병(罹病)하야 불행(不幸)히 부부(夫婦)가 선후(先後)하야 별세(別世)하얏고 나초주(羅礎柱, [George Leck])는 도래(渡來)한지 미기(未幾)에 방언(方言)은 미숙(未熟)하되 조사(助師) 양전백(梁甸伯)과 작반(作伴)하야 평북(平北) 산군(山郡)에 순행전도(巡行傳道)할셰[새] 벽동(碧潼) 초산(楚山) 위원(渭原) 강계(江界) 등지(等地)에 편행(遍行)하야 문도자(聞道者)를 역방(歷方)하며 불신자(不信者)에게 전도(傳道)하야 교회(敎會)의 기초(基礎)를 설정(設定)하얏나니 차등(此等) 산군(山郡)에 복음개문(福音開門)은 나군(羅君)의 공(功)이 거수(居首)라 가위(可謂)할지니라. 연이반로(然而返路)에 운산(雲山)에서 리병(罹病)하야 불행(不幸)히 환원

(還元)하니 석재석재(惜哉惜哉)니라. 기후(其後) 4군(四郡) 교인(敎人)이 궐공(厥功)을 추념(追念)하야 운산묘소(雲山墓所)에 표석(表石)을 건(建)하엿고 기처(其處)는 유복아(遺腹兒)를 산출(産出)한 후(後) 본국(本國)에 귀거(歸去)하얏나니라.

2. 전도(二, 傳道)

시시(是時)에 각처(各處) 교회(敎會)가 점차진전(漸次進展)하야 교회내(敎會內)의 책임(責任)을 자담(自擔)할쌔 불시(不啻)라. 교회외(敎會外)의 선전(宣傳)을 역면(亦勉)하야 개인전도(個人傳道)와 단체전도(團體傳道)를 려행(勵行)하난 중(中)에 전도회(傳道會) 조성자(組成者)가 파다(頗多)하니라.

1898년(一八九八年) 무술(戊戌) 춘(春)에 평양부(平壤府) 판동교회(板洞敎會) 여도(女徒) 이신행(李信行) 신반석(申磐石) 박관선(朴寬善) 김성신(金聖信) 등(等)의 발기(發起)로 전도회(傳道會)를 창설(創設)하니 시내(是乃) 부인전도(婦人傳道)의 기원(起源)이러라.

1900년(一九〇〇年) 경자(庚子) 춘(春)[에] 평북군(平北郡) 사경회(査經會) 시(時)에 다수교인(多數敎人)이 선천읍교회당(宣川邑敎會堂)에 래집(來集)이러니 김원유(金元瑜) 김경현(金景鉉) 안준(安濬) 양전백(梁甸伯) 정기정(鄭基定) 등(等)의 발기(發起)로 전도회(傳道會)를 창립(創立)하고 회원(會員)을 모집(募集)하엿시[74]니 시내(是乃) 조선교회(朝鮮敎會)의 전도효시(傳道嚆矢)라. 명왈(名曰) 평북전도회(平北傳道會)라 하다 기후(其後) 공의회(公議會) 시(時)에 평북(平北) 평남(平南) 황해(黃海) 3도(三道) 위원(委員)이 협의(協議)하야 1전도회(一傳道會)를 합성(合成)하고 개명왈(改名曰) 관서전도회(關西傳道會)라 하더니 우기(又其) 후(後) 독노회(獨老會) 시(時)에 삼도위원(三道委員)이 삼대리회(三代理會)로 분립(分立)함에 삼처(三處) 전도회(傳道會)가 각립(各立)하니라.

3. 환난(三, 患難)

시시(是時)에 교회(教會)의 구흥(舊興)을 따라 환난(患難)이 첩기(疊起) 하얏나니 후고(後考)를 비(備)키 위(爲)하야 기실례(其實例)를 약술(略述) 하노라.

1891년(一八九一年)에 재령읍교회(載寧邑教會)에서 교인예배(教人禮拜) 시(時)에 라마교도(羅馬教徒)가 취지(驟至)하야 남녀교인(男女教人)을 해교당(該教堂)에 착치(捉致)하야 위협공갈(威脅恐喝)하대 대성교(大聖教)를 불봉(不奉)하고 열교(裂教)를 오신(誤信)함을 불가(不可)라 하야 태형(笞刑)하고 방송(放送)하니라.

1894년(一八九四年) 갑오(甲午)에 일청(日清)이 실화(失和)하야 피차 (彼此)에 교봉(交鋒)함을 거세(擧世)가 공지(共知)하난 바라. 차(此)로 유(由)하야 경성(京城)으로브터 의주(義州)까지 병화(兵火)가 경(經)한 연로(沿路) 각군(各郡)은 자연안도(自然安堵)키 불능(不能)한지라. 선교사(宣教師) 등(等)은 경성(京城)으로 피우(避寓)하고 아교도(我教徒) 등(等)은 산협(山峽)에 도산(逃散)하니 당시(當時) 예배당(禮拜堂)은 혹(或) 훼파차공허 (毀破且空虛)하야 자못 황량(荒凉)의 기색(氣色)을 대(帶)하얏더라.

동년(同年) 초하(初夏)에 평양관찰사(平壤觀察使) 민병석(閔丙奭)이 교회(教會)를 박멸(撲滅)할 정책(政策)으로 엄령(嚴令)을 발(發)하야 군관(軍官)을 유(遺)[75]하야 장로회(長老會)의 조사(助師) 한석진(韓錫晋)과 교인 (教人) 최치량(崔致良) 송린서(宋獜瑞) 신상회(申尙昊) 우지룡(禹志龍)과 감리회(監理會)의 권사(勸師) 김창식(金昌植)과 교도수인(教徒數人)[성명 미상(姓名未詳)]을 포박압수(捕縛押囚)하고 형언(形言)키 난(難)한 당시(當時)의 가혹(苛酷)한 형(刑)을 시(施)하다가 최치량(崔致良) 등(等) 제인(諸人)은 방송(放送)하고 한석진(韓錫晋) 김창식(金昌植)은 죄괴(罪魁)라 하야 뇌수(牢囚)하고 극벽(極辟)에 부(付)코자 하더니 차보(此報)가 천폐(天陛)에 득달(得達)함에 칙지(勅旨)를 강(降)하샤 사(死)에 면(免)케 되니라.

기후(其後)에 중화군수(中和郡守) 이완용(李完鎔)이 읍중(邑中) 유력자

(有力者)로 더부러 대기암교회(大奇巖敎會)를 위협(威脅)하야 회집(會集)을 금지(禁止)하거늘 선교사(宣敎師) 이길함(李吉咸, [Graham Lee])이 역설(力說)하야 무사(無事)하니라.

기후(其後)에 중화군(中和郡) 간동장교회(看東場敎會)를 핍박(逼迫)하야 교인(敎人) 김백경(金伯敬)을 뇌수(牢囚)하고 엄형(嚴刑)을 가(加)하니라.

자성군수(慈城郡守)[성명미상(姓名未詳)]가 전도인(傳道人) 유상도(劉尙道)[철산인(鐵山人)]를 입경당일(入境當日)에 착수(捉囚)하엿다가 3일(三日) 후(後)에 공갈(恐喝)하고 경내축출(境內逐出)하니라.

의주군(義州郡) 용산교회(龍山敎會) 설립(設立) 초(初)에 교인(敎人) 장덕로(張德櫓) 가(家)에 회집(威脅)이러니 동민(洞民)이 분기(奮起)하야 회실(會室)에 난입(欄入)하야 혹(或) 장(杖)을 하(荷)하야 맹타(猛打)하며 혹(或) 로(路)를 갈(渴)하야 출입(出入)을 금지(禁止)하니 교인(敎人)이 감내(堪耐)키 불능(不能)하더니 관리(官吏)의 보호(保護)를 엇어 침식(寢息)되니라.

용천군(龍川郡) 덕천교회(德川敎會) 설립(設立) 초(初)에 동민(洞民)이 질악(嫉惡)하야 암중(暗中)에 당지인(當地人)의 숭봉(崇奉)하난 신묘화상(神廟畵像)을 열파(裂破)하고 교인소위(敎人所爲)라 주창(做倡)하니 전동(全洞)이 제기(齊起)하야 협박태심(脅迫太甚)하대 변명(辨明)이 극난(極難)하야 곤경(困境)에 재(在)하다가 점차(漸次) 양해(諒解)되여 무사(無事)하얏나니라.[76]

용천군(龍川郡) 양서(楊西) 신도(信徒) 백인걸(白仁傑)이 당지(當地) 성황묘(城隍廟)에 왕(往)하야 우상(偶像)에 두부(頭部)를 약쇄(畧碎)러니 동민(洞民)이 제기(齊起)하야 인걸(仁傑)에게난 혹(或) 형(刑)을 시(施)하고 기타신종(其他信從)난 본동거주(本洞居住)를 금지(禁止)함으로 일대소동(一大騷動)이 수기(遂起)하야 수삭(數朔)에 지(至)하얏난대 관리조정(官吏調停)으로 무사(無事)하니라.

선천군(宣川郡) 고읍교회(古邑敎會) 설립(設立) 초(初)에 전도인(傳道

人) 정익로(鄭益魯)가 해동신묘(該洞神廟)에 입(入)하야 위패(位牌)를 도립(倒立)하얏더니 동민(洞民)이 분기(奮起)하야 교도(敎徒)를 구타(毆打)하야 동리농작(洞里農作)을 금지(禁止)함으로 적일충돌(赤一衝突)이 홀기(忽起)하야 수삭상대(數朔相待)라가 관리조정(官吏調定)으로 무사(無事)하니라.

철산군(鐵山郡) 연수동교회(蓮水洞敎會) 설립(設立) 초(初)에 전도인(傳道人) 장관선(張寬善)의 간권(懇勸)으로 신종자(信從者) 다수(多數)이러니 동민(洞民)이 분기제집(奮起齊集)하야 회당(會堂)에 충화(衝火)하며 신도(信徒)를 구타(毆打)함으로 곤난(困難)이 막심(莫甚)호대 신자(信者)가 인수(忍受)하니 교회(敎會)가 확립(確立)하고 당시(當時)에 협박(脅迫)하던 자(者)도 진신(眞神)의 춘고(春顧)를 엇더 기후(其後) 진교자(進敎者)가 불소(不少)하니라.

1896년(一八九六年) 병신(丙申) 함흥읍교회(咸興邑敎會) 설립(設立) 초(初)에 본면면장(本面々長)이 관내(管內) 각동(各洞)에게 통유(通諭)하야 읍민(邑民)을 충동(衝動)하야 교인(敎人) 신창희(申昌熙) 가(家)에 취집(驟集)하야 기문호(其門戶)를 타파(打破)하고 축출(逐出)하기 위(爲)하야 공갈질욕(恐喝叱辱)을 다시 여지(餘地)가 업시하되 신군(申君)은 유색온언(柔色溫言)으로 인내기대(忍耐企待)하더니 적기시(適其時)에 선교사(宣敎師) 소안론(蘇安論, [William L. Swallen]) 조사(助師) 2인(二人)이 해래(偕來)하야 당지(當地) 관찰사(觀察使)의게 보호(保護)를 청구(請求)하얏더니 해관찰부(該觀察府)로서 읍민(邑民)의게 엄식(嚴飭)하야 신군(申君)의 파옥(破屋)을 즉시수리(卽時修理)케 하니 자시무사(自是無事)하니라.

황해도(黃海道) 전도교회(全道敎會) 설립(設立) 초(初)에 제반(諸般) 핍박환난(逼迫患難)이 구지(俱至)하얏스나 기부분(其部分)을 특거(特擧)컨대 2부(二部)[77]에 불과(不過)하니 일(一)은 불신자(不信者)의 핍박(逼迫)이오 일(一)은 천주교(天主敎)의 핍박(逼迫)이니 개불신자(盖不信者)난 습속(習俗)의 부동(不同)으로 천주교(天主敎)난 투심(妬心)의 소발(所發)로 좌우협공(左右夾攻)에 전도교인(全道敎人)의 곤난(困難)이 특심(特甚)하얏나니라.

일(一)은 불신자(不信者)의 핍박(逼迫)이니 기의(其意)난 야소교도(耶蘇敎徒)난 남녀동취(男女同聚)하야 윤기(倫紀)를 문란(紊亂)하고 제사(祭祀)를 병폐(並廢)하야 조종(祖宗)를 기적(棄斥)하다 하야 허다방법(許多方法)으로 교회(敎會)를 곤난(困難)케 하얏난대 기례(其例)를 약거(畧擧)컨대

일(一). 봉산군(鳳山郡) 당포(唐浦)에서 교인(敎人)의 리사(里祀) 불참(不叅)으로 회실(會室)을 훼파(毁破)홈.

일(一). 봉산군(鳳山郡) 임동(林洞)에서 교인(敎人)이 리사감(里祀歛)을 불납(不納)이라 하야 교인(敎人)을 질타(叱打)홈.

일(一). 평산군(平山郡) 편천시(扁川市)에서 교인찬송(敎人讚頌)을 금지(禁止)하대 불청(不聽)함으로 헌병소(憲兵所)에 고소(告訴)함.

시외(是外)에 완고배(頑固輩)와 부랑(浮浪)의 도(徒)가 군(群)을 성(成)하며 당(黨)을 작(作)하야 회당문청(會堂門廳)을 파쇄(破碎)하며 교인(敎人)을 질욕구타(叱辱毆打)하난 등(等) 시(時)가 수처개유(隨處皆有)하되 교회(敎會)난 우흥(尤興)하니라.

이(二)난 라마교(羅馬敎)의 위협(威脅)이니 당시(當時) 해교인(該敎人)은 신앙(信仰)의 도리(道理)는 연구(硏究)치 안코 외인(外人)의 위권(威權)만 의뢰(依賴)하야 도당(徒黨)을 집합(集合)하야 교회(敎會)를 공갈(恐喝)하얏스니 기례(其例)를 약거(畧擧)컨대

1898년(一八九八年)에 재령군(載寧郡) 원내동(垣內洞) 교인(敎人)이 예배당(禮拜堂) 건축(建築) 시(時)에 라마교인(羅馬敎人) 100여명(百餘名)이 홀도(忽到)하야 성언(聲言)하기를 예배당(禮拜堂)은 오교(吾敎)와 공용(共用)하자 하기로 기시(其時) 교인(敎人)이 불응(不應)하니 라마교도(羅馬敎徒)가 대노(大怒)하야 건축(建築)을 조지(阻止)하난지라. 교인(敎人)이 기세력(其勢力)을 불승(不勝)하야 공사(工事)를 중지(中止)하고 평양(平壤)에 송인(送人)하야 선교사회(宣敎師會)에 청원(稱冤)하되 촌효(寸效)가 무(無)하고 라마교인(羅馬敎人)의 협박(脅迫)은 우심(尤甚)함으로 우리 예수교도(敎徒)[78]의 낙심(落心)이 극도(極度)에 니른지라. 교역자(敎役者) 최병사(崔秉思) 김재환(金在煥)이 비분(悲憤)을 불승(不勝)하야 신천군(信川郡)

청동(淸洞) 홍신부(洪神父)를 상대자(相對者)로 재판소(裁判所)에 기소(起訴)하야 동년(同年) 4월(四月) 2일(二日)에 개정(開廷)함애 라마교인(羅馬敎人)은 200여인(二百餘人)이 시위(示威)하고 예수교인(敎人)은 2인(二人) 쑨 출정(出廷)하얏스니 기시(其時) 형세(形勢)가 험악(險惡)하야 승소(勝訴)할 소망(所望)이 업섯스나 유시교회(惟是敎會)의 원슈(元首)되신 아주(我主)의 묵우(默右)하심으로 오교회(吾敎會)가 득승(得勝)하야 예배당(禮拜堂)을 갱축(更築)할새 종전(從前) 예수교인(敎人)으로 세력(勢力)을 싸라 피교회(彼敎會)에 투왕자(投徃者)가 연금(捐金)을 환색(還索)하난 고(故) 일일(一々)이 환부(還付)하고도 예배당(禮拜堂)은 완축(完築)하니라.

1900년(一千九百年)에 재령군(載寧郡) 신환포(新煥浦)에 천주교인(天主敎人)이 해교당(該敎堂)을 건축(建築)할 시(時)에 우리 예수교인(敎人)의게 강제(强制)로 혹(或) 부역(赴役) 혹(或) 연금(捐金)케 하되 약불능(若不能)하면 남녀(男女)를 물론(勿論)하고 해교당(該敎堂)에 착치(捉致)하야 혹(或) 옥량(屋樑)에 도현(倒懸)하며 혹(或) 태형(笞刑)을 남시(濫施)하얏난대 당시(當時) 동군내(同郡內)에 천국교당(天國敎堂) 35처(三十五處)가 잇고 매교당(每敎堂) 강장(講長)이 잇셔셔 재판(裁判)을 임의행사(任意行使)하야 민형사(民刑事)를 자의처단(恣意處斷)하고 해교인(該敎人)은 세(勢)를 의(依)하고 사(事)를 행(行)할새 늑장늑굴늑징탈(勒葬勒掘勒懲奪)을 무난(無難)히 감행(敢行)호대 당시(當時) 군슈(郡守)난 수수방관(袖手傍觀)하니 비단(非但) 야소교인(耶穌敎人)이라 일반인민(一般人民)의 곤난(困難)이 극(極)에 지(至)하니라.

시년(是年) 동(冬)에 미국인(美國人)이 경성(京城) 시내(市內)에 전차(電車)를 부설(敷設)하니 승객(乘客)이 다수(多數)한지라. 군부대신(軍部大臣) 이근택(李根澤)과 내장원향(內藏院鄉) 이용익(李容翊)이 건의(建議)호대 전군잉존(電軍仍存)이면 재원필갈(財源必竭)이라 하야 시민(市民)으로 하여금 승차(乘車)치 못하게 하니 미국인(美國人)의 탐지(探知)하고 황상(皇上)게 주달(奏達)하야 엄칙(嚴勅)이 하(下)하얏더니 양대신(兩大臣)은 차(此)를 심한(深恨)하야 서양인(西洋人)과 기독교(基督敎)를 병멸(並

滅)할 계획(計劃)으로 사교폐해(斯敎弊害)를 역거(歷擧)하야 천폐(天陛)에 무쥬(誣奏)하고 칙교(勅敎)를 강(降)하야 동년(同年) 12월(十二月) 초1일(初一日)에 국내(國內)에 거주(居住)하난 선교사(宣敎師)와 예수교도(敎徒)를 일시도쵹(一時屠剿)할 비지(秘旨)를 각도(各道)에 밀포(密布)얏스니 당시(當時) 교회(敎會)의 운명(運命)이 정(正)히 위급(危急)에 재(在)하얏나니라. 시시(是時)에 선교사(宣敎師) 원두우(元杜尤, [Horace G. Underwood])가 해주(海州)에 잠우(暫寓)하얏난대 관찰부속(觀察府屬) 중(中) 1인(一人)이 기지(其旨)를 득지(得知)하고 원군(元君)에게 밀고(密告)함애 원군(元君)은 즉시(即時) 나전어(羅甸語)로 어비신(魚丕信, [Oliver R. Avison]) 의사(醫師)의게 전보(電報)함으로 미국공사(美國公使)는 폐현상주(陛現上奏)하야 엄준(嚴峻)한 칙전(勅電)을 각도(各道)에 급발(急發)하야 외인(外人)과 교도(敎徒)를 도로혀 보호(保護)하라 함으로 혹(或) 화(禍)를 근면(僅免)하얏나니 차(此)ᄂᆞᆫ 석일(昔日) 파서시대(巴西時代)에 합만(哈蔓)이 목저개(木底改)와 이색열족(以色列族)을 초멸(勦滅)하랴든 흉모(凶謀)와 상사(相似)하니라. 당시(當時) 교회(敎會)가 여차(如此)한 위기(危機)를 탈(脫)한 것은 진실노 신은(神恩)의 풍성(豊盛)함을 몽(蒙)함이니라.

4. 교육(四, 敎育)

교회(敎會)의 발전(發展)을 싸라 교육(敎育)의 기관(機關)이 점흥(漸興)하니 당시(當時) 창설(創設)의 제도(制度)난 족(足)히 가관(可觀)할 것이 업스나 쇼(小)를 적(積)하야 대(大)를 성(成)하난 조짐(兆朕)은 차(此)에 시(始)하니라.

1887년(一八八七年) 정해(丁亥)에 경성신문내(京城新門內)에 선교사회(宣敎師會)의 경영(經營)으로 구세학당(救世學堂)을 설립(設立)하고 송순명(宋淳明) 안창석(安昌錫) 김유순(金裕淳) 등(等) 약간(若干) 학도(學徒)를 모집(募集)하고 윤치경(尹致景) 목원홍(睦源弘)이 교수(敎授)하엿스니 시내

(是乃) 교회교육(敎會敎育)의 창시(創始)니라.[80]

　1895년(一八九五年) 을미(乙未)에 신문내교회(新門內敎會)의 경영(經營)으로 영신학당(永信學堂)을 설립(設立)하고 정동명(鄭東明) 송순명(宋淳明)이 교수(敎授)로 근무(勤務)하더니 수십년(數十年) 후(後)에 감리회(監理會)와 연합(聯合)하야 수창동(需昌洞)에 교실(校室)을 건축(建築)하고 협성학교(協成學校)라 명명(命名)하니라.

　시년(是年)에 용천군(龍川郡) 신창교회(新倉敎會)와 정주읍교회(定州邑敎會)와 박천군(博川郡) 남호교회(南湖敎會)에서 각기(各其) 교인자제(敎人子弟)를 교육(敎育)하기 위(爲)하야 사숙(私塾)을 설립(設立)하엿더니 기후(其後) 확장(擴張)하야 학교(學校)를 완성(完成)하니라.

　1898년(一八九八年) 무술(戊戌)에 평양부내교회(平壤府內敎會)와 의주군(義州郡) 남산교회(南山敎會)에서 각기(各其) 교인자제(敎人子弟)를 교육(敎育)하기 위(爲)하야 사숙(私塾)을 설립(設立)하엿더니 기후(其後) 확장(擴張)하야 학교(學校)를 완성(完成)하니라.

　1900년(一九00年) 경자(庚子)에 의주읍교회(義州邑敎會)와 선천읍교회(宣川邑敎會)와 박천읍교회(博川邑敎會)와 황주군(黃州郡) 용연교회(龍淵敎會)에서 각기(各其) 교인자제(敎人子弟)를 교육(敎育)하기 위(爲)하야 사숙(私塾)을 설립(設立)하엿더니 기후(其後) 확장(擴張)하야 학교(學校)를 완성(完成)하니라.

　1894년(一八九四年) 동(冬)에 북장로회(北長老會) 선교사회(宣敎師會)의 경영(經營)으로 경성부(京城府) 연지동(蓮池洞)에 여자교육기관(女子敎育機關)을 창설(創設)하고 당시(當時) 여선교사(女宣敎師) 도치(都治)가 무의무탁(無依無托)한 여아(女兒) 10여인(十餘人)을 모집(募集)하야 초등교육(初等敎育)을 선시(先施)할새 연동여학교(蓮洞女學校)라 칭(稱)하니라.

5. 자선사업(五, 慈善事業)

　　1886년(一八八六年) 병술(丙戌) 간(間)에 선교의사(宣敎醫師) 안련(安連 [Horace Newton Allen])이 경성(京城) 동현(銅峴)에 제중원(濟衆院)을 설립(設立)하야 다수(多數)한 환(患)[81]자(者)를 시제(施濟)하고 기휘(其後)에 대구(大邱) 평양(平壤) 선천(宣川) 등지(等地)에도 제중원(濟衆院)을 설립(設立)하야 자선사업(慈善事業)을 점차확장(漸次擴張)하니라.

　　1898년(一八九八年) 무술(戊戌)[에] 선천읍교회(宣川邑敎會) 여도(女徒) 김기반(金其磐)이 기시(其時) 통화(通貨) 800량(八百兩)으로 대와가(大瓦家) 1좌(一座)[금일(今日) 북회당(北會堂) 기지(基址)가 즉기지(即其地)]를 매수(買收)하야 교회(敎會)에 기부(寄附)하야 당시(當時) 부인(婦人)의 회소(會所)로 작정(酌定)하니라.

　　1900년(一九00年) 경자(庚子)에 강계군(江界郡) 광성교회(廣城敎會)에셔 예배당(禮拜堂) 건축(建築) 시(時)에 교인(敎人) 서필환(徐弼還)이 기소유(其所有) 전지(田地) 전부(全部)를 교회(敎會)에 기부(寄附)하고 장정율(張正律)은 대종(大鍾) 1개(一個)를 교회(敎會)에 기부(寄附)하다.

제 6 장
합동공의회시대(合同公議會時代) 1901년-1906년 말

> 1901년(一千九百一年) 신축(辛丑)에 선교사(宣敎師)와 조선인총대(朝鮮人總代)가 합(合)하야 공의회(公議會)를 조직(組織)하고 조선야소교장로회공의회(朝鮮耶穌敎長老會公議會)라 명명(命名)하얏난대 회원(會員)은 조선인(朝鮮人) 장로(長老) 3인(三人) 조사(助師) 6인(六人) 선교사(宣敎師) 25인(二十五人)이오 회장(會長)은 선교사(宣敎師) 소안론(蘇安論)이러라.
>
> 1901, 조선예수교장로회합동공의회

1. 교회설립(一, 敎會設立)

　1901년(一千九百一年) 신축(辛丑)에 선교사(宣敎師)와 조선인총대(朝鮮人總代)가 합(合)하야 공의회(公議會)를 조직(組織)하고 조선야소교장로회공의회(朝鮮耶穌敎長老會公議會)라 명명(命名)하얏난대 회원(會員)은 조선인(朝鮮人) 장로(長老) 3인(三人) 조사(助師) 6인(六人) 선교사(宣敎師) 25인(二十五人)이오 회장(會長)은 선교사(宣敎師) 소안론(蘇安論, [William L. Swallen])이러라. 조선어(朝鮮語)를 용(用)하난 회(會)에서는 흉년(凶年)을 인(因)하야 유리(流離)하게 된 김포(金浦) 통진(通津) 백천(白川) 연안(延安) 등지(等地)에 잇난 교회(敎會)를 위(爲)하야 각교회(各敎會)

가 연보구제(捐補救濟)하기로 결정(決定)하고 문제(問題)를 제출(提出)하야 각인(各人)이 토의(討議)하기로 하니라. 영어(英語)를 용(用)하는 공의(公議)에서는 신학생(神學生)을 택(擇)하야 신학(神學)을 교수(敎授)하기로 하며 선년(先年)에 정(定)한 경성(京城) 평양(平壤) 양대리위원부(兩代理委員部) 외(外)에 전라(全羅) 경상(慶尙) 양대(兩代)[82]리위원부(理委員部)를 가설(加設)하기로 하며 조선자유장로회(朝鮮自由長老會) 설립방침의정위원(設立方針議定委員)과 장로회헌법번역위원(長老會憲法繙譯委員)과 혼인(婚姻)에 대(對)하야 타국선교사(他國宣敎師)의 의견(意見)을 탐지보고(探知報告)할 위원(委員)과 공의회규칙제정위원(公議會規則制定委員)을 선정(選定)하얏스며 중학교(中學校)와 소학교(小學校)를 위(爲)하야 기도(祈禱)하고 연보(捐補)할 주일(主日)을 작정(作定)하얏스며 기독신문(基督新聞)은 공의회발행물(公議會發行物)로 작정(作定)하고 각대리위원부(各代理委員部)가 각기(各其) 지방(地方)을 분(分)하고 당회위원(堂會委員)을 택(擇)하야 교회사(敎會事)를 치리(治理)하기로 결의(決議)하니라.

광쥬(廣州) 상동막교회(上東幕敎會)가 성립(成立)하다. 선시(先是)에 허경지(許敬旨) 허탁(許鐸) 허평(許坪) 등(等)이 신쥬(信主)하고 신대리교회(新垈里敎會)에 부속(附屬)되야 래왕(來往)하더니 지시(至是)하야 3인(三人)이 열심전도(熱心傳道)하며 병력(並力)하야 시처(是處)에 교회(敎會)를 설립(設立)하니 광주구역(廣州區域) 교역자(敎役者)가 관리(管理)하니라.

김포군(金浦郡) 송마리교회(松麻里敎會)가 성립(成立)하다. 선교사(宣敎師) 원두우(元杜尤, [Horace G. Underwood])와 전도인(傳道人) 신화순(申和淳) 이춘경(李春景) 등(等)의 전도(傳道)로 김상현(金尙鉉) 김춘기(金春基) 김광현(金光鉉) 등(等)이 신종(信從)하고 기종족(其宗族)에게 전도(傳道)하야 신자(信者)가 계진(繼進)하야 교회(敎會)가 설립(設立)되니라.

파주군(坡州郡) 문산리교회(汶山里敎會)가 선시(先是)에 감리회선교사(監理會宣敎師) 이덕(李德, [Clarence F. Reid]) 박사(博士)의 전도(傳道)로 한홍식(韓弘植)이 최선신종(最先信從)하야 교회(敎會)가 설립(設立)되얏고 기후(其後) 장감분계(長監分界)를 인(因)하야 선교사(宣敎師) 원두우(元杜

尤, [Horace G. Underwood])의 구역(區域)에 이속(移屬)되야 조사(助事) 최덕준(崔德俊)이가 시무(視務)하니라.

광주군(廣州郡) 신사리교회(新沙里敎會)가 성립(成立)하다. 선시(先是)에 선교사(宣敎師) 원두우(元杜尤, [Horace G. Underwood])의 전도(傳道)로 유성칠(柳星七)이 최선신종(最先信從)[83]하고 열심전도(熱心傳道)하야 이상문(李相文), 이의근(李義根), 여흥창(呂興昌)이 신종(信從)하야 유성칠(柳星七) 가(家)에 회집예배(會集禮拜)하니라.

의주군(義州郡) 관리교회(舘里敎會)가 성립(成立)하다. 선시(先是)에 김영근(金永根) 한정관(韓貞寬) 김덕화(金德化) 김귀성(金貴成) 김봉근(金奉根) 등(等)이 상계신주(相繼信主)하고 노북회당(蘆北會堂)에 왕래예배(往來禮拜)하더니 지시(至是)하야 격강(隔江)에 불편(不便)으로 교인(敎人)들이 협력(協力)하야 예배당(禮拜堂)을 신축(新築)하고 분립회집(分立會集)할새 한정관(韓貞寬)이 권사(勸師)로 시무(視務)하얏고 김원유(金元瑜) 장한윤(張翰允)이 교회당(敎會堂) 기지(基址)를 기부(寄附)하니 교회(敎會)가 완성(完成)하니라.

의주군(義州郡) 하북동교회(下北洞敎會)가 성립(成立)하다. 선시(先是)에 백한모(白漢模)가 문도(聞道)하고 비린(比隣)에 전포(傳布)하야 수십인(數十人) 신자(信者)가 계흥(繼興)함으로 협력연보(協力捐補)하야 예배당(禮拜堂)을 신축(新築)하고 회집(會集)하더니 불과(不過) 수년(數年)에 교인(敎人)이 혹리혹사(或離或死)하야 유지(維支)에 난(難)함으로 위북면(威北面) 상단(上端)에 이전(移轉)하얏난대 동지(同地) 여도(女徒) 황씨사성(黃氏思聖)은 시문(媤門)의 구축(驅逐)을 당(當)하야 선천(宣川) 평양(平壤) 등지(等地)에 표류(漂流)하다가 귀가(歸家)하야 열심전도(熱心傳道)하야 기제(其弟) 황사건(黃思鍵)과 황사선(黃思善) 급(及) 린인(隣人)이 상계귀주(相繼歸主)하난지라. 교인(敎人)이 합심연보(合心捐補)하야 예배당(禮拜堂)을 건축(建築)하니 교회(敎會)가 점증(漸增)하더라.

의주군(義州郡) 체마교회(替馬敎會)가 성립(成立)하다. 선시(先是)에 이기슈(李基守) 길상흥(吉祥興) 등(等)이 신주(信主)하고 비린(比隣)에 전도

(傳道)함으로 이문옥(李文玉) 김갑옥(金甲玉) 고시귀(高時歸) 고시혁(高時赫) 등(等)이 상계신종(相繼信從)하고 노북교회(蘆北敎會)에 왕래예배(往來禮拜)하더니 지시(至是)하야 예배당(禮拜堂)을 신축분립(新築分立)하니라.

의주군(義州郡) 용산교회(龍山敎會)가 성립(成立)하다. 선시(先是)에 이성삼(李省三) 장낙요(張洛堯) 등(等)이 문도(聞道)하고 남산교회(南山敎會)에 왕래(往來)[84]예배(禮拜)하더니 본리인(本里人) 장하순(張河舜)이 용천(龍川) 거기숙(居其叔) 장승무(張承武) 가(家)에셔 선천(宣川) 김씨기반(金氏基磐)을 해후(邂逅)하야 문도(聞道)하고 김씨(金氏)와 해환(偕還)하야 가족(家族)에게 1주간(一週間) 전도(傳道)한 결과(結果) 장하식(張河湜), 장덕로(張德櫓), 장운식(張運栻) 등(等) 10여인(十餘人)이 상계신종(相繼信從)하야 장덕로(張德櫓) 가(家)에 회집예배(會集禮拜)할새 불신자(不信者) 등(等)의 무한(無限)한 핍박(逼迫)을 감내(堪耐)하니 교회(敎會)가 점진(漸進)하더라.

선천군(宣川郡) 동림교회(東林敎會)가 성립(成立)하다. 선시(先是)에 김봉헌(金鳳憲), 유정백(劉貞伯), 한석조(韓錫祚), 최기준(崔基俊), 장득곤(張得坤)이 본읍(本邑)에서 전도자(傳道者)를 해후(邂逅)하야 복음(福音)을 문(聞)하고 귀가전도(歸家傳道)하야 신자(信者)가 초진(稍進)함으로 읍내교회(邑內敎會)에 왕래(往來)하더니 지시(至是)하야 선교사(宣敎師) 위대모(魏大模, [Norman C. Whittemore]) 조사(助事) 양전백(梁甸伯)이 순도(巡到)하야 교회설립(敎會設立)함을 권면(勸勉)함에 교우(敎友)가 합력(合力)하야 예배당(禮拜堂)을 건축(建築)하고 분립회집(分立會集)하니라.

선천군(宣川郡) 내동교회(內洞敎會)가 성립(成立)하다. 선시(先是)에 본리인(本里人) 길종수(吉宗秀)가 소년(少年)으로 중병(重病)에 리(罹)하야 백병(百病)이 무효(無効)하더니 기족숙(其族叔)의 권면(勸勉)에 의(依)하야 신쥬(信主)하고 지성간구(至誠懇求)한지 3일(三日) 만에 완료(完療)되난지라. 전가(全家)와 기족인(其族人)이 동시병신(同時並信)하고 길형천(吉亨天)은 자기(自己) 가사일련(家舍一棟)을 예배당(禮拜堂)으로 기부(寄附)하고 길기하(吉基夏)난 인도(引導)하니 교회(敎會)가 수성(遂成)하니라.

용천(龍川) 양시교회(楊市敎會)가 성립(成立)ᄒ다. 선시(先是)에 본리인(本里人) 이차국(李致國)이 의주군(義州郡) 남산교회(南山敎會)에 왕래(往來)ᄒ며 진력전도(盡力傳道)함으로 양영진(梁永珍) 양기범(梁基範) 양기전(梁基甸) 이근혁(李根赫) 윤희복(尹希福) 백옥인(白玉仁) 황국보(黃菊保) 등(等)이 차제신종(次第信從)하난지라. 지시(至是)하야 15간(十五間) 예배당(禮拜堂)을 신축(新築)하니 당시(當時) 선교사(宣敎師)난 위대모(魏大模, [Norman C. Whittemore]) 조사(助事)난 김관근(金灌根)이더라.[85]

초산군읍교회(楚山郡邑敎會)가 성립(成立)하다. 선시(先是)에 본군(本郡) 동면(東面) 이승락(李承洛)이 중국(中國) 통화현(通化縣)에 여행(旅行)하얏다가 봉천(奉天)에 거류(居留)하난 선교사(宣敎師) 라약한(羅約翰, [John Ross])에게셔 문도(聞道)하고 귀가역로(歸家歷路)에 한린진(韓麟振), 원석호(元碩皓), 원석연(元碩連), 김창흡(金昌洽) 등(等)에게 전도(傳道)함에 신종(信從)하난지라. 신쟈(信者)가 종차점가(從此漸加)하야 열심연보(熱心捐補)하야 예배당(禮拜堂)을 건축(建築)하니라.

철산군(鐵山郡) 월안교회(月安敎會)가 성립(成立)하다. 선시(先是)에 본지인(本地人) 정봉엽(鄭鳳燁)이 부랑(浮浪)한 고로 기부형(其父兄)이 권면신쥬(勸勉信主)케 하얏더니 학암교회(鶴巖敎會)에 왕래예배(往來禮拜)하다가 지시(至是)하야 예배당(禮拜堂)을 신축(新築)하고 분립회집(分立會集)하니 교회(敎會)가 수성(遂成)하야 정봉엽(鄭鳳燁) 정창환(鄭昌煥)이 인도(引導)하더라.

정주군(定州郡) 청정교회(淸亭敎會)가 성립(成立)하다. 선시(先是)에 본리인(本里人) 이준영(李俊英)이 평양(平壤) 정익로(鄭益魯)에게 복음(福音)을 시문(始聞)하고 양전백(梁甸伯)에게셔 교리(敎理)를 상문(詳聞)한 후(後) 확신(確信)하고 박찬형(朴燦亨) 최승조(崔承祚) 김여환(金汝環) 김봉길(金鳳吉) 등(等)을 권(勸)하야 상약공신(相約共信)할새 당시(當時) 선교사(宣敎師) 위대모(魏大模 [Norman C. Whittemore]) 조사(助事) 양전백(梁甸伯)이 순래(巡來)하야 교회(敎會)를 설립(設立)하니 이준영(李俊英) 최승조(崔承祚) 김봉길(金鳳吉)이 교회(敎會)를 임시인도(臨時引導)하나라.

중화군(中和郡) 회유리교회(回楡里敎會)가 성립(成立)하다. 선시(先是)에 이원도(李元道) 최학령(崔學令) 등(等)이 신주(信主)하고 열심전도(熱心傳道)하야 정치주(鄭致周) 등(等) 4인(四人)이 상계신주(相繼信主)함으로 교회(敎會)가 설립(設立)되고 정치문(鄭致文)이 제 1회(第一回) 영수(領袖)로 교회(敎會)를 인도(引導)하니라.

강서군(江西郡) 태성리교회(台城里敎會)가 성립(成立)하다. 선시(先是)에 김용기(金用基)의 전도(傳道)로 홍치렴(洪致廉) 강세종(康世宗) 등(等)이 신주(信主)해[86]고 사천장교회(沙川塲敎會)에 왕래(往來)하다가 지시(至是)하야 신자초진(信者稍進)함으로 광포거(廣浦居) 강세영(康世榮) 가(家)에 회집(會集)하야 교회(敎會)를 설립(設立)하니라.

대동군(大同郡) 학교리교회(鶴橋里敎會)가 성립(成立)하다. 선시(先是)에 이윤모(李潤模)의 전도(傳道)로 사인(四人)이 귀주(歸主)하야 평양(平壤) 장대현(章臺峴)에 왕래(往來)하다가 8간(八間) 예배당(禮拜堂)을 신축(新築)하야 교회(敎會)를 설립(設立)하얏고 기후(其後) 열심전도(熱心傳道)하야 교회점흥(敎會漸興)함으로 양제(洋製) 30간(三十間) 예배당(禮拜堂)을 개건(改建)하니라.

대동군(大同郡) 학노리교회(學魯里敎會)가 성립(成立)하다. 선시(先是)에 김지수(金志洙)의 전도(傳道)로 이수암(李秀岩) 조능규(曺能奎) 이재풍(李在豊) 조승익(曺承益) 등(等)이 계신(繼信)하야 신흥리(新興里) 회당(會堂)에 왕래(往來)하다가 조승익(曺承翊) 가(家)에 회집(會集)하야 교회(敎會)를 수성(遂成)하니라.

순천군(順川郡) 하리(下里) 매화치교회(梅花峙敎會)가 성립(成立)하다. 선시(先是)에 안동식(安東植)의 전도(傳道)로 전희관(田禧觀) 이주복(李柱復) 이관실(李觀實) 이관성(李觀城) 등(等)이 최선신교(最先信敎)하고 순천읍교회(順川邑敎會)에 왕래(往來)하다가 신자(信者)가 증가(增加)함으로 가옥(家屋)을 매수(買收)하야 예배당(禮拜堂)으로 사용(使用)하얏고 기후(其後)에난 와가(瓦家) 7간(七間)으로 개축(改築)하니 조사(助事)난 김려현(金鳳顯) 정석종(鄭碩鐘)이러라.

순천군(順川郡) 하동교회(下洞敎會)가 성립(成立)하다. 선시(先是)에 전희관(田禧觀)이 신주(信主)하고 관상동교회(舘上洞敎會)에 왕래(往來)하다가 가옥(家屋)을 매수(買收)하야 예배당(禮拜堂)으로 사용(使用)하니 교회(敎會)가 수성(遂成)하얏고 기후(其後) 교회(敎會)가 증가(增加)하야 열심출연(熱心出捐)하야 예배당(禮拜堂)을 개축(改築)하니라.

순천군(順川郡) 문창리교회(文昌里敎會)가 성립(成立)하다. 선시(先是)에 선교사(宣敎師) 마포삼열(馬布三悅, [Samuel A. Moffett])의 전도(傳道)로 정석종(鄭碩鐘)이 최선신주(最先信主)[87]하얏고 조기연(趙基璉) 조종엽(趙鍾燁) 양영식(梁永植) 최문경(崔文景) 최종협(崔宗協) 이지윤(李志潤) 김학건(金鶴鍵) 김용전(金用田) 등(等)이 상계신종(相繼信從)하야 합심협력(合心協力)하야 추평동(楸平洞)에 예배당(禮拜堂)을 신축(新築)하니 선교사(宣敎師) 편하설(片夏薛, [Charles F. Bernheisel])이 래(來)하야 교회(敎會)를 설립(設立)하니라.

영원군읍교회(寧遠郡邑敎會)가 성립(成立)하다. 선시(先是)에 박정찬(朴禎燦)의 전도(傳道)로 손준홍(孫俊弘) 황치욱(黃致郁) 정기준(鄭基俊) 3인(三人)이 신종(信從)하야 3간옥(三間屋)을 매수(買收)하야 예배당(禮拜堂)으로 사용(使用)하니 선교사(宣敎師) 편하설(片夏薛, [Charles F. Bernheisel]) 조사(助師) 김려현(金厲顯)이 순래(巡來)하야 교회(敎會)를 설립(設立)하얏고 기후(其後) 교인(敎人)이 증가(增加)하야 열심연보(熱心捐補)하야 와제(瓦製) 10간(十間) 예배당(禮拜堂)을 건축(建築)하니라.

덕천군(德川郡) 상신리(上新里) 수저교회(水底敎會)가 성립(成立)하다. 선시(先是)에 왕병기(王炳基) 강덕삼(姜德三) 백흥초(白興楚) 백흥준(白興濬) 김기주(金琦柱) 선우탁(鮮于鐸) 서회원(徐晦元) 이재영(李在永) 등(等)이 상계신주(相繼信主)하고 예배당(禮拜堂)을 신축(新築)하고 달성교회(達城敎會)에서 분립(分立)하니라.

부산진교회(釜山鎭敎會)가 성립(成立)하다. 선시(先是)에 여선교원(女宣敎員) 영국인(英國人) 맨지씌[Isabella B. Menzies] 양(孃)이 당지(當地)에 래주(來住)하야 각양(各樣)의 시험(試驗)과 핍박(逼迫)을 모(冒)하고 전도(傳道)한 결과(結果) 신자(信者)가 계기(繼起)하얏고 선교사(宣敎師) 왕길지(王吉志, [G. Engel])가 래주(來住)하야 교회(敎會)를 설립(設立)하니라.

구마산교회(舊馬山敎會)가 성립(成立)하다. 선시(先是)에 백도명(白道明)의 전도(傳道)로 김씨마리아(金氏瑪利亞) 김씨인모(金氏仁慕)가 신종(信從)하고 열심전도(熱心傳道)하야 여자(女子) 7인(七人)이 회집예배(會集禮拜)하니 교회(敎會)가 설립(設立)되얏고 기후(其後) 선교사(宣敎師) 노세영(盧世永, [Cyril Ross])이 래(來)하야 학습(學習) 7인(七人)을 세우고 부산(釜山) 교회제직(敎會諸職)이 윤회인도(輪回引導)하얏스며 기후(其後)에 동지거(同地居) 김씨주은(金氏主恩)이 영국선교사(英國宣敎師) 손안로(孫安路, [Andrew Adamson])에게서 문도신주(聞道信主)하고 손안로(孫安路, [Andrew Adamson])와 해도(偕到)하야 기자(其子) 이승규(李承奎)에게 전도(傳道)하야 귀주(歸主)케 하니 동지(同志) 수십인(數十人)이 입교(入敎)하난지라 손안로(孫安路, [Andrew Adamson])가 가옥(家屋)을 매수(買收)하야 예배당(禮拜堂)으로[88] 사용(使用)하니 자차(自此)로 마산(馬山)에 양교회(兩敎會)가 병립(並立)하야 종종분쟁(種々紛爭)이 유(有)하나라.

김해군(金海郡) 신용교회(新龍敎會)가 성립(成立)하다. 선시(先是)에 선교사(宣敎師) 심익순(沈翊舜, [Walter E. Smith])의 전도(傳道)로 신자초진(信者稍進)하야 최익준(崔翊俊) 가(家)에 회집예배(會集禮拜)하니 교회(敎會)가 시설(始設)되니라.

부산부(釜山府) 영주동교회(瀛洲洞敎會)가 성립(成立)하다. 선시(先是)에 선교사(宣敎師) 노세영(盧世永, [Cyril Ross])의 전도(傳道)로 강형린(姜亨璘) 장여익(張汝益) 박원일(朴元一) 김성윤(金成允)이 신종(信從)하야 사가(私家)에 예배(禮拜)하다가 교우(敎友)가 점가(漸加)하야 초옥(草屋)을 매수(買收)하야 예배당(禮拜堂)으로 사용(使用)하얏고 기후(其後)에 와제(瓦製) 14평(十四坪) 예배당(禮拜堂)을 개축(改築)하니라.

울산군(蔚山郡) 전읍교회(錢邑敎會)가 성립(成立)하다. 선교사(宣敎師) 안의와(安義窩, [James Edward Adams, 1867-1929]) 조사(助師) 서성오

(徐聖五)의 전도(傳道)로 김재영(金在永) 김용주(金龍珠) 이성옥(李成玉) 김현가(金顯價) 정차만(鄭且萬) 이기행(李基行) 최위백(崔偉伯) 등(等)이 신주(信主)하고 합심(合心)하야 율림리(栗林里) 안안(案岸)에 교회당(敎會堂)을 건축(建築)하얏더니 기후(其後)에 대밀리(大密里)에 이전(移轉)하니라.

청도군(淸道郡) 송서교회(松西敎會)가 성립(成立)하다. 선교사(宣敎師) 안의와(安義窩, [James Edward Adams, 1867-1929])의 전도(傳道)로 김경수(金敬守)가 신(信)하고 동지(同志)에게 전도(傳道)하야 조병종(曺秉從) 김양석(金良錫)과 홍종찬(洪鐘瓚)의 전가(全家)가 귀도(歸道)하야 교회(敎會)가 설립(設立)될새 김양석(金良錫)은 연로(年老) 독신자(篤信者)로 금 50원(金五十圓)과 산판(山阪) 일정(一町) 3반(三反)을 기부(寄附)함으로 예배당(禮拜堂)을 건축(建築)하게 되니라.

김천군(金泉郡) 송천교회(松川敎會)가 성립(成立)하다. 선시(先是)에 본리인(本里人) 이재욱(李載旭)이 신주(信主)하고 선교사(宣敎師) 전해리(傅海利, [Henry Munro Bruen, 1874-1957])와 협력전도(協力傳道)하야 신자 점진(信者漸進)하야 예배당(禮拜堂)을 건축회집(建築會集)하니 교회(敎會)가 수성(遂成)하니라.

선산군(善山郡) 죽원교회(竹院敎會)가 성립(成立)하다. 선시(先是)에 선교사(宣敎師) 전해리(傅海利, [Henry Munro Bruen, 1874-1957])의 전도(傳道)로 신자초기(信者稍起)하야 교회(敎會)가 [89] 시설(始設)되니라.

선산군(善山郡) 괴평교회(槐坪敎會)가 성립(成立)하다. 선시(先是)에 본리(本里) 신자기인(信者幾人)이 인근교회(隣近敎會)에 왕래(往來)하더니 미구(未久)에 신자증가(信者增加)하야 예배당(禮拜堂)을 신축(新築)하니 당시(當時) 설립자(設立者)난 선교사(宣敎師) 전해리(傅海利, [Henry Munro Bruen, 1874-1957])와 조사(助師) 이재욱(李載旭)이오 기후(其後) 목사(牧師) 임종하(林鐘夏)가 시직(視職)하니라.

선산군(善山郡) 월호동교회(月湖洞敎會)가 성립(成立)하다. 선시(先是)에 김의종(金義鐘) 등(等) 수인(數人)이 복음(福音)을 신종(信從)하고 괴평교회(槐坪敎會)에 부속(附屬)되얏다가 후(後)에 분립(分立)하야 교회(敎會)가 영설(另設)되니 기후(其後) 교역(敎役)에 종사(從事)한 자(者)난 조사(助師)에 김영채(金永彩) 김기원(金基源) 권영해(權永海) 소병권(蘇秉權) 목사(牧師)에 임종하(林鐘夏)가 상계시직(相繼視職)하니라.

연일군(延日郡) 괴동교회(槐東敎會)가 성립(成立)하다. 선시(先是)에 본리인(本里人) 박군현(朴君賢)이 일본(日本)에서 신쥬(信主)하고 귀가(歸家)하야 자기가(自己家) 협실(挾室)에서 예배(禮拜)하며 열심전도(熱心傳道)하야 안종필(安鐘弼) 박문찬(朴汶燦) 외(外) 남녀(男女)와 아동(兒童) 수십인(數十人)이 상계신종(相繼信從)하야 예배당(禮拜堂)을 신축(新築)하니 교회(敎會)가 수성(遂成)하니라. 기후(其後) 조사(助師)난 황경선(黃敬善) 금석범(琴錫範) 김순여(金順汝) 김병호(金炳鎬) 송문수(宋文壽) 조기철(曺基哲) 이춘중(李春仲) 제인(諸人)이러라.

경산군(慶山郡) 사월리교회(沙月里敎會)가 성립(成立)하다. 선시(先是)에 선교사(宣敎師) 안의와(安義窩, [James Edward Adams, 1867-1929])의 전도(傳道)로 신자계흥(信者繼興)하야 교회(敎會)가 설립(設立)되니라.

성주군(星州郡) 대흥교회(大興敎會)가 성립(成立)하다. 선시(先是)에 본리(本里) 교인기명(敎人幾名)이 인근교회(隣近敎會)에 왕래(往來)하다가 예배당(禮拜堂)을 건축(建築)하야 분립예배(分立禮拜)하니 설립자(設立者)난 선교사(宣敎師) 전해리(傳海利, [Henry Munro Bruen, 1874-1957])오 조사(助師)난 서자선(徐子先)이러라.[90]

선산군(善山郡) 도산교회(挑山敎會)가 성립(成立)하다. 선시(先是)에 본리(本里) 신자(信者) 노점록(魯点錄) 외(外) 수인(數人)이 괴평교회(槐坪敎會)에 왕래(往來)하더니 신도증가(信徒增加)하야 교회(敎會)를 분립(分立)하니 조사(助師)에 김영채(金永彩) 이희봉(李喜鳳) 김기원(金基源) 이석윤(李錫潤) 권영해(權永海) 소병권(蘇秉權) 윤병혁(尹炳爀) 등(等)이 상계시직(相繼視職)하니라.

군위군(軍威郡) 봉황동교회(鳳凰洞敎會)가 성립(成立)하다. 선시(先是)에 김점권(金点權) 외(外)에 수인(數人)이 신쥬(信主)하고 괴평교회(槐坪敎

會)에 왕래(往來)하더니 본리(本里)에 신자(信者)가 점가(漸加)하난지라. 예배당(禮拜堂)을 신축(新築)하고 교회(敎會)를 분립(分立)하니 조사(助師)에 김영채(金永彩) 이석윤(李錫潤) 김기원(金基源) 박영화(朴永和) 권영해(權永海) 소병권(蘇秉權) 소병식(蘇秉植) 등(等)이 상계시직(相繼視職)하니라.

익산군(益山郡) 남전교회(南田敎會)가 성립(成立)하다. 선시(先是)에 선교사(宣敎師) 전위렴(全緯廉, [William M. Junkin, 1865-1908])의 전도(傳道)로 이선국(李先國) 이성춘(李成春) 박성윤(朴成允) 이성일(李成一) 등(等)이 신종(信從)하고 열심상전(熱心相傳)하야 신자(信者)가 계흥(繼興)하니 예배당(禮拜堂)을 신축(新築)하고 교회(敎會)를 설립(設立)하니라.

무주군(茂朱郡) 석항리교회(石項里敎會)가 성립(成立)하다. 선시(先是)에 선교사(宣敎師) 마로덕(馬路德, [Luther O. McCutchen])과 전도인(傳道人) 이경문(李敬文)의 전도(傳道)로 신자초진(信者稍進)함에 예배당(禮拜堂)을 신축(新築)하고 이경문(李敬文)이 교회(敎會)를 인도(引導)하니라.

광주군(光州郡) 송정리교회(松汀里敎會)가 성립(成立)하다. 선시(先是)에 선교사(宣敎師) 배유지(裵裕祉, [E. Bell, 1868-1925]) 오기원(吳基元, [Clement C. Owen, 1867-1909])의 전도(傳道)로 신자점증(信者漸增)함에 김일서방(金日西方)에 회집(會集)하다가 우산리(牛山里)에 예배당(禮拜堂)을 신축(新築)하고 회집(會集)하더니 기휴(其後)에 송정리(松汀里)에 이전(移轉)하니 조사(助師)난 조상학(趙尙學) 외(外) 수인(數人)이 시무(視務)하니라.

은율군(殷栗郡) 주림동교회(柱林洞敎會)가 성립(成立)하다. 선시(先是)에 우종서(禹鍾瑞)의 전도(傳道)로 설립(設立)되야 와가예배당(瓦家禮拜堂)을 건(建)[91]축(築)하니라.

송화군(松禾郡) 학리교회(鶴里敎會)가 성립(成立)하다. 선시(先是)에 정백순(鄭伯淳)이 신종(信從)하야 설립(設立)되니라.

장연군(長淵郡) 용정동교회(龍井洞敎會)가 성립(成立)하다. 선시(先是)에 김인호(金仁浩)의 전도(傳道)로 홍범조(洪範祚) 김자원(金子源) 등(等)이 신종(信從)하야 교회(敎會)가 성립(成立)되고 예배당(禮拜堂)을 건축(建

築)하니라.

　신천군(信川郡) 구문화읍교회(舊文化邑敎會)가 성립(成立)하다. 선시(先是)에 사평리(沙坪里) 지교회(支敎會)로 설립(設立)되얏더니 지시(至是)하야 교회점진(敎會漸進)됨으로 분립(分立)하얏고 기후(其後)에 방형묵(方亨默)을 장로(長老)로 장립(將立)하야 당회(堂會)를 조직(組織)하니라.

　봉산군(鳳山郡) 용연리교회(龍淵里敎會)가 성립(成立)하다. 선시(先是)에난 모동지회(慕洞支會)로 설립(設立)되얏더니 조씨희복(趙氏希福)이 열심전도(熱心傳道)하며 라마교회(羅馬敎會)의 핍박(逼迫)을 수(受)하되 인내(忍耐)로써 이긔여 가고 양태진(梁泰鎭) 장석원(張石源) 등(等)이 입교(入敎)하야 협죠(協助)함으로 교회(敎會)가 진흥(振興)하난지라 지시(至是)하야 예배당(禮拜堂)을 건축(建築)하고 분립(分立)하니라.

　은율군(殷栗郡) 생팔리교회(生八里敎會)가 성립(成立)하다. 선시(先是)에 김치삼(金致三)의 전도(傳道)로 김치백(金致伯) 김태석(金泰錫) 이씨성의(李氏成儀) 등(等)이 신죵(信從)하야 교회(敎會)가 설립(設立)되고 기후(其後)에 김치백(金致伯)이 장로(長老)로 장립(將立)되야 당회(堂會)가 조직(組織)되고 장의택(張義澤) 이택죠(李宅祚)가 협력(協力)함으로 교회(敎會)가 진흥(振興)하야 예배당(禮拜堂)을 건축(建築)하고 남녀교육(男女敎育)도 시셜(施設)하얏나니라.

　성진교회(城津敎會)가 설립(設立)되다. 선년(先年)에 선교사(宣敎師) 구례션(具禮善, [R. G. Grierson])과 해어학선생(該語學先生) 홍순국(洪淳國)이 반행(伴行)하야 전도(傳道)를 시작(始作)하고 시년(是年)에난 해선교사(該宣敎師)가 솔권래쥬(率眷來住)하야 당지(當地)를 북관(北關)의 전도근거지(傳道根據地)로 정(定)하고[92] 활동(活動)한 결과(結果) 위선(爲先) 이순창(李順昌) 사택(私宅)에 임시회집(臨時會集)하다가 30여인(三十餘人) 신자(信者)가 합심연보(合心捐補)하야 예배당(禮拜堂)을 건축(建築)하야 기익년(其翌年)에 낙성식(落成式)을 거행(擧行)하얏고 각지(各地)에 전도인(傳道人)을 파송(派送)하야 교회(敎會)를 설립(設立)하니라.

　홍원읍교회(洪原邑敎會)가 성립(成立)하다. 선시(先是)에 선교사(宣敎

師) 마구례(馬具禮, [D. M. McRae])와 조사(助師) 차을경(車乙慶)의 전도(傳道)로 안창률(安昌律) 라병선(羅炳善) 안순용(安淳容) 최봉학(崔鳳學) 김중석(金仲錫) 함우용(咸禹鏞) 등(等)이 상계귀도(相繼歸道)하야 교회(敎會)가 성립(成立)되야 라병선(羅炳善) 사저(私邸)에서 예배(禮拜)하다가 와가(瓦家) 5간(五間)을 매수(買收)하야 예배당(禮拜堂)으로 사용(使用)하니라.

경성군(鏡城郡) 영원동교회(永遠洞敎會)가 성립(成立)하다. 선시(先是)에 본리인(本里人) 김씨(金氏)모니가가 기친정(其親庭)에 왕(往)하얏다가 문도귀가(聞道歸家)하야 열심전도(熱心傳道)함에 김씨(金氏)나움과 기시척(其媤戚)된 최병진(崔秉鎭) 가정(家庭)과 배씨안나(裵氏安羅)가 상계신종(相繼信從)하야 김씨(金氏)나움 가(家)에서 예배(禮拜)하더니 지시(至是)하야 선교사(宣敎師) 노아력(魯亞力, [A. Russell Ross])이 금 10원(金拾圓)을 연조(捐助)함에 교인(敎人)이 열심연보(熱心捐補)하야 김(金)나움 가(家)를 매수(買收)하야 예배당(禮拜堂)으로 사용(使用)하니 교회(敎會)가 완성(完成)하니라.

성진군(城津郡) 학남면(鶴南面) 예동교회(禮洞敎會)가 성립(成立)하다. 선시(先是)에 선교사(宣敎師) 구례선(具禮善, [R. G. Grierson])의 전도(傳道)로 이연화(李蓮和)의 전가족(全家族)이 최선귀주(最先歸主)하고 신창호(申昌浩) 한진화(韓辰和)의 전가(全家)가 계신(繼信)하야 이연화(李蓮和)의 사제(私第)에서 예배(禮拜)하더니 지시(至是)하야 이연화(李蓮和)의 부(父) 이귀일(李貴鎰)은 기지(基地) 100평(百坪)과 이연화(李蓮和)난 금 120원(金一百二十圓)을 기부(寄附)하난지라 기타교인(其他敎人)도 열심연보(熱心捐補)하야 와가(瓦家) 8간(八間)의 예배당(禮拜堂)을 건축(建築)하니 교회(敎會)가 완성(完成)되얏고 익년(翌年)부터 이연화(李蓮和)가 영수(領袖)가 되야 교회(敎會)를 인도(引導)하니라.[93]

청주군(淸州郡) 신대리교회(新垈里敎會)가 성립(成立)하다. 본리인(本里人) 오천보(吳天甫) 문성심(文誠心) 오삼근(吳三根) 등(等)이 죽산군(竹山郡) 둔병리(屯兵里) 사경회(査經會)에서 문도(聞道)하고 귀가전도(歸家傳

道)하니 신자초진(信者稍進)하야 교회(敎會)가 설립(設立)되니라.

청주군(淸州郡) 가덕면(加德面) 노계교회(魯溪敎會)가 성립(成立)하다. 선시(先是)에 동지우거(同地寓居) 서춘경(徐春景)이 전도(傳道)함으로 교회(敎會)가 설립(設立)되니라.

북미선교사(北美宣敎師) 방위량(邦緯良, [William Newton Blair]) 부부(夫婦) 밀의두(密義斗, [Edward Hughes Miller]) 허제(許濟, [Jesse Watson Hirst]) 의사(醫師) 부인(夫人, [Sadie B. Harbaugh]) 가나다 선교사(宣敎師) 업아력(鄴亞力, [A. F. Robb]) 부부(夫婦)와 맹미란 등(等)이 계속도래(繼續渡來)하야 각기(各其) 구역(區域)에 분주(分住)하니라.

1902년(一九0二年) 임인(壬寅)[에] 합동공의회회장(合同公議會會長)은 이눌서(李訥瑞, [William David Reynolds, 1867-1951])러라.

시년(是年) 춘(春)에 최덕준(崔德俊) 김영한(金永漢) 이용석(李容錫) 등(等)의 전도(傳道)한 결과(結果)로 고양읍(高陽邑)에 교회(敎會)가 설립(設立)되엿고 양주군(楊州郡) 와부면(瓦阜面) 송촌리(松村里) 용진(龍津)에서 난 사기병자(邪氣病者) 김부인(金婦人)이 광주군(廣州郡) 분원교회(盆院敎會) 전도인(傳道人) 변석호(卞錫鎬) 등(等) 4인(四人)의 1주간(一週間) 기도(祈禱)와 전도(傳道)로 병세(病勢)가 소완(蘇完)되야 신자(信者)가 울흥(蔚興)함으로 교회(敎會)가 창설(創設)되야 김부인(金婦人)의 사저(私邸)에서 예배(禮拜)하기를 시작(始作)하니라.

광주군(廣州郡) 고산리교회(高山里敎會)가 성립(成立)하다. 초(初)에 선교사(宣敎師) 피득(彼得, [Alexander A. Pieters])과 조사(助師) 김덕윤(金德潤) 유흥렬(劉興烈)의 전도(傳道)로 김정민(金正民)이 신교(信敎)하고 사가(私家)에서 예배(禮拜)보기를 시작(始作)하니라.

안성읍(安城邑) 서리교회(西里敎會)가 성립(成立)되다. 초(初)에 선교사(宣敎師) 민노아(閔老雅, [Frederick S. Miller])와 조사(助師) 김흥경(金興京)이 경기(京畿) 이남(以南)에 전도(傳道)하난 중(中) 안성(安城)에 래도(來到)하야 전도(傳道)한 결과(結果)로 임진외(任鎭五) 김완연(金完然)이 최선신교(最先信敎)하고 점차(漸次) 십유여인(十有餘人)[94]이 집회(集會)

하더니 기후(其後) 일본인(日本人) 신자(信者) 승송아휴(乘松雅休)가 래차(來此)하야 자유교(自由敎)를 설립(設立)할 시(時)에 교인전부(敎人全部)가 이거(移去)하얏더니 불의(不意)에 소위(所謂) 결사대사건(決死隊事件)으로 임진오(任鎭五)가 극형(極刑)을 당(當)하매 교회(敎會)는 형체(形體)도 업시 해산(解散)되고 약간(若干) 부녀기인(婦女幾人)이 잔존약무(殘存若無)하다가 전경백(全景伯) 손흥집(孫興集) 등(等)이 회집(會集)하야 예배(禮拜)하기를 시작(始作)하고 선교사(宣敎師) 피득(彼得, [Alexander A. Pieters])이 시무(視務)한 후(後)에 조사(助師) 박승명(朴承明)을 파송(派送)하야 전도(傳道)케 함으로 전진(前進)의 망(望)이 파유(頗有)하더니 악마(惡魔)의 작희(作戱)로 기괴(奇怪)한 사건(事件)이 생(生)하야 조사(助師)는 소환(召還)되고 교회(敎會)난 해산(解散)의 상태(狀態)에 재(在)하더니 행(幸)히 도서원(都瑞元, [John U. Selwyn Toms]) 목사(牧師)와 원세성(元世性) 조사(助師)의 래조(來助)로 점점성양(漸漸成樣)되여 당회(堂會)까지 조직(組織)되다.

강서군(江西郡) 심정리교회(心貞里敎會)가 성립(成立)하다. 선시(先是)에 김용기(金用基)의 전도(傳道)로 이석팔(李錫八) 이종운(李鍾雲) 김재숙(金載璹) 등(等)이 신쥬(信主)하고 기양교회(岐陽敎會)에 래왕(來往)하더니 이석팔(李錫八) 가(家)에 회집(會集)하고 잉(仍)하야 예배당(禮拜堂)을 신건(新建)하니 교회(敎會)가 완성(完成)되고 기후(其後) 간성교회(旰城敎會)를 분설(分設)하니라.

용강읍교회(龍岡邑敎會)가 성립(成立)하다. 초(初)에 방기창(邦基昌)의 전도(傳道)로 김창문(金昌文) 서정문(徐正文) 서정안(徐正安) 등(等) 3인(三人)이 신교(信敎)하고 홍문동(弘門洞)에 가옥(家屋)을 매쉬(買收)하야 회집예배(會集禮拜)하다가 후(後)에 도교동(挑校洞)으로 이전(移轉)하니라.

벽동군(碧潼郡) 학리교회(鶴里敎會)가 성립(成立)하다. 선시(先是)에 하승익(河勝翊)이 경성(京城)에 왕반(往返)하난 중(中) 로(路)에 평양(平壤)을 과(過)하다가 최치량(崔致良)에게 복음(福音)을 듯고 성경(聖經)과 찬송(讚頌)을 구독(購讀)하며 자가(自家)에서 독신(獨信)하더니 사오년(四五年) 후

(後)에 김봉학(金鳳鶴) 송석우(宋碩禹) 김영전(金永甸) 송택완(宋宅完) 등 (等)이 접종(接踵)하야 밋고 4린(四鄰)에 전도(傳道)하야 신자(信者)가 증가 (增加)하야[95] 하승익(河勝翊) 김봉주(金鳳朱) 사저(私邸)에서 예배(禮拜) 하다가 합심연보(合心捐補)하야 와가(瓦家)로 예배당(禮拜堂)을 신축(新築) 하얏고 선교사(宣敎師) 방혜법(邦惠法, [Herbert E. Blair]) 편하설(片夏薛, [Charles F. Bernheisel])이 임시(臨時)로 순시(巡視)하니라.

대동군(大同郡) 용연면(龍淵面) 유리교회(柳里敎會)가 성립(成立)하다. 선시(先是)에 본리거(本里居) 김상규(金象奎) 박봉익(朴鳳翼) 윤병석(尹秉錫) 임병주(林秉柱) 4인(四人)이 주(主)를 밋고 항상(恒常) 풍우(風雨)을 불 피(不避)하고 평양(平壤) 판동예배당(板洞禮拜堂)에 단이더니 시녀(是女)에 지(至)하야 교인(敎人)이 50명(五十名)에 달(達)한지라 예배당(禮拜堂) 5간 (五間)을 건축(建築)하얏고 선교사(宣敎師) 이길함(李吉咸, [Graham Lee]) 윤산온(尹山溫, [George Shannon McCune, 1872-1941]) 등(等)이 임무 (任務)하얏스며 기후(其後)에 목사(牧師) 허섭(許燮) 장로(長老) 윤원식(尹元植) 최원탁(崔元鐸)이 계속시무(繼續視務)하니라.

대동군(大同郡) 무진교회(戊辰敎會)가 장천교회(將泉敎會)로브터 분립 (分立)하다. 초(初)에 한석진(韓錫晋)의 전도(傳道)로 유석룡(柳錫龍)이 주 (主)를 밋고 장천예배당(將泉禮拜堂)에 다니며 예배(禮拜)하더니 신자(信者)가 점점증가(漸漸增加)되야 초가옥(草家屋)을 매수(買收)하야 예배당(禮拜堂)으로 사용(使用)하얏고 선교사(宣敎師) 배위량(裵緯良, [William M. Baird, 1862-1931])이 시무(視務)하다가 후(後)에 목사(牧師) 선우훈(鮮于燻)과 장로(長老) 노진호(盧鎭浩) 등(等)이 시무(視務)하니라.

강동군(江東郡) 원탄면(元灘面) 동삼리교회(東三里敎會)가 열파교회 (閱波敎會)에서 분립(分立)하다. 선시(先是)에 김창희(金昌熙) 이원여(李元汝) 2인(二人)이 신교(信敎) 후(後) 매주일(每主日)에 대강(大江)을 도(渡) 하야 열파교회(閱波敎會)로 다니며 예배(禮拜)하더니 초가(草家) 5간(五間) 을 매수(買收)하야 예배당(禮拜堂)으로 사용(使用)케 되고 목사(牧師) 박승엽(朴昇燁)이 십여년간(十餘年間)을 진력시무(盡力視務)하니라.

중화군(中和郡) 상도면(上道面) 내동교회(內洞敎會)가 성립(成立)하다. 초(初)에 방기창(邦基昌) 안봉주(安鳳周) 채정민(蔡廷敏) 최사길(崔士吉) 등(等)의 전도(傳道)로 한병직(韓秉職) 한두형(韓斗亨) 서윤보(徐允甫) 한두일(韓斗逸) 등(等)이 밋고 교회(敎會)를 성립(成立)하니라.[96]

수안군(遂安郡) 대평면(大坪面) 외암리교회(外岩里敎會)가 성립(成立)하다. 초(初)에 함문일(咸聞一)이 밋고 열심(熱心)으로 30여리(三十餘里)되는 두대교회(斗垈敎會)에 래왕예배(來往禮拜)하며 전도(傳道)하더니 신자(信者)가 일증(日增)하야 교회(敎會)를 분립(分立)하고 인도자(引導者)가 되얏더니 후(後)에 타락(墮落)되고 박재실(朴在實)이 계속(繼續) 인도자(引導者)가 되니라.

동래군(東萊郡) 안평교회(安平敎會)가 성립(成立)하다. 초(初)에 박신연(朴信淵) 정덕생(鄭德生) 정희조(鄭喜祚) 정덕선(鄭德善) 박도주(朴道柱) 등(等)이 신교(信敎)함으로 교회(敎會)가 성립(成立)되니라.

선천읍북교회(宣川邑北敎會)에서 양전백(梁甸伯)을 장로(長老)로 장립(將立)하야 당회(堂會)가 조직(組織)되다.

용천군(龍川郡) 구봉교회(鳩峯敎會)가 성립(成立)하다. 초(初)에 이시권(李時權) 김응렴(金應廉) 김응곤(金應坤) 이신영(李信永) 등(等)이 밋고 학암교회(鶴岩敎會)에 왕래(往來)하며 전도(傳道)하야 신자격증(信者激增)되매 교회(敎會)가 성립(成立)되얏고 기후(其後)에 한경희(韓敬禧) 고봉익(高鳳翊) 최정택(崔正澤) 등(等)이 조사(助師)로 시무(視務)하니라.

고령군(高靈郡) 원송교회(元松敎會)가 성립(成立)하다. 선시(先是)에 선교사(宣敎師) 맹의와(孟義窩, [Edwin F. McFarland])의 전도(傳道)로 교회(敎會)가 시작(始作)된 후(後) 김호준(金好俊) 전영신(全榮信) 임문길(林文吉) 등(等)이 조사(助師)로 상계시무(相繼視務)하니라.

의성군(義城郡) 비봉동교회(飛鳳洞敎會)가 성립(成立)하다. 선시(先是)에 김수영(金秀英)이 청도(淸道) 지방(地方)에 여행(旅行)하얏다가 전도인(傳道人)에게 복음(福音)을 듯고 결신귀가(決信歸家)하야 열심전도(熱心傳道)함으로 신종자(信從者) 일익증가(日益增加)하야 예배당(禮拜堂)을 신축

(新築)하니라.

　대동군(大同郡) 용악리교회(龍岳里敎會)에 평양(平壤) 박리혁(朴履赫)이 래왕(來住)하면서 열심전도(熱心傳道)한 결과(結果)로 신자(信者)가 30여(三十餘)[97]인(人)에 달(達)하야 예배당(禮拜堂)을 신축(新築)하얏고 교회(敎會)는 점점왕성(漸漸旺盛)하야 18간(十八間) 예배당(禮拜堂)을 양제(洋製)로 개축(改築)하니라.

　원산부내교회(元山府內敎會)에서 유태연(劉泰淵) 김영제(金永濟)를 장로(長老)로 장립(將立)함으로 당회(堂會)가 조직(組織)되다.

　위원군(渭原郡) 화창면(和昌面) 북창교회(北倉敎會)가 성립(成立)하다. 초(初)에 장씨채봉(張氏彩鳳)의 전도(傳道)로 교우(敎友)가 30여인(三十餘人)이 되고 이인준(李仁俊)이 인도자(引導者)가 되얏스며 선교사(宣敎師) 방혜법(邦惠法, [Herbert E. Blair])이 임무(任務)하니라.

　자성군(慈城郡) 자하면(慈下面) 유목동교회(柳木洞敎會)가 최성근(崔成根) 김선희(金善羲) 김곤희(金坤羲) 윤학선(尹學善) 등(等)의 열심전도(熱心傳道)로 설립(設立)되다.

　안동군(安東郡) 하리교회(下里敎會)가 성립(成立)하다. 초(初)에 김인수(金仁壽) 정봉모(鄭鳳模) 강원선(姜元善) 등(等) 수십인(數十人)이 신교(信敎)함으로 교회(敎會)가 성립(成立)하니라.

　봉산군(鳳山郡) 신원교회(新院敎會)에서 예배당(禮拜堂)을 건축(建築)하얏고 기후(其後) 교회(敎會)가 익진(益進)하야 김규엽(金奎燁)을 장로(長老)로 장립(將立)하야 당회(堂會)가 되얏스며 목사(牧師) 김장회(金庄鎬)가 시무(視務)하니라.

　평북(平北) 각군(各郡) 조사구역(助師區域)을 변경(變更)하야 구성(龜城) 이북(以北)은 한득룡(韓得龍)으로 선천(宣川) 이서(以西)는 정기정(鄭基定)으로 선천(宣川) 이동(以東)은 양전백(梁甸伯)으로 시무(視務)케 하얏스며 시년(是年) 이후(以後)로 1905년(一九0五年)까지 철산(鐵山) 월안(月安) 박천(博川) 남호(南湖) 철산(鐵山) 학암(鶴岩) 박천(博川) 구읍(舊邑) 정쥬(定州) 곽산(郭山) 용천(龍川) 서석(西石) 신창(新倉) 선천읍교회(宣川

邑敎會)는 점차발전(漸次發展)되여 각기(各其) 다수(多數)한 금액(金額)을 연보(捐補)하야 예배당(禮拜堂)을 증축(增築)하니라.[98]

시년(是年) 이후(以後)로난 비단(非但) 평북(平北) 각지(各地)라. 전선 남북(全鮮南北)에 도비(都鄙)를 물론(勿論)하고 교회(敎會)의 근기(根基)가 점고(漸固)하야 교세(敎勢)의 발전(發展)을 싸라 회당(會堂)의 건축(建築)이 상망일흥(相望日興)하니라.

시년(是年) 춘(春)에 통영군(統營郡) 동항리교회(東港里敎會)가 성립(成立)하다. 선시(先是)에 선교사(宣敎師) 손안론(孫安論, [William L. Swallen])의 전도(傳道)로 박명출(朴明出) 박인건(朴仁建) 박래찬(朴來贊) 이영백(李永伯) 최명언(崔明彦) 등(等)이 신교(信敎)하고 촌민(村民)들의 무한(無限)한 군축(窘逐)을 당(當)하면셔 예배당(禮拜堂)을 건축(建築)하고 열심전도(熱心傳道)한 결과(結果)로 신도일증(信徒日增)하야 예배당(禮拜堂)을 증축(增築)케 되니라.

안동군(安東郡) 국곡교회(菊谷敎會)가 성립(成立)하다. 선시(先是)에 권수백(權秀伯)이 최선신교(最先信敎)하고 김병석(金炳錫)이 역귀주(亦歸主)함으로 2가(二家)에서 질상예배(迭相禮拜)하다가 후(後)에 김병일(金秉一) 가(家)에서 예배(禮拜)하얏고 교우(敎友)난 점차증가(漸次增加)되니라.

순창군(淳昌郡) 반월리교회(半月里敎會)가 성립(成立)하다. 최(初)에 선교사(宣敎師) 배유지(裵裕社, [E. Bell, 1868-1925])와 전도인(傳道人) 하창수(河昌洙) 등(等)이 열심전도(熱心傳道)하야 신자(信者) 100여인(百餘人)을 엇고 예배당(禮拜堂)을 신축(新築)하얏스며 기후(其後)에 선교사(宣敎師) 타마자(打馬字, [J. V. N. Talmage]) 도대선(都大善, [Samuel K. Dodson]) 조사(助師) 변창연(邊昌淵) 김기찬(金基贊) 등(等)이 시무(視務)하니라.

장성군(長城郡) 보생리교회(寶生里敎會)가 성립(成立)하다. 선시(先是)에 선교사(宣敎師) 배유지(裵裕社, [E. Bell, 1868-1925])의 전도(傳道)로 김문삼(金文三) 김권중(金權仲) 양인(兩人)이 신주(信主)하고 광주(光州) 우산교회(牛山敎會)로 다니며 열심전도(熱心傳道)하야 이성화(李成化) 김춘경(金春京) 2인(二人)이 밋고 사저(私邸)에서 예배(禮拜)하다가 교우(教友)의 증가(增加)됨을 싸라 4간(四間) 예배당(禮拜堂)을 신축(新築)하얏스며 변창연(邊昌淵)이 조사(助師)로 시무(視務)하니라.

화순군(和順郡) 대포리교회(大浦里敎會)가 성립(成立)하다. 초(初)에 본리인(本里人) 이경래(李景來)가 몬져 밋고 전도(傳道)함으로 교회(敎會)가 성립(成立)되여 1간(一間) 세옥(貰屋)에서 예배(禮拜)하얏고 선교사(宣敎師) 오기원(吳基元, [Clement C. Owen, 1867-1909]) 조사(助師) 배경수(裵景洙)가 열심시무(熱心視務)하니라.

해남군(海南郡) 우수영교회(右水營敎會)가 성립(成立)하다. 초(初)에 선교사(宣敎師) 배유지(裵裕祉, [E. Bell, 1868-1925])가 전도(傳道)하야 신자(信者)를 엇어 교회(敎會)가 성립(成立)되얏고 후(後)에 이행언(李行彦) 박경연(朴京彦)이 집사(執事)로 임무(任務)하니라.

동군(同郡) 선두리(先頭里)에도 교회(敎會)가 성립(成立)하다. 선시(先是)에 선교사(宣敎師) 오기원(吳基元, [Clement C. Owen, 1867-1909])이 조사(助師) 변창연(邊昌淵) 도정의(都正儀)로 전도(傳道)하야 신자(信者)가 300여인(三百餘人)에 달(達)하다가 점차퇴보(漸次退步)되고 수년(數年) 후(後)에 이삼명(二三名)에 불과(不過)하더니 선교사(宣敎師) 변약한(邊約翰, [John Fairman Preston]) 하위렴(河緯廉, [William B. Harrison]) 맹현리(孟顯理, [Henry D. McCallie])와 조사(助師) 이장호(李章鎬) 등(等)이 전도(傳道)함으로 근근유지(僅々維支)하니라.

순천군(順川郡) 기탄교회(岐灘敎會)에 선교사(宣敎師) 편하설(片夏薛, [Charles F. Bernheisel]) 조사(助師) 안동식(安東植) 이지윤(李志潤) 등(等)이 상계시무(相繼視務)하니라.

동군(同郡) 용소리교회(龍沼里敎會)가 성립(成立)하다. 초(初)에 최진모(崔鎭模) 전가(全家)가 신교(信敎)하고 순천읍교회(順川邑敎會)로 다니며 열심기도(熱心祈禱)하는 집이 되얏더니 교인(敎人)이 점가(漸加)되여 기도회실(祈禱會室)을 매득(買得)하야 교회(敎會)가 성립(成立)됨으로 이문관(李文寬) 최승회(崔承湖) 등(等)이 인도(引導)가 되엿고 목사(牧師) 정석종

(鄭錫鍾) 채영환(蔡永煥)이 상계임무(相繼任務)하니라.

청주(淸州) 신대교인(新垈敎人) 중(中) 윤홍채(尹鴻彩) 형제(兄弟)가 보은군내(報恩郡內) 북면(北面) 도원리(桃源里)와 노치(老峙)와 회북면(懷北面) 법주리(法注里)와 괴산군(槐山郡) 청천면(靑川面) 공림(公林)과 상주군(尙州郡) 화북면(化北面) 용화리(龍華里) 등지(等地)에 순회(巡回)하며 교회(敎會)의 세력(勢力)을 과장(誇張)하고 전도(傳道)한 결과(結果)로 사족(士族)들의게 압박(壓迫)과 고통(苦痛)을 밧던 민중(民衆)들이 의세차(依勢次)로 다쉬(多數)히 귀도(歸道)하야 각처(各處)에 교회(敎會)가 삼립(森立)하얏난대 기중(其中) 독신자(篤信者)가 생기(生起)며 전도(傳道)에 성실(誠實)히 헌신(獻身)한 김성호(金聖浩)도 동시(同是) 시(時)에 신쥬(信主)하얏고 윤홍채(尹鴻彩)는 필경(畢竟) 배교(背敎)하얏스며 동년(同年)에 서춘경(徐春景)은 권서(勸書)라 가칭(假稱)하고 영동(永同) 황(黃)[100]윤(潤) 등지(等地)에 전도(傳道)한 결과(結果)로 황간(黃澗) 난곡(蘭谷) 옥전리(玉田里) 옥로촌(玉鷺村) 등지(等地)에 교회(敎會)가 설립(設立)되얏는대 독신자(篤信者) 김치순(金致淳)과 권서(勸書) 박여윤(朴汝潤)이 생기(生起)엿나니라.

남미선교사(南美宣敎師) 마로덕(馬路德, [Luther O. McCutchen]) 부부(夫婦)와 북미선교사(北美宣敎師) 심익순(沈翊舜, [Walter E. Smith]) 부부(夫婦)와 곽안련(郭安連, [Charles Allen Clark]) 부부(夫婦)와 삼열(三悅) 씨(氏) 부인(夫人)[Jane Samuel]과 전해리(傳海利, [Henry Munro Bruen, 1874-1957]) 부부(夫婦)가 계래(繼來)하다.

1903년(一九0三年) 계묘(癸卯)에 합동공의회회장(合同公議會會長)은 구례선(具禮善, [R. G. Grierson])이러라.

광주군(廣州郡) 송파교회(松坡敎會)가 성립(成立)하다. 초(初)에 선교사(宣敎師) 피득(彼得, [Alexander A. Pieters])과 조사(助師) 김덕윤(金德潤) 유흥열(劉興烈) 등(等)의 전도(傳道)로 김준현(金俊鉉)이 신교(信敎)하고 교회사역(敎會事役)에 성력(誠力)함으로 예배당(禮拜堂)을 건축(建築)하고 여학당(女學堂)까지 설립(設立)하니라.

동군(同郡) 쌍동리(雙東里)에도 교회(教會)가 성립(成立)하다. 선시(先是)에 신대교인(新垈教人) 이봉래(李鳳來)의 전도(傳道)로 신복(申福)이 밋고 열심(熱心)으로 교회(教會)를 인도(引導)하야 진흥(振興)되얏고 용인군(龍仁郡) 아곡교회(牙谷教會)가 역설립(亦設立)하다. 초(初)에 감리교선교사(監理教宣教師) 시란돈(柴蘭敦, [William B. Scranton])의 전도(傳道)로 오린선(吳鄰善)이 신교(信教)한 후(後) 예배당(禮拜堂)을 신축(新築)하야 교회(教會)가 점진(漸進)하얏고 오건영(吳健泳)이 인도자(引導者)가 되니라.

괴산읍교회(槐山邑教會)가 성립(成立)하다. 초(初)에 경성거(京城居) 김현택(金顯澤)이 기족인(其族人)이 괴산(槐山) 군수(郡守)됨을 인(因)하야 동군(同郡)에 우거(寓居)하며 양약상(洋藥商)으로 전도(傳道)한 결과(結果)로 동지부상(同地富商) 김주현(金周鉉)이 신교(信教) 후(後) 성력(誠力)으로 주선(周旋)하야 당지(當地) 사정(射亭)을 교회(教會)에 기부(寄附)케 하고 다수(多數)한 금액(金額)으로 수리개축(修理改築)하야 예배당(禮拜堂)으로 사용(使用)하야 교회(教會)가 성립(成立)되다.[101]

강서군(江西郡) 사천교회(沙川教會)가 반석교회(磐石教會)에서 분립(分立)되야 5간(五間) 예배당(禮拜堂)을 건축(建築)하니라.

용강군(龍岡郡) 당점교회(堂岾教會)는 죽본리교회(竹本里教會)에서 분립(分立)하야 7간(七間) 예배당(禮拜堂)을 건축(建築)하고 여도(女徒) 정마리아(鄭馬利亞)는 중심사주(中心事主)하야 전도(傳道)의 열심(熱心)함으로 교회(教會)가 진흥(振興)되얏고 후(後)에 정기환(鄭基煥)을 장로(長老)로 장립(將立)함으로 당회(堂會)가 조직(組織)되얏스며 목사(牧師) 방기창(邦基昌) 김창문(金昌文) 등(等)이 시무(視務)하니라.

시년(是年) 춘(春)에 의주군(義州郡) 산정교회(山亭教會)가 남산교회(南山教會)에서 분립(分立)하다 선시(先是)에 유상희(劉尙熙)가 기형(其兄) 상도(尙道)에게 복음(福音)을 듯고 신교(信教)한 후(後) 린리(鄰里)에 전도(傳道)하야 신자점가(信者漸加)하더니 기후(其後) 부내(府內) 장한수(張翰洙)와 진리(津里) 전기청(田基靑)이 이래(移來)하야 신도(信徒) 30여인(三

十餘人)이 합심연보(合心捐補)함으로 15간(十五間) 와가(瓦家)를 예배당(禮拜堂)으로 매수(買收)하고 성외동(城外洞)으로 이전(移轉)하니라.

의주군(義州郡) 천마교회(天摩敎會)가 분립(分立)하다. 초(初)에 한득용(韓得龍) 최정옥(崔正玉) 최의선(崔義善) 등(等)이 신교(信敎)하고 본면창회(本面倉會)로 수년(數年)을 왕래(往來)하며 예배(禮拜)하다가 신자증가(信者增加)됨으로 합심연보(合心捐補)하야 초가(草家) 4간(四間)을 예배당(禮拜堂)으로 매수(買收)하얏더니 형편(形便)에 의(依)하야 예배당(禮拜堂)을 본리(本里) 하단(下端)에 이전(移轉)하다.

평양(平壤) 남문외교회(南門外敎會)가 장대현교회(章臺峴敎會)에서 분립(分立)하다. 교우(敎友) 50여인(五十餘人)이 판동예배당(板洞禮拜堂)에 회집예배(會集禮拜)하니 평양성제2교회(平壤城第二敎會)라 칭(稱)하야 선교사(宣敎師) 소안론(蘇安論, [William L. Swallen]) 방위량(邦緯良, [William Newton Blair]) 영수(領袖) 주공삼(朱孔三) 황준국(黃濬國) 집사(執事) 이일영(李一永) 김택보(金宅甫) 등(等)이 시무(視務)하야 교회(敎會)가 전진(前進)되더니 익년(翌年)에 일로전쟁(日露戰爭)이 기(起)하야 일병(日兵)이 평양(平壤)을 통과(通過)할새 시가(市街)가 분요(紛擾)하야 판동(板洞)에 래왕(來往)이 불편(不便)함으로 중성(中城) 3리(三里) 유진리(柳眞里)에 예배당(禮拜堂)을[102] 건축(建築)할새 선교사(宣敎師) 소안론(蘇安論, [William L. Swallen])의 의연금(義捐金) 500여원(五百餘圓)으로 기지(其地)를 매수(買收)하고 예배당(禮拜堂) 33간(三十三間)을 건축(建築)하니 총액(總額)이 3천원(三千圓)이라. 3분(三分)의 1(一)은 선교회(敎會)에서 기부(寄附)하고 3분(三分)의 2(二)는 평양성교회(平壤城敎會)가 단당(担當)하니라.

강동군(江東郡) 원탄면(元灘面) 관계리교회(冠鷄里敎會)가 사회동교회(士會洞敎會)에서 분립(分立)하다. 초(初)에 이상하(李尙夏)가 평양(平壤)에 왕(往)하얏다가 계명육(桂明陸)에게 복음(福音)을 듯고 신교(信敎)한 후(後) 대동군(大同郡) 용악면(龍岳面) 사회동교회(士會洞敎會)에 왕래(往來)하며 예배(禮拜)하다가 신자(信者)가 100여인(百餘人)에 달(達)함으로 교회

(敎會)가 분립(分立)되니라.

　　김해군(金海郡) 시례교회(詩禮敎會)가 성립(成立)하다. 초(初)에 선교사(宣敎師) 위철치(魏喆治, [George H. Winn])의 전도(傳道)로 이영옥(李榮玉) 신용옥(辛容玉)이 신종(信從)하야 교회(敎會)가 성립(成立)되고 선교사(宣敎師) 추마전(秋瑪田, [Martin Trudinger]) 조사(助師) 임치수(壬致守)가 시무(視務)하다.

　　선산군(善山郡) 상모동교회(上毛洞敎會)가 성립(成立)하다. 선시(先是)에 선교사(宣敎師) 전해리(傳海利, [Henry Munro Bruen, 1874-1957])의 전도(傳道)로 신자(信者)가 생기(生起)여 예배당(禮拜堂)을 신축(新築)하고 교회(敎會)가 시작(始作)된 후(後) 조사(助師) 김기원(金基源) 이문주(李文主) 등(等)이 시무(視務)하다.

　　김천군(金泉郡) 월명교회(月明敎會)가 성립(成立)하다. 초(初)에 신자기인(信者幾人)이 린리(鄰里)로 다니며 전도(傳道)한 결과(結果)로 교회(敎會)가 성립(成立)되야 선교사(宣敎師) 전해리(傳海利, [Henry Munro Bruen, 1874-1957]) 조사(助師) 김호준(金浩俊) 등(等)이 임무(任務)하다.

　　옥구군(沃溝郡) 지경교회(地境敎會)가 최흥서(崔興瑞)를 장로(長老)로 장립(將立)하야 당회(堂會)를 조직(組織)하얏고 기후(其後) 김옥여(金玉汝) 고성모(高聖模)가 계속시무(繼續視務)하니라.

　　고폐군(高敝郡) 신촌교회(新村敎會)가 설립(設立)하다. 초(初)에 몃몃 신자(信者)의 전도(傳道)로 교회(敎會)가 성립(成立)되야 송복렴(宋福廉)이 인(引)[103]도자(導者)가 되니라.

　　익산군(益山郡) 고내리교회(高內里敎會)가 성립(成立)하다. 선시(先是)에 오상운(吳相雲) 이국보(李國輔) 2인(二人)이 밋고 전도(傳道)한 결과(結果)로 신자(信者)를 만히 엇어 예배당(禮拜堂)을 신축(新築)하고 기후(其後) 오상운(吳相雲)을 장로(長老)로 장립(將立)하얏다가 면직(免職)함으로 당회(堂會)가 폐지(廢止)되다.

　　김제군(金堤郡) 대장리교회(大長里敎會)가 성립(成立)하다. 초(初)에 본리인(本里人) 이순명(李順明) 최학성(崔學成) 최학삼(崔鶴三) 최태삼(崔太

三) 최윤중(崔潤仲) 5인(五人)이 전주(全州) 지방(地方)에셔 래(來)한 전도인(傳道人) 이기선(李基善)을 청(請)하야 문도(聞道)한 후(後) 신교(信敎)하고 최윤중(崔潤仲) 가(家)에셔 예배(禮拜)하다가 선교사(宣敎師) 전위렴(全緯廉, [William M. Junkin, 1865-1908])이 래도(來到)하야 극력찬조(極力贊助)함으로 교우(敎友)들의 연보(捐補)로 예배당(禮拜堂)을 신축(新築)하고 최학삼(崔鶴三)이 열심전도(熱心傳道)하야 수백명(數百名)의 신도(信徒)가 격증(激增)되니라.

김제군(金堤郡) 월성리교회(月城里敎會)가 성립(成立)하다. 선시(先是)에 곽정도(郭正道)가 선교사(宣敎師) 전위렴(全緯廉, [William M. Junkin, 1865-1908])의 전도(傳道)를 듯고 신교(信敎)한 후(後) 예배당(禮拜堂)을 신축(新築)하며 열심(熱心)으로 전도(傳道)하야 교회인도자(敎會引導者)가 되니라.

익산군(益山郡) 삼기면(三箕面) 서두리교회(西豆里敎會)가 성립(成立)하다. 초(初)에 정정보(鄭正甫)가 전도(傳道)하야 신자(信者)를 엇고 교회(敎會)가 성립(成立)되야 정정보(鄭正甫)가 인도자(引導者)가 되얏스며 선교사(宣敎師) 마로덕(馬路德, [Luther O. McCutchen])이 임무(任務)하난 중(中) 교회(敎會)가 발전(發展)되니라.

정평읍교회(定平邑敎會)가 성립(成立)하다. 선시(先是)에 전도인(傳道人) 차을경(車乙慶)의 전도(傳道)로 이종하(李宗夏) 강두화(姜斗和) 신유관(愼維琯) 등(等)이 신종(信從)하고 신유관(愼維琯) 사저(私邸)에셔 예배(禮拜)하다가 지시(至是)하야 풍양리(豊陽里)에 가옥(家屋)을 매슈(買收)하야 예배당(禮拜堂)의[104]로 사용(使用)하니 교회(敎會)가 설립(設立)되야 강두화(姜斗和) 박치형(朴致衡) 2인(二人)이 인도자(引導者)가 되니라.

영흥군(永興郡) 진흥교회(鎭興敎會)가 성립(成立)하다. 초(初)에 선교사(宣敎師) 마구례(馬具禮, [D. M. McRae]) 조사(助師) 차을경(車乙慶)의 전도(傳道)로 배덕수(裵德守) 한관국(韓寬國) 김영국(金永國)이 복음(福音)을 밋고 가옥(家屋)을 매슈(買收)하야 회집예배(會集禮拜)하니 교회(敎會)가 성립(成立)되고 김준현(金俊鉉)이 인도자(引導者)가 되니라.

영흥읍교회(永興邑敎會)가 성립(成立)하다. 선시(先是)에 마구례(馬具禮, [D. M. McRae]) 차을경(車乙慶)의 전도(傳道)로 귀도자중(歸道者衆)하야 김창재(金昌幸) 가(家)에서 예배(禮拜)함으로 교회(敎會)가 성립(成立)되니라.

자성군(慈城郡) 중강진교회(中江鎭敎會)가 설립(設立)하다. 최(初)에 변경준(邊京俊) 최응호(崔應浩) 이봉도(李鳳道) 박복수(朴支壽) 조승근(趙承根) 등(等)이 신교(信敎) 후(後) 열심전도(熱心傳道)함으로 교회(敎會)가 점점진흥(漸々進興)되야 예배당(禮拜堂)을 양제(洋制)로 건축(建築)하니라.

중화군(中和郡) 신흥면(新興面) 대기암교회(大奇岩敎會)에서는 박진준(朴鎭俊)을 장로(長老)로 장립(將立)함으로 당회(堂會)가 조직(組織)되다.

남만(南滿) 뢰석차교회(磊石岔敎會)가 성립(成立)하다. 선시(先是)에 교인(敎人)들이 외양자교회(外陽子敎會)로 왕래예배(往來禮拜)하더니 지시분립(至是分立)되야 박응엽(朴應燁)이 인도자(引導者)가 되니라.

단천군(端川郡) 중평리교회(仲坪里敎會)가 성립(成立)하다. 최(初)에 선교사(宣敎師) 구례선(具禮善, [R. G. Grierson])이 전도(傳道)한 결과(結果) 임경운(林京云) 최군삼(崔君三) 한정화(韓正華) 이정수(李正洙) 등(等)이 신교(信敎)하고 임경운(林京云) 사저(私邸)에서 김경섭(金景燮)을 청(請)하야 교리(敎理)를 듯고 예배(禮拜)하더니 후(後)에 예배당(禮拜堂) 팔간(八間)을 건축(建築)하니라.

단천군(端川郡) 원덕리교회(院德里敎會)가 성립(成立)하다. 선시(先是)에 근린거(近鄰居) 고인보(高仁甫)가 차을경(車乙慶)에게 복음(福音)을 시문(始聞)하[105]고 귀도(歸道)하얏스며 선교사(宣敎師) 구례선(具禮善, [R. G. Grierson])이 차지방(此地方)에 순회전도(巡廻傳道) 시(時)에 복음(福音)의 낙종(落種)이 발생(發生)되야 문성기(文成基) 임영식(任永植) 이오엽(李五葉) 장준철(張夋哲) 등(等)이 상계신종(相繼信從)하야 고인보(高仁甫) 사저(私邸)에서 예배(禮拜)하얏고 김경섭(金景燮)이 동지(同地)에 이주(移住)하야 전도(傳道)에 노력(勞力)함으로 교리(敎理)가 초진(稍振)하야 1901년(一千九百一年)에 명당청(明堂廳)에 교회당(敎會堂)을 건축(建築)하기 시작(始作)하야 시년(是年)에 봉헌식(奉獻式)을 거행(擧行)하고 회집예배(會集禮拜)하얏고 선교사(宣敎師) 구례선(具禮善, [R. G. Grierson])과 영수(領袖) 문성기(文成基) 집사(執事) 조영린(曺永獜)이 시직(視職)하니라.

경성군읍교회(鏡城郡邑敎會)가 성립(成立)하다. 선시(先是)에 선교사(宣敎師) 구례선(具禮善, [R. G. Grierson]) 업아력(鄴亞力, [A. F. Robb]) 전도인(傳道人) 전훈석(全勳錫) 홍순국(洪淳國) 이두섭(李斗燮) 등(等)의 전도(傳道)로 신창준(申昌俊)이 시신(始信)하고 기가(其家)에서 예배(禮拜)하더니 기후(其後) 박동원(朴東元) 김창제(金昶濟) 조정국(趙鼎國) 노춘섭(盧春燮) 등(等)이 상계신종(相繼信從)하야 함일학교(咸一學校)에서 예배(禮拜)하얏고 기후(其後)에난 박동원(朴東元) 가(家)에서 예배(禮拜)하얏고 매서(賣書) 김정현(金定鉉) 전도부인(傳道夫人) 김(金)모니가 래(來)하야 전도(傳道)에 조력(助力)하니라.

장연군(長淵郡) 태탄교회(苔灘敎會)가 점차흥왕(漸次興旺)하야 예배당(禮拜堂)을 건축(建築)하니라.

재령군(載寧郡) 북율면(北栗面) 강동촌교회(江東村敎會)에서 예배당(禮拜堂)을 건축(建築)하얏고 기후(其後)에 김관현(金寬鉉)을 제1회(第一回) 장로(長老)로 장립(將立)하야 당회(堂會)를 조직(組織)하니라.

신천군(信川郡) 장재동교회(長財洞敎會)가 성립(成立)하다. 초(初)에 정기영(鄭基永)의 전도(傳道)로 김병모(金炳慕) 홍재선(洪在善) 장봉주(張鳳朱)가 신교(信敎)하고 후(後)에 예배당(禮拜堂)을 건축(建築)하니라.

동군(同郡) 묘동교회(眇洞敎會)가 성립(成立)하다. 선시(先是)에 김익두(金益斗)의 전도(傳道)로 이기화(李基花) 이영용(李永庸)이 신종(信從)함으로 교(敎)[106]회(會)가 설립(設立)되얏난대 자초(自初)로 김익두(金益斗)난 신령(神靈)한 힘이 대(多)하야 기도(祈禱)로 치병(治病)한 일이 대(多)하니라. 후(後)에 장주성(張柱性)을 장로(長老)로 장립(將立)하야 당회(堂會)가 조직(組織)되니라.

신천읍교회(信川邑敎會)가 성립(成立)하다. 선시(先是)에 김익두(金益斗)의 전도(傳道)로 김석조(金錫祚) 최상식(崔相植)이 신교(信敎)하고 김익두(金益斗) 사저(私邸)에서 예배(禮拜)하더니 당지(當地)난 본래(本來) 로마교인(敎人)이 다슈(多數)한 곳임으로 구애(拘碍)가 대(多)하나 김익두(金益斗) 열심전도(熱心傳道)로 신자(信者)가 증가(增加)되야 로마교세(敎勢)를 승(勝)하고 점차진흥(漸次進興)하니라.

서흥읍교회(瑞興邑敎會)가 성립(成立)하다. 쳐(初)에 최승현(崔承賢)의 전도(傳道)로 김한복(金漢福) 유성준(俞成俊)이 신종(信從)하고 허중현(許仲賢) 이건필(李建必)이 역귀도(亦歸道)하야 협력(協力)함으로 교회(敎會)가 진흥(進興)되다.

의성군(義城郡) 쌍계교회(雙溪敎會)가 성립(成立)하다. 쳐(初)에 김인옥(金仁玉) 이성준(李成俊) 2인(二人)이 군위군(軍威郡) 호암교회(虎岩敎會)에서 전도(傳道)를 듯고 신교(信敎)한 후(後) 1년간(一年間) 왕래(往來)하며 예배(禮拜)하다가 신묘동(新墓洞)에 초가(草家) 3간(三間)을 예배당(禮拜堂)으로 매슈(買收)하고 심(甚)한 시험(試驗)과 핍박(逼迫) 중(中)에도 독신전진(篤信前進)함으로 쌍계동(雙溪洞) 박영화(朴永和) 전가(全家)가 귀도(歸道)하니라.

순천군(順川郡) 하리(下里) 매화치교회(梅花峙敎會)는 신자(信者)가 증가(增加)됨을 인(因)하야 예배당(禮拜堂)을 와가(瓦家)로 7간(七間)을 개축(改築)하고 조사(助師) 김려현(金鳳顯) 정석종(鄭碩鍾) 등(等)이 시무(視務)하니라.

영유읍교회(永柔邑敎會)가 [금(今) 평원군(平原郡)] 성립(成立)하다. 선시(先是)에 팔동리교회(八洞里敎會)에서 선교사(宣敎師) 마포삼열(馬布三悅, [Samuel A. Moffett])과 전군보(田君甫)가 사경회(査經會)를 교슈(敎授)하난 즁(中) 수은(受恩)의 결과(結果)로 당석(當席)에 출연(出捐)하야 읍내(邑內) 창동(倉洞)에 와가(瓦家) 3간(三間)을 매슈(買收)하고 복음(福音)을 열심(熱心)으로 선전(宣傳)하야 오익현(吳益鉉) 이현신(李賢信) 양성번(楊成蕃) 등(等)이 신교(信敎)하얏고 탑현(榻峴) 교우(敎友)[107] 송기선(宋基善)을 동지(同地)로 반이(搬移)케 하야 교회(敎會)를 인도(引導)하얏스며 당시(當時) 조사(助師)는 김찬성(金燦星) 김천일(金千一)이 시무(視務)하얏고 후(後)에 교회(敎會)난 점진(漸進)하야 김천일(金千一)을 장로(長老)로 장립(將立)하야 당회(堂會)가 조직(組織)되고 동시(同時)에 팔동(八洞) 소죽(蘇竹), 통명리(通明里), 갈원(葛院), 덕쇠(德沼), 어파(漁波) 등(等) 7교회(七敎會)가 합심협력(合心協力)하야 와가(瓦家) 10간(十間) 예배당(禮拜堂)을 화려(華麗)히 건축(建築)하고 김천일(金千一) 강유훈(康有勳) 김찬성(金燦星) 김상규(金相奎) 등(等)이 조사(助師)와 목사(牧師)로 질상시무(迭相視務)하니라.

시년(是年) 춘(春)에 맹산군(孟山郡) 애창교회(艾倉敎會)가 성립(成立)하다. 선시(先是)에 선교사(宣敎師) 백아덕(白雅德, [Arthur I. Becker])의 전도(傳道)로 박정흥(朴鼎興) 외(外) 3인(三人)이 신교(信敎)하고 초가(草家) 3간(三間)을 매수(買收)하야 예배(禮拜)하다가 교회(敎會)가 점점전진(漸漸前進)되야 석실예배당(石室禮拜堂) 6간(六間)을 신축(新築)하고 김려현(金鳳顯) 명광호(明光浩) 이인택(李仁宅) 김탁하(金倬河) 김사길(金士吉) 등(等)이 조사(助師)로 시무(視務)하니라.

맹산군(孟山郡) 덕화리(德化里) 지성교회(智城敎會)가 성립(成立)하다. 선시(先是)에 인덕교회(仁德敎會)에서 독신자(篤信者) 방경수(方京洙) 김영준(金永俊) 2인(二人)이 린리(鄰里)에 전도(傳道)한 결과(結果)로 10여인(十餘人) 신도(信徒)가 생기(生起)여 석실(石室) 3간(三間)을 매수(買收)하야 예배당(禮拜堂)으로 사용(使用)하고 선교사(宣敎師) 편하설(片夏薛, [Charles F. Bernheisel]) 필립보(弼立甫, [Charles L. Phillips]) 조사(助師) 이만기(李萬基) 명광호(明光浩) 등(等)이 시무(視務)하니라.

덕천군(德川郡) 내포리교회(內浦里敎會)가 성립(成立)하다. 초(初)에 최운상(崔雲祥)의 전도(傳道)로 유상환(俞尚煥) 유일청(俞一淸) 박용훈(朴龍訓) 정제성(鄭濟性) 등(等) 수십인(數十人)이 신교(信敎)하고 석실예배당(石室禮拜堂) 8간(八間)을 건축(建築)하고 최운상(崔雲祥)의 열성(熱誠)과 최국서(崔國瑞)의 기도(祈禱)로 교회(敎會)는 진흥(進興)되야 임호선(林浩善)이 조사(助師)로 시무(視務)하니라.

장성군(長城郡) 율곡리(栗谷里) 영신교회(永信敎會)가 성립(成立)하다.

선시(先是)에 선교사(宣敎師) 오기원(吳基元, [Clement C. Owen, 1867-1909])과 조사(助師) 도정희(都正熙)의 전도(傳道)로 신자(信者)를 엇고 예배당(禮拜堂)을 신축(新築)하고 선교사(宣敎師) 배유지(裵裕祉, [E. Bell, 1868-1925])와 선응칠(宣應七)을 2년간(二年間) 파견전도(派遣傳道)하니라.[108]

장성군(長城郡) 황용리교회(黃龍里敎會)가 선시(先是)에 봉덕거(奉德居) 김도인(金道仁)이 지원근(池元根)의 전도(傳道)를 듯고 신종(信從)하야 영광군(靈光郡) 하라리교회(河羅里敎會)로 다니며 전도(傳道)한 결과(結果)로 이문영(李文英) 박경칠(朴敬七) 김경수(金景洙) 양대중(梁大仲) 김성태(金成台) 박문칠(朴文七) 강윤칠(姜允七) 백경삼(白敬三) 등(等) 7인(七人)이 밋고 예배당(禮拜堂) 6간(六間)을 신축(新築)한 후(後) 선교사(宣敎師) 배유지(裵裕祉, [E. Bell, 1868-1925]) 도대선(都大善, [Samuel K. Dodson]) 조사(助師) 변창연(邊昌淵) 김문삼(金文三) 등(等)이 시무(視務)하니라.

영광군(靈光郡) 대전리교회(大田里敎會)가 성립(成立)하다. 초(初)에 본토인(本土人) 표익선(表益善) 문양삼(文良三) 2인(二人)이 김문삼(金文三) 변창연(邊昌淵)의 전도(傳道)를 듯고 밋은 후(後) 교회(敎會)가 성립(成立)되얏고 5간(五間) 예배당(禮拜堂)을 건축(建築)하니라 선교사(宣敎師)는 배유지(裵裕祉, [E. Bell, 1868-1925]) 남대리(南大理, [LeRoy T. Newland])와 조사(助師)난 박인원(朴仁源) 이계수(李桂洙) 이경필(李敬弼) 등(等)이 시무(視務)하다.

나주군(羅州郡) 광암리교회(廣岩里敎會)가 성립(成立)하다. 선시(先是)에 김윤환(金允煥)의 전도(傳道)로 김치묵(金致默) 김영환(金永煥) 최치삼(崔致三) 김동섭(金東燮) 이유장(李有章) 등(等)이 신종(信從)하야 김치묵(金致默) 가(家)에서 예배(禮拜)하다가 후(後)에 교우(敎友)들이 합심연보(合心捐補)하야 6간(六間) 예배당(禮拜堂)을 신축(新築)하고 선교사(宣敎師) 오기원(吳基元, [Clement C. Owen, 1867-1909]) 변약한(邊約翰, [John Fairman Preston]) 조사(助師) 김윤환(金允煥) 오태도(吳太都) 등

(等)이 시무(視務)하니라.

북미선교사(北美宣教師) 군예빈(君禮彬, [Edwin Wade Koons]) 의사(醫師) 황홀(黃忽, [Harry C. Whiting]) 부부(夫婦)와 편하설(片夏薛, [Charles F. Bernheisel]) 부인(夫人)[Mrs. C. F. Bernheisel]과 업지내(鄴智乃) 부인(夫人)[Jennie B. Robb]과 남미선교사(南美宣教師) 변약한(邊約翰, [John Fairman Preston]) 부부(夫婦)와 하위렴(河緯廉, [William B. Harrison]) 부인(夫人)[Linnie Davis Harrison] 등(等)이 계속도래(繼續渡來)하얏고 배유지(裴裕祉, [E. Bell, 1868-1925]), 오기원(吳基元, [Clement C. Owen, 1867-1909])은 광쥬(光州)에 이쥬(移住)하고 변약한(邊約翰, [John Fairman Preston])은 목포(木浦)에 이쥬(移住)하니라.

1904년(一九0四年) 갑진(甲辰)에 합동공의회회장(合同公議會々長)은 왕길지(王吉志, [G. Engel])러라.

경셩(京城) 서대문내교회(西大門內敎會)셔는 조사(助師) 송순명(宋淳明)을 장로(長老)로 장립(將立)하야 경성최선(京城最先)의 당회(堂會)가 조직(組織)되[109]니라.

시흥(始興) 삼셩리(三星里) 구역내(區域內) 학현교회(鶴峴敎會)가 성립(成立)하다. 쳐(初)에 수삼신쟈(數三信者)가 잇셔 광쥬(廣州) 은곡교회(隱谷敎會)로 좃차 복음(福音)을 듯고 신죵(信從)함으로 육칠인(六七人)이 사져(私邸)에서 예배(禮拜)하더니 후(後)에 피득(彼得, [Alexander A. Pieters]) 목사(牧師)가 래(來)하야 교회(敎會)가 졈진(漸進)하야 영슈(領袖) 김선보(金先甫)와 집사(執事) 박성관(朴聖寬), 조완승(曹完承) 등(等)이 인도자(引導者)가 되얏고 선교사(宣敎師) 곽안련(郭安連, [Charles Allen Clark])과 조사(助師) 박태션(朴泰善)이 계속시무(繼續視務)하니라.

청주읍교회(淸州邑敎會)가 성립(成立)하다. 션시(先是)에 감리파(監理派) 선교사(宣敎師) 서원보(徐元甫, [Wilbur C. Swearer])가 당지(當地)에 래(來)하야 전도(傳道)함으로 천행균(千行均)과 여인(女人) 김(金)나오미가 밋엇고 지시(至是)하야 장로파(長老派) 선교사(宣敎師) 민노아(閔老雅, [Frederick S. Miller])와 장로(長老) 김흥경(金興京)이 당지(當地)에 래

(來)하야 주(主)의 복음(福音)을 협력전도(協力傳道)한 결과(結果)로 유망(有望)한 청년(靑年) 중(中) 김원배(金源培), 방흥근(方興根), 이영균(李永均), 김재호(金在皓), 이범준(李範俊) 등(等)이 귀주신교(歸主信敎) 후(後)로 본읍(本邑) 남문내(南門內)에 예배당(禮拜堂)을 설치(設置)하니 교회(敎會)가 성립(成立)되야 점차흥왕(漸次興旺)하더라.

양평군(楊平郡) 용문면(龍門面) 신점리(新店里)에 교회(敎會)가 성립(成立)하다. 선시(先是)에 용문동거(龍門洞居) 김수경(金壽卿)이 미감리교(美監理敎) 권사(勸師) 장춘명(張春明)의 전도(傳道)를 듯고 신교(信敎)한 후(後) 열심전도(熱心傳道)함으로 김춘경(金春京), 조성순(趙聖淳) 2인(二人)이 역신교(亦信敎)하야 교회(敎會)가 성립(成立)되고 후(後)에 예배당(禮拜堂) 6간(六間)을 신축(新築)하니라.

광주군(廣州郡) 심곡교회(深谷敎會)와 세곡교회(細谷敎會)와 둔전리교회(屯田里敎會)가 성립(成立)하다. 선시(先是)에 광주구역(廣州區域) 선교사(宣敎師) 피득(彼得, [Alexander A. Pieters])과 조사(助師) 유흥렬(劉興烈), 손흥집(孫興集)이 전도(傳道)한 결과(結果)로 심곡(深谷)에 인도자(引導者)된 이종섭(李宗燮), 김경하(金敬夏)와 세(細)[110]곡(谷) 설립자(設立者)인 문정실(文正實)과 둔전리(屯田里) 설립자(設立者) 이사윤(李士允) 등(等)이 신교(信敎) 후(後) 열심성력(熱心誠力)으로 교회사역(敎會事役)에 진충(盡忠)하야 교회(敎會)가 점차진흥(漸次進興)하니라.

김포군(金浦郡) 루산리교회(樓山里敎會)와 시흥읍교회(始興邑敎會)가 성립(成立)하다. 초(初)에 루산리교회(樓山里敎會)는 전도인(傳道人) 신화순(申和順), 이춘경(李春京)의 전도(傳道)로 홍여장(洪女章), 전성현(全聖賢), 전성순(全聖淳) 등(等)이 밋고 점차(漸次) 교회(敎會)가 성립(成立)하얏스며 시흥읍교회(始興邑敎會)는 도정섭(都廷燮), 윤상덕(尹相德)의 전도(傳道)로 임희서(林喜西), 이성문(李聖文) 등(等)이 신교(信敎)하고 교회(敎會)가 성립(成立)하야 선교사(宣敎師) 원두우(元杜尤, [Horace G. Underwood]), 조사(助師) 홍성서(洪聖瑞等)이 시무(視務)하니라.

진위군(振威郡) 회화리교회(檜花里敎會)가 성립(成立)하다. 선시(先是)

에 미감리회선교사(美監理會宣敎師) 변조진(邊兆鎭, [George M. Burdick])의 전도(傳道)로 박영백(朴永伯), 이은영(李殷榮)이 신교(信敎)함으로 교회(敎會)가 성립(成立)하얏고 후(後)에 장로회(長老會) 경기(京畿) 남구역(南區域)에 이속(移屬)되야 선교사(宣敎師) 피득(彼得, [Alexander A. Pieters])과 조사(助師) 유흥렬(劉興烈), 이기남(李起南) 등(等)이 시무(視務)하니라.

경성시내(京城市內) 인사동(仁寺洞) 승동교회(勝洞敎會)가 성립(成立)하다. 선시(先是)에 홍문동교회(弘文洞敎會)가 분경(分競)으로 해산(解散)하고 여중(餘衆)이 동현병원(銅峴病院) 내(內)에 집회(集會)하얏다가 병원(病院)이 역이전(亦移轉)하난 동시(同時)에 교인(敎人) 박성춘(朴成春), 박중근(朴重根), 정윤수(鄭允洙), 송인순(宋仁淳) 차동(茶洞) 김부인(金夫人), 박서양(朴瑞陽), 김필순(金弼淳) 등(等)이 승동(勝洞)으로 이전(移轉)되야 교회(敎會)가 성립(成立)하니라. 당시(當時)에 선교회경영(宣敎會經營)으로 경성중앙(京城中央)에 기지(其地)를 매수(買收)하고 노옥(老屋)을 중수(重修)하야 예배당(禮拜堂)으로 사용(使用)하얏스며 선교사(宣敎師) 오월번(吳越藩, [Arthur G. Welbon]), 곽안련(郭安連 [Charles Allen Clark])과 조사(助師) 서상륜(徐相崙), 이여한(李汝漢) 등(等)이 계속시무(繼續視務)하니라.[111]

양평군(楊平郡) 화전교회(花田敎會)가 성립(成立)하다. 초(初)에 미감리회(美監理會) 전도인(傳道人) 라봉식(羅鳳植)의 전도(傳道)로 김사선(金士先) 김인경(金仁卿) 2인(二人)이 믿고 린리(鄰里)에 열심전도(熱心傳道)하야 교회(敎會)가 성립(成立)되고 6간(六間) 예배당(禮拜堂)을 건축(建築)하얏스며 선교사(宣敎師) 곽안련(郭安連 [Charles Allen Clark]), 조사(助師) 박태선(朴泰善), 이춘경(李春京) 등(等)이 순시(巡視)하니라.

대동군(大同郡) 황면리교회(黃面里敎會)가 성립(成立)하다. 선시(先是)에 미감리교회(美監理敎會) 선교사(宣敎師) 문약한(文約翰, [John Z. Moore II])의 전도(傳道)로 서병룡(徐丙龍)이 신교(信敎)하고 자기(自己)의 기지(基地)를 기부(寄附)하야 예배당(禮拜堂)을 건축(建築)하고 자가(自家)

의 개와(盖瓦)로 수즙(修葺)하얏스며 전도(傳道)에 열성진력(熱誠盡力)함으로 교회(敎會)가 일익왕성(日益旺盛)하얏고 후(後)에 장감분계(長監分界)로 장로교회구역(長老敎會區域)에 이속(移屬)되야 선교사(宣敎師) 소안론(蘇安論, [William L. Swallen])이 관리(管理)하니라.

용강군(龍岡郡) 도학리교회(島鶴里敎會)가 성립(成立)하다. 초(初)에 노양배(魯養培)의 전도(傳道)로 김정수(金貞洙) 부부(夫婦)가 신교(信敎)하고 계동교회(桂洞敎會)로 다니더니 후(後)에 점점왕성(漸々旺盛)하야 예배당(禮拜堂)을 건축(建築)하고 분립(分立)하니라.

동군(同郡) 연봉리교회(延鳳里敎會)가 성립(成立)하다. 초(初)에 방기창(邦基昌)의 전도(傳道)로 김병로(金秉魯), 박원일(朴元一)이 신교(信敎)하고 고읍교회(古邑敎會)로 왕래(往來)하더니 김취익(金就益)이 래(來)하야 합심전도(合心傳道)함으로 교회(敎會)가 성립(成立)하니라.

의주군(義州郡) 당후교회(堂後敎會)가 노북교회(蘆北敎會)에서 분립(分立)하다. 초(初)에 최명준(崔明俊), 한승렬(韓承烈), 백인석(白仁碩) 등(等)이 신교(信敎)하고 노북예배당(蘆北禮拜堂)에 래왕(來往)하며 예배(禮拜)하더니 교우(敎友)가 증가(增加)되야 5간(五間) 예배(禮拜)[당을 신축(新築)하고 분립(分立)케 되니라.

대동군(大同郡) 장천교회(將泉敎會)에서는 한석진(韓錫晋)을 장로(長老)로 장립(將立)하야 당회(堂會)가 조직(組織)되다.[112]

대동군(大同郡) 대동강면(大同江面) 오촌리교회(鰲村里敎會)가 성립(成立)하다. 초(初)에 평양거(平壤居) 최치량(崔致良)이 본리(本里)에 이주(移住)하니 최군(崔君)은 즉(卽) 평양성교회(平壤城敎會) 초차(初次) 수세자(受洗者) 중(中) 1인(一人)이라. 열심전도(熱心傳道)함으로 신자(信者)가 점점흥왕(漸々興旺)하야 교회(敎會)가 성립(成立)되야 장석주(張錫周), 한석진(韓錫晋), 김백원(金百源), 김종섭(金鍾燮) 등(等)이 래조(來助)하고 선교사(宣敎師) 마포삼열(馬布三悅, [Samuel A. Moffett])과 목사(牧師) 김종섭(金鍾燮) 장로(長老) 최치량(崔致良) 등(等)이 시무(視務)하니라.

대동군(大同郡) 추을미면(秋乙美面) 이천리교회(梨川里敎會)가 미림교회(美林敎會)에서 분립(分立)하다. 초(初)에 이홍언(李鴻彦)의 전도(傳道)로 노덕경(盧德卿), 한복순(韓鍑亨), 김용국(金用國), 김성용(金成龍) 등(等)이 신주(信主) 후(後) 미림예배당(美林禮拜堂)으로 단이더니 1년(一年) 후(後) 초가(草家) 3간(三間)을 예배당(禮拜堂)으로 매수(買收)하얏고 선교사(宣敎師) 마포삼열(馬布三悅, [Samuel A. Moffett])과 목사(牧師) 노인묵(盧仁默)과 장로(長老) 김성수(金聖受) 등(等)이 시무(視務)하니라.

대동군(大同郡) 서천면(西川面) 내리교회(內里敎會)가 평양(平壤) 장대현교회(章臺峴敎會)에서 분립(分立)하다. 초(初)에 김형찬(金亨燦)이 평양(平壤)으로브터 주(主)의 복음(福音)을 듯고 신교(信敎)한 후(後)로 동리인(洞里人)의게 전도(傳道)하야 안태중(安泰仲), 박관하(朴寬夏) 2인(二人)이 밋고 평양(平壤)에 다니며 예배(禮拜)하더니 신도(信徒)가 15인(十五人)에 달(達)한지라. 사저(私邸)에 회집예배(會集禮拜)하얏고 선교사(宣敎師) 마포삼열(馬布三悅, [Samuel A. Moffett]), 배위량(裵緯良, [William M. Baird, 1862-1931])이 시무(視務)하난 중(中) 예배당(禮拜堂) 5간(五間)을 건축(建築)하니 박관하(朴寬夏)가 제 1회(第一回) 집사(執事)가 되고 후(後)에 목사(牧師) 김경삼(金敬三) 장로(長老) 박제진(朴濟鎭)이 계속시무(繼續視務)하니라.

중화군(中和郡) 영진면(永津面) 대안동(大安洞)에 이안리교회(二安里敎會)가 성립(成立)하다. 1898년(一八九八年)에 임창모(林昌模)가 판동예배당(板洞禮拜堂)에서 밋기로 작정(作定)하고 송계천(宋啓天), 오희구(吳羲龜), 박제선(朴齊璇)에게 전도(傳道)하야 신종(信從)함으로 송계천(宋啓天)[113] 가(家)에서 예배(禮拜)하고 선교사(宣敎師) 윤산온(尹山溫, [George Shannon McCune, 1872-1941]) 모의리(牟義理, [Eli M. Mowry])가 시무(視務)하니라.

황주군(黃州郡) 구성면(九聖面) 화동리교회(和洞里敎會)가 성립(成立)되니 선교사(宣敎師) 이길함(李吉咸, [Graham Lee])과 장로(長老) 나형순(羅亨淳)이 시무(視務)하니라.

성천군읍내교회(成川郡邑內敎會)가 성립(成立)하다. 선시(先是)에 파사국(波斯國)에서 조선교회(朝鮮敎會)를 위(爲)하야 송치(送致)한 금전(金錢)으로 전도인(傳道人)을 세워 전도(傳道)한 결과(結果)로 신자수인(信者數人)을 득(得)하고 정찬모(鄭燦模)의 인도(引導)로 읍내(邑內) 임사형(林士瀅) 가(家)에서 예배(禮拜)하다가 김문기(金文基), 김씨우례(金氏祐禮) 2인(二人)이 출연(出捐)하야 와가(瓦家) 7간(七間)을 매수(買收)하야 예배당(禮拜堂)으로 사용(使用)하니라.

부산진교회(釜山鎭敎會)에서 심취명(沈就明)을 장로(長老)로 장립(將立)하야 당회(堂會)를 조직(組織)하얏고 기후(其後)에난 권기현(權基現), 김덕경(金德景)이 장로(長老)로 계속시직(繼續視職)하고 목사(牧師)로난 심취명(沈就明), 함설(咸說), 김현모(金賢模)가 상계시무(相繼視務)하니라.

시년(是年) 춘(春)에 김해군(金海郡) 일천교회(日泉敎會)가 성립(成立)하다. 최(初)에 선교사(宣敎師) 사보담(史保淡, [Richard H. Sidebotham]) 조사(助師) 김영찬(金永讚)의 전도(傳道)로 김수익(金守益), 박무일(朴武一)이 신종(信從)함으로 교회(敎會)가 성립(成立)되다.

동년(同年) 추(秋)에 거창군(居昌郡) 개명리교회(開明里敎會)가 성립(成立)하다. 선시(先是)에 박순명(朴順明), 김종한(金宗漢) 외(外) 10여인(十餘人)이 신종(信從)하야 교회(敎會)가 성립(成立)되고 선교사(宣敎師) 심익순(沈翊舜, [Walter E. Smith]) 조사(助師) 김주관(金周寬)이 시무(視務)하니라.

선천군(宣川郡) 신미도교회(身彌島敎會)가 성립(成立)하다. 최(初)에 의주인(義州人) 최응하(崔應河)가 본도(本島)에 래주(來住)하야 전도(傳道)함으로 신자(信者)를 엇고 자기가(自己家)에서 임시(臨時)로 예배(禮拜)하더니 선교사(宣敎師) 위대모(魏大模, [Norman C. Whittemore])와 조사(助師) 양전백(梁甸白)이 시무(視務)하고 [114] 박영근(朴永根), 이순언(李淳彦)이 인도자(引導者)가 되니라.

용천군(龍川郡) 입암교회(立岩敎會)가 성립(成立)하다. 최(初)에 신창교인(新倉敎人) 윤치흥(尹致興), 박성관(朴成寬), 김세진(金世珍)의 전도(傳道)로 30여인(三十餘人)의 신자(信者)가 생기(生起)여 신창교회(新倉敎會)

에서 분립(分立)하니라. 조사(助師)는 김건주(金建柱)가 시무(視務)하다.

구성군(龜城郡) 남시교회(南市敎會)가 성립(成立)하다. 최초(最初)에 오의광(吳義匡?), 허선홍(許善弘), 허윤홍(許允弘), 최득정(崔得正), 홍양천(洪陽天) 등(等)이 차제신교(次第信敎)하고 사저(私邸)에서 예배(禮拜)하며 전도(傳道)하더니 후(後)에 신자증가(信者增加)하야 예배당(禮拜堂)을 신축(新築)하니라.

구성군(龜城郡) 이현교회(梨峴敎會)가 성립(成立)하다. 초(初)에 본처인(本處人) 이성삼(李成森), 박경진(朴敬鎭) 등(等)이 선천읍교회(宣川邑敎會)에 다니며 예배(禮拜)하난 중(中) 전도(傳道)하야 한인필(韓仁弼), 한인택(韓仁澤) 형제(兄弟)가 밋고 연보(捐補)하야 예배당(禮拜堂)을 건축(建築)하고 이성삼(李成森)이 인도자(引導者)가 되얏나니라.

용천군(龍川郡) 신성리교회(新成里敎會)가 성립(成立)하다. 선시(先是)에 박문근(朴文根) 신덕호(申德浩) 등(等)이 밋고 신창교회(新倉敎會)에 다니며 예배(禮拜)하더니 수년(數年) 후(後) 신자(信者)가 증가(增加)하야 예배당(禮拜堂)을 매수(買收)하고 분립(分立)되야 목사(牧師) 김건주(金建柱) 등(等)이 시무(視務)하니라.

군위군(軍威郡) 내이교회(內梨敎會)가 성립(成立)하다. 초(初)에 최만화(崔萬華) 외(外)에 수인(數人)이 신교(信敎)하고 봉황교회(鳳凰敎會)로 1년간(一年間) 왕래(往來)하더니 신자(信者)가 점가(漸加)되야 예배당(禮拜堂)을 건축(建築)하고 교회(敎會)가 분립(分立)된 후(後) 김성삼(金聖三), 박영화(朴永和) 등(等)이 조사(助師)로 시무(視務)하니라.[115]

경산군(慶山郡) 봉화동교회(鳳會洞敎會)가 성립(成立)하다. 선시(先是)에 본처인(本處人) 김성욱(金聲旭)이 신교(信敎)하고 대곡동(大谷洞) 김우삼(金友三)의 사저(私邸)에서 예배(禮拜)하더니 신자(信者)가 증가(增加)함으로 교회(敎會)가 성립(成立)되얏고 김기원(金基源)은 조사(助師)로 김성욱(金聲旭)은 영수(領袖)로 시무(視務)하니라.

칠곡군(漆谷郡) 진평교회(眞坪敎會)가 성립(成立)하다. 초(初)에 이성률(李成律)이 신교(信敎) 후(後) 열심전도(熱心傳道)함으로 신자(信者)가 증가(增加)되야 초가(草家) 3련 10간(三棟十間)을 매수(買收)하고 예배(禮拜)하얏스며 임원여(林元汝), 이성실(李成實)이 인도자(引導者)가 되고 조사(助師) 이문쥬(李文主), 권영해(權永海) 등(等)이 시무(視務)하니라.

김천군(金泉郡) 황금정교회(黃金町教會)가 성립(成立)하다. 선시(先是)에 선교사(宣教師) 전해리(傳海利, [Henry Munro Bruen, 1874-1957])의 전도(傳道)로 신자(信者)를 득(得)하고 예배당(禮拜堂)을 건축(建築)함으로 교회성립(敎會成立) 되얏나니라.

칠곡군(漆谷郡) 왜관교회(倭舘敎會)가 성립(成立)하다. 선시(先是)에 신자기인(信者幾人)이 근동(近洞) 교회(敎會)로 다니면서 전도(傳道)하야 신자(信者)를 엇어 교회(敎會)가 시작(始作)될새 선교사(宣敎師) 전해리(傳海利, [Henry Munro Bruen, 1874-1957])가 설립자(設立者)가 되고 조사(助師) 김영채(金永彩), 이희봉(李喜鳳), 박영조(朴永祚) 등(等)이 시무(視務)하다.

선산군(善山郡) 오계동교회(五桂洞敎會)가 성립(成立)하다. 초(初)에 선교사(宣敎師) 전해리(傳海利, [Henry Munro Bruen, 1874-1957])의 전도(傳道)로 신자(信者)가 생기(生起)여 교회(敎會)가 성립(成立)되고 조사(助師) 이희봉(李喜鳳), 이문쥬(李文主) 등(等)이 시무(視務)하다.

동군(同郡) 로상교회(路上敎會)가 성립(成立)하다. 초(初)에 선교사(宣敎師) 전해리(傳海利, [Henry Munro Bruen, 1874-1957])의 전도(傳道)로 신자기인(信者幾人)을 엇고 예배당(禮拜堂)을 건축(建築)하얏스며 조사(助師) 이희봉(李喜鳳), 이문쥬(李文主) 영슈(領袖) 로석원(盧石元)이 시무(視務)하다.[116]

김제군(金堤郡) 대송리교회(大松里敎會)가 성립(成立)하다. 초(初)에 주원삼(朱元三)이 군산(群山) 지방(地方)에서 밋고 본리(本里)에 이래(移來)하야 열심전도(熱心傳道)함으로 신자(信者)가 증가(增加)되야 예배당(禮拜堂)을 신축(新築)하니라.

정읍군(井邑郡) 천원교회(川原敎會)가 성립(成立)하다. 선시(先是)에 서영선(徐永先), 박창욱(朴昶旭), 박성숙(朴聖淑), 이공숙(李公淑), 김도흥(金

道興), 김윤구(金允九), 김일언(金一彥), 예명선(睿明善), 송세문(宋世文), 허기서(許基瑞), 김병원(金炳元), 양경현(梁敬鉉) 등(等)이 주(主)를 밋고 전도(傳道)하야 신자(信者)가 증가(增加)됨으로 예배당(禮拜堂) 14간(十四間)을 신축(新築)하고 박창욱(朴昶旭)이 인도자(引導者)가 되니라.

부여군(扶餘郡) 건선면(乾先面) 관동교회(冠洞敎會)가 성립(成立)하다. 초(初)에 김치경(金致敬), 신경운(申敬云)이 주(主)를 밋고 인도자(引導者)가 되야 열심전도(熱心傳道)함으로 수십인(數十人)의 신도(信徒)가 증가(增加)되야 예배당(禮拜堂)을 신축(新築)하니라.

강계읍교회(江界邑敎會)가 성립(成立)하다. 초(初)에 차학연(車學淵), 이학면(李學勉) 2인(二人)이 신교(信敎) 후(後) 인도자(引導者)가 되야 신자(信者)가 30여명(三十餘名)에 달(達)한지라. 가옥수간(家屋數間)을 매수(買收)하야 예배(禮拜)보다가 후(後)에 교인일동(敎人一同)이 열심연보(熱心捐補)하야 예배당(禮拜堂) 60간(六十間)을 양제(洋制)로 건축(建築)하얏고 차학연(車學淵)[자유교(自由敎)로 거(居)]을 장로장립(長老將立)하야 당회(堂會)가 조직(組織)되얏스며 선교사(宣敎師) 방혜법(邦惠法, [Herbert E. Blair]), 노해리(魯鮮理, [Harry A. Rhodes])와 목사(牧師) 김진근(金振瑾), 김대건(金大鍵) 등(等)이 시무(視務)하니라. 계속(繼續)된 장로(長老)는 김익홍(金益弘), 명운행(明雲行), 박관순(朴官淳) 등(等)이러라.

나남교회(羅南敎會)가 성립(成立)하다. 선시(先是)에 일본군대(日本軍隊)를 싸라 각처(各處)에서 이주(移住)하난 자(者)가 다(多)한지라 기중(其中) 신자(信者) 이화준(李和俊) 모(母)와 김승오(金昇五) 등(等) 이삼교인(二三敎人)이 래주(來住)하야 경성읍교회(鏡城邑敎會)에 래왕(來往)하다가 김승오(金昇五) 가(家)에 회집예배(會集禮拜)하니라.

단천읍교회(端川邑敎會)는 박창영(朴昌英), 임득률(林得律), 허춘섭(許春燮), 박경신(朴敬信), 허인섭(許仁燮), 윤동화(尹東華), 정기회(鄭基會), 이창갑(李昌甲), 최동림(崔東林), 정기환(鄭基煥) 등(等)이 신교(信敎)한 후(後) 위선(爲先) 금주단연(禁酒斷烟)을 하얏스며 박창영(朴昌英) 사저(私邸)에서 예배(禮拜)하다가 신씨금곡(申氏金谷)의 연보(捐補)와 박창영(朴昌英)

의 가옥공헌(家屋貢獻)으로 예배당(禮拜堂)을 설치(設置)하게 되얏고 차(此)에 관(關)한 채금잔액(債金殘額)은 선교사(宣敎師) 구례선(具禮善, [R. G. Grierson])이 청상(淸償)하니라.

송화군(松禾郡) 세진리교회(細眞里敎會)가 성립(成立)하다. 초(初)에 이재순(李在淳), 강경조(姜景祚) 2인(二人)이 신교(信敎)하고 금곡교회(金谷敎會)로 다니다가 후(後)에 예배당(禮拜堂)을 건축(建築)하고 분립(分立)하니라.

안악군(安岳郡) 봉곡리교회(鳳谷里敎會)가 성립(成立)하다. 초(初)에 이행규(李行奎)가 신교(信敎)하고 박용빈(朴用彬)과 협동합력(協同合力)하야 기년(幾年) 후(後)에 예배당(禮拜堂)을 건축(建築)하니라.

신천군(信川郡) 정여동교회(貞女洞敎會)가 점차진전(漸次進展)하야 예배당(禮拜堂) 신건(新建)하니라.

봉산군(鳳山郡) 모동교회(慕洞敎會)에서 당회(堂會)를 조직(組織)하얏고 장로(長老)에 최정엽(崔禎燁), 최병은(崔秉恩), 박하동(朴河東), 최행권(崔行權), 최익환(崔益煥), 조진형(趙鎭亨) 선교사(宣敎師)에 이길함(李吉咸, [Graham Lee]), 한위렴(韓緯廉, [William B. Hunt]) 목사(牧師)에 최병은(崔秉恩), 이기영(李基英), 김규현(金奎鉉), 박득명(朴得明) 조사(助師)에 송린서(宋獜瑞), 임득우(林得愚), 간병제(簡秉濟), 김진국(金振國) 등(等)이 상계시무(相繼視務)하니라.

봉산군(鳳山郡) 임촌교회(林村敎會)가 성립(成立)하다. 선시(先是)에 김동(金東)의 전도(傳道)로 박수장(朴守長)의 전가(全家)가 신종(信從)하야 교회(敎會)가 성립(成立)되고 기후(其後)에 박재원(朴在允), 박순록(朴淳錄)이 귀주(歸主)하야 합심전도(合心傳道)함으로 전진(前進)하야 예배당(禮拜堂)을 [118] 건축(建築)하고 이기영(李基英)이 목사(牧師)로 시무(視務)하얏스며 후(後)에 박순록(朴淳錄)을 장로(長老)로 장립(將立)하야 당회(堂會)가 조직(組織)하니라.

장연군(長淵郡) 신령리교회(新嶺里敎會)가 성립(成立)하다. 초(初)에 박제홍(朴濟弘), 이상근(李尚根)이 신종(信從)하고 후(後)에 예배당(禮拜堂)

을 건축(建築)하니라.

영동군(永同郡) 추풍령교회(秋風嶺敎會)가 성립(成立)하다. 초(初)에 경부선(京釜線) 철도부설(鐵道敷設)로 당지(當地) 거민(居民)들이 침학(侵虐)을 면(免)키 위(爲)하야 신교(信敎)한 자(者)가 대(多)함으로 교회(敎會)가 입(立)케 되얏스니 전도인(傳道人)은 대구(大邱)에서 래전(來傳)하얏고 후(後)에 충북노회(忠北老會) 관하(管下)에 이속(移屬)케 되야 선교사(宣敎師) 계군(桂君, [Edwin H. Kagin])이 순시(巡視)하니라.

괴산군(槐山郡) 연풍면(延豊面) 오수리교회(梧水里敎會)가 성립(成立)하다. 초(初)에 이성의(李聖儀)가 유하수(柳夏秀)에게 전도(傳道)하야 신교(信敎)케 됨으로 후(後)에 조사(助師) 김정현(金正賢)과 협력(協力)하야 교회(敎會)를 설립(設立)케 되얏스며 기서(其婿) 경환(慶煥)이 교역(敎役)에 종사(從事)케 되니라.

의성군(義城郡) 괴산교회(槐山敎會)가 성립(成立)하다. 선시(先是)에 김학배(金學培), 이만기(李萬基), 손용진(孫容眞), 최달모(崔達模) 등(等)이 국곡(菊谷) 권수백(權秀伯)의 전도(傳道)로 신교(信敎)하고 사저(私邸)에서 예배(禮拜)하다가 후(後)에 예배당(禮拜堂)을 수축(修築)하니라.

동군(同郡) 덕봉교회(德峯敎會)도 역설립(亦設立)되다. 초(初)에 김낙구(金洛龜), 박명언(朴明彦), 김근이(金根伊) 등(等)이 신교(信敎)하고 사가(私家)에서 순회예배(巡廻禮拜)하다가 율곡동(栗谷洞)에 신자(信者)가 흥왕(興旺)하야 예배당(禮拜堂) 4간(四間)을 건축(建築)하고 교회(敎會)가 성립(成立)됨으로 조사(助師) 김성삼(金聖三)이 시무(視務)하얏고 김낙구(金洛龜)가 인도자(引導者)가 되야 교회(敎會)는 점점발전(漸漸發展)되다.[119]

의성군(義城郡) 창길교회(倉吉敎會)가 성립(成立)하다. 초(初)에 최달모(崔達模)가 신교(信敎) 후(後) 본동(本洞)에 교회(敎會)되기를 기구(祈求)하더니 후(後)에 쌍계교회(雙溪敎會) 장로(長老) 김선실(金善實)이 이래(移來)하야 협력전도(協力傳道)한 결과(結果)로 예배당(禮拜堂) 3간(三間)을 건축(建築)하고 하령교회(河寧敎會)와 합(合)하야 당회(堂會)를 조직(組織)하고 김선실(金善實)이 장로(長老)로 임무(任務)하는 중(中) 9간(九間) 예배당

(禮拜堂)을 개축(改築)하얏스며 목사(牧師) 김인옥(金仁玉)이 시무(視務)하니라.

순천읍교회(順川邑教會)는 석실(石室) 10간(十間)을 전매(轉買)하얏고 후(後)에 열심출연(熱心出捐)하야 와가(瓦家)로 예배당(禮拜堂) 24간(二十四間)을 신축(新築)하니라.

덕천읍교회(德川邑教會)는 김려현(金鳳顯), 김기항(金基恒) 2인(二人)을 장로(長老)로 장립(將立)하야 당회(堂會)가 조직(組織)되야스며 조사(助師) 박승명(朴承明)과 목사(牧師) 양의근(楊義根) 등(等)이 시무(視務)하니라.

숙천읍교회(肅川邑教會)에서 김찬성(金燦星)을 장로(長老)로 장립(將立)하야 당회(堂會)를 조직(組織)하고 김용수(金用洙), 김찬규(金燦奎), 김택진(金澤鎭), 김병섭(金秉燮), 김성문(金鍼文), 양의근(楊義根), 신하용(申河容), 신만균(申萬均), 김건영(金健永), 박인관(朴仁寬)이 상계시무(相繼視務)하니라.

덕천군(德川郡) 상심리(尚深里) 대동교회(大同教會)가 성립(成立)하다. 초(初)에 김준환(金俊煥), 김준오(金俊五), 김상백(金尚伯), 홍석범(洪錫範), 김치수(金致洙), 최준섭(崔俊燮) 등(等)이 신교(信敎)하고 달전교회(達田教會)의 속(屬)하얏나니라.

개천군(价川郡) 용소리(龍沼里) 무익대교회(無益臺教會)가 성립(成立)하다. 초(初)에 김려현(金鳳顯)의 전도(傳道)로 김국서(金國瑞)가 최선신교(最先信教)하고 용현교회(龍峴教會)로 다니며 예배(禮拜)하더니 신종자(信從者) 육칠인(六七人)을 득(得)하야 합심연보(合心捐補)함으로 예배처소(禮拜處所)[120]를 득(得)하니라.

광주군(光州郡) 양림리교회(楊林里教會)가 성립(成立)하다. 초(初)에 선교사(宣教師) 배유지(裵裕祉, [E. Bell, 1868-1925]), 오기원(吳基元, [Clement C. Owen, 1867-1909]) 조사(助師) 변창연(邊昌淵)과 교우(教友) 김윤수(金允洙)를 동반(同伴)하야 목포(木浦)로브터 본리(本里)에 도착(到着)하야 사택(舍宅)을 정(定)하고 열심전도(熱心傳道)흔 결과(結果)로 최흥

종(崔興琮), 배경수(裵景洙) 등(等)이 신종(信從)하야 자기사랑(自己舍廊)에서 예배(禮拜)하다가 신도(信徒)가 점차증가(漸次增加)됨으로 북문내(北門內)에 와가(瓦家)로 예배당(禮拜堂)을 건축(建築)하고 후(後)에 김윤수(金允洙), 최흥종(崔興琮) 2인(二人)을 장로(長老)로 장립(將立)하야 당회(堂會)가 조직(組織)되얏고 기후(其後) 남궁혁(南宮爀), 이득주(李得珠), 홍우종(洪祐鍾)이 계속시무(繼續視務)하니라.

영광군(靈光郡) 신천리교회(新川里敎會)가 성립(成立)하다. 선시(先是)에 노응표(盧應杓), 강사흥(姜士興) 2인(二人)이 목포(木浦)에 왕(往)하야 복음(福音)을 듯고 신교(信敎)한 후(後) 열심전도(熱心傳道)하야 150여인(百五十餘人)의 신자(信者)를 득(得)하야 교회(敎會)가 대발전(大發展)하얏고 선교사(宣敎師) 배유지(裵裕祉, [E. Bell, 1868-1925])와 조사(助師) 김문삼(金文三)이 시무(視務)하니라.

곡성군(谷城郡) 옥과리교회(玉果里敎會)가 성립(成立)하다. 초(初)에 선교사(宣敎師) 배유지(裵裕祉, [E. Bell, 1868-1925])의 전도(傳道)로 김종수(金鍾洙)가 밋고 열심전도(熱心傳道)함으로 20여인(二十餘人) 신자(信者)를 득(得)하야 자기사저(自己私邸)에서 예배(禮拜)하니라.

나주군(羅州郡) 덕림리교회(德林里敎會)가 성립(成立)하다. 초(初)에 김영숙(金永淑)의 전도(傳道)로 강국서(姜國瑞) 외(外) 10여인(十餘人)이 신교(信敎)하고 박문삼(朴文三) 가(家)에서 예배(禮拜)함으로 교회(敎會)가 성립(成立)되니라.

완도군(莞島郡) 관산리교회(冠山里敎會)가 성립(成立)하다. 선시(先是)에 본리인(本里人) 정만일(鄭萬一)이 전도인(傳道人) 노학구(盧學九)를 청(請)하야 도리(道理)를 듯고 기후(其後) 선교사(宣敎師) 오기원(吳基元, [Clement C. Owen, 1867-1909])의 전도(傳道)를 밧아 사오동지(四五同志)와 갓치 신종(信從)한 후(後) 40여인(四十餘人)의 신[121]신자(信者)를 엇고 대성리(大成里)에 예배당(禮拜堂) 8간(八間)을 건축(建築)하얏더니 의병난(義兵亂)을 경과(經過)한 후(後)에 관산(冠山)에 이전(移轉)할새 80여(八十餘) 교우(敎友)가 100여원(百餘圓)을 연보(捐補)하야 예배당(禮拜

堂)을 건축(建築)하니라.

시시(是時) 경성(京城) 연동교회(蓮洞敎會)에 이상재(李商在), 이원긍(李源兢), 김정식(金貞植), 홍재기(洪在箕), 유성준(俞星濬) 등(等)이 선후입교(先後入敎)하얏나니 개제군(盖諸君)은 본래(本來) 우국지사(憂國志士)인 대 기언행(其言行)이 당시(當時) 집정자(執政者)들에게 촉오(觸忤)한 바 되얏더니 피무계옥(被誣繫獄)하야 3년(三年)의 철창생활(鐵窓生活)을 송(送)할새 혹(或)은 재외친지(在外親知)와 혹(或)은 제군(諸君)을 선(先)하야 독립협회사건(獨立協會事件)으로 종신징역(終身懲役)에 처(處)한 이승만(李承晩)의 소개(紹介)와 선교사(宣敎師)의 주선(周旋)으로 차입(差入)한 성서(聖書)와 기독교서적(基督敎書籍)을 열독(閱讀)하난 동시(同時)에 특(特)히 선교사(宣敎師) 원두우(元杜尤, [Horace G. Underwood])의 전도(傳道)와 권면(勸勉)에 감동(感動)하야 성서(聖書)을 연구(研究)하고 기도(祈禱) 중(中)에 제군(諸君)이 회개중생(悔改重生)하야 기독(基督)의 은애(恩愛)에 욕화(浴化)되얏슴으로 기등(己等)을 무함(誣陷)하던 수인(讎人)을 은인시(恩人視)의 감(感)싸지 발(發)케 되니라. 소이출옥(所以出獄) [유성준(俞星濬)만 유배(流配)에 처(處)케 됨] 즉시(卽時)에 교회(敎會)에 헌신(獻身)하야 동년(同年) 추(秋)에 이원긍(李源兢), 홍재기(洪在箕)난 동지제인(同志諸人)과 선교사(宣敎師) 기일(奇一, [James Gale])의 찬조(贊助)을 엇어 교육협회(敎育協會)를 조직(組織)하니 차(此)가 조선교육(朝鮮敎育) 장려기관(獎勵機關)의 효시(嚆矢)라 가칭(可稱)할 것이오 김정식(金貞植)은 선교사(宣敎師) 길례태(吉禮泰, [Philip L. Gillett])와 협동(協同)하야 기독교청년회(基督敎靑年會)를 창립(創立)하얏고 유성준(俞星濬)은 기익년(其翌年)에 해배귀경(解配歸京)하야 역시(亦是) 연동교회(蓮洞敎會)에 교적(敎籍)을 치(置)하고 기일(奇一, [James Gale])의 위탁(委託)으로 현금(現今) 전선교회(全鮮敎會)의 진보(珍寶)로 동시(同視)하난 언한문신약(諺漢文新約)이 동씨(同氏)의 슈(手)를 경(經)하야 교작(交作)케 되니라. 제군(諸君)이 개종(改宗) 이후(以後) 친척고구(親戚故舊)의 핍박(逼迫)과 비난(批難)을 비경(備經)하며 확립불굴(確立不屈)하야 직접간접(直接間接)을 불문(不問)하고 위도노력(爲道努力)한 결과(結果) 기독교(基督敎)의 연원(淵源)을 삭구(搠究)치[122] 아니하고 좌도사학(左道邪學)으로 지목배척(指目排斥)하던 신사(紳士)들이 접종귀주(接踵歸主)함으로 민지(民志)가 일전(一轉)되고 교회(敎會)의 세력(勢力)은 불식부지(不識不知) 중(中)에 일익진흥(日益振興)하니라.

북미선교사(北美宣敎師) 방혜법(邦惠法, [Herbert E. Blair]) 부부(夫婦)와 맹의와(孟義窩), 허대전(許大殿, [J. Gordon Holdcroft]) 의사(醫師) 허제(許濟, [Jesse Watson Hirst, 1864-1952]) 등(等)이 래도(來渡)하니라.

평양성교회(平壤城敎會)를 위(爲)하야 선교사(宣敎師) 마포삼열(馬布三悅, [Samuel A. Moffett])이 예수교서원(敎書院)을 설립(設立)하다.

1905년(一九O五年) 을사(乙巳)에 합동공의회회장(合同公議會會長)은 마포삼열(馬布三悅, [Samuel A. Moffett])이러라.

광주군(廣州郡) 금토리교회(金土里敎會)가 성립(成立)하다. 초(初)에 이운선(李云先), 이경락(李京洛)이 둔토리교회(屯土里敎會)에서 복음(福音)을 듯고 신교(信敎) 후(後) 이경락(李京洛) 사저(私邸)에서 예배(禮拜)하다가 3년(三年) 후(後)에야 합심연보(合心捐補)로 초가(草家) 4간(四間) 예배당(禮拜堂)을 건축(建築)하얏고 선교사(宣敎師) 곽안련(郭安連, [Charles Allen Clark])과 조사(助師) 박태선(朴泰善)이 임무(任務)하니라.

동군(同郡) 고령교회(高靈敎會)가 성립(成立)하다. 선시(先是)에 김정민(金定民)이 신교(信敎)하고 세곡교회(細谷敎會)로 다니며 예배(禮拜)하다가 린리(鄰里)에 신자(信者)가 점점생기(漸漸生起)여 교회(敎會)가 성립(成立)되고 선교사(宣敎師) 피득(彼得, [Alexander A. Pieters])과 조사(助師) 유흥렬(劉興烈)이 순행시무(巡行視務)하니라.

용인군(龍仁郡) 김량(金良)과 원촌(院村)에도 교회(敎會)가 성립(成立)하다. 초(初)에 감리회(監理會) 선교사(宣敎師) 변조진(邊兆鎭, [George M. Burdick])의 전도(傳道)로 신자(信者)가 생기(生起)엿스며 후(後)에 장로회(長老會) 경기(京畿) 남구역(南區域)에 속(屬)하야 교회(敎會)가 점점진흥(漸漸進興)되고 조사(助師) 유흥렬(劉興烈)이 시무(視務)하니라.

경성시외(京城市外) 왕십리교회(徃十里敎會)가 성립(成立)하다. 초(初)에 시내(市內) 연동교회(蓮洞敎會)에 부속(附屬)한 예배처소(禮拜處所)와 여(如)하야[123] 해교회(該敎會)에서 파송(派送)한 교역자(敎役者)들의 전무노력(專務努力)한 결과(結果) 교회(敎會)가 성립(成立)되얏나니 조사(助師) 박승명(朴承明), 이명헌(李命憲), 임공진(任公鎭), 권영식(權英是)이 시무(視務)하니라. 기후(其後)에 하교교회(河橋敎會) 장로(長老) 윤상훈(尹庠勳)이 전력보좌(專力補佐)함으로 지보(支保)되니라.

시흥군(始興郡) 영등포교회(永登浦敎會)가 성립(成立)하다. 초(初)에 선교사(宣敎師) 원두우(元杜尤, [Horace G. Underwood])의 파견(派遣)한 전도인(傳道人) 이용석(李容錫), 이락선(李洛善), 송순명(宋淳明), 김경환(金慶煥), 윤상덕(尹尙德), 이춘경(李春京) 등(等)이 시흥(始興) 등지(等地)에 노력(努力)한 결과(結果)로 김상옥(金相玉), 허학서(許學瑞) 손영준(孫英俊), 허화서(許化西), 고순익(高順益) 등(等)이 신종(信從)함으로 교회(敎會)가 성립(成立)되야 6간(六間) 예배당(禮拜堂)을 건축(建築)하니라.

강서군(江西郡) 기리교회(基里敎會)가 성립(成立)하다. 초(初)에 박리혁(朴履赫)의 전도(傳道)로 정규렬(鄭奎烈), 이지현(李芝鉉)이 신교(信敎)하고 사천교회(沙川敎會)로 다니며 예배(禮拜)하더니 고찬두(高燦斗), 이종호(李宗浩)는 신동교인(新洞敎人)인대 합동(合同)하야 예배당(禮拜堂)을 신축(新築)하고 열심전도(熱心傳道)함으로 교회(敎會)가 점점진흥(漸々進興)되야 예배당(禮拜堂)을 증축(增築)하니라.

의주군(義州郡) 서회(西會)에서 조사(助師) 김창건(金昌鍵)을 장로(長老)로 장립(將立)함으로 의주(義州) 경내(境內)에 최선당회(最先堂會)가 조직(組織)되다.

의주군(義州郡) 운천교회(雲川敎會)가 부내서회(府內西會)에서 분립(分立)되다. 선시(先是)에 안승원(安承源)이 신교(信敎) 후(後) 린리(鄰里)에 전도(傳道)함으로 허봉현(許奉賢), 정봉곤(鄭奉坤), 이여진(李汝進), 김기원(金基元), 김승만(金承萬), 유여대(劉女大), 김신경(金信敬), 윤원도(尹元道), 장효신(張孝信) 등(等)이 귀도(歸道)하야 부내(府內) 서회(西會)에 왕래예배(往來禮拜)하더니 신자(信者)가 점점증가(漸漸增加)되야 예배당(禮拜堂) 4간(四間)을 신축(新築)하고 동시(同時)에 학교(學校)도 창립(創立)하니라.[124]

의주군(義州郡) 미산교회(美山敎會)가 부내(府內) 서회(西會)에서 분립(分立)하니라. 초(初)에 장유관(張有寬)이 복음(福音)을 전파(傳播)함으로 이승청(李承淸), 강창보(姜昌保), 홍종익(洪鍾翌), 장윤현(張允鉉) 등(等)이 신교(信敎)하고 서회(西會)로 다니며 예배(禮拜)하다가 합심연보(合心捐補)하야 4간(四間) 초가(草家)를 매수(買收)하야 예배당(禮拜堂)으로 사용(使用)하니라.

창성군(昌城郡) 사창교회(私倉敎會)가 창립(創立)하다. 선시(先是)에 삭주인(朔州人) 문재범(文載範)이 복음(福音)을 열심래전(熱心來傳)함으로 김창규(金昌奎) 등(等) 20여인(二十餘人)이 신교(信敎)하고 허분(許粉), 박봉화(朴鳳華), 박병호(朴炳浩) 사저(私邸)에서 예배(禮拜)하다가 후(後)에 출연(出捐)하야 4간(四間) 가옥(家屋)을 매수(買收)하얏고 조사(助師) 박신택(朴信澤), 이봉태(李鳳泰) 등(等)이 시무(視務)하니라.

의주군(義州郡) 영평교회(永平敎會)가 체마교회(替馬敎會)에서 분립(分立)하다. 초(初)에 전연준(田延畯), 김득임(金得稔), 하순봉(河順奉) 등(等)이 신교(信敎)하고 체마교회(替馬敎會)에 왕래예배(往來禮拜)하더니 수년간(數年間) 신도울흥(信徒蔚興)하야 5간(五間) 예배당(禮拜堂)을 와가(瓦家)로 신축(新築)하고 교회(敎會)가 분립(分立)하야 점점전진(漸漸前進)되니라.

의주군(義州郡) 차유령교회(車逾嶺敎會)가 창회(倉會)에서 분립(分立)하다. 초(初)에 이형원(李亨元), 조득성(趙得成), 김학문(金學文), 차승호(車承浩) 차봉진(車鳳珍), 양원우(梁元祐), 김재순(金在淳), 조중관(趙重寬), 조중여(趙重餘) 등(等)이 접종이신(接踵而信)하고 창회(倉會)로 왕래(往來)하며 예배(禮拜)하다가 이원형(李亨元)이 기지(基址)를 기부(寄附)하고 예배당(禮拜堂)을 신축(新築)함으로 교회(敎會)가 분립(分立)되니라.

동군(同郡) 호암교회(虎岩敎會)가 성립(成立)되니라. 선시(先是)에 의주

(義州) 군수겸(郡守兼) 육군참령(陸軍叅領)으로 유명(有名)하던 김유현(金有鉉)이 조정(朝廷)이 일비(日非)함을 견(見)하고 수(遂)히 향리(鄕里)에 귀은(歸隱)하던 중(中) 1조(一朝)에 주(主)의 도(道)를 문(聞)하고 솔선신교(率先信敎)할새 기자(其子) 영훈(永勳), 영순(永順), 영률(永律)이 동시귀도(同時歸道)하얏스며 린근(鄰近)에 열심(熱心)으로 도(道)를 전(傳)하야 곽경락(郭景洛)[125] 백사준(白士俊) 등(等) 50여인(五十餘人)이 신교(信敎)하얏고 김영순(金永順) 사저(私邸)에서 예배(禮拜)하다가 합심병력(合心幷力)하야 예배당(禮拜堂)을 건축(建築)하니 교회(敎會)가 전진(前進)되더라.

의주군(義州郡) 마전교회(麻田敎會)가 용산교회(龍山敎會)에서 분립(分立)하다. 선시(先是)에 최덕홍(崔德弘), 김흥령(金興玲), 최응신(崔應信), 이락현(李洛賢), 박도현(朴道賢) 등(等)이 신교(信敎)하고 용산교회(龍山敎會)로 왕래예배(往來禮拜)하더니 지시(至是)하야 합심연보(合心捐補)하야 초가(草家) 3간(三間) 예배당(禮拜堂)을 건축(建築)하고 분립(分立)하니라.

중화군(中和郡) 풍동면(楓洞面) 능성리교회(綾盛里敎會)가 성립(成立)하다. 초(初)에 김석흡(金錫洽)이 평양(平壤)으로부터 본리(本里)에 래(來)하야 전도(傳道)한 결과(結果)로 신자(信者)가 점점증가(漸々增加)되야 교회(敎會)가 성립(成立)되고 선교사(宣敎師) 이길함(李吉咸, [Graham Lee])이 시무(視務)하니라.

중화군(中和郡) 생양면(生陽面) 장원리교회(長院里敎會)가 성립(成立)하다. 선교사(宣敎師) 이길함(李吉咸, [Graham Lee])의 전도(傳道)로 전득규(田得奎), 김경현(金景賢), 전광진(田廣陳), 전용규(田龍圭), 박정섭(朴禎涉) 5인(五人)이 밋고 열심(熱心)으로 주(主)를 봉사(奉事)하난 중(中) 예배당(禮拜堂) 4간(四間)을 건축(建築)하고 교회(敎會)가 성립(成立)되야 선교사(宣敎師) 윤산온(尹山溫, [George Shannon McCune, 1872-1941]), 조사(助師) 최진태(崔鎭泰), 채정민(蔡廷敏) 등(等)이 시무(視務)하니라.

중화군(中和郡) 천곡면(川谷面) 귀일교회(貴一敎會)가 광제원교회(廣濟院敎會)에서 분립(分立)하다. 초(初)에 차도남(車道南)의 전도(傳道)로 최봉명(崔鳳鳴) 최문빈(崔文彬) 외(外) 3인(三人)이 신교(信敎) 후(後) 예배당

(禮拜堂)을 건축(建築)하얏고 후(後)에 선교사(宣敎師) 이길함(李吉咸, [Graham Lee]), 장로(長老) 차도남(車道南)이 시무(視務)하니라.

평양(平壤) 창전리교회(倉田里敎會)가 장대현교회(章臺峴敎會)에서 분립(分立)되다. 당시직원(當時職員)은 선교사(宣敎師) 방위량(邦緯良, [William Newton Blair]) 영수(領袖) 강유문(康愈文)이오 장대현교회(章臺峴敎會) 장로(長老) 안봉주(安鳳周), 주공삼(朱孔三) 2인(二人)이 1년간(一年間) 임시협찬(臨時協贊)하얏고 익년(翌年)에 이춘(李春)[126]섭(燮), 강인성(康仁性)을 집사(執事)로 택(擇)하니 신도일증(信徒日增)이라. 800여원(八百餘圓)의 연보(捐補)로 예배당(禮拜堂)을 건축(建築)할새 이덕환(李德煥)이 기지(基址)를 기부(寄附)하고 김찬규(金燦奎)가 6년간(六年間) 조사(助師)로 시무(視務)하난 중(中) 교회(敎會)난 점차진흥(漸次進興)되니라.

대동군(大同郡) 문발리교회(文發里敎會)가 성립(成立)하다. 초(初)에 허섭(許燮)과 신씨광명(申氏光明)이 신교(信敎)하고 조왕리교회(助王里敎會)로 다니며 예배(禮拜)하다가 지시(至是)하야 3간(三間) 예배당(禮拜堂)을 건축(建築)하고 교회(敎會)가 분립(分立)되야 신자(信者) 30여인(三十餘人)이라. 선교사(宣敎師) 윤산온(尹山溫, [George Shannon McCune, 1872-1941]), 조사(助師) 이양식(李養植)이 시무(視務)하니라.

대동군(大同郡) 임원면(林原面) 송암리교회(松岩里敎會)가 평양(平壤) 장대현교회(章臺峴敎會)에서 분립(分立)하니 선교사(宣敎師) 배위량(裵緯良, [William M. Baird, 1862-1931])이 관리(管理)하니라.

강동군(江東郡) 원탄면(元灘面) 송오동교회(松塢洞敎會)가 성립(成立)하다. 초(初)에 이석문(李錫文)이 상업차(商業次)로 평양(平壤)에 구류(久留)하더니 유기연(柳基淵)에게 복음(福音)을 듯고 신교(信敎)한 후(後) 귀가(歸家)하야 기제(其弟) 석용(錫龍)과 린인(鄰人) 김용순(金龍淳)에게 전도(傳道)하야 신종(信從)함으로 3인(三人)이 김용순(金龍淳) 가(家)에서 1년간(一年間) 예배(禮拜)하더니 후(後)에 초가(草家) 3간(三間)을 매수(買收)하야 예배당(禮拜堂)으로 사용(使用)하얏고 선교사(宣敎師) 편하설(片夏薛, [Charles F. Bernheisel]), 필립보(弼立甫, [Charles L. Phillips]) 목사 김성택(金聖澤), 노인묵(盧仁默) 장로(長老) 차원석(車元錫) 등(等)이 시무(視務)하니라.

황주군(黃州郡) 영풍면(永豊面) 영풍리(永豊里) 장동교회(張洞敎會)가 성립(成立)하다. 초(初)에 이재중(李載重)의 전도(傳道)로 안치호(安致護) 외(外) 4인(四人)이 신교(信敎)하고 예배당(禮拜堂)을 신축(新築)함으로 교회(敎會)가 성립(成立)되니라.

평양(平壤) 산정현교회(山亭峴敎會)가 장대현교회(章臺峴敎會)에서 분립(分立)하다. 시시(是時)에 예배당(禮拜堂)은 판동(板洞) 구회당(舊會堂)을 잉용(仍用)[127]하고 마포삼열(馬布三悅, [Samuel A. Moffett])의 구제(舊第)라. 선교사(宣敎師) 편하설(片夏薛, [Charles F. Bernheisel]), 영수(領袖) 계택선(桂澤宣), 이덕환(李德煥), 집사(執事) 최정서(崔鼎瑞), 김용흥(金龍興), 정이도(鄭利道), 조사(助師) 한승곤(韓承坤) 등(等)이 시무(視務)할새 분립(分立)한 지 불과(不過) 1년(一年)에 교우(敎友)가 300여인(三百餘人)에 달(達)한지라. 합력연보(合力捐補)하야 계동(鷄洞) 산정현상(山亭峴上)에 예배당(禮拜堂)을 건축(建築)하고 이전회집(移轉會集)하니 자차(自此)로 산정현교회(山亭峴敎會)라 칭(稱)하다.

김해읍교회(金海邑敎會)에서 교인(人)이 증가(增加)하야 200여(二百餘)에 달(達)함에 선교사(宣敎師) 심익순(沈翊舜, [Walter E. Smith])의 인도(引導)로 700원(七百圓)을 연보(捐補)하야 와제(瓦制) 33평(三十三坪)의 예배당(禮拜堂)을 건축(建築)하니라.

동래군(東萊郡) 기장면(機張面) 동부교회(東部敎會)가 성립(成立)하다. 초(初)에 선교사(宣敎師) 왕길지(王吉志, [G. Engel])가 조사(助師) 정덕생(鄭德生)으로 더브러 전도(傳道)하난 중(中) 유봉수(劉奉守), 정영조(鄭英朝) 외(外) 수십인(數十人)이 밋고 공해(公廨)를 차용(借用)하야 예배(禮拜)하다가 후(後)에 예배당(禮拜堂)을 매수(買收)하얏스며 교회(敎會)는 점점 진흥(漸々進興)되야 1천7백여원(一千七百餘圓)의 연보(捐補)로 장려(壯麗)한 예배당(禮拜堂)을 개축(改築)하니라.

동래읍교회(東萊邑敎會)가 성립(成立)하다. 선시(先是)에 10여명(十餘

名)의 신자(信者)가 출(出)함으로 남문내(南門內) 사가(私家)를 차용예배(借用禮拜)하더니 후(後)에 조사(助師) 정덕생(鄭德生)이 시무(視務)하난 중(中) 박문길(朴文吉), 옥치욱(玉致旭) 등(等)이 귀주(歸主)하니 교회(敎會)가 진흥(進興)되고 윤상구(尹相求), 박문길(朴文吉), 옥치욱(玉致旭) 등(等)의 열심연보(熱心捐補)로 수안동(壽安洞)에 예배당(禮拜堂)을 건축(建築)하니라.

의령군(宜寧郡) 서암교회(西岩敎會)가 성립(成立)하다. 초(初)에 김호용(金浩鏞)이 신종(信從)하야 설립(設立)되얏고 선교사(宣敎師) 손안로(孫安路, [Andrew Adamson]), 왕길지(王吉志, [G. Engel])와 조사(助師) 정덕생(鄭德生), 곽경묵(郭敬默), 문덕인(文德仁) 등(等)이 시무(視務)하다.[128]

협천군읍내교회(陜川郡邑內敎會)가 성립(成立)하다. 선시(先是)에 백경삼(白敬三), 김천업(金千業), 유주원(俞周元), 유판돌(俞判乭), 백기준(白基俊) 등(等)이 신종(信從)하야 일시(一時) 교회(敎會)가 흥성(興盛)함으로 신자(信者)가 80여인(八十餘人)에 달(達)하니라.

김해군(金海郡) 진례면(進禮面) 시례동교회(詩禮洞敎會)가 성립(成立)하다. 초(初)에 선교사(宣敎師) 심익순(沈翊舜, [Walter E. Smith])의 전도(傳道)로 김상범(金相範), 김길창(金吉昌) 형제(兄弟)가 밋고 신풍리교회(新豊里敎會)로 다니엿고 후(後)에 최경광(崔敬光)의 사저(私邸)에셔 예배(禮拜)하다가 예배당(禮拜堂)을 시례동(詩禮洞)에 건축(建築)하니라.

창원군(昌原郡) 용원리교회(龍院里敎會)가 성립(成立)하다. 선시(先是)에 이문서(李文瑞)의 전도(傳道)로 우춘국(禹春國)이 신종(信從)하고 김원선(金元善), 한성명(韓聖明), 배두동(裵頭洞)이 신교(信敎)하얏고 김원선(金元善)의 사저(私邸)에셔 예배(禮拜)하니라.

창원군(昌原郡) 마천교회(馬川敎會)가 성립(成立)하다. 초(初)에 3인(三人)의 신자(信者)가 생기(生起)여 이기상(李己祥) 가(家)에셔 예배(禮拜)함으로 교회(敎會)가 성립(成立)되얏고 수년간(數年間) 교회(敎會)는 진흥(進興)되야 초가(草家)로 3간(三間) 예배당(禮拜堂)을 건축(建築)하니라.

창원군(昌原郡) 경화동교회(慶化洞敎會)가 성립(成立)하다. 초(初)에 안승순(安昇詢), 이극성(李克成), 홍승태(洪承台) 등(等)이 신교(信敎)함으로 교회(敎會)가 성립(成立)되니라.

　부산부(釜山府) 항서교회(港西敎會)가 성립(成立)하다. 선시(先是)에 선교사(宣敎師) 사보담(史保淡, [Richard H. Sidebotham])의 전도(傳道)로 김성우(金聖友), 김공원(金公元), 박인서(朴仁瑞), 이치선(李致善)이 신종(信從)하야 김공원(金公元)의 사저(私邸)에서 예배(禮拜)하니라.

　진주읍(晋州邑) 옥봉리교회(玉峯里敎會)가 성립(成立)하다. 선시(先是)에 선교사(宣敎師) 거열휴(巨烈烋, [Hugh Currell])와 조사(助師) 박성애(朴晟愛)가 전도(傳道)하야 본군(本郡) 북문내(北門內)에 초가(草家) 3간(三間)을 예배처소(禮拜處所)로 정(定)하고 회집예배(會集禮拜)하니라.[129]

　김해군(金海郡) 내삼리교회(內三里敎會)가 성립(成立)하다. 선시(先是)에 선교사(宣敎師) 심익순(沈翊舜, [Walter E. Smith])의 전도(傳道)로 조종환(趙宗煥)이 신교(信敎) 후(後) 20여리(二十餘里)되난 김해읍교회(金海邑敎會)에 래왕(來往)하며 예배(禮拜)하고 김성화(金聖化)는 유치화(劉致化)의 전도(傳道)로 밋고 조종환(趙宗煥)의 사저(私邸)에서 예배(禮拜)하다가 기후(後)에 초가(草家) 3간(三間)을 매수(買收)하야 예배당(禮拜堂)으로 사용(使用)하고 30명(三十名) 교인(敎人)이 예배(禮拜)하더니 후(後)에 무한리교회(武漢里敎會)와 병합(倂合)되앗나니라.

　철산읍교회(鐵山邑敎會)에서 장관선(張寬善)을 장로(長老)로 장립(將立)하야 당회(堂會)를 조직(組織)하니라.

　철산군(鐵山郡) 월안교회(月安敎會)서는 정기정(鄭基定)을 장로(長老)로 장립(將立)하야 당회(堂會)가 조직(組織)되니라.

　용천군(龍川郡) 용암교회(龍岩敎會)가 성립(成立)하다. 본처(本處)는 항구(港口)인 고(故)로 각처(各處) 교인(敎人)들이 다수왕래(多數往來)하야 전도(傳道)한 결과(結果)로 신자(信者) 초초증진(稍稍增進)되야 최현보(崔賢輔) 사저(私邸)에셔 예배(禮拜)하더니 김기범(金基範)의 열성연보(熱誠捐補)로 500여원(五百餘圓)을 득(得)하야 예배당(禮拜堂)을 신축(新築)하니

라. 조사(助師)는 김국쥬(金國柱), 김상현(金尙鉉) 등(等)이 시무(視務)하니라.

용천군(龍川郡) 광화교회(光化敎會)가 성립(成立)하다. 선시(先是)에 의주인(義州人) 김영근(金永根)이 복음(福音)을 래전(來傳)하야 김경일(金敬一), 황몽헌(黃夢憲) 2인(二人)이 구신(俱信)하고 호북교회(芦北敎會)에 래왕예배(來往禮拜)하더니 기후(其後)에 송리운(宋利雲), 정묘득(鄭玅得), 정시현(鄭時賢) 정진쥬(鄭鎭周), 이화일(李化一), 이성보(李成甫), 최정곤(崔正坤), 주중션(朱仲先) 등(等)이 계속신종(繼續信從)하야 이윤일(李允一) 가(家)에서 예배(禮拜)하다가 이윤일(李允一)의 기지공헌(基址貢獻)과 교우(敎友) 등(等)의 6천원(六千圓) 합심연보(合心捐補)로 예배당(禮拜堂)을 신축(新築)하얏고 이윤옥(李允玉), 김롱승(金瓏承)이 조사(助師)로 시무(視務)하니라.

용천군(龍川郡) 대성교회(大成敎會)가 성립(成立)하다. 초(初)에 이치전(李致甸), 이치화(李致華), 황원곤(黃元坤) 등(等)이 밋고 동문교회(東門敎會)에[130] 열심출석(熱心出席)하더니 본리(本里)에 전도(傳道)하야 교회(敎會)가 성립(成立)되고 인도자(引導者)가 되니라.

철산군(鐵山郡) 영동교회(嶺洞敎會)가 성립(成立)하다. 선시(先是)에 김성슈(金成洙), 김민철(金敏哲), 송찬홍(宋燦弘) 등(等)이 읍중(邑中) 신자(信者)에게 전도(傳道) 듯고 밋은 후(後) 열심(熱心)으로 예배(禮拜)하더니 수년(數年) 후(後) 신자(信者)가 증가(增加)됨으로 예배당(禮拜堂)을 신축(新築)하니라.

철산군(鐵山郡) 차련관교회(車輦舘敎會)가 성립(成立)하다. 선시(先是)에 본리인(本里人) 한석죠(韓錫祚), 정석기(鄭錫基), 최응신(崔應善), 김신각(金信恪) 등(等)이 복음(福音)을 듯고 독신(篤信)한 후(後) 동림(東林)과 월안(月安) 양교회(兩敎會)로 다니며 예배(禮拜)하더니 수년(數年) 후(後)에 신자(信者)가 증가(增加)되야 예배당(禮拜堂)을 매슈(買收)하고 70여인(七十餘人)이 회집(會集)케 되니라.

철산군(鐵山郡) 선사교회(宣沙敎會)가 성립(成立)하다. 초(初)에 학암교인(鶴岩敎人) 정해룡(鄭海龍)이 본리(本里)에 래쥬(來住)하야 전도(傳道)한 결과(結果)로 이윤식(李允植), 이창영(李昌榮), 박찬세(朴贊世), 신명국(申明國) 등(等)이 밋고 합심연보(合心捐補)하야 예배당(禮拜堂)을 신축(新築)하니라.

철산군(鐵山郡) 입석교회(立石敎會)가 성립(成立)하다. 선시(先是)에 정진회(鄭鎭浩), 박형빈(朴亨斌) 등(等)이 밋고 학암교회(鶴岩敎會)로 다니며 예배(禮拜)하다가 교인(敎人)이 증가(增加)됨으로 이에 분립(分立)하얏고 기후(其後)에 목사(牧師) 홍승한(洪承漢)의 인도(引導)로 교회(敎會)는 전진(前進)되니라.

선천(宣川) 보신교회(保新敎會)가 성립(成立)하다. 선시(先是)에 본읍교회(本邑敎會) 부인(婦人) 김씨기반(金氏基盤)이 래쥬(來住)하야 열심전도(熱心傳道)함으로 김치원(金致元), 김치형(金致亨), 김윤문(金允文), 오치숙(吳致叔), 이용덕(李龍德) 등(等)이 신교(信敎)하고 읍내교회(邑內敎會)로 열심래왕(熱心來往)하며 예배(禮拜)하더니 후(後)에 선교사(宣敎師) 위대모(魏大模, [Norman C. Whittemore])와 조사(助師) 김석창(金錫昌)이 래도(來到)하야 교회(敎會)를 시찰(視察)하고 분립(分立)케 하니라.[131]

선천군(宣川郡) 가물남교회(嘉物南敎會)가 성립(成立)하다. 선시(先是)에 부인(婦人) 정씨용경(鄭氏用敬), 박씨신원(朴氏信元)이 밋고 읍내교회(邑內敎會)에 래왕(來往)하며 예배(禮拜)하더니 불과(不過) 수년(數年)에 그의 전도(傳道)의 결과(結果)로 남녀신도(男女信徒)가 흥왕(興旺)하야 예배당(禮拜堂)을 신축(新築)하얏고 차중선(車仲宣), 이봉덕(李鳳德)이 인도자(引導者)가 되니라.

선천군(宣川郡) 원동교회(院洞敎會)가 성립(成立)하다. 쵸(初)에 철산인(鐵山人) 유상도(劉尙道)가 기형(其兄) 상환(尙煥) 가(家)에 래(來)하야 전도(傳道)함으로 기형(其兄)과 정용세(鄭用世), 정용규(鄭用奎), 이관협(李寬浹) 등(等)이 신종(信從)하고 읍내(邑內)로 래왕(來往)하며 열심예배(熱心禮拜)하더니 정용경(鄭用敬)의 기부(寄附)한 전 1단(田一段)과 일반교우(一般敎友)들에 출연(出捐)으로 예배당(禮拜堂)을 신축(新築)하고 교회(敎會)

를 분립(分立)하야 유상환(劉尙煥)이 인도(引導)하니라.

정주군(定州郡) 서면교회(西面敎會)가 성립(成立)하다. 초(初)에 선우성일(鮮于聖一)이 밋고 전도(傳道)하야 차용걸(車龍杰)의 부부(夫婦)가 특은(特恩)을 각오(覺悟)하고 열심(熱心)히 간증(干證)함으로 50여명(五十餘名)의 신자(信者)가 생기(生起)여 교회(敎會)가 성립(成立)되고 선교사(宣敎師) 노세영(盧世永, [Cyril Ross])과 조사(助師) 최관흘(崔寬屹)이 임무(任務)에 노력(努力)하니라.

정주군(定州郡) 장요교회(長腰敎會)가 성립(成立)하다. 선시(先是)에 의주인(義州人) 유상찬(劉尙燦)이 이래(移來)한 후(後)로 전도(傳道)하야 강제현(姜濟賢)이 신종(信從)하고 곽산교회(郭山敎會)로 래왕(來往)하며 예배(禮拜)하더니 후(後)에 예배당(禮拜堂)을 매수(買收)하고 교회(敎會)가 분립(分立)되야 강제현(姜濟賢)이 인도자(引導者)가 되니라.

정주군(定州郡) 수두리교회(水頭里敎會)가 성립(成立)하다. 초(初)에 박명근(朴明根), 허계노(許啓魯), 김봉학(金鳳學), 신태연(申泰衍), 최씨행덕(崔氏行德) 김씨진정(金氏眞貞)이 밋고 전도(傳道)하야 신자(信者)를 다수(多數)히 엇고 예배당(禮拜堂)을 신축(新築)하니라.[132]

구성군읍내교회(龜城郡邑內敎會)가 성립(成立)하다. 초(初)에 김재준(金載俊), 최득정(崔得正)이 밋고 전도(傳道)하야 40여인(四十餘人)의 신자(信者)를 득(得)함으로 교회(敎會)가 성립(成立)되나라.

구성군(龜城郡) 길상교회(吉祥敎會)가 성립(成立)하다. 본처(本處)난 광산(鑛山)이 다(多)함으로 각처(各處) 신도(信徒)가 다수래왕(多數來往)하더니 최현보(崔賢輔)가 자가(自家)를 임시예배처소(臨時禮拜處所)로 정(定)하고 회집(會集)하기를 시작(始作)하얏고 기후(其後)에 100여인(百餘人)의 신도(信徒)가 생기(生起)임으로 예배당(禮拜堂)을 신축(新築)하니라.

김천군(金泉郡) 유성교회(柳城敎會)가 성립(成立)[하다. 초(初)에 장전리(長田里) 최명익(崔明益)이 대구(大邱)에서 성경찬미(聖經讚美)와 전도지(傳道紙)를 매래(買來)하야 금곡리(金谷里)에서 전도(傳道)한다는 소식(消息)을 듯고 최도연(崔道淵), 박영조(朴永祚), 박원경(朴元京) 등(等)이 래방

(來訪)하야 문도(聞道)한 후(後) 맛기로 결심(決心)하고 귀가(歸家)하야 교회(敎會)를 설립(設立)하고 선교사(宣敎師) 전해리(傳海利, [Henry Munro Bruen, 1874-1957]) 조사(助師) 김호준(金浩俊)이 역래조(亦來助)함으로 교회(敎會)가 전진(前進)되니라.

　김천군(金泉郡) 관기교회(舘基敎會)가 성립(成立)하다. 선시(先是)에 유성교회(柳城敎會) 최명익(崔明益)이 래(來)하야 전도(傳道)함으로 오륙인(五六人) 신자(信者)를 엇고 교회(敎會)를 설립(設立)할새 선교사(宣敎師) 전해리(傳海利, [Henry Munro Bruen, 1874-1957])와 조사(助師) 김호준(金浩俊)이 시무(視務)하니라.

　청도군(淸道郡) 명대동교회(明臺洞敎會)가 성립(成立)하다. 초(初)에 대구(大邱) 남성정교회(南城町敎會)에서 파견(派遣)한 이근배(李根培)의 전도(傳道)로 다수(多數)한 신자(信者)를 엇고 선교사(宣敎師) 맹의와(孟義窩)가 설립자(設立者)가 되고 금석범(琴錫範), 이소준(李小俊)이 인도(引導)가 되얏스며 서성오(徐聖五)가 조사(助師)로 시무(視務)하니라.

　김천군(金泉郡) 광기교회(光基敎會)가 성립(成立)하다. 선시(先是)에 선교사(宣敎師) 전해리(傳海利, [Henry Munro Bruen, 1874-1957])가 조사(助師) 김호준(金浩俊)으로 더브러 전도(傳道)[133]한 결과(結果)로 다수(多數)한 신자(信者)를 엇고 영수(領袖) 김상국(金常局) 집사(執事) 장성수(張聖守)와 조사(助師) 이재욱(李載旭) 등(等)이 합심전도(合心傳道)함으로 신자(信者)가 증가(增加)되야 예배당(禮拜堂)을 신축(新築)하고 이한규(李漢奎), 김용태(金容泰)가 조사(助師)로 시무(視務)하니라.

　선산군(善山郡) 습예교회(習禮敎會)가 성립(成立)하다. 선시(先是)에 선교사(宣敎師) 전해리(傳海利, [Henry Munro Bruen, 1874-1957])와 조사(助師) 이희봉(李喜鳳)의 전도(傳道)로 교회(敎會)가 설립(設立)되고 영수(領袖) 박해붕(朴海鵬) 집사(執事) 김문선(金文善)이 인도(引導)하니라.

　경산군(慶山郡) 금곡교회(金谷敎會)가 성립(成立)하다. 초(初)에 선교사(宣敎師) 맹의와(孟義窩)와 조사(助師) 서자명(徐子明), 조성수(曺聖守), 배사희(裵思希), 영수(領袖) 석재옥(石在玉), 집사(執事) 석재문(石在文)이 인도(引導)하얏고 후(後)에 김영옥(金永玉)이 목사(牧師)로 시무(視務)하니라.

동군(同郡) 전지동교회(田旨洞敎會)가 성립(成立)하다. 초(初)에 송남극(宋南極) 김응두(金應斗) 외(外) 수인(數人)이 선교사(宣敎師) 안의와(安義窩, [James Edward Adams, 1867-1929])의 전도(傳道)를 듯고 결심신교(決心信敎)한 후(後) 내반교회(內盤敎會)로 다니다가 신자(信者)가 증가(增加)되야 분립(分立)하고 송남극(宋南極)은 영수(領袖)로 서자명(徐子明)은 집사(執事)로 김용규(金容奎)가 조사(助師)로 시무(視務)하니라.

경산군(慶山郡) 송림교회(松林敎會)가 성립(成立)ᄒ다. 선시(先是)에 선교사(宣敎師) 안의와(安義窩, [James Edward Adams, 1867-1929])가 조사(助師) 서성오(徐聖五)로 순회전도(巡回傳道)한 결과(結果)로 기개인(幾個人) 신자(信者)를 득(得)하야 예배당(禮拜堂)을 신축(新築)한 후(後) 김강릉(金江陵), 김형원(金亨元)이 인도자(引導者)가 되고 조사(助師)에 김용태(金容泰), 김용규(金容奎) 등(等) 상계시무(相繼視務)하니라.

경산군(慶山郡) 신기동교회(新基洞敎會)가 성립(成立)하다. 선교사(宣敎師) 안의와(安義窩, [James Edward Adams, 1867-1929])가 설립자(設立者)가 되고 조사(助師) 서성오(徐聖五)와 영수(領袖) 김강릉(金江陵) 집사(執事) 김형원(金亨元) 등(等)이 교회(敎會)를 인도(引導)하니라.

칠곡군읍내교회(漆谷郡邑內敎會)가 성립(成立)하다. 초(初)에 선교사(宣敎師) 어도만(魚塗萬, [Walter C. Erdman, 1877-1948])이 설립자(設立者)가 되야 영수(領袖) 김태하(金泰河) 집사(執事)[134] 이종태(李鐘泰), 조사(助師) 김성삼(金聖三), 염봉남(廉鳳南), 이문주(李文主) 등(等)이 시무(視務)하니라.

칠곡군(漆谷郡) 숭오교회(崇烏敎會)가 성립(成立)하다. 선시(先是)에 선교사(宣敎師) 전해리(傳海利, [Henry Munro Bruen, 1874-1957])의 전도(傳道)로 신자(信者)를 엇어 교회(敎會)가 시작(始作)되얏는대 정재봉(鄭在鳳), 오제세(吳濟世) 등(等)이 인도자(引導者)가 되고 조사(助師) 정윤삼(鄭允三)이 시무(視務)하니라.

칠곡군(漆谷郡) 황학교회(黃鶴敎會)가 성립(成立)하다. 초(初)에 선교사

(宣敎師) 전해리(傅海利, [Henry Munro Bruen, 1874-1957])가 설립자(設立者)로 이치화(李致化), 정군선(鄭君先)이 인도자(引導者)가 되얏고 조사(助師) 김영채(金永彩)가 시무(視務)하다.

의성군(義城郡) 실업교회(實業敎會)가 성립(成立)하다. 최(初)에 선교사(宣敎師) 어도만(魚塗萬, [Walter C. Erdman, 1877-1948])이 설립자(設立者)로 조원수(趙元水), 조칠성(趙七星) 등(等)이 인도자(引導者)가 되얏고 김성삼(金聖三), 박해민(朴海玟), 박장호(朴章鎬) 등(等)이 조사(助師)로 시무(視務)하니라.

고령군(高靈郡) 헌문교회(軒門敎會)가 성립(成立)하다. 선시(先是)에 선교사(宣敎師) 전해리(傅海利, [Henry Munro Bruen, 1874-1957])의 순회전도(巡廻傳道)한 결과(結果)로 수십인(數十人)의 신자(信者)를 득(得)하야 초가(草家) 3간(三間)을 예배당(禮拜堂)으로 정(定)하고 김호준(金浩俊), 강신창(姜信昌) 등(等)이 조사(助師)로 시무(視務)하니라.

동군(同郡) 개포교회(開浦敎會)가 성립(成立)하다. 최(初)에 손한주(孫漢柱)가 신주(信主) 열심전도(熱心傳道)하야 자기가사(自己家舍)를 예배당(禮拜堂)으로 봉헌(奉獻)하얏스며 이두천(李斗天)이 인도자(引導者)가 되고 선교사(宣敎師) 안의와(安義窩, [James Edward Adams, 1867-1929])가 시무(視務)하얏고 후(後)에 임문길(林文吉)을 장로(長老)로 장립(將立)함으로 당회(堂會)가 조직(組織)되니라.

고령군(高靈郡) 사도교회(沙島敎會)가 성립(成立)하다. 최(初)에 신교자(信敎者) 기개인(幾個人)이 유(有)하야 이인옥(李仁玉) 사저(私邸)에서 예배(禮拜)하더니 기후(其後)에 교인(敎人)이 연보(捐補)하야 예배당(禮拜堂)을 신축(新築)하얏고 선교사(宣敎師) 맹의와(孟義窩)와 집사(執事) 이인옥(李仁玉)이 교(敎)회(會)를 인도(引導)하니라.

달성군(達城郡) 하동교회(下洞敎會)가 성립(成立)하다. 최(初)에 선교사(宣敎師) 전해리(傅海利, [Henry Munro Bruen, 1874-1957])가 설립자(設立者)가 되고 이령우(李靈雨), 조기문(曺基文)이 인도자(引導者)가 되니라.

영천군(永川郡) 평천교회(平泉敎會)가 성립(成立)하다. 최(初)에 김필호

(金弼浩)가 대구(大邱)에 여행(旅行)하얏다가 복음(福音)을 듯고 신교(信敎)하고 린리(鄰里)에 전도(傳道)함으로 김홍도(金弘道) 등(等)이 귀도(歸道)하야 교회(敎會)가 시작(始作)되야 선교사(宣敎師) 안의와(安義窩, [James Edward Adams, 1867-1929])와 조사(助師) 서자명(徐子明)이 시무(視務)하니라.

경주군(慶州郡) 장산교회(張山敎會)가 성립(成立)하다. 최(初)에 김명진(金明振)이 신교(信敎)하고 열심전도(熱心傳道)함으로 임륜재(任倫宰) 등(等) 삼사인(三四人)이 신종(信從)하야 한주학(韓珠鶴) 가(家)에서 예배(禮拜)하다가 미구(未久)에 연보(捐補)하야 예배당(禮拜堂)을 신축(新築)하고 서성오(徐聖五), 이대영(李大榮) 등(等)이 조사(助師)로 시무(視務)하니라.

연일군(延日郡) 흥해교회(興海敎會)가 성립(成立)하다. 선시(先是)에 김상연(金相淵)이 대구(大邱)에 여행(旅行)하얏다가 복음(福音)을 듯고 밋은 후(後) 전도(傳道)함으로 신종자(信從者) 대(多)한지라 연보(捐補)하야 예배당(禮拜堂)을 신축(新築)하고 조사(助師) 서성오(徐聖五)가 시무(視務)하니라.

임실군(任實郡) 삼길교회(三吉敎會)가 성립(成立)하다. 선시(先是)에 신성언(申聖彦), 백운기(白雲起) 2인(二人)이 밋고 김제군(金堤郡) 두정리교회(豆亭里敎會)로 다니며 예배(禮拜)하며 전도(傳道)한 결과(結果)로 교우(敎友) 100여인(百餘人)이 되매 예배당(禮拜堂) 16간(十六間)을 건축(建築)하니라.

전주군(全州郡) 소용리교회(巢龍里敎會)가 성립(成立)하다. 최(初)에 선교사(宣敎師) 마로덕(馬路德, [Luther O. McCutchen])의 전도(傳道)로 오경수(吳景洙)가 신교(信敎)한 후(後) 동(同)[136]지자(志者) 10여인(十餘人)이 동시신종(同時信從)하야 8간(八間) 예배당(禮拜堂)을 신축(新築)하고 교회(敎會)가 점차발전(漸次發展)되야 고산읍(高山邑)과 율곡리(栗谷里)에 2교회(二敎會)가 분립(分立)되얏고 후(後)에 정영선(鄭榮善)을 장로(長老)로 장립(將立)하야 당회(堂會)가 조직(組織)되니라.

익산군(益山郡) 선리교회(船里敎會)가 성립(成立)되다. 최(初)에 최재순

(崔在淳)이 신교(信敎)한 후(後) 선교사(宣敎師) 마로덕(馬路德, [Luther O. McCutchen])과 협력전도(協力傳道)하야 신자(信者)를 엇어 교회(敎會)를 세우고 인도자(引導者)가 되니라.

익산군(益山郡) 동연교회(東蓮敎會)가 성립(成立)하다. 초(初)에 송군선(宋君先), 장희서(張希西), 정문주(鄭文周), 백락규(白洛奎), 장치오(張致五)가 신교(信敎) 후(後) 옥구군(沃溝郡) 장평리(長坪里) 지성옥(池成玉) 가(家)에 기도회(祈禱會)로 모히더니 합심전도(合心傳道)한 결과(結果)로 다수(多數)의 신진자(新進者)를 득(得)하야 예배당(禮拜堂)을 신축(新築)하니라.

김제군(金堤郡) 두정리교회(豆亭里敎會)가 성립(成立)하다. 선시(先是)에 본처(本處) 교인(敎人) 이자익(李自益), 조덕삼(趙德三) 등(等)이 밋고 인도자(引導者)가 되야 열심전도(熱心傳道)함으로 수십인(數十人)의 신자(信者)를 득(得)하야 예배당(禮拜堂) 5간(五間)을 신축(新築)한 후(後) 교회(敎會)가 점차발전(漸次發展)되야 임실(任實) 삼길교회(三吉敎會)와 본군(本郡) 구봉리교회(九峰里敎會)가 차(此)에서 분립(分立)되얏나니라.

서천군(舒川郡) 구동교회(九洞敎會)가 성립(成立)하다. 선시(先是)에 김창근(金昌根)의 전도(傳道)로 황희연(黃喜淵)이 밋고 이한재(李漢宰), 최경진(崔京鎭)을 근면(勤勉)하야 화산리교회(華山里敎會)로 다니며 갓치 예배(禮拜)하더니 신도(信徒)가 점차증가(漸次增加)되야 예배당(禮拜堂)을 신축(新築)하고 교회(敎會)가 분립(分立)되얏스며 후(後)에 한백희(韓百熙)를 장로(長老)로 장립(將立)하야 당회(堂會)를 조직(組織)하니라.

전주(全州) 삼례교회(叅禮敎會)가 성립(成立)하다. 초(初)에 선교사(宣敎師) 마로덕(馬路德, [Luther O. McCutchen])과 조사(助師) 최대진(崔大珍)의 전도(傳道)로 장경태(張敬泰), 정창신(鄭昌信) 등(等)이 신교(信敎) 후(後) 열심(熱心)으로 전도(傳道)하며 상후리(上后里)에 초가(草家) 4간(四間)을 예배당(禮拜堂)으로 매입(買入)하야 17(十七)[137]교우(敎友)가 회집(會集)하다가 후(後)에 예배당(禮拜堂)을 서신리(西新里)로 이전(移轉)하니라.

전주군(全州郡) 제내리교회(堤內里教會)가 성립(成立)하다. 초(初)에 김성식(金星植), 정만혁(鄭萬爀)이 복음(福音)을 듯소 밋은 후(後) 열심전도(熱心傳道)하며 은송리(隱松里)로 래왕(來往)하며 예배(禮拜)하더니 후(後)에 다수(多數)한 신자(信者)를 엇어 예배당(禮拜堂)을 신축(新築)하니라.

부여군(扶餘郡) 초왕리교회(草旺里教會)가 성립(成立)하다. 초(初)에 고내슈(高乃秀)가 신교(信教) 후(後) 열심(熱心)으로 전도(傳道)하야 300여인(三百餘人)의 신자(信者)를 엇고 교회(教會)가 점점흥왕(漸漸興旺)하더니 후(後)에 옥산리(玉山里)와 청포리(菁浦里)와 지석리(支石里)와 장산리(長山里)와 가양리(加陽里)와 수침리(水浸里)로 분립(分立)되니라.

군산부(群山府) 개복동교회(開福洞教會)가 성립(成立)하다. 선시(先是)에 선교사(宣教師) 전위렴(全緯廉, [William M. Junkin, 1865-1908])과 의사 유대모(柳大模, [A. Damer Drew])가 본처(本處)에 주택(住宅)을 정(定)하고 복음(福音)으로 선전(宣傳)하며 의약(醫藥)으로 시제(施濟)하야 신자(信者)를 득(得)함으로 전위렴(全緯廉, [William M. Junkin, 1865-1908]) 사저(私邸)에서 집회(集會)하난 중(中) 김봉래(金蓬來), 송영도(宋永道) 2인(二人)이 호남(湖南)에 최선수세자(最先受洗者)가 되니라. 기후(其後)에 선교사(宣教師) 스데슨 회위치(會位置)를 옥구(沃溝) 구암(九巖)으로 이전(移轉)케 됨으로 약간(若干)의 신도(信徒)는 구암(九巖)으로 왕래(往來)하며 예배(禮拜)하고 혹(或)은 타처(他處)로 이거(移去)하니라. 기후(其後)에 선교사(宣教師) 어아력(魚亞力, [A. M. Earle])이 조사(助師) 최흥서(崔興瑞)로 군산(群山)에 전도(傳道)케 함으로 신자(信者)를 엇어 구복동(九福洞)에 임시예배처소(臨時禮拜處所)를 설립(設立)하고 회집(會集)하는 중(中) 최흥서(崔興瑞)는 전도매서(傳道賣書)가 되야 전무(全務)하얏고 기후(其後)에 개복동(開福洞) 남편산록(南便山麓)에 12간(十二間) 예배당(禮拜堂)을 신축(新築)하고 수십인(數十人) 신자(信者)가 예배(禮拜)함으로 교회(教會)가 완성(完成)되야 점차발전(漸次發展)되난 중(中) 배경원(裵京元), 홍종익(洪鍾翊), 이춘선(李春善), 양석주(梁錫柱), 이호성(李鎬成), 남필(南弼), 김명준(金明俊), 김두현(金斗鉉), 김경현(金敬鉉), 진운옥(陳雲玉), 홍인원(洪仁元)

등(等)이 열성협동(熱誠協同)하야 다대(多大)한 효과(效果)를[138] 엇엇고 진운옥(陳雲玉)이 수년간(數年間) 조사(助師)로 시무(視務)하니라.

영흥군(永興郡) 유도교회(柳島敎會)가 성립(成立)하다. 유도(柳島)는 함경도내(咸鏡道內)에 유명(有名)한 제염지(製鹽地)라. 자염주(煮鹽主)들이 신교(信敎)하기로 집회(集會)되얏스나 진리(眞理)를 불각(不覺)함으로 해산(解散)되고 기후(其後)에 고원덕지(高原德池)에서 조병철(趙炳哲)이 래도(來到)하야 전도(傳道)한 결과(結果)로 최태륜(崔兌崙)이 신종(信從)하고 교회(敎會)가 점차(漸次) 성립(成立)되야 선교사(宣敎師) 업아력(鄴魚亞力, [A. F. Robb])과 조사(助師) 김내범(金迺範)이 시무(視務)하니라.

위원군(渭原郡) 피목동교회(皮木洞敎會)가 성립(成立)하다. 초(初)에 홍도해(洪道海)의 전도(傳道)로 교회(敎會)가 설립(設立)되야 선교사(宣敎師) 방혜법(邦惠法, [Herbert E. Blair])이 시무(視務)하니라.

위원읍교회(渭原邑敎會)가 김정록(金正祿)의 전도(傳道)로 설립(設立)되야 예배당(禮拜堂)을 건축(建築)하얏고 후(後)에 김정록(金正祿)을 장로(長老)로 장립(將立)하야 당회(堂會)가 조직(組織)되얏고 선교사(宣敎師) 방혜법(邦惠法, [Herbert E. Blair]), 함가륜(咸嘉倫, [Clarence S. Hoffman]), 목사 권형모(權衡模) 등(等)이 시무(視務)하다.

자성군(慈城郡) 호예교회(湖芮敎會)가 성립(成立)하다. 초(初)에 최광숙(崔光淑)의 전도(傳道)로 신자(信者)가 일증(日增)하야 국경감시소(國境監視所) 11간(十一間)을 매득(買得)하야 예배당(禮拜堂)으로 사용(使用)하얏고 선교사(宣敎師) 방혜법(邦惠法, [Herbert E. Blair]), 노해리(魯解理, [Harry A. Rhodes]), 목사 이기형(李基馨) 등(等)이 시무(視務)하니라.

의성군(義城郡) 동산교회(東山敎會)가 성립(成立)하다. 초(初)에 박종근(朴宗根), 권정락(權正樂), 이만기(李萬基), 김학배(金學培) 등(等)이 신교(信敎)하고 교회(敎會)가 성립(成立)되야 점왕(漸旺)하더라.[139]

의성군(義城郡) 삼분교회(三汾敎會)가 성립(成立)하다. 초(初)에 당지(當地) 김재언(金載彦)이 본시(本是) 라마교인(羅馬敎人)으로 개종(改宗)하고 열심전도(熱心傳道)한 결과(結果) 권돈표(權敦杓), 박영환(朴永環) 등

(等)이 상계귀주(相繼歸主)함으로 권돈표(權敦杓) 사저(私邸)에 회집(會集)하야 교회(教會)를 수성(遂成)하고 초옥(草屋) 3간(三間)을 선축(先築)하야 예배당(禮拜堂)으로 사용(使用)하얏난대 동민(洞民)의게 무한(無限)한 핍박(逼迫)을 밧앗나니라.

장연군(長淵郡) 청산교회(靑山敎會)가 성립(成立)하다. 초(初)에 서경조(徐景祚)의 전도(傳道)로 교회(教會)가 성립(成立)되야 후(後)에 예배당(禮拜堂)을 건축(建築)케 되니라.

봉산군(鳳山郡) 유천교회(柳川敎會)가 성립(成立)하다. 초(初)에 강씨영애(姜氏永愛)가 신교(信敎) 후(後) 모동교회(慕洞敎會)로 수년간(數年間) 래왕예배(來往禮拜)하더니 오택영(吳宅泳), 오택륜(吳宅倫)이 역신종(亦信從)함으로 교회(敎會)가 성립(成立)되니라.

통영군(統營郡) 대화정교회(大和町敎會)가 성립(成立)하다. 초(初)에 부산부(釜山府) 초량(草梁)에 주재(駐在)한 선교사(宣敎師) 손안로(孫安路, [Andrew Adamson])가 열심전도(熱心傳道)한 결과(結果)로 권희순(權熙淳)이 신교(信敎)하고 그 사저(私邸)에서 예배(禮拜)하더니 교인(敎人)이 점점증가(漸漸增加)되야 예배당(禮拜堂)을 신축(新築)케 되니라.

조치원교회(鳥致院敎會)가 성립(成立)하다. 선시(先是)에 양주군(楊州郡) 신촌거(新村居) 여현기(呂賢基)가 조치원(鳥致院)에 이주(移住)하야 권서(勸書)로 전도(傳道)한 결과(結果)로 교회(敎會)가 설립(設立)되다.

청주읍교회(淸州邑敎會)가 점점발전(漸漸發展)되야 남녀신도(男女信徒)가 50여인(五十餘人)에 달(達)하고 김원배(金源培) 임종(臨終) 시(時) 유언(遺言)과 기부금(寄附金) 100원(百圓)이 예배당(禮拜堂) 건축(建築)의 동기(動機)가 되야 합심출연(合心出捐)함으로 동지(同地) 구한국(舊韓國) 청주영장(淸州營將)의 관(官)[140]사(舍) 기지(基址)를 득(得)하야 광대(廣大)한 예배당(禮拜堂)을 봉헌(奉獻)케 되니 해기지(該基址)난 석일(昔日) 대원군(大院君) 이하응(李昰應)이 라마교도(羅馬敎徒)를 학살(虐殺) 시(時) 무고(無辜)의 원혈(寃血)을 류(流)케 하던 처소(處所)니라. 교육기관(敎育機關)으로 남녀학교(男女學校)도 설립(設立)하니라.

평원군(平原郡) 부백리교회(孚白里敎會)가 성립(成立)하다. 선시(先是)에 고사영(高士英), 이치룡(李致龍), 석은찬(石殷贊) 등(等)이 신교(信敎)하고 순안읍교회(順安邑敎會)로 래왕예배(來往禮拜)하더니 교인(敎人)이 증가(增加)되야 예배당(禮拜堂)을 신축(新築)하고 조사(助師) 강유훈(康有勳)이 시무(視務)하다.

영원읍교회(寧遠邑敎會)가 진흥(進興)하야 열심출연(熱心出捐)함으로 와가(瓦家) 10간(十間) 예배당(禮拜堂)을 건축(建築)하고 후(後)에 이건도(李健度) 라기환(羅基煥)을 장로(長老)로 장립(將立)하야 당회(堂會)가 조직(組織)되얏고 교역자(敎役者)로는 명광오(明光五), 정기준(鄭基俊) 등(等)이 시무(視務)하니라.

개천읍교회(价川邑敎會)가 성립(成立)하다. 초(初)에 이치수(李致洙)의 전도(傳道)로 김정율(金貞律)이 신교(信敎)하고 용현리교회(龍峴里敎會)에 예배(禮拜)하더니 김상백(金尙伯), 이우혁(李雨赫)이 신종(信從)하고 예배당(禮拜堂)을 읍내(邑內)에 매득(買得)하야 용현(龍峴)과 합병(合倂)함으로 교회(敎會)가 성립(成立)되야 조사(助師) 이치수(李致洙)가 시무(視務)하얏나니라.

순천군(順川郡) 은산리교회(殷山里敎會)가 성립(成立)하다. 초(初)에 최봉한(崔鳳翰)의 전도(傳道)로 김형준(金亨俊), 김형정(金亨鼎), 김훈석(金塤錫) 3인(三人)이 신교(信敎)하고 김형준(金亨俊) 가(家)에서 예배(禮拜)하다가 교인(敎人)이 점점증가(漸漸增加)되야 열심출연(熱心出捐)함으로 14간(十四間) 예배당(禮拜堂)을 와가(瓦家)로 건축(建築)하얏더니 우연(偶然)이 교회(敎會)가 침체(沉滯)되야 신도(信徒)가 불과(不過) 이삼인(二三人)에 유지곤(維支困)[141]난(難)으로 예배당(禮拜堂)까지 방매(放賣)하얏다가 교도갱기(敎徒更起)하얏나니라.

맹산군(孟山郡) 용덕리교회(龍德里敎會)가 성립(成立)하다. 초(初)에 김홍련(金弘蓮)의 전도(傳道)로 박정병(朴鼎柄), 김화순(金和順) 양인(兩人)이 밋고 초가(草家) 3간(三間)을 매수(買收)하야 예배당(禮拜堂)으로 사용(使用)하다가 교회(敎會)가 점차진흥(漸次進興)되야 석실(石室)노 6간(六

間) 예배당(禮拜堂)을 증축(增築)하니라.

　안주군(安州郡) 입석교회(立石敎會)가 성립(成立)하다. 선시(先是)에 김학인(金學仁)의 전도(傳道)로 노시태(盧時泰) 등(等) 4인(四人)이 신교(信敎)하고 박천흥(朴天興) 사저(私邸)에서 예배(禮拜)하얏난대 인도인(引導人) 박정찬(朴禎燦) 선교사(宣敎師) 마포삼열(馬布三悅, [Samuel A. Moffett]), 방위량(邦緯良, [William Newton Blair])이 시무(視務)하얏스며 시년(是年)에 가옥(家屋)을 매수(買收)하야 예배당(禮拜堂)으로 사용(使用)하다가 후(後)에 다쇼(多少)의 증축(增築)이 잇섯나니라.

　안주군(安州郡) 상팔리(上八里) 연동교회(薰洞敎會)가 성립(成立)하다. 최초(最初)에 평원(平原) 시찰구역(視察區域) 전도부(傳道部)의 파견(派遣)한 전도인(傳道人) 김성각(金成珏)의 성력(誠力)으로 이만식(李萬植), 김창걸(金昌杰) 등(等) 30여인(三十餘人)의 신자(信者)를 엇더니 미구(未久)에 해산(解散)되고 전도인(傳道人)을 소환(召還)함으로 심약(沈弱)케 되니라.

　맹산군(孟山郡) 두암리교회(頭岩里敎會)가 성립(成立)하다. 초(初)에 김해룡(金海龍)이 조사(助師) 김천일(金千一)의 전도(傳道)를 듯고 신교(信敎)한 후(後) 박창엽(朴昌燁), 박인홍(朴仁弘), 김치운(金致雲), 김치원(金致元) 등(等)이 일제(一齊)히 신종(信從)하야 김치운(金致雲) 사저(私邸)에서 예배(禮拜)함으로 교회(敎會)가 성립(成立)되다.

　덕천군(德川郡) 추동교회(楸洞敎會)가 성립(成立)하다. 초(初)에 김공근(金珙根)의 전도(傳道)로 유광호(劉光浩), 이정척(李廷埗) 등(等)이 신교(信敎)하얏고 송산교회(松山敎會)로 래왕예배(來往禮拜)하다가 유광호(劉光浩) 사저(私邸)에서 예배(禮拜)함으로 교회(敎會)가 성립(成立)되니라.

　덕천군(德川郡) 상심리(尙深里) 부흥동교회(復興洞敎會)가 성립(成立)하다. 초(初)에 오문진(吳文軫), 이찬홍(李贊弘) 2인(二人)이 신교(信敎)하고 합심연보(合心捐補)로 예배당(禮拜堂) 4간(四間)을 석실(石室)로 신축(新築)하고 선교사(宣敎師) 필립보(弼立甫, [Charles L. Phillips])와 조사(助師) 명광호(明光浩)가 시무(視務)하니라.

　보성군(寶城郡) 무만리교회(武萬里敎會)가 성립(成立)하다. 초(初)에 김일현(金日鉉)이 광주(光州)에 여행(旅行)하얏다가 복음(福音)을 듯고 신종(信從)한 후(後) 대곡리(大谷里) 신자(信者) 조상학(趙尙學)으로 협력전도(協力傳道)하야 김재죄(金在祚), 정태인(鄭泰仁)과 그 가족(家族)이 밋고 김재죄(金在祚) 가(家)에서 예배(禮拜)하더니 기휴(其後)에 광주(光州)에 거류(居留)하난 선교사(宣敎師) 오기원(吳基元, [Clement C. Owen, 1867-1909])과 조사(助師) 지원근(池元根)이 전도(傳道)하야 김재찬(金在贊), 김재유(金在裕), 김재윤(金在潤), 김재원(金在元), 김진현(金振鉉) 등(等)이 상계신교(相繼信敎)하야 교회(敎會)가 점차발전(漸次發展)되고 김재죄(金在祚)가 예배당(禮拜堂) 11간(十一間)을 2차(二次)에 전단신축(全担新築)하니라.

광주군(光州郡) 삼소지교회(三所旨敎會)가 성립(成立)하다. 초(初)에 김권명(金權明), 백부근(白富根) 2인(二人)이 밋고 장성(長城) 영신교회(永信敎會)로 래왕(來往)하더니 신자(信者)가 증가(增加)됨으로 교회(敎會)를 분립(分立)하얏고 선교사(宣敎師) 배유지(裴裕祉, [E. Bell, 1868-1925])와 조사(助師) 김기찬(金基贊), 조석일(趙石逸), 변창연(邊昌淵), 고시중(高時仲), 박정필(朴正弼) 등(等)이 시무(視務)하다.

장성군(長城郡) 소용리교회(小龍里敎會)가 성립(成立)하다. 선시(先是)에 선교사(宣敎師) 배유지(裴裕祉. [E. Bell, 1868-1925])와 조사(助師) 김문삼(金文三), 이계수(李桂洙) 등(等)이 전도(傳道)한 결과(結果)로 성성옥(成性玉), 정도명(丁道明), 조세겸(曺世兼), 성재원(成在遠), 조경선(曺景先), 최한익(崔漢翊) 등(等)이 신종(信從)한 후(後) 교회(敎會)가 점차발전(漸次發展)하니라.

나주(羅州) 방산리교회(芳山里敎會)가 성립(成立)하다. 초(初)에 박창학(朴昌學)이 신창리(新昌里)로 래왕(來往)하며 전도(傳道)하야 교우(敎友)를 엇[143]어 교회(敎會)가 성립(成立)됨으로 선교사(宣敎師) 오기원(吳基元, [Clement C. Owen, 1867-1909])과 조사(助師) 배경수가 시무(視務)하니라.

영광군(靈光郡) 무영리교회(武靈里敎會)가 성립(成立)하다. 초(初)에 선교사(宣敎師) 배유지(裴裕祉, [E. Bell, 1868-1925])와 조사(助師) 김문삼(金文三), 박인원(朴仁源)의 전도(傳道)로 최봉륜(崔奉倫) 외(外) 남녀(男女) 오륙인(五六人)이 신종(信從)하야 최봉륜(崔奉倫) 가(家)에서 예배(禮拜)함으로 교회(敎會)가 성립(成立)되다.

함평군(咸平郡) 용성교회(龍成敎會)가 성립(成立)하다. 초(初)에 서경구(徐京九) 정도연(鄭道連) 최치문(崔致文) 등(等)이 신교(信敎)하고 나주(羅州) 마암리(馬岩里) 윤상삼(尹相三)과 갓치 성정리교회(成亭里敎會)로 다니면셔 예배(禮拜)하다가 후(後)에 예배당(禮拜堂)을 용성리(龍成里)에 설치(設置)하다.

강진군(康津郡) 만덕리교회(萬德里敎會)가 성립(成立)하다. 초(初)에 김두찬(金斗贊)이 신교(信敎)함으로 교회(敎會)가 성립(成立)되다.

장흥군(長興郡) 도청리교회(都廳里敎會)가 성립(成立)하다. 선시(先是)에 방천일(方千日), 이낙서(李洛西)가 목포(木浦)에서 복음(福音)을 듯고 밋은 후(後) 장사일(張士日), 강순경(姜順敬), 김승칠(金承七), 장천오(張千五), 이처화(李處化) 등(等)이 계속신진(繼續信進)하야 방천일(方千日) 가(家)에셔 예배(禮拜)하더니 선교사(宣敎師) 오기원(吳基元, [Clement C. Owen, 1867-1909])이 래조(來助)하야 신교자(信敎者) 일증(日增)함으로 가옥(家屋)을 매입(買入)하야 예배당(禮拜堂)으로 사용(使用)하니라.

해남군(海南郡) 신덕리교회(新德里敎會)가 성립(成立)하다. 초(初)에 이귀현(李貴賢) 등(等) 수인(數人)이 선교사(宣敎師) 배유지(裴裕祉, [E. Bell, 1868-1925])의 전도(傳道)를 듯고 기면내(其面內)에 열심전도(熱心傳道)하야 수백인(數百人)이 회집(會集)하야 예배당(禮拜堂)을 설치(設置)하니라.

보성군(寶城郡) 신천리교회(新泉里敎會)가 성립(成立)하다. 초(初)에 선교사(宣敎師) 오기원(吳基元, [Clement C. Owen, 1867-1909])이 전도인(傳道人) 배경수(裴景洙)로 전도(傳道)한 결과(結果) 신자증가(信者增加)하야 합심출연(合心出捐)하야 예배당(禮拜堂)을 신축(新築)한 후(後) 교회(敎會)가 잠시퇴보(暫時退步)되얏더니 선교사(宣敎師) 타마자 ([打馬字, [J. V. N. Talmage])가 조사(助師) 박낙현(朴洛鉉)으로 열심전도(熱心傳道)하며

예배당(禮拜堂)을 수리(修理)하야 점차발전(漸次發展)되니라.[144]

고창군(高敞郡) 구암리교회(九巖里敎會)가 성립(成立)하다. 선시(先是)에 이통숙(李通淑), 강준서(姜俊西) 등(等)이 밋고 전도(傳道)하야 교회(敎會)가 성립(成立)되얏스며 선교사(宣敎師) 배유지(裴裕祉, [E. Bell, 1868-1925]) 조사(助師) 노응표(盧應杓) 등(等)이 시무(視務)하니라.

진도군(珍島郡) 분사리(粉士里)에 교회(敎會)가 성립(成立)하다. 초(初)에 정경숙(鄭京淑), 김경원(金京元), 김경오(金京五) 외(外) 7인(七人)이 도정의(都正儀)의 전도(傳道)로 신교(信敎)하고 동리(洞里) 서제(書齊)를 차득(借得)하야 예배(禮拜)하다가 불과(不過) 1년(一年)에 신도(信徒)가 70여인(七十餘人)에 달(達)하매 300여원(三百餘圓)을 출연(出捐)하야 예배당(禮拜堂)을 신축(新築)하얏고 후(後)에 정경숙(鄭京淑)을 장로(長老)로 장립(將立)하야 당회(堂會)가 조직(組織)되니라.

광주군(光州郡) 요기리교회(堯基里敎會)가 성립(成立)하다. 선시(先是)에 김윤수(金允洙)의 전도(傳道)로 장창화(張昌化)가 밋고 우산교회(牛山敎會)에 5년간(五年間) 왕래(徃來)하다가 시년(是年)에 예배당(禮拜堂)을 신축(新築)하얏난대 선교사(宣敎師) 변약한(邊約翰 [John Fairman Preston]), 남대리(南大理, [LeRoy T. Newland]), 배유지(裴裕祉, [E. Bell, 1868-1925])와 조사(助師) 노응표(盧應杓), 조상학(趙尙學), 이계수(李桂洙), 이덕희(李德熙) 등(等)이 상계시무(相繼視務)하니라.

나주군(羅州郡) 덕림교회(德林敎會)에셔 가옥(家屋)을 매슈(買收)하야 예배당(禮拜堂)으로 사용(使用)하니라.

각선교사(各宣敎師)의 각 본국(各本國) 전도회(傳道會)에서 조선연합자유장로회(朝鮮聯合自由長老會) 설립(設立)을 허락(許諾)하얏난 고(故)로 공의회(公議會)에서 1907년(一九0七年)에 조선야소교장로회(朝鮮耶蘇敎長老會) 조직(組織)하난 일과 차(此)에 대한 준비위원(準備委員) 선택(選擇)할 일과 노회(老會)를 조직(組織)하난 일에난 조선인(朝鮮人)을 전도목사(傳道牧師)로 장립(將立)할 일과 각소회(各小會)난 각기(各其) 지방내(地方內) 목사(牧師)를 청빙(請聘)코자 하난 교회(敎會)의 집합(集合)과 투표(投票)를 주관(主管)하고 청빙서(請聘書)난 제 1회(第一回)에 제출(提出)하야 노회(老會)가 임직(任職)케 할 것을 준비(準備)할 일을 결정(決定)하니라.[145]

감사일(感謝日)을 타교파(他敎派)와 합동(洞)하야 기념(紀念)하기로 작정(作定)하얏스나 이즉 협의(協議)치 못한 고(故)로 금년(今年)만 음11월(陰十一月) 제 1주일(第一主日) 후(後) 목요일(木曜日)로 직히기로 의정(議定)하얏나니라.

조선문(朝鮮文)은 옥편(玉篇)과 자전(字典)에 의(依)하야 행사(行使)하기로 결정(決定)하니라.

전도위원회(傳道委員會)를 설립(設立)하기로 결정(決定)하고 회원(會員)은 선교사(宣敎師) 즁(中) 전위렴(全緯廉, [William M. Junkin, 1865-1908]), 원두우(元杜尤, [Horace G. Underwood]), 마포삼열(馬布三悅, [Samuel A. Moffett]) 조선인(朝鮮人) 즁(中) 길선주(吉善宙), 고찬익(高燦益), 심취명(沈就明) 제씨(諸氏)를 선택(選擇)하니라.

장로(長老)난 3분 2(三分二)의 가투표(可投票)로 선택(選擇)하기로 결정(決定)하다.

국한문신약(國漢文新約)을 발간(發刊)하기로 결정(決定)하다.

미영포와(美領布哇)에 이우(移寓)한 교인(敎人)들이 공의회(公議會)에 대(對)하야 해지방(該地方)에 장로회(長老會)를 설립(設立)하게 하기를 청구(請求)한 일은 익년(翌年)에 안식차(安息次) 귀국(歸國)하난 선교사(宣敎師) 마포삼열(馬布三悅 [Samuel A. Moffett])에게 위탁(委托)하야 형편(形便)을 시찰(視察)한 후(後) 편의(便宜)대로 설정(設定)하게 하기로 결의(決議)하다.

1906년(一九0六年) 병오(丙午)[에] 공의회회장(公議會會長)은 배유지(裵裕祉, [E. Bell, 1868-1925])이러라. 공의회(公議會)에셔 감사일(感謝日)은 11월(十一月) 19일(十九日)노 정(定)하얏고 노회(老會)가 조직(組織)된 후(後)로난 합동공의(合同公議)난 폐지(廢止)하고 노회총대원(老會總代員)은 목사(牧師) 장로(長老)로만 용허(容許)하기로 결정(決定)하얏스며 간역(簡易)한 정치(政治)를 제정(制定)하야 당분간(當分間) 사용(使用)하고 신학(神學)을 졸업(卒業)한 목사후보자(牧師候補者)난 시험(試驗)하야 합격(合格)된 자(者)난 전도목사(傳道牧師)로 장립(將立)하기를 결정(決定)하니라.

시흥군(始興郡) 광명교회(光明敎會)가 성립(成立)하다. 선시(先是)에 원두우(元杜尤, [Horace G. Underwood]) 선교사(宣敎師)의 전도(傳道)로 송준오(宋俊五), 김흥서(金興瑞)가 신(信)[146]주(主)하야 교회(敎會)가 설립(設立)되니라.

시흥군(始興郡) 가학리교회(駕鶴里敎會)가 성립(成立)하다. 선시(先是)에 선교사(宣敎師) 원두우(元杜尤, [Horace G. Underwood])의 전도(傳道)로 김화권(金華權), 김중권(金重權), 등(等)의 종족(宗族)이 신주(信主)하야 교회(敎會)가 설립(設立)되니라.

경성시외(京城市外) 독도교회(纛島敎會)가 성립(成立)하다. 선시(先是)에 연동교회(蓮洞敎會) 신자(信者) 이종경(李鐘慶), 최관성(崔寬成) 등(等)이 열심전도(熱心傳道)함으로 교회(敎會)가 설립(設立)되야 예배당(禮拜堂)를 건축(建築)하얏고 연동교회(蓮洞敎會)에서 고찬익(高燦益), 박승명(朴承明), 김종상(金鍾商)과 조사(助師) 이명헌(李命憲), 임공진(林公振), 권영식(權映湜) 등(等)을 파송(派送)하야 성심시무(誠心視務)함으로 일시성황(一時盛況)을 임하얏고 기후(其後) 선교사(宣敎師) 군예빈(君芮彬, [Edwin Wade Koons]) 목사(牧師) 김백원(金百源) 등(等)이 계속시무(繼續視務)하니라.

김포군(金浦郡) 용강리교회(龍康里敎會)가 성립(成立)하다. 선시(先是)에 선교사(宣敎師) 원두우(元杜尤, [Horace G. Underwood])와 조사(助師) 김기현(金基鉉), 신화순(申和淳) 등(等)의 전도(傳道)로 임정현(林靖鉉), 손병찬(孫丙燦), 노현애(盧賢愛) 등(等)이 귀주(歸主)하야 교회(敎會)가 설립(設立)되야 점차발전(漸次發展)되고 목사(牧師) 서경조(徐景祚)가 순회시무(巡回視務)하니라.

양평군(楊平郡) 상심리교회(上心里敎會)가 성립(成立)하다. 선시(先是)에 본리(本里) 차상진(車相晉), 이용화(李容華)와 기동지(其同志) 수삼인(數

三人(人)이 세태변천(世態變遷)에 감촉(感觸)되야 예수교[(敎)] 신자(信者)되기를 결심(決心)하고 경성(京城)에 전왕(專往)하야 연동교회(蓮洞敎會) 장로(長老) 고찬익(高燦益)과 박승봉(朴勝鳳)에게 청도(聽道)하고 성서(聖書)를 제래(齊來)하야 동리인(同里人) 배운길(裵雲吉), 노성구(盧聖九), 김영호(金永浩), 노윤용(盧允龍), 배진성(裵振聲) 등(等)에게 전포(傳布)하야 귀주(歸主)케 하고 차상진(車相晋) 사저(私邸)에서 회집예배(會集禮拜)할새 선교사(宣敎師) 곽안련(郭安連, [Charles Allen Clark]) 조사(助師) 박태선(朴泰善)과 전도인(傳道人) 이기남(李起南), 윤상덕(尹相悳) 등(等)이 호상래조(互相來助)하얏고 차상진(車相晋), 김영호(金永浩)를 문(汶)[147]호(湖)에 파송전도(派送傳道)하니 이장용(李長鎔), 김영수(金永守), 유기량(柳冀亮) 등(等)이 계속신주(繼續信主)하니라. 시시(是時)에 배운길(裵雲吉) 부부(夫婦)가 자기(自己)의 토지(土地)를 예배당(禮拜堂) 기지(基址)로 기부(寄附)하니 교인(敎人)이 협력(協力)하야 예배당(禮拜堂)을 건축(建築)하고 린근(鄰近)에 자자전도(孜孜傳道)하야 수처(數處)에 교회(敎會)를 창설(創設)하얏난대 배운길(裵雲吉)은 본시(本是) 향촌농민(鄕村農民)으로 주(主)의 진광(眞光)을 수(受)한 후(後) 인가귀도(引家歸道)하야 주(主)의 은애(恩愛)를 감격불기(感激不己)함으로 심성의력(心誠意力)을 다하야 자자전도(孜孜傳道)하난 중(中) 양평읍교회(楊平邑敎會)가 병화(兵火) 중(中) 회당(會堂)은 피소(被燒)되고 교인(敎人)은 환산(渙散)됨을 개탄(慨歎)하고 한덕리(韓德履) 등(等)과 솔선진력(率先盡力)하야 각(各) 교회(敎會)와 협동조역(協同助役)하야 10여간(十餘間) 예배당(禮拜堂)을 중건(重建)하야 읍교회(邑敎會)를 부흥(復興)케 하얏나니라.

양평군(楊平郡) 문호교회(汶湖敎會)가 성립(成立)하다. 선시(先是)에 동군(同郡) 상심리(上心里) 차상진(車相晋), 김영호(金永浩)의 전도(傳道)로 이장용(李長鎔) 김영수(金永守), 유기량(柳冀亮) 등(等)이 신주(信主)하고 순회선교사(巡回宣敎師) 곽안련(郭安連, [Charles Allen Clark]), 민휴(閔休)와 조사(助師) 박태선(朴泰善)의 전도(傳道)로 김성실(金誠實), 정운성(鄭雲成), 임순화(林順和) 등(等)이 상계신종(相繼信從)하야 예배당(禮拜堂)

을 합력건축(合力建築)하며 학당(學堂)을 설립(設立)하고 열심전도(熱心傳道)하니 교회(敎會)가 점점진흥(漸々振興)되니라.

양평군(楊平郡) 묘곡교회(妙谷敎會)가 성립(成立)하다. 본리인(本里人) 탁인한(卓仁漢)이 분원교인(分院敎人) 박봉래(朴鳳來), 변석호(卞錫鎬), 성병섭(成炳燮) 등(等)에게셔 복음(福音)을 득문(得聞)하고 신주(信主)한 후(後) 상심리(上心里) 교인(敎人) 차상진(車相晋), 배운길(裵雲吉) 전도인(傳道人) 이기남(李起南), 이춘경(李春景) 등(等)과 합력(合力)하야 여운형(呂運亨) 가(家)에 전도(傳道)한 결과(結果) 여씨(呂氏)의 문중(門中)이 상계귀도(相繼歸道)하니 교회설립(敎會設立)되야 예배당(禮拜堂)을 건축(建築)하여 학교(學校)를 설립(設立)하고 병력전도(併力傳道)하니 교회(敎會)가 점진(漸進)하더라.[148]

양주군(楊州郡) 지사리교회(芝沙里敎會)가 성립(成立)하다. 선시(先是)에 본리인(本里人) 박원회(朴元會), 이최여(李最呂)가 최선신주(最先信主)하고 용력전도(用力傳道)함으로 신성춘(申成春), 박병환(朴炳煥), 박병운(朴炳雲), 이상여(李象呂), 김인선(金仁善) 등(等)이 상계신종(相繼信從)하야 사저(私邸)에서 예배(禮拜) 할새 봉화현교회(烽火峴敎會) 최승렬(崔承烈)이 매주일(每主日)에 열심래조(熱心來助)하니 교회(敎會)가 점진(漸進)하니라.

양주군(楊州郡) 부평리(富坪里) 광릉천교회(光陵川敎會)가 성립(成立)하다. 선시(先是)에 최봉준(崔奉俊), 최억준(崔億俊), 최덕준(崔德俊) 등(等) 3형제(三兄弟)가 인가귀도(引家歸道)하야 열심전도(熱心傳道)함으로 수십명(數十名) 신자(信者)가 계흥(繼興)하야 최봉준(崔奉俊) 사제(私第)에서 예배(禮拜)하다가 신도점가(信徒漸加)하야 예배당(禮拜堂)을 건축(建築)하얏고 선교사(宣敎師) 곽안련(郭安連, [Charles Allen Clark]) 조사(助師) 차상진(車相晋) 외(外) 수인(數人)에 시무(視務)하니라.

양평군(楊平郡) 양동면(楊東面) 고송리교회(高松里敎會)가 성립(成立)하다. 선시(先是)에 동군(同郡) 다대리(多大里) 박춘엽(朴春燁)의 전도(傳道)로 고제학(高濟學) 이순여(李順汝) 등(等)이 귀주(歸主)하야 열심전도

(熱心傳道)함으로 신자(信者)가 점증(漸增)하야 예배당(禮拜堂)을 건축(建築)하니 선교사(宣敎師) 곽안련(郭安連, [Charles Allen Clark]) 조사(助師) 박태선(朴泰善)이 시무(視務)하더라.

시흥군(始興郡) 노량교회(鷺梁敎會)가 성립(成立)하다. 선시(先是)에 인천수도공사(仁川水道工事)가 흑석리(黑石里)에 시설(施設)됨에 리민(里民) 등(等)이 가옥토지(家屋土地)에 손실(損失)이 유(有)할가 공겁(恐㤼)하야 야소교회(耶蘇敎會)라 자칭(自稱)하고 세교리교회(細橋里敎會) 신자(信者) 이원순(李元順)을 청(請)하야 전도(傳道)를 밧고 복음책자(福音冊子)를 구래분포(購來分布)하니 선교사(宣敎師) 흘법(訖法, [Homer Bezaleel Hulbert])이 최선인도자(最先引導者)가 되고 김영수(金永壽), 정관순(鄭寬順), 정태현(鄭泰賢), 김광진(金光鎭), 신기성(申基成) 등(等)이 합력(合力)하야 예배당(禮拜堂)을 신축(新築)함에 경성(京城) 신문내교회(新門內敎會) 신자(信者) 이용석(李容錫), 신여장(申汝長), 최덕준(崔德俊), 도연섭(都延燮) 등(等)이 윤회래조(輪廻來助)하얏고 선교사(宣敎師) 원두우(元杜尤, [Horace G. Underwood]), 곽(郭)[149]안련(安連) 조사(助師) 김성집(金聖集) 외(外) 수인(數人)이 시무(視務)하더라.

파주군(坡州郡) 죽원리교회(竹院里敎會)가 성립(成立)하다. 선시(先是) 선교사(宣敎師) 원두우(元杜尤, [Horace G. Underwood])의 전도(傳道)로 임봉준(林鳳俊), 송흥식(宋興植)이 신종(信從)하야 교회(敎會)가 설립(設立)되니라.

동군(同郡) 문산리(汶山里)와 대동리(大同里)에도 교회(敎會)가 시설(始設)되니라.

광주군(廣州郡) 금광리교회(金光里敎會)가 성립(成立)하다. 선시(先是)에 본리인(本里人) 김종배(金鐘培), 변덕진(邊德鎭)이 신주(信主)함으로 설립(設立)되니라.

이천군(利川郡) 관리교회(冠里敎會)가 성립(成立)하다. 선시(先是)에 권승우(權承佑)의 전도(傳道)로 김성필(金聖弼)이 귀주(歸主)하야 교회(敎會)가 설립(設立)되야 중앙선교구역(中央宣敎區域)에 속(屬)하다.

고양군(高陽郡) 면목리교회(面牧里敎會)가 성립(成立)하다. 선시(先是)에 본리인(本里人) 손명근(孫明根)이 귀주(歸主) 후(後) 열심전도(熱心傳道)하야 신자(信者) 점진(漸進)함으로 교회(敎會)가 성립(成立)되야 경기(京畿) 동편(東便) 선교구역(宣敎區域)에 속(屬)하니라.

괴산군(槐山郡) 청천교회(靑川敎會)가 성립(成立)하다. 선시(先是)에 본리인(本里人) 이종회(李鍾浩)가 경성(京城)에 여행(旅行)하얏다가 선교사(宣敎師) 원두우(元杜尤, [Horace G. Underwood])에게서 문도(聞道)하고 귀가전도(歸家傳道)함으로 교회(敎會)가 설립(設立)되니라.

괴산군(槐山郡) 청천면(靑川面) 송면리교회(松面里敎會)가 성립(成立)하다. 선시(先是)에 경거(京居) 한의동(韓義東)이 차지(此地)에 래(來)하야 전도(傳道)함으로 교회(敎會)가 설립(設立)되니라.

청주군(淸州郡) 오창면(梧倉面) 건지산교회(乾地山敎會)가 성립(成立)하다. 선시(先是)에 권서(勸書) 김성호(金聖皓)와 오천보(吳天甫) 처(妻)의 전도(傳道)로 교(敎)[150]회(會)가 성립(成立)하다.

청주군(淸州郡) 북일면(北一面) 묵방리교회(墨坊里敎會)와 화죽교회(花竹敎會)가 성립(成立)하다. 선시(先是)에 청주읍교회(淸州邑敎會) 신자(信者) 김현규(金顯圭)가 차등(此等) 양지(兩地)에 열심전도(熱心傳道)함으로 교회(敎會)가 설립(設立)되니라.

의주군(義州郡) 화합교회(化合敎會)가 성립(成立)하다. 선시(先是)에 한응범(韓應範)의 전도(傳道)로 신자(信者) 수십인(數十人)이 계흥(繼興)하야 호암교회(虎岩敎會)에 왕래(往來)하다가 지시(至是)하야 예배당(禮拜堂)을 신축(新築)하고 분립(分立)하니 교회(敎會)가 점진(漸進)하더라.

의주군(義州郡) 고군(古郡) 토교교회(土橋敎會)가 성립(成立)하다. 수년(數年) 전(前) 양준식(梁俊湜)이 신교(信敎)하고 노북교회(蘆北敎會)에 왕래(往來)하며 주일(主日)을 근수(勤守)하더니 산정교회(山亭敎會)에 이거(移居)하얏고 기후(其後)에 부내(府內) 교인(敎人) 장유관(張有寬), 박영도(朴英道) 2인(二人)의 전도(傳道)로 인(因)하야 박응무(朴膺茂) 전가(全家)가 귀도(歸道)하야 예배당(禮拜堂) 7간(七間)을 신축(新築)하고 인도자(引

導者)가 되매 교회(敎會)가 성립(成立)하니라.

의주군(義州郡) 당목교회(棠木敎會)가 성립(成立)하다. 선시(先是)에 이기형(李基馨), 문윤국(文允國), 유치선(劉致善) 등(等)이 신교(信敎)하고 이기형(李基馨) 사저(私邸)에서 예배(禮拜)하다가 신도(信徒)가 증가(增加)함으로 예배당(禮拜堂) 7간(七間)을 수축(修築)하고 교회(敎會)가 성립(成立)하니라.

의주군(義州郡) 청전교회(靑田敎會)가 성립(成立)하다. 선시(先是)에 이현묵(李賢默), 김윤만(金允萬), 최윤즙(崔允楫), 최지현(崔志賢), 조한진(趙漢晉) 등(等)이 신교(信敎) 후(後) 부내(府內) 서회(西會)에 왕래(往來)하며 예배(禮拜)하다가 지시(至是)하야 가옥(家屋) 4간(四間)을 매수(買收)하고 분립예배(分立禮拜)하니라.[151]

의주군(義州郡) 삼화교회(三和敎會)가 성립(成立)하다. 선시(先是)에 한계봉(韓啓鳳), 김만곤(金滿坤), 황태일(黃泰一) 등(等)이 신교(信敎)하고 관리교회(舘里敎會)에 왕래(往來)하며 예배(禮拜)하다가 신자(信者)가 증가(增加)되고 거리(距里)가 초원(稍遠)함을 인(因)하야 가옥(家屋) 1좌(一坐)를 매수(買收)하야 예배당(禮拜堂)으로 사용(使用)하니 교회(敎會)가 성립(成立)되니라.

의주군(義州郡) 마룡교회(麻龍敎會)가 성립(成立)하다. 선시(先是)에 김영선(金永善), 양경하(梁京河) 등(等)이 신교(信敎) 후(後) 계인수(桂二秀) 선교사(宣敎師)의 전도인(傳道人)이 되야 차린(此鄰)에서 신자(信者) 수십인(數十人)을 득(得)함으로 김영선(金永善) 사저(私邸)에서 예배(禮拜)하기로 시작(始作)하얏고 일반교우(一般敎友)가 협력(協力)하야 4간(四間) 가옥(家屋)을 매수(買收)하야 예배당(禮拜堂)으로 사용(使用)하니 교회(敎會)가 시성(始成)하니라.

의주군(義州郡) 삼하교회(三下敎會)가 성립(成立)하다. 선시(先是)에 천앙곡(天仰谷) 최응하(崔應夏), 최선곤(崔聖坤)이 신교(信敎)하고 김이회(金利鎬) 등(等) 50여인(五十餘人)이 계속귀도(繼續歸道)하야 가옥(家屋)을 매수(買收)하고 학교(學校)를 설립(設立)하니 교회(敎會)가 시립(始立)되니라.

의주군(義州郡) 태산교회(台山敎會)가 성립(成立)하다. 선시(先是)에 이유정(李裕禎), 조유승(趙有承), 최세용(崔世用), 조승윤(趙承允), 이영수(李永秀) 등(等)이 상계신주(相繼信主)하고 용산교회(龍山敎會)에 왕래(往來)하며 예배(禮拜)하더니 신자(信者)가 점증(漸增)하고 상거(相距)가 초원(稍遠)함으로 영신숙사(永信塾舍)를 예배당(禮拜堂)으로 사용(使用)하고 교회(敎會)를 분립(分立)하니라.

수안군(遂安郡) 대평면(大坪面) 외암리교회(外岩里敎會)에서 박영호(朴永浩)를 장로(長老)로 장립(將立)하고 당회(堂會)를 조직(組織)하다.

평양(平壤) 남문외교회(南門外敎會)에서 이일영(李一永), 이택순(李宅淳)을 장로(長老)로 장립(將立)하고 당회(堂會)를 조직(組織)하니라.

대동군(大同郡) 대송리교회(大松里敎會)가 성립(成立)하다. 선시(先是)에 신자수인(信者數人)이 조왕리교회(助王里敎會)에 왕(往)하야 예배(禮拜)하며 [152] 구원(救援)에 도(道)를 증거(證據)하니 신자(信者)가 10여인(十餘人)에 달(達)하고 예배당(禮拜堂)을 건축(建築)하니 교회(敎會)가 완성(完成)되니라.

황주군(黃州郡) 겸이포교회(兼二浦敎會)가 성립(成立)하다. 선시(先是)에 황주군(黃州郡) 송림면(松林面) 형제정(兄弟井)에서 홍종두(洪鍾斗), 배영조(裴永祚) 외(外) 12인(十二人)이 주(主)를 신(信)하고 홍종두(洪鍾斗) 가(家)에서 예배(禮拜)하니 차(此)를 형제정교회(兄弟井敎會)라 하고 선교사(宣敎師) 이길함(李吉咸, [Graham Lee])이가 관리(管理)하난대 교인(敎人)이 연보(捐補)하야 예배당(禮拜堂)을 매수(買收)하고 겸이포(兼二浦)와 합(合)하야 교회(敎會)를 완성(完成)하니라. 기후(其後)에난 선교사(宣敎師) 편하설(片夏薛, [Charles F. Bernheisel]) 목사(牧師) 이영하(李永夏), 안치호(安致護), 최진태(崔鎭泰), 이기창(李基昌), 이용린(李用燐), 장로(長老) 박제덕(朴濟德), 지익섭(池益燮), 김용서(金用瑞), 박민식(朴敏植), 임학만(林學晩), 이태화(李泰和), 박정한(朴禎翰), 김명희(金明熙) 등(等)이 계속시무(繼續視務)하니라.

수안군(遂安郡) 천곡면(泉谷面) 총령교회(葱嶺敎會)가 성립(成立)하다.

선시(先是)에 김인석(金仁錫)이 주(主)를 신(信)하고 누년간(累年間) 20여리(二十餘里)되난 두대교회(斗垈敎會)에 왕래(往來)하더니 해지(該地)에 교인(敎人)이 점가(漸加)되야 교회(敎會)를 설립(設立)하니 선교사(宣敎師) 이길함(李吉咸, [Graham Lee]) 조사(助師) 최선탁(崔善鐸)이 처음브터 시무(視務)하니라.

중화군(中和郡) 양정면(楊井面) 삼합리교회(三合里敎會)가 성립(成立)하다. 선시(先是)에 광석리거(廣石里居) 이시영(李時榮)이 본리(本里)에 래(來)하야 전도(傳道)함으로 곽노철(郭魯哲), 문항구(文恒九) 등(等) 5인(五人)이 주(主)를 밋고 예배(禮拜)하기를 시작(始作)하니 선교사(宣敎師) 윤산온(尹山溫, [George Shannon McCune, 1872-1941])이 래(來)하야 5인(五人)에게 시세(施洗)하고 예배당(禮拜堂)을 건축(建築)하니 교회(敎會)가 성립(成立)되얏고 기후(其後)에난 선교사(宣敎師) 모의리(牟義理) 조사(助師) 채정민(蔡廷敏), 허섭(許燮), 김선환(金善煥)이 상계시무(相繼視務)하니라.[153]

중화군(中和郡) 고생양면(古生陽面) 사용리교회(寺龍里敎會)가 성립(成立)하다. 선시(先是)에 이태항(李泰恒)의 전도(傳道)로 강사겸(姜士謙) 외(外) 4인(四人)이 신주(信主)하고 이창실(李昌實) 가(家)에 회집예배(會集禮拜)하며 혹(或) 중화읍교회(中和邑敎會)에 래왕예배(來往禮拜)하다가 일반교인(一般敎人)이 열심연보(熱心捐補)하야 예배당(禮拜堂)을 건축(建築)하고 선교사(宣敎師) 이길함(李吉咸, [Graham Lee]) 영수(領袖) 이달운(李達雲)이 인도(引導)하니 교회(敎會)가 시립(始立)되니라.

중화군(中和郡) 고생양면(古生陽面) 흔희동교회(欣喜洞敎會)가 성립(成立)하다. 선시(先是)에 강사겸(姜士謙)이 본동(本洞)에 전도(傳道)하야 전득규(田得奎)의 종족(宗族)이 거개신주(擧皆信主)하고 당동교회(唐洞敎會)에 왕래(往來)하며 예배(禮拜)하다가 교인(敎人)이 합심동력(合心同力)하야 예배당(禮拜堂)을 건축(建築)하고 당동교회(唐洞敎會)에서 분립(分立)하니 선교사(宣敎師) 이길함(李吉咸, [Graham Lee])이 래고(來顧)하며 전득규(田得奎), 전용규(田龍奎)난 영수(領袖)로 전광진(田廣陳), 임관영(任寬

永)은 집사(執事)로 선거시무(選擧視務)하니라.

중화군(中和郡) 당정면(唐井面) 건산교리교회(乾山橋里敎會)가 성립(成立)하다. 선시(先是)에 김수정리거(金水井里居) 목공(木工) 한영희(韓永禧)가 황주군(黃州郡) 용소동예배당(龍召洞禮拜堂) 건축(建築) 시(時)에 래역(來役)하며 예배(禮拜)에 출석(出席)하다가 최덕준(崔德峻) 조사(助師)의 강설(講說)에 감화(感化)되야 쥬(主)를 밋고 전도(傳道)한 결과(結果) 신자(信者)가 50여인(五十餘人)에 지(至)하니 중화읍교회(中和邑敎會)에서 분리(分離)하야 교회(敎會)를 영립(另立)하얏고 기후(其後) 한영희(韓永禧)가 장로(長老)되야 당회(堂會)가 조직(組織)되고 목사(牧師) 채정민(蔡廷敏)이 시무(視務)하고 최상호(崔相鎬)가 계속(繼續)하야 장로(長老)가 되니라.

곽산교회(郭山敎會)에서 최관흘(崔寬屹)을 장로(長老)로 장립(將立)하야 당회조직(堂會組織)하니라.

정주읍교회(定州邑敎會)에서 최성쥬(崔聖柱)를 장로(長老)로 장립(將立)하야 당회(堂會)를 조직(組織)하니라.[154]

박천읍교회(博川邑敎會)가 성립(成立)하다. 선시(先是)에 당지인(當地人) 김학인(金學仁)이 복음(福音)을 시문(始聞)하고 남호교회(南湖敎會)에 왕래(往來)하더니 김병제(金秉濟) 부부(夫婦)와 오승권(吳承權), 홍순권(洪淳權), 이기선(李基宣), 김치만(金致萬), 박봉준(朴鳳俊) 등(等)이 차제귀도(次第歸道)하야 예배당(禮拜堂)을 신건(新建)하니 교회(敎會)가 성립(成立)되니라.

선천군(宣川郡) 백현교회(白峴敎會)가 성립(成立)하다. 선시(先是)에 동림교회(東林敎會) 신자(信者) 김원부(金元富)의 부부(夫婦)가 당지(當地)에 이쥬(移住)하야 복음(福音)을 전(傳)한 결과(結果) 강득풍(姜得豊), 노상회(盧尙繪)가 밋고 읍교회(邑敎會)에 왕래(往來)하며 예배(禮拜)하더니 신자(信者)가 점증(漸增)하야 60여인(六十餘人)이 됨으로 예배당(禮拜堂)을 신축(新築)하고 교회(敎會)가 분립(分立)하니 김석창(金錫昌)이 조사(助師)로 인도(引導)하니라.

철산군(鐵山郡) 동문교회(東門敎會)가 성립(成立)하다. 선시(先是)에 당지인(當地人) 김성수(金聖洙), 김영렬(金永烈), 송찬옥(宋燦玉) 등(等)이 복음(福音)을 듯고 주(主)를 밋은 후(後)에 읍교회(邑敎會)에 왕래(往來)하더니 예배당(禮拜堂)을 신축(新築)하고 송찬옥(宋燦玉), 함찬원(咸賛元)이 인도(引導)하니 교회(敎會)가 성립(成立)되니라.

용천군구읍교회(龍川郡舊邑敎會)가 성립(成立)하다. 선시(先是) 동문(東門) 외교인(外敎人) 한재희(韓載禧)가 본읍(本邑)에 왕래(往來) 시(時) 능욕(凌辱)을 만히 밧으며 전도(傳道)하기를 불휴(不休)하더니 불과(不過) 수년(數年)에 반대(反對)하던 차재명(車載明), 정흥조(鄭興祚)가 귀도(歸道)하야 동문교회(東門敎會)에 왕래(往來)하며 성심예배(誠心禮拜)하더니 기후(其後)에 신자(信者)가 점가(漸加)하야 800여원(八百餘圓)을 수취(收聚)하야 예배당(禮拜堂)을 신축(新築)하니 교회(敎會)가 성립(成立)되야 이윤옥(李允玉), 김롱승(金瓏承)이 조사(助師)로 상계시무(相繼視務)하니라.

용천군(龍川郡) 무산교회(舞山敎會)가 성립(成立)하다. 선시(先是)에 당지인(當地人) 허승원(許承源), 이익진(李益鎭)이 동시신주(同時信主)하고 구봉(鳩峯)[155]교회(敎會)에 왕래(往來)하더니 기후(其後) 신신자(新信者) 이경만(李耕萬)이 자가(自家)에 전래(傳來)하던 와가(瓦家) 10간(十間) 산당(山堂)과 기지(基址) 수백평(數百坪)을 헐가(歇價)로 교회(敎會)에 공헌(供獻)하야 예배당(禮拜堂)으로 사용(使用)케 하니 교회(敎會)가 성립(成立)되고 한경희(韓敬禧)가 조사(助師)로 시무(視務)하니라.

용천군(龍川郡) 남시교회(南市敎會)가 성립(成立)하다. 선시(先是)에 김두범(金斗範), 김이승(金履昇), 이효민(李孝敏), 이창영(李昌英) 등(等)이 동시신주(同時信主)하고 서석교회(西石敎會)에 래왕예배(來往禮拜)하더니 수년(數年) 후(後) 예배당(禮拜堂)을 신축(新築)하고 교회(敎會)를 분립(分立)하니 윤희복(尹希福)이 조사(助師)로 시무(視務)하니라.

강계군(江界郡) 어뢰면(漁雷面) 수명동교회(遂明洞敎會)가 성립(成立)하다. 선시(先是)에 이학성(李鶴聲)이 열심전도(熱心傳道)함으로 귀도자(歸道者) 초가(稍加)함에 예배당(禮拜堂)을 건축(建築)할새 불신자(不信者)의 핍박(逼迫)이 심(甚)하야 수년지연(數年遲延)되얏스나 필경(畢竟) 완축(完

築)하얏고 기후(其後)에 김기형(金淇亨)이 목사(牧師)로 시직(視職)하니라.

강계군(江界郡) 고산진교회(高山鎭敎會)가 성립(成立)하다. 선시(先是)에 신영호(申永浩), 김도쥰(金道俊) 2인(二人)이 열심전도(熱心傳道)함으로 신쟈(信者)가 초진(稍進)하야 교회(敎會)가 성립(成立)하니라.

자성군(慈城郡) 삼흥면(三興面) 구성동교회(舊城洞敎會)가 성립(成立)하다. 선시(先是)에 송영래(宋永來), 조구만(曺九萬), 라병슈(羅秉洙) 3인(三人)의 열심전도(熱心傳道)로 교회(敎會)가 성립(成立)되얏고 기후(其後)에 선교사(宣敎師) 방혜법(邦惠法, [Herbert E. Blair]) 외(外) 2인(二人)과 목사(牧師) 이기형(李基馨)이 계속시직(繼續視職)하니라.

선교사(宣敎師) 방혜법(邦惠法, [Herbert E. Blair])이 자피구(自彼溝)에 교회(敎會)를 설립(設立)하다.[156]

강서군(江西郡) 철산교회(鐵山敎會)가 성립(成立)하다. 선시(先是)에 강씨(姜氏) 부인(夫人)이 신교(信敎)하고 열심전도(熱心傳道)로 인(因)하야 김려련(金麗鍊)이 신종(信從)하고 사천교회(沙川敎會)에 래왕(來往)하더니 선교사(宣敎師) 소안론(蘇安論, [William L. Swallen])이 래죠(來助)하야 교회(敎會)를 설립(設立)하고 사천교회(沙川敎會)에서 분립(分立)하얏스며 김려련(金麗鍊), 양명진(楊明鎭)이 집사(執事)로 시직(視職)하니라.

강서군(江西郡) 수산동교회(秀山洞敎會)가 성립(成立)하다. 선시(先是) 김응주(金膺周)의 전도(傳道)로 이군서(李君瑞) 이지훈(李芝勛), 계씨덕봉(桂氏德鳳)이 신교(信敎)하고 태평통(太平通) 예배당(禮拜堂)에 왕래(往來)하며 서기리(西琦里)에 기도실(祈禱室) 3간(三間)을 건축(建築)하니라.

용강군(龍岡郡) 지현교회(智峴敎會)가 성립(成立)하다. 선시(先是)에 이용린(李用獜)의 전도(傳道)로 라순복(羅順福), 라순우(羅順愚)가 신교(信敎)하고 계동교회(桂洞敎會)에 래왕(來往)하더니 1년(一年) 후(後)에 라순설(羅順卨) 가(家)에 회집예배(會集禮拜)하니 교회(敎會)가 시립(始立)하니라.

대동군(大同郡) 차리(車里)[일명(一名) 차리(遮里)]교회(敎會)에서난 위선(爲先) 기도실(祈禱室)을 건축(建築)하고 회집예배(會集禮拜)하더니 집사(執事) 곽준응(郭俊應), 오필션(吳弼善), 최응렴(崔應廉) 3인(三人)이 협력(協力)하야 20간(二十間) 예배당(禮拜堂)을 건축(建築)하니 교회(敎會)가 점진(漸進)하니라.

영원군(寧遠郡) 중흥리(中興里) 하진창교회(下陳倉敎會)가 성립(成立)하다. 선시(先是)에 김학봉(金鶴奉)이 복음(福音)을 듯고 밋은 후(後) 기장자(其長子) 김명경(金明庚)이 종이귀쥬(從而歸主)하야 열심전도(熱心傳道)함으로 신쟈(信者)가 점가(漸加)하야 예배당(禮拜堂)을 신축(新築)하고 김려현(金厲顯)이 조사(助師)로 시직(視職)하얏스며 기후(其後) 교회(敎會)가 점흥(漸興)하야 10간(十間) 예배당(禮拜堂)을 와제(瓦制)로 개축(改築)하니라.[157]

순천군(順川郡) 화오리교회(和五里敎會)가 성립(成立)하다. 선시(先是)에 최현모(崔鉉模)가 복음(福音)을 듯고 묵상(默想) 즁(中)에 구원(救援)은 예수교(敎)에 잇다난 묵시(默示)를 엇고 기자(其子)를 평양(平壤)에 기송(起送)하야 최치량(崔致良)에게 진리(眞理)를 청슈(聽受)하고 귀가(歸家) 후(後) 성심신교(誠心信敎)하고 인리(鄰里)에 전도(傳道)한 결과(結果) 김씨수은(金氏受恩) 등(等)이 귀쥬(歸主)함으로 교회(敎會)가 성립(成立)되니라.

개천군(价川郡) 내동교회(內洞敎會)가 성립(成立)하다. 선시(先是)에 이치슈(李致洙)의 전도(傳道)로 조승택(曹承澤)이 신교(信敎)하고 개천읍교회(价川邑敎會)에 왕래예배(往來禮拜)하더니 교인(敎人)이 증가(增加)하야 가옥(家屋)을 매슈(買收)하야 예배당(禮拜堂)으로 사용(使用)케 되니 교회(敎會)가 성립(成立)되얏고 기후(其後)에 조사(助師) 이치슈(李致洙)와 목사(牧師) 이우혁(李雨赫)이 상계시직(相繼視職)하니라.

강서군(江西郡) 탄포리교회(灘浦里敎會)에서 교인(敎人) 황한섭(黃漢涉)의 기부(寄附)하난 가옥(家屋)을 예배당(禮拜堂)으로 사용(使用)하더니 불의(不意)에 화재(火灾)로 인(因)하야 소실(燒失)되고 일반신쟈(一般信者)가 성심간구(誠心懇求)하던 결과(結果) 와제(瓦制) 8간(八間) 예배당(禮拜堂)을 중건(重建)하얏고 기후(其後)에 수십간(數十間)을 증축(增築)하니라.

밀양군(密陽郡) 춘화리교회(春化里敎會)에서 김응진(金應振)을 장로(長老)고 쟝립(將立)하야 당회(堂會)를 조직(組織)하얏고 기후(其後)에난 김래봉(金來鳳)이 장로(長老)로 계속시무(繼續視務)하니라.

진주군(晋州郡) 옥봉리교회(玉峯里敎會)에셔 2동(二洞)에 예배당(禮拜堂)을 건축(建築)하니라.

창영군(昌寧郡) 오호리교회(五湖里敎會)가 성립(成立)하다. 선시(先是)에 선교사(宣敎師) 사보담(史保淡, [Richard H. Sidebotham])의 전도(傳道)로 김문옥(金文玉)이 밋고 자택(自宅)에서 예배(禮拜)하다가 지시(至是)하야 예배당(禮拜堂)을 건축(建築)하고 김수홍(金守弘)이 조사(助師)로 시직(視職)하니라.

함안군(咸安郡) 부봉리교회(釜峯里敎會)가 성립(成立)하다. 선시(先是)에 선교사(宣敎師) 왕길지(王吉志, [G. Engel])와 조사(助師) 정덕생(鄭德生)의 전도(傳道)로 박희(朴希)[158]준(俊)의 전가(全家)가 회개귀주(悔改歸主)하야 문암리(門岩里)에서 예배(禮拜)함으로 교회(敎會)가 성립(成立)하니라.

함안군(咸安郡) 백산리교회(白山里敎會)가 성립(成立)하다. 선시(先是)에 선교사(宣敎師) 왕길지(王吉志, [G. Engel])와 정덕생(鄭德生)의 전도(傳道)로 한홍석(韓興錫), 김연범(金演範)이 신종(信從)하야 예배당(禮拜堂)을 주교리(舟橋里)의 건축(建築)하고 집회(集會)하니라.

협천군(陜川郡) 초계교회(草溪敎會)가 성립(成立)하다. 선시(先是)에 선교사(宣敎師) 사보담(史保淡, [Richard H. Sidebotham])과 전도인(傳道人) 이윤팔(李潤八)의 전도(傳道)로 신자초진(信者稍進)하야 예배당(禮拜堂)을 건축(建築)하니라.

동래군(東萊郡) 구포교회(龜浦敎會)가 성립(成立)하다. 선시(先是)에 선교사(宣敎師) 심익순(沈翊舜, [Walter E. Smith])의 전도(傳道)로 김문익(金文益)이 귀도(歸道)하야 가옥(家屋)을 매수(買收)하야 예배당(禮拜堂)을 건축(建築)하니라.

거창군(居昌郡) 노현리교회(老玄里敎會)가 성립(成立)하다. 선시(先是)에 선교사(宣敎師) 심익순(沈翊舜, [Walter E. Smith])의 전도(傳道)로 안덕보(安德保), 김명칠(金明七), 김순일(金順一) 등(等)이 밋고 안덕보(安德

保)의 사저(私邸)에셔 회집예배(會集禮拜)하니 조사(助師) 오형선(吳亨善)이 시직(視職)하니라.

창원군(昌原郡) 가음정교회(加音丁敎會)가 성립(成立)하다. 선시(先是)에 권재학(權在學)이 신주전도(信主傳道)함으로 김기원(金基遠), 권종석(權宗錫), 김문익(金文益) 등(等)이 상계귀도(相繼歸道)하야 권재학(權在學) 사저(私邸)에셔 예배(禮拜)하다가 3간(三間) 초옥(草屋)을 매슈(買收)하야 회집(會集)하더니 교인(敎人)이 증가(增加)됨으로 예배당(禮拜堂)을 신축(新築)하니라.

김해군(金海郡) 시산리교회(匙山里敎會)가 성립(成立)하다. 선시(先是)에 본리(本里) 이성관(李聖貫)의 모(母)가 동군(同郡) 금곡리(金谷里) 서명철(徐明喆)의 전도(傳道)로 인(因)하야 밋고 1년간(一年間) 자택(自宅)에셔 예배(禮拜)하더니 일반교인(一般敎人)이 합심연보(合心捐補)하야 가옥(家屋)을 매슈(買收)하야 예배당(禮拜堂)으로 사용(使用)하고 선교사(宣敎師) 심익순(沈翊舜, [Walter E. Smith])이 시무(視務)하니라.[159]

창원군(昌原郡) 북동교회(北洞敎會)가 성립(成立)하다. 선시(先是)에 유내삼(俞乃三)이 신풍리교회(新豊里敎會)에셔 전도(傳道)를 밧고 오륙인(五六人)이 사저(私邸)에 회집예배(會集禮拜)함으로 교회(敎會)가 성립(成立)되고 일반교인(一般敎人)의 연보(捐補)와 박화선(朴化善)의 특별연보(特別捐補)를 합(合)하야 예배당(禮拜堂)을 건축(建築)하난대 부인(婦人)들까지 부역(赴役)하야 신속낙성(迅速落成)하니라.

함안군읍교회(咸安郡邑敎會)가 성립(成立)하다. 선시(先是)에 선교사(宣敎師) 왕길지(王吉志, [G. Engel])와 전도인(傳道人) 박성태(朴聖泰)와 조사(助師) 정덕생(鄭德生), 김상율(金尙律)의 전도(傳道)로 조동찬(趙東燦), 조동락(趙東洛), 조동벽(趙東壁)이 신종(信從)하고 김상율(金尙律) 사택(私宅)에 회집(會集)하다가 초옥(玉)을 매슈(買收)하야 예배(禮拜)하며 전도(傳道)한 결과(結果) 본군(本郡) 객사고재(客舍古材)를 매슈(買收)하야 봉성리(鳳城里)에 예배당(禮拜堂)을 건축(建築)하랴난 중(中) 조주한(趙周漢)은 답 2두낙(畓二斗落)을 예배당(禮拜堂) 부지(敷地)로 기부(寄附)하야 반양제(半洋製)로 건축(建築)하매 교인(敎人)이 200여명(二百餘名)에 달(達)하니라.

창원군(昌原郡) 웅천(熊川) 북부리교회(北部里敎會)가 성립(成立)하다. 선시(先是)에 선교사(宣敎師) 심익순(沈翊舜, [Walter E. Smith])의 전도(傳道)로 약간(若干) 신도(信徒)가 초진(稍進)하야 송화여(宋化汝) 사저(私邸)에서 예배(禮拜)하얏고 교회점진(敎會漸進)하야 서중리(西中里)에 예배당(禮拜堂)을 건축(建築)하얏다가 후(後)에 북부리(北部里)에 예배당(禮拜堂)을 이건(移建)하니라.

창원군(昌原郡) 갈전리교회(葛田里敎會)가 성립(成立)하다. 선시(先是)에 임영오(林營五)의 전도(傳道)로 김치수(金致洙)가 신종(信從)하야 초(初)에난 김치수(金致洙) 가(家)에서 기후(其後)에난 유목형(柳木亨) 우군서(禹郡徐) 가(家)에 집회예배(集會禮拜)하다가 가옥(家屋)을 매수(買收)하야 예배당(禮拜堂)으로 사용(使用)하니라.

함양군(咸陽郡) 화산리교회(花山里敎會)가 성립(成立)하다. 선시(先是)에 선교사(宣敎師) 심익순(沈翊舜, [Walter E. Smith])과 조사(助師) 김주관(金周寬)의 전도(傳道)로 도주(都周)[160]원(元), 김응기(金應琪)가 신종(信從)하야 교회(敎會)가 설립(設立)하얏스나 기후(其後) 우인(右人)의 유혹(誘惑)으로 다수인(多數人)이 안식교(安息敎)에 투입(投入)함으로 교회(敎會)가 점약(漸弱)하게 되니라.

거창군(居昌郡) 마상동교회(馬上洞敎會)가 성립(成立)하다. 선시(先是)에 선교사(宣敎師) 심익순(沈翊舜, [Walter E. Smith])의 전도(傳道)로 양진규(梁鎭奎)가 밋고 신자(信者)가 초진(稍進)하야 교회(敎會)가 성립(成立)하니라.

양산읍교회(梁山邑敎會)가 성립(成立)하다. 선시(先是)에 영국선교사(英國宣敎師) 손안로(孫安路, [Andrew Adamson])가 전도(傳道)할 시(時)에 정준모(鄭駿謨) 외(外) 10여인(十餘人)이 밋고 북부동(北部洞) 시정(詩亭)에서 예배(禮拜)하얏고 기후(其後) 이영한(李英瀚), 금석호(琴錫浩) 외(外) 20여인(二十餘人)이 귀주(歸主)하야 남부(南部) 한문사숙(漢文私塾)을 예배당(禮拜堂)으로 사용(使用)하니라.

　　대구(大邱) 남성정교회(南城町敎會)에서 박덕일(朴德逸)을 장로(長老)로 장립(將立)하야 당회(堂會)를 조직(組織)하얏고 기휘(其後)에난 김성호(金成浩), 김덕경(金德卿), 박순조(朴順祚), 백신칠(白信七), 장처중(張處仲), 장한진(張漢鎭), 이종진(李鍾振), 최종철(崔鍾澈), 정광순(鄭光淳), 서자명(徐子明), 강만채(姜晩採)가 장로(長老)로 시직(視職)하니라.

　　영천군(永川郡) 명주동교회(明珠洞敎會)가 성립(成立)하다. 선시(先是)에 박기진(朴基鎭)의 열심전도(熱心傳道)로 신자(信者)가 초가(稍加)하야 예배당(禮拜堂)을 신축(新築)하고 황경선(黃敬善)이 조사(助師)로 시직(視職)하니라.

　　영천군(永川郡) 동도교회(東道敎會)가 성립(成立)하다. 선시(先是)에 대구(大邱) 박경삼(朴敬三)이 동지(同地)에 이주(移住)하야 열심전도(熱心傳道)함으로 강필슈(姜弼秀), 황주선(黃周善) 등(等)이 밋고 황주선(黃周善) 사저(私邸)에서 임시예배(臨時禮拜)하더니 미기(未幾)에 연보(捐補)하야 예배당(禮拜堂)을 신축(新築)하고 조사(助師) 박덕일(朴德逸)이 시직(視職)하니라.[161]

　　영천군(永川郡) 신령교회(新寧敎會)가 성립(成立)하다. 선시(先是)에 권서(勸書) 이기유(李基由)가 전도(傳道)하야 신자(信者) 육칠인(六七人)이 됨으로 김준달(金俊達) 가(家)에 임시회집(臨時會集)하다가 왕산동(旺山洞)에 예배당(禮拜堂)을 신축(新築)하고 선교사(宣敎師) 안의와(安義窩, [James Edward Adams, 1867-1929]) 영슈(領袖) 이관용(李寬容) 집사(執事) 하덕윤(河德允) 조사(助師) 박영조(朴永祚), 여충호(呂忠鎬), 박재두(朴在斗)가 상계시직(相繼視職)하니라.

　　영천군(永川郡) 우천동교회(牛川洞敎會)가 성립(成立)하다. 선시(先是)에 김명현(金命顯), 김기원(金基源), 이석락(李晳洛) 등(等)이 복용동교회(伏龍洞敎會)에 래왕(來往)하면셔 본리(本里)에 전도(傳道)하야 신자(信者)가 초진(稍進)함으로 예배당(禮拜堂)을 신축(新築)하고 교회(敎會)가 분립(分立)하니 설립자(設立者)난 선교사(宣敎師) 안의와(安義窩, [James

Edward Adams, 1867-1929])오 조사(助師)난 서자명(徐子明), 박덕일(朴德逸)이 상계시무(相繼視務)하니라.

　영천군(永川郡) 성내교회(城內敎會)가 성립(成立)하다. 선시(先是)에 당지(當地) 신자(信者) 10여인(十餘人)이 우천동교회(牛川洞敎會)에 래왕예배(來徃禮拜)하면서 린근(隣近)에 열심전도(熱心傳道)하야 신자점가(信者漸加)함으로 예배당(禮拜堂)을 신건(新建)하고 교회(敎會)가 분립(分立)한 후(後) 최영호(崔永浩)가 조사(助師)로 시무(視務)하니라.

　청도군(淸道郡) 오산리교회(梧山里敎會)가 성립(成立)하다. 선시(先是)에 김경래(金敬來)가 밋고 송서교회(松西敎會)에 래왕(來徃)하며 예배(禮拜)하더니 신자(信者)가 점차증가(漸次增加)하야 교회(敎會)를 분립(分立)하고 김준호(金俊浩)가 조사(助師)로 시무(視務)하니라.

　청도군(淸道郡) 서상교회(西上敎會)가 성립(成立)하다. 선시(先是)에 김덕쥰(金德俊)과 기가족(其家族)이 일제(一齊)히 밋고 최한챵(崔翰昌) 가(家)에 임시회집(臨時會集)하더니 열심출연(熱心出捐)하야 합천동(合天洞)에 예배당(禮拜堂)을 신건(新建)하고 교회(敎會)가 분립(分立)되나 선교사(宣敎師) 안의와(安義窩, [James Edward Adams, 1867-1929]) 조사(助師) 김만성(金萬聲), 박덕일(朴德逸) 등(等)이 상계시무(相繼視務)하니라.

　김천군(金泉郡) 읍천교회(邑川敎會)가 성립(成立)하다. 선시(先是)에 장전리(長田里) 최명익(崔明益)이 동지(同地)에 복음(福音)을 전(傳)한 결과(結果) 최윤(崔允)[162]약(若), 정인언(鄭仁彦), 윤상현(尹相鉉), 강송백(姜松栢) 등(等)이 차제귀쥬(次第歸主)하야 최윤옥(崔允玉) 가(家)에 집회(集會)할새 윤상현(尹相鉉)이 교회(敎會)를 인도(引導)하니라.

　김천군(金泉郡) 대양교회(大陽敎會)가 성립(成立)하다. 선시(先是)에 당지인(當地人) 기명(幾名)이 전도인(傳道人)에게셔 복음(福音)을 듯고 신종(信從)함으로 교회(敎會)가 설립(設立)되엿난대 선교사(宣敎師) 전해리(傳海利, [Henry Munro Bruen]), 영슈(領袖) 김인배(金仁培) 조사(助師) 이재욱(李載旭), 이한규(李漢奎) 등(等)이 시직(視職)하니라.

　김천군(金泉郡) 복전교회(福田敎會)가 성립(成立)하다. 선시(先是)에 선교사(宣敎師) 전해리(傳海利, [Henry Munro Bruen, 1874-1957])의 전도(傳道)로 신자초진(信者稍進)하야 교회(敎會)가 성립(成立)하고 영수(領袖) 이필세(李弼世) 집사(執事) 남건우(南健右) 조사(助師) 이희봉(李喜鳳)이 시무(視務)하니라.

선산군(善山郡) 청산동교회(靑山洞敎會)가 성립(成立)하다. 선시(先是)에 소시영(蘇時永)이 최선신주(最先信主)하고 군위(軍威) 봉황동교회(鳳凰洞敎會)에 래왕(來往)하더니 기후(其後) 신자(信者)가 점증(漸增)하야 교회(敎會)가 분립(分立)하고 소시영(蘇時永)은 영수(領袖)로 김영채(金永彩)난 조사(助師)로 시무(視務)하니라.

연일군(延日郡) 대도교회(大島敎會)가 성립(成立)하다. 선시(先是)에 선교사(宣敎師) 맹의와(孟義窩)와 조사(助師) 김병호(金炳鎬)가 동지(同地)에셔 전도(傳道)할새 라마교(羅馬敎) 서적(書籍)을 다년연구(多年硏究)하던 최경언(崔景彥), 김난수(金蘭洙)가 복음(福音)의 진리(眞理)를 직각(直覺)하고 결심귀주(決心歸主)하니 정일찬(鄭日贊), 공시진(孔時振), 윤기(효?)(尹基(?)), 김병수(金炳洙) 등(等)이 상계신종(相繼信從)하야 서숙(書塾)에 임시집회(臨時集會)하다가 예배당(禮拜堂)을 신건(新建)하고 조사(助師) 서성오(徐聖五)가 시무(視務)하니라.

고령군(高靈郡) 객기교회(客基敎會)가 성립(成立)하다. 선시(先是)에 선교사(宣敎師) 맹의와(孟義窩)의 전도(傳道)로 신자초진(信者稍進)하야 교회(敎會)가 [163] 성립(成立)되고 김재규(金在規)난 영수(領袖)로 김호준(金浩俊)은 조사(助師)로 시무(視務)하니라.

고령군(高靈郡) 월산교회(月山敎會)가 성립(成立)하다. 선시(先是)에 당지(當地) 교인(敎人) 기명(幾名)이 원송교회(元松敎會)에 래왕(來往)하며 예배(禮拜)하더니 기후(其後)에 신자(信者)가 초가(稍加)하야 교회(敎會)가 되니 영수(領袖) 김문극(金文極) 집사(執事) 김내규(金內規) 선교사(宣敎師) 맹의와(孟義窩)가 시무(視務)하니라.

칠곡군(漆谷郡) 죽전교회(竹田敎會)가 성립(成立)하다. 선시(先是)에 선교사(宣敎師) 어도만(魚塗萬, [Walter C. Erdman, 1877-1948])의 전도(傳

道)로 신자초진(信者稍進)하야 교회(敎會)가 성립(成立)되고 영수(領袖) 채돈식(蔡敦植) 집사(執事) 송시약(宋時若) 조사(助師) 김기원(金基源), 이재욱(李載旭), 송병근(宋秉根)이 상계시무(相繼視務)하니라.

칠곡군(漆谷郡) 복성교회(福星敎會)가 성립(成立)하다. 선시(先是)에 당지(當地) 교인(敎人) 기명(幾名)이 열심전도(熱心傳道)함으로 신자점가(信者漸加)하야 교회(敎會)가 성립(成立)되고 선교사(宣敎師) 전해리(傳海利, [Henry Munro Bruen, 1874-1957]) 조사(助師) 박영조(朴永祚), 정윤삼(鄭允三) 등(等)이 상계시무(相繼視務)하니라.

의성군(義城郡) 매곡교회(梅谷敎會)가 성립(成立)하다. 선시(先是)에 당지(當地) 신자수인(信者數人)의 열심전도(熱心傳道)로 교인(敎人)이 초가(稍加)하야 교회(敎會)가 시설(始設)되고 예배당(禮拜堂) 건축(建築) 시(時)에난 불신자(不信者)와 본리(本里) 구장(區長)이 극력찬조(極力贊助)하니라 선교사(宣敎師) 어도만(魚塗萬, [Walter C. Erdman, 1877-1948]) 영수(領袖) 김재윤(金在潤) 조사(助師) 김성삼(金聖三), 이태성(李泰成)이 차제시무(次第視務)하니라.

문경군(聞慶郡) 부곡교회(富谷敎會)가 성립(成立)하다. 선시(先是)에 임도식(林道植), 강진홍(康鎭洪)이 귀주(歸主)하야 전도(傳道)한 결과(結果) 신자점가(信者漸加)하야 교회(敎會)가 성립(成立)하다.

영양군(英陽郡) 내당동교회(內唐洞敎會)가 성립(成立)하다. 선교사(宣敎師)의 전도(傳道)로 교회(敎會)가 설립(設立) 즉시(卽時)에 의병(義兵)과 일병(日兵)의 병화(兵火)로 인(因)하야 해독(害毒)을 다수(多受)하고 기후(其後) 예배당(禮拜堂) 기지(基址)로 다년상지(多年相持)하다가 필경(畢竟) 교회위치(敎會位置)를[164] 산중(山中)에 이정(移定)됨으로 연약(軟弱)하게 되고 선교사(宣敎師) 권찬영(權燦永, [John Young Crothers])이 시무(視務)하니라.

안동군(安東郡) 녹전교회(祿田敎會)가 성립(成立)하다. 초(初)에 이주호(李周好)가 신주(信主) 후(後) 방령교회(方嶺敎會)에 왕래예배(徃來禮拜)하더니 신자점가(信者漸加)하야 교회(敎會)가 설립(設立)되야 조사(助師) 이성삼(李聖三), 엄응삼(嚴應三)이 계속시무(繼續視務)하니라.

안동군(安東郡) 고창교회(高昌敎會)가 성립(成立)되야 선교사(宣敎師) 오월번(吳越藩, [Arthur G. Welbon])이 시무(視務)하니라.

안동군(安東郡) 국곡교회(菊谷敎會)에서 예배당(禮拜堂)을 건축(建築)하고 선교사(宣敎師) 어도만(魚塗萬, [Walter C. Erdman, 1877-1948]) 조사(助師) 김성삼(金聖三)이 인도(引導)하니라.

의성군(義城郡) 쌍계교회(雙溪敎會)난 선교사(宣敎師) 어도만(魚塗萬, [Walter C. Erdman, 1877-1948]) 조사(助師) 김성삼(金聖三)이 인도(引導) 중(中) 예배당(禮拜堂)을 쌍계동(雙溪洞)에 이건(移建)하고 열심전도(熱心傳道)한 결과(結果) 삼분(三汾), 대사동(大舍洞), 동산거촌(東山渠村), 강녕(江寧), 장림(長林), 덕봉(德峯), 노연하(魯淵下) 화도리원(禾挑李院), 사부화(沙夫花), 신동(新洞) 등(等) 지회(支會)가 설립(設立)되니라.

재령읍교회(載寧邑敎會)에서 예배당(禮拜堂)을 건축(建築)하고 김창일(金昌一)을 장로(長老)로 장립(將立)하야 당회(堂會)를 조직(組織)하얏고 학교(學校)도 설립(設立)하야 충분(充分)한 교육(敎育)을 시(施)하얏스며 선교사(宣敎師)에 한위렴(韓緯廉, [William B. Hunt]), 사우업(史佑業, [Charles Edwin Sharp]), 군예빈(君芮彬, [Edwin Wade Koons]), 공위량(孔韋亮, [William Kerr]), 황호리(黃好理, [Harry C. Whiting], 여인(女人) 기서나(奇西拿), 윤희웅(尹喜熊) 등(等)과 목사(牧師)에 박태노(朴泰魯), 김롱승(金瓏承) 등(等)이 상계시무(相繼視務) 중(中) 전도사업(傳道事業)이 일익진전(日益進展)하야 사오처(四五處) 지회(支會)를 설립(設立)하니라.

재령군(載寧郡) 은북지교회(銀北只敎會)가 성립(成立)하다. 선시(先是)에 기재민(奇在敏)의 전도(傳道)로 임병철(林炳喆), 임응천(林應天), 엄성렴(嚴成濂) 등(等)이 신종(信從)하야 설립(設立)되얏고 기휘(其後)에 임병철(林炳喆)을 장로(長老)로 장립(將立)하야 당회(堂會)를 조직(組織)하니라.

신천군(信川郡) 성암리교회(星岩里敎會)가 성립(成立)하다. 양선보(楊善甫)의 전도(傳道)로 설립(設立)되니라.[165]

봉산군(鳳山郡) 산산교회(蒜山敎會)가 성립(成立)하다. 선시(先是)에 김병훈(金炳勳), 유흥건(柳興建), 오제선(吳濟善)이 신주(信主)하고 모동교회(慕洞敎會)의 지회(支會)로 설립(設立)되니라.

재령군(載寧郡) 양생촌교회(養生村敎會)가 성립(成立)하다. 선시(先是)에 김여옥(金女玉)의 전도(傳道)로 정원형(鄭元衡), 송응규(宋應奎), 김찬욱(金贊旭) 등(等)이 귀주(歸主)함으로 설립(設立)되고 정원형(鄭元衡), 김찬욱(金贊旭)의 열심전도(熱心傳道)로 교회(敎會)가 점차진흥(漸次振興)하니라.

서흥군(瑞興郡) 상석리교회(上石里敎會)가 성립(成立)하다. 선시(先是)에 당지(當地)난 감리회(監理會)에서 전도(傳道)에 착수(着手)하얏더니 기후(其後) 장감양교파(長監兩敎派)가 전도구역(傳道區域)을 분할(分割)할 시(時)에 장로회(長老會)에 이속(移屬)되얏고 최선신자(最先信者)난 염치언(廉致彥) 1인(一人) 뿐이더니 박영빈(朴永彬), 박석빈(朴錫彬)이 귀주(歸主)하야 전도(傳道)에 열심(熱心)함으로 교회(敎會)가 진흥(振興)되얏고 학교(學校)를 설립(設立)하야 교육(敎育)도 시(施)하얏스며 목사(牧師) 오응식(吳應植)이 다년시무(多年視務)하니라.

은율군(殷栗郡) 장동교회(長洞敎會)가 성립(成立)하다. 초(初)에 계림동(桂林洞) 지회(支會)로 설립(設立)되고 박윤상(朴允尙)이 신종(信從)하야 전도(傳道)에 열심(熱心)함으로 진흥(振興)되니라.

송화군(松禾郡) 칠정리교회(七井里敎會)가 성립(成立)하다. 선시(先是)에 임수우(林守愚)의 전도(傳道)로 김창수(金昌守), 김용묵(金容默)이 신주(信主)함으로 설립(設立)되고 기후(其後) 여운남(呂運南), 허응숙(許應淑)이 근무(勤務) 즁(中) 교회(敎會)가 진흥(振興)하니라.

평산군(平山郡) 금곡교회(錦谷敎會)가 성립(成立)하다. 선시(先是)에 강한영(姜漢永)의 전도(傳道)로 설립(設立)되고 황기혁(黃基爀)의 열심활동(熱心活動)으로 인(因)하야 예배당(禮拜堂)을 건축(建築)하니라.

봉산군(鳳山郡) 묵천리교회(默川里敎會)가 성립(成立)하다. 선시(先是)에 김동규(金洞奎)의 전도(傳道)로 최진문(崔鎭文)이 신종(信從)하야 설립(設立)되고 기익년(其翌年)에 예배당(禮拜堂)을 건축(建築)하니라.

목포부(木浦府) 양동교회(陽洞敎會)에서 임성옥(任成玉)을 장로(長老)로 장립(將立)하야 당회(堂會)를 조직(組織)하얏고 기후(其後)에난 선교사(宣敎師) 하위렴(河緯廉, [William B. Harrison]) 목사(牧師) 윤식명(尹植明), 이원필(李元弼) [금(今) 면직(免職)] 이경필(李敬弼), 김응규(金應圭) 장로(長老) 유래춘(柳來春), 양성율(梁成律), 곽우영(郭宇盈), 전의근(田義根), 양경팔(梁景八), 강호연(姜浩然), 서기견(徐岐見), 김규언(金奎彦), 서화일(徐化一), 김형모(金瀅模), 홍순흥(洪享興) 등(等)이 상계시무(相繼視務)하나라.

전주군(全州郡) 삼예면(參禮面) 어전리교회(於田里敎會)가 성립(成立)하다. 선년(先年)에 익산군(益山郡) 춘포면(春浦面) 판문교회(板門敎會)에서 신도(信徒)가 증가(增加)하야 회집(會集)이 불편(不便)함을 인(因)하야 본리(本里)에 기도실(祈禱室)을 설설(設設)하고 임시집회(臨時集會)하다가 신자(信者)가 50여인(五十餘人)에 지(至)함에 열심연보(熱心捐補)하야 예배당(禮拜堂)을 건축(建築)하고 분립(分立)하나라.

전주군(全州郡) 신리교회(新里敎會)가 성립(成立)하다. 선시(先是)에 선교사(宣敎師) 마로덕(馬路德, [Luther O. McCutchen])의 전도(傳道)로 이춘경(李春耕)이 몬저 밋고 열심전도(熱心傳道)하야 교회(敎會)를 설립(設立)하고 인도자(引導者)가 되나라.

금산군(錦山郡) 지방동교회(芝芳洞敎會)가 성립(成立)하다. 선시(先是)에 동지(同地) 유기택(柳冀宅), 박태회(朴泰浩)와 선교사(宣敎師) 마로덕(馬路德, [Luther O. McCutchen])의 전도(傳道)로 신자점진(信者漸進)하야 교회(敎會)가 수성(遂成)되고 예배당(禮拜堂)을 신축(新築)하나라.

익산군(益山郡) 웅포교회(熊浦敎會)가 성립(成立)하다. 선시(先是)에 선교사(宣敎師) 하위렴(河緯廉, [William B. Harrison])과 전도인(傳道人) 양응칠(梁應七)의 전도(傳道)로 황재삼(黃在三), 김한여(金漢汝) 양인(兩人)이 신쥬(信主)하고 열심전도(熱心傳道)하야 다인(多人)을 쥬(主)씌 인도(引導)하며 함열구읍(咸悅舊邑)에 래왕(來徃)하더니 기후(其後)에 예배당(禮拜堂)을 신건(新建)하고 교회(敎會)를 분립(分立)하나라.[167]

익산군(益山郡) 고현리교회(古縣里敎會)가 성립(成立)하다. 선시(先是)에 당지(當地) 오원집(吳元執)이 복음(福音)을 밋고 전도(傳道)한 결과(結果) 신자(信者)가 점증(漸增)하야 교회(敎會)가 성립(成立)되고 기후(其後) 오덕근(吳德根), 김백윤(金白允) 양인(兩人)이 열성(熱誠)으로 교회(敎會)를 인도(引導)하니라.

익산군(益山郡) 송산리교회(松山里敎會)가 성립(成立)하다. 선시(先是)에 당지(當地) 한수영(韓秀英)이 몬저 밋고 전도(傳道)하야 신자점증(信者漸增)함으로 예배당(禮拜堂)을 신건(新建)하고 교회(敎會)를 인도(引導)하니라.

보령군(保寧郡) 평라리교회(平羅里敎會)가 성립(成立)하다. 선시(先是)에 당지인(當地人) 김창제(金昌濟), 염동환(廉東煥) 등(等)이 몬저 밋고 열심전도(熱心傳道)한 결과(結果) 신자(信者)가 증가(增加)함에 예배당(禮拜堂)을 신건(新建)하니라.

전주군(全州郡) 율곡리교회(栗谷里敎會)가 성립(成立)하다. 선시(先是)에 당지(當地) 장덕선(張德善) 외(外) 수인(數人)이 몬저 밋고 소룡리교회(巢龍里敎會)에 래왕예배(來往禮拜)하더니 선교사(宣敎師) 마로덕(馬路德, [Luther O. McCutchen])이 당지(當地)에 래(來)하야 전도(傳道)함으로 신자(信者)가 증가(增加)하야 400원(四百圓)을 출연(出捐)하야 예배당(禮拜堂)을 신건(新建)하니라.

익산군(益山郡) 대붕암리교회(大鵬岩里敎會)가 성립(成立)하다. 선시(先是)에 당지인(當地人) 송원규(宋元奎), 엄주환(嚴柱煥), 강진회(姜晋會), 강두희(姜斗熙), 강문회(姜文會) 등(等)이 밋기로 작정(作定)하고 군산(群山) 구암리(九岩里) 선교사(宣敎師)에게 가셔 복음(福音)의 진리(眞理)를 듯고 도라와셔 열심전도(熱心傳道)한 결과(結果) 신자(信者)가 격증(激增)하야 합심연보(合心捐補)하야 가옥(家屋)을 매수(買收)하야 예배당(禮拜堂)으로 사용(使用)하고 송원규(宋元奎), 강두희(姜斗熙)가 인도자(引導者)가 되니라.

곡성군(谷城郡) 옥과리교회(玉果里敎會)에서 열심연보(熱心捐補)하야 가옥(家屋)을 매수(買收)하야 예배당(禮拜堂)으로 사용(使用)하얏고 선교사(宣敎師) 도대선(都大善, [Samuel K. Dodson]) 타마자(打馬子, [J. V. N. Talmage])와 조사(助師) 이계수(李桂洙), 강사흥(姜士興), 김정선(金正善) 등(等)이 계속시무(繼續視務)하니라.[168]

영광군(靈光郡) 무령교회(武靈敎會)에서 선교사(宣敎師) 배유지(裵裕祉, [E. Bell, 1868-1925])의 기부금(寄附金)으로 8간(八間) 가옥(家屋)을 매수(買收)하야 예배당(禮拜堂)으로 사용(使用)하고 조사(助師) 변창연(邊昌淵), 이계수(李桂洙), 이경필(李敬弼)이 계속시무(繼續視務)하니라.

장성군(長成郡) 대악리교회(大岳里敎會)가 성립(成立)하다. 선시(先是)에 본리인(本里人) 김장화(金長和), 신치삼(申致三), 문학삼(文學三), 문태원(文太元), 임화일(林化一), 최경중(崔敬仲) 등(等)이 믿고 열심연보(熱心捐補)하야 예배당(禮拜堂)을 신건(新建)하얏고 선교사(宣敎師) 배유지(裵裕祉, [E. Bell, 1868-1925]), 타마자(打馬子, [J. V. N. Talmage]), 도대선(都大善, [Samuel K. Dodson])과 조사(助師) 변창연(邊昌淵), 이영희(李英熙), 김정선(金正善), 김명안(金明安), 오사순(吳士舜), 이중화(李仲花)가 계속시무(繼續視務)하니라.

나주군(羅州郡) 상촌교회(上村敎會)가 성립(成立)하다. 선시(先是)에 이윤삼(李允三) 가(家)에서 임시(臨時)로 예배(禮拜)하다가 익년(翌年)에 합심연보(合心捐補)하야 예배당(禮拜堂)을 신건(新建)하니라.

강진군(康津郡) 학명리교회(鶴鳴里敎會)가 성립(成立)하다. 선시(先是)에 선교사(宣敎師) 변약한(邊約翰, [John Fairman Preston])의 전도(傳道)로 수삼신자(數三信者)를 얻어 하영술(河永述) 가(家)에 집회예배(集會禮拜)하니라.

장흥군(長興郡) 진목리교회(眞木里敎會)가 성립(成立)하다. 선시(先是)에 본리인(本里人) 안덕화(安德化), 이자일(李子日), 이원방(李元方), 장내성(張乃戒) 등(等)이 방천일(方千一)의 전도(傳道)를 인(因)하야 안덕화(安德化) 가(家)에서 1년간(一年間) 집회(集會)하고 기후(其後) 신자(信者)가 점가(漸加)하야 이연화(李連化) 가(家)에서 회집(會集)하다가 예배당(禮拜

堂)을 신건(新建)하얏고 선교사(宣敎師) 오기원(吳基元, [Clement C. Owen, 1867-1909]), 맹현리(孟顯理, [Henry D. McCallie]), 조하파(趙夏播, [Joseph Hopper]) 등(等)과 조사(助師) 김성빈(金成彬), 권세일(權世日), 천년기(千年基), 장천오(張千五) 등(等)이 계속시무(繼續視務)하니라.

장흥군(長興郡) 삭금리교회(朔金里敎會)가 성립(成立)하다. 선시(先是)에 이성재(李聖哉), 권세일(權世一), 박호연(朴浩然), 박인옥(朴仁玉), 이윤(李允)[169]빈(彬) 등(等)이 밋고 이성재(李聖哉) 가(家)에 집회예배(集會禮拜)하니라.

장흥군(長興郡) 대리교회(大里敎會)가 성립(成立)하다. 선시(先是)에 당지인(當地人) 김인운(金人云), 구성숙(具成淑) 등(等)이 밋고 구성숙(具成淑) 가(家)에 회집(會集)하얏고 김재숙(金在淑) 외(外) 10여인(十餘人)이 귀주(歸主)한 후(後)에난 김재숙(金在淑) 가(家)에 집회(集會)하다가 동중(洞中) 서재(書齋)에서 예배(禮拜)하니라.

해남군(海南郡) 고당리교회(古堂里敎會)가 성립(成立)하다. 선시(先是)에 김성우(金聖右), 조병선(趙秉善), 김익천(金益天) 등(等)이 우수영(右水營) 도정이(都正伊)의 전도(傳道)을 인(因)하야 전도(傳道)한 결과(結果) 교회(敎會)를 설립(設立)하니라.

고흥군(高興郡) 왕하리교회(王下里敎會)가 성립(成立)하다. 선시(先是)에 선교사(宣敎師) 오기원(吳基元, [Clement C. Owen, 1867-1909]) 조사(助師) 오태욱(吳太郁)의 전도(傳道)로 신우구(申瑀求) 박용섭(朴容燮), 박무응(朴茂膺), 이춘흥(李春興), 이정권(李正權) 등(等)이 밋고 사저(私邸) 혹(或) 서당(書堂)에서 회집예배(會集禮拜)하니라.

순천군(順天郡) 평촌교회(平村敎會)가 성립(成立)하다. 선시(先是)에 조사(助師) 지원근(池元根)의 전도(傳道)로 박응삼(朴應三), 이원백(李元伯) 등(等)이 밋고 기후(其後) 차경순(車京順), 김경선(金敬先), 이도삼(李道三) 등(等)이 계속귀주(繼續歸主)하야 예배당(禮拜堂)을 건축(建築)하얏고 선교사(宣敎師) 오기원(吳基元, [Clement C. Owen, 1867-1909]), 고나복(高羅福), 안채륜(安彩倫, [Charles Henry Pratt]), 구례인(具禮仁, [John Curtis

Crane])과 목사(牧師) 정태인(鄭泰仁) 조사(助師) 장경화(張景化), 한익수(韓翊洙) 등(等)이 차제시무(次第視務)하니라.

영흥군(永興郡) 마산교회(馬山敎會)가 성립(成立)하다. 초(初)에 선교사(宣敎師) 마구례(馬具禮, [D. M. McRae]) 조사(助師) 차을경(車乙慶)과 김우필(金禹弼), 박용원(朴容源)이 질상전도(迭相傳道)한 결과(結果) 박민식(朴敏植), 박종근(朴宗根), 이병언(李炳彦), 김승익(金承益) 등(等)이 밋고 예배당(禮拜堂)을 건축(建築)하야 교회(敎會)를 설립(設立)하니 기후(其後) 선교사(宣敎師) 업아력(鄴亞力, [A. F. Robb]), 영재형(榮在馨, [Lither Lisger Young])과 조사(助師) 김내범(金迺範), 엄치상(嚴致相), 한관섭(韓寬涉)이 상계시무(相繼視務)하니라.[170]

북간도(北間島) 용정시교회(龍井市敎會)가 성립(成立)하다. 선시(先是)에 선교사(宣敎師) 구례선(具禮善, [R. G. Grierson])이 북만주(北滿洲)와 서백리아(西伯利亞) 등지(等地)에 산재(散在)한 조선인(朝鮮人)의게 전도(傳道)할 목적(目的)으로 자기(自己)의 부친(父親)과 업아력(鄴亞力, [A. F. Robb])과 조사(助師) 홍순국(洪旬國)으로 동행(同行)하며 복음(福音)을 전(傳)할 시(時)에 신주(信主)한 자(者)와 타지(他地)에서 당지(當地)에 래우(來寓)한 신자(信者)들이 합(合)하야 집회예배(集會禮拜)하난 즁(中) 영수(領袖) 구춘선(具春善)과 집사(執事) 이보연(李輔璉)이 인도인(引導人)이 되야 교회(敎會)를 성립(成立)하니 차(此)로브터 용정(龍井)은 전도(傳道)의 근거지(根據地)가 되야 선교사(宣敎師) 구례선(具禮善, [R. G. Grierson]), 업아력(鄴亞力, [A. F. Robb]), 부두일(富斗一, [W. R. Foote]), 매길노(梅吉魯), 박걸(朴傑, [A. H. Barker]) 등(等)이 윤차순회(輪次巡廻)하난 즁(中) 교인(敎人)이 증가(增加)하야 교회(敎會)가 점차전진(漸次前進)하니라.

간도(間島) 양무정지교회(揚武亭子敎會)가 설립(設立)하다. 선시(先是)에 전도인(傳道人) 안순영(安順永)이 당지(當地)에 래(來)하야 전도(傳道)한 결과(結果) 교회(敎會)가 설립(設立)되얏고 중국(中國) 장로교인(長老敎人) 단금(單金)이 성심(誠心)으로 교회(敎會)를 찬조(贊助)하야 더욱 진흥

(振興)되난 중(中) 선교사(宣敎師) 업아력(業亞力, [A. F. Robb])이 래(來)하야 인도(引導)함으로 교회실력(敎會實力)이 증진(增進)하니라.

광제암교회(廣濟岩敎會)가 성립(成立)하다. 선시(先是)에 김련보(金鍊甫), 한학렬(韓學烈)이 밋은 후(後) 신자(信者)가 점증(漸增)함으로 김영제(金永濟) 목사(牧師)가 교회(敎會)를 설립(設立)하니라. 기후(其後)에 선교사(宣敎師) 박걸(朴傑, [A. H. Barker]) 목사(牧師) 감내범(金迺範), 최덕준(崔德俊)이 상계시무(相繼視務) 중(中)에 예배당(禮拜堂)도 설치(設置)하니라.

공의회(公議會)에서 선교사(宣敎師) 마포삼열(馬布三悅, [Samuel A. Moffett])이 포왜교우(布哇敎友)의 형편(形便)을 시찰(視察)하고 권면(勸勉)하야 장감연합교회(長監聯合敎會)를 설립(設立)케 하얏다난 보고서(報告書)를 채용(採用)하니라.

1907년(一九0七年)브터난 전일(前日) 공의회(公議會)에 주관(主管)하던 일절사무(一切事務)를 노회(老會)에 이속(移屬)하게 된 고(故)로 공(公)[171]의회잔무처리규칙(議會殘務處理規則) 제정위원(制定委員)을 선택(選擇)하니라.

2. 전도(二, 傳道)

시시(是時)에 교회(敎會)가 일(日)노 증(增)하고 월(月)노 가(加)하게 됨은 구속(救贖)의 진리(眞理)를 심각(深覺)한 신자(信者)들이 생명(生命)의 복음(福音)을 광포(廣布)하야 인(人)을 주(主)예수게 인도(引導)하난 것으로 기임(己任)을 작(作)함에 전재(專在)하얏나니라.

1903년(一九0三年) 계묘(癸卯)에 의주군(義州郡) 남산교회(南山敎會)에서 교인(敎人) 백용석(白用錫)을 전도인(傳道人)으로 선정(撰定)하야 린근(鄰近) 각동(各洞)에 복음(福音)을 선전(宣傳)하야 신자(信者)를 다득(多得)하다.

1904년(一九0四年) 갑진(甲辰)[에] 의주읍교회(義州邑敎會)와 상단교회(上端敎會)가 합자(合資)하야 교인(敎人) 안승원(安承源)을 전도인(傳道人)으로 선정(撰定)하야 부근(附近) 각동(各洞에 복음(福音)을 선전(宣傳)하야 신자(信者)를 다득(多得)하다. ◇초산읍교회(楚山邑敎會)에서 여전도회(女傳道會)를 창립(創立)하고 전도인(傳道人) 이용빈(李龍彬)을 도원면(桃源面)에 파견(派遣)하야 수처(數處) 교회(敎會)를 설립(設立)한 후(後) 남전도회(男傳道會)를 계속조직(繼續組織)하니라. ◇강계읍교회(江界邑敎會)에서 남녀전도회(男女傳道會)를 창립(創立)하고 전도자(傳道者) 수인(數人)을 장진(長津), 후창(厚昌) 등(等) 각군(各郡)에 파견(派遣)하야 수처(數處) 교회(敎會)를 설립(設立)하다. ◇황주읍교회(黃州邑敎會)에서 여전도회(女傳道會)를 창립(創立)하고 여도(女徒) 최순명(崔淳明), 최형락(崔亨樂) 양씨(兩氏)를 전도인(傳道人)으로 선정(撰定)하야 린근(鄰近) 각처(各處)에 복음(福音)을 선전(宣傳)하다.

1905년(一九0五年) 을사(乙巳)[에] 대동군(大同郡) 무진교회(戊辰敎會)에서 여전도회(女傳道會)를 창립(創立)하니라.

3. 환난(三, 患難)

1903년(一九0三年) 계묘(癸卯)에 장성군(長城郡) 보생교회(寶生敎會) 설립지초(設立之初)에 본리(本里) 사수(社首) 외(外) 3인(三人)이 협의(協議)하대 신(信)[172]자(者)난 무명잡세(無名雜稅)를 불납(不納)이라 하야 수성군(守城軍) 40여명(四十餘名)을 솔래(率來)하되 각기(各其) 총검(銃劍)을 지대(持帶)하고 위갈(威喝)을 가(加)함으로 3개월간(三個月間) 회집(會集)을 정지(停止)하엿다가 기후(其後) 정돈(整頓)하니라.

1903년(一九0三年) 재령군(載寧郡) 신환포교회(新換浦敎會) 한치순(韓致淳), 최정신(崔定信) 등(等)이 라마교인(羅馬敎人)의 침해(侵害)를 불감(不堪)하야 부득기(不得己) 해교도(該敎徒)를 상대자(相對者)로 기소(起訴)

한 바 본지방(本地方) 군수(郡守)와 관찰사(觀察使)난 해교도(該敎徒)의 세력(勢力)을 기탄(忌憚)하야 판단(判斷)을 불하(不下)함으로 외부(外部)에까지 상신(上申)함에 법부(法部)에 교섭(交涉)하야 순회재판쇼(巡廻裁判所)를 임시설정(臨時設定)하고 이응익(李應翼)을 재판장(裁判長)에 임명(任命)하야 해주(海州)에 파송심리(派送審理)한 결과(結果) 라마교인(羅馬敎人)의 죄상(罪狀)을 명핵(明覈)하야 의법판리(依法判理)하니 해교도(該敎徒)의 횡포(橫暴)가 종차침식(從此寢息)되야 교회(敎會)만 안돈(安頓)될 샏아니라 전도내(全道內) 인민(人民)이 뢰안(賴安)하니 한씨(韓氏)의 공로(功勞)를 칭탄불기(稱歎不己)하니라.

1904년(一九0四年) 갑진(甲辰) 춘(春)에 선천읍교회(宣川邑敎會)에서 평북도(平北都) 사경회(査經會)로 수천교도(數千敎徒)가 래집(來集)이러니 비의(匪意)에 일로교봉(日露交鋒)하야 로병(露兵)이 침입(侵入)함으로 동사경(同査經)은 정지(停止)하고 전교도(全敎徒)난 피산(避散)하게 되니 연로(沿路) 각회(各會)은 극(極)히 소조(蕭條)에 지(至)하엿고 선천군(宣川郡) 동림예배당(東林禮拜堂)은 병화(兵火)에 소실(燒失)하니라.

강계읍교회(江界邑敎會) 설립지쵸(設立之初)에 읍인(邑人) 질악(疾惡)하야 회당(會堂)에 취도(驟到)하야 혹(或) 석(石)을 투(投)하며 혹(或) 화(火)를 츙(衝)하니라.

1906년(一九0六年) 병오(丙午)에 강계군(江界郡) 고산진교회(高山鎭敎會)난 예배당(禮拜堂) 건축(建築) 시(時)에 헌병(憲兵)의 박해(迫害)로 누차 이건(累次移建)하니라.[173]

구성군(龜城郡) 남시(南市)에 대화홀기(大火忽起)하야 80여호(八十餘戶)가 연쇼(延燒)하얏난대 시민(市民)이 개언(皆言) 당지(當地)에 교회(敎會)가 설립(設立)됨으로 귀신(鬼神)이 노(怒)하야 차대화(此大禍를 강(降)함이라 하야 일대분규(一大紛叫)가 기(起)하엿도니 기후(其後)에 평북(平北) 각교회(各敎會)로셔 연금(捐金)을 수집(收集)하야 재민(災民)을 구조(救助)한 고로 원언(怨言)이 돈식(頓息)하니라.

김제군(金堤郡) 대송리교회(大松里敎會)에셔 교우회집(敎友會集) 시

(時)에 천주교(天主敎) 신부(神父)가 교도(敎徒) 수십명(數十名)을 솔래(率來)하야 위협(威脅)하며 발포(發砲)하야 부상자(負傷者) 다수(多數)라. 폭력(暴力)으로 해산(解散)하야 회집(會集)지 못하게 하니 유시상지(由是相持)하야 일대곤난(一大困難)이 되엿나니라.

김천군(金泉郡) 관기교회(舘基敎會) 설립(設立) 초(初)에 동민(洞民)이 심(甚)히 질악(疾惡)하야 교통(交通)을 두절(杜絶)하고 수화(水火)를 불통(不通)함으로 신자(信者)가 심(甚)히 곤난(困難)하더니 기후(其後) 관청(官廳)에서 동민(洞民)을 선유(善諭)함으로 침식(寢息)이 되니라.

장성군(長城郡) 소성리교회(小星里敎會) 설립(設立) 초(初)에 해면(該面) 이준서(李俊瑞)가 무리(無理)히 교우(敎友)를 포박난타(捕縛亂打)하며 성운서(成雲瑞)난 교우(敎友)를 능욕구박(凌辱歐拍)하고 기자질(其子姪)은 회당(會堂)의 문창(門牕)을 타파(打破)하며 위장(圍帳)을 졸렬(捽裂)하고 등대(燈臺)와 강상(講床)을 파쇄(破碎)한 후(後) 오예물(汚穢物)을 회당(會堂) 내(內)에 철포(撤布)하얏스니 시시(是時) 교회(敎會)의 환난(患難)이 여차(如此)하니라.

4. 교육(四, 敎育)

1901년(一九0一年) 신축(辛丑)[에] 선교사회(宣敎師會) 경영(經營)으로 경성(京城) 연동(蓮洞)에 학교(學校)를 설립(設立)하고 학생(學生)을 모집(募集)하야 중등과(中等科)로 교수(敎授)하기를 시작(始作)하니라.[174]

1902년(一九0二年) 임인(壬寅)에 의주군(義州郡) 관리교회(舘里敎會)와 용천군(龍川郡) 덕천교회(德川敎會)와 동군(同郡) 덕흥교회(德興敎會)와 서면교회(西面敎會)와 읍교회(邑敎會)에서 각기(各其) 자제교육(子弟敎育)키 위(爲)하야 사숙(私塾)을 설립(設立)이러니 기후(其後) 확장(擴長)되야 학교(學校)를 완성(完成)하니라.

강서군(江西郡) 반석교회(磐石敎會)와 청주읍교회(淸州邑敎會)에서 각기(各其) 자제교육(子弟敎育)키 위(爲)하야 학당(學堂)을 설립(設立)이러니 기후(其後) 확장(擴張)되야 학교(學校)를 완성(完成)하니라.

1903년(一九0三年) 계묘(癸卯)에 선산군(善山郡) 죽원교회(竹院敎會)와 익산군(益山郡) 고내리교회(高內里敎會)에서 학당(學堂)을 설립(設立)하고 교인(敎人) 자제(子弟)를 교육(敎育)하더니 기후(其後) 학부(學部)의 인가(認可)를 득(得)하야 학교(學校)를 성립(成立)하니라.

1904년(一九0四年) 갑진(甲辰)에 철산읍교회(鐵山邑敎會)와 선천군(宣川郡) 동림교회(東林敎會)와 곽산읍교회(郭山邑敎會)와 박천구읍교회(博川舊邑敎會)와 벽동군(碧童郡) 학면교회(鶴面敎會)에서 각기(各其) 자제(子弟)를 교육(敎育)키 위(爲)하야 학당(學堂)을 설립(設立)하엿더니 기후(其後)에 재정곤난(財政困難)으로 교육(敎育)이 완성(完成)치 못하고 폐지(廢止)한 곳도 혹(或) 유(有)하니라.

초산읍교회(楚山邑敎會)와 안주읍교회(安州邑敎會)와 덕촌읍교회(德川邑敎會)와 황주읍교회(黃州邑敎會)에서 각기(各其) 자제(子弟)를 교육(敎育)키 위(爲)하야 학교(學校)를 설립(設立)하엿더니 기후(其後) 확장(擴張)하야 초산읍(楚山邑) 배신(培信)과 안주읍(安州邑) 유신(維新) 등(等) 각(各) 학교(學校)는 굉대(宏大)한 교실(敎室)을 건축(建築)하고 충실(充實)한 교육(敎育)을 시(施)하나니라.

1905년(一九0五年) 을사(乙巳)에 선천읍회(宣川邑會)의 안준(安濬), 양전백(梁甸伯), 김병농(金炳禯) 등(等)이 발기(發起)하야 남자중등학교(男子中等學校)를 설립(設立)하야 석장동(石墻洞) 전도실(傳道室)을 임시교실(臨時敎室)로 차용(借用)하니 초년생도(初年生徒)는 30여인(三十餘人)이라. 교(校)[175]명(名)을 신성(信聖)이라 하니라.

의주읍교회(義州邑敎會)의 발기(發起)로 여자중등학교(女子中等學校)를 설립(設立)하고 초년교육(初年敎育)은 이상연(李相連), 장신포(張信布)가 시무(視務)하얏스니 교명(校名)은 양실학원(養實學院)이라 하니라.

동년(同年)에 용천군(龍川郡) 양시교회(楊市敎會)의 남녀학교(男女學校)와 동군(同郡) 신창교회(新倉敎會)의 여학교(女學校)와 동군(同郡) 대성교회(大成敎會)의 남학교(男學校)와 선천군(宣川郡) 가물남교회(嘉物南敎會)의 숭신학교(崇信學校)와 동군(同郡) 내동교회(內洞敎會)의 의성학교(義成學校)와 순천군(順川郡) 기탄교회(岐灘敎會)의 덕림학교(德林學校)와 덕천군(德川郡) 하달교회(下達敎會)의 남학교(男學校)와 동군(同郡) 목저리교회(木底里敎會)의 신명학교(新明學校)와 영원읍교회(寧遠邑敎會)의 남학교(男學校)와 대동군(大同郡) 문발리교회(文發里敎會)의 문흥학교(文興學校)와 의주군창회(義州郡倉會)의 기성학교(祈成學校)와 삭주읍회(朔州邑會)의 여학교(女學校)와 위원읍회(渭原邑會)의 융신학교(隆信學校)와 김제군(金堤郡) 월성리교회(月成里敎會)의 남학교(男學校)와 선산군(善山郡) 습예교회(習禮敎會)의 영명학교(永明學校)와 동군(同郡) 로상교회(路上敎會)의 광성학교(廣成學校)와 경산군(慶山郡) 사월교회(沙月敎會)의 계동학교(啓洞學校)와 김천군(金泉郡) 황금정교회(黃金町敎會)의 진명학교(進明學校)와 경성(京城) 승동교회(勝洞敎會)의 승동학교(勝洞學校)를 설립(設立)하야 수다(數多)한 청년(靑年)을 전력(專力)하야 배양(培養)하더니 기후(其後)에 재정(財政)의 불체(不逮)함으로 혹(或) 폐지(廢止) 혹(或) 유지(維持)하나니라.

시년(是年)에 경성(京城) 연동(蓮洞)에 중학교실(中學校室)을 신축(新築)하나니라.

1906년(一九0六年) 병오(丙午)에 경성(京城) 연동교회(蓮洞敎會)의 진영학교(晋永學校)와 김포읍교회(金浦邑敎會)의 신명학교(新明學校)와 양평군(楊平郡) 용진교회(龍津敎會)의 소학교(小學校)와 동군(同郡) 봉화현교회(烽火峴敎會)의 소학교(小學校)와 동군(同郡) 퇴계원교회(退溪院敎會)의 소학교(小學校)와 양평군(楊平郡) 묘곡교회(妙谷敎會)의 소학교(小學校)와 동군(同郡) 고송교회(高松敎會)의 소학교(小學校)와 동군(同郡) 신점교회(新店敎會)의 소학교(小學校)와 시흥(始興)[176]군(郡) 영등포교회(永登浦敎會)의 소학교(小學校)와 동군(同郡) 양평리교회(楊平里敎會)의 소학교(小學校)와 고양군(高陽郡) 세교리교회(細橋里敎會)의 소학교(小學校)와 광주군(廣州郡) 송파교회(松坡敎會)의 소학교(小學校)와 대동군(大同郡) 수우리교회(水隅里敎會)의 숭신학교(崇信學校)와 동군(同郡) 벽지도교회(碧只島敎會)의 인실학교(仁實學校)와 평원군(平原郡) 통호리교회(通湖里敎會)의 일신학교(日新學校)와 동군(同郡) 덕지교회(德池敎會)의 소학교(小學校)와 의주군(義州郡) 미산교회(美山敎會)에 명신학교(命新學校)와 동군(同郡) 청전교회(靑田敎會)의 취신학교(就新學校)와 칠곡군(柒谷郡) 숭오교회(崇烏敎會)의 진현학교(晋賢學校)와 선산군(善山郡) 죽원교회(竹院敎會)의 영창학교(永昌學校)와 동군(同郡) 오가동교회(五加同敎會)의 광명학교(廣明學校)와 경산군(慶山郡) 봉황동교회(鳳凰洞敎會)의 영창학교(永昌學校)와 청도군(淸道郡) 송서면교회(松西面敎會)의 소학교(小學校)와 서천군(舒川郡) 구동교회(九洞敎會)의 소학교(小學校)와 부안군(扶安郡) 대수리교회(大水里敎會)의 소학교(小學校)와 김제군(金堤郡) 두정리교회(豆亭里敎會)의 용광학교(㸓光學校)를 설립(設立)하야 청년교육(靑年敎育)이 가위발달(可謂發達)이러니 기후(其後)에 재정부족(財政不足)으로 혹(或) 칙폐지(則廢止)하며 혹(或) 능유지(能維持)하나니라.

시년(是年)에 의주읍교회(義州邑敎會)의 장유관(張有寬), 김기창(金基昌) 등(等)이 발기(發起)하야 청년교육(靑年敎育)을 특면(特免)하야 동지학회(同志學會)를 조성(組成)하고 읍내학교(邑內學校)를 확장(擴張)하야 남녀중등부(男女中等部) 고등부(高等部) 심상부(尋常部)를 설치(設置)하고 교명(校名)을 양실학원(養實學院)이라 통칭(通稱)하나니라.

5. 자선사업(五, 慈善事業)

1903년(一九0三年) 계묘(癸卯)[에] 자성군(慈城郡) 중강교회(中江敎會)의 최기영(崔基永)은 임종(臨終) 시(時)에 금 100원(金一百圓)과 이영희(李永熙)는 임종(臨終) 시(時)에 금 50원(金五十圓)을 교회(敎會)에 기부(寄付)하고 김씨치화(金氏致化)는 대종(大鍾) 1개(一個)를 기부(寄付)하니라.[177]

곡산군(谷山郡) 도이동교회(挑梨洞敎會)의 김자관(金子官)은 임종(臨終) 시(時)에 금 100원(金一百圓)을 교회(敎會)에 기부(寄付)하야 전도(傳道)에 보용(補用)케 하니라.

강동군(江東郡) 관계리교회(冠鷄里敎會)의 영수(領袖) 이정하(李貞夏)는 항언(恒言)호대 자기소유(自己所有)는 다 진신소사(眞神所賜)라 하더니 와가(瓦家) 7간(七間)과 초옥(草屋) 9간(九間)을 교회(敎會)에 기부(寄付)하나라.

1906년(一九0六年) 병오(丙午)에 평양부(平壤府) 창전리(倉田里) 예배당(禮拜堂) 건축(建築) 시(時)에 장로(長老) 이덕환(李德煥)이 기지(基地) 2천평(二千坪)을 기부(寄付)하나라.

대동군(大同郡) 수우리(水隅里) 숭봉학교(崇奉學校) 설립(設立) 시(時)에 이용린(李龍獜)은 전 1천5백평(田一千五百坪)과 전준선(田俊善)은 전 1천8백평(田一千八百坪)을 기부(寄付)하나라.

원산항(元山港) 광석동교회(廣石洞敎會)의 이도원(李道元)은 자선심(慈善心)이 풍부(豊富)하야 구제사업(救濟事業)으로 평생소락(平生所樂)을 삼더니 걸식(乞食)하는 노자(老姿)를 수용(收容)하야 장시구호(長時救護)라가 사후안장(死後安葬)하나라.

동회(同會) 김사겸(金仕謙)도 자선심(慈善心)이 충만(充滿)하야 열심전도(熱心傳道)하며 진력애린(盡力愛鄰)하야 형제(兄弟)의 궁핍(窮乏)함을 첩견(輒見)에 자담(自擔)하야 필구(必救)하나라.

함흥읍교회(咸興邑敎會)의 선교부인(宣敎夫人) 맹미난(孟美蘭)은 병원(病院)을 설립(設立)하고 읍촌환자(邑村患者)를 애린고휼(愛鄰顧恤)하는 고로 일경(一境)이 심감(深感)하야 진신(眞神)의게 귀영(歸榮)하나라.

동군(同郡) 신풍리교회(新豊里敎會)의 김수억(金守億) 부부(夫婦)는 선심(善心)으로 래빈(來賓)을 후대(厚待)하더니 임종(臨終) 시(時)에 소유재산(所有財産)[178]을 교회(敎會)에 진부(盡付)하나라.

안변읍교회(安邊邑敎會)의 여도(女徒) 김모니가(金母尼哥)와 김나득(金羅得)은 임종(臨終) 시(時)에 소유재산(所有財産)은 교회(敎會)에 진부

(盡付)하니라.

6. 진흥(興)(六, 振興)

　　1903년(一千九百三年) 계묘(癸卯) 동(冬)에 쉬덴[Sweden] 목사(牧師) 프란식[Fredrick Franson, 1852-1908]가 남감리회선교사(男監理會宣敎師) 하리영(河鯉泳, [Robert Hardie]) 가(家)에 래(來)하야 1주간(一週間)을 기도(祈禱)한 후(後) 원산(元山)에 잇는 장감양교파(長監兩敎派)와 침례회(沈禮會)까지 연합(聯合)하야 창전예배당(倉前禮拜堂)에서 1주간(一週間) 매야집회(每夜集會)하야 기도(祈禱)하는 중(中) 하리영(河鯉泳, [Robert Hardie])이 은혜(恩惠)를 특수(特受)하얏고 익년(翌年) 춘정월(春正月)에 우3파교회(右三派敎會)가 연합사경(聯合査經) 중(中) 장로회선교사(長老會宣敎師) 업아력(鄴亞力, [A. F. Robb])이 특은(特恩)을 밧아 다일간(多日間) 금식통회(禁食痛悔)하며 가로상(街路上)에셔도 간구부절(懇求不絶)함으로 신자(信者) 등(等)은 비소(誹笑)하고 불신자(不信者) 등(等)은 취주자(醉酒者)라 지칭(指稱)하엿나니라. 월2년(越二年) 하(夏) 제직사경회(諸職査經會) 중(中)에 특별(特別)한 부흥(復興)이 기(起)하야 혹(或) 자(者)는 40일간(四十日間) 시간(時間)을 정(定)하고 기도(祈禱)하난 중(中) 이상(異像)을 보기도 하엿스며 업아력(鄴亞力, [A. F. Robb]) 사제(私第)에서 삼사인(三四人)이 기도(祈禱)하는 중(中) 통회(痛悔)하는 곡성(哭聲)이 상가(喪家)와 동(同)하얏고 당석(當席)에 방참(傍叅)하엿던 가나다 선교회총무(宣敎會總務) 마가이[Robert Peter MacKay, 1847-1929]와 중국(中國) 양자강(楊子江) 연안(沿岸)에서 전도(傳道)하던 선교사(宣敎師) 고(高)요한(古約翰, [Jonathan Goforth, 1859-1936])은 방언(方言)을 불통(不通)하나 특은(特恩)에 감동(感動)되얏고 쪼 평양(平壤)에 지(至)하야 장대현교회(章臺峴敎會)에셔 대부흥(大復興)됨을 목도(目睹)하고 기국(其國)에 귀(歸)하야 유명(有名)한 부흥회(復興會) 인도자(引導者)가 되얏고 원산(元山) 제직

사경회(諸職査經會)는 부흥회(復興會)로 변(變)하게 되야 업아력(鄴亞力, [A. F. Robb])이 인도(引導)하난 즁(中) 회개애통(悔改哀痛)하는 쟈(者)도 다(多)하[179]고 기이(奇異)한 능력(能力)을 밧은 쟈(者)도 다(多)하얏스며 차(此)가 인도선(引導線)이 되야 기후(其後) 전국교회(全國敎會)가 점차부흥(漸次復興)함으로 교회발전(敎會發展)의 일대전기(一大轉機)를 작(作)하니라.

　　1907년(一千九百七年) 1월(一月)에 평양(平壤) 쟝대현교회(章臺峴敎會)가 부흥(復興)하니라. 선시(先是)에 원산(元山) 거쥬(居住) 남감리파(男監理會宣敎師) 하리영(河鯉永, [Robert Hardie])이 평양(平壤)에 래(來)하야 쟝감양파선교사(長監兩派宣敎師)를 회집(會集)하야 부흥회(復興會)를 개(開)하엿는대 셩신(聖神)의 감동(感動)을 밧아 각기(各其) 죄(罪)를 자복(自服)하는 즁(中) 이길함(李吉咸, [Graham Lee])이 특은(特恩)을 밧고 평양(平壤) 교회제직(敎會諸職)을 회집(會集)하야 1주일간(一週日間) 매야(每夜)에 약한1서(約翰一書)를 교슈(敎授)하난 즁(中) 제직(諸職)들이 은혜(恩惠)밧기를 시작(始作)하엿스며 기년(其年) 10월(十月)에 미국인 박사(米國人 博士) 하웰드, 매그늑, 쫀스튼[Howard Agnew Johnston]이 동교회(同敎會)에 래(來)하야 영국(英國) 헬씌[Wales] 지방(地方)과 인도국교회(印度國敎會)에셔 셩신(聖神)의 은사(恩賜)밧은 사(事)를 설명(說明)하고 청즁(聽衆)에 향(向)하야 셩신(聖神)밧기를 원(願)하난 쟈(者)는 기립(起立)하라 함에 길션쥬(吉善宙)가 즉시(卽時) 기립(起立)하니 해박사(該博士)가 예언(預言)하기를 차지(此地)에도 셩신(聖神)이 쟝차강림(將次降臨)하리라 하더니 시년(是年) 1월(一月) 평남군(平男郡) 사경회(査經會) 시(時)에 각(各) 학교(學校)에셔도 셩신(聖神)밧기 위(爲)하야 기도(祈禱)하더니 김찬셩(金燦星)이 인도(引導)하는 슝덕학교(崇德學校) 기도회(祈禱會)에셔 300여명(三百餘名) 학생일동(學生一同)이 회죄통곡(悔罪痛哭)하니 차(此)가 사경회(査經會)에 전파(傳播)되고 길션쥬(吉善宙)가 셩신도리(聖神道理)를 교수(敎授)하난 즁(中) 채졍민(蔡廷敏)을 위시(爲始)하야 사경회(査經會) 각반(各班)이 회죄통곡(會罪痛哭)하얏고 션교사(宣敎師) 이길함(李吉咸,

[Graham Lee])이 매야예배(每夜禮拜) 인도(引導) 즁(中) 홀연(忽然)히 급(急)한 바람이 임(臨)하난 것 갓더니 만당청즁(滿堂聽衆)이 셩신(聖神)의 감동(感動)을 밧아 각기(各其) 죄(罪)를 자복(自服)하며 통곡(痛哭)하니라. 여사(如斯) 10여일(十餘日)에 각(各) 교회(敎會)가 크게 부흥(復興)되얏스며 길션쥬(吉善宙)의 인도(引導)로 1개월(一個月)을 더 계속(繼續)하난 즁(中) 수쳔명(數千名) 교인(敎人)이 다 즁(重)[180]생(生)의 셩신셰례(聖神洗禮)를 밧앗나니라. 차(此)가 각지(各地)에 젼파(傳播)됨에 즁국인(中國人) 신학사(神學士) 호만셩(胡萬成), 쟝사졍(張賜楨) 등(等)이 래(來)하야 1주간(一週間) 유(留)하얏난대 언어(言語)가 불통(不通)되고 통역(通譯)도 업섯스나 예배(禮拜)하난 의표(儀表)만 보고 셩신(聖神)의 은사(恩賜)를 밧앗스며 기국(其國)에 귀(歸)하야 자기(自己)의 교회(敎會)를 부흥(復興)케 하얏나니라. 동년(同年) 츈(春)에 즁국목사(中國牧師) 유젼악(劉全岳) 등(等) 2인(二人)이 평양(平壤)에 래(來)하야 당지(當地) 교회직원(敎會職員)들과 목단봉(牧丹峰)에셔 긔도(祈禱)할새 자기교회(自己敎會)를 위(爲)하야 간졀(懇切)히 애통(哀痛)하며 긔도(祈禱)하얏나니라.

　동년(同年) 츈(春)에 경셩(京城) 각(各) 교회(敎會)가 부흥(復興)하다. 평양교회(平壤敎會) 길션쥬(吉善宙) 쟝로(長老)가 경셩(京城)에 래(來)하야 경긔도(京畿道) 사경회(査經會)에 셩신도리(聖神道理)를 교수(敎授)할 시(時)에 셩신(聖神)의 감동(感動)을 밧아 각기(各其) 죄(罪)를 자복(自服)하고 애통(哀痛)하며 즁생(重生)의 셰례(洗禮)를 밧앗고 열심(熱心)으로 젼도(傳道)하야 도내(道內) 각(各) 교회(敎會)가 크게 부흥(復興)하니라.[181]

제 3편

독노회시대(獨老會時代) 1907년 - 1911년 말

제 7 장
총론(總論)

1907년(一九0七年) 정미(丁未) 9월(九月) 17일(十七日)에 조선(朝鮮)예수교장로회(敎長老會) 독노회(獨老會)가 성립(成立)하다.

1907, 조선예수교장로회독노회

1. 독노회설립(一, 獨老會設立)

1907년(一九0七年) 정미(丁未) 9월(九月) 17일(十七日)에 조선(朝鮮)예수교장로회(敎長老會) 독노회(獨老會)가 성립(成立)하다. 지시(至是)하야 미국남북장로회(美國南北長老會)와 영국(英國) 가나다와 오스트렐나 장로회(長老會) 4교파(四敎派) 선교사(宣敎師)의 공의회결정(公議會決定)에 의(依)하야 조선(朝鮮)예수교장로회(敎長老會) 독노회(獨老會)를 조직(組織)하니 회원(會員)은 선교사(宣敎師) 38인(三十八人) 조선장로(朝鮮長老) 40인(四十人) 합 78인(合七十八人)이요 회장(會長)은 선교사(宣敎師) 마포삼열(馬布三悅, [Samuel A. Moffett]) 부회장(副會長) 방기창(邦基昌) 서기(書記) 한석진(韓錫晋) 부서기(副書記) 송린서(宋麟瑞) 회계선교사(會計宣敎師) 이길함(李吉咸, [Graham Lee])이러라.

2. 노회처리(二, 老會處理)

1. 공의회(公議會) 시(時)에 시취교수(試取敎授)한 신학 제 1회(神學第一回) 졸업생(卒業生) 서경조(徐景祚), 방기창(邦基昌), 한석진(韓錫晋), 양전백(梁甸伯), 송린서(宋麟瑞), 길선주(吉善宙), 이기풍(李基豊) 7인(七人)을 목사(牧師)로 장립(將立)한 사(事)

2. 목사(牧師) 이기풍(李基豊)을 제주선교사(濟州宣敎師)로 파송(派送)한 사(事)

3. 전국지경(全國地境)이 광윤(廣潤)하고 거리상원(距離相遠)하야 노회회집(老會々集)이 빈수(頻數)키 불능(不能)함으로 경기(京畿) 충청(忠淸)[182]과 평북(平北)과 평남(平男)과 경상(慶尙)과 함경(咸鏡)과 전라지방(全羅地方)에 7대리회(七代理會)를 치(置)하야 노회(老會)의 위임사건(委任事件)을 처리(處理)케 한 사(事)

4. 만국장로회공의회(萬國長老會公議會)에 조선(朝鮮)예수교장로회(敎長老會) 조직(組織)을 통지(通知)하야 기명부(其名簿)에 본장로회명(本長老會名)을 기입(記入)함을 청구(請求)하되 안식년(安息年) 귀국선교사(歸國宣敎師)를 총대(總代)로 택(擇)하야 위탁(委托)하기로 결정(決定)한 사(事)

5. 미국남북장로회(美國南北長老會)와 영국(英國) 가나다와 오스트렐냐 사교회(四敎會)에 본장로회(本長老會) 조직(組織)에 대한 감사의(感謝意)를 송함(送函)케 한 사(事)

6. 노회비(老會費)를 전국(全國) 각(各) 교회(敎會)에 수합(收合)케 한 사(事)

7. 미국재유(美國在留) 원두우박사(元杜尤博士)의게 본노회(本老會) 조직(組織)을 전통(電通)한 사(事)

1908년(一千九百八年) 무신(戊申)[에] 노회(老會)가 경성(京城)에 회집(會集)하니 회원(會員)은 목사(牧師) 7인(七人) 장로(長老) 52인(五十二人) 선교사(宣敎師) 38인(三十八人) 합계(合計) 85인(八十五人)이라. 직원선거(職員選擧)함이 여좌(如左)하니 회장(會長)은 선교사(宣敎師) 기일(奇一,

[James Gale]) 부회장선교사(副會長宣敎師) 이눌서(李訥瑞, [William David Reynolds, 1867-1951]) 서기목사(書記牧師) 한석진(韓錫晋), 김필수(金弼秀) 회계선교사(會計宣敎師) 이길함(李吉咸, [Graham Lee]) 이러라.

    1. 신경(信經)과 정치(政治)를 완전(完全)히 채용(採用)한 사(事)
    2. 만국장로공의회(萬國長老公議會) 총대(總代)를 택한 사(事)
    3. 감사일(感謝日)은 양11월(陽十一月) 최종목요일(最終木曜日)로 정(定)한 사(事)[183]
    4. 4처(四處) 미순회(會)가 각기(各其) 신학도(神學徒) 인원수(人員數)에 의(依)하야 신학교(神學校) 용비(用費)를 분담(分擔)하고 신학교(神學校) 건물(建物)에 일이부분(一二部分)을 담당(擔當)하게 한 사(事)

    1909년(一千九百九年) 기유(己酉)[에] 노회(老會)가 평양(平壤)에 회집(會集)하니 회원(會員)은 목사(牧師) 15인(十五人) 장로(長老) 70인(七十人) 선교사(宣敎師) 33인(三十三人) 합계(合計) 118인(一百十八人)이라. 직원(職員)을 선거(選擧)함이 여좌(如左)하니 회장선교사(會長宣敎師) 원두우(元杜尤, [Horace G. Underwood]) 부회장목사(副會長牧師) 이기풍(李基豊) 서기목사(書記牧師) 한석진(韓錫晋), 김필수(金弼秀) 회계(會計) 이길함(李吉咸, [Graham Lee]), 김성탁(金聖鐸)이더라.

    1. 최관흘(崔寬屹)을 해삼위(海參威) 유리동포(流離同胞)의게 전도목사(傳道牧師)로 파송(派送)한 사(事)
    2. 평양(平壤) 여전도회(女傳道會)에서 여도(女徒) 이관선(李寬善)을 제주(濟州)에 파송(派送)하야 50간(五十間) 전도(傳道)하게 한 사(事)
    3. 평양대(平壤大) 중학생(中學生) 등(等)이 연금(捐金)을 수합(收合)하야 김형재(金亨哉)를 제주(濟州)에 파송(派送)하야 1년간(一年間) 전도(傳道)하게 한 사(事)
    4. 목사(牧師) 한석진(韓錫晋)을 일본(日本) 동경(東京)에 파송(派送)하야 본국(本國) 유학생(留學生)의게 3개월(三個月) 전도(傳道)하게 한 사(事)
    5. 교회신보(敎會申報)를 발행(發行)하기 작정(作定)하고 목사(牧師) 한

석진(韓錫晋)을 사장(社長)으로 정(定)한 사(事)

  6. 노회규칙(老會規則)을 제정채용(制定採用)한 사(事)

  7. 미순공의회(公議會)에서 신학교육위원대(神學教育委員代)에 이사회(理事會)를 조직(組織)한 사(事)

  1910년(一千九百十年) 경술(庚戌)에 노회(老會)가 선천(宣川)에 회집(會集)하니 회원(會員)은 목사(牧師) 25인(二十五人) 장로(長老) 74인(七十四人) 선교사(宣教師) 30인(三十人) 합계(合計) 139인(一百三十九人)이라. 직원(職員)을 선(選)함이 여좌(如左)하니 회장선교사(會長宣教師) 기일(奇一, [James Gale]) 부(副)[184]회장(會長) 길선주(吉善宙) 서기(書記) 한석진(韓錫晋), 김필수(金弼秀) 회계(會計) 미국인(美國人) 사락수(謝樂秀, [Alfred M. Sharrocks]) 김성탁(金聖鐸)이더라.

  1. 교회신보사(教會申報社)는 경성(京城)에 이설(移設)하게 한 사(事)

  2. 장로(長老) 박영일(朴永一)을 일본(日本) 동경(東京)에 파송(派送)하야 본국(本國) 유학생(留學生)의게 전도(傳道)하게 한 사(事)

  3. 노회(老會)가 유학생(留學生)과 신도(信徒)의 형편(形便)을 시찰(視察)하기 위(爲)하야 시찰위원(視察委員)을 선거(選擧)하야 일본(日本) 동경(東京)에 파송(派送)한 사(事)

  4. 100만명(百萬名) 전도(傳道)를 시작(始作)하고 목사(牧師) 김영제(金永濟)를 북간도(北間島)에 전도목사(傳道牧師)로 파송(派送)한 사(事)

  5. 신경(信經)과 정치규칙(政治規則)을 노회록(老會錄)에 부록간행(附錄刊行)하게 한 사(事)

  6. 노회회집일(老會々集日)은 매년(每年) 9월(九月) 제1주일(第一主日)노 결정(決定)한 사(事)

  7. 평북대리회(平北代理會)에서 청원(請願)한 전도목사(傳道牧師) 파송안(派送案)은 선교회(宣教會)에 위임(委任)하야 김진근(金振瑾)을 서간도(西間島) 전도목사(傳道牧師)로 파송(派送)한 사(事)

  8. 신학교(神學校)에 별신학과(別神學課)를 치(置)한 사(事)

  1911년(一千九百十一年) 신해(辛亥[에 노회(老會)가 대구(大邱)에 회

집(會集)하니 회원(會員)은 목사(牧師) 39인(三十九人) 장로(長老) 112인(一百十二人) 선교사(宣敎師) 46인(四十六人) 합계(合計) 187인(一百八十七人)이라. 직원(職員)을 선거(選擧)함이 여좌(如左)하니 회장선교사(會長宣敎師) 이눌서(李訥瑞, [William David Reynolds, 1867-1951]) 부회장목사(副會長牧師) 양전백(梁甸伯) 서기(書記) 한석진(韓錫晋), 김필수(金弼秀) 회계(會計) 미국인(美國人) 사락수(謝樂秀, [Alfred M. Sharrocks]) 김석창(金錫昌)이더라.

1. 교회신보사(敎會申報社) 주주총회권(株主總會權)을 노회(老會)에 양도(讓渡)함에 잉수(仍受)한 사(事)[185]

2. 임종순(林鐘純) 장로(長老)를 일본(日本) 유학생(留學生)의게 전도인(傳道人)으로 파송(派送)한 사(事)

3. 일본(日本) 기독교회(基督敎會)에서 서정(叙情)한 서함(書函)은 회장(會長)과 서기(書記)의게 위임답함(委任答函)하게 한 사(事)

4. 총회설립(總會設立)에 대(對)한 준비(準備)

일(一) 총회총대(總會總代)는 매 5개(每五個) 지회(支會)에셔 목사(牧師) 1인(一人) 장로(長老) 1인(一人) 파송(派送)하게 한 사(事)

이(二) 7대리회(七代理會)를 7노회(七老會)로 조직(組織)하게 한 사(事)

삼(三) 노회조직(老會組織)하기 전(前)에는 대리회(代理會)가 여전(如前)히 사무(事務)를 처리(處理)하게 한 사(事)

사(四) 총회회집(總會々集) 일자(日子)는 매년(每年) 9월(九月) 제 1주일(第一主日)로 정(定)하고 본년(本年) 노회장(老會長)과 서기(書記)가 조직회장(組織會長) 서기(書記)로 시무(視務)할 사(事)

제 8 장
경충대리회(京忠代理會)

1910년(一九一0年) 경술(庚戌)에 경성(京城) 신문내교회(新門內敎會)난 선교사(宣敎師) 원두우(元杜尤), 목사(牧師) 서경조(徐景祚)의 근로(勤勞)로 진흥(振興)되야 300여명(三百餘名) 신도(信徒)가 합심협력(合心協力)하야 화려광대(華麗廣大)한 예배당(禮拜堂) 염정동(廉井洞)[금(今) 서대문(西大門) 정 2정목(町二丁目)]에 이건(移建)하니 교세(敎勢)가 점익진전(漸益進展)하니라.

1910, 조선예수교장로회 경충대리회

1. 교회조직(一, 敎會組織)

1907년(一千九百七年) 정미(丁未)[에] 고양군(高陽郡) 세교교회(細橋敎會)에서 예배당(禮拜堂)과 전도실(傳道室)을 확장(擴張)하야 와제(瓦製) 10여간(十餘間)을 증축(增築)하고 학교(學校)도 신설(新設)하야 아동교육(兒童敎育)을 실시(實施)하얏나니라.

광주군(廣州郡) 신사리교회(新沙里敎會)에서 합심협력(合心協力)하야 예배당(禮拜堂)을 와제(瓦製)로 신건(新建)하니라.

경성(京城) 연동교회(蓮洞敎會)에서 열심연보(熱心捐補)하야 5천여원(五千餘圓)을 구취(鳩聚)하야 80간(八十間) 예배당(禮拜堂)을 건축(建築)하고[186] 시년(是年) 동(冬)에 낙성봉헌(落成奉獻)하얏스며 신자(信者)가 월가(越加)함으로 이명혁(李明赫), 이원긍(李源兢)을 장로(長老)로 가택(加擇)하니라.

양평군(楊平郡) 신점교회(新店敎會)난 의병(義兵)과 일병(日兵)의 충돌(衝突) 당시(當時)에 병화(兵火)를 인(因)하야 예배당(禮拜堂)은 피쇼(被燒)되고 교인(敎人)들은 산협혈암(山峽穴岩)에 피졉(避接)하야 기도(祈禱)로 생활(生活)하난 중(中) 환난(患難)을 피(避)하얏난대 적기시(適其時) 선교사(宣敎師) 곽안련(郭安連, [Charles Allen Clark])이 모험순행(冒險巡行) 중(中)에 심방위문(尋訪慰問)함으로 다쇼(多少)의 안위(安慰)을 엇고 초초 복귀(稍々復歸)하야 예배당(禮拜堂)을 합력중건(合力重建)하니 교회(敎會)가 부진(復振)하얏고 조사(助師) 이춘경(李春景), 박태선(朴泰善) 등(等)이 순회시직(巡回視職)하니라.

파주구역(坡州區域)을 관리(管理)하난 선교사(宣敎師) 원두우(元杜尤, [Horace G. Underwood])가 전도인(傳道人) 최덕준(崔德俊)으로 순회전도(巡回傳道)한 결과(結果) 신자(信者)가 울흥(蔚興)하야 파주읍(坡州邑) 신산리(新山里) 갈현리(葛峴里), 용미리(龍尾里), 등원리(登院里), 발도리(發都里), 덕천리(德川里), 부작동(富作洞), 금촌(金村) 등지(等地)에 교회(敎會)를 설립(設立)하니라.

시흥군(始興郡) 양평리교회(楊平里敎會)가 성립(成立)하다. 선시(先是)에 당지(當地) 송유현(宋有鉉), 이풍순(李豐順), 이덕륜(李德倫), 최영도(崔永道), 송봉서(宋奉西), 김준기(金俊基) 등(等)이 선교사(宣敎師) 원두우(元杜尤, [Horace G. Underwood])의 파송(派送)한 전도인(傳道人)의게 복음(福音)을 밧은 후(後) 영등포교회(永登浦敎會)에 왕래(往來)하더니 본지(本地) 신자(信者)가 점가(漸加)함으로 예배당(禮拜堂)을 건축(建築)하고 분립(分立)하니라.

양주군(楊州郡) 봉화현교회(烽火峴敎會)가 성립(成立)하다. 선시(先是)에 최성렬(崔聖烈), 최승진(崔承晋) 등(等)이 감리파선교사(監理派宣敎師)의 전도(傳道)로 밋고 전도(傳道)한 결과(結果) 30여인(三十餘人)이 집회

(集會)하야 3간옥(三間屋)을 예배당(禮拜堂)으로 사용(使用)하고 교회(敎會)를 성립(成立)하니라.

경성부(京城府) 남대문외교회(南大門外敎會)가 남대문외(南大門外) 세부람시병원(世富蘭偲病院) 내(內)에 설립(設立)하다. 선시(先是)에 동병원(同病院)이 동(銅)[187]현(峴)에 잇슬 째 병원(病院)에 회집예배(會集禮拜)하던 신자(信者) 일부분(一部分)과 홍문동교회(弘文洞敎會)의 신자(信者) 일부분(一部分)이 회합성립(會合成立)하얏난대 홍문동교회(弘文洞敎會)난 서홍인(瑞興人) 황모(黃某)와 상동교회(尙洞敎會) 신자(信者) 배모(裵某)가 철도부설(鐵道敷設)에 대(對)하야 사익(私益)을 도득(圖得)할 주의(主義)로 교인(敎人)을 취집(聚集)하야 조직(組織)한 것인 고(故)로 분쟁(紛爭)이 기(起)하야 선교사(宣敎師) 모삼열(牟三悅 [Samuel Foreman Moore, 1860-1906]), 민노아(閔老雅, [Frederick S. Miller]), 어비신(魚丕信, [Oliver R. Avison])을 구타축출(歐打逐出)하기를 계도(計圖)까지 하얏난 고(故)로 필경(畢竟) 해산(解散)하고 다부분(多部分)의 신자(信者)들은 승동(勝洞)에 교회(敎會)를 설립(設立)하게 됨에 홍문동예배당(弘文洞禮拜堂)을 매각(賣却)하야 승동예배당(勝洞禮拜堂) 건축비(建築費)로 보조(補助)하얏고 소부분(小部分)의 신자(信者)난 남대문외(南大門外)에 교회(敎會)를 설립(設立)함에 선교사(宣敎師) 원두우(元杜尤, [Horace G. Underwood])가 관리(管理)하고 의사(醫師) 어비신(魚丕信)이 진성방조(盡誠幫助)하야 교회(敎會)가 점진(漸進)되고 최용회(崔容鎬)가 조사(助師)로 시무(視務)하니라.

양주군(楊州郡) 퇴계원교회(退溪院敎會)가 성립(成立)하다. 선시(先是)에 김원경(金元敬)이 최선신교(最先信敎)하고 열심전도(熱心傳道)한 결과(結果)로 김원순(金元淳) 형제(兄弟)와 조씨(趙氏)마리아가 상계귀도(相繼歸道)하야 사저(私邸)에서 예배(禮拜)하다가 열심연보(熱心捐補)하야 육칠백평(六七百坪) 기지(基址)를 매득(賣得)하야 8간(八間) 예배당(禮拜堂)과 4간(四間) 주택(住宅)을 신건(新建)하얏고 선교사(宣敎師) 곽안련(郭安連, [Charles Allen Clark])이 관리(管理)하난 중(中) 지사리(芝沙里), 광능천

(光陵川), 풍양(豊陽), 와촌(瓦村) 등(等) 교회(敎會)를 연합(聯合)하야 1구역(一區域)을 작성(作成)하야 순회조사(巡廻助師) 정윤수(鄭允洙) 차상진(車相晋), 정인호(鄭寅鎬), 안극선(安極善) 등(等)이 상계시무(相繼視務)하니라.

괴산군(槐山郡) 청천교회(靑川敎會)난 설립자(設立者)인 이종호(李鍾浩)가 당지(當地)에 세거(世居)하난 거족(巨族) 송씨(宋氏) 등(等)의 무한(無限)한 핍박(逼迫)과 침해(侵害)를 비상(備嘗)하면셔도 열심전도(熱心傳道)하고 선교사(宣敎師) 민노아(閔老雅, [Frederick S. Miller]), 계군(桂君, [Edwin H. Kagin])과 조사(助師) 김정현(金正賢) 등(等)이 순회시무(巡廻視務) 중(中) 교회(敎會)가 점진(漸進)하야 예배당(禮拜堂)까지 건축(建築)하야 산곡리(山谷裏)에 유력(有力)한 교회(敎會)라 가칭(可稱)할 만하나 [188] 악마(惡魔)의 작희(作戲)를 인(因)하야 이종호(李鍾浩)난 타락(墮落)한 중(中)에 잇스니 가석(可惜)한 사(事)이니라.

괴산군(槐山郡) 청천면(靑川面) 송서리교회(松西里敎會)난 설립(設立) 후(後) 선교사(宣敎師) 민노아(閔老雅, [Frederick S. Miller]), 계군(桂君, [Edwin H. Kagin])과 조사(助師) 김정현(金正賢) 등(等)이 인도(引導)함으로 지보(支保)하야 가나 항시연약(恒時軟弱) 중(中)이 잇더라.

청주군(淸州郡) 오창면(梧倉面) 건지산교회(乾池山敎會)난 선교사(宣敎師) 민노아(閔老雅, [Frederick S. Miller])가 순회인도(巡廻引導)하난 중(中)에 교회(敎會)가 점진(漸進)하야 예배당(禮拜堂)을 건축(建築)하니라.

청주군(淸州郡) 세교리교회(細橋里敎會)가 성립(成立)하다. 선시(先是)에 이창영(李昌榮)이 김현규(金顯圭)의 전도(傳道)을 인(因)하야 밋고 당지(當地)에 전도(傳道)한 결과(結果)로 신자(信者)가 점진(漸進)하야 교회(敎會)를 성립(成立)하니라.

괴산군(槐山郡) 청안구읍교회(淸安舊邑敎會)가 성립(成立)하다. 선시(先是)에 조사(助師) 김정현(金正賢)의 전도(傳道)로 장호식(張浩植)이가 밋고 기후(其後) 신자(信者)가 계진(繼進)하야 교회(敎會)를 설립(設立)하니라.

1908년(一千九百八年) 무신(戊申) 시년(是年) 춘(春)에 연동교회(蓮洞敎會) 장로(長老) 고찬익(高燦益)이 평양신학교(平壤神學校)에서 이병별세(罹病別世)하니 동교회묘지(同敎會墓地)에 반장(返葬)하다. 고군(高君)이 귀주(歸主)한 후(後)에 애(愛)에 충일(充溢)한 기독(基督)의 은총(恩寵)을 감격(感激)하야 주(主)의 사역(使役)에 진충갈성(盡忠竭誠)함으로 신자(信者)가 일가시증(日加時增)하야 동교회(同敎會)가 불과(不過) 수년(數年)에 천수백명(千數百名)의 교도(敎徒)를 유(有)케 되고 전반교도(全般敎徒)가 군(君)을 태산북두(泰山北斗)와 갓치 의앙(依仰)하다가 홀지(忽地)에 상변(喪變)을 당(當)하니 부노(父老)들은 좌우수(左右手)를 실(失)한 갓치 유소(幼少)난 고비(考妣)를 상(傷)함 갓치 비애(悲哀) 중(中)에 장의(葬儀)을 필(畢)얏하난대 차(此)을 문(聞)한 불신자(不信者)까지도 통석불기(痛惜不己)하더라.[189]

　영등포교회(永登浦敎會)에셔 본년(本年) 위시(爲始)하야 소학교(小學校)를 신설(新設)하얏고 아동교육(兒童敎育)을 시(施)하니 교회발전(敎會發展)에 일유조(一有助)한 기관(機關)이 되니라.

　경성시외(京城市外) 동막교회(東幕敎會)가 성립(成立)하다. 선시(先是)에 동막(東幕)에 거주(居住)하난 신자(信者)들이 마포(麻浦)에 예배당(禮拜堂)을 설치(設置)하고 집회(集會)하더니 지시(至是)하야 당년(當年)에 별세(別世)한 선교사(宣敎師) 모삼열(牟三悅 [Samuel Foreman Moore, 1860-1906])의 기념예배당(紀念禮拜堂)을 당지(當地)에 건축(建築)함으로 교회(敎會)가 설립(設立)되고 선교사(宣敎師) 피득(彼得, [Alexander A. Pieters]), 군예빈(君芮彬, [Edwin Wade Koons]), 민휴(閔休)와 조사(助師) 천광실(千光實), 김성집(金聖集), 김홍식(金弘植), 권영식(權英湜) 등(等)과 여전도(女傳道) 윤경신(尹敬信, 한 마리아(韓馬利亞)가 계속시무(繼續視務)하난 중(中) 교회(敎會)가 점진(漸進)하니라.

　양주군(楊州郡) 지사리교회(芝沙里敎會)에서 합심병력(合心幷力)하야 6간(六間) 예배당(禮拜堂)을 신건(新建)하니 신자(信者)가 일증(日增)하고 선교사(宣敎師) 곽안련(郭安連, [Charles Allen Clark]), 안대선(安大善,

[Wallace Jay Anderson])과 조사(助師) 이춘경(李春景), 차상진(車相晉), 정윤수(鄭允洙) 등(等)이 상계(相繼)하야 순회시무(巡廻視務)하니라.

양주군(楊州郡) 봉화현교회(峰火峴敎會)난 본시(本是) 감리교파선교사(監理敎派宣敎師)의 설립(設立)한 것인대 지시(至是)하야 장감양파(長監兩派)의 전도구역분할(傳道區域分割)을 인(因)하야 본장로회(本長老會) 전도구역(傳道區域)에 이속(移屬)되니 선교사(宣敎師) 곽안련(郭安連, [Charles Allen Clark]), 김소(金昭, [John F. Genso])와 조사(助師) 김홍식(金弘植), 김인수(金寅洙)[면직(免職)] 등(等)이 시무(視務)하니라.

광주군(廣州郡) 양재리교회(良才里敎會)가 성립(成立)하다. 선시(先是)에 신사리(新沙里) 유성칠(柳星七)의 전도(傳道)로 이기준(李基俊)이 밋고 후(後)에 신자초진(信者稍進)하야 교회(敎會)를 설립(設立)하고 선교사(宣敎師) 피득(彼得, [Alexander A. Pieters]), 곽안련(郭安連 [Charles Allen Clark]), 밀의두(密義斗, [Edward Hughes Miller]) 등(等)이 순회전도(巡廻傳道)하난 중(中) 조사(助師) 김성즙(金聖楫), 유남순(劉南順), 이기남(李起南), 함설(咸說), 이석진(李錫璡) 등(等)이 상계시무(相繼視務)하얏고 기후(其後)에난 내곡(內谷), 신사리(新沙里), 청담(淸潭) 등(等) 4교회(四敎會)가 연합(聯合)하야 1구역(一區域)을 조직(組織)하야 선교사(宣敎師) 고언(高彦, [Roscoe C. Coen])과 조사(助師) 문명화(文明化), 김명(金明)[190]진(振) 등(等)이 시무(視務)하니라.

양평읍교회(楊平邑敎會)가 예배당(禮拜堂)을 중건(重建)하고 부흥(復興)하다. 선시(先是)에 본교회(本敎會)난 미감리파(美監理派) 전도구역(傳道區域)에 속(屬)하얏난대 선년(先年) 병화(兵火)에 예배당(禮拜堂)은 소실(燒失)되고 교인(敎人)은 환산(渙散)된 바 상심리(上心里) 배운길(裵雲吉), 차상진(車相晉)과 회암(會岩) 한덕리(韓悳履) 등(等)이 솔선병력(率先幷力)하야 열심찬조(熱心贊助)함으로 7간(七間) 예배당(禮拜堂)을 중건(重建)하고 조사(助師) 박태선(朴泰善)과 전도인(傳道人) 이춘경(李春景)이 성근시무(誠勤視務)하니 교회(敎會)가 부흥(復興)하야 동군내(同郡內) 전도(傳道)의 중심지(中心地)가 되니라.

고양군(高陽郡) 연희면(延禧面) 대현교회(大峴敎會)가 성립(成立)하다. 선시(先是)에 선교사(宣敎師) 원두우(元杜尤, [Horace G. Underwood]), 모삼열(牟三悅 [Samuel Foreman Moore, 1860-1906])의 전도(傳道)로 박성환(朴聖煥) 가족(家族)이 귀주(歸主)하얏고 기후(其後) 신자(信者)가 점가(漸加)하야 교회(敎會)가 성립(成立)되고 선교사(宣敎師) 피득(彼得, [Alexander A. Pieters]), 군예빈(君芮彬, [Edwin Wade Koons]) 조사(助師) 천광실(千光實), 김성집(金聖集), 김홍식(金弘植), 권영식(權映湜) 등(等)이 상계시무(相繼視務)하니라.

경성부(京城府) 승동교회(勝洞敎會)에서 이여한(李汝漢)을 장로(長老)로 장립(將立)하야 당회(堂會)를 조직(組織)하다.

1909년(一千九百九年) 기유(己酉)[에] 경기(京畿) 동편(東便) 양주(楊洲) 양평(楊平) 등지(等地)를 선교사(宣敎師) 곽안련(郭安連 [Charles Allen Clark])의 전도구역(傳道區域)으로 정(定)하고 조사(助師) 정윤수(鄭允洙), 김성실(金成實), 김경덕(金鏡德) 등(等)과 협력(協力)하야 순회시무(巡廻視務)하니 교회(敎會)가 점진(漸進)하니라.

미감리파(美監理派) 전도구역(傳道區域)에 속(屬)하얏던 청주군(淸州郡) 두산(斗山), 동점(銅店), 이기(梨崎), 율양리(栗陽里), 옥계(玉溪), 오리동(五里洞), 쌍수(雙樹), 신평(新坪), 보은군(報恩郡) 원평(院坪), 이식리(梨息里), 영동군(永同郡) 모산(慕山) 등(等) 각(各) 교회(敎會)난 장감양파(長監兩派) 전도구역분할(傳道區域分割)에 의(依)하야 본장로회(本長老會) 전도구역(傳道區域)에 이속(移屬)하얏난대 기중(其中) 두산(斗山), 동점(銅店), 신평(新坪), 이치(梨峙), 율양리(栗陽里), 이식리(梨息里) 등(等) 각(各) 교회(敎會)난 잉즉폐지(仍卽廢止)되니라.[191]

경성부(京城府) 안국동교회(安國洞敎會)가 성립(成立)하다. 선시(先是)에 승동교회(勝洞敎會) 선교사(宣敎師) 곽안련(郭安連, [Charles Allen Clark])이 안동(安洞)에 초즙옥(草葺屋) 1동(一棟)을 매수(買收)하야 기도회(祈禱會) 처소(處所)를 설(設)함에 승동교인(勝洞敎人) 이여한(李汝漢), 황기연(黃耆淵)과 연동교인(蓮洞敎人) 박승봉(朴勝鳳), 유성준(俞星濬) 등

(等)이 오후(午後)에 집회(集會)하야 전도(傳道)하더니 본년(本年) 추(秋)에 야소교회보(耶穌敎會報) 사장(社長) 한석진(韓錫晋)이 경성(京城)에 래왕(來往)함으로 차(此)를 주관인도(主管引導)하야 교회(敎會)를 설립(設立)하니라.

양평군(楊平郡) 고읍리교회(古邑里敎會)가 성립(成立)하다. 선시(先是)에 상심리(上心里) 교인(敎人)의 전도(傳道)로 장영규(張永奎), 정계용(鄭繼鎔), 황학인(黃學仁) 3가(三家)가 귀도(歸道)하야 상심리교회(上心里敎會)에 왕래(往來)하며 예배(禮拜)하다가 신자(信者)가 일증(日增)함으로 변명섭(邊明燮) 황명호(黃明浩) 등(等)이 합심협력(合心協力)하야 예배당(禮拜堂)을 신축(新築)하고 분립(分立)하니라.

용인군(龍仁郡) 대갈리교회(大葛里敎會)가 성립(成立)하다. 선시(先是)에 이명성(李明星) 처(妻) 모씨(某氏)와 이성근(李成根) 등(等)이 밋고 3간(三間) 초옥(草屋)을 매수(買收)하야 예배당(禮拜堂)으로 사용(使用)하난 중(中) 교인(敎人)이 증가(增加)하야 교회(敎會)를 설립(設立)하얏고 선교사(宣敎師) 도서원(都瑞元, [John U. Selwyn Toms]), 고언(高彥, [Roscoe C. Coen])과 조사(助師) 유흥렬(劉興烈), 원세성(元世性), 오건영(吳建泳), 박용희(朴容義) 등(等)이 상계시무(相繼視務)하니라.

양주군(楊州郡) 와촌교회(瓦村敎會)가 성립(成立)하다. 선시(先是)에 이수용(李秀容), 이수만(李秀萬) 형제(兄弟)가 밋고 내곡리(內谷里) 풍양교회(豊壤敎會)에 래왕(來往)하더니 소위(所謂) 자유교(自由敎) 박대유(朴大有), 최봉한(崔鳳漢) 등(等)의 조해(阻害)를 편피(偏被)하야 신자(信者) 이범재(李範載) 등(等)이 분리(分離)됨으로 교회(敎會)가 미약(微弱)케 되야 당지(當地)에 이전(移轉)하고 이수용(李秀容)이 인도자(引導者)가 되야 교회(敎會)를 유지(維持)하니라.

시흥군(始興郡) 하안리교회(下安里敎會)가 설립(設立)하다. 선시(先是)에 선교사(宣敎師) 원두우(元杜尤, [Horace G. Underwood])의 파견(派遣)한 전도인(傳道人) 이낙선(李洛善), 이(李)[192]용석(容錫) 등(等)의 전도(傳道)로 인(因)하야 김연순(金連順), 곽덕원(郭德元), 서은경(徐殷京), 김성

환(金聖煥), 박순석(朴順錫) 등(等)이 신주(信主)함으로 교회(敎會)를 성립(成立)하고 조사(助師) 홍성서(洪性瑞), 김기현(金基鉉), 이춘경(李春景)이 상계시무(相繼視務)하니라.

청주군(淸州郡) 옥산면(玉山面) 덕촌교회(德村敎會)가 성립(成立)하다. 선시(先是)에 청주읍(淸州邑) 교인(敎人) 신기남(申奇男)의 모(母)가 동지(同地)에 열심전도(熱心傳道)함으로 교회(敎會)가 설립(設立)되니라.

청주읍교회(淸州邑敎會) 평양(平壤) 남문외교회(南門外敎會)에서 이래(移來)한 장로(長老) 박정찬(朴禎燦)을 동교회(同敎會) 장로(長老)로 위임(委任)하야 당회(堂會)를 조직(組織)하얏고 기후(其後)에난 이동순(李東舜), 최영택(崔榮澤), 곽경한(郭京漢), 김정현(金正賢), 김종원(金鍾元), 김태희(金泰熙), 최원진(崔元珍), 이호재(李鎬宰), 서상필(徐相弼) 등(等)이 상계(相繼)하야 장로(長老)로 공직(供職)하난 중(中) 교회(敎會)난 점익발전(漸益發展) 되얏나니라.

시흥군(始興郡) 삼성리교회(三星里敎會)에서 동심협력(同心協力)하야 8간(八間) 예배당(禮拜堂)을 신건(新建)하고 선교사(宣敎師) 피득(彼得, [Alexander A. Pieters]), 곽안련(郭安連 [Charles Allen Clark]) 조사(助師) 박태선(朴泰善) 등(等)이 순회시무(巡廻視務)하니라.

1910년(一千九百十年) 경술(庚戌)[에 양평읍교회(楊平邑敎會)에서 박태선(朴泰善)을 장로(長老)로 장립(將立)하야 당회(堂會)를 조직(組織)하고 기후(其後) 한덕이(韓悳履), 박근배(朴根培)가 상계시무(相繼視務)하니라.

경성부(京城府) 연동교회(蓮洞敎會)에서 장로(長老) 선택투표(撰擇投票)에 대(對)하야 불평(不平)과 기론(岐論)이 생(生)하야 이원긍(李源兢), 오경선(吳慶善) 등(等)이 신자(信者) 수백명(數百名)을 인솔(引率)하고 해교회(該敎會)에서 분리(分離)하니라.

경성부(京城府) 묘동교회(妙洞敎會)가 성립(成立)하다. 연동교회(蓮洞敎會) 교인(敎人) 이원긍(李源兢), 함우택(咸遇澤), 오경선(吳慶善) 등(等)이 해교회(該敎會)에서 분리(分離)하야 시내(市內) 봉익동(鳳翼洞)에 예배당(禮拜堂)을 건축(建築)하야 교회(敎會)를 설립(設立)하고 묘동교회(妙洞

敎會)라 명명(命名)하얏 193 스며 선교사(宣敎師) 밀의두(密義斗, [Edward Hughes Miller])를 청(請)하야 관리(管理)케 하고 배선표(裵善杓), 박용희(朴容羲)를 조사(助師)로 상계시무(相繼視務)케 하니라.

영등포교회(永登浦敎會)난 중(中) 종리교회(宗里敎會)와 병합(倂合)케 하야 예배당(禮拜堂) 12간(十二間)을 증축(增築)하얏고 선교사(宣敎師) 원두위(元杜尤, [Horace G. Underwood]), 채비득(蔡丕得, [Victor D. Chaffin])과 목사(牧師) 서경조(徐景祚), 차재명(車載明)이 순회관리(巡廻管理)하고 조사(助師) 홍성화(洪聖化), 홍성서(洪聖瑞), 김기현(金基鉉) 등(等)이 시무(視務)하니라.

양평군(楊平郡) 상심리교회(上心里敎會)에서 차상진(車相晉)을 장로(長老)로 장립(將立)하야 당회(堂會)를 조직(組織)하얏고 기후(其後)에난 배운길(裵雲吉), 노윤용(盧允龍)이 상계(相繼)하야 장로(長老)로 시무(視務)하니라.

청주군(淸州郡) 옥계교회(玉溪敎會)가 성립(成立)하다. 최성화(崔聖華)의 전도(傳道)로 신자(信者)가 초진(稍進)하야 교회(敎會)를 설립(設立)하니라.

용인군(龍仁郡) 화산리교회(華山里敎會)가 성립(成立)하다. 선시(先是)에 당지인(當地人) 여풍현(呂豊鉉)이 밋고 전도(傳道)한 결과(結果) 교회(敎會)를 설립(設立)하얏고 선교사(宣敎師) 도서원(都瑞元, [John U. Selwyn Toms])이 순회관리(巡廻管理)하니라.

김포군(金浦郡) 풍곡리교회(楓谷里敎會)가 성립(成立)하다. 선시(先是)에 김포읍교회(金浦邑敎會) 유공선(劉公善)의 전도(傳道)로 김사필(金思泌), 정석창(鄭錫昌)이 밋고 교회(敎會)를 성립(成立)하얏고 김포구역내(金浦區域內) 조사(助師) 고봉상(高鳳祥), 김영한(金永漢) 등(等)이 순회시무(巡廻視務)하니라.

청주읍교회(淸州邑敎會)에서 신학준사(神學准士) 박정찬(朴禎燦)을 연빙(延聘)하야 선교사(宣敎師) 민노아(閔老雅, [Frederick S. Miller])와 동사목사(同事牧師)로 위임(委任)하고 기후(其後) 이원민(李元敏), 황준국(黃

濬國), 최영택(崔榮澤), 함태영(咸台永) 등(等)이 계속시무(繼續視務)하니라.

시흥군(始興郡) 부림리교회(富林里敎會)가 성립(成立)하다. 선시(先是)에 문학선(文學善), 문성범(文聖範), 음진실(陰眞實) 등(等)이 신주(信主)한 후(後) 문학선(文學善) 가(家)에서 집회예배(集會禮拜)함으로 교회(敎會)를 성립(成立)하니라.[194]

1911년(一千百十一年) 신해(辛亥)[에] 양평군(楊平郡) 고읍(古邑), 묘곡(妙谷), 상심리(上心里), 읍교회(邑敎會)가 연합(聯合)하야 1구역(一區域)을 조직(組織)하고 조사(助師) 박태선(朴泰善)이 순회시무(巡廻視務)하다.

시흥군(始興郡) 노량교회(鷺梁敎會)가 전도상(傳道上) 편의(便宜)를 인(因)하야 노량리(鷺梁里)에 이건(移建)하얏고 선교사(宣敎師) 원두우(元杜尤, [Horace G. Underwood]), 곽안련(郭安連 [Charles Allen Clark]), 고언(高彦, [Roscoe C. Coen])과 조사(助師) 김성집(金聖楫), 박태선(朴泰善), 함설(咸說) 등(等)이 상계시무(相繼視務)하니라.

양평군(楊平郡) 봉안리교회(奉安里敎會)가 설립(設立)하다. 선시(先是)에 양주(楊州) 송촌(松村) 교인(敎人)들의 열심전도(熱心傳道)로 성립(成立)되니라.

청주군(淸州郡) 오죽교회(梧竹敎會)가 성립(成立)하다. 선시(先是)에 청주(淸州) 교인(敎人) 김현관(金顯寬)이 동지(同地)에 이주(移住)하야 전도(傳道)한 결과(結果)로 한문경(韓文景)과 협력(協力)하야 교회(敎會)를 설립(設立)하다.

고양군(高陽郡) 리문동교회(里門洞敎會)가 성립(成立)하다. 선시(先是)에 김언모(金彦模)가 밋고 전도(傳道)하야 설립(設立)하니라.

용인군(龍仁郡) 장평리교회(長坪里敎會)가 성립(成立)하다. 선시(先是)에 교육(敎育)에 종사(從事)하난 심원용(沈遠用)이 야소교(耶穌敎) 도리(道理)를 탐구(探究)하기 위(爲)하야 안성읍내교회(安城邑內敎會) 전도인(傳道人) 박승명(朴承明)을 청요(請邀)하야 기강론(其講論)을 든른 후(後) 밋기로 결심(決心)하고 기(其)의 소영학교(所營學校) 내(內)에서 예배(禮拜)하기를 시작(始作)하얏난대 적기시(適其時) 경성(京城) 연동교인(蓮洞敎人) 최응주(崔應柱), 박용희(朴容羲), 원세성(元世性) 등(等)이 당지(當地)에 래우(來寓)함을 기회(機會)하야 협심동력(協心同力)하야 교회(敎會)를 설립(設立)하니라.

안성군(安城郡) 노곡리교회(老谷里敎會)가 성립(成立)하다. 유진만(俞鎭萬)이 신주(信主)한 후(後) 전도(傳道)하야 교회(敎會)를 설립(設立)하니라.

광주군(廣州郡) 청담리교회(淸潭里敎會)가 성립(成立)하다. 선시(先是)에 신촌(新村) 유성칠(柳星七)의 전도(傳道)로 이성서(李性瑞)가 믿은 후(後) 전도(傳道)한 결과(結果) 수십인(數十人) 신자(信者)가 신촌(新村)에 왕래예배(往來禮拜)하다가 3간(三間) 예배당(禮拜堂)을 신건(新建)하고 선교사(宣敎師) 피득(彼得, [Alexander A. Pieters]) 곽(郭)[195]안련(安連, [Charles Allen Clark]), 도서원(都瑞元, [John U. Selwyn Toms]), 고언(高彦, [Roscoe C. Coen])과 조사(助師) 김성즙(金聖楫), 박태선(朴泰善), 함셜(咸說), 이석진(李錫進) 등(等)이 상계시무(相繼視務)하니라.

경성부(京城府) 용산교회(龍山敎會)가 성립(成立)하다. 선시(先是) 선교사(宣敎師) 원두우(元杜尤, [Horace G. Underwood])의 전도계획(傳道計劃)과 최응구(崔應九)의 성력(誠力)과 남대문외교회(南大門外敎會)와 동막교회(東幕敎會)의 협력찬조(協力贊助)을 득(得)하야 교회(敎會)를 성립(成立)하고 예배당(禮拜堂)을 신건(新建)하니라.

2. 전도(二, 傳道)

1910년(一九一〇年) 경술(庚戌) 추(秋)에 전선(全鮮) 각(各) 교회(敎會)가 연합(聯合)하야 100만명(百萬名) 전도회(傳道會)를 조직(組織)하고 각지(各地) 교회(敎會)의 유력(有力)한 교역자(敎役者)들이 선차(先次) 경성(京城)에 집합(集合)하야 1개월간(一個月間) 성내성외(城內城外)에 축호전도

(逐戶傳道)함으로 귀도자(歸道者)가 여운(如雲)하얏고 차(此)로브터 전선(全鮮) 각지(各地)에 분담(分擔)하고 계속전도(繼續傳道)하야 다대(多大)한 수확(收獲)을 득(得)케 되니라.

3. 환난(三, 患難)

1907년(一千九百七年) 정미(丁未) 추(秋)에 의병(義兵)의 병화상교(兵火相交)할 제(際)에 양평읍교회(楊平邑敎會)와 신점리교회(新店里敎會)의 예배당(禮拜堂)은 피소(被燒)되고 교인(敎人)은 환산(渙散)되야 기허간(幾許間)은 황량(荒凉)케 되더니 신자(信者)들의 은인기도(隱忍祈禱)와 선교사(宣敎師)의 순방안위(巡訪安慰)와 각(各) 교회(敎會)의 협력찬조(協力贊助)와 구주(救主)의 음비(蔭庇)를 인(因)하야 선즉부흥(旋卽復興)하니라.

4. 교육(四, 敎育)

1909년(一九百九年) 기유(己酉)에 연지동여학교(蓮也洞女學校)를 확장(擴張)하야 중등교육(中等敎育)을 시설(施設)할새 사립(私立) 정신여(貞信女)[196]중학교(中學校)로 개칭(改稱)하고 인허(認許)를 수(受)하니라. 동년(同年)에 연동중학교(蓮洞中學校)에서 설비(設備)와 교무(敎務)를 1층(一層) 확장(擴張)하고 사립(私立) 경신학교(儆新學校)로 인허(認許)를 밧앗나니라. 동년(同年) 청주군읍교회(淸州郡邑敎會)에서 경영(經營)하난 여학교(女學校)난 청신학교(淸信學校)로 남학교(男學校)난 청남학교(淸南學校)로 인허(認許)를 수(受)하고 청남학교(淸南學校)에서난 고등보통양과(高等普通兩科)를 교수(敎授)하니라.

5. 진흥(五, 振興)

　　1907년(一九0七年) 정미(丁未)에 경성부(京城府) 연동교회(蓮洞敎會)에난 장로(長老) 고찬익(高燦益)이 진성갈충(盡誠竭忠)하야 애인공직(愛人供職)하고 당시(當時)에 명망(名望)이 저현(著顯)한 신자(信者) 이상재(李商在), 이원긍(李源兢), 유성빈(俞星濱), 박승봉(朴勝鳳), 민준호(閔濬鎬), 김정식(金貞植), 오경선(吳慶善) 등(等)이 각(各) 방면(方面)으로 협동찬조(協同贊助)함으로 80간(八十間) 예배당(禮拜堂)을 건축(建築)하고 신도(信徒)난 천수백명(千數百名)에 달(達)하야 교회(敎會)가 애연울흥(藹然蔚興)하니라. 1910년(一九一0年) 경술(庚戌)에 경성(京城) 신문내교회(新門內敎會)난 선교사(宣敎師) 원두우(元杜尤, [Horace G. Underwood]), 목사(牧師) 서경조(徐景祚)의 근로(勤勞)로 진흥(振興)되야 300여명(三百餘名) 신도(信徒)가 합심협력(合心協力)하야 화려광대(華麗廣大)한 예배당(禮拜堂) 염정동(廉井洞)[금(今) 서대문(西大門) 정 2정목(町二丁目)]에 이건(移建)하니 교세(敎勢)가 점익진전(漸益進展)하니라.

제 9 장
평북대리회(平北代理會)

> 성령이 내게 오셨을 때 그의 첫 요구는 나의 선교사 생활의 대부분을 함께 보냈던 선교사들 앞에서 나의 실패와 그 실패의 원인을 시인하게 하시는 것이었다. 그것은 고통스럽고 굴욕적인 경험이었다.
>
> 1904, Robert Alexander Hardie

1. 교회조직(一, 敎會組織)

1907년(一千九百七年) 정미(丁未)에 선천읍북교회(宣川邑北敎會) 장로(長老) 양전백(梁甸伯)이 목사(牧師)로 취임시무(就任視務)하니 시내(是乃) 평(平)[197]북(北)의 수선목사(首先牧師)러라. 시시(是時)에 교회증진(敎會增進)하고 직임융합(職任融合)하니 진시차회(眞是此會)의 황금시대(黃金時代)로다. 상속(相續)하야 장로(長老)된 이난 김석창(金錫昌), 이성삼(李成三), 노정관(魯晶瓘), 강규찬(姜奎燦), 한덕제(韓德齊), 박성린(朴成獜), 계영수(桂英秀), 백시찬(白時贊), 노정린(魯晶璘), 장시혁(張時赫), 이경만(李耕萬), 주백영(朱伯英), 주현칙(朱賢則), 양기혁(梁基赫), 장규명(張奎明) 등(等)인대 개중수인(個中數人)은 후래목사(後來牧師)가 되니라.

선천군(宣川郡) 고읍교회(古邑敎會)가 성립(成立)하다. 선시(先是)에 본동인(本洞人) 노효준(魯孝俊)이 평양(平壤)에 여거(旅居)라가 복음(福音)을 득문(得聞)하고 고향(故鄕)에 귀래(歸來)하야 종족(宗族)과 린인(隣人)의게 봉첩전도(逢輒傳道)하니 신이종자여(信而從者如) 노국전(魯國典), 노효함(魯孝咸), 최운기(崔雲起), 이동식(李東植) 등(等)이 초칙(初則) 최운기(崔雲起) 사제(私第)에서 임시회집(臨時會集)이라가 월수년(越數年) 후(後)에 신자가다(信者加多)함에 예배당(禮拜堂)을 신축(新築)하고 교회(敎會)를 확립(確立)하니 당시(當時) 조사(助師)난 한응수(韓應秀)오 집사(執事)난 최운기(崔雲起), 노효준(魯孝俊)이러라.

선천군(宣川郡) 고부교회(古府敎會)가 성립(成立)하다. 선시(先是)에 본동인(本洞人) 홍서주(洪敍疇)가 본읍(本邑)으로부터 복음(福音)을 득문(得聞)하고 린인(鄰人)의게 전도(傳道)하며 읍회(邑會)에셔 예배(禮拜)이러니 [상거(相距) 20여리(二十餘里)에 노신(老身)으로 매주일(每主日) 참석(叅席)함] 미구(未久)에 감이신자(感而信者) 60여인(六十餘人)이러라. 어시(於是)에 신자합력(信者合力)하야 예배당(禮拜堂)을 신축(新築)하고 교회(敎會)를 분립(分立)하니 당시(當時) 조사(助師)난 계이영(桂利榮)이러라.

동군(同郡) 용경교회(龍耕敎會)가 성립(成立)하다. 선시(先是)에 의주(義州) 교인(敎人) 최덕윤(崔德潤)이 본동(本洞)에 이주(移住)하야 전가족(全家族)이 매주일(每主日)에 읍교회(邑敎會)에 왕래(徃來)하더니 [상거(相距) 약30리(約三十里)] 미구(未久)에 린근(隣近) 신자(信者) 30여인(三十餘人)이라. 교인(敎人)이 합력(合力)하야 예배당(禮拜堂)을 신축(新築)하고 교회(敎會)를 분립(分立)하니 당시(當時) 집사(執事)난 최덕윤(崔德潤)이러라.[198]

선천군(宣川郡) 당곡교회(棠谷敎會)가 성립(成立)하다. 선시(先是)에 본동(本洞) 부인(婦人) 전신종(田信宗)이 읍회(邑會)로부터 복음(福音)을 득문(得聞)하고 인가(隣家)에 전도(傳道)함에 훼척파다(毁斥頗多)하더니 미기(未幾)에 기시제(其媤弟) 박규서(朴奎瑞)와 동인(洞人) 정영서(鄭永瑞)가 신이종지(信而從之)하야 매주일(每主日)에 읍교회(邑敎會)에 왕래예배(徃

來禮拜)하더니 [상거(相距) 약 25리(約二十五里)] 지시(至是)하야난 신자점다(信者漸多)함에 협력연보(協力捐補)하야 예배당(禮拜堂)을 신축(新築)하고 교회(敎會)를 분립(分立)하니 당시(當時) 조사(助師)난 박승호(朴承浩)러라.

정주군(定州郡) 관산교회(觀山敎會)가 성립(成立)하다. 선시(先是)에 본동(本洞) 김익주(金益周), 김현문(金賢文) 등(等)이 시신(始信)하고 장요교회(長腰敎會)에 왕래전도(往來傳道)하야 신자점다(信者漸多)함에 교회(敎會)를 분립(分立)하니 당시(當時) 조사(助師)난 강제현(姜濟賢)이러라.

철산군(鐵山郡) 수정교회(水晶敎會)가 성립(成立)하다. 선시(先是)에 본처인(本處人) 안승원(安承源), 김석창(金錫昌), 홍석륜(洪錫倫), 김의전(金義典), 손의풍(孫義豊) 등(等)이 동시신주(同時信主)하야 읍교회(邑敎會)에서 매주일(每主日)을 수(守)하더니 린인(隣人)의게 전도(傳道)하야 신자(信者)가 점다(漸多)함에 병력연보(並力捐補)하야 예배당(禮拜堂)을 신축(新築)하고 교회(敎會)를 분립(分立)하니 당시(當時) 조사(助師)난 홍승한(洪承漢)이러라.

철산군(鐵山郡) 화탄교회(化炭敎會)가 성립(成立)하다. 선시(先是)에 본처인(本處人) 문상린(文尙獜), 문병주(文炳疇), 문병수(文炳秀) 등(等)이 동시신주(同時信主)하고 학암교회(鶴岩敎會)에서 매주일(每主日)에 예배(禮拜)하더니 기후(其後)에 김지연(金芝淵), 김취옥(金聚玉), 엄이선(嚴利善), 경응천(慶應天) 등(等)이 상계이기(相繼而起)하야 신자가다(信者加多)한지라. 병력연보(並力捐補)하야 예배당(禮拜堂)을 신축(新築)하고 교회(敎會)를 분립(分立)하니 당시(當時) 조사(助師)난 정기정(鄭基定)이러라.

철산군(鐵山郡) 풍산교회(豊山敎會)가 성립(成立)하다. 선시(先是)에 본동인(本洞人) 김민철(金敏哲), 박기환(朴基煥) 등(等)이 동시신도(同時信道)하고 협심전도(協心傳道)하야 신자증가(信者增加)함에 교인(敎人) 김민호(金敏鎬)난 기지(基地)를 기부(寄附)하고 교우(敎友)난 의연(義捐)을 수집(收集)하야 예(禮)[199]배당(拜堂)을 신축(新築)하고 교회(敎會)를 설립(設立)하니 당시(當時)에 김민철(金敏哲)이 교무(敎務)를 도솔(導率)하니라.

용천군(龍川郡) 덕흥교회(德興敎會)에서 문진훤(文晋烜)을 장로(長老)로 장립(將立)하야 당회(堂會)를 조직(組織)하고 덕천교회(德川敎會)에서 김건주(金建柱)를 장로(長老)로 장립(將立)하야 당회(堂會)을 조직(組織)하다.

용천군(龍川郡) 원성교회(元城敎會)가 성립(成立)하다. 선시(先是)에 본처인(本處人) 함세형(咸世亨), 함석규(咸錫奎) 양인(兩人)이 시신(始信)하야 덕천교회(德川敎會)에서 예배(禮拜)하더니 린인(鄰人)의게 전도(傳道)하야 신자점가(信者漸加)함에 예배당(禮拜堂)을 신축(新築)하고 교회(敎會)를 분립(分立)하니 당시(當時) 조사(助師)난 김건주(金建柱)러라.

용천군(龍川郡) 송산교회(松山敎會)가 성립(成立)하다. 선시(先是)에 본처인(本處人) 이상겸(李尙謙), 장승무(張承武) 등(等)이 시신(始信)하고 덕흥교회(德興敎會)에 왕래(徃來)하며 린리(隣里)에 전도(傳道)하야 신자점가(信者漸加)함에 예배당(禮拜堂)을 신축(新築)하고 교회(敎會)를 분립(分立)하니라.

용천군(龍川郡) 용봉교회(龍峰敎會)가 성립(成立)하다. 선시(先是)에 본처인(本處人) 김익범(金益範), 김두원(金斗源), 원무샹(元茂祥) 등(等)이 시신(始信)하고 양시교회(楊市敎會)에서 예배(禮拜)하더니 린인(隣人)의게 전도(傳道)하야 신자점대(信者漸多)함에 예배당(禮拜堂)을 신축(新築)하고 교회(敎會)를 분립(分立)하니라.

의주군(義州郡) 읍동교회(邑東敎會)가 성립(成立)하다. 당시(當時)에 서교회신도(西敎會信徒)가 번창(繁昌)하야 1예배당(一禮拜堂)으론 수용(收容)이 불능(不能)키로 분회(分會)하기를 경영(經營)하야 전회교인(全會敎人)이 협력연보(協力捐補)하야 읍동부(邑東部)에 1대옥(一大屋)을 매수(買收)하야 예배당(禮拜堂)으로 사용(使用)하고 교회(敎會)를 분립(分立)하니 기시(其時) 영슈(領袖)난 김상은(金相殷)이요 집사(執事)난 백용석(白用錫)이러라.

의주군(義州郡) 횡산교회(橫山敎會)가 성립(成立)하다. 선시(先是)에 본동인(本洞人) 이은해(李恩河)와 김씨(金氏)[유홍근(柳弘根) 모(母)] 양인

(兩人)이 시신(始信)[200]하고 중단교회(中端敎會)에 왕래예배(往來禮拜)러니 미기(未幾)에 신도점흥(信徒漸興)이라. 협력연보(協力捐補)하야 1대가(一大家)를 매수(買收)하야 예배당(禮拜堂)으로 사용(使用)하고 교회(敎會)를 분립(分立)하니라.

의주군(義州郡) 용상교회(龍上敎會)가 성립(成立)하다. 선시(先是)에 본동인(本洞人) 노석태(盧錫泰), 노세봉(盧世奉), 김학련(金學鍊), 최기륜(崔奇崙), 최시척(崔時倜) 등(等)이 동시병신(同時並信)하야 남산교회(南山敎會)에 왕래예배(往來禮拜)러니 지시(至是)하야 교인(敎人)은 점다(漸多)하고 거리(距離)난 초원(稍遠)함으로 분립(分立)하기를 의정(議定)하고 김학련(金學鍊)의 특연(特捐)과 제교우(諸敎友)의 협조(協助)로 예배당(禮拜堂)을 신축(新築)하고 교회(敎會)를 분립(分立)하니라.

의주군(義州郡) 동상(東上) 하고관교회(下古舘敎會)가 성립(成立)하다. 선시(先是)에 본동인(本洞人) 김희진(金希鎭) 전가(全家)가 시신(始信)하고 노북교회(蘆北敎會)에 왕래예배(往來禮拜)러니 기후(其後)에 노북(蘆北) 교인(敎人) 최봉상(崔鳳翔)이 본동(本洞)에 이주(移住)하야 린인(隣人)의게 전도(傳道)하야 신자(信者)를 다득(多得)함에 교인(敎人)이 이위노북(以爲蘆北)은 격강(隔江)이라. 통섭(通涉)이 불편(不便)이라 하야 어시(於是)에 합력연보(合力捐補)하야 예배당(禮拜堂) 5간(五間)을 신축(新築)하고 교회(敎會)를 분립(分立)하니라.

의주군(義州郡) 남동교회(南洞敎會)가 성립(成立)하다. 선시(先是)에 본동인(本洞人) 김용승(金龍昇), 김영준(金永駿), 이학신(李學信) 등(等)이 동시신도(同時信道)하고 철산군(鐵山郡) 이안교회(移安敎會)에 왕래예배(往來禮拜)이러니 신자점다(信者漸多)함에 교인(敎人)이 이위이안(以爲移安)은 타군(他郡)이요 상거(相距)가 차원(且遠)하니 통행(通行)이 비편(非便)이라 하야 당지(當地) 교인(敎人)이 합력흥공(合力興工)하야 예배당(禮拜堂) 5간(五間)을 신축(新築)하고 교회(敎會)를 분립(分立)하니라.

의주군(義州郡) 추동교회(楸洞敎會)가 성립(成立)하다. 선시(先是)에 본동인(本洞人) 정상용(鄭相龍)이 복음(福音)을 득문(得聞)하고 린인(隣人)의게 전(傳)[201]도(道)하야 신자(信者) 수십인(數十人)이 상계이기(相繼而起)함에 초칙(初則) 사제(私第)에서 회집(會集)이러니 회실(會室)이 점착(漸窄)하야 상용(相容)이 불능(不能)한 고(故)로 예배당(禮拜堂) 3간(三間)을 신축(新築)하고 교회(敎會)를 확립(確立)이러니 기후(其後)에 교인(敎人) 홍승주(洪承疇)가 기지(基地) 전부(全部)와 가옥(家屋) 6간(六間)을 기부(寄附)하거늘 교회(敎會)가 가납(嘉納)하야 예배당(禮拜堂)을 이정(移定)하니라.

구성군(龜城郡) 은봉교회(殷峰敎會)가 성립(成立)하다. 선시(先是)에 본처인(本處人) 허정(許鼎)이 복음(福音)을 초문(初聞)하고 린근(隣近)에 광파(廣播)하야 신자(信者)가 점흥(漸興)함에 신시교회(新市敎會)에 왕래예배(往來禮拜)러니 수년(數年) 이후(以後)에 교우가다(敎友加多)라 예배당(禮拜堂)을 신축(新築)하고 교회(敎會)를 분립(分立)하니라.

구성군(龜城郡) 대우동교회(大牛洞敎會)가 성립(成立)하다. 선시(先是)에 본처인(本處人) 김봉원(金鳳元), 김병규(金炳奎) 부자(父子)가 복음(福音)을 선문(先聞)하고 린인(鄰人)의게 전도(傳道)하며 신시교회(新市敎會)에 왕래예배(往來禮拜)러니 미구(未久)에 신자(信者)가 점기(漸起)하야 예배당(禮拜堂)을 신축(新築)하고 교회(敎會)를 분립(分立)하니라.

삭주군(朔州郡) 대관교회(大舘敎會)가 성립(成立)하다. 선시(先是)에 교인(敎人) 전문헌(全文憲), 전문보(全文寶) 형제(兄弟) 2인(二人)이 영내(嶺內)로붓터 본처(本處)에 래거(來居)하야 열심전도(熱心傳道)하니 동인(洞人) 구영록(具永祿)이 최선신종(最先信從)하고 기후(其後) 신자계흥(信者繼興)하야 초옥(草屋) 3간(三間)을 매수(買受)하야 회당(會堂)으로 의정(議定)하고 교회(敎會)를 설립(設立)하니 당시(當時) 조사(助師)난 한득룡(韓得龍)이요 집사(執事)난 전문헌(全文憲)이러라.

벽동군읍교회(碧潼郡邑敎會)가 성립(成立)하다. 선시(先是)에 본읍인(本邑人) 김서면(金西緬), 김태윤(金泰允), 안태흠(安泰欽)이 시신(始信)하고 교동(校洞) 김응주(金應周) 사제(私第)에 회집(會集)하니 당시(當時) 불신자(不信者) 등(等)이 박해(迫害)하야 회집(會集)을 부득(不得)게 하난지

라. 산림(山林) 급(及) 강(江)[202]안(岸)에 은피예배(隱避禮拜)이러니 기후(其後)에 정의준(鄭義俊), 임봉서(林鳳瑞) 부부(夫婦)가 병신(並信)하야 정저(鄭邸)에서 예배(禮拜)할새 선교사(宣敎師) 계인수(桂仁秀, [Alistair G. Caims])와 조사(助師) 한득룡(韓得隴)이 유시래순(有時來巡)하엿고 기후(其後)에 최봉석(崔鳳奭)이 조사(助師)로 피임(被任)하야 본읍(本邑)에 래주(來住)하야 열심전도(熱心傳道)할새 이적(異蹟)이 수현(隨現)이라. 당시(當時)에 본군(本郡) 박린옥(朴獜玉)이 역신자(亦信者)로 교회(敎會)를 협찬(協贊)하니 수년간(數年間)에 교회대진(敎會大振)이라. 어시(於是)에 전교회(全敎會) 합력(合力)하야 1좌(一座) 거옥(巨屋)을 매수(買收)하야 예배당(禮拜堂)으로 사용(使用)하고 교회(敎會)를 확립(確立)하엿스니 당시(當時) 선교사(宣敎師)난 노세영(盧世永, [Cyril Ross])이요 조사(助師)난 최봉석(崔鳳奭)이러라.

초산군(楚山郡) 신도장교회(新島塲敎會)가 성립(成立)하다. 시처(是處)난 교인(敎人) 최경주(崔京冑)의 전도(傳道)로 신자점다(信者漸多)한지라. 초측(初則) 읍교회(邑敎會)에 왕래(往來)터니 지시(至是)하야 신자(信者)가 열심연화(熱心捐貨)하야 예배당(禮拜堂) 8간(八間)을 신축(新築)하고 교회(敎會)를 분립(分立)하니 당시(當時) 조사(助師)난 안승원(安承源)이요 집사(執事)난 김용범(金用範)이러라.

초산군(楚山郡) 구평(䲗平) 남면교회(南面敎會)가 성립(成立)하다. 시처(是處)난 교인(敎人) 이용빈(李龍彬, 김인도(金仁道) 양인(兩人)의 전도(傳道)로 린인(隣人)이 감응(感應)하야 신자점다(信者漸多)라. 민가(民家)를 매수(買收)하야 회당(會堂)으로 사용(使用)하고 교회(敎會)를 설립(設立)하니 당시(當時) 조사(助師)난 안승원(安承源)이러라.

자성군(慈城郡) 상서평(上西坪) 삼흥면교회(三興面敎會)가 성립(成立)하다. 시처(是處)난 교인(敎人) 백윤세(白潤世), 김세현(金世賢) 양인(兩人)의 전도(傳道)로 린인(隣人)이 수감(隨感)하야 신자점다(信者漸多)라. 교회(敎會)를 수립(遂立)하니 당시(當時) 선교사(宣敎師)난 방혜법(邦惠法, [Herbert E. Blair])이러라.

자성군(慈城郡) 하서평(下西坪) 삼흥면교회(三興面敎會)가 성립(成立)하다. 시처(是處)난 교인(敎人) 고홍기(高弘耆), 백영기(白永基) 양인(兩人)의 전도(傳道)로 린인(隣人)이 수감(隨感)하야 신자점흥(信者漸興)이라 교회(敎會)를 수립(遂立)하니 당시(當時) 선교사(宣敎師)난 방혜법(邦惠法, [Herbert E. Blair])이러라.[203]

위원군(渭原郡) 동장교회(東塲敎會)[봉산면(鳳山面)]가 성립(成立)하다. 시처(是處)난 교인(敎人) 이혜련(李惠連)이 복음(福音)을 선신(先信)하고 린리(隣里)에 광파(廣播)함으로 신자수흥(信者隨興)이라. 어시(於是)에 교회(敎會)를 설립(設立)하니라.

중국(中國) 남만주(南滿州) 흘루루교회(敎會)가 성립(成立)하다. 시처(是處)난 외지(外地)라. 아족(我族)의 산처자(散處者) 유리곤고(流離困苦)함을 재피신자(在彼信者)가 선상긍측(互相矜惻)하야 봉칙(逢則) 전도(傳道)러니 신종점흥(信從漸興)함에 전도목사(傳道牧師) 한경희(韓敬禧)가 누차 순찰(累次巡察)하야 교회(敎會)를 설립(設立)하니라.

1908년(一千九百八年) 무신(戊申)에 정주군(定州郡) 운전교회(雲田敎會)가 성립(成立)하다. 선시(先是)에 본처인(本處人) 최백순(崔栢舜), 백영윤(白永允), 박용거(朴鎔擧) 등(等)이 동시신주(同時信主)하야 간화동 서재(看花洞 書齋)에 임시예배처(臨時禮拜處)를 의정(議定)하고 매주일(每主日)에 회집(會集)이러니 기후(其後)에 연보(捐補)하야 예배당(禮拜堂)을 신축(新築)하고 교회(敎會)를 설립(設立)하니라.

정주군(定州郡) 덕암교회(德岩敎會)가 성립(成立)하다. 선시(先是)에 본처인(本處人) 유찬주(劉贊桙), 안세흡(安世洽) 등(等)이 동시신주(同時信主)하고 린인(隣人)의게 전도(傳道)하야 신자(信者)가 점기(漸起)함에 예배당(禮拜堂)을 신축(新築)하고 교회(敎會)를 설립(設立)하니 당시(當時) 조사(助師)난 조덕찬(趙德燦)이러라.

정주군(定州郡) 연봉교회(延峰敎會)가 성립(成立)하다. 선시(先是)에 본처인(本處人) 이동준(李東俊), 이태수(李泰洙), 이흥규(李興奎), 박계빈(朴啓彬), 박계환(朴啓煥), 유영천(劉永天) 등(等)이 동시신주(同時信主)하고 린인(隣人)의게 전도(傳道)하야 신자(信者)점기(漸起)함에 이희규(李熙奎)난 기지(基地)를 기부(寄附)하고 제교우(諸敎友)난 연금(捐金)을 집합(集合)하야 예배당(禮拜堂)을 신축(新築)하고 교회(敎會)를 설립(設立)하니 당시(當時) 조사(助師)난 조덕찬(趙德燦)이러라.[204]

철산군(鐵山郡) 수부교회(壽富敎會)가 성립(成立)하다. 선시(先是)에 본처인(本處人) 이종석(李宗碩)이 시신(始信)하고 동민(洞民)의게 박해(迫害)를 밧아 누차축출(累次逐出)을 당(當)하되 신앙(信仰)이 우독(尤篤)하야 전도(傳道)를 항면(恒勉)하며 읍교회(邑敎會)에 매주일(每主日) 왕래(往來)러니 미기일(未幾日)에 이일성(李日成), 이상백(李尙白), 이윤묵(李允默), 백의전(白義典) 등(等)이 상계신주(相繼信主)하야 인리향응(隣里響應)하난지라. 어시(於是)에 예배당(禮拜堂)을 신축(新築)하고 교회(敎會)를 분립(分立)하니라.

용천군(龍川郡) 학령교회(鶴嶺敎會)가 성립(成立)하다. 선시(先是)에 본처인(本處人) 송준홍(宋俊弘), 송문정(宋文正), 이희청(李希淸), 이봉태(李鳳泰), 최태근(崔泰根) 등(等)이 상계이신(相繼而信)하야 동문교회(東門敎會)로 왕래(往來)러니 미기(未幾)에 신자(信者)가 점다(漸多)하야 금 700여원(金七百餘圓)을 연보(捐補)하야 예배당(禮拜堂)을 신축(新築)하고 교회(敎會)를 분립(分立)하니 당시(當時) 조사(助師)난 이윤옥(李允玉)이러라.

용천군(龍川郡) 용유교회(龍遊敎會)가 성립(成立)하다. 선시(先是)에 본처인(本處人) 김봉문(金鳳文), 김봉명(金鳳明), 김익련(金益鍊), 김익형(金益亨), 장지영(張志英), 윤득신(尹得信), 공수(孔洙) 등(等)이 동시이신(同時而信)하야 동문교회(東門敎會)에 예배(禮拜)러니 월수년(越數年) 후(後)에 신자(信者)가 80여명(八十餘名)에 증진(增進)한지라. 예배당(禮拜堂) 건축(建築)할 재료(材料)를 각기(各其) 부담(負擔)하야 20간(二十間)을 신축(新築)하고 교회(敎會)를 분립(分立)하니 당시(當時) 조사(助師)난 이윤옥(李允玉)이러라.

용천군(龍川郡) 당령교회(堂嶺敎會)가 성립(成立)하다. 선시(先是)에 본처인(本處人) 차수경(車洙敬), 이윤종(李允宗) 등(等)이 시신(始信)하고 동문교회(東門敎會)에 왕래(往來)러니 미구(未久)에 동리신자(洞裏信者)가 점증(漸增)하난지라. 어시(於是)에 연보(捐補)하야 예배당(禮拜堂)을 신축(新築)하고 교회(敎會)를 분립(分立)하니 당시(當時) 조사(助師)난 이윤옥(李允玉)이러라.

용천군(龍川郡) 덕동교회(德洞敎會)가 성립(成立)하다. 선시(先是)에 본처인(本處人) 김경섭(金敬燮), 김경준(金敬俊), 김윤옥(金潤玉), 김상렬(金尚烈) 등(等)[205]이 동시이신(同時而信)하야 양시교회(楊市敎會)에셔 예배(禮拜)하며 본동(本洞) 인사(人士)의게 전도(傳道)하더니 미구(未久)에 80여명(八十餘名)의 신자(信者)가 격증(激增)함에 옥성학교(玉成學校)를 차득(借得)하야 임시예배(臨時禮拜)러니 선교사(宣敎師) 방혜법(邦惠法, [Herbert E. Blair])과 조사(助師) 이윤옥(李允玉)이 래순(來巡)하야 교회(敎會)를 분립(分立)하고 김경섭(金敬燮)으로 교회(敎會)를 도솔(導率)케 하니라.

용천군(龍川郡) 북평교회(北坪敎會)가 성립(成立)하다. 선시(先是)에 본처인(本處人) 박문근(朴文根), 김중종(金仲鍾) 등(等)이 동시이신(同時而信)하야 신성교회(新城敎會)에셔 매주일(每主日) 예배(禮拜)러니 미구(未久)에 동인(洞人)이 수감(隨感)하야 신자(信者)가 점증(漸增)하난지라. 합력연금(合力捐金)하야 예배당(禮拜堂)을 신축(新築)하고 교회(敎會)를 분립(分立)하니 당시(當時) 영수(領袖)난 박문근(朴文根)이러라.

용천군(龍川郡) 신도교회(薪島敎會)가 성립(成立)하다. 당시(當時)에 평북(平北) 각회(各會)로셔 전도회(傳道會)를 조직(組織)하고 한경희(韓敬禧)[용천인(龍川人)]를 시도(是島)에 파송(派送)하야 전도(傳道)러니 신자수흥(信者隨興)이라. 합력흥공(合力興工)하야 예배당(禮拜堂)을 신축(新築)하고 교회(敎會)를 설립(設立)하니라.

용천군(龍川郡) 동상교회(東上敎會)가 성립(成立)하다. 선시(先是)에 본처인(本處人) 김지용(金志用), 김지현(金志賢), 김행민(金行敏), 고재선(高載善) 등(等)이 동시신주(同時信主)하고 신창교회(新倉敎會)에 왕래(往來)하며 린동(隣洞) 인사(人士)의게 전도(傳道)하더니 신자증다(信者增多)하야 금 1천5백원(金一千五百圓)을 연보(捐補)하야 예배당(禮拜堂)을 신축(新築)하고 교회(敎會)를 분립(分立)하니 당시(當時) 조사(助師)난 송병조(宋秉祚)러라.

의주군(義州郡) 위원면(威遠面) 중단교회(中端敎會)가 성립(成立)하다. 선시(先是)에 본동인(本洞人) 김준건(金俊鍵), 김창건(金昌鍵), 이원복(李元福), 유천복(劉天福), 김은반(金恩磐), 최신준(崔信俊), 황은성(黃恩聖), 조신성(趙信聖) 등(等)이 상계이신(相繼而信)하야 혹(或) 관리교회(舘里敎會)에 왕래(徃來)하며 혹(或) 당후교회(堂後敎會)에 예배(禮拜)러니 월수년(越數年) 후(後)에 신자증다(信者增多)하야 통행비편(通行非便)함으로 교인(敎人) 김이함(金以咸) 등(等)[206] 6인(六人)이 연보(捐補)하야 예배당(禮拜堂) 6간(六間)을 신축(新築)하고 교회(敎會)를 분립(分立)하니라.

의주군(義州郡) 남재동교회(南齋洞敎會)가 성립(成立)하다. 선시(先是)에 본동인(本洞人) 조용렴(趙用廉), 조용묵(趙用默) 형제(兄弟)가 상계이신(相繼而信)하야 기선인(其先人)의 매수(買收)한 남산사원(南山寺院)을 교회(敎會)에 기부(寄附)하야 예배당(禮拜堂)으로 사용(使用)하고 수년간(數年間) 왕래예배(徃來禮拜)하더니 지시(至是)하야 조씨(趙氏) 종내(宗內)에 신자(信者)가 점다(漸多)하야 협력연자(協力捐貲)하야 1예배당(一禮拜堂)을 신축(新築)하고 교회(敎會)를 분립(分立)하니라.

의주군(義州郡) 낙원동교회(樂園洞敎會)가 성립(成立)하다. 선시(先是)에 위원인(威遠人) 김창건(金昌鍵) 등(等)이 윤행전도(輪行傳道)함으로 김호건(金浩鍵) 등(等) 수인(數人)이 신종(信從)하야 토교교회(土橋敎會)에 왕래예배(徃來禮拜)러니 지시(至是)하야 한예진(韓禮鎭)이 기지(基地)를 기부(寄附)하고 교인(敎人)은 연보(捐補)를 수집(收集)하야 7간(七間) 예배당(禮拜堂)을 신축(新築)하고 교회(敎會)를 분립(分立)하니라.

의주군(義州郡) 용산교회(龍山敎會)에서 조사(助師) 장운식(張運軾)을 장로(長老)로 장립(將立)하야 당회(堂會)를 조직(組織)하다 기후(其後)에 연속(連續)하야 장로(長老)로 시무(視務)한 이난 장하순(張河舜), 김학련(金學鍊), 고승엽(高承燁), 조학선(趙學琁), 백지엽(白志燁), 최운긍(崔芸兢)이러라.

　의주군(義州郡) 당후교회(堂後敎會)에서 조사(助師) 김관근(金灌根)을 장로(長老)로 장립(將立)하야 당회(堂會)를 조직(組織)하다 기후(其後)에 연속(連續)하야 장로(長老)로 시무(視務)한 이난 최명준(崔明俊), 이창록(李昌祿), 김원흠(金元欽)이러라.

　의주군(義州郡) 다지도교회(多智島敎會)가 성립(成立)하다. 선시(先是)에 본도인(本島人) 김봉삼(金奉三), 이인슈(李寅秀) 등(等) 수인(數人)이 신교(信敎)하고 상단교인(上端敎會)에 왕래예배(往來禮拜)러니 지시(至是)하야 교도증가(敎徒增加)라 예배당(禮拜堂) 4간(四間)을 신축(新築)하고 교회(敎會)를 분립(分立)하니라.[207]

　의주군(義州郡) 주음동교회(奏音洞敎會)가 성립(成立)하다. 선시(先是)에 본처인(本處人) 조신관(趙信寬)이 신교(信敎)하고 노북교회(蘆北敎會)에 왕래예배(往來禮拜)러니 월수년(粤數年) 후(後)에 감응(感應)하야 밋난 자(者)가 수십인(數十人)이라. 협력연보(協力捐補)하야 예배당(禮拜堂) 6간(六間)을 신축(新築)하고 교회(敎會)를 분립(分立)하니라.

　강계군(江界郡) 흥주동교회(興州洞敎會)가 성립(成立)하다. 선시(先是)에 본처인(本處人) 주명우(朱明禹), 이호근(李虎根) 양인(兩人)이 복음(福音)을 득문(得聞)하고 린인(隣人)의게 전도(傳道)하야 신자(信者)가 점기(漸起)함에 초(初)에난 사실(私室)에서 회집(會集)하더니 후(後)에 연보(捐補)하야 예배당(禮拜堂)을 신축(新築)하고 교회(敎會)를 설립(設立)하니라.

　자성군(慈城郡) 자성동교회(慈城洞敎會)가 성립(成立)하다. 선시(先是)에 본처인(本處人) 이종희(李宗禧), 김신극(金信極) 양인(兩人)이 시신(始信)하고 린인(隣人)의게 전도(傳道)하야 신자(信者)가 점흥(漸興)함에 교회(敎會)를 설립(設立)하니라.

　동군(同郡) 하건포교회(下乾浦敎會)가 성립(成立)하다. 선시(先是)에 본처인(本處人) 백찬준(白賛俊), 오문경(吳文京) 양인(兩人)이 시신(始信)하고 린인(隣人)의게 전도(傳道)하야 신자(信者)가 점다(漸多)함에 예배당(禮拜堂)을 신축(新築)하고 교회(敎會)를 설립(設立)하니 당시(當時) 선교사

(宣敎師)난 방혜법(邦惠法, [Herbert E. Blair])이러라.

중국(中國) 남만주(南滿洲) 신풍교회(新豐敎會)가 성립(成立)하다. 선시(先是)에 뢰석차교회(磊石岔敎會)의 신도점대(信徒漸多)하고 신풍교인(新豐敎人)은 통섭(通涉)이 비편(非便)이라 하야 어시(於是)에 교회(敎會)를 분립(分立)하니 당시(當時) 집사(執事)난 조대원(趙大元), 장형도(張亨道)러라.

1909년(一千九百九年) 기유(己酉)에 박천군(博川郡) 만수동교회(萬壽洞敎會)가 성립(成立)하다. 선시(先是)에 본처인(本處人) 차병주(車秉柱)와 기처(其妻) 이신주(李信柱) 양인(兩人)이 동시신도(同時信道)하고 린인(隣人)의게 전도(傳道)하니 방웅식(方雄植), 김병린(金秉璘) 등(等)이 상계귀주(相繼歸主)해[208]야 남녀(男女) 수십인(數十人)이 읍교회(邑敎會)에서 예배(禮拜)하더니 지시(至是)하야 협력연보(協力捐補)하야 예배당(禮拜堂)을 신축(新築)하고 교회(敎會)를 분립(分立)하니 당시(當時) 순행목사(巡行牧師)난 양전백(梁甸伯)이요 조사(助師)난 조덕찬(趙德燦)이러라.

박천군(博川郡) 인덕동교회(仁德洞敎會)가 성립(成立)하다. 선시(先是)에 본처인(本處人) 윤익주(尹益柱), 윤정주(尹禎柱), 강락옹(康洛翁), 강일수(康日叟), 김성의(金聖義) 등(等)이 동시신도(同時信道)하고 교회(敎會)에 왕래(往來)하더니 신도점증(信徒漸增)함에 예배당(禮拜堂)을 신축(新築)하고 교회(敎會)를 분립(分立)하니라.

박천군(博川郡) 동문동교회(東門洞敎會)가 성립(成立)하다. 선시(先是)에 본처인(本處人) 엄병하(嚴炳夏), 신진곤(申珍坤), 노찬민(盧贊敏) 등(等)이 병력전도(並力傳道)함에 신도울흥(信徒蔚興)이라. 예배당(禮拜堂)을 신축(新築)하고 교회(敎會)를 분립(分立)하니라.

정주군(定州郡) 덕흥교회(德興敎會)가 성립(成立)하다. 선시(先是)에 본처인(本處人) 강기봉(康琦鳳), 강영길(康永吉), 강이형(康利衡), 문윤국(文潤國), 정기주(鄭基周), 김병국(金炳國) 등(等)이 동시(同時)에 밋고 청령교회(淸寧敎會)에 왕래(往來)하며 린인(隣人)의게 전도(傳道)하더니 미기(未幾)에 신자격증(信者激增)하난지라. 동내(洞內)의 상지학교(尙志學校)를 차득(借得)하야 임시예배(臨時禮拜) 처소(處所)로 의정(議定)하고 교회(敎會)를 분립(分立)하더라.

정주군(定州郡) 오산교회(五山敎會)가 성립(成立)하다. 선시(先是)에 본처인(本處人) 이중회(李重浩), 김정진(金鼎鎭) 등(等)이 시신(始信)하고 초(初)에난 이중회(李重浩) 가(家)에서 예배(禮拜)하더니 후래(後來) 신도점증(信徒漸增)함에 이승훈(李昇薰)은 기지(基地) 1단(一段)을 기부(寄附)하고 교인(敎人)은 합심연보(合心捐補)하야 예배당(禮拜堂)을 신축(新築)하고 교회(敎會)를 설립(設立)하니라.

정주군(定州郡) 장요교회(長腰敎會)에서 강제현(姜濟賢)을 장로(長老)로 장립(將立)하야 당회(堂會)를 조직(組織)하다.[209]

선천군(宣川郡) 진석교회(眞石敎會)가 성립(成立)하다. 선시(先是)에 본처인(本處人) 김창석(金昌錫)이 복음(福音)을 득문(得聞)하고 봉인전도(逢人傳道)러니 미기(未幾)에 70여명(七十餘名)의 신자(信者)를 득(得)하야 예배당(禮拜堂)을 신축(新築)하고 교회(敎會)를 설립(設立)하니라.

철산군(鐵山郡) 보산교회(保山敎會)가 성립(成立)하다. 선시(先是)에 본처인(本處人) 박찬서(朴燦瑞), 신국명(申國明), 김문식(金文植) 등(等)이 동시신도(同時信道)하고 영동교회(嶺洞敎會)에서 예배(禮拜)하며 인동(鄰洞) 사경(四境)에 전도(傳道)하더니 기후(其後)에 김정수(金鼎洙), 임재순(林在淳)이 신종(信從)하고 미기(未幾)에 30여인(三十餘人)이 증가(增加)함에 예배당(禮拜堂)을 신축(新築)하고 교회(敎會)를 분립(分立)하니 당시(當時) 조사(助師)난 홍승한(洪承漢)이러라.

철산군(鐵山郡) 영동교회(嶺洞敎會)에셔 홍승한(洪承漢)을 장로(長老)로 장립(將立)하야 당회(堂會)를 조직(組織)하니라.

철산군읍교회(鐵山郡邑敎會)와 수부교회(壽富敎會)에서 장관선(張寬善)을 목사(牧師)로 연빙(延聘)하고 차련관교회(車輦舘敎會)와 이안교회(移安敎會)에서 정기정(鄭基定)을 목사(牧師)로 연빙(延聘)하다.

용천군(龍川郡) 백암교회(白岩敎會)가 성립(成立)하다. 선시(先是)에 본처인(本處人) 장효량(張孝良)이 시신(始信)하고 용봉교회(龍峰敎會)에 래왕예배(來生禮拜)하더니 린인(鄰人)의게 전도(傳道)하야 신자(信者)가 점다(漸多)함에 당지(當地) 학교(學校)를 매수(買收)하야 예배당(禮拜堂)으로 사용(使用)하고 교회(敎會)를 분립(分立)하니 당시(當時) 조사(助師)난 백정진(白貞振)이러라.

동군(同郡) 양시교회(楊市敎會)에서 김건주(金建柱)를 장로(長老)로 취임(就任)함에 당회(堂會)가 조직(組織)하다.

구성군(龜城郡) 어궁교회(御宮敎會)가 성립(成立)하다. 선시(先是)에 본처인(本處人) 원형중(元亨仲) 전가(全家)가 공신(共信)하고 린리(隣里)에 전도(傳道)하야 신자(信者)를 다득(多得)함에 예배당(禮拜堂)을 신축(新築)하고 교회(敎會)를 설립(設立)하니라.[210]

의주군(義州郡) 용운교회(龍雲敎會)가 성립(成立)하다. 선시(先是)에 본지인(本地人) 김득길(金得吉)이 시신(始信)하고 읍교회(邑敎會)로 왕래예배(往來禮拜)할새 동내(洞內) 비류(匪類)의게 핍박(逼迫)을 누죄(累遭)하되 항인(恒忍)하야 전도(傳道)를 우근(尤勤)이러니 후래(後來)에 이경즙(李景楫), 김봉진(金奉珍), 김서봉(金瑞鳳) 등(等)이 상계귀주(相繼歸主)하야 김득길(金得吉) 사제(私第)에서 예배(禮拜)하며 학당(學堂)을 겸설(兼設)하야 여자(女子)를 교육(敎育)하더니 지시(至是)하야 초옥(草屋) 4간(四間)을 매수(買收)하야 회당(會堂)과 교실(校室)로 병용(幷用)하고 교회(敎會)를 분립(分立)하얏고 사후(斯後)에 교회(敎會)가 우흥(尤興)하야 예배당(禮拜堂)을 중건(重建)하니라.

의주군(義州郡) 정심교회(正心敎會)가 부흥(復興)하다 선시(先是)에 본처(本處) 교회(敎會)가 위미부진(萎微不振)하야 남산교회(南山敎會)로 합병(合幷)하엿더니 이원복(李元福), 유천복(劉天福) 양인(兩人)이 열심(熱心)으로 기도(祈禱)하며 전도(傳道)한 결과(結果)로 신자(信者)가 격증(激增)한지라 교인(敎人) 김진구(金珍具)의 기부(寄附)와 제교도(諸敎徒)의 연보(捐補)로 대와가(大瓦家) 20간(二十間)을 매수(買收)하야 예배당(禮拜堂)으로 사용(使用)하고 교회(敎會)를 복립(復立)하니라.

의주군(義州郡) 유초도교회(柳草島敎會)가 성립(成立)하다. 선시(先是)

에 용천군(龍川郡) 입암교회(立岩敎會) 여도(女徒) 김신일(金信一) 씨(氏)의 초차전도(初次傳道) 시(時)에 김보준(金保俊) 전가(全家)가 최선신주(最先信主)하고 익년(翌年) 재차전도(再次傳道) 시(時)에 조성식(趙聖湜) 전가(全家)가 연속귀도(連續歸道)하야 산정교회(山亭敎會)에 왕래(往來)하더니 신자점증(信者漸增)함에 이위대강(以爲大江)이 상격(相隔)에 통섭(通涉)이 비편(非便)이라 하야 신도(信徒) 장하식(張河植) 사제(私第)에서 예배(禮拜)하더니 지시(至是)하야 협력연보(協力捐補)하야 초즙(草葺) 4간(四間)을 매수(買收)하야 예배당(禮拜堂)으로 사용(使用)하고 교회(敎會)를 분립(分立)하니 당시(當時) 조사(助師)난 김병농(金炳穠)이러라.

벽동군(碧潼郡) 벽단교회(碧團敎會)가 성립(成立)하다. 선시(先是)에 본처(本處) 상인(商人) 신효일(申孝一)이 의주(義州) 방면(方面)에서 복음(福音)을 득문(得聞)[211]하고 본리(本里)에 귀래(歸來)하야 전도(傳道)함에 기가족(其家族)이 선감(先感)하고 린인(隣人) 하등명(河騰明), 김태용(金泰龍), 이익율(李翊律), 임창전(任昌典), 김윤급(金允及) 등(等)이 상계신주(相繼信主)하야 하등명(河騰明) 사제(私第)에 회집(會集)이러니 지시(至是) 연보(捐補)하야 초즙(草葺) 3간(三間)을 매수(買收)하야 예배당(禮拜堂)으로 사용(使用)하고 교회(敎會)를 설립(設立)하니라.

강계동(江界洞) 사동교회(沙洞敎會)가 성립(成立)하다. 선시(先是)에 본처인(本處人) 위원석(魏元碩), 박영식(朴永植) 양인(兩人)이 시신(始信)하고 린인(鄰人)의게 전도(傳道)하야 신자점흥(信者漸興)이라. 지시(至是)하야 본교우(本敎友)의 연보(捐補)와 읍교회(邑敎會)의 보조(補助)로 예배당(禮拜堂)을 신축(新築)하고 교회(敎會)를 설립(設立)하니라.

강계군(江界郡) 고산진교회(高山鎭敎會)에서 예배당(禮拜堂)을 신축(新築)하니라.

위원군(渭原郡) 한장교회(漢塲敎會)가 성립(成立)하다. 선시(先是)에 본처인(本處人) 이기락(李基洛)이 시신(始信)하고 린인(鄰人)의게 전도(傳道)하야 신자점진(信者漸進)함에 교회(敎會)를 설립(設立)하니 당시(當時) 선교사(宣敎師)난 방혜법(邦惠法, [Herbert E. Blair])이러라.

자성군읍교회(慈城郡邑敎會)가 성립(成立)하다. 선시(先是)에 지방조사(地方助師) 차형준(車亨駿)이 읍내(邑內)에 매도(每到)하야 전력전도(專力傳道)러니 신자점흥(信者漸興)함에 어시(於是)에 예배당(禮拜堂)을 신축(新築)하고 교회(敎會)를 설립(設立)하니라.

자성군(慈城郡) 무선동교회(務善洞敎會)가 성립(成立)하다. 선시(先是)에 지방조사(地方助師) 오현척(吳賢倜)이 시처(是處)에 전도(傳道)하야 신자점진(信者漸進)하야 30여인(三十餘人)에 기지(己至)함에 교회(敎會)를 설립(設立)하니라.

중국(中國) 남만주(南滿洲) 쌍류하교회(雙流河敎會)가 성립(成立)하다. 선시(先是)에 시처(是處) 교인(敎人)이 자피구교회(自彼溝敎會)에서 다년예배(多年禮拜)러니 지시(至是)하야 신자(信者)가 유증(愈增)함에 교회(敎會)를 분립(分立)하니라.[212]

1910년(一千九百十年) 경술(庚戌)에 선천군(宣川郡) 갑암교회(甲岩敎會)가 성립(成立)하다. 선시(先是)에 보신동(保新洞) 부인(婦人) 김기반(金基磐)이 복음(福音)을 당지(當地)에 래전(來傳)함에 부인(婦人) 박몽은(朴蒙恩), 계진호(桂眞浩)와 남인(男人) 김성섭(金聖涉), 오경갑(吳敬甲) 등(等)이 동시신종(同時信從)하야 읍교회(邑敎會)에서 예배(禮拜)하더니 미구(未久)에 신도점증(信徒漸增)하야 60여인(六十餘人)에 기달(己達)한지라. 초(初)에난 박몽은(朴蒙恩) 사제(私第)에 회집(會集)이라가 지시(至是)하야 예배당(禮拜堂)을 신축(新築)하고 교회(敎會)를 분립(分立)하니라.

선천군(宣川郡) 은봉교회(殷峰敎會)가 성립(成立)하다. 선시(先是)에 본처인(本處人) 계익겸(桂翊謙), 홍택린(洪澤潾) 양인(兩人)이 복음(福音)을 선신(先信)하고 린인(鄰人)의게 전도(傳道)하야 수년간(數年間)에 신자(信者)가 점다(漸多)한지라. 초(初)에난 계익겸(桂翊謙) 사제(私第)에 회집(會集)이러니 미기(未幾)에 예배당(禮拜堂)을 신축(新築)하고 교회(敎會)를 설립(設立)하니 당시(當時) 선교사(宣敎師)난 위대모(魏大模, [Norman C. Whittemore])요 조사(助師)난 박승호(朴承浩)러라.

철산군(鐵山郡) 장좌동교회(長佐洞敎會)가 성립(成立)하다. 선시(先是)

에 본동인(本洞人) 정창학(鄭昌學) 부부(夫婦)가 시신(始信)하고 읍교회(邑敎會)에셔 예배(禮拜)하며 린동인(鄰洞人)의게 전도(傳道)하야 신자(信者)가 점기(漸起)함에 자가(自家)에 회집(會集)이라가 지시(至是)하야 예배당(禮拜堂)을 신건(新建)하고 교회(敎會)를 분립(分立)하니 당시(當時) 목사(牧師)난 장관선(張寬善)이러라.

용천군(龍川郡) 신서동교회(新西洞敎會)가 성립(成立)하다. 선시(先是)에 본동인(本洞人) 문종언(文宗彦), 김정수(金正洙), 이원실(李元實) 등(等)이 동시(同時)에 밋고 입암교회(立岩敎會)에 왕래(徃來)하더니 기후(其後)에 동내(洞內) 신자(信者)가 점다(漸多)라. 협력연자(協力捐貲)하야 예배당(禮拜堂)을 신축(新築)하고 교회(敎會)를 분립(分立)하니라.

의쥬(義州) 지방각회(地方各會)에 조사(助師)를 분임(分任)하니 고령(古寧) 삭각회(朔各會)에 김희국(金熙國)이요 월화면(月華面) 각회(各會)에 난 김영훈(金永勳)이요 산정(山亭) 오교등회(五橋等會)에난 양준식(梁俊是)이러라. [213]

의주군읍서교회(義州郡邑西敎會)에셔 장유관(張有寬)을 장로(長老)로 장립(將立)하다.

의주군(義州郡) 대문동교회(大門洞敎會)가 성립(成立)하다. 선시(先是)에 본동인(本洞人) 김지선(金志銑), 최영근(崔永根), 박정율(朴正律), 김국찬(金國贊), 김기원(金基元) 등(等)이 상계이신(相繼而信)하야 운천교회(雲川敎會)에 왕래예배(徃來禮拜)하더니 미기(未幾)에 신도(信徒)가 점다(漸多)함에 이위운천(以爲雲川)은 통섭비편(通涉非便)이라 하야 교인(敎人) 김기원(金基完)이 자기(自己) 사제(私第)를 교회(敎會)에 기부(寄附)하야 예배당(禮拜堂)으로 사용(使用)하고 교회(敎會)를 분립(分立)함에 교인(敎人) 김지선(金志銑)이 성심시무(誠心視務)함으로 교회(敎會)가 불시(不時)에 발전(發展)하니라.

삭주군(朔州郡) 신창교회(新倉敎會)가 성립(成立)하다. 선시(先是)에 본동인(本洞人) 백여화(白麗華)가 시신(始信)하고 린인(鄰人)의게 전도(傳道)하야 신자(信者)가 점증(漸增)하야 50여인(五十餘人)에 기달(己達)한지라.

협력연자(協力捐貲)하야 예배당(禮拜堂)을 신축(新築)하고 교회(敎會)를 설립(設立)하니 당시(當時) 조사(助師)난 한득룡(韓得龍)이러라.

삭주군(朔州郡) 신안교회(新安敎會)가 성립(成立)하다. 선시(先是)에 본처인(本處人) 주백영(朱伯英) 전가(全家)가 신도(信徒)하고 읍교회(邑敎會)에서 수년(數年) 예배(禮拜)하더니 동내(洞內) 남녀(男女)가 감응(感應)하야 신도자(信徒者) 점다(漸多)라. 어시(於是)에 교회(敎會)를 분립(分立)하니 당시(當時) 조사(助師)난 한득룡(韓得龍)이러라.

벽동군읍교회(碧潼郡邑敎會)에 교인(敎人)이 격증(激增)함에 교인(敎人) 김병관(金炳官)은 기지(基地)를 기부(寄附)하고 제교우(諸敎友)난 연보(捐補)하야 와즙(瓦葺) 10간(十間)을 신축(新築)하야 예배당(禮拜堂)으로 사용(使用)하니라.

동츄(同秋) 노회(老會)에서 신학준사(神學準士) 김창건(金昌健) 김관근(金灌根)을 목사(牧師)로 임명(任命)하얏난대 김창건(金昌鍵)은 읍내(邑內) 동서교회(東西敎會) 목사(牧師)로 김관근(金灌根)은 관리(舘里), 중단(中端), 삼화(三和), 당후(堂後), 체마(替馬), 연평교회(延平敎會) 목사(牧師)로 연빙(延聘)하니라.[214]

초산읍교회(楚山邑敎會)에서 안승원(安承源)을 장로(長老)로 장립(將立)하야 당회(堂會)를 조직(組織)하니라.

위원군(渭原郡) 대야동(大野洞) 화창면교회(和昌面敎會)가 성립(成立)하다. 선시(先是)에 본처인(本處人) 이인휘(李寅徽), 이의달(李義達), 이봉윤(李奉允) 송수원(宋燧元) 등(等)이 상계이신(相繼而信)하야 전도(傳道)에 전력(專力)하더니 미기(未幾)에 신자점다(信者漸多)라. 예배당(禮拜堂)을 신축(新築)하고 교회(敎會)를 설립(設立)하니라.

동군(同郡) 신흥동교회(新興洞敎會)[화창면(和昌面)]가 성립(成立)하다. 선시(先是)에 본처인(本處人) 김낙호(金洛鎬)가 시신(始信)하고 린인(鄰人)의게 전도(傳道)하야 신자점흥(信者漸興)이라. 어시(於是)에 교회(敎會)를 설립(設立)하니 당시(當時) 선교사(宣敎師)난 방혜법(邦惠法, [Herbert E. Blair])이러라.

강계군읍교회(江界郡邑敎會)에서 차학연(車學淵)을 장로(長老)로 장립(將立)하야 당회(堂會)를 조직(組織)하다.

강계군외(江界郡外) 귀진교회(貴鎭敎會)가 성립(成立)하다. 선시(先是)에 본처인(本處人) 김호순(金鎬淳)이 복음(福音)을 시신(始信)하고 린인(鄰人)의게 작증(作證)함으로 신자점흥(信者漸興)하야 초옥(草屋) 5간(五間)을 신축(新築)하야 예배당(禮拜堂)으로 사용(使用)하고 교회(敎會)를 설립(設立)이러니 기후(其後)에 김호순(金鎬淳)을 장로(長老)로 장립(將立)하야 당회(堂會)를 조직(組織)하니라.

강계군(江界郡) 안도동(安堵洞) 협서면교회(夾西面敎會)가 성립(成立)하다. 선시(先是)에 본처인(本處人) 주문언(朱文彦)이 복음(福音)을 득문(得聞)하고 린인(鄰人)의게 전도(傳道)하야 신자점진(信者漸進)함에 교회(敎會)를 설립(設立)이러니 기후(其後)에 주하룡(朱夏龍)을 장로(長老)로 장립(將立)하야 당회(堂會)를 조직(組織)하니라.

강계군(江界郡) 흥판동교회(興判洞敎會)가 성립(成立)하다. 선시(先是)에 본처인(本處人) 전병헌(田炳憲)이 복음(福音)을 시신(始信)하고 린인(鄰人)의게 광포(廣布)하야 신자점다(信者漸多)함에 예배당(禮拜堂)을 신축(新築)하고 교회(敎會)를 설립(設立)이러니 기후(其後)에 전경석(田瓊錫)을 장로(長老)[215]로 장립(將立)하야 당회(堂會)를 조직(組織)하니라.

강계군(江界郡) 공인동(公仁洞) 공북면교회(公北面敎會)가 성립(成立)하다. 선시(先是)에 본처인(本處人) 김운기(金雲起)가 복음(福音)을 심신(深信)하고 린인(鄰人)의게 광포(廣布)함에 김상정(金相貞), 김창술(金昌述) 등(等)이 상계신쥬(相繼信主)하야 교회(敎會)를 설립(設立)이러니 기후(其後)에 예배당(禮拜堂)을 신축(新築)하니라.

자성군(慈城郡) 장성동(長城洞) 장사면교회(長士面敎會)가 성립(成立)하다. 선시(先是)에 본처인(本處人) 안병송(安秉松), 강문봉(姜文鳳) 양인(兩人)이 동시귀쥬(同時歸主)하야 열심전도(熱心傳道)함에 동민(洞民)이 수감(隨感)하야 신자점다(信者漸多)라. 어시(於是)에 교회(敎會)를 설립(設立)이러니 기후(其後)에 예배당(禮拜堂)을 신축(新築)하니라.

자성군(慈城郡) 토성(土城) 장사면교회(長士面敎會)가 성립(成立)하다. 선시(先是)에 본처인(本處人) 조선주(趙宣周), 박응주(朴應周) 양인(兩人)이 동시(同時)에 신주(信主)하야 전무전도(專務傳道)함으로 신자(信者)가 일흥(日興)이라. 어시(於是)에 교회(敎會)를 설립(設立)이러니 기후(其後)에 예배당(禮拜堂)을 신축(新築)하니라.

중국(中國) 남만주(南滿州) 왕청문교회(旺淸門敎會)가 성립(成立)하다. 선시(先是)에 뢰석차교회(磊石岔敎會) 집사(執事) 장경현(張景賢)이 시처(是處)에 다쥬(多住)하야 동포(同胞)의게 전도(傳道)함에 신자점다(信者漸多)라. 어시(於是)에 교회(敎會)를 설립(設立)하니라.

중국(中國) 남만주(南滿州) 요천수교회(撓川水敎會)가 성립(成立)하다. 선시(先是)에 교인(敎人) 장대석(張大錫), 이학엽(李學燁), 이시화(李時和) 등(等) 3인(三人)이 당지(當地)에 이쥬(移住)하야 동포(同胞)의게 열심전도(熱心傳道)하니 신자(信者)가 점다(漸多)함으로 교회(敎會)를 설립(設立)하니라.

1911년(一千九百十一年) 신해(辛亥)에 정주군(定州郡) 청정교회(淸亭敎會)에셔 조사(助師) 조덕찬(趙德燦)을 장로(長老)로 장립(將立)하야 당(堂)[216]회(會)를 조직(組織)하다.

정주군(定州郡) 장경교회(長景敎會)가 성립(成立)하다. 개시처(盖是處)난 유명(有名)한 광소(礦所)라. 각방(各方) 인물(人物)이 폭주(輻湊)하난 장소(場所)인대 여도(女徒) 박도나(朴道拿)가 경성(京城)으로부터 본처(本處)에 래거(來居)하야 열심(熱心)으로 전도(傳道)하니 남녀신도(男女信徒) 10여인(十餘人)이 신종(信從)하야 예배당(禮拜堂)을 신축(新築)하고 교회(敎會)를 설립(設立)하니라.

선천군읍남교회(宣川郡 邑南敎會)가 성립(成立)하다. 선년(先年)에 읍내(邑內) 교우(敎友)가 유일격증(惟日激增)하야 1예배당(一禮拜堂)에난 공집(共集)키 불능(不能)한지라. 어시(於是)에 읍내(邑內)에 횡류(橫流)하난 장천(長川)을 위계(爲界)하야 천북(川北)은 북교회(北敎會)에 속(屬)하고 천남(川南)은 남교회(南敎會)에 속(屬)하야 천남(川南) 중구(中區)에 예배당(禮拜堂)을 신설(新設)하고 교회(敎會)를 분립(分立)하니 당시(當時) 목사(牧師)난 김석창(金錫昌)이요 선교사(宣敎師)난 위대모(魏大模, [Norman C. Whittemore]) 오 장로(長老)난 이봉죠(李鳳朝), 이창석(李昌錫), 주봉서(朱鳳棲), 홍성익(洪成益), 장시욱(張時郁), 한준겸(韓俊謙)이러라.

선천군(宣川郡) 가물남교회(嘉物南敎會)에서 계이영(桂利榮)을 장로(長老)로 장립(將立)하야 당회(堂會)를 조직(組織)하다.

선천군(宣川郡) 대목교회(大睦敎會)가 성립(成立)하다. 선시(先是)에 본처인(本處人) 김경현(金景鉉) 급(及) 기처(其妻) 허경신(許敬信)과 김원호(金元浩) 급(及) 기모(其母) 이마리아(李馬利亞)가 복음(福音)을 독신(篤信)하고 읍북교회(邑北敎會)에 왕래예배(往來禮拜)하더니 수년간(數年間)에 린인점화(鄰人漸化)하야 서경순(徐敬淳), 임봉상(林鳳祥), 홍일해(洪日河), 신일서(申日瑞), 이봉규(李鳳奎), 최학민(崔學敏) 등(等)이 상계이기(相繼而起)하야 예배당(禮拜堂)을 신설(新設)하고 교회(敎會)를 분립(分立)하니 당시(當時) 조사(助師)난 계시항(桂時恒)이러라.

선천군(宣川郡) 농건동(農建洞) 신부면교회(新府面敎會)가 성립(成立)하다. 선시(先是)에 본처인(本處人) 김명철(金明哲)이 읍회(邑會)로브터 복음(福音)을 득문(得聞)하고 린인(隣人)의게 간권(懇勸)하니 남인(男人) 김성서(金聖瑞), 김두증(金頭曾), 이내보(李乃寶), 이순언(李順彦)과 부인(婦人) 계원신(桂元信), 이선길(李善吉) 등(等)이 상계신종(相繼信從)하야 읍북교회(邑北敎會)로브터 분립(分立)하니 당시(當時) 집사(執事)난 김명철(金明哲), 이순언(李順彦)이러라.

선천군(宣川郡) 장항(獐項) 산면교회(山面敎會)가 성립(成立)하다. 선시(先是)에 본처인(本處人) 김재균(金在均), 김천섭(金千涉), 이준백(李俊白), 이승문(李承文), 이의옥(李義玉), 박형락(朴亨洛) 등(等)이 동시귀도(同時歸道)하야 린인(隣人)의게 전도(傳道)함에 신자점흥(信者漸興)하야 예배당(禮拜堂)을 신축(新築)하고 교회(敎會)를 설립(設立)하니라.

철산군(鐵山郡) 영동(岺洞) 풍천(豊川), 보산(保山), 단도(椴島), 4교회

(四敎會)에셔 방효원(方孝元)을 목사(牧師)로 연빙(延聘)하나라.

용천군(龍川郡) 구읍교회(舊邑敎會)에셔난 조사(助師) 김롱승(金瓏承)을 장로(長老)로 장립(將立)하야 당회(堂會)를 조직(組織)하얏고 기후(其後) 계속피임(繼續被任)한 장로(長老)난 김승설(金昇說), 정서창(鄭瑞彰), 정흥조(鄭興祚) 제인(諸人)이러라.

용천군(龍川郡) 신성(新城), 용봉(龍峰), 백암(白岩), 북평(北平) 4교회(四敎會)에셔 백정진(白貞振)을 목사(牧師)로 연빙(延聘)하고 덕흥(德興), 고령(古寧), 당령(堂嶺), 삼교회(三敎會)에셔 문진훤(文晋烜)을 목사(牧師)로 연빙(延聘)하다. [백정진(白貞振)은 후래(後來) 혁직(革職).]

용천군(龍川郡) 입암교회(立岩敎會)에셔 윤희복(尹希福)을 장로(長老)로 장립(將立)하고 신창교회(新倉敎會)에셔 송병조(宋秉祚)를 장로(長老)로 장립(將立)하야 각기(各其) 당회(堂會)를 조직(組織)하나라.

용천군(龍川郡) 양책교회(良策敎會)가 성립(成立)하다. 선시(先是)에 본처인(本處人) 윤의창(尹義昌), 김문일(金文一) 등(等)이 복음(福音)을 득문(得聞)하고 린인(鄰人)의게 전도(傳道)하야 신자점가(信者漸加)함에 구읍(舊邑)과 연평교회(延平敎會)에 왕래예배(往來禮拜)하더니 미기(未幾)에 신자우증(信者尤增)[218]이라. 예배당(禮拜堂)을 신축(新築)하고 교회(敎會)를 분립(分立)하나라.

의주군(義州郡) 읍서교회(邑西敎會)에셔 김창건(金昌鍵)을 전임목사(專任牧師)로 위임(委任)하다.

의주군(義州郡) 용산(龍山), 남산(南山) 양교회(兩敎會)에셔 합동(合同)하야 장운식(張運栻)을 목사(牧師)로 위임(委任)하다.

의주군(義州郡) 상고(上古), 동상(東上), 주음(注音) 3교회(三敎會)에셔 합동(合同)하야 송문정(宋文正)을 목사(牧師)로 위임(委任)하다.

의주군(義州郡) 삼하(三下), 연봉(烟峰), 당목(棠木), 3교회(三敎會)에셔 합동(合同)하야 이기형(李基馨)을 목사(牧師)로 위임(委任)하다.

의주군(義州郡) 남재동교회(南齋洞敎會)에셔 조사(助師) 김병농(金炳穠)을 장로(長老)로 장립(將立)하야 당회(堂會)를 조직(組織)하다.

의주군(義州郡) 읍동교회(邑東敎會)에서 영수(領袖) 유여대(劉如大)를 조사(助師)로 위임(委任)하야 본회(本會) 사무(事務)를 전관(專管)하다.

의주군(義州郡) 창원교회(昌元敎會)가 성립(成立)하다. 선시(先是)에 본처인(本處人) 윤치주(尹致周) 급(及) 정효원(鄭孝元) 부부(夫婦)가 동시신교(同時信敎)하고 읍서교회(邑西敎會)에서 래왕예배(來往禮拜)하더니 미기(未幾)에 신자증가(信者增加)라. 교인(敎人) 윤치은(尹致殷)이 초옥(草屋) 3간(三間)을 기부(寄附)하야 예배당(禮拜堂)으로 사용(使用)하고 교회(敎會)를 분립(分立)이러니 기후(其後)에 교회(敎會)가 우흥(尤興)하야 예배당(禮拜堂)을 신축(新築)하고 부인(婦人) 등(等)이 전도회(傳道會)를 조직(組織)하니라.

의주군(義州郡) 취봉(鷲峰) 월화면교회(月華面敎會)가 성립(成立)하다. 선시(先是)에 본처인(本處人) 원세택(元世澤), 최용태(崔龍泰), 신봉상(申鳳祥), 신봉정(申鳳廷) 등(等)이 상계신주(相繼信主)하야 호암교회(虎岩敎會)에 왕래예배(往來禮拜)하더니 동내(洞內)의 신자점중(信者漸衆)이라. 초즙(草葺)으로 예배당(禮拜堂) 4간(四間)을 신축(新築)하고 교회(敎會)를 분립(分立)하니라.

신의주제1교회(新義州第一敎會)가 성립(成立)하다. 선시(先是)에 본처인(本處人) 이신화(李信和), 이명화(李明和), 김산국(金信國) 등(等)이 동시(同時)에 신주(信主)하고 마전교회(麻田敎會)에 왕래예배(往來禮拜)하더니 시처(是處)난 국경중지(國境重地)라. 시가(市街)가 번창(繁昌)하고 물화(物貨)가 폭주(輻湊)함에 각처(各處) 교우(敎友)의 이주(移住)하난 자(者)가 심중(甚衆)하니 황택휴(黃宅畦), 김병원(金炳元), 이항엽(李恒燁), 조보근(趙普根), 장준영(張夋英), 김관필(金寬弼), 김용즙(金用楫), 김세의(金世義), 임관회(林寬浩), 임주조(林柱祚), 장여학(張厲學) 등(等)이 개시명(皆是名)한 신도(信徒)라. 상계이래(相繼移來)하야 대중(大衆)을 점성(漸成)하니 어시(於是)에 예배당(禮拜堂) 8간(八間)을 신축(新築)하고 교회(敎會)를 분립(分立)하니라.

창성군(昌城郡) 대유동교회(大楡洞敎會)가 성립(成立)하다. 시처(是處)

난 유명(有名)한 광소(礦所)라. 4방(四方) 인사(人士)가 운집폭주(雲集輻湊)러니 운산(雲山) 김익용(金翊鎔)과 박천(博川) 임영순(林永淳)이 동시이주(同時移住)하야 동심전도(同心傳道)함에 신자점가(信者漸加)하야 40여인(四十餘人)에 기달(己達)한지라. 예배당(禮拜堂)을 건축(建築)하고 교회(教會)를 설립(設立)하니 당시(當時) 집사(執事)난 김익용(金翊鎔), 임영순(林永淳)이러라.

벽동군(碧潼郡) 성면교회(城面教會)가 성립(成立)하다. 선시(先是)에 본처인(本處人) 김화집(金化集)이 복음(福音)을 시신(始信)하고 린인(鄰人)의게 전도(傳道)함에 이삼가인(二三家人)이 동시귀도(同時歸道)하니 신도(信徒)가 30인(三十人)이러라. 민방(民房)을 매수(買收)하야 예배당(禮拜堂)으로 사용(使用)하고 교회(教會)를 설립(設立)이러니 기후(其後)에 교회우흥(教會尤興)하야 와가(瓦家) 7간(七間)의 예배당(禮拜堂)을 이건(移建)하니라.

벽동군(碧潼郡) 태평교회(太平教會)가 성립(成立)하다. 선시(先是)에 본처인(本處人) 김학선(金學善) 등(等)이 시신(始信)하고 조창화(趙昌化), 이국회(李國浩)의 사저(私邸)에 회집(會集)이러니 미구(未久)에 신자증가(信者增加)라 초옥(草屋) 4간(四間)을 매수(買收)하야 예배당(禮拜堂)으로 사용(使用)하고 교회(教會)를 설립(設立)하니라.

위원군(渭原郡) 석포동교회(石蒲洞教會)에서 교인(教人)이 협력연금(協力捐金)하야 예배당(禮拜堂)을 신축(新築)하니 당시(當時) 선교사(宣教師)난 방혜법(邦惠法, [Herbert E. Blair])이요 영수(領袖)난 황택룡(黃澤龍), 천년필(千年弼), 정일신(鄭一信)이러라.[220]

강계군(江界郡) 한전교회(閑田教會)[종남면(縱南面)]가 성립(成立)하다. 선시(先是)에 본처인(本處人) 윤석주(尹錫周)의 전도(傳道)로 동내(洞內)의 신자점기(信者漸起)라. 어시(於是)에 교회(教會)를 설립(設立)이러니 후래(後來)에 교회(教會)가 우흥(尤興)하야 예배당(禮拜堂)을 신축(新築)하니라.

강계군(江界郡) 입석(立石) 입관면교회(立舘面教會)가 성립(成立)하다.

선시(先是)에 본처인(本處人) 강일선(姜日善), 이봉도(李奉道) 양인(兩人)의 전도(傳道)로 동리(洞里) 신자점흥(信者漸興)이라. 어시(於是)에 교회(敎會)로 설립(設立)이러니 후래(後來)에 교회(敎會)가 침약(寢弱)이러라.

자성군(慈城郡) 상장동(上長洞) 여연면교회(閭延面敎會)가 성립(成立)하니 선시(先是)에 본처인(本處人) 이성전(李聖田), 김두홍(金斗弘) 양인(兩人)의 전도(傳道)로 동내(洞內)의 신자(信者)가 점흥(漸興)이라. 어시(於是)에 교회(敎會)를 설립(設立)이러니 후래(後來)에 교회(敎會)가 우흥(尤興)하야 예배당(禮拜堂)을 건축(建築)하니라.

자성군(慈城郡) 하장동(下長洞) 여연면교회(閭延面敎會)가 성립(成立)하다. 선시(先是)에 본처인(本處人) 박창식(朴彰植)의 전도(傳道)로 동내(洞內)의 신자점흥(信者漸興)이라. 어시(於是)에 교회(敎會)를 설립(設立)하니 당시(當時) 선교사(宣敎師)난 노해리(魯鮮理, [Harry A. Rhodes])러라.

중국(中國) 만주(滿洲) 삼원포(三源浦) 유하현교회(柳河縣敎會)가 성립(成立)하다. 시시(是時)에 방인(邦人) 중국(中國) 이주(移住)하난 자(者) 심중(甚衆)이라. 안동식(安東植), 이윤옥(李允玉), 이동녕(李東寧), 김창무(金昌武) 등(等)이 내지(內地)로부터 시처(是處)에 이주(移住)하야 동포(同胞)의게 전도(傳道)하야 매주일(每主日)에 송덕규(宋德奎) 사제(私第)에서 회집(會集)하고 교회(敎會)를 설립(設立)이러니 후래(後來)에 예배당(禮拜堂)을 신축(新築)하니라.

중국(中國) 만주(滿洲) 하마회(河馬許) 통화현교회(通化縣敎會)가 성립(成立)하다. 선시(先是)에 조봉경(趙鳳京), 김문규(金文奎), 임시화(林時化) 등(等)이 내지(內地)로부터 시처(是處)에 이주(移住)하야 동포(同胞)의게 전도(傳道)하야 신자(信者)를 다득(多得)함에 교회(敎會)를 설립(設立)하얏난대 후래(後來)에 예배당(禮拜堂)을 신축(新築)하니라.

중국(中國) 만주(滿洲) 금두(?)(金斗(?)) 통화현교회(通化縣敎會)가 성립(成立)하다. 선시(先是)에 박응서(朴應瑞), 오정준(吳貞俊), 정낙영(鄭洛永) 등(等)이 내지(內地)로부터 시처(是處)에 이주(移住)하야 동포(同胞)의게 전도(傳道)하야 신자(信者)를 다득(多得)함에 교회(敎會)를 설립(設立)

하얏난대니 후래(後來)에 예배당(禮拜堂)을 신축(新築)하니라.

중국(中國) 만주(滿洲) 이밀(二密) 통화현교회(通化縣敎會)가 성립(成立)하다. 선시(先是)에 한석규(韓錫奎), 원병태(元炳泰), 신영근(申永根) 등(等)이 시처(是處)에 이주(移住)하야 동포(同胞)의게 전도(傳道)하야 교회(敎會)를 설립(設立)하다. 당시(當時)에 중국(中國) 도적(盜賊)의 위험(危險)과 피처관헌(彼處官憲)의 명령(命令)으로 남만주(南滿洲) 일대(一帶)에 거주(居住)하난 방인(邦人)은 일병중복(一並中服)을 착용(着用)하니라.

2. 전도(二, 傳道)

1908년(一千九百八年) 무신(戊申)에 평북(平北) 전도회(傳道會)에서 각처(各處)로 파인(派人)하야 복음(福音)을 전파(傳播)할새 벽동군(碧潼郡)에 이경호(李庚灝), 김민철(金敏哲)을 파송(派送)하야 분계(分界)하야 전도(傳道)케 하다.

1909년(一千九百九年) 기유(己酉)에 평북(平北) 전도회(傳道會)에서 삭주(朔州), 창성(昌城)에 김상륜(金尙倫)을 파송(派送)하고 중국(中國) 유하현(柳河縣)과 통화현(通化縣)에 한경희(韓敬禧)를 파송(派送)하다.

강계군(江界郡) 공북면(公北面) 동주동교회(東州洞敎會) 신자(信者) 위원석(魏元碩)이 금전(金錢)을 자담(自擔)하야 본동(本洞) 창평(倉坪)과 평남진(平南鎭)에 전도인(傳道人)을 파송(派送)하야 신자(信者)를 다득(多得)하니라.[222]

1910년(一千九百十年) 경술(庚戌)[에 100만명(百萬名) 전도대(傳道隊)가 경성(京城)에서 전도(傳道)한 후(後) 10월(十月)에 위원(委員) 중(中) 일부(一部)난 선천(宣川)에 회집(會集)하야 1주(一週) 전도(傳道)하고 각군(各郡)에 전도대원(傳道隊員)을 파송(派送)하야 신자(信者)를 다획(多獲)하니라.

평북(平北) 전도회(傳道會)에서 중국(中國) 임강현(臨江縣) 급(及) 집안현(戢安縣)에 황운기(黃雲起)를 파송(派送)하고 중국(中國) 집안현(戢安縣) 급(及) 회인현(懷仁縣)에 김진근(金振瑾)을 파송(派送)하다. 용천군(龍川郡) 각(各) 교회(敎會)가 합동(合同)하야 지방(地方) 전도회(傳道會)를 조직(組織)하고 창성군(昌城郡)에 백봉슈(白奉守)를 파송(派送)하야 3년(三年)을 연속(連續)하야 전도(傳道)케 하다.

1911년(一千九百十一年) 신해(辛亥)에 의주군(義州郡) 각(各) 교회(敎會) 부인(婦人) 등(等)이 여전도회(女傳道會)를 조직(組織)하고 자성(慈城)에 장신희(張信希)를 파송전도(派送傳道)하니라.

3. 환난(三, 患難)

1912년(一千九百十一年) 임자(壬子)에 경무총감부 중옥사변((警務總監府 重獄事變)이 홀기(忽起)하야 선천읍(宣川邑) 내(內) 신성학교(信聖學校) 교원전부(敎員全部)와 생도다슈(生徒多數)와 남북교회(南北敎會) 직원(職員)과 철산(鐵山) 정주(定州) 용천(龍川) 의주(義州) 등(等) 군교도(郡敎徒)의 경성(京城) 감옥(監獄)에 뢰피착수자(牢被捉囚者) 백유여인(百有餘人)이라. 수년간(數年間)에 평북(平北) 각회(各會)난 비참도료(悲慘度了)러니 월3년(越三年) 후(後)에 종시(終是) 6인(六人)은 처역(處役)하고 99인(九十九人)은 방면(放免)되니라.

4. 교육(四, 敎育)[223]

1907년(一千九百七年) 정미(丁未)에 철산읍교회(鐵山邑敎會)에셔난 당시(當時) 관찰사(觀察使) 박승봉(朴勝鳳)의 조처(措處)를 특뢰(特賴)하야 읍내(邑內) 장녕관(長寧舘)을 수리(修理)하야 남학교(男學校)를 설립(設立)하고 성황당(城隍堂)을 수득(收得)하야 여학교(女學校)를 설립(設立)하고 호왈(號曰) 신명학교(新明學校)라 하다. 수부교회(壽富敎會)에 신흥학교(信興學校)와 영동교회(嶺洞敎會)에 광동학교(光東學校)를 동시설립(同時設立)하니라.

용천군(龍川郡) 덕천교회(德川敎會)에서 교실(校室) 12간(十二間) 내(內)에 보통(普通), 중등(中等) 양과(兩科)을 교수(敎授)하고 양시교회(楊市敎會)와 용봉교회(龍峯敎會)에서 학교(學校)을 병립(幷立)하니라.

의주군(義州郡) 당후교회(堂後敎會)에서 김윤정(金允貞), 최명준(崔明俊)의 발기(發起)로 금 500원(金五百圓)을 모집(募集)하야 교실(校室)을 신축(新築)하고 3신(三信)을 변경(變更)하야 중원학교(重遠學校)라 명명(命名)하고 동시(同時)에 여학교(女學校)를 신축(新築)하얏스니 당시(當時) 교원(敎員)은 김기봉(金基峰), 김윤정(金允貞), 장혜성(張惠誠)이러라.

의주군(義州郡) 체마교회(替馬敎會)에서 신성학교(信成學校)를 설립(設立)하고 자제(子弟)를 교육(敎育)하니 당시(當時) 교원(敎員)은 백치묵(白致默)이러라.

의주군(義州郡) 읍서교회(邑西敎會)에서 장유관(張有寬) 등(等)의 발기(發起)로 금 500원(金五百圓)을 모집(募集)하야 양실학원(養實學院)을 확장(擴張)할새 의주(義州) 공신(功臣) 후예(後裔)의게 협의(協議)하야 의회당(議會堂) 기지(基地)[고대(古代) 공신(功臣) 향사처(享祀處)]와 린근소속(鄰近所屬) 채포전부(菜圃全部)와 위화조(威化鳥) 소재(所在) 토지수묘(土地數畝)를 기부(寄附)하며 여도(女徒) 고보석(高寶石)은 가벌(家垡) 1좌(一座)와 전토 3일경(田土三日耕)과 시산 1록(柴山一麓)을 기부(寄附)하야 교육(敎育)을 장려(奬勵)하니 당시(當時) 교원(敎員)은 최광옥(崔光玉), 유여대(劉如大), 조학선(趙學璇), 이성하(李成夏), 배신희(裵信希)러라.[224]

강계군읍교회(江界郡邑敎會)에서 남녀소학교(男女小學校)를 설립(設立)하야 청년자녀(靑年子女)를 교육(敎育)하니라.

1908년(一千九百八年) 무신(戊申)에 박천군구읍교회(博川郡舊邑敎會)의 신성학교(信成學校)와 정주군(定州郡) 운전교회(雲田敎會)의 대명학교(大明學校)와 철산군(鐵山郡) 화탄교회(化炭敎會)의 삼성학교(三成學校)와 선천군(宣川郡) 고부교회(古府敎會)의 영성학교(永成學校)와 원동교회(院洞敎會)의 명신학교(明信學校)를 설립(設立)하고 용천군(龍川郡) 신성교회(新城敎會)와 북평교회(北平敎會)와 당령교회(堂嶺敎會)와 남시교회(南市敎會)와 용암교회(龍岩敎會)와 용유교회(龍遊敎會)에서 사숙(私塾) 혹(或) 학교(學校)를 설립(設立)하야 교중(敎中) 자제(子弟)를 교육(敎育)하니라.

선천(宣川) 읍내(邑內)의 인사(人士)들은 교회교육(敎會敎育)을 찬조(贊助)하야 서부(西部) 성황당(城隍堂) 기지(基地) 전부(全部)와 소속(所屬) 산림 1록(山林一麓)을 읍교회(邑敎會)에 기부(寄附)하니라.

의주군(義州郡) 남재교회(南齋敎會)의 부성학교(復聖學校)와 낙원교회(樂園敎會)의 삼성학교(三成學校)와 토교교회(土橋敎會)의 여학교(女學校)를 차제설립(次第設立)하야 교중(敎中) 여자(女子)를 교육(敎育)하니라.

강계군(江界郡) 수명동교회(遂明洞敎會)에서 수명학교(遂明學校)를 설립(設立)하니라.

1909년(一千九百九年) 기유(己酉)에 박천군(博川郡) 만수동교회(萬壽洞敎會)의 인흥학교(仁興學校)와 선천군(宣川郡) 고읍교회(古邑敎會)의 한성학교(韓成學校)와 가물남교회(嘉物南敎會)의 숭신여학교(崇信女學校)와 읍교회(邑敎會)의 명신여학교(明信女學校)를 설립(設立)하고 내동교회(內洞敎會)의 교인(敎人) 계복하(桂福厦), 김영례(金永禮), 방취정(方就貞), 최종관(崔宗官) 등(等)이 발기(發起)하야 교실(校室) 12간(十二間)을 신축(新築)하고 당곡교회(棠谷敎會)의 지사(志士) 오치은(吳致殷)은 교실(校室) 16간(十六間)과 기지(基地) 1천평(一千坪)을 기부(寄附)하야 학교(學校)를 설립(設立)하야 수다생도(數多生徒)를 교육(敎育)하니라.[225]

의주군(義州郡) 동상교회(東上敎會)의 승인학교(承仁學校)와 정심교회(正心敎會)의 광산학교(光山學校)를 신설(新設)하고 동추(同秋)에 동군(同郡) 읍내(邑內)의 양실학원(養實學院)과 관마(舘馬)의 신성학교(信成學校)와 마전(麻田)의 신명학교(新明學校)와 남재(南齋)의 부성학교(復聖學校)와 관리(舘里)의 삼광학교(三光學校)와 정심(正心)의 광산학교(光山學校)난 관부(官府)의 인가(認可)를 병수(並受)하고 교육(敎育)을 확장(擴張)하니라.

차시(此時) 의쥬(義州)에 운천(雲川) 양신학교(養信學校)와 상단(上端) 유신학교(維新學校)와 산정(山亭) 경신학교(儆信學校)와 마전(麻田) 신명학교(信明學校)와 낙원삼성학교(樂園三省學校)와 벽동(碧潼) 읍내(邑內) 신명학교(新明學校) 등(等)은 교육기관(敎育機關)이 점차발전(漸次發展)하야 궐공(厥功)이 교저(較著)러라.

1910년(一千九百十年) 경술(庚戌)[에] 선천군(宣川郡) 당곡(棠谷)에 시중학교(時中學校)와 농건(農建)에 경신학교(敬信學校)와 고시(古時)에 영성학교(永成學校)를 설립(設立)하고 철산군(鐵山郡) 읍내(邑內)의 신명학교(信明學校)와 서평(西平)의 일신학교(日新學校)와 수부(壽富)의 신흥학교(信興學校)와 풍천(豊川)의 광성학교(光成學校)와 영동(嶺洞)의 광동학교(光東學校)와 학암(鶴岩)의 상지학교(尙志學校)와 화탄(化炭)의 삼성학교(三成學校)와 차련관(車輦舘)의 성진학교(聖進學校)와 연수(蓮水)의 연수학교(蓮水學校)난 관부(官府)의 인가(認可)를 병수(並受)하고 교육(敎育)을 확장(擴張)하니라.

1911년(一千九百十一年) 신해(辛亥)에 강계군읍교회(江界郡 邑敎會)에서 선교사(宣敎師) 경영(經營)으로 중학교(中學校)를 설립(設立)하고 영실중학교(英實中學校)라고 명명(命名)하니라.

5. 자선(五, 慈善)

1908년(一千九百八年) 무신(戊申)에 선천군(宣川郡) 읍내(邑內)에 대동고아원(大同孤兒院)을 설립(設立)하다.

선시(先是)에 교인(敎人) 이병준(李炳俊)이 13년간(十三年間) 미국(美國)에 여거(旅居)하야 노동소득(勞働所得)의 미화(美貨) 200도(二百圖)을 저치(貯置)하고 동지(同志)에게 대(對)하야 본(本)[226]국(國)의 무의(無依)한 고아수양(孤兒收養)할 소회(所懷)를 소급(訴及)함에 감응협찬(感應協贊)하난 자(者)가 수십여인(數十餘人)이오 수합(收合)된 금액(金額)이 천원(千

圓)에 달(達)한지라.

차(此)를 선천(宣川) 양전백(梁甸伯)에게 송부(送附)함으로 토지(土地)와 가옥(家屋)을 매수(買收)하야 고아(孤兒) 약간(若干)을 구휼(救護)하얏스니 기본(基本)이 부족(不足)함으로 수년간(數年間)에 적연(寂然)히 경과(經過)하니라.

자성군(慈城郡) 자하면(慈下面) 하건포교회(下乾浦敎會)의 교인(敎人) 배상은(裵相殷)은 그 이세(離世) 시(時)에 자기소유(自己所有) 재산전부(財産全部) 80원(八十圓)을 본교회(本敎會)에 기부(寄附)하니라.

1909년(一千九百九年) 기유(己酉)에 동군(同郡) 읍교회(邑敎會)의 문학흥(文學興)은 토지가옥(土地家屋) 800원(八百圓) 가(價)와 최종호(崔宗浩)난 금 200원(金二百圓)과 종(鍾) 1좌(一座)와 박흥춘(朴興春)은 금 50원(金五十圓)을 교회(敎會)에 기부(寄附)하니라.

강계군(江界郡) 공북면(公北面) 동사교회(東沙敎會)의 위원석(魏元碩)은 답 20두락(畓二十斗落)과 금전(金錢) 약간(若干)과 김종하(金宗河)난 가옥(家屋) 7간(七間)과 토지(土地) 2천평(二千坪)과 박영식(朴永植)은 토지 1단(土地一段)과 백영신(白永信)은 종 1좌(鍾一座)를 본교회(本敎會)에 기부(寄附)하니라.

철산군(鐵山郡) 읍교회(邑敎會) 이신경(李信敬)은 답 7두락(畓七斗落)을 본교회(本敎會)에 기부(寄附)하니라.

철산군(鐵山郡) 수부교회(壽富敎會)의 이상백(李尙白)은 기지(基地) 750평(七百五十坪)을 본교회(本敎會)에 기부(寄附)하니라.

1910년(一千九百十年) 경술(庚戌)에 강계군(江界郡) 공북면(公北面) 공인동교회(公仁洞敎會)의 김영준(金永俊)은 예배당(禮拜堂) 기지(基地)와 김인호(金仁浩)난 종 1좌(鍾一座)를 본교회(本敎會)에 기부(寄附)하니라.

자성군(慈城郡) 장토면(長土面) 장성동교회(長城洞敎會)의 이인덕(李仁德)은 별세(別世) 시(時)에 금 80원(金八十圓)을 본교회(本敎會)에 기부(寄附)하니라.

1911년(一千九百十一年) 신해(辛亥)에 동군(同郡) 여연면(閭延面) 상장

동교회(上長洞敎會)의 박평준(朴平俊)은 자기토지(自己土地) 가옥전부(家屋全部)[227]를 본교회(本敎會)에 기부(寄附)하니라.

6. 진흥(六, 振興)

자(自) 1910년(一千九百十年) 100만명(百萬名) 전도회(傳道會) 후(後)로브터 각처(各處) 교회(敎會)가 진흥(振興)하야 종전(從前) 예배당(禮拜堂)은 수용(收容)키 불능(不能)함으로 각처(各處)에서 회당(會堂)을 증축(增築)하니 박천군읍교회(博川郡邑敎會)와 정주군(定州郡) 곽산교회(郭山敎會)와 염방교회(濂防敎會)와 선천군읍내남교회(宣川郡邑內南敎會)와 가물남교회(嘉物南敎會)와 고읍교회(古邑敎會)와 철산군읍교회(鐵山郡邑敎會)와 수부교회(壽富敎會)와 영동교회(嶺洞敎會)와 차련관교회(車輦舘敎會)와 용천군(龍川郡) 양시교회(楊市敎會)와 남시교회(南市敎會)와 송산교회(松山敎會)와 입산교회(立山敎會)에서 거액(巨額)의 금액(金額)을 연보(捐補)하야 굉걸(宏傑)한 예배당(禮拜堂)을 신축(新築) 혹(或) 증축(增築)하니라.

의주군(義州郡) 운천교회(雲川敎會)와 태산교회(台山敎會)와 남동교회(南洞敎會)와 마룡교회(麻龍敎會)와 관리교회(舘里敎會)와 토교교회(土橋敎會)와 용산교회(龍山敎會)와 남재교회(南齋敎會)와 정심교회(正心敎會)와 상단교회(上端敎會)와 창교회(倉敎會)와 삭주군읍교회(朔州郡邑敎會)와 벽동군읍교회(碧潼郡邑敎會)에서 각기(各其) 유명(有名)한 강사(講師)를 청요(請邀)하야 성경(聖經)을 교훈(敎訓)하며 복음(福音)을 선전(宣傳)함에 신자울흥(信者蔚興)하야 기지(基地)를 기부(寄附)하며 재산(財産)을 연보(捐補)하난 자(者)가 심중(甚衆)이라. 각(各) 예배당(禮拜堂)을 신축(新築) 혹(或) 증축(增築)이러라.

7. 이단(七, 異端)

1911년(一千九百十一年) 신해(辛亥)에 의주군(義州郡) 노북교회(蘆北教會) 영수(領袖) 김원유(金元瑜)와 강계군읍교회(江界郡邑教會) 장로(長老) 차학(車學)[228]연(淵)이 선교사(宣敎師)의 처사(處事)를 불열(不悅)하며 장로회(長老會)의 정치(政治)를 불복(不服)하야 아회(我會)를 탈리(脫離)하고 별회(別會)를 분립(分立)하야 자칭(自稱) 자유교회(自由敎會)라 하니 교인(敎人) 부수자(附隨者) 수백명(數百名)이라. 혁직(革職)된 목사(牧師) 최중진(崔重珍)으로 더부러 기맥(氣脉)을 상통(相通)하고 성세(聲勢)를 상응(相應)함에 아교회(我敎會)의 연해(捐害)가 거대(巨大)한지라. 평북노회(平北老會)로셔 목사(牧師) 양전백(梁甸伯)을 특파(特派)하야 백방효유(百方曉諭)하되 종시불복(終是不服)하니라.

제 10 장
평남대리회(平南代理會)

평양부(平壤府) 산정현교회(山亭峴敎會)가 계택선(桂澤宣), 한승곤(韓承坤)을 장로(長老)로 장립(將立)하니 당회(堂會)가 성립(成立)하다.

1908, 조선예수교장로회 평남대리회

1. 교회조직(一, 敎會組織)

1907년(一千九百七年) 정미(丁未)[에 제 1회(第一回) 장립목사(將立牧師) 길선주(吉善宙)난 평양(平壤) 장대현교회(章臺峴敎會)에 목사(牧師) 한석진(韓錫晋)은 평양(平壤) 동편구역(東便區域)에 송린서(宋麟瑞)난 서편구역(西便區域)에 방기창(邦基昌)은 용강구역(龍岡區域)에 목사(牧師)로 취임(就任)하니라.

황주군(黃州郡) 흑교면(黑橋面) 용연리교회(龍淵里敎會)에서 최덕준(崔德俊)을 장로(長老)로 장립(將立)하야 당회(堂會)를 조직(組織)하다.

대동군(大同郡) 부산면(釜山面) 대천리교회(大泉里敎會)를 설립(設立)하다.

대동군(大同郡) 율리면(栗里面) 구동창교회(舊東倉敎會)가 장천교회

(將泉敎會)에서 분립(分立)하다. 선시(先是)에 한석진(韓錫晋)의 전도(傳道)로 김용삼(金用三), 이윤창(李允昌), 김서항(金西恒)이 신종(信從)하고 장천교회(將泉敎會)에 래왕예배(來徃禮拜)하더니 신자점가(信者漸加)하야 분립(分立)하니라.

평원군(平原郡) 대포리교회(大浦里敎會)가 성립(成立)하다. 초(初)에 김봉관(金鳳觀), 조재호(趙在鎬), 김씨영생(金氏永生)이 박리형(朴利亨)의 전도(傳道)[229]를 인(因)하야 밋고 초옥(草屋)을 매수(買收)하야 회집예배(會集禮拜)하니 교회수성(敎會遂成)하니라.

평원군(平原郡) 율지교회(栗枝敎會)가 성립(成立)하다. 초(初)에 안득생(安得生) 나인선(羅仁善)이 최선신주(最先信主)하고 독실예배(篤實禮拜)함으로 교회(敎會)를 설립(設立)하니라.

평원군(平原郡) 석암교회(石巖敎會)가 성립(成立)하다. 초(初)에 강성엽(康成燁), 김내범(金迺範) 2인(二人)이 신교(信敎)하고 김내범(金迺範)의 1간(一間) 초옥(草屋)에서 예배(禮拜)하며 열심전도(熱心傳道)한 결과(結果)로 교회(敎會)가 진흥(振興)하고 강유훈(康有勳)이 조사(助師)로 시무(視務)하다.

대동군(大同郡) 마산동교회(馬山洞敎會)가 창립(創立)하다. 초(初)에 본동(本洞)에 자기회사(磁器會社)를 설립(設立)하고 회사건축(會社建築)을 인(因)하야 래우(來寓)한 최재훈(崔在勳)은 신도(信徒)라. 최의선(崔義善) 등(等) 사오인(四五人)의게 전도(傳道)하야 노병주(盧秉周) 가(家)에서 예배(禮拜)하고 회사가옥(會社家屋) 준공(竣功) 후(後)에 해사무실(該事務室)에서 예배(禮拜)하야 교회(敎會)를 시성(始成)하니라.

대동군(大同郡) 임원면(林原面) 황촌리(黃村里)에 예배당(禮拜堂)을 건축(建築)하고 교회(敎會)를 설립(設立)하다. 선교사(宣敎師) 마포삼열(馬布三悅 [Samuel A. Moffett])이 관리(管理)하고 조사(助師) 임택순(임澤順)이 시무(視務)하니라.

황주군(黃州郡) 삼전면(三田面) 주동교회(注洞敎會)가 성립(成立)하다. 초(初)에 본군(本郡) 천주면(天柱面) 신촌거(新村居) 김씨화목(金氏和睦)은 신앙(信仰)이 독실(篤實)하야 기부(其夫)의 핍박(逼迫)을 불고(不顧)하고 주동(注洞)에 래왕(來徃)하며 열심전도(熱心傳道)하야 윤기복(尹基福) 등(等) 4인(四人)이 신종(信從)하고 가옥(家屋)을 매수(買收)하야 예배(禮拜)하니 교회(教會)가 성립(成立)하야 정명리(鄭明理)가 조사(助師)로 시무(視務)하니라.

평원군(平原郡) 한천교회(漢川敎會)가 당회(堂會)를 조직(組織)하니 장로(長老)난 송린서(宋麟瑞), 정건용(鄭健鎔), 최선헌(崔先獻), 유정직(俞貞稷), 박두선(朴斗善), 김정훈(金貞訓), 이한진(李漢鎭)이오 목사(牧師)난 송린서(宋麟瑞), 정건용(鄭健鎔), 이용추(李容麤), 변봉조(邊鳳朝) 등(等)이 상계시무(相繼視務)하니라.[230]

평원군(平原郡) 자덕교회(自德敎會)에서 한병직(韓秉職)을 장로(長老)로 장립(將立)하야 당회(堂會)를 조직(組織)하니라.

황주군(黃州郡) 동군(同郡) 송림면(松林面) 석탄교회(石灘敎會)가 성립(成立)하다. 선시(先是)에 김동형(金東亨)의 전도(傳道)로 백환결(白丸潔), 이학성(李學聖), 최진상(崔鎭常) 등(等)이 신주(信主)하고 초가(草家) 6간(六間)을 매수(買收)하야 예배당(禮拜堂)을 사용(使用)하다.

곡산군(谷山郡) 동촌면(東村面) 귀락리(貴洛里) 황벌교회(黃垡敎會)가 성립(成立)하다. 선시(先是)에 곽기방(郭基方)이 전도(傳道)하야 교회(敎會)를 설립(設立)하고 지시(至是)하야 이창조(李昌祚)가 가옥(家屋)을 매수(買收)하야 예배당(禮拜堂)으로 기부(寄附)하니라.

곡산군(谷山郡) 멱미면(覓美面) 생왕리교회(生旺里敎會)가 성립(成立)하다. 최초(初)에 신도(信徒) 김재근(金在根)의 전도(傳道)로 설립(設立)하고 선교사(宣敎師) 윤산온(尹山溫, [George Shannon McCune, 1872-1941])과 조사(助師) 김관일(金觀一)이 시무(視務)하니라.

강서군(江西郡) 청산포교회(青山浦敎會)에서 와가(瓦家) 16간(十六間) 예배당(禮拜堂)을 중건(重建)하니라.

진남포교회(鎭南浦敎會)가 당회(堂會)을 조직(組織)하니 장로(長老) 송창환(宋昌煥), 박윤간(朴允幹), 김석관(金錫觀), 노재원(盧載原), 김진환(金

鎭煥), 방사중(邦士重), 송홍범(宋洪範) 등(等)과 목사(牧師) 방기창(邦基昌), 김창문(金昌文), 김건우(金建祐), 이기창(李基昌) 등(等)이 상계시무(相繼視務)하니라.

중화군(中和郡) 상원면(祥原面) 신읍교회(新邑敎會)가 성립(成立)하다. 초(初)에 채정민(蔡廷敏)의 전도(傳道)로 교회(敎會)를 설립(設立)하고 와옥(瓦屋) 8간(八間)을 매수(買收)하야 예배당(禮拜堂)으로 사용(使用)하니 선교사(宣敎師) 이길함(李吉咸, [Graham Lee])과 조사(助師) 채정민(蔡廷敏)이 시무(視務)하니라.

대동군(大同郡) 장현교회(長峴敎會)가 예배당(禮拜堂)으로 둔지리(屯池里)에 건축(建築)하얏다가 다시 차지(此地)로 이전(移轉)하얏고 강대년(康大年)이 영수(領袖)로 인도(引導)하니라.

용강군(龍岡郡) 연봉리교회(延鳳里敎會)가 예배당(禮拜堂)을 건축(建築)하니라.[231]

순안군읍교회(順安郡邑敎會)가 와가(瓦家)로 예배당(禮拜堂)을 건축(建築)하니라.

맹산군(孟山郡) 상화리(上化里) 루촌교회(樓村敎會)가 성립(成立)하다. 초(初)에 선교사(宣敎師) 편하설(片夏薛, [Charles F. Bernheisel])의 전도(傳道)로 길창율(吉昌律) 외(外) 칠팔인(七八人)이 믿고 석실(石室) 3간(三間)을 매수(買收)하야 예배당(禮拜堂)으로 사용(使用)하얏고 교역자(敎役者)난 김려현(金屬顯), 이만기(李萬基), 명광호(明光浩), 김탁하(金倬河), 김사길(金士吉) 등(等)이 상계시무(相繼視務)하니라.

1908년(一千九百八年) 무신(戊申)[에] 수안군(遂安郡) 천곡면(泉谷面) 대정리(大靜里) 두벌교회(斗垡敎會)가 김태윤(金泰允)을 장로(長老)로 장립(將立)하니 당회(堂會)가 성립(成立)하고 선교사(宣敎師) 민노아(閔老雅, [Frederick S. Miller])와 목사(牧師) 김수봉(金守鳳)과 장로(長老) 한석겸(韓錫謙) 시무(視務)하니라.

평양부(平壤府) 산정현교회(山亭峴敎會)가 계택선(桂澤宣), 한승곤(韓承坤)을 장로(長老)로 장립(將立)하니 당회(堂會)가 성립(成立)하다. 선교사

(宣敎師) 편하셜(片夏薛, [Charles F. Bernheisel]) 목사(牧師) 한승곤(韓承坤), 안봉쥬(安鳳周), 강규찬(姜奎燦)과 장로(長老) 김동원(金東元), 변흥삼(邊興三), 김찬두(金燦斗), 박정익(朴禎翊), 양성츈(楊生春), 오윤선(吳胤善), 조만식(曹晩植), 최정서(崔鼎瑞) 등(等)과 장립집사(將立執事) 우정순(禹貞淳), 유계쥰(劉啓俊), 오응백(吳應伯), 송민회(宋民鎬), 이찬두(李燦斗) 등(等)이 상계시무(相繼視務)하니라.

대동군(大同郡) 부산면(釜山面) 대천리교회(大泉里敎會)가 마산동교회(馬山洞敎會)와 병합(倂合)하다. 초(初)에 평양인(平壤人) 노동관(盧東寬)이 전도(傳道)하야 다인(多人)이 회개(悔改)하고 여도(女徒) 박몽은(朴蒙恩) 가(家)에셔 예배(禮拜)하더니 시시(是時)에 평양(平壤) 산정현교회(山亭峴敎會) 계택선(桂澤宣), 김찬두(金燦斗) 2인(二人)이 열심찬조(熱心贊助)함으로 교회점왕(敎會漸旺)하고 선교사(宣敎師) 필립보(弼立甫, [Charles L. Phillips])와 조사(助師) 채영환(蔡永煥)이 시무(視務)하니라.

안주군(安州郡) 셩내교회(城內敎會)가 김찬셩(金燦星)을 장로(長老)로 장립(將立)하야 당회(堂會)을 성립(成立)하고 강정수(康貞洙), 이진방(李鎭邦) 등(等)[232]이 상계시무(相繼視務)하니라.

평원군외(平原郡外) 서창교회(西倉敎會)가 흥왕(興旺)하야 예배당(禮拜堂)을 건축(建築)하니라.

대동군(大同郡) 추자리교회(楸子里敎會)가 흥왕(興旺)하야 와가(瓦家) 예배당(禮拜堂)을 중건(重建)하고 이중진(李重鎭)을 장로(長老)로 장립(將立)하야 당회(堂會)를 조직(組織)하니라.

평원군(平原郡) 주촌교회(朱村敎會)가 예배당(禮拜堂)을 창건(刱建)하고 한천교회(漢川敎會)로부터 분립(分立)하야 박풍엽(朴豊燁), 김용전(金龍田)을 장로(長老)로 장립(將立)하야 당회(堂會)를 조직(組織)하니라.

강서군(江西郡) 태셩리교회(台城里敎會)가 예배당(禮拜堂)을 신건(新建)하다.

대동군(大同郡) 학교리교회(鶴橋里敎會)가 이윤모(李潤模)을 장로(長老)로 장립(將立)하니 당회(堂會)가 성립(成立)하다. 계속임직(繼續任職)한

장로(長老)난 김희태(金希泰), 현의렴(玄義廉), 차이룍(車利祿), 백진형(白振亨), 고일규(高日奎), 박화슈(朴和珠), 이근식(李根軾) 등(等)이요 목사(牧師) 강유훈(康有勳), 송린서(宋麟瑞), 김종섭(金宗燮), 이윤모(李潤模) 등(等)이 상계시무(相繼視務)하니라.

순안군(順安郡) 은산리교회(殷山里敎會)가 석실(石室) 6간(六間)을 예배당(禮拜堂)으로 매수(買收)하고 후(後)에 교회진흥(敎會振興)하야 4간옥(四間屋)을 증건(增建)하니라. 선교사(宣敎師) 편하셜(片夏薛, [Charles F. Bernheisel]), 필립보(弼立甫, [Charles L. Phillips])와 목사(牧師) 정석종(鄭碩鐘)이 시무(視務)하니라.

대동군(大同郡) 대동면(大同面) 두단리교회(斗團里敎會)가 조왕리교회(助王里敎會)로부터 분립(分立)하다. 1901년(一千九百一年)에 최철(崔喆), 김선두(金善斗) 양인(兩人)이 시신(始信)하고 열심전도(熱心傳道)하니 최씨(崔氏)난 성신(聖神)의 특은(特恩)을 수(受)한 자(者)라. 부녀(婦女)들의게 문자(文字)도 교수(敎授)하고 복음(福音)도 선전(宣傳)하야 교회(敎會)가 수성(遂成)하니 본교회(本敎會)의 모(母)라 가칭(可稱)함만 자(者)니라. 예배(禮拜)[233]처소(處所)가 업슴으로 조왕리교회(助旺里敎會)에 왕래(徃來)하더니 지시(至是)하야 4간(四間) 예배당(禮拜堂)을 건축(建築)하고 분립(分立)하야 두단교회(斗團敎會)라 명명(命名)하니라.

동군(同郡) 청용면(靑龍面) 래도리교회(萊島里敎會)가 중화군(中和郡) 상원면(祥原面) 파읍교회(破邑敎會)로부타 분립(分立)하다. 초(初)에 본리(本里) 김기챵(金基琩)가 회개신주(悔改信主)함에 린근(隣近)에 신자다기(信者多起)라. 예배당(禮拜堂)을 건축(建築)하고 래도리교회(萊島里敎會)라 칭(稱)하니 김기챵(金基琩)가 영수(領袖)로 시무(視務)하니라.

강동군(江東郡) 만달면(晩達面) 파릉리교회(巴陵里敎會)가 성립(成立)하다. 선시(先是)에 상원(祥原) 김석흡(金錫恰)이 전도(傳道)하야 설립(設立)하고 마포삼열(馬布三悅, [Samuel A. Moffett])이 관리(管理)하다.

강동군(江東郡) 원탄면(元灘面) 표벌리교회(表垈里敎會)가 성립(成立)하다. 초(初)에 대동군(大同郡) 김성슈(金聖洙)와 장대현교회(章臺峴敎會)

전도인(傳道人) 이학선(李學善) 양인(兩人)이 전도(傳道)하야 설립(設立)하고 예배당(禮拜堂)을 건축(建築)하니 목사(牧師) 노인묵(盧仁默), 정명리(鄭明理) 장로(長老) 박병룡(朴炳龍) 등(等)이 상계시무(相繼視務)하니라.

황주군(黃州郡) 흑교면(黑橋面) 흑교리교회(黑橋里敎會)가 성립(成立)하다. 초(初)에 용연리교회(龍淵里敎會)가 본리(本里)에 전도(傳道)하야 윤흥선(尹興善) 주덕삼(朱德三) 등(等)이 신주(信主)하고 용연리교회(龍淵里敎會)에 래왕예배(來往禮拜)러니 지시(至是)하야 예배당(禮拜堂)을 건축(建築)하고 자립(自立)하니 조사(助師) 송정진(宋貞振)이 시무(視務)하니라.

수안군(遂安郡) 도소면(道所面) 하검대교회(下儉垈敎會)가 성립(成立)하다. 초(初)에 두대동(斗大洞) 이희삼(李希三)이 전도(傳道)하야 설립(設立)하고 선교사(宣敎師) 이길함(李吉咸, [Graham Lee])과 조사(助師) 최선탁(崔善鐸)이 시무(視務)하니라.[234]

수안군(遂安郡) 대천면(大千面) 경도리교회(敬道里敎會)가 성립(成立)하다. 초(初)에 최선탁(崔善鐸), 봉리섭(奉理燮) 2인(二人)이 전도(傳道)하야 신자(信者)가 점가(漸加)하야 원지(遠志)에 래왕예배(來往禮拜)하더니 지시(至是)하야 예배당(禮拜堂)을 신축(新築)하고 자립(自立)하니 선교사(宣敎師) 이길함(李吉咸, [Graham Lee])과 조사(助師) 최선탁(崔善鐸)이 시무(視務)하니라.

곡산군(谷山郡) 멱미면(覓美面) 하단리교회(下端里敎會)가 성립(成立)하다. 초(初)에 전관일(全觀一)이 전도(傳道)하야 설립(設立)하고 선교사(宣敎師) 허대전(許大殿, [J. Gordon Holdcroft])와 조사(助師) 김관일(金觀一), 박성린(朴成獜)이 시무(視務)하니라.

곡산군(谷山郡) 이영면(伊寧面) 난리(蘭里) 월평교회(越坪敎會)가 성립(成立)하다. 초(初)에 양덕군(陽德郡) 신도(信徒) 양석규(梁錫奎)가 차지(此地)에 이주(移住)하야 자가(自家)에서 예배(禮拜)러니 지시(至是)하야 예배당(禮拜堂)을 건축(建築)하고 교회진흥(敎會振興)하니 선교사(宣敎師) 이길함(李吉咸, [Graham Lee]), 허대전(許大殿, [J. Gordon Holdcroft])가 래고(來顧)하니라.

용강군(龍岡郡) 난마리교회(蘭麻里敎會)가 성립(成立)하다. 선시(先是)에 배정일(裵正一)이 전도(傳道)하야 임학만(林學晩), 김병록(金秉錄), 김계간(金啓幹) 등(等)이 신주(信主)하고 초옥(草屋) 2간(二間)을 매수(買收)하야 예배당(禮拜堂)으로 사용(使用)하니라.

1909년(一千九百九年) 기유(己酉)[에] 진남포(鎭南浦) 비석동교회(碑石洞敎會)가 예배당(禮拜堂)을 건축(建築)하니 종전(從前) 용정리동(龍井里洞)에서 이전(移轉)하야 억량기(億兩機)와 노동(蘆洞)에 양지회(兩支會)를 설립(設立)하니라. 본회(本會)에서 김인규(金仁奎)를 양곡면(陽谷面)에 파송전도(派送傳道)하고 고영진(高永鎭)을 노동(蘆洞)에 파송전도(派送傳道)하야 교회(敎會)를 설립(設立)하니라.

평원군(平原郡) 통호리교회(通湖里敎會)가 열성출연(熱誠出捐)하야 예배당(禮拜堂)을 개축(改築)하고 김봉한(金鳳翰)을 장로(長老)로 장립(將立)하야 당회(堂會)를 성립(成立)하니라.[235]

평원군(平原郡) 관성리(舘城里) 삼관교회(三舘敎會)가 진흥(振興)하야 열심연보(熱心捐補)하야 예배당(禮拜堂)을 신축(新築)하고 김천일(金千一), 주공삼(朱孔三), 김택진(金澤鎭), 양의근(楊義根), 이기섭(李起燮), 김상규(金相奎) 등(等)이 상계시무(相繼視務)하니라.

대동군(大同郡) 길평면(吉平面) 명촌교회(明村敎會)가 평양(平壤) 남문외교회(南門外敎會)로부터 분립(分立)하다. 최(初)에 김택보(金宅甫)가 신주(信主)하고 전도설립(傳道設立)이러니 지시(至是)하야 선교사(宣敎師) 소안론(蘇安論, [William L. Swallen])이 기지(基地)를 기부(寄附)하고 김택보(金宅甫)난 자기(自己) 가옥전부(家屋全部)를 성납(誠納)하야 예배당(禮拜堂)을 건축(建築)하고 남문외교회(南門外敎會)에서 분립(分立)하니라.

대동군(大同郡) 청룡면(靑龍面) 양지리교회(陽地里敎會)가 장천교회(將泉敎會)로부터 분립(分立)하다. 선시(先是)에 이천리(梨川里) 김성수(金聖受), 유창운(柳昌云) 양인(兩人)이 전도설회(傳道設會)하고 장천회(將泉會)에 래왕예배(來往禮拜)하더니 지시(至是)하야 예배당(禮拜堂)을 건축(建築)하고 분립(分立)하니라.

강동군(江東郡) 구지면(區池面) 연리교회(蓮里敎會)가 성립(成立)하다. 선시(先是)에 고응택(高應澤)이 전도(傳道)하야 고응엽(高應燁) 등(等) 9인(九人)이 신주(信主)하고 초옥(草屋) 3간(三間)을 매수(買收)하야 예배당(禮拜堂)으로 사용(使用)하니 교역자(敎役者)난 박승엽(朴昇燁)이러라.

평양(平壤) 서문외교회(西門外敎會)가 장대현교회(章臺峴敎會)로부터 분립(分立)하야 신학교(神學校) 상층(上層)을 예배당(禮拜堂)으로 차용(借用)하고 위창석(韋昌錫), 주공삼(朱孔三), 박영일(朴永一), 김선두(金善斗) 4인(四人)을 장로(長老)로 선택(選擇)하야 당회(堂會)를 성립(成立)하니 선교사(宣敎師) 마포삼열(馬布三悅, [Samuel A. Moffett])과 이길함(李吉咸, [Graham Lee])이 시무(視務)하니라.

성천군(成川郡) 능중면(陵中面) 세심리교회(洗心里敎會)가 성립(成立)하다. 초(初)에 최승언(崔承彦)이 신주(信主)하고 종신자(從信者)가 다(多)하야 신도(信徒) 안기주(安基柱)의 가(家)를 임시예배실(臨時禮拜室)로 정(定)하고 예배(禮拜)하니 교회시성(敎會始成)이라. 선교사(宣敎師) 편하설(片夏薛, [Charles F. Bernheisel])이 래고(來顧)[236]하니라.

중화군(中和郡) 고생양면(古生陽面) 어부산교회(魚鳧山敎會)가 중화읍교회(中和邑敎會)에서 분립(分立)하다. 초(初)에 문명선(文明宣), 송두순(宋斗純) 2인(二人)이 전도(傳道)하야 전두협(全斗協) 등(等)이 신주(信主)하고 읍교회(邑敎會)에 래왕예배(來生禮拜)하더니 가옥(家屋)을 매수(買收)하야 교회(敎會)를 설립(設立)하니 목사(牧師) 채정민(蔡廷敏)이 인도(引導)하니라.

중화군(中和郡) 풍동면(楓洞面) 풍정리교회(楓井里敎會)가 능성리교회(綾盛里敎會)로부터 분립(分立)하야 예배당(禮拜堂)을 건축(建築)하니라.

황주군(黃州郡) 용수동교회(龍水洞敎會)가 성립(成立)하다. 초(初)에 김태원(金泰允)이 전도(傳道)하야 이동준(李東俊), 김낙규(金洛奎), 이택중(李澤仲) 등(等)이 회개신주(悔改信主)하고 초옥(草屋) 3간(三間)을 매수(買收)하야 예배당(禮拜堂)으로 사용(使用)하고 김낙규(金洛奎)가 인도(引導)하니라.

황주군(黃州郡) 청용면(靑龍面) 인덕리교회(仁德里敎會)가 성립(成立)하다. 본리(本里)인 오홍진(吳興鎭), 김영택(金永澤) 2인(二人)이 문도귀주(聞道歸主)하고 주동교회(注洞敎會)에 래왕예배(來往禮拜)하더니 지시(至是)하야 교회(敎會)를 설립(設立)하고 조사(助師)난 김인관(金仁寬)이 인도(引導)하니라.

수안군(遂安郡) 도고면(道所面) 홍동교회(興洞敎會)가 성립(成立)하다. 선시(先是)에 한석린(韓錫獜)이 최선탁(崔善鐸)의 전도(傳道)을 문(聞)하고 신주(信主) 후(後)에 전도(傳道)하야 신자점왕(信者漸旺)하니 설립교회(設立敎會)하니라. 선교사(宣敎師) 이길함(李吉咸, [Graham Lee])과 조사(助師) 최선탁(崔善鐸)이 시무(視務)하니라.

수안군(遂安郡) 천곡면(泉谷面) 옥연동교회(玉蓮洞敎會)가 곡산군(谷山郡) 고갑교회(古甲敎會)에서 분립(分立)하다. 초(初)에 고갑교회(古甲敎會) 오사복(吳士福) 등(等)이 합심전도(合心傳道)하야 민영규(閔永奎), 구자경(具滋警) 등(等)이 인가귀도(引家歸道)하고 자경(滋警) 가(家)를 예배소(禮拜所)로 정(定)하니 선교사(宣敎師) 허대전(許大殿, [J. Gordon Holdcroft])와 조사(助師) 최선탁(崔善鐸)이 시무(視務)하니라.[237]

곡산군(谷山郡) 멱미면(覓美面) 문성동교회(文城洞敎會)가 성립(成立)하다. 초(初)에 김관일(金觀一)의 전도(傳道)로 교회(敎會)를 설립(設立)하고 기후(後) 타락(墮落)하야 예배(禮拜)를 폐지(廢止)러니 지시(至是)하야 신앙(信仰)을 회복(回復)하야 회집예배(會集禮拜)하니 도이동교회(桃李洞敎會)와 생왕리교회(生旺里敎會) 제직(諸職)이 호상래조(互相來助)하니라.

강서군(江西郡) 송호리교회(松湖里敎會)가 당회(堂會)을 조직(組織)하니 장로(長老)난 오하준(吳夏準) 등(等)이요 조사(助師)난 김이제(金利濟)러라.

진남포부(鎭南浦府) 주달교회(周達敎會)가 제현(祭峴)으로부터 분립(分立)하야 신안리(新安里)와 합(合)하야 예배당(禮拜堂)을 건축(建築)하니라.

대동군(大同郡) 조왕리교회(助旺里敎會)가 홍익명(洪翊明)을 장로(長

老)로 장립(將立)하니 당회(堂會)가 성립(成立)하다.

 1910년(一千九百十年) (경슐(庚戌)[에] 진남포(鎭南浦) 예명교회(藝明敎會)가 부흥(復興)하다. 김인구(金仁九), 최진백(崔鎭伯)이 열심전도(熱心傳道)하야 교회(敎會)가 부흥(復興)하니라.

 용강군(龍岡郡) 지현교회(智峴敎會)가 나순설(羅順卨)의 사택(私宅)에 회집(會集)예배(禮拜)하더니 나순복(羅順福) 등(等) 4인(四人)이 열심전도(熱心傳道)하야 신도점흥(信徒漸興)함에 예배당(禮拜堂)을 건축(建築)하야 교회(敎會)를 완성(完成)하니라.

 대동군(大同郡) 부산면(斧山面) 중리교회(中里敎會)가 진흥(振興)하야 예배당(禮拜堂)을 와옥(瓦屋)으로 개축(改築)하고 조사(助師) 김천일(金千一)이 시무(視務)하니라.

 숙천군읍교회(肅川郡邑敎會)가 진흥(振興)하야 연와제(煉瓦製)로 예배당(禮拜堂)을 건축(建築)하고 조사(助師) 이치수(李致洙)로 임무(任務)하다.

 대동군(大同郡) 청룡면(靑龍面) 대오유리교회(大五柳里敎會)가 성립(成立)하다. 선시(先是)에 한석진(韓錫晋)의 전도(傳道)로 김윤상(金允尙), 나성준(羅成俊) 등(等)이 회개신주(悔改信主)하고 장천회당(將泉會堂)에 래왕예배(來往禮拜)하다가 후(後)에 쇠미(衰微)하야 예배(禮拜)를 폐지(廢止)러니 지시(至是)해[238]야 김준탁(金俊鐸)의 열심전도(熱心傳道)한 결과(結果)로 교회부흥(敎會復興)하야 예배당(禮拜堂)을 건축(建築)하고 교회(敎會)가 분립(分立)하니라.

 동군(同郡) 이목리교회(梨木里敎會)가 이천교회(梨川敎會)로부터 분립(分立)하다. 최(初)에 김성수(金聖受)가 매시일(每市日)에 공즁(公衆)의게 전도(傳道)하며 개인(個人)의게 전도(傳道)하여 회개자다(悔改者多)하니 교회(敎會)를 설립(設立)하고 예배당(禮拜堂)을 건축(建築)하야 이천회(梨川會)로서 분립(分立)하고 차시헌(車始軒)을 영수(領袖)로 택(擇)하니라.

 황주군(黃州郡) 당치면(當峙面) 성동리교회(城東里敎會)가 성립(成立)하다. 최(初)에 신재용(申在容) 등(等)이 신주(信主)하고 장유석(張裕錫) 가(家)에서 예배(禮拜)하더니 지시(至是)하야 예배당(禮拜堂)을 건축(建築)하고 교회(敎會)를 설립(設立)하니라.

　　황주군(黃州郡) 구낙면(龜洛面) 덕양리교회(德陽里敎會)가 성립(成立)하다. 당시(當時)에 100만명(百萬名) 부흥회(復興會)가 기(起)하야 본리(本里)에서 10여인(十餘人)이 신주(信主)하고 유광록(劉光祿) 가(家)에서 예배(禮拜)하다가 초옥(草屋)을 예배당(禮拜堂)으로 사용(使用)하니 교회(敎會)가 설립(設立)되니라.

　　수안군(遂安郡) 흘동교회(笏洞敎會)가 성립(成立)하다. 평양인(平壤人) 백여배(白汝培)가 신자(信者) 육칠인(六七人)과 동래(同來)하야 채금위업(採金爲業)할새 광주(鑛主)가 주일수도(主日守道)를 불허(不許)하난지라. 백여배(白汝培) 등(等)이 매야(每夜)에 등산기도(登山祈禱)하더니 불과(不過) 1주(一週)에 진신(眞神)의 묵우(默佑)로 광주(鑛主)의 심(心)이 감화(感化)되야 주일예배(主日禮拜)를 허(許)함으로 불신자(不信者)의 가(家)를 치(借)하야 예배(禮拜)를 시작(始作)하니 금광(金鑛)에 래도(來到)하야 이욕(利慾)에 심닉(沈溺)하야 주일(主日)를 불수(不守)하던 교인(敎人)들기 맹연자성(猛然自省)하고 초초래회(稍稍來會)하니 미만 2개월(未滿二個月)에 70명(七十名)에 달(達)하난지라. 열심연보(熱心捐補)하야 구옥집회(購屋集會)하니 선교사(宣敎師) 허대전(許大殿, [J. Gordon Holdcroft]) 조사(助師) 최선탁(崔善鐸) 집사(執事) 백여배(白汝培)가 인도(引導)하니라.[239]

　　곡산군(谷山郡) 도의면(桃衣面) 봉관동교회(鳳寬洞敎會)가 성립(成立)하다. 초(初)에 김영경(金榮璟)이 인병귀주(因病歸主)러니 후(後) 3년(三年)에 인가귀도(引家歸道)하야 교회(敎會)를 설립(設立)하고 예배당(禮拜堂)을 건축(建築)하니라.

　　강서군(江西郡) 찰욱교회(察郁敎會)가 성립(成立)하다. 초(初)에 이용린(李用獜), 최만엽(崔萬燁), 홍풍성(洪豊盛) 등(等)이 전도(傳道)하야 신자다기(信者多起)라. 주촌교회(朱村敎會)에 래왕예배(來往禮拜)하더니 선교사(宣敎師) 소안론(蘇安論, [William L. Swallen])이 분립교회(分立敎會)하야 김성모(金聖模) 사제(私第)에서 예배(禮拜)하더니 김강선(金岡璿), 송관범(宋觀範), 우기모(禹琦模) 등(等)이 열심시무(熱心視務)하야 교회부흥(敎

會復興)하야 예배당(禮拜堂)을 건축(建築)하고 궐후(厥後) 이윤형(李允炯), 김성호(金聲瑚)가 상계시무(相繼視務)하니라.

강서군(江西郡) 수산동교회(秀山洞敎會)가 점점진흥(漸々振興)하야 예배당(禮拜堂)을 당지(當地)에 이건(移建)하얏고 당회(堂會)를 조직(組織)하니 장로(長老)난 오치만(吳致萬), 윤군서(尹君瑞)요 교역자(敎役者)난 선교사(宣敎師) 소안론(蘇安論, [William L. Swallen])과 조사(助師) 김응주(金應周), 김건우(金建祐), 강유훈(康有勳) 김이제(金利濟), 이병하(李炳夏) 등(等)이 상계시무(相繼視務)하니라.

중화군(中和郡) 중화면(中和面) 설매동교회(雪梅洞敎會)가 채필한(蔡弼翰)을 장로(長老)로 장립(將立)하니 당회(堂會)가 성립(成立)하고 선교사(宣敎師) 허대전(許大殿, [J. Gordon Holdcroft])과 목사(牧師) 채정민(蔡廷敏)이 동사시무(同事視務)하니라.

1911년(一千九百十一年) 신해(辛亥)[에] 대동군(大同郡) 부산면(釜山面) 남관리교회(南官里敎會)가 이동석(李東錫)을 장로(長老)로 장립(將立)하니 당회(堂會)가 성립(成立)하다.

황주군(黃州郡) 천주면(天柱面) 외하리교회(外下里敎會)가 김재목(金在穆)을 장로(長老)로 장립(將立)하니 당회(堂會)가 성립(成立)하고 목사(牧師) 김동형(金東亨), 김유목(金有穆)과 장로(長老) 김태빈(金泰彬), 박순조(朴淳祚)가 상계시무(相繼視務)하니라.[240]

강서군(江西郡) 청산포교회(靑山浦敎會)가 당회(堂會)를 조직(組織)하니 김이제(金利濟), 이택진(李澤鎭), 김이진(金利鎭), 이병하(李炳夏), 이응낙(李應洛) 등(等)이 상계시무(相繼視務)하고 조사(助師) 이기창(李基昌), 이응낙(李應洛), 김병록(金秉錄)과 목사(牧師) 김이제(金利濟), 이용진(李用鎭), 이병하(李炳夏) 등(等)이 질상시무(迭相視務)하니라.

강서군(江西郡) 사천교회(沙川敎會)가 예배당(禮拜堂)을 서양제(西洋製)로 18간(十八間)을 건축(建築)하니라.

대동군(大同郡) 우천리교회(友川里敎會)가 심익현(沈益鉉)을 장로(長老)로 장립(將立)하야 당회(堂會)를 조직(組織)하다. 궐후(厥後)에 장립(將

立)한 자(者)난 정익수(鄭益洙), 김건하(金鍵夏), 김건우(金健祐), 김의수(金義洙), 김용률(金用律) 등(等)이요 교역자(敎役者)난 김응주(金應周), 방승건(方昇鍵), 이재풍(李在豊), 심익현(沈益鉉), 김건우(金健祐), 김의수(金義洙) 등(等)이 상계시무(相繼視務)하니라.

　대동군읍교회(大同郡邑敎會)가 읍중앙(邑中央)에 연와제(煉瓦製)로 예배당(禮拜堂) 24간(二十四間)을 건축(建築)하다. 여권사(女勸師) 이인선(李仁善)은 토지(土地) 천여평(千餘坪)과 여도(女徒) 김현경(金賢瓊)은 토지(土地) 만여평(萬餘坪)과 여도(女徒) 나득렴(羅得廉)은 토지(土地) 40평(四十坪)을 교회(敎會)에 기부(寄附)하니라. 교역자(敎役者)난 이진방(李鎭邦), 이혜주(李惠疇), 김찬근(金贊根), 박승명(朴承明), 이성국(李成國), 김영훈(金永勳), 김천일(金千一), 석근옥(石根玉)이 상계시무(相繼視務)하니라.

　평원군(平原郡) 부백리교회(孚白里敎會)가 진흥(振興)하야 예배당(禮拜堂)을 증축(增築)하고 고사영(高士英)을 장로(長老)로 장립(將立)하야 당회(堂會)를 성립(成立)하다.

　동군(同郡) 용암리(龍岩里) 덕지리교회(德池里敎會)가 예배당(禮拜堂)을 연와제(煉瓦製)로 개선(改繕)하다.

　평양(平壤) 연화동교회(蓮花洞敎會)가 남문외교회(南門外敎會)로부터 분립(分立)하다. 본교회(本敎會) 경내(境內) 거주(居住)한 교인(敎人) 삼사십팔(三四十八)[241]이 남문외예배당(南門外 禮拜堂)에 출석(出席)하더니 지시(至是)하야 분립(分立)하니 선교사(宣敎師) 필립보(弼立甫, [Charles L. Phillips])와 조사(助師) 황준국(黃濬國)이 시무(視務)하다.

　황주군(黃州郡) 구락면(龜洛面) 덕우리교회(德隅里敎會)가 예배당(禮拜堂)을 매수(買收)하야 예배(禮拜)하다.

　대동군(大同郡) 시족면(柴足面) 토포리교회(土浦里敎會)가 성립(成立)하다. 최(初)에 임상화(林祥和)가 신주(信主)하고 이천교회(梨川敎會)에 래왕예배(來往禮拜)하더니 전도(傳道)하야 린근(鄰近)인을 감화(感化)케 하고 자가(自家)에서 수년(數年)을 예배(禮拜)라가 지시(至是)하야 가옥(家屋)을 매수(買收)하야 회집예배(會集禮拜)하고 이천(梨川)으로부터 분립(分立)하니 김진각(金鎭珏)이 창립집사(創立執事)러라.

중화군(中和郡) 상원면(祥原面) 상귀동교회(上貴洞敎會)가 성립(成立)하다. 선시(先是)에 채정민(蔡廷敏), 김원보(金元甫), 김준열(金俊烈) 3인(三人)이 전도(傳道)하야 본리인(本里人) 이방익(李邦翼) 등(等)이 신주(信主)하고 신읍교회(新邑敎會)에 래왕예배(來往禮拜)하더니 상귀동(上貴洞)에 예배당(禮拜堂)을 건축(建築)하고 신읍(新邑)으로부터 분립(分立)하니 선교사(宣敎師) 이길함(李吉咸, [Graham Lee]), 윤산온(尹山溫, [George Shannon McCune, 1872-1941]) 등(等)과 장로(長老) 이정목(李廷睦), 장제한(張齊翰) 등(等)이 상계시무(相繼視務)하니라.

곡산군(谷山郡) 운중면(雲中面) 우밀리교회(右密里敎會)가 성립(成立)하다. 초(初)에 김응선(金應善)과 문상빈(文尙斌) 2인(二人)이 입읍문도(入邑聞道)하고 독실의뢰(篤實依賴)하야 핍박(逼迫)을 불구(不拘)하고 열심전도(熱心傳道)하며 황벌교회(黃垈敎會)에 래왕예배(來往禮拜)하더니 지시(至是)하야 신자점왕(信者漸旺)하야 분교자립(分敎自立)하니 선교사(宣敎師)난 허대전(許大殿, [J. Gordon Holdcroft])이오 집사(執事)난 김시영(金時榮)이러라.

곡산군(谷山郡) 청계면(淸溪面) 문양리(文陽里) 소고동교회(所高洞敎會)가 성립(成立)하다. 초(初)에 본리인(本里人) 박치영(朴致榮)이 입읍문도(入邑聞道)하고 인가귀도(引家歸道)하야 읍회(邑會)에 래왕예배(來往禮拜)하더니 지시(至是)하야 예배당(禮拜堂)을 건축(建築)하고 분교자립(分敎自立)하니 선(宣)[242]교사(敎師) 허대전(許大殿, [J. Gordon Holdcroft])[J. Gordon Holdcroft]이 래고(來顧)하더라.

강서군(江西郡) 율리교회(栗里敎會)가 성립(成立)하다. 초(初)에 서면(西面) 전도회(傳道會)가 장몽원(張蒙源)을 파송전도(派送傳道)하야 본리인(本里人)이 신주자다(信主者多)함으로 교회(敎會)를 설립(設立)하다.

진남포부(鎭南浦府) 린산리교회(麟山里敎會)가 성립(成立)하다. 초(初)에 임준호(林俊鎬), 정능기(鄭能基)가 신주(信主)하고 란마리교회(蘭麻里敎會)에 래왕예배(來往禮拜)하더니 교우점왕(敎友漸旺)하야 지시설립(至是設

立)하니라.

대동군(大同郡) 율리면(栗里面) 구창교회(龜倉敎會)가 김백원(金百源)을 장로(長老)로 장립(將立)하니 당회(堂會)가 성립(成立)하고 목사(牧師) 계택선(桂澤宣) 최진태(崔鎭泰)가 시무(視務)하니라. 평원군(平原郡) 영유면(永柔面) 화림리교회(華林里敎會)가 예배당(禮拜堂)을 건축(建築)하고 교역자(敎役者)난 김천일(金千一), 강유훈(康有勳), 김찬규(金燦奎) 등(等)이 상계시무(相繼視務)하니라.

2. 전도(二, 傳道)

1908년(一千九百八年) 무신(戊申)에 중화군(中和郡) 천곡면(川谷面) 귀일교회(貴一敎會)가 남녀전도회(男女傳道會)를 조직(組織)하고 동군(同郡) 간동면(看東面) 동장교회(東塲敎會)도 남녀전도회(男女傳道會)를 조직(組織)하야 열심전도(熱心傳道)하다.

황주읍(黃州邑) 내서리교회(內西里敎會)에셔 여전도회(女傳道會)를 조직(組織)하고 최세광(崔世光)을 전도인(傳道人)으로 택(擇)하다.

1911년(一千九百十一年) 신해(辛亥)[에 평양(平壤) 장대현교회(章臺峴敎會)에셔 남전도회(男傳道會)를 조직(組織)하고 전도인(傳道人)을 파송(派送)하야 전도(傳道)하며 개인전도(個人傳道)도 면행(勉行)하니라.[243]

3. 환난(三, 患難)

1909년(一千九百九年) 기유(己酉)에 성천읍교회(成川邑敎會)가 요창(潦漲)을 인(因)하야 교우가옥(敎友家屋)이 전부(全部) 침수도괴(浸水倒壞)함으로 평양(平壤) 각(各) 교회(敎會)가 연금(捐金)하야 구제(救濟)하니라.

4. 교육(四, 敎育)

1907년(一千九百七年) 정미(丁未)[에] 대동군(大同郡) 용연면(龍淵面) 유리교회(柳里敎會)가 양성학교(養性學校)를 설립(設立)하니라.

1908년(一千九百八年) 무신(戊申)[에] 대동군(大同郡) 부산면(釜山面) 남궁리교회(南宮里敎會)에 이세주(李世疇)가 교육(敎育)의 중요(重要)을 각오(覺悟)하고 영성학교(英成學校)를 건축(建築)하며 기본금(基本金)을 모집(募集)하야 자녀교육(子女敎育)에 편의(便宜)를 공(供)하니 공적(功績)을 표창(表彰)키 위(爲)하야 입비기념(立碑紀念)하니라.

1909년(一千九百九年) 기유(己酉)에 황주읍(黃州邑) 내서리교회(內西里敎會)에서 양성남학교(養性男學校)와 숙선여학교(淑善女學校)를 설립(設立)하다. 대동군(大同郡) 용산면(龍山面) 하리교회(下里敎會)에서 남녀창덕학교(男女彰德學校)를 설립(設立)하다.

강서군(江西郡) 송호리교회(松湖里敎會)에 보신학교(普信學校)와 진남포(鎭南浦) 비석리교회(碑石里敎會)에 득신학교(得信學校)와 유치원(幼稚園)이며 대동군(大同郡) 학교리교회(鶴橋里敎會)에 신성학교(神成學校)가 유(有)하야 후생(後生)을 개도(開道)하며 용강군(龍岡郡) 죽본리교회(竹本里敎會)와 평원군(平原郡) 외서창교회(外西倉敎會)와 진남포(鎭南浦) 억량기교회(億兩機敎會)와 대동군(大同郡) 원장리교회(院墻里敎會)와 용악리교회(龍岳里敎會)가 소학교(小學校)를 각(各)[244]설(設)하고 남녀학생(男女學生)을 배양(培養)하니라.

5. 자선(五, 慈善)

1907년(一千九百七年) 정미(丁未)에 평양(平壤) 각(各) 교회(敎會)가 연합(聯合)하야 양로고아회(養老孤兒會)를 설립(設立)하니 미국재유(美國在留) 이병준(李炳俊)이 금 200원(金二百圓)을 기부(寄附)하다.

1911년(一千九百十一年) 신해(辛亥)[에] 강동군(江東郡) 원탄면(元灘面) 동삼리교회(東三里敎會) 김응진(金應晋)이 자기토지(自己土地)를 기부(寄附)하야 사숙(私塾)을 설립(設立)하다.

6. 진흥(六, 振興)

1908년(一千九百八年) 무신(戊申)에 중화군(中和郡) 해압면(海鴨面) 광석리교회(廣石里敎會)가 설립(設立) 이후(以後)로 회집인수(會集人數)가 미만 50(未滿五十)이러니 지시부진(至是復振)하야 천수백원(千數百圓)의 의연(義捐)으로 연와제(煉瓦製) 예배당(禮拜堂)을 건축(建築)하고 양정면(楊井面) 삼곡리(三谷里)에 지회(支會)를 설립(設立)하다.

대동군(大同郡) 남관면(南串面) 벽지도교회(碧只島敎會)가 일점진흥(日漸振興)하야 의연금(義捐金) 천여원(千餘圓)으로 예배당(禮拜堂)을 건축(建築)하니라.

1909년(一千九百九年) 기유(己酉)[에] 수안군(遂安郡) 대천면(大千面) 경도리교회(敬道里敎會)가 왕성(旺盛)하야 도소면(道所面) 흥동(興洞)과 남정리(楠亭里)[245]에 지회(支會)를 설립(設立)하니라.

평양(平壤) 창동교회(倉洞敎會)가 대동군(大同郡) 임원면(林原面) 가현(加峴)과 능라도(綾羅島)에 지회(支會)를 설립(設立)하니라.

1910년(一九一0年) 경술(庚戌)[에] 평양성내(平壤城內) 각(各) 교회(敎會)가 100만명(百萬名) 부흥전도회(復興傳道會)로 인(因)하야 교우증진(敎友增進)하다.

1911년(一九一一年) 신해(辛亥)[에] 대동군(大同郡) 청룡면(靑龍面) 오유리교회(五柳里敎會)가 부흥회사경(復興會査經)을 개(開)하야 사경(査經)하며 전도(傳道)한 결과(結果)로 신자(信者) 140여인(一百四十餘人)이러라.

제 11 장
황해대리회(黃海代理會)

1907년(一九0七年) 정미(丁未)[에] 장연군(長淵郡) 송천교회(松泉敎會) 장로(長老) 서경조(徐景祚)가 노회(老會)에서 목사(牧師)로 임직(任職)되니 차(此)난 조선 제 1회(朝鮮第一回) 피임(被任)된 목사(牧師) 중(中) 1인(一人)이러라.

1907, 조선예수교장로회 황해대리회

1. 교회조직(一, 敎會組織)

1907년(一九0七年) 정미(丁未)[에] 장연군(長淵郡) 송천교회(松泉敎會) 장로(長老) 서경조(徐景祚)가 노회(老會)에서 목사(牧師)로 임직(任職)되니 차(此)난 조선 제 1회(朝鮮第一回) 피임(被任)된 목사(牧師) 중(中) 1인(一人)이러라.

안악군(安岳郡) 무석교회(武石敎會)가 예배당(禮拜堂)을 건축(建築)하고 오계한(吳啓漢)을 제 1회(第一回) 장로(長老)로 장립(將立)하니 당회(堂會)가 성립(成立)하니라. 봉산군(鳳山郡) 산산리교회(蒜山里敎會)가 예배당(禮拜堂)을 건축(建築)하니라.

문화사평동교회(文化沙坪洞教會)가 예배당(禮拜堂)을 건축(建築)하고 양성칙(梁聖則)을 제 1회(第一回) 장로(長老)로 장립(將立)하니 당회(堂會)가 성립(成立)하니라.

봉산군(鳳山郡) 유천교회(柳川敎會)가 예배당(禮拜堂)을 건축(建築)하고 오택륜(吳宅倫)을 장로(長老)로 장립(將立)하니 당회(堂會)가 성립(成立)하니[246]라.

장연군(長淵郡) 지경리교회(地境里敎會)가 성립(成立)하다. 초(初)에 이창회(李昌浩)가 열심전도(熱心傳道)하야 신자일증(信者日增)하더니 지시(至是)하야 교회(敎會)가 설립(設立)되니라.

봉산군(鳳山郡) 창촌교회(倉村敎會)가 성립(成立)하다. 초(初)에 곽상빈(郭相彬)이 전도(傳道)하야 변석동(邊錫東)이 신종(信從)하고 사저(私邸)에 회집예배(會集禮拜)하더니 지시(至是)하야 예배당(禮拜堂)을 건축(建築)하고 교회(敎會)를 설립(設立)하니 차회(此會)난 본래(本來) 감리회(監理會) 설립(設立)한 바로 장로회(長老會)에 이속(移屬)한 자(者)로라.

송화군(松禾郡) 읍내교회(邑內敎會)가 성립(成立)하다. 선시(先是) 홍성서(洪性瑞)가 신종(信從)하고 열심전도(熱心傳道)하야 설립(設立)하니라.

재령군(載寧郡) 구암교회(龜岩敎會)가 김동규(金東奎)를 장로(長老)로 장립(將立)하야 당회(堂會)가 성립(成立)되고 교회(敎會)난 차(此)로브터 더 발전(發展)하니라.

안악군(安岳郡) 연등리교회(燃燈里敎會)가 성립(成立)하다. 임상권(林相權)이 전도(傳道)하야 김승철(金升喆)이 신종(信從)하더니 지시(至是) 설립(設立)하니라.

은율군(殷栗郡) 신기리교회(新基里敎會)가 성립(成立)하니 설립자(設立者)난 황용규(黃龍奎)러라.

봉산군(鳳山郡) 유정리교회(楡亭里敎會)가 성립(成立)하다. 선시(先是)에 유진국(俞鎭國)이 모동교회(慕洞敎會) 지회(支會)로 설립(設立)이러니 신자(信者) 박동빈(朴東彬), 김열근(金悅根), 안경삼(安敬三) 등(等)이 열심전도(熱心傳道)하며 조사(助師) 박하동(朴河東)이 근무(勤務)하야 일점진흥

(日漸振興)하더니 지시자립(至是自立)하니라.[247]

신천군(信川郡) 종산리교회(鐘山里敎會)가 성립(成立)하다. 초(初)에 우종서(禹鐘瑞)의 전도(傳道)로 우응제(禹應濟), 정영우(鄭永祐)가 신종(信從)하야 교회(敎會)를 설립(設立)하고 기후(其後) 점왕(漸旺)하야 예배당(禮拜堂)과 학교(學校)를 건축(建築)하고 당회(堂會)를 조직(組織)하니라. 동교회(同敎會) 정계전(鄭啓典), 정영복(鄭永福) 양여사(兩女史)는 자기소유(自己所有)를 교회(敎會)에 기부(寄附)하다.

재령군(載寧郡) 양생촌교회(養生村敎會)가 라마교당(羅馬敎堂)을 매수(買收)하야 예배당(禮拜堂)으로 사용(使用)하고 김광욱(金光郁)을 장로(長老)로 장립(將立)하니 당회(堂會)가 성립(成立)하다.

안악군(安岳郡) 하구리교회(河邱里敎會)가 성립(成立)하다. 초(初)에 이효순(李孝順), 변기형(邊基亨)이 신도(信道)하야 교회(敎會)를 설립(設立)하고 회집예배(會集禮拜)라가 불신자(不信者)의 박해(迫害)를 조(遭)하야 당파회폐(堂破會廢)러니 기후(其後) 지방(地方) 각제직원회(各諸職員會) 전도대(傳道隊)의 원조(援助)를 득(得)하야 예배당(禮拜堂)을 중건진흥(重建振興)하니라.

재령군(載寧郡) 갈산리교회(葛山里敎會)가 성립(成立)하다. 초(初)에 이찬용(李贊用)의 전도(傳道)로 김덕성(金德聖)이 회개(悔改)하고 교회(敎會)를 설립(設立)이러니 지시(至是)하야 예배당(禮拜堂)을 건축(建築)하니라.

장연군(長淵郡) 은행리교회(銀杏里敎會)가 성립(成立)하다. 선시(先是)에 이익성(李益盛)의 전도(傳道)로 이운영(李雲英)이 신종(信從)하야 설립(設立)하니라. 후(後)에 일병(日兵)의 구박(歐迫)을 피(被)하야 곤난(困難)이 무비(無比)하나 신도(信道)가 인내불요(忍耐不撓)하니 교회일흥(敎會日興)하야 당회(堂會)를 조직(組織)하고 예배당(禮拜堂)을 건축(建築)하니라.

은율군(殷栗郡) 고현리교회(古縣里敎會)가 성립(成立)하니 설립자(設立者)난 권사복(權思復)이더라.

1908년(一九0八年) 무신(戊申)[에] 재령군(載寧郡) 상거리교회(上巨里敎會)가 일점진흥(日漸振興)하야 예배당(禮拜堂)을 와가(瓦家)로 갱축(更

築)하며[248] 학교(學校)를 설립(設立)하야 교육(敎育)을 병시(並施)하니 목사(牧師)난 윤문옥(尹文玉)이더라.

재령군(載寧郡) 창전리(倉田里)에 교회(敎會)을 설립(設立)하고 예배당(禮拜堂)을 건축(建築)하니 최초신자(最初信者)난 이동식(李東植)이러라.

안악군(安岳郡) 송정리교회(松亭里敎會)가 성립(成立)하고 예배당(禮拜堂)을 건축(建築)하니 최초신자(最初信者)는 오계한(吳啓翰)의 전도(傳道)에 신종(信從)한 자(者) 김성모(金成模)러라.

재령군(載寧郡) 신덕리교회(新德里敎會)가 성립(成立)하니 최초신자(最初信者)난 최성보(崔成甫)러라.

재령군(載寧郡) 신원리교회(新院里敎會)가 성립(成立)하니 최초신자(最初信者)는 신종회(申宗浩), 이영회(李永浩)러라.

송화군(松禾郡) 도은리교회(道隱里敎會)가 성립(成立)하니 최초신자(最初信者)는 김정섭(金貞涉)의 전도(傳道)에 신종(信從)한 김영준(金永俊), 송병환(宋炳煥) 등(等)이러라.

재령군(載寧郡) 하금산교회(下金山敎會)가 성립(成立)하다. 선시(先是)에 박익수(朴益守), 박배근(朴培根) 2인(二人)이 읍교회(邑敎會) 지회(支會)로 분설예배(分設禮拜)하더니 지시자립(至是自立)하니라.

신천군(信川郡) 복양리교회(福陽里敎會)가 성립(成立)하다. 초(初)에 김익두(金益斗)의 전도(傳道)로 양용하(楊容夏), 유문보(俞文甫) 등(等)이 신종점왕(信從漸旺)하야 지시설립(至是設立)하니라.

송화군(松禾郡) 연교리교회(燕郊里敎會)가 성립(成立)하니 당지인(當地人) 박문규(朴文奎)의 전도(傳道)한 결과(結果)러라.

안악군(安岳郡) 초정리교회(椒井里敎會)가 성립(成立)하다. 장덕상(張德尙)이 전도(傳道)하야 신자점가(信者漸加)러니 지시(至是)하야 설립(設立)하다.[249]

평산군(平山郡) 기린리(麒麟里)에 교회(敎會)가 성립(成立)하니 설립자(設立者)는 이성강(李成綱)이러라.

평산군(平山郡) 건천리교회(乾川里敎會)가 성립(成立)하니 설립자(設

立者)는 김진옥(金鎭玉)이러라.

　은율군(殷栗郡) 당원리교회(堂院里敎會)가 성립(成立)하니 설립자(設立者)는 김정교(金貞敎)러라.

　송화군(松禾郡) 석탄리교회(石灘里敎會)가 성립(成立)하다. 선시(先是)에 오영현(吳永賢), 한달순(韓達順) 등(等)이 덕흘리교회(德屹里敎會)에 지회(支會)로 분설(分設)이러니 후(後)에 서상봉(徐尙鳳), 황정구(黃正九) 등(等)이 근면탄성(勤勉殫誠)하야 예배당(禮拜堂)을 건축(建築)하고 지시자립(至是自立)하니라.

　송화군(松禾郡) 금곡교회(金谷敎會)가 성립(成立)하다. 초(初)에 신자(信者) 윤봉호(尹鳳浩)가 풍천읍(豊川邑) 지회(支會)로 분설예배(分設禮拜)러니 지시(至是)하야 윤봉호(尹鳳浩)를 장로(長老)로 장립(將立)하니 당회(堂會)가 성립(成立)하고 교회(敎會)난 자립(自立)하니라.

　신천군(信川郡) 동창리(東倉里)에 교회(敎會)가 성립(成立)하다. 초(初)에 장관옥(張官玉)이 전도(傳道)하야 김정화(金正化), 최의주(崔義周) 등(等)이 귀도(歸道)하고 신자(信者)가 일가(日加)하야 지시설립(至是設立)하니라.

　1909년(一九0九年) 기유(己酉)[에] 평산군(平山郡) 금곡리교회(錦谷里敎會)난 불신자(不信者)의 박해(迫害)를 조(遭)하야 예배당(禮拜堂)의 창호(窓戶)가 파쇄(破碎)되얏더니 문성모(文聖模)가 탄정갈성(殫精竭誠)하야 예배당(禮拜堂)을 갱축(更築)하니 교회(敎會)가 부흥(復興)하고 문성모(文聖模)를 장로(長老)로 장립(將立)하니 당회(堂會)가 성립(成立)하니라.

　송화군(松禾郡) 무초동교회(茂草洞敎會)가 본읍(本邑) 지교회(支敎會)로 설립(設立)되얏더니 지시자립(至是自立)하니라.

　은율군(殷栗郡) 신기리교회(新基里敎會)는 예배당(禮拜堂)을 건축(建築)하다.[250]

　1910년(一九一0年) 경술(庚戌)[에] 송화군(松禾郡) 백화리교회(白華里敎會)가 성립(成立)하다. 선시(先是)에 김중표(金重杓)의 전도(傳道)로 송용기(宋庸基)가 신종(信從)하고 신자(信者)가 일가(日加)하니 지시설립(至是

設立)하다.

신천군(信川郡) 복양리교회(福陽里敎會)가 예배당(禮拜堂)을 건축(建築)하다.

신천군읍교회(信川郡邑敎會)가 예배당(禮拜堂)을 건축(建築)하고 최상식(崔相植)을 장로(長老)로 장립(將立)하야 당회(堂會)가 성립(成立)하고 교육기관(敎育機關)도 설비(設備)하니 교회일흥(敎會日興)하야 회집교도(會集敎徒)난 700여인(七百餘人)에 달(達)하니라.

재령군(載寧郡) 해창교회(海昌敎會)가 예배당(禮拜堂)을 건축(建築)하고 김용주(金用周)를 장로(長老)로 장립(將立)하야 당회(堂會)를 성립(成立)하니 시무목사(視務牧師)는 황인성(黃寅晟)이러라.

안악군(安岳郡) 삼상교회(三上敎會)가 박병규(朴炳奎)를 장로(長老)로 장립(將立)하야 당회(堂會)를 성립(成立)하다.

재령군(載寧郡) 하금산교회(下金山敎會)가 예배당(禮拜堂)을 건축(建築)하다.

1911년(一九一一年) 신해(辛亥)[에] 안악읍교회(安岳邑敎會)가 부흥(復興)하다. 선시(先是)에 회중당쟁(會中黨爭)이 유(有)하야 교회쇠미(敎會衰微)러니 오득인(吳得仁)이 조사(助師)로 근무(勤務)하야 교회부흥(敎會復興)하야 회중(會衆)이 사오백인(四五百人)에 달(達)하고 염도선(廉道善)을 장로(長老)로 장립(將立)하야 당회(堂會)를 성립(成立)하고 학교(學校)를 설립(設立)하야 자녀(子女)를 교육(敎育)하며 예배당(禮拜堂)을 건축(建築)하니라.

장연군(長淵郡) 태탄교회(苔灘敎會)가 요청(搖漲)을 인(因)하야 예배당(禮拜堂)이 도괴(倒壞)하다.

서흥읍교회(瑞興邑敎會)가 예배당(禮拜堂)을 건축(建築)하고 김한복(金漢福)을 장로(長老)로 장립(將立)하야 당회(堂會)를 성립(成立)하다. 후(後)에 한복(漢福)의 실행(失行)을 인(因)하야 교회쇠미(敎會衰微)러니 목사(牧師) 장덕상(張德尙)이 다년시무(多年視務)하야 교회(敎會)가 초진(稍振)하니라.[251]

서흥군(瑞興郡) 입암동(立岩洞)에 교회(敎會)가 성립(成立)하니 최초신자(最初信者)난 이근재(李根載)더라.

제 12 장

전라대리회(全羅代理會)

1907년(一千九百七年) 정미(丁未)[에] 전주군 서문외교회(全州郡 西門外教會)에서 김필수(金弼秀)를 장로(長老)로 장립(將立)하야 당회(堂會)를 조직(組織)하고 기후(其後)엔 이승두(李承斗), 김진상(金鎭相), 이돈수(李敦壽), 정인수(鄭寅秀), 김연표(金連杓), 양경현(梁敬鉉), 김가전(金嘉全), 장용삼(張容三)이 계속(繼續)하야 장로(長老)로 시무(視務)하니라.

1907, 조선예수교장로회 전라대리회

1. 교회조직(一, 敎會組織)

1907년(一千九百七年) 정미(丁未)[에] 전주군(全州郡) 서문외교회(西門外教會)에서 김필수(金弼秀)를 장로(長老)로 장립(將立)하야 당회(堂會)를 조직(組織)하고 기후(其後)엔 이승두(李承斗), 김진상(金鎭相), 이돈수(李敦壽), 정인수(鄭寅秀), 김연표(金連杓), 양경현(梁敬鉉), 김가전(金嘉全), 장용삼(張容三)이 계속(繼續)하야 장로(長老)로 시무(視務)하니라.

전주군(全州郡) 구재리교회(九宰里教會)가 성립(成立)하다. 선시(先是)에 선교사(宣敎師) 마로득(馬路得, [Ronald Roy Meyers])의 전도(傳道)로 최의(崔義), 심은택(沈殷澤) 등(等)이 믿고 본지(本地)에 전도(傳道)하야 신

자(信者)가 점증(漸增)하야 예배당(禮拜堂)을 신축(新築)하고 교회(敎會)를 설립(設立)하니라.

　전주군(全州郡) 유상리교회(柳上里敎會)가 성립(成立)하다. 선시(先是)에 본지인(本地人) 이일문(李一文)이 몬저 밋고 본리(本里)에 전도(傳道)하야 신자(信者)가 증가(增加)함에 예배당(禮拜堂)을 신건(新建)하고 인도(引導)하니라.

　익산군(益山郡) 황화정교회(皇華亭敎會)가 성립(成立)하다. 선시(先是)에 본지인(本地人) 김원중(金元仲)이 선교사(宣敎師) 마로득(馬路得, [Ronald Roy Meyers])의 전도(傳道)로 인(因)하야 밋고 논산(論山) 감리회(監理會)에 래왕(來往)하더니 본리(本里)에 전도(傳道)하야 신자(信者)가 초진(稍進)함으로 예배당(禮拜堂)을 신건(新建)하고 인도(引導)하니라.

　전주군(全州郡) 두현리교회(斗峴里敎會)가 성립(成立)하다. 선시(先是)에 송영도(宋永道), 한사숙(韓士淑)이 몬저 밋고 전도(傳道)하야 교회(敎會)[252]를 설립(設立)하고 인도(引導)하니라.

　정읍군(井邑郡) 예동교회(禮洞敎會)가 성립(成立)하다. 선시(先是)에 본지인(本地人) 김보경(金寶京), 이화중(李化中) 등(等)이 밋고 전도(傳道)하야 신자(信者)가 초진(稍進)함으로 예배당(禮拜堂)을 신건(新建)하고 인도(引導)하니라.

　진안군(鎭安郡) 세동교회(細洞敎會)가 성립(成立)하다. 선시(先是) 선교사(宣敎師) 마로득(馬路得, [Ronald Roy Meyers])의 전도(傳道)로 황준권(黃準權), 이원지(李元智) 등(等)이 몬저 밋고 교회(敎會)를 설립(設立)하니라.

　전주군(全州郡) 밀파리교회(密波里敎會)가 성립(成立)하다. 선시(先是)에 본지인(本地人) 김운식(金云植), 김도숙(金道淑) 등(等)이 밋고 전도(傳道)하야 신자(信者)가 점가(漸加)함에 예배당(禮拜堂)을 신축(新築)하고 교회(敎會)를 설립인도(設立引導)하니라.

　금산군읍내교회(錦山郡邑內敎會)가 성립(成立)하다. 선시(先是)에 논산(論山)에 잇난 미감리교회(美監理敎會) 청년전도대(靑年傳道隊)가 당지(當

地)에 래(來)하야 전도(傳道)하얏난대 이경필(李敬弼)이 해청년회(該靑年會)에 가입(加入)하얏던 청년수인(靑年數人)을 다리고 자택(自宅)에 집회예배(集會禮拜)하더니 선교사(宣敎師) 마로득(馬路得, [Ronald Roy Meyers])와 조사(助師) 최대진(崔大珍)이 래도(來到)하야 학습(學習) 7인(七人)을 세우고 읍내(邑內) 유지인사(有志人士)에게 교섭(交涉)하야 당지 사정(當地射亭)을 영차(永借)하야 예배당(禮拜堂)으로 사용(使用)하니라.

김제군(金堤郡) 란산교회(卵山敎會)가 성립(成立)하다. 선시(先是)에 본지인(本地人) 박윤성(朴潤聲)이 밋고 전도(傳道)한 결과(結果) 신자(信者)가 초진(稍進)하야 예배당(禮拜堂)을 신건(新建)하고 교회(敎會)를 설립(設立)하니라.

부여군(扶餘郡) 청포리교회(菁浦里敎會)가 성립(成立)하다. 선시(先是)에 본지인(本地人) 백공범(白公範), 오기선(吳起善) 등(等)이 밋고 초왕리교회(草旺里敎會)에 래왕예배(來往禮拜)하더니 기후(其後) 본리(本里)에 신자(信者)가 증가(增加)됨으로 예배당(禮拜堂)을 신건(新建)하고 교회(敎會)를 분립(分立)[253]하니라.

부여군(扶餘郡) 좌홍리교회(坐鴻里敎會)가 성립(成立)하다. 선시(先是)에 본지인(本地人) 백낙운(白樂云), 백남철(白南哲)이 밋은 후(後) 동지자(同志者)를 인도(引導)하야 밋게 하고 예배당(禮拜堂)을 신축(新築)하야 교회(敎會)를 설립(設立)하니라.

진안군(鎭安郡) 대불리교회(大佛里敎會)가 성립(成立)하다. 선시(先是)에 선교사(宣敎師) 마로득(馬路得, [Ronald Roy Meyers])의 전도(傳道)로 문도순(文道順), 김병섭(金秉燮) 등(等)이 몬저 밋고 전도(傳道)한 결과(結果)로 교회(敎會)를 설립(設立)하고 예배당(禮拜堂)을 건축(建築)하니라.

부여군(扶餘郡) 홍양리교회(鴻兩里敎會)가 성립(成立)하다. 선시(先是)에 이성재(李成宰), 이효승(李孝承) 등(等)이 쥬(主)를 밋고 본리(本里)에 열심전도(熱心傳道)하야 교회(敎會)를 설립(設立)하고 인도(引導)하니라.

부안군(扶安郡) 용서리교회(龍西里敎會)가 성립(成立)하다. 선시(先是)에 본지인(本地人) 오재천(吳在天), 김경유(金敬裕) 등(等)이 복음(福音)을 듯고 믿은 후(後)에 고잔리교회(古棧里敎會)에 래왕(來往)하며 본리(本里)에 전도(傳道)하야 신자(信者)가 초진(稍進)함에 예배당(禮拜堂)을 신축(新築)하고 교회(敎會)를 분립(分立)하니라.

김제군(金堤郡) 학천리교회(鶴川里敎會)가 성립(成立)하다. 선시(先是)에 본지인(本地人)으로 미국포와(美國布哇)에 기우(奇寓)한 이래수(李來朱)가 기우(其友)에게 서신(書信)으로 전도(傳道)하야 수인(數人)이 밋기로 작정(作定)하고 선교사(宣敎師) 전위렴(全緯廉, [William M. Junkin, 1865-1908])에게서 도리(道理)를 상문(詳聞)하고 전도(傳道)하야 신자(信者)가 증가(增加)함으로 예배당(禮拜堂)을 신건(新建)하고 교회(敎會)를 설립(設立)하니 이흥원(李興元), 임권준(林權俊)이 인도(引導)하니라.

부안군(扶安郡) 당상리교회(堂上里敎會)가 성립(成立)하다. 선시(先是)에 본지인(本地人) 김윤식(金允植), 신자영(辛子英), 김두남(金斗南), 정경호(鄭京浩)[254] 인국서(印國西) 등(等)이 밋고 전도(傳道)하야 예배당(禮拜堂)을 신건(新建)하고 교회(敎會)를 설립(設立)하니라.

금산군(錦山郡) 하가리교회(下佳里敎會)가 성립(成立)하다. 선시(先是)에 본지인(本地人) 이기환(李基煥)이 미감리회(美監理會) 전도대(傳道隊)의게 복음(福音)을 듯고 밋기로 작정(作定)한 후(後) 선교사(宣敎師) 마로득(馬路得, [Ronald Roy Meyers])와 합력전도(合力傳道)하야 신자(信者)가 증진(增進)함으로 교회(敎會)를 설립(設立)하고 문학삼(文學三)이 인도(引導)하니라.

정읍군(井邑郡) 신덕리교회(新德里敎會)가 성립(成立)하다. 선시(先是)에 본지인(本地人) 김덕수(金德守), 이보국(李輔國), 신준삼(申俊三) 등(等)이 몬저 밋고 린근(隣近)에 전도(傳道)하야 신자(信者)가 증가(增加)됨에 예배당(禮拜堂)을 신건(新建)하고 교회(敎會)를 설립(設立)하니라.

화순군(和順郡) 대포리교회(大浦里敎會)에서 예배당(禮拜堂)을 신건(新建)하고 기후(其後)에난 선교사(宣敎師) 변약한(邊約翰, [John Fairman Preston]), 고라복(高羅福 [Robert Thornwell Coit]), 남대리(南大理, [LeRoy T. Newland]), 길변하(吉邊河) 타마자(打馬子, [J. V. N.

Talmage]), 원가리(元佳里, [James K. Unger]), 도대선(都大善, [Samuel K. Dodson]) 등(等)과 조사(助師) 오태욱(吳泰郁), 이형숙(李亨淑), 김정선(金正善), 주서집(朱瑞集) 등(等)이 상계시무(相繼視務)하니라.

해남군(海南郡) 우수영교회(右水營敎會)에서 주병완(朱炳完), 이형언(李亨彦), 김인찬(金仁贊) 등(等)의 열성(熱誠)을 인(因)하야 예배당(禮拜堂)을 신건(新建)하고 기휴(其後)에 선교사(宣敎師) 하위렴(河緯廉, [William B. Harrison]), 맹현리(孟顯理, [Henry D. McCallie]) 등(等)과 조사(助師) 도정이(都正伊), 임성옥(任成玉), 김영진(金永鎭) 등(等)이 상계시무(相繼視務)하니라.

광주군(光州郡) 중흥리교회(中興里敎會)가 성립(成立)하다. 선시(先是)에 본지인(本地人) 이방언(李方彦)과 여도(女徒) 서천년(徐千年), 조릉쥬(曺綾州), 김맹동(金孟洞), 김오치(金午峙), 하순이(河順伊) 등(等)이 몬저 밋음으로 교회(敎會)를 설립(設立)하고 선교사(宣敎師) 배유지(裵裕祉, [E. Bell, 1868-1925]), 오기원(吳基元, [Clement C. Owen, 1867-1909]) 등(等)과 전도인(傳道人) 이태호(李太浩), 서로득(徐路得) 등(等)이 상계시무(相繼視務)하니라.[255]

순창군(淳昌郡) 쌍계리교회(雙溪里敎會)가 성립(成立)하다. 선시(先是)에 선교사(宣敎師) 배유지(裵裕祉, [E. Bell, 1868-1925]) 조사(助師) 변창연(邊昌淵), 조석일(趙碩逸)의 전도(傳道)를 인(因)하야 신자(信者)가 30여인(三十餘人)에 달(達)함으로 예배당(禮拜堂)을 신건(新建)하고 기휴(其後)에 선교사(宣敎師) 타마자(打馬子, [J. V. N. Talmage]), 우월숑손(禹越享遜, [Robert Manton Wilson]) 도대선(都大善, [Samuel K. Dodson]) 조사(助師) 김순경(金順敬), 고려위(高麗偉), 허화준(許華俊), 노병헌(盧秉憲) 등(等)이 상계시무(相繼視務)하니라.

화순군읍교회(和順郡邑敎會)가 성립(成立)하다. 선시(先是)에 선교사(宣敎師) 오기원(吳基元, [Clement C. Owen, 1867-1909])과 여전도인(女傳道人) 신라열(申羅悅)이 전도(傳道)한 결과(結果)로 신자(信者)가 격증(激增)하야 본군(本郡) 향청(鄕廳)에 회집(會集)하야 예배처소(禮拜處所)로

임시사용(臨時使用)하니라.

　화순군(和順郡) 칠정리교회(漆井里敎會)가 성립(成立)하다. 선시(先是)에 본리인(本里人) 수명(數名)이 믿고 전도(傳道)한 결과(結果) 신자(信者)가 초진(稍進)하야 예배당(禮拜堂)을 신축(新築)하고 교회(敎會)를 설립(設立)하니라.

　보성군(寶城郡) 운림리교회(雲林里敎會)가 성립(成立)하다. 선시(先是)에 선교사(宣敎師) 오기원(吳基元, [Clement C. Owen, 1867-1909]) 조사(助師) 배경수(裵景洙)의 전도(傳道)로 신자(信者)가 초진(稍進)하야 예배당(禮拜堂)을 신건(新建)한 후(後)에 교회(敎會)가 잠시미약(暫時微弱)하더니 선교사(宣敎師) 고라복(高羅福, [Robert Thornwell Coit])과 조사(助師) 박낙현(朴洛鉉)이 열심전도(熱心傳道)하야 점차부흥(漸次復興)하니라.

　함평군(咸平郡) 월봉리교회(月奉里敎會)가 성립(成立)하다. 선시(先是)에 김윤섭(金允燮) 등(等) 수인(數人)이 나주(羅州) 망암교회(望岩敎會) 윤상삼(尹尙三)의 전도(傳道)를 인(因)하야 믿은 후(後)에 전도(傳道)하야 신자(信者)가 초진(稍進)함으로 사저(私邸)에 회집(會集)하다가 예배당(禮拜堂)을 신건(新建)하고 기후(其後)에 선교사(宣敎師) 노라복(魯羅福, [Robert Knox]), 유서백(柳西伯, [John Samuel Nisbet]), 남대리(南大理, [LeRoy T. Newland]), 민도마(閔道磨, [Thomas D. Murphy])와 조사(助師) 임성옥(任成玉), 정현모(丁賢模), 최경율(崔敬律), 노형렬(盧亨烈), 서성일(徐成一) 등(等)이 차제시무(次第視務)하니라.

　해남군(海南郡) 원진교회(院津敎會)가 성립(成立)하다. 선시(先是)에 본지인(本地人) 진인범(陣仁凡), 이치도(李致道) 등(等)이 선교사(宣敎師) 변약한(邊約翰, [John Fairman Preston]) 조(助)[256]사(師) 임성옥(任成玉)의 전도(傳道)를 인(因)하야 믿고 전도(傳道)한 결과(結果) 신자(信者)가 초가(稍加)하야 교회(敎會)를 설립(設立)하고 후(後)에 퇴보(退步)하야 예배당(禮拜堂)을 동창리(東昌里)에 이전(移轉)하니라.

　장성군(長城郡) 신호리교회(莘湖里敎會)가 성립(成立)하다. 선시(先是)에 본지인(本地人) 강응삼(姜應三)이 먼저 믿고 백치리교회(白雉里敎會)에 왕래(往來)하며 린근(隣近)에 전도(傳道)하야 신자(信者)가 증가(增加)함으로 교회(敎會)를 분립(分立)하야 김요중(金堯重)의 산정(山亭)에 회집(會集)하다가 익년(翌年)에 예배당(禮拜堂)을 신축(新築)하고 선교사(宣敎師) 배유지(裵裕祉, [E. Bell, 1868-1925]), 도대선(都大善, [Samuel K. Dodson])과 조사(助師) 변창연(邊昌淵), 오시순(吳士舜), 이영희(李英熙) 등(等)이 차제시무(次第視務)하니라.

여수군(麗水郡) 장천리교회(長泉里敎會)가 성립(成立)하다. 선시(先是)에 정태인(鄭泰仁), 지원근(池元根), 박응삼(朴應三)의 전도(傳道)로 조의환(曺義煥) 이기홍(李基洪), 지재한(池在漢) 등(等)이 밋고 전도(傳道)함으로 신자(信者)가 증가(增加)하야 수천원(數千圓)을 합심연보(合心捐補)하야 예배당(禮拜堂)과 학교(學校)를 신건(新建)하고 기후(其後)에 조상학(趙尙學)이 조사(助師)로 시무(視務)하니라.

고흥군(高興郡) 신흥리교회(新興里敎會)가 성립(成立)하다. 선시(先是)에 한익수(韓翊洙), 선영홍(宣永鴻)이 경성(京城)에 여행(旅行)하얏슬 시(時)에 복음(福音)을 드른 후(後) 밋고 성서(聖書) 수백책(數百冊)을 재래(齎來)하야 금산(錦山) 전도(全島)에 전파(傳播)함으로 신자(信者)가 다귀(多歸)하야 선영홍(宣永鴻) 사저(私邸)에서 예배(禮拜)하더니 선영홍(宣永鴻)이 배교(背敎)하난 고(故)로 신흥리(新興里)에 예배당(禮拜堂)을 신건(新建)하니라.

광양군(光陽郡) 신황리교회(新黃里敎會)가 성립(成立)하다. 선시(先是)에 한태원(韓台源)이 당지(當地) 신자(信者) 조상학(趙尙學)의 전도(傳道)를 듯고 광쥬(光州) 양림(楊林)에 반왕(伴徃)하야 선교사(宣敎師) 오기원(吳基元, [Clement C. Owen, 1867-1909])의게서 도리(道理)를 배호고 양인(兩人)이 본리(本里)에 귀래(歸來)하야 구황리(舊黃里) 서재(書齋)에서 전도(傳道)할새 박희원(朴禧源), 서병준(徐丙準), 허준규(許俊奎) 등(等) 9인(九人)이 신쥬(信主) 후(後) 합심전도(合心傳道)한 결과(結果) 신(信)[257]자(者)가 일가월증(日加月增)하야 육칠백(六七百)에 달(達)하난지라. 합심연보(合心捐補)하야 예배당(禮拜堂) 8간(八間)을 신건(新建)하니라.

여수군(麗水郡) 우학리교회(牛鶴里敎會)가 성립(成立)하다. 선시(先是)에 당지(當地)가 의병난(義兵亂)을 경(經)한 후(後) 민심(民心)이 불안(不安)한 중(中) 민적정리(民籍整理)함을 모병(募兵)으로 오해(誤解)하고 예수 밋난 자(者)난 차등부역(此等負役)을 면(免)한다난 풍설(風說)이 유행(流行)하야 인민(人民)들이 교회설립(敎會設立)하기를 결정(決定)하고 무만리교회(武萬里敎會)에 대(對)하야 전도인(傳道人) 파송(派送)하기를 청구(請求)하얏더니 전도인(傳道人) 채진영(蔡鎭永)이 당리(當里)에 래도(來到)하야 전도(傳道)한 결과(結果) 오해(誤解)와 풍설(風說)이 돈식(頓息)되고 진리(眞理)에 귀(歸)한 자(者)가 다(多)하야 예배당(禮拜堂) 축건(築建)을 경영(經營)할새 본리(本里)에 공유건물(公有建物)을 매수(買收)하게 되얏더니 면장(面長) 김철수(金喆洙)의 이의(異議)로 해약(解約)함에 교인(敎人) 명창순(明昌淳)이 자단(自担)하야 예배당(禮拜堂)을 신축(新築)하얏고 교회(敎會)에셔난 사숙(私塾)을 설치(設置)하야 아동교육(兒童敎育)을 설시(設施)하니 전도(傳道)에 유조(有助)되니라. 기후(其後)에 선교사(宣敎師) 맹현리(孟顯理, [H. D. McCallie]), 변약한(邊約翰, [John Fairman Preston])와 조사(助師) 조의환(曺義煥) 목사(牧師) 강병담(康秉談)이 상계시무(相繼視務)하니라.

순천군(順天郡) 용당교회(龍塘敎會)가 성립(成立)하다. 선시(先是)에 김대수(金大洙)의 전도(傳道)로 김혁주(金赫柱), 정운찬(鄭雲瓚), 정동섭(鄭東燮) 등(等)이 밋고 교인(敎人)과 선교사(宣敎師)가 합력(合力)하야 가옥(家屋)을 매수(買收)하야 예배당(禮拜堂)으로 사용(使用)하더니 불기년(不幾年)에 거개타락(擧皆墮落)됨으로 선교사(宣敎師) 고라복(高羅福, [Robert Thornwell Coit]) 목사(牧師) 이기풍(李基豊) 조사(助師) 김영진(金榮鎭), 조의환(曺義煥), 정자삼(丁子三) 등(等)이 래(來)하야 권면(勸勉)하며 전도(傳道)한 결과(結果) 교회(敎會)가 부흥(復興)하야 전일(前日) 예배당(禮拜堂) 방매(放賣) 대금(代金) 20원(二十圓)과 당석(當席)에 연보(捐補)한 금액(金額) 50원(五十圓)으로 가옥(家屋)을 매수수리(買收修理)하야 예배당(禮拜堂)으로 사용(使用)하고 조사(助師) 김창수(金昌洙) 영수(領袖) 김혁주

(金赫柱)가 인도(引導)하니라.[258]

　김제군(金堤郡) 두정리교회(豆亭里敎會)에서 열심연보(熱心捐補)하야 예배당(禮拜堂)과 학교(學校)를 신건(新建)하니라.

　1908년(一千九百八年) 무신(戊申)[에] 김제군(金堤郡) 대장리교회(大長里敎會)에서 최학삼(崔鶴三)을 장로(長老)로 장립(將立)하야 당회(堂會)를 조직(組織)하고 기후(其後)에 목사(牧師) 이재언(李在彦) 장로(長老) 최윤중(崔潤仲), 최경택(崔京澤), 최태진(崔泰鎭)이 계속시무(繼續視務)하니라.

　장성군(長城郡) 율곡리(栗谷里) 영신교회(永信敎會)에서 변창연(邊昌淵)을 장로(長老)로 장립(將立)하야 당회(堂會)를 조직(組織)하니라.

　강진군(康津郡) 학명리교회(鶴鳴里敎會)에서 예배당(禮拜堂)을 신건(新建)하고 선교사(宣敎師) 조하파(趙夏播, [Joseph Hopper])조사(助師) 김정관(金正寬)이 시무(視務)하니라.

　장흥군(長興郡) 삭금리교회(朔金里敎會)에서 예배당(禮拜堂) 6간(六間)을 신건(新建)하고 기후(其後)에 선교사(宣敎師) 오기원(吳基元, [Clement C. Owen, 1867-1909]), 유서백(柳西伯, [John Samuel Nisbet]), 맹현리(孟顯理, [Henry D. McCallie]), 조하파(趙夏播, [Joseph Hopper]) 조사(助師) 배경수(裵景洙), 윤식명(尹植明), 곽우영(郭宇盈) 등(等)이 계속시무(繼續視務)하니라.

　진안군(鎭安郡) 진상동교회(鎭相洞敎會)가 성립(成立)하다. 선시(先是)에 당지인(當地人) 홍순기(洪淳冀), 유광오(柳光五), 이덕주(李德周)가 몬저 밋고 전도(傳道)하야 교회(敎會)를 설립(設立)하니라.

　전주군(全州郡) 금평리교회(金坪里敎會)가 성립(成立)하다. 선시(先是)에 김응규(金應圭), 이운오(李雲五) 등(等)이 밋고 동리(洞里)에 전도(傳道)하야 신자(信者)가 80여인(八十餘人)에 달(達)함에 예배당(禮拜堂)을 신건(新建)하고 김응규(金應奎)가 인도인(引導人)이 되니라.

　남원군읍교회(南原郡邑敎會)가 성립(成立)하다. 선시(先是)에 임피거(臨陂居) 신자(信者) 조원집(趙元集)이 동지(同地)에 이주(移住)한 후(後) 열심전도(熱心傳道)하야 신자(信者)가 초진(稍進)함으로 예배당(禮拜堂)을 신건(新建)하니라.

　무주군(茂朱郡) 삼가리교회(三加里敎會)가 성립(成立)하다. 선시(先是)에 김관중(金贊仲), 한윤성(韓允成) 등(等)이 믿고 전도(傳道)하야 신자(信者)가 [259] 증가(增加)됨으로 조사(助師) 김성원(金誠源)이 교회(敎會)를 도아 설립(設立)하고 인도(引導)하니라.

　진안군읍내교회(鎭安郡邑內敎會)가 성립(成立)하다. 선시(先是)에 선교사(宣敎師) 마로득(馬路得, [Ronald Roy Meyers])가 전도(傳道)하야 설립(設立)하고 조사(助師) 박승섭(朴勝燮)으로 인도(引導)케 하니라.

　보령군(保寧郡) 도화담교회(桃花潭敎會)가 성립(成立)하다. 선시(先是)에 본지인(本地人) 임치명(林致明), 박정규(朴正奎), 박봉래(朴鳳來) 등(等)이 몬저 믿고 전도(傳道)하야 교회(敎會)를 설립(設立)하니라.

　김제군(金堤郡) 묘라리교회(妙羅里敎會)가 성립(成立)하다. 선시(先是)에 본지인(本地人) 오도국(吳道國), 서경립(徐璟立) 임경수(任景洙), 오태숙(吳太淑) 등(等)이 몬저 믿고 열심전도(熱心傳道)하야 신자(信者)가 증가(增加)함으로 예배당(禮拜堂)을 신건(新建)하야 교회(敎會)를 설립(設立)하니라.

　서천군(舒川郡) 장구리교회(長久里敎會)가 성립(成立)하다. 선시(先是)에 본지인(本地人) 조경화(趙景化)가 몬저 믿고 동군(同郡) 군사리교회(郡社里敎會)에 래왕(來往)하며 전도(傳道)하야 신자(信者)가 초진(稍進)함으로 예배당(禮拜堂)을 신건(新建)하고 교회(敎會)를 분립(分立)하니라.

　무주군(茂朱郡) 이목리교회(梨木里敎會)가 성립(成立)하다. 선시(先是)에 본지인(本地人) 김영두(金永斗)가 몬저 믿고 선교사(宣敎師) 마로득(馬路得, [Ronald Roy Meyers])와 합심전도(合心傳道)한 결과(結果)로 교회(敎會)를 설립(設立)하고 인도(引導)하니라.

　김제군(金堤郡) 후독교회(后犢敎會)가 성립(成立)하다. 선시(先是)에 본지인(本地人) 서공선(徐公善), 이화춘(李化春) 등(等)이 믿고 전도(傳道)하야 교회(敎會)를 설립(設立)하고 예배당(禮拜堂)를 신건(新建)하니라.

　전주군(全州郡) 구정리교회(九井里敎會)가 성립(成立)하다. 선시(先是)

에 선교사(宣敎師) 마로득(馬路得, [Ronald Roy Meyers])의 전도(傳道)로 이찬경(李賛京), 박정숙(朴正淑) 등(等)[260]이 몬저 밋고 전도(傳道)하야 교회(敎會)를 설립(設立)하고 기후(其後)에 정창신(鄭昌信)이 조사(助師)로 시무(視務)하니라.

익산군(益山郡) 두화리교회(杜花里敎會)가 성립(成立)하다. 선시(先是)에 본지인(本地人) 백공집(白公集), 강도경(姜道京), 김진옥(金振玉), 김주빈(金周彬) 오원삼(吳元三), 서명오(徐明五) 등(等)이 밋은 후(後) 합심전도(合心傳道)하야 신자(信者)가 초진(稍進)하야 예배당(禮拜堂)을 신축(新築)하고 교회(敎會)를 설립(設立)하니라.

순천군(順天郡) 신평리교회(新坪里敎會)가 성립(成立)하다. 선시(先是)에 선교사(宣敎師) 이눌서(李訥瑞, [William David Reynolds, 1867-1951])의 전도(傳道)로 마여현(馬汝峴), 허성오(許性午) 등(等)이 밋고 전도(傳道)하야 교회(敎會)를 설립(設立)하고 기후(其後) 조기식(趙基湜)의 열성전도(熱誠傳道)로 교회(敎會)가 발전(發展)되고 선교사(宣敎師) 변약한(邊約翰, [John Fairman Preston]) 조사(助師) 김태호(金泰鎬)가 시무(視務)하니라.

고흥군(高興郡) 금산(錦山) 신평리교회(新坪里敎會)가 성립(成立)하다. 선시(先是)에 오석주(吳錫柱), 박수홍(朴秀洪) 등(等)이 주(主)를 밋고 대흥리(大興里) 선영홍(宣永鴻) 가(家)에서 예배(禮拜)하다가 기후(其後) 신흥리(新興里) 교인(敎人)의 협조(協助)로 본리(本里)에 교회(敎會)를 설립(設立)하고 예배당(禮拜堂)을 신건(新建)하니 교회(敎會)가 점차발전(漸次發展)하야 오천(五泉), 동정(東亭) 양처(兩處)에 교회(敎會)를 분립(分立)하게 되니라.

순천군(順天郡) 이미교회(二美敎會)가 성립(成立)하다. 선시(先是)에 무만리(武萬里) 정태인(鄭泰仁)이 대곡리(大谷里) 정종희(鄭鍾晞), 정종운(鄭鍾云)에게 전도(傳道)하야 밋엇고 당지(當地)에 래주(來住)하난 충청도인(忠淸道人) 정영선(丁永善)의 전도(傳道)로 김중오(金仲五)의 전가족(全家族)이 밋은 후(後) 정종운(鄭鐘云)의 협실(挾室)에서 집회예배(集會禮拜)하며 전도(傳道)하야 신자(信者)가 사오십인(四五十人)에 달(達)하난지라. 정종운(鄭鐘云)이 독담(獨擔)하야 예배당(禮拜堂) 3간(三間)을 건축(建築)하얏고 기후(其後)에 태하리(太下里)에 이전(移轉)하얏더니 교역자(敎役者)와 정종운(鄭鐘云) 간(間)에 불화(不和)가 발생(發生)하야 당지(當地) 김중오(金仲五) 가(家)에 이전(移轉)하니라.[261]

광양군읍교회(光陽郡邑敎會)가 성립(成立)하다. 선시(先是)에 선교사(宣敎師) 오기원(吳基元, [Clement C. Owen, 1867-1909])과 조사(助師) 지원근(池源根), 배경수(裵景洙) 등(等)이 당지(當地)에 전도(傳道)할새 순천(順天) 조상학(趙尙學)이 래조(來助)하되 호성적(好成蹟)을 엇지 못하얏더니 기후(其後) 전도인(傳道人) 박응삼(朴應三)이 솔권래주(率眷來住)하야 열성전도(熱誠傳道)함으로 김윤석(金允石), 박정진(朴正鎭) 등(等)이 신종(信從)하야 교회(敎會)를 설립(設立)하고 전도인(傳道人) 강성봉(姜聖奉) 조사(助師) 장현중(張鉉中), 조의환(曹義煥), 정자삼(丁子三) 등(等)이 계속 래주(繼續來住)하야 교회(敎會)에 대(對)하야 다대(多大)한 세력(勢力)을 공(供)하니라.

구례군읍교회(求禮郡邑敎會)가 성립(成立)하다. 선시(先是)에 본군거(本郡居) 고현표(高鉉表)가 다년(多年) 외국(外國)에 두류(逗遛)하다가 귀래(歸來) 후(後) 구세군(救世軍)이라 자칭(自稱)하고 동지(同地)에 전도(傳道)하야 신자(信者)가 100여인(百餘人)에 달(達)함에 60원(六十圓)을 연보(捐補)하야 봉남리(鳳南里)에 가옥(家屋)을 매수(買收)하고 예배당(禮拜堂)으로 사용(使用)하더니 의병(義兵)의 난(亂)을 인(因)하야 교인(敎人)은 이산(離散)하고 예배당(禮拜堂)은 일병(日兵)의 점거(占據)가 된지라. 선교사(宣敎師) 배유지(裵裕祉 [E. Bell, 1868-1925])가 교섭추환(交涉推還)하니 전도인(傳道人) 장현중(張鉉中)과 집사(執事) 박양진(朴亮鎭)이 예배당(禮拜堂)을 백련동(白蓮洞)에 이전(移轉)하니라. 후(後)에 박양진(朴亮鎭)이 예배당(禮拜堂)을 암매투용(暗賣偸用)함으로 강시혁(姜時奕) 사저(私邸)에 집회(集會)하다가 이병묵(李炳默), 김병식(金秉湜), 이순길(李順吉), 정평호(鄭平浩), 김재수(金在洙) 등(等)은 종 1좌(鍾一座)를 매수(買收) 기부(寄附)

하고 교인(敎人)[일(一)]동(同)은 600여원(六百餘圓)을 연보(捐補)하야 예배당(禮拜堂)을 신건(新建)하고 선교사(宣敎師) 고라복(高羅福, [Robert Thornwell Coit]) 조사(助師) 선재련(宣在璉)이 인도(引導)하니라.

광양군(光陽郡) 웅동교회(熊洞敎會)가 성립(成立)하다. 선시(先是)에 조상학(趙尙學)의 전도(傳道)로 본리인(本里人) 서병준(徐丙準)이 밋고 열심전도(熱心傳道)한 결과(結果) 19호(十九戶) 1촌(一村)이 진수귀도(盡數歸道)하야 신황리(新黃里)에 왕래예배(徃來禮拜)하더니 본리(本里)에 예배당(禮拜堂)을 신(新)[262]건(建)하고 교회(敎會)를 분립(分立)하니라.

광양군(光陽郡) 대방리교회(大芳里敎會)가 성립(成立)하다. 선시(先是)에 서한봉(徐漢鳳)이 한태원(韓台源), 박희원(朴禧源)의 전도(傳道)를 인(因)하야 밋고 형제(兄弟)의 가권(家眷)과 정기영(鄭琪永)의 가권(家眷)으로 신황리(新黃里)에 래왕(來徃)하며 본리(本里)에 전도(傳道)하야 신자(信者)가 증가(增加)함으로 가옥(家屋)을 매수(買收)하야 예배당(禮拜堂)으로 사용(使用)하고 교회(敎會)를 분립(分立)하니라.

보성군(寶城郡) 양동교회(陽洞敎會)가 성립(成立)하다. 선시(先是)에 선교사(宣敎師) 오기원(吳基元, [Clement C. Owen 1867-1909])과 조사(助師) 배경수(裵景洙)의 전도(傳道)로 교회(敎會)를 설립(設立)하고 예배당(禮拜堂)을 신건(新建)하니라.

영광군(靈光郡) 염산리교회(鹽山里敎會)가 성립(成立)하다. 선시(先是)에 본리인(本里人) 문영국(文永國), 정정옥(丁正玉) 등(等)이 일진회(日進會)를 대항(對抗)하기 위(爲)하야 봉산교회(奉山敎會)에 단이다가 점차(漸次) 진리(眞理)를 각득(覺得)한 후(後) 열성(熱誠)으로 전도(傳道)하야 신자(信者)가 증가(增加)함에 교회(敎會)를 설립(設立)하고 선교사(宣敎師) 배유지(裵裕祉, [E. Bell, 1868-1925]), 도대선(都大善, [Samuel K. Dodson]), 남대리(南大理, [LeRoy T. Newland]), 이아각(李雅各, [James I. Paisley])과 조사(助師) 박인원(朴仁源), 이경필(李敬弼), 최흥종(崔興琮), 이계수(李桂洙) 등(等)이 차제시무(次第視務)하니라.

순창군(淳昌郡) 구룡리교회(九龍里敎會)가 성립(成立)하다. 선시(先是)

에 라마교인(羅馬敎人) 변상순(卞相順), 박성탁(朴成鐸) 등(等)이 야소교(耶蘇敎)에 귀래(歸來)하야 전도인(傳道人) 고인수(高仁秀)와 협의(協議)하고 가옥(家屋)을 매수(買收)하야 예배당(禮拜堂)으로 사용(使用)하며 전도(傳道)하야 교회(敎會)가 초진(稍進)하더니 중간(中間)에 퇴보(退步)되난지라. 김여홍(金汝洪), 변상순(卞相順)이 열심전도(熱心傳道)하고 선교사(宣敎師) 도대선(都大善, [Samuel K. Dodson]) 조사(助師) 김순경(金順敬), 고려위(高麗緯), 이영희(李英熙), 김세렬(金世烈) 등(等)이 상계인도(相繼引導)하야 교회(敎會)가 의연유지(依然維支)하니라.

나주군(羅州郡) 내산리교회(內山里敎會)가 성립(成立)하다. 선시(先是)에 선교사(宣敎師) 오기원(吳基元, [Clement C. Owen, 1867-1909])과 전도인(傳道人) 지원근(池源根)의 전도(傳道)로 윤(尹)[263]상삼(相三), 이군신(李君臣) 등(等)이 밋고 골말교회(敎會)에 래왕(來徃)하다가 예배당(禮拜堂)을 신건(新建)하고 교회(敎會)를 분립(分立)하니라.

순창군(淳昌郡) 금성리교회(金城里敎會)가 성립(成立)하다. 선시(先是)에 선교사(宣敎師) 배유지(裴裕祉, [E. Bell, 1868-1925])의 파송(派送)한 전도인(傳道人) 조석일(趙碩逸)의 전도(傳道)로 100여인(百餘人)이 귀주(歸主)하얏스되 예배처(禮拜處)가 무(無)하더니 불신자(不信者) 유모(劉某)가 소유(所有) 10여간(十餘間) 와가(瓦家)를 1년간(一年間) 무임대여(無賃貸與) 함으로 회집예배(會集禮拜)하니라.

나주군(羅州郡) 서문정교회(西門町敎會)가 성립(成立)하다. 선시(先是)에 선교사(宣敎師) 배유지(裴裕祉, [E. Bell, 1868-1925])가 조사(助師) 변창연(邊昌淵)을 파송(派送)하야 본읍(本邑)을 선교근거지(宣敎根據地)로 작정(作定)하랴고 토지(土地)를 매수(買收)하고 예배당(禮拜堂)으로 사용(使用)할 가옥(家屋)을 경영(經營)하며 열심(熱心)으로 전도(傳道)하더니 동지청년(同地靑年)들이 작당(作黨)하야 무리(無理)히 축출(逐出)함으로 부득기(不得己) 매수(買收)하얏던 토지건물(土地建物)을 환매(還賣)하야 광주(光州)에 이설(移設)하얏고 기후(其後) 동군(同郡) 동부면(東部面) 학교(鶴橋)에 예배당(禮拜堂)을 설립(設立)하고 수인(數人)의 교인(敎人)이 집회(集會)

하다가 시년(是年)에 서문정(西門町)에 예배당(禮拜堂)을 신설(新設)하고 선교사(宣敎師) 오기원(吳基元, [Clement C. Owen, 1867-1909]) 타마자(打馬子, [J. V. N. Talmage]), 남대리(南大理, [LeRoy T. Newland]), 조사(助師) 마서규(馬瑞奎), 임성옥(任成玉), 노응표(盧應杓), 조상학(趙尙學) 등(等)이 상계시무(相繼視務)하니라.

화순군(和順郡) 수리교회(水里敎會)가 성립(成立)하다. 선시(先是)에 선교사(宣敎師) 타마자(打馬子, [J. V. N. Talmage])가 전도인(傳道人)을 파송(派送)한 결과(結果)로 교회(敎會)를 설립(設立)하고 기후(其後) 선교사(宣敎師) 도대선(都大善, [Samuel K. Dodson])과 조사(助師) 최원갑(崔元甲)이 차제시무(次第視務)하니라.

무안군(務安郡) 덕산리교회(德山里敎會)가 성립(成立)하다. 선시(先是)에 본리인(本里人) 강락언(姜洛彦)이 믿고 전도(傳道)하야 신자(信者)가 초진(稍進)함으로 예배당(禮拜堂)을 신건(新建)하고 선교사(宣敎師) 맹현리(孟顯理, [Henry D. McCallie])와 조사(助師) 마서규(馬瑞奎), 이행언(李行彦), 김경운(金京云), 김봉현(金奉玄)[264] 등(等)이 차제시무(次第視務)하니라.

무안군(務安郡) 대척리교회(大尺里敎會)가 성립(成立)하다. 선시(先是)에 선교사(宣敎師) 맹현리(孟顯理, [Henry D. McCallie])가 이장호(李章鎬)를 파송(派送)하야 전도(傳道)한 결과(結果) 신자(信者) 초진(稍進)하야 예배당(禮拜堂)을 신건(新建)하고 조사(助師) 마서규(馬瑞奎), 김봉천(金奉天), 김주환(金周煥) 등(等)이 계속시무(繼續視務)하니라.

무안군(務安郡) 성남리교회(城南里敎會)가 성립(成立)하다. 선시(先是)에 본리인(本里人) 김서규(金瑞奎), 황봉삼(黃奉三), 주덕유(朱德裕) 등(等)이 믿고 성심전도(誠心傳道)하야 신자(信者)가 20여인(二十餘人)에 달(達)함에 3인(三人)의 사택(私宅)에 륜차집회(輪次集會)하다가 6간(六間) 예배당(禮拜堂)을 신건(新建)하니라.

강진군(康津郡) 서산리교회(瑞山里敎會)가 성립(成立)하다. 선시(先是)에 권서인(勸書人) 박창인(朴昌仁)의 전도(傳道)로 신도우(申道佑)가 믿고 일반동민(一般洞民)으로 더브러 밋기로 결의(決議)한 후(後) 서당(書堂)을 임시예배당(臨時禮拜堂)으로 사용(使用)하고 최경화(崔敬化)가 인도(引導)하얏스며 익년(翌年)에 40여인(四十餘人)이 세례(洗禮)를 밧으니라.

해남군(海南郡) 초송리교회(草松里敎會)가 성립(成立)하다. 선시(先是)에 원봉수(元奉守), 원사기(元士基), 원명오(元明五) 등(等)이 밋고 동군(同郡) 돈다리교회(敎會)에 왕래(徃來)하다가 신자(信者)가 증가(增加)됨에 예배당(禮拜堂)을 신건(新建)하고 선교사(宣敎師) 변약한(邊約翰 [John Fairman Preston]), 맹현리(孟顯理, [Henry D. McCallie])와 조사(助師) 마서규(馬瑞奎), 김달성(金達成), 원덕관(元德寬), 이치도(李致道), 이경일(李敬一), 이경휘(李敬輝) 등(等)이 상계시무(相繼視務)하니라.

제주도(濟州道) 금성리교회(錦城里敎會)가 성립(成立)하다. 독노회(獨老會) 설립(設立) 당시(當時)에 파송(派送)한 전도목사(傳道牧師) 이기풍(李基豊)과 매서인(賣書人) 김재원(金在元) 등(等)의 전도(傳道)를 인(因)하야 조봉호(趙鳳浩), 이도종(李道宗), 김씨진실(金氏眞實), 조운길(趙云吉), 양석봉(梁石峰), 이씨(李氏)[265]호효(昊孝), 이씨자효(李氏慈孝), 김씨도전(金氏道田), 김씨유승(金氏有承), 좌징수(左澄洙), 이의종(李義宗)이 귀도(歸道)하야 조봉호(趙鳳浩) 가(家)에 회집기도(會集祈禱)하다가 이덕년(李德年) 가(家)를 예배처소(禮拜處所)로 작정(作定)하니라.

1909년(一千九百九年) 기유(己酉)[에] 정읍군(井邑郡) 천원교회(川原敎會)에서 서영선(徐永善) 이공숙(李公淑), 박창욱(朴永旭)을 장로(長老)로 장립(將立)하야 당회(堂會)를 조직(組織)하고 기후(其後)에난 목사(牧師) 박창욱(朴永旭) 장로(長老) 김병윤(金炳允)이 계속시무(繼續視務)하니라.

부안군(扶安郡) 건선면(乾先面) 관동교회(冠洞敎會)에서 신경운(申敬云)을 장로(長老)로 장립(將立)하야 당회(堂會)를 조직(組織)하니라.

김제군(金堤郡) 두정리교회(豆亭里敎會)에서 이자익(李自益)을 장로(長老)로 장립(將立)하야 당회(堂會)를 조직(組織)하고 기후(其後) 조덕삼(趙德三), 이호종(李昊鍾), 왕순칠(王巡七) 등(等)이 계속(繼續)하야 장로(長老)로 시무(視務)하니라.

금산군읍내교회(錦山郡邑內敎會)에서 이원필(李元弼)을 장로(長老)로 장립(將立)하야 당회(堂會)를 조직(組織)하고 기후(其後) 임구환(任九桓)이 계속시무(繼續視務)하니라.

서천군(舒川郡) 종초동교회(鍾楚洞敎會)가 성립(成立)하다. 선시(先是)에 본리(本里) 이승인(李承仁)이 남감리회(南監理會) 선교사(宣敎師)에게셔 복음(福音)을 드른 후(後) 감리회(監理會) 예배당(禮拜堂)에 래왕(來往)하더니 기후(其後) 본리(本里)에 전도(傳道)하야 신자(信者)가 증가(增加)하니 예배당(禮拜堂)을 신건(新建)하고 교회(敎會)를 성립(成立)하니라.

서천군(舒川郡) 금당리교회(金堂里敎會)가 성립(成立)하다. 선시(先是)에 본리인(本里人) 유성렬(劉性烈), 조남명(趙南明) 등(等)이 밋고 전도(傳道)한 결과(結果) 교회(敎會)를 설립(設立)하고 예배당(禮拜堂)을 신건(新建)하니라.

전주군(全州郡) 남문외교회(南門外敎會)가 성립(成立)하다. 선시(先是)에 당지인(當地人) 최국현(崔局鉉)이 밋고 전도(傳道)함으로 신자(信者) 초진(稍進)[266]하난지라. 선교사(宣敎師) 마로덕(馬路德, [Luther O. McCutchen])이 합력(合力)하야 교회(敎會)를 설립(設立)하니라.

김제군(金堤郡) 구봉리교회(九峯里敎會)가 성립(成立)하다. 선시(先是)에 본리인(本里人) 정창화(鄭昌化), 김기환(金基煥), 김영국(金榮國) 등(等)이 밋고 전도(傳道)하야 교회(敎會)를 설립(設立)하고 예배당(禮拜堂)을 신건(新建)하니라.

전주군(全州郡) 종리교회(宗里敎會)가 성립(成立)하다. 선시(先是)에 선교사(宣敎師) 마로득(馬路得, [Ronald Roy Meyers])의 전도(傳道)로 오경수(吳景洙)가 밋고 소룡리교회(巢龍里敎會)에 래왕(來往)하다가 본리(本里)에 신자(信者)가 증가(增加)됨에 예배당(禮拜堂)을 신건(新建)하고 교회(敎會)를 설립(設立)하니라.

임실군(任實郡) 응암리교회(鷹岩里敎會)가 성립(成立)하다. 선시(先是)에 본리인(本里人) 최극삼(崔克三), 박순언(朴順彦), 이경화(李景化) 등(等)이 밋고 전도(傳道)한 결과(結果) 예배당(禮拜堂)을 신건(新建)하고 최극삼

(崔克三)이 인도(引導)하니라.

　남원군(南原郡) 신풍리교회(新豊里敎會)가 성립(成立)하다. 선시(先是)에 본리인(本里人) 이파봉(李芭奉)이 밋고 전도(傳道)하야 교회(敎會)를 설립(設立)하고 인도(引導)하니라.

　익산군(益山郡) 장등교회(長登敎會)가 성립(成立)하다. 선시(先是)에 본리인(本里人) 성영관(成永贊), 장화일(張化逸), 최남문(崔南門)이 밋고 열심전도(熱心傳道)하야 신자(信者)가 초진(稍進)함으로 예배당(禮拜堂)을 신건(新建)하고 교회(敎會)를 설립(設立)하니라.

　임실군(任實郡) 도하리교회(道夏里敎會)가 성립(成立)하다. 선시(先是)에 이원일(李元日)이 밋고 전도(傳道)하야 남녀신자(男女信者)가 증가(增加)된지라. 예배당(禮拜堂)을 신건(新建)하고 교회(敎會)를 인도(引導)하니라.

　광주군(光州郡) 일곡교회(日谷敎會)가 성립(成立)하다. 선시(先是)에 이주상(李周庠)이 미국(美國)에 우거(寓居)하야 선교사(宣敎師) 최의덕(崔義德, [Lewis Boyd Tate])과 목사(牧師) 양주삼(梁柱三)에게셔 복음(福音)을 듯고 신자(信者)가 된 후(後) 시년(是年)에 귀국(歸國)하야 선교사(宣敎師) 배유지(裵裕祉, [E. Bell, 1868-1925])와 합력(合力)하야 [267] 본리(本里)에 교회(敎會)를 설립(設立)하고 열심전도(熱心傳道)하야 신자(信者)가 증가(增加)함에 예배당(禮拜堂)을 신건(新建)하니라.

　나주군(羅州郡) 덕곡리교회(德谷里敎會)가 성립(成立)하다. 선시(先是)에 덕림교회(德林敎會)에 래왕예배(來往禮拜)하던 당지(當地) 교인(敎人) 김대홍(金大弘) 등(等)이 사저(私邸)에 임시집회(臨時集會)하다가 열심연보(熱心捐補)하야 예배당(禮拜堂)을 신건(新建)하고 교회(敎會)를 분립(分立)하니라.

　무안군(務安郡) 성암리교회(星岩里敎會)가 성립(成立)하다. 선시(先是)에 강익수(姜益秀)가 목포인(木浦人) 박화일(朴華一)의 전도(傳道)를 인(因)하야 밋은 후(後) 본리(本里)에 전도(傳道)하야 신자(信者)가 10여인(十餘人)에 달(達)함에 2개월간(二個月間) 자택(自宅)에서 예배(禮拜)하며 연합

기도(聯合祈禱) 중(中)에 만흔 은혜(恩惠)를 밧고 수십인(數十人)이 성남교회(城南敎會)에 왕래(往來)하다가 예배당(禮拜堂) 8간(八間)을 건축(建築)하고 선교사(宣敎師) 노라복(魯羅福, [Robert Knox]), 유서백(柳西伯, [John Samuel Nisbet]), 남대리(南大理, [LeRoy T. Newland])와 조사(助師) 임성옥(任成玉), 최경화(崔京化), 박화윤(朴化允), 오변규(吳釆奎) 등(等)이 계속시무(繼續視務)하니라.

함평군(咸平郡) 영흥리교회(永興里敎會)가 성립(成立)하다. 선시(先是)에 이계완(李啓完)의 전도(傳道)로 30여인(三十餘人)이 귀주(歸主)하야 이계완(李啓完) 사택(私宅)에 집회(集會)하다가 신천리(新川里)에 예배당(禮拜堂)을 설치(設置)하얏고 기후(其後) 영흥리(永興里)에 이전(移轉)하니라. 선교사(宣敎師) 노라복(魯羅福, [Robert Knox]), 유서백(柳西伯, [John Samuel Nisbet]), 민도마(閔道磨, [Thomas D. Murphy])와 조사(助師) 정현모(丁賢模), 임성옥(任成玉), 최경율(崔敬律), 강익수(姜益秀) 등(等) 차제시무(次第視務)하니라.

해남군(海南郡) 맹진리교회(孟津里敎會)가 성립(成立)하다. 선시(先是)에 선교사(宣敎師) 변약한(邊約翰, [John Fairman Preston]) 조사(助師) 임성옥(任成玉)의 전도(傳道)로 원덕관(元德贊) 안내인(安乃仁)의 모(母)가 밋고 원덕리(元德里)에 교회(敎會)를 설립(設立)하얏다가 기후(其後)에 본리(本里)에 이전(移轉)하니 선교사(宣敎師) 맹현리(孟顯理, [Henry D. McCallie]) 조사(助師) 마서규(馬瑞奎), 김달성(金達成), 최병호(崔秉浩) 등(等)이 시무(視務)하니라.

제주도(濟州道) 조천리교회(朝天里敎會)가 성립(成立)하다. 선시(先是)에 노회(老會)에서 파송(派送)한 전도사(傳道師) 이기풍(李基豊)의 전도(傳道)로 천(千)[268]씨아나(氏亞拿)가 몬저 밋고 신자(信者)가 증가(增加)함으로 천씨(千氏)난 자택(自宅)을 예배당(禮拜堂)으로 기부(寄附)하야 교회(敎會)를 설립(設立)하니라.

해남군(海南郡) 마산면(馬山面) 대월교회(大月敎會)가 성립(成立)하다. 선시(先是)에 해남(海南) 박영호(朴永浩)의 전도(傳道)로 원덕관(元德贊),

서중일(徐仲一) 등(等)이 믿고 주일(主日)이면 백수하(栢樹下)에 회집기도(會集祈禱)하얏고 신자(信者)가 점가(漸加)하야 원덕리(元德里)에 수간모옥(數間茅屋)을 매수(買收)하야 예배당(禮拜堂)으로 사용(使用)하더니 교인(教人)은 더욱 증가(增加)하고 예배당(禮拜堂)은 협착(狹窄)하야 집회(集會)가 곤난(困難)함으로 합심연보(合心捐補)하야 대월리(大月里) 후(後) 삼림(森林)을 매수(買收)하야 예배당(禮拜堂)을 신건(新建)하야 시년(是年) 동(冬)에 낙성(落成)하고 수십인(數十人)에게 세례(洗禮)를 시(施)한 후(後) 원덕찬(元德贊)을 집사(執事)로 선정(選定)하야 교회(教會)를 인도(引導)하더니 불의(不意)에 시기(猜忌)와 분쟁(紛爭)이 기(起)하야 교회(教會)가 불시퇴보(不時退步)하야 만회(挽回)할 도(道)가 업던 중(中) 서중관(徐中贊)이 인가귀주(引家歸主)하야 교회(教會)의 부속(附屬)한 학교(學校)를 설립(設立)하고 일변(一邊)으로 교육(教育)하며 일변(一邊)으로 전도(傳道)하야 성심노력(誠心努力)한 결과(結果) 교회(教會)가 초초복진(稍稍復振)하니라.

고흥군(高興郡) 옥하리교회(玉下里教會)에서 박용섭(朴容燮)은 재목(材木) 전부(全部)를 담당(擔當)하고 교우(教友)난 합심출연(合心出捐)하고 신우구(申瑀求)난 부족액(不足額)을 전담(全擔)하야 동정리(東井里)에 예배당(禮拜堂)을 신건(新建)하니라.

광양군(光陽郡) 백암리교회(栢岩里教會)가 성립(成立)하다. 선시(先是)에 김평장(金平章), 장석지(張錫祉) 등(等)이 믿고 신황교회(新黃教會)에 래왕(來往)하다가 예배당(禮拜堂)을 신건(新建)하고 교회(教會)를 분립(分立)하니라. 선교사(宣教師) 고라복(高羅福, [Robert Thornwell Coit]) 집사(執事) 장석지(張錫祉), 김인주(金仁柱)가 시무(視務)하니라.[269]

순천군읍내교회(順天郡邑內教會)가 성립(成立)하다. 선시(先是)에 본리인(本里人) 최사집(崔仕集)은 대곡리(大谷里) 조상학(趙尙學)의 전도(傳道)를 인(因)하야 믿고 최정의(崔珵義)난 여수(麗水) 조의환(曺義煥)의 전도(傳道)로 믿은 후(後) 서문내(西門內) 강시혁(姜時奕) 사저(私邸)에 집회(集會)하다가 양생재(養生齋)를 임시(臨時) 예배처소(禮拜處所)로 사용(使用)하얏고 기후(其後)에 서문외(西門外)에 기지(其址) 400여평(四百餘坪)과 초옥

(草屋) 10여평(十餘坪)을 매수(買收)하야 회집예배(會集禮拜)할새 선교회(宣敎會)에서 순천(順天)을 해지방선교(該地方宣敎)의 중심지(中心地)로 정(定)하고 가옥(家屋)을 건축(建築)하며 남녀학교(男女學校)와 병원(病院)을 설립(設立)하니 교회(敎會)가 점차발전(漸次發展)된지라. 선교사(宣敎師)와 합동(合同)하야 연와제(煉瓦製) 40평(四十坪)을 신건(新建)하니라.

광양군(光陽郡) 섬거리교회(蟾巨里敎會)가 성립(成立)하다. 선시(先是)에 본리(本里) 장주환(張周煥)이 믿고 신황교회(新黃敎會)에 왕래(往來)하더니 본리(本里)에 신자(信者)가 점증(漸增)됨으로 예배당(禮拜堂) 6간(六間)과 사숙(私塾)을 신건(新建)하고 선교사(宣敎師) 고라복(高羅福, [Robert Thornwell Coit])은 가옥(家屋)을 매수(買收)하야 교역자(敎役者)의 사택(舍宅)으로 공헌(貢獻)하니라.

광양군(光陽郡) 지랑리교회(旨郞里敎會)가 성립(成立)하다. 선시(先是)에 본리(本里) 강대외(姜大旿)가 신황리교회(新黃里敎會)에 래왕(來往)하며 전도(傳道)하야 예배당(禮拜堂)을 신건(新建)하고 기후(其後) 강대외(姜大旿)난 만주(滿洲)에 이거(移去)함에 김순권(金舜權)이 교회(敎會)를 위(爲)하야 다대(多大)히 노력(勞力)하니라.

순천군(順天郡) 대치리교회(大峙里敎會)가 성립(成立)하다. 선시(先是)에 지원근(池源根)의 전도(傳道)로 신자(信者)가 초진(稍進)하야 사창리(社倉里)에 임시(臨時) 예배처소(禮拜處所)를 설치(設置)하얏더니 당지(當地)에 이주(移住)한 구례(求禮) 교인(敎人) 윤병옥(尹並玉)이 가옥(家屋) 1동(一棟)을 예배당(禮拜堂)으로 기부(寄附)하얏고 기후(其後) 교인(敎人)이 합심연보(合心捐補)하야 3간(三間)을 증축(增築)하니라.[270]

순천군(順天郡) 구상리교회(九上里敎會)가 성립(成立)하다. 선시(先是)에 본리(本里) 정동섭(鄭東燮)이 순천읍교회(順天邑敎會) 설립(設立)에 열심노력(熱心勞力)하얏고 수년(數年) 후(後)에 자기(自己) 사저(私邸)에 예배처소(禮拜處所)를 설치(設置)하고 전도(傳道)한 결과(結果) 박기석(朴騏錫), 박두호(朴斗鎬), 정강렬(鄭糧烈), 조언섭(趙彦燮) 등(等)이 상계신주(相繼信主)하고 선교사(宣敎師) 고라복(高羅福, [Robert Thornwell Coit])과 협력(協力)하야 예배당겸(禮拜堂兼) 사숙(私塾)을 신건(新建)하고 조사(助師) 김창수(金昌洙), 장현중(張鉉中), 조의환(曺義煥), 박노화(朴魯和) 목사(牧師) 조상학(趙尙學) 등(等)이 시무(視務)하니라.

1910년(一千九百十年) 경술(庚戌)[에] 익산군(益山郡) 남전리교회(南田里敎會)에서 이성일(李成一), 이성춘(李成春)을 장로(長老)로 장립(將立)하야 당회(堂會)를 조직(組織)하고 기후(其後)에 목사(牧師)난 최대진(崔大珍), 김중수(金重洙), 김영식(金英植) 장로(長老)난 박성윤(朴成允), 유창래(柳昌來) 등(等)이 차제시무(次第視務)하니라.

전주군(全州郡) 제내리교회(堤內里敎會)에서 김성식(金星植)을 장로(長老)로 장립(將立)하야 당회(堂會)를 조직(組織)하니라.

전주군(全州郡) 밀파리교회(蜜波里敎會)에서 김운식(金云植)을 장로(長老)로 장립(將立)하야 당회(堂會)를 조직(組織)하니라.

나주군(羅州郡) 상재리교회(上材里敎會)에서 김운삼(金云三), 이윤삼(李允三), 조경주(曺景周)를 장로(長老)로 장립(將立)하야 당회(堂會)를 조직(組織)하고 기후(其後)에 선교사(宣敎師) 오기원(吳基元, [Clement C. Owen, 1867-1909]), 남대리(南大理, [LeRoy T. Newland]) 목사(牧師) 유래춘(柳來春) 조사(助師) 오태도(吳太都) 등(等)이 상계시무(相繼視務)하니라.

장흥군(長興郡) 대리교회(大里敎會)에서 예배당(禮拜堂)을 건축(建築)하고 선교사(宣敎師) 조하파(趙夏播, [Joseph Hopper]) 조사(助師) 윤식명(尹植明), 최경화(崔敬化), 장천오(張千五), 김성빈(金成彬), 박선래(朴善來) 등(等)이 상계시무(相繼視務)하니라.

화순군읍내교회(和順郡邑內敎會)에서 선교사회(宣敎師會)와 협력(協力)하야 예배당(禮拜堂)을 신건(新建)하고 기후(其後) 선교사(宣敎師) 타마재(打馬子, [J. V. N. Talmage]) 원가리(元佳里, [James K. Unger]), 노라복(魯羅福, [Robert Knox]), 도대선(都大善, [Samuel K. Dodson]) 조사(助師) 한종구(韓鐘九) 등(等)이 차제시무(次第視務)하니라.[271]

전주군(全州郡) 남문외교회(南門外敎會)에서 최국현(崔局鉉)을 장로

(長老)로 장립(將立)하야 당회(堂會)를 조직(組織)하고 기후(其後)에 목사
(牧師)난 고득순(高得恂) 장로(長老)난 정기용(鄭機用), 황계년(黃啓年)이
시무(視務)하니라.

임실군(任實郡) 선거리교회(仙居里教會)가 성립(成立)하다. 선시(先是)
에 본리인(本里人) 이공숙(李公淑)이 밋고 전도(傳道)하야 예배당(禮拜堂)
을 설립(設立)하고 교회(教會)를 인도(引導)하니라.

순창군(淳昌郡) 금성리교회(金城里教會)에서 김창식(金昌植), 김우근
(金宇根) 처(妻) 서기화(徐基化) 등(等)이 일반교인(一般教人)을 격려(激勵)
하야 합심출연(合心出捐)케 하야 예배당(禮拜堂)을 신건(新建)하얏고 기후
(其後) 선교사(宣教師) 타마자(打馬子, [J. V. N. Talmage]), 도대선(都大
善, [Samuel K. Dodson])과 조사(助師) 변창연(邊昌淵), 하창수(河昌洙)
등(等)이 계속시무(繼續視務)하니라.

보성군(寶城郡) 문양리교회(文陽里教會)가 성립(成立)하다. 선시(先是)
에 선교사(宣教師) 노라복(魯羅福, [Robert Knox]) 조사(助師) 배경수(裵
景洙)가 전도(傳道)하야 신자(信者)가 초진(稍進)함으로 예배당(禮拜堂)을
신건(新建)하얏스나 연약(軟弱)한 중(中)에 재(在)하니라.

함평군(咸平郡) 향교리교회(鄉校里教會)가 성립(成立)하야 선시(先是)
에 본리거(本里居) 철물상(鐵物商) 1인(一人)이 목포(木浦) 래왕로(來往路)
에 서화일(徐化一)의 전도(傳道)를 듯고 신구약성경(新舊約聖經)을 구래(購
來)하야 열람(閱覽)한 후(後) 전가(全家)가 귀주(歸主)하야 전도(傳道)한 결
과(結果) 교회(教會)를 설립(設立)하고 예배당(禮拜堂)을 신건(新建)하고
선교사(宣教師) 노라복(魯羅福, [Robert Knox]), 유서백(柳西伯, [John
Samuel Nisbet]), 남대리(南大理, [LeRoy T. Newland]), 민도마(閔道磨,
[Thomas D. Murphy])와 조사(助師) 임성옥(任成玉)이 인도(引導)하니라.

함평군(咸平郡) 수호리교회(水湖里教會)가 성립(成立)하다. 선시(先是)
에 약종상(藥種商) 김홍식(金洪植)이 무안(務安)에서 김경문(金景文)의 전
도(傳道)를 인(因)하야 밋고 전도(傳道)하야 김서기(金瑞基) 등(等) 수인(數
人)이 밋음으로 동중서재(洞中書齋)에 회집예배(會集禮拜)하니 선교사(宣

敎師) 노(魯)[272]라복(羅福, [Robert Knox]), 유서백(柳西伯, [John Samuel Nisbet])과 조사(助師) 임성옥(任成玉), 정현모(丁賢模) 등(等)이 차제인도(次第引導)하나라.

무안군(務安郡) 구정리교회(九井里敎會)가 성립(成立)하다. 선시(先是)에 강인숙(姜仁淑), 이화민(李化敏) 등(等)이 믿고 목포교회(木浦敎會)에 래왕(來往)하며 전도(傳道)하야 신자(信者)가 초진(稍進)함으로 예배당(禮拜堂)을 신건(新建)하니 선교사(宣敎師) 유서백(柳西伯, [John Samuel Nisbet]), 민도마(閔道磨, [Thomas D. Murphy])와 조사(助師) 최경율(崔敬律), 강익수(姜益秀) 등(等)이 차제인도(次第引導)하나라.

강진군(康津郡) 학장리교회(鶴掌里敎會)가 성립(成立)하다. 선시(先是)에 김두천(金斗千), 강자선(姜自善), 이성현(李成賢), 조승일(趙昇一) 등(等)이 믿고 백호동교회(白虎洞敎會)에 래왕(來往)하며 열심전도(熱心傳道)함으로 신자(信者)가 증가(增加)함에 예배당(禮拜堂)을 신건(新建)하고 교회(敎會)를 설립(設立)하니 선교사(宣敎師) 조하퍼(趙夏播, [Joseph Hopper]), 하위렴(河緯廉, [William B. Harrison])과 조사(助師) 최명화(崔明化), 최병호(崔丙浩), 오변규(吳釆奎) 등(等)이 차제인도(次第引導)하나라.

해남읍내교회(海南邑內敎會)가 성립(成立)하다. 선시(先是)에 선교사(宣敎師) 하위렴(河緯廉, [William B. Harrison])이 조사(助師) 김영진(金永鎭)을 파송(派送)하야 본리(本里)에 전도(傳道)한 결과(結果) 김변윤(金釆允) 등(等) 수인(數人)이 믿고 남문외교회(南門外敎會)에 왕래(往來)하더니 신자(信者)가 증가(增加)됨에 대정정(大正町)에 예배당(禮拜堂)을 설치(設置)하얏다가 기후(其後)에 본리(本里)에 이전(移轉)하나라. 선교사(宣敎師) 맹현리(孟顯理, [Henry D. McCallie])와 조사(助師) 마서규(馬瑞奎), 김달성(金達成), 최병호(崔秉浩), 원덕관(元德貫), 조병선(趙秉善) 등(等)이 상계시무(相繼視務)하나라.

장성군(長城郡) 황용면(黃龍面) 월평교회(月坪敎會)가 성립(成立)하다. 선시(先是)에 본리(本里) 이중화(李仲花)가 강태역(姜太暘)의 전도(傳道)를 인(因)하야 밋고 린근(隣近)에 전도(傳道)하야 귀주자(歸主者)가 잇스나 루년(累年)이 과(過)하도록 교회(敎會)를 설립(設立)치 못하더니 시년(是年)에 지방대직회(地方大職會)의 관죠(贊助)를 엇어 200여원(二百餘圓)에 연금(捐金)으로 예배당(禮拜堂) 7간(七間)을 신건(新建)하얏고 선교사(宣敎師)[273] 도대선(都大善, [Samuel K. Dodson]), 타마자(打馬子, [J. V. N. Talmage])와 조사(助師) 이영희(李英熙), 오사순(吳士舜) 등(等)이 차제(次第)로 시무(視務)하니라.

제주도(濟州道) 성내교회(城內敎會)가 성립(成立)하다. 선시(先是)에 노회(老會)에서 파송(派送)한 목사(牧師) 이기풍(李基豊)이 당지(當地)에 래(來)하야 산지포(山地浦)에서 전도(傳道)할새 경성(京城)에 기류(寄留)할시(時)에 수세(受洗)한 김재원(金在元)을 봉착(逢着)하야 협력전도(協力傳道)한 결과(結果) 홍순흥(洪淳興), 김행권(金行權) 등(等)이 귀주(歸主)함으로 기도회(祈禱會)를 시작(始作)하얏고 일덕리(一德里) 중인문(重仁門) 내(內)에 초옥(草屋)을 매수(買收)하야 예배당(禮拜堂)으로 사용(使用)하고 전도인(傳道人) 김홍련(金弘連), 이선광(李善光) 등(等)이 전도(傳道)에 노력(努力)하니라.

해남군(海南郡) 남창리교회(南倉里敎會)가 성립(成立)하다. 선시(先是)에 선교사(宣敎師) 변약한(邊約翰, [John Fairman Preston])와 조사(助師) 김영진(金永鎭)의 전도(傳道)로 이경일(李敬一), 김태언(金泰彦) 등(等)이 귀주(歸主)하야 예배당(禮拜堂)을 신축(新築)하고 기후(其後)에 선교사(宣敎師) 맹현리(孟顯理, [Henry D. McCallie])와 조사(助師) 마서규(馬瑞奎), 김달성(金達成), 최병호(崔秉浩), 이경일(李敬一) 등(等)이 차제(次第)로 시무(視務)하니라.

순천군(順天郡) 월산리교회(月山里敎會)가 성립(成立)하다. 선시(先是)에 김군옥(金君玉)이 밋고 전도(傳道)하야 신자(信者)가 초진(稍進)함으로 교회(敎會)를 설립(設立)하얏고 교회(敎會)난 심(甚)히 빈약(貧弱)한 중(中)에 정봉현(鄭鳳鉉)의 처(妻)가 조사(助師)의 연보(捐補)를 전담(全擔)하야 진전(進展)되고 선교사(宣敎師) 변약한(邊約翰, [John Fairman Preston])

조사(助師) 김태회(金泰鎬) 집사(執事) 장정렬(張偵烈), 김봉기(金奉基) 등(等)이 인도(引導)하니라.

고흥군(高興郡) 주교리교회(舟橋里敎會)가 성립(成立)하다. 선시(先是)에 본리(本里) 손대희(孫大熙), 박덕만(朴德萬), 최세진(崔世珍), 전창수(田昌洙), 등(等)이 신주(信主)하고 무만리교회(武萬里敎會)에 왕래(往來)하며 전도(傳道)한 결과(結果) 신자(信者)가 증가(增加)하야 최세진(崔世珍) 사저(私邸)에 집회(集會)하다가 장암거(場岩居) 최정범(崔正凡)의 노력(勞力)과 교인(敎人)의 열성(熱誠)으로 예배당(禮拜堂)을 신건(新建)하고 교회(敎會)를 분립(分立)하니 기후(其後)에 선교사(宣敎師) 구례인(具禮仁, [John Curtis Crane]) 조사(助師) 정태인(鄭泰仁) 영수(領袖) 김계수(金桂洙), 박한기(朴漢箕) 등(等)이 상계시무(相繼視務)하얏고 최정(崔正)[274]범(凡)을 장로(長老)로 장립(將立)하야 당회(堂會)를 조직(組織)하니라.

보성군(寶城郡) 대치리교회(大峙里敎會)가 성립(成立)하다. 선시(先是)에 무만리(武萬里) 교인(敎人) 이형숙(李亨淑), 조규혁(趙圭赫)의 전도(傳道)로 본리(本里) 신성일(申性日)이 밋고 3년간(三年間) 무만리교회(武萬里敎會)에 왕래(往來)하며 전도(傳道)하야 박문백(朴文伯), 이원백(李元伯), 이도삼(李道三), 이화일(李化日), 김영선(金永善), 송계응(宋桂應), 문경조(文敬祚), 김사윤(金士允) 등(等)이 일시신종(一時信從)함으로 온동(溫洞)에 예배당(禮拜堂)을 신건(新建)하고 교회(敎會)를 분립(分立)하얏다가 본리(本里)에 이전(移轉)하얏고 기후(其後)에 선교사(宣敎師) 고라복(高羅福, [Robert Thornwell Coit]), 안채륜(安彩倫, [Charles Henry Pratt]), 구례인(具禮仁, [John Curtis Crane]) 목사(牧師) 정태인(鄭泰仁) 조사(助師) 목치숙(睦致淑), 황보익(黃保翊), 한익수(韓翊洙) 등(等)이 차제시무(次第視務)하니라.

구례군(求禮郡) 대유리교회(大由里敎會)가 성립(成立)하다. 선시(先是)에 본리(本里) 교인(敎人) 장옥규(張玉圭)가 자기(自己)의 토지(土地)를 전집득채(典執得債)하야 가옥(家屋)을 매수(買收)하야 예배당(禮拜堂)으로 사용(使用)하고 교회(敎會)를 분립(分立)하얏더니 채권문제(債權問題)로 토지

(土地)는 견탈(見奪)하고 예배당(禮拜堂)은 사자매용(私自賣用)함에 선교사(宣敎師) 고라복(高羅福 [Robert Thornwell Coit])이 가옥(家屋)을 매수(買收)하야 예배당(禮拜堂)으로 사용(使用)케 하얏스며 주영슈(朱英洙), 김창슈(金昌洙)가 동지(同地)에 래주(來住)하야 교회(敎會)를 역조(力助)하고 박노화(朴魯和), 정기백(鄭基伯), 정석원(鄭錫元), 김천슈(金千壽) 등(等)이 교회(敎會)를 인도(引導)하니라.

1911년(一千九百十一年) 신해(辛亥)[에] 전주군(全州郡) 삼례교회(參禮敎會)에서 김계홍(金桂洪)을 장로(長老)로 장립(將立)하야 당회(堂會)를 조직(組織)하얏고 기후(其後) 정근(鄭根), 정영선(鄭榮善) 등(等)이 계속시무(繼續視務)하니라.

군산군(群山郡) 개복동교회(開福洞敎會)에서 김필슈(金弼秀)를 목사(牧師)로 위임(委任)하고 홍종익(洪鍾翊)을 장로(長老)로 장립(將立)하야 당회(堂會)를 조직(組織)하고 기후(其後) 목사(牧師)난 이원필(李元弼), 홍종필(洪鐘弼) 장로(長老)난 홍종필(洪鍾弼), 박춘오(朴春五), 양석주(梁錫柱), 홍인원(洪二元)[275] 등(等)이 차제시무(次第視務)하니라.

금산군(錦山郡) 지방동교회(芝芳洞敎會)에서 유기택(柳冀宅)을 장로(長老)로 장립(將立)하야 당회(堂會)를 조직(組織)하니라.

전주군(全州郡) 고산읍교회(高山邑敎會)가 성립(成立)하다. 선시(先是)에 본리인(本里人) 정찬도(鄭燦道)가 밋고 전도(傳道)하야 신자(信者)가 증가(增加)함으로 예배당(禮拜堂)을 신건(新建)하고 교회(敎會)를 인도(引導)하니라.

강진군(康津郡) 서산리교회(瑞山里敎會)에서 현산(峴山), 영등(永登) 양교회(兩敎會)와 연합(聯合)하야 임성옥(任成玉)을 연빙(延聘)하야 목사(牧師)로 위임(委任)하다.

목포부(木浦府) 양동교회(陽洞敎會)에서 전예배당(前禮拜堂)을 매각(賣却)하고 7천백원(七千百圓)을 연보(捐補)하야 석제(石製)로 106평(百六坪)의 예배당(禮拜堂)을 신축(新築)하다.

여수군(麗水郡) 서정교회(西町敎會)가 성립(成立)하다. 선시(先是)에 여사(女史) 박(朴)바우의 전도(傳道)로 본리(本里) 곽채근(郭埰根) 모(母)와 이아지(李阿只) 양노부(兩老婦)가 밋엇고 경성(京城)에 여행(旅行)하얏던 곽봉승(郭琫承)이 신주(信主) 후(後) 귀가(歸家)하야 전도(傳道)함으로 신자(信者)가 증가(增加)함에 예배처소(禮拜處所)를 설치(設置)하니 장천교회(長川敎會) 제직(諸職)이 래왕인도(來往引導)하니라.

2. 전도(二, 傳道)

1909년(一千九百九年) 기유(己酉)에 전라대리회(全羅代理會)가 전도국(傳道局)을 설치(設置)하고 신학준사(神學準士) 김필수(金弼秀)를 전도목사(傳道牧師)로 장립(將立)하야 무주(茂朱), 용담(龍潭), 진안(鎭安), 장수(長水) 등(等) 각(各) 지방(地方)에 1년간(一年間) 전도(傳道)하야 다대(多大)한 효과(效果)를[276] 수(收)하니라.

3. 환난(三, 患難)

1907년(一千九百七年) 정미(丁未)[에] 나주군(羅州郡) 덕림교회(德林敎會)와 방산교회(芳山敎會)에서는 의병(義兵)의 침해(侵害)와 협박(脅迫)을 인(因)하야 일시(一時) 대곤난(大困難)을 당(當)하얏나니라.
1908년(一千九百八年) 무신(戊申)[에] 함평군(咸平郡) 월봉리교회(月奉里敎會)에셔 의병난(義兵亂)을 인(因)하야 수백명(數百名)의 교인(敎人)이 거개리산(擧皆離散)하야 일시황량(一時荒凉)에 극(極)하얏나니라.
1911년(一千九百十一年) 신해(辛亥)에 영광군(靈光郡) 염산리교회(鹽山里敎會) 교인(敎人) 문영국(文永國), 김성종(金聖鍾) 등(等)이 의병(義兵)에 피착(被捉)되야 무쌍(無雙)한 핍박(逼迫)을 밧고 교회(敎會)난 일시불안(一時不安) 중(中)에 재(在)하얏나니라.

4. 교육(四, 教育)

1907년(一千九百七年) 정미(丁未)[에] 광양군(光陽郡) 신황리교회(新黄里教會)에서 소학교(小學校)를 설립(設立)하야 신자(信者)의 자녀(子女)를 교육(教育)하니라.

장성군(長城郡) 영신교회(永信教會)에서 사립영선학교(私立英選學校)를 설립(設立)하야 5년간(五年間) 유지(維支)하다가 경비곤난(經費困難)을 인(因)하야 사립의숙(私立義塾)으로 변경(變更)하니라.

1908년(一千九百八年) 무신(戊申)[에] 보성군(寶城郡) 무만리교회(武萬里教會) 교인(教人) 김재조(金在祚)의 전담(全擔)으로 학교(學校)를 설립(設立)하야 [277] 남녀아동(男女兒童)을 교육(教育)함으로 교회발전(教會發展)에 다대(多大)한 효과(效果)를 생(生)하얏고 순천(順天) 경내(境內) 교육사업(教育事業)의 인도(引導)가 되니라.

제주도(濟州道) 성내교회(城內教會)에서도 남녀소학교(男女小學校)를 설립(設立)하야 자녀(子女)를 교육(教育)하니라.

1909년(一千九百九年) 기유(己酉)[에] 전주군(全州郡) 삼례교회(參禮教會)에서난 사립구흥학교(私立求興學校)를 설립(設立)하고 익산군(益山郡) 동련교회(東蓮教會)에서는 계동소학교(啓東小學校)를 설립(設立)하고 나주군(羅州郡) 방산리교회(芳山里教會)에서난 소학교(小學校)를 설립(設立)하야 아동교육(兒童教育)을 다년시설(多年施設)함으로 교회사업(教會事業)에 유조(有助)한 기관(機關)이 되니라.

1910년(一千九百十年) 경술(庚戌)[에] 전주군(全州郡) 제내리교회(堤內里教會)에서 함령소학교(咸寧小學校)를 옥구군(沃溝郡) 구암리교회(九岩里教會)에서난 군산(羣山) 개복동교회(開福洞教會)와 연합(聯合)하야 미국인(米國人) 안의사(安醫師)의 경영(經營)하던 안락소학교(安樂小學校)를 인수(引受)하야 경영(經營)하다가 기후(其後)에 영명학교(永明學校)에 인계(引繼)하얏고 화순군(和順郡) 대포리교회(大浦里教會)에서난 사립영창학교(私立永昌學校)를 설립(設立)하야 신자(信者)의 자녀(子女)를 교육(教育)함으로 교회발전(敎會發展)에 유조(有助)한 기관(機關)이 되니라. 시외(是外)에 선교사(宣敎師) 경영(經營)에 속(屬)한 전주(全州) 신흥학교(新興學校)와 기전여학교(紀全女學校)와 군산(群山) 영명학교(永明學校)와 메리쓸덴여학교(女學校)와 목포(木浦) 영흥남학교(永興男學校)와 광주(光州) 숭일남학교(崇一男學校)와 수피아여학교(須皮亞女學校)난 혹(或) 고등(高等) 혹(或) 보통(普通), 고등(高等) 양과(兩科)를 설(設)하야 다수학생(多數學生)을 양성(養成)하야 교회(敎會)에 다대(多大)한 유익(有益)을 공(供)하니라.

5. 자선(五, 慈善)[278]

1907년(一千九百七年) 정미(丁未)[에] 배의만(裴義滿)이 목포(木浦)에 래도(來到)하야 푸랜취병원(病院)을 설립(設立)하야 제중(濟衆)의 사업(事業)에 다대(多大)한 공헌(供獻)이 다(多)하야 교회발전(敎會發展)에 유조(有助)하니라.

선시(先是)에 설립(設立)된 광주나병원(光州癩病院)과 전주(全州) 군산(群山) 등(等) 각(各) 병원(病院)에서 누만(屢萬)의 환자(患者)에게 자선적(慈善的) 치료(治療)를 시(施)하야 응기전도(應機傳道)함으로 교회(敎會)의 설립(設立)과 발전상(發展上)에 막대(莫大)한 찬익(贊益)을 공(供)하니라.

1909년(一千九百九年) 기유(己酉)[에] 나주군(羅州郡) 상촌교회(上村敎會) 영수(領袖) 조경주(曺景周)난 학교기지(學校基址) 800평(八百坪)과 예배당(禮拜堂) 증축자(增築資)를 교회(敎會)에 기부(寄附)하니라.

1910년(一千九百十年) 경술(庚戌)[에] 남미장로회선교회(南美長老會宣敎會)에서 순천군(順天郡) 매산리(梅山里)에 기지(基址)를 매수(買收)하야 남녀학교(男女學校)와 기숙사(寄宿舍)와 병원(病院)을 설립(設立)하고 선교사(宣敎師) 변약한(邊約翰, [John Fairman Preston]), 고라복(高羅福, [Robert Thornwell Coit]), 안채륜(安彩倫, [Charles Henry Pratt]), 구례인(具禮仁, [John Curtis Crane])과 의사(醫師) 팀몬과 전도부인(傳道婦人)

백미다(白美多)가 래도(來到)하야 각기(各其) 구역(區域)을 분정(分定)하고 선교(宣敎)에 노력(勞力)함으로 교회(敎會)가 일익발전(日益發展)하니라.

6. 진흥(六, 振興)

1910년(一千九百十年) 경술(庚戌)[에] 최중진(崔重珍)의 자유교(自由敎) 주창(主唱)을 인(因)하야 부안(扶安), 정읍(井邑), 흥덕(興德), 임실(任實), 태인(泰仁) 각군(各郡) 교회(敎會)가 대타락(大墮落)이 되얏더니 선교사(宣敎師)와 교역자(敎役者)들이 성심기도(誠心祈禱)하며 협력공직(協力供職)함으로 교회(敎會)가 초초갱진(稍稍更振)하야 발전(發展)의 도(途)에 취(就)하니라.[279].

7. 이단(七, 異端)

1910년(一千九百十年) 경술(庚戌)[에] 목사(牧師) 최중진(崔重珍)이 자유교(自由敎)를 주창(主唱)하매 태인(泰仁), 부안(扶安), 정읍(井邑), 임실(任實) 등(等) 각군(各郡) 교회(敎會)가 부화(附和)하야 전북교회(全北敎會)에 대동요(大動擾)를 기(起)하니라.

제 13 장
경상대리회(慶尙代理會)

1910년(一千九百十年) 경술(庚戌)[에] 선교사(宣敎師) 매견시(梅見施, [James Noble McKenzie])가 애란나병환자구호회(愛蘭癩病患者救護會)에서 기부(寄附)한 건축비(建築費) 2만원(二萬圓)으로 동래(東萊) 나병격리원(癩病隔離院)을 설립(設立)하고 매년(每年) 보내난 경비(經費) 3만원(三萬圓)으로 경영(經營)하난 중(中) 가긍가련(可矜可憐)한 다수(多數)의 환자(患者)을 계속치료(繼續治療)하야 사회(社會)에 막대(莫大)한 공헌(供獻)이 잇난 동시(同時)에 주(主)의 사업발전(事業發展)에 무한(無限)한 협조(協助)가 되나라. 선시(先是)에 기설(旣設)한 대구나병원(大邱癩病院)도 지긍차련(至窮且憐)한 환자(患者)을 계속치료(繼續治療)함으로 교회(敎會)에 만흔 유익(有益)을 주나라.

1910, 조선예수교장로회 경상대리회

1. 교회조직(一, 敎會組織)

1907년(一千九百七年) 정미(丁未)에 연일군(延日郡) 괴동교회(槐東敎會)가 성립(成立)하다. 선시(先是)에 박문찬(朴汶燦), 박천필(朴天弼) 등(等)이 신주(信主)하고 대도동교회(大島洞敎會)에 래왕예배(來往禮拜)하더니 기휘(其後) 신자점왕(信者漸旺)하야 예배당(禮拜堂)을 건축(建築)하고 교회(敎會)를 분립(分立)하니 선교사(宣敎師) 맹의와(孟義窩, [Edwin F.

McFarland])와 조사(助師) 서성오(徐成五)가 시무(視務)하니라.

군위군(軍威郡) 상곡동교회(上谷洞敎會)가 성립(成立)하다. 선시(先是)에 사공명달(司空明達) 등(等)이 복음(福音)을 신종(信從)하고 무성동교회(武成洞敎會)에 래왕예배(來往禮拜)하더니 지시(至是) 분립(分立)하니 선교사(宣敎師) 어도만(魚塗萬, [Walter C. Erdman, 1877-1948]) 조사(助師) 김도흥(金道興) 영수(領袖) 김성삼(金成三)이 시무(視務)하니라.

군위군(軍威郡) 장군동교회(將軍洞敎會)가 성립(成立)하다. 선시(先是)에 하주옥(河周玉)이 신주전도(信主傳道)하야 수삼동지(數三同志)로 더브러 무성교회(武成敎會)에 래왕예배(來往禮拜)하더니 지시(至是) 분립(分立)하니라. 선교사(宣敎師) 어도만(魚塗萬, [Walter C. Erdman, 1877-1948]) 영수(領袖) 하주옥(河周玉) 집사(執事) 하헌옥(河憲玉)[280]이 시무(視務)하니라.

고령군(高靈郡) 평리교회(平里敎會)가 성립(成立)하다. 초(初)에 이경화(李敬華)가 대구(大邱)에 왕(往)하야 문도귀가(聞道歸家)하야 인가(隣家) 정영수(鄭永洙)로 동맹신주(同盟信主)하고 협력전도(協力傳道)하야 교회(敎會)를 성립(成立)하니 선교사(宣敎師) 맹의와(孟義窩, [Edwin F. McFarland])와 조사(助師) 김준호(金俊浩)가 시무(視務)하니라.

고령군(高靈郡) 산당교회(山塘敎會)가 성립(成立)하다. 본교회(本敎會) 교우(敎友) 등(等)이 열심전도(熱心傳道)하야 교회점왕(敎會漸旺)하니 예배당(禮拜堂)을 건축(建築)하고 교회(敎會)를 설립(設立)하다. 선교사(宣敎師) 맹의와(孟義窩, [Edwin F. McFarland])가 시무(視務)하니라.

의성군(義城郡) 제오교회(堤梧敎會)가 성립(成立)하다. 선시(先是) 정규호(鄭圭鎬)가 신주(信主)하고 열심전도(熱心傳道)하야 신종자(信從者) 10여인(十餘人)으로 더브러 비봉교회(飛鳳敎會)에 래왕예배(來往禮拜)하더니 지시(至是) 분립(分立)하니 선교사(宣敎師) 어도만(魚塗萬, [Walter C. Erdman, 1877-1948])과 조사(助師) 박영화(朴永和) 박제화(朴濟和), 강만회(康萬浩), 김원휘(金原輝) 등(等)이 상계시무(相繼視務)하니라.

달성군(達城郡) 무동교회(武洞敎會)가 성립(成立)하다. 본리(本里) 신도

(信徒) 40여인(四十餘人)이 남성정교회(南城町敎會)로 래왕예배(來往禮拜)하더니 점차흥왕(漸次興旺)하야 지시(至是) 분립(分立)하니 선교사(宣敎師) 맹의와(孟義窩, [Edwin F. McFarland]) 조사(助師) 정흥태(鄭興泰), 염봉남(廉鳳南) 영수(領袖) 손양언(孫陽彦) 등(等)이 상계시무(相繼視務)하니라.

달성군(達城郡) 조암교회(租岩敎會)가 성립(成立)하다. 선시(先是)에 남성정교회(南城町敎會) 전도부인(傳道婦人)이 본리(本里)에 전도(傳道)한 결과(結果)로 신자점다(信者漸多)하야 남성정교회(南城町敎會)로부터 분립(分立)하니 선교사(宣敎師) 안의와(安義窩, [James Edward Adams, 1867-1929])와 영수(領袖) 이교백(李敎伯)이 시무(視務)하니라.[281]

성주군(星州郡) 경산교회(京山敎會)가 성립(成立)하다. 당지인(當地人)이 신주입회(信主立會)함에 선교사(宣敎師) 전해리(傳海利, [Henry Munro Bruen, 1874-1957]) 조사(助師) 서자명(徐子明) 영수(領袖) 이벽양(李璧養) 등(等)이 상계시무(相繼視務)하니라.

영덕군(盈德郡) 양성교회(洋城敎會)가 성립(成立)하다. 선시(先是)에 본면장(本面長) 사동우거(沙洞寓居) 허일(許鎰)이 전파복음(傳播福音)하야 정진기(鄭鎭基) 등(等) 수십인(數十人)이 신주(信主)하고 최연수(崔演秀) 사저(私邸)에 예배(禮拜)하더니 기후(其後)에 예배당(禮拜堂)을 매수(買收)하야 교회(敎會)를 설립(設立)하니라. 조사(助師) 서성오(徐聖五) 영수(領袖) 허일(許鎰) 집사(執事) 강도원(姜道遠)이 인도(引導)하니라.

의령군(宜寧郡) 정련교회(定連敎會)가 성립(成立)하다. 초(初)에 이호인(李浩仁)이 신종(信從)하야 설립(設立)하고 선교사(宣敎師) 손안로(孫安路, [Andrew Adamson]), 왕길지(王吉志, [G. Engel]), 권임함(權任咸, [Frank W. Cunningham]) 조사(助師) 곽경묵(郭敬默), 문덕인(文德仁)이 차제시무(次第視務)하니라.

의령군(宜寧郡) 용소교회(龍沼敎會)가 성립(成立)하다. 선시(先是)에 선교사(宣敎師) 손안로(孫安路, [Andrew Adamson])와 조사(助師) 곽경묵(郭敬默)의 전도(傳道)로 신자점왕(信者漸旺)하야 교회(敎會)를 성립(成立)하다.

의령군(宜寧郡) 이목교회(梨木教會)가 성립(成立)하다. 초(初)에 선교사(宣教師) 손안로(孫安路, [Andrew Adamson]) 조사(助師) 곽경묵(郭敬默)의 전도(傳道)로 정해일(鄭海一), 정윤종(鄭允鍾)이 신종(信從)하야 성립(成立)하다.

의령군(宜寧郡) 갑을교회(甲乙教會)가 성립(成立)하다. 초(初)에 선교사(宣教師) 왕길지(王吉志, [G. Engel])와 조사(助師) 정덕생(鄭德生)의 전도(傳道)로 성립(成立)하니라.

의령군(宜寧郡) 분계실교회(分溪室教會)가 성립(成立)하다. 초(初)에 박성태(朴生泰)의 전도(傳道)로 신종자다(信從者多)하야 교회(教會)를 설립(設立)하고 선교사(宣教師) 왕길지(王吉志, [G. Engel]), 손안로(孫安路, [Andrew Adamson]), 권임함(權任咸, [Frank W. Cunningham])과 조사(助師) 곽경묵(郭敬默), 문덕인(文德仁)이 상계시무(相繼視務)하니라.[282]

의령군(宜寧郡) 마장리교회(馬場里教會)가 성립(成立)하다. 선시(先是)에 임홍석(林紅石), 성도명(成道明)이 신종(信從)하야 교회(教會)를 성립(成立)하고 선교사(宣教師) 왕길지(王吉志, [G. Engel]), 손안로(孫安路, [Andrew Adamson]), 권임함(權任咸, [Frank W. Cunningham])과 조사(助師) 곽경묵(郭敬默), 문덕인(文德仁)이 차제시무(次第視務)하니라.

창원군(昌原郡) 목포교회(木浦教會)가 성립(成立)하다. 선시(先是) 김세민(金世民)이 전도(傳道)하야 이종근(李宗根), 김화일(金化日) 등(等)이 신주(信主)하고 이종근(李宗根) 사저(私邸)에서 예배(禮拜)하더니 후(後)에 점왕(漸旺)하야 교회(教會)를 설립(設立)하고 예배당(禮拜堂)을 건축(建築)하니라.

창원군(昌原郡) 천성리교회(天城里教會)가 성립(成立)하다. 초(初)에 정대인(丁大仁)의 전도(傳道)로 구수업(具壽業), 임학선(林學善) 등(等)이 신주입회(信主立會)하니 선교사(宣教師) 추마전(秋瑪田, [Martin Trudinger])이 시무(視務)하니라.

고성군(固城郡) 배둔교회(背屯教會)가 성립(成立)하다. 초(初)에 선교사(宣教師) 손안로(孫安路, [Andrew Adamson])의 전도(傳道)로 김수여(金

守汝) 등(等) 10여인(十餘人)이 신도입회(信徒立會)하고 가옥(家屋)을 매수(買收)하야 예배당(禮拜堂)으로 사용(使用)하니 조사(助師) 김상세(金相世)가 시무(視務)하니라.

거창군(居昌郡) 대야리(大也里) 가천교회(加川敎會)가 성립(成立)하다. 초(初) 선교사(宣敎師) 심익순(沈翊舜, [Walter E. Smith])의 전도(傳道)로 추용궁(秋鏞兢) 부자(父子)가 신주(信主)하고 연보(捐補)하야 예배당(禮拜堂)을 건축(建築)하니라.

김해군(金海郡) 생곡리교회(生谷里敎會)가 성립(成立)하다. 초(初)에 선교사(宣敎師) 심익순(沈翊舜, [Walter E. Smith])의 전도(傳道)로 배성우(裵聖友), 배원기(裵源基) 등(等)이 신종(信從)하고 배성우(裵聖友)의 사저(私邸)에서 예배(禮拜)하더니 초옥(草屋)을 매수예배(買收禮拜)하니라.

안동군(安東郡) 신평리교회(新坪里敎會)가 성립(成立)하다. 초(初)에 최영구(崔永龜) 등(等)이 신주(信主)하고 최영봉(崔永鳳) 사저(私邸)에서 예배(禮拜)하더니 후(後)에 점왕(漸旺)하야 예배당(禮拜堂)과 학교(學校)를 설립(設立)하니라.

안동군(安東郡) 옹천교회(瓮泉敎會)가 성립(成立)하다. 선시(先是)에 강락원(姜樂遠) 등(等) 수십인(數十人)이 신주(信主)하고 지곡교회(芝谷敎會)에 래왕(來住)[283]예배(禮拜)러니 지시(至是) 설립(設立)하니라.

안동군(安東郡) 흥안교회(興安敎會)가 성립(成立)하다. 선시(先是)에 남수용(南守用)이 신교(信敎)하고 방령교회(芳岺敎會)에 왕래예배(往來禮拜)하더니 후(後)에 교도점중(敎徒漸重)하야 건당예배(建堂禮拜)하니 선교사(宣敎師) 오월번(吳越藩, [Arthur G. Welbon])과 조사(助師) 김성삼(金聖三)이 시무(視務)하니라.

예천군(醴川郡) 괴당교회(槐堂敎會)가 성립(成立)하다. 초(初)에 라만기(羅萬基)가 신교(信敎)하고 의성(義城) 삼분교회(三汾敎會)로 래왕예배(來住禮拜)하더니 교우점다(敎友漸多)하야 작동(鵲洞)에 축당회집(築堂會集)하니라. 기후(其後)에 익왕(益旺)하야 예배당(禮拜堂)을 괴당리(槐堂里)에 이축(移築)하고 선교사(宣敎師) 전해리(傳海利, [Henry Munro Bruen,

1874-1957])와 조사(助師) 이희봉(李喜鳳)이 시무(視務)하니라.

안동군(安東郡) 장사리교회(長沙里敎會)가 성립(成立)하다. 초(初)에 이태웅(李泰膺)이 신주전도(信主傳道)하야 이경백(李慶白) 등(等)이 신종(信從)하고 국곡교회(菊谷敎會)에 래왕예배(來往禮拜)하더니 설립교회(設立敎會)하니라.

의령읍교회(宜寧邑敎會)가 성립(成立)하다. 선시(先是)에 박성태(朴性泰) 정덕생(鄭德生)의 전도(傳道)로 김기진(金基珍), 남지현(南址鉉) 등(等)이 신주(信主) 후(後)에 예배당(禮拜堂)을 건축(建築)하니라.

함양군(咸陽郡) 봉산교회(鳳山敎會)가 성립(成立)하다. 선교사(宣敎師) 심익순(沈翊舜, [Walter E. Smith])의 전도(傳道)로 유기도(柳基道)와 여도(女徒) 정금산(丁金山)이 신주(信主)하고 기후(其後) 남녀신도(男女信徒) 일가(日加)하야 교회(敎會)를 설립(設立)하니라.

함안군(咸安郡) 계내리교회(溪內里敎會)가 성립(成立)하다. 선시(先是)에 선교사(宣敎師) 심익순(沈翊舜, [Walter E. Smith])의 전도(傳道)로 김국견(金國見), 손성언(孫珹彥) 등(等)이 신종입회(信從立會)하다.

의성군(義城郡) 하령교회(河寧敎會)가 성립(成立)하다. 선시(先是)에 최병륜(崔秉倫), 김택순(金澤純)이 신주(信主)하고 설립(設立)하니라.[284]

예천군(醴川郡) 상곡리교회(上谷里敎會)가 성립(成立)하다. 선시(先是)에 양조환(梁祚煥), 양의환(梁禕煥)이 신주(信主)하야 교회(敎會)를 설립(設立)하니라.

영주군(榮州郡) 지곡교회(芝谷敎會)가 성립(成立)하다. 선시(先是)에 강두슈(姜斗秀), 임재봉(林在鳳) 등(等) 수십인(數十人)이 신주(信主)하고 방령교회(芳岺敎會)에 래왕예배(來往禮拜)하더니 지시(至是) 분립(分立)하니라.

영덕군(盈德郡) 남정교회(南亭敎會)가 성립(成立)하다. 선시(先是)에 신태학(申泰鶴)이 허일(許逸)의게 문도(聞道)하고 신종(信從)하야 열심전도(熱心傳道)하야 이태영(李泰永) 등(等) 10여인(十餘人)이 신주(信主)하고 장사리교회(長沙里敎會)에 래왕예배(來往禮拜)하더니 교회익왕(敎會益旺)

하야 남정동(南亭洞)에 예배당(禮拜堂)을 건축(建築)하고 자차(自此) 분립(分立)하니라.

1908년(一千九百八年) 무신(戊申)에 영주군(榮州郡) 연당교회(蓮塘教會)가 성립(成立)하다. 선시(先是)에 강두수(姜斗秀)가 최선신주(最先信主)하고 풍산교회(豊山教會)와 방령교회(芳嶺教會)로 래왕예배(來往禮拜)하더니 지곡교회(芝谷教會)를 설립(設立)하고 가족(家族)의 무한(無限)한 핍욕(逼辱)을 수(受)하고 지종불변(至終不變)한 신앙(信仰)으로 연당교회(蓮塘教會)를 설립(設立)하니라.

영천군(永川郡) 보현교회(普賢教會)가 성립(成立)하다. 선시(先是) 최만백(崔萬白), 이규학(李奎鶴), 이재수(李在樹), 이종순(李鍾順) 등(等)이 최선신주(最先信主)하고 정관동교회(正寬洞教會)에 래왕예배(來往禮拜)하더니 기휴(其後)에 신자일가(信者日加)하야 교회(教會)를 분립(分立)하니라.

청도군(淸道郡) 삼신교회(三新教會)가 성립(成立)하다. 선시(先是)에 신자(信者) 기인(幾人)이 송서교회(松西教會)로 래왕예배(來往禮拜)하더니 신자점가(信者漸加)하야 예배당(禮拜堂)을 신축(新築)하고 교회(教會)를 분립(分立)하니라. 영수(領袖) 서경조(徐景祚)와 조사(助師) 김용효(金容孝), 전만성(全萬聲)이 상계시무(相繼視務)하니라.[285]

김천군(金泉郡) 인의동교회(仁義洞教會)가 성립(成立)하다. 초(初)에 이재홍(李在洪)이 신교전도(信教傳道)하야 신자일가(信者日加)라. 복전교회(福田教會)에 래왕(來往)하더니 지시(至是)하야 예배당(禮拜堂)을 신축(新築)하고 자립(自立)하다. 조사(助師) 이희봉(李喜鳳) 영수(領袖) 조득환(曺得煥)이 시무(視務)하니라.

김천군(金泉郡) 능치교회(能治教會)가 성립(成立)하다. 선시(先是)에 신자(信者) 기인(幾人)이 관리교회(舘里教會)에 래왕예배(來往禮拜)하더니 지시(至是)하야 건당분립(建堂分立)하니라. 조사(助師) 김영변(金永采) 영수(領袖) 유경순(劉景舜) 집사(執事) 김판금(金判今)이 인도(引導)하더라.

김천군(金泉郡) 하강교회(夏江教會)가 성립(成立)하다. 초(初)에 정덕화(鄭德化), 이준영(李俊榮), 이기우(李基禹), 이수덕(李秀德) 등(等)이 최선신교(最先信教)하고 열심전도(熱心傳道)하며 합력출연(合力出捐)하야 예배당(禮拜堂)을 신축(新築)하고 교회(敎會)를 설립(設立)하니라.

김천군(金泉郡) 작내리교회(作乃里敎會)가 성립(成立)하다. 초(初)에 이종수(李宗洙), 임기천(林己千)이 신주전도(信主傳道)하야 신자일진(信者日進)이라 건당입회(建堂立會)하니 조사(助師) 이재욱(李載旭) 영수(領袖) 이기만(李基萬) 집사(執事) 이흥주(李興柱)가 시무(視務)하니라.

김천군(金泉郡) 중감교회(中甘敎會)가 성립(成立)하다. 선시(先是)에 이봉조(李鳳朝), 이계춘(李桂春)은 라마교인(羅馬敎人)이라. 최명익(崔明益)의게 도(道)를 문(聞)하고 진리(眞理)를 각오(覺悟)하야 결심귀주(決心歸主)하야 3년간(三年間)을 관리교회(舘里敎會)에 래왕예배(來往禮拜)하더니 교회(敎會)를 설립(設立)하니라. 선교사(宣敎師) 전해리(傳海利, [Henry Munro Bruen, 1874-1957]) 조사(助師) 이재욱(李載旭) 영수(領袖) 이계춘(李桂春)이러라.

연일군(延日郡) 대곡교회(大谷敎會)가 성립(成立)하다. 선교사(宣敎師) 맹의와(孟義窩, [Edwin F. McFarland])의 전도(傳道)로 교회(敎會)를 설립(設立)하니라. 조사(助師) 서성오(徐聖五) 영수(領袖) 정운호(鄭雲浩) 집사(執事) 정민조(鄭珉朝)가 시무(視務)하니라.

연일군(延日郡) 포항교회(浦項敎會)가 성립(成立)하다. 선시(先是)에 김상오(金相五) 등(等)이 신주(信主)하고 열심전도(熱心傳道)하야 건당입회(建堂立會)[286]하니라. 조사(助師) 황경선(黃敬善), 김순여(金順女) 영수(領袖) 이찬유(李贊裕) 등(等)이 시무(視務)하니라.

의성군(義城郡) 이선동교회(李仙洞敎會)가 성립(成立)하다. 선시(先是)에 박연문(朴淵文), 박달표(朴達杓)가 신주전도(信主傳道)하야 신종자(信從者) 일중(日衆)이라. 건당입회(建堂立會)하니 조사(助師) 김성삼(金聖三) 영수(領袖) 박연문(朴淵文)이 시무(視務)하니라.

경주군(慶州郡) 내칠교회(內七敎會)가 성립(成立)하다. 선시(先是)에 천촌교회(泉村敎人) 김진옥(金振玉)이 전도(傳道)하야 육칠인(六七人)이 신(信)하고 청도(淸道) 매구교회(梅口敎會)로 래왕예배(來往禮拜)하더니 지시

(至是)하야 분립(分立)하고 선교사(宣敎師) 맹의와(孟義窩, [Edwin F. McFarland])와 황명숙(黃明淑), 김효범(金孝範)이 인도(引導)하니라.

청송군(靑松郡) 수락교회(水洛敎會)가 성립(成立)하다. 선교사(宣敎師) 권일두(權日斗, [M. W. Greenfield])가 전도(傳道)하야 교회(敎會)를 설립(設立)하고 예배당(禮拜堂)을 건축(建築)하니라. 영수(領袖) 박영수(朴永洙) 집사(執事) 김정석(金靖錫)이러라.

상주군(尙州郡) 사산교회(沙山敎會)가 성립(成立)하다. 신자수인(信者數人)이 사저(私邸)에서 예배(禮拜)하더니 선교사(宣敎師) 전해리(傳海利, [Henry Munro Bruen, 1874-1957])의 인도(引導)로 교회(敎會)를 설립(設立)하고 의연(義捐)하야 예배당(禮拜堂)을 건축(建築)하다.

상주군(尙州郡) 화산교회(花山敎會)가 성립(成立)하다. 선시(先是)에 박동언(朴東彦)이 열심전도(熱心傳道)하야 신자일증(信者日衆)하니 자기(自己) 초옥(草屋) 3간(三間)을 예배당(禮拜堂)으로 사용(使用)하고 교회(敎會)를 설립(設立)하니라.

상주군(尙州郡) 금흔교회(衾忻敎會)가 성립(成立)하다. 신자(信者) 기인(幾人) 예배당(禮拜堂)을 건축(建築)하고 교회(敎會)를 창립(創立)하니 조사(助師) 최군중(崔君仲)이 시무(視務)하니라.

상주군(尙州郡) 오리원교회(五里院敎會)가 성립(成立)하다. 초(初)에 신자(信者) 기인(幾人)이 린근(鄰近) 예배당(禮拜堂)에 래왕(來往)하더니 합심연(合心捐)[287]보(補)하야 예배당(禮拜堂)을 건축(建築)하고 교회(敎會)를 설립(設立)하니라.

상주군(尙州郡) 오광리교회(五廣里敎會)가 성립(成立)하다. 선시(先是)에 김성택(金聖澤) 등(等)이 전도(傳道)하야 신자일증(信者日增)하니 건당입회(建堂立會)하니라.

함안군(咸安郡) 륜외리교회(輪外里敎會)가 성립(成立)하다. 초(初)에 선교사(宣敎師) 손안로(孫安路, [Andrew Adamson]) 조사(助師) 곽경묵(郭敬默)이 전도(傳道)하야 신자점왕(信者漸旺)하야 건당입회(建堂立會)하니 선교사(宣敎師) 추마전(秋瑪田, [Martin Trudinger]) 조사(助師) 김연범

(金演範)이 시무(視務)하니라.

협천군(陜川郡) 팔산리교회(八山里敎會)가 성립(成立)하다. 선시(先是)에 선교사(宣敎師) 심익순(沈翊舜, [Walter E. Smith])의 전도(傳道)로 입회(立會)하니라.

진주군(晋州郡) 송백리교회(松栢里敎會)가 성립(成立)하다. 선시(先是)에 선교사(宣敎師) 거열휴(巨烈休, [Hugh Currell])의 전도(傳道)로 교회(敎會)를 설립(設立)하고 예배당(禮拜堂)을 신축(新築)하니라. 본회(本會) 교인(敎人) 이기화(李基華)난 금 30원(金參拾圓)으로 종 1좌(鍾一座)를 매수기부(買收寄附)하니라.

하동군읍교회(河東郡邑敎會)가 성립(成立)하다. 선시(先是) 선교사(宣敎師) 거열휴(巨烈休, [Hugh Currell])가 전도설립(傳道設立)하니라.

의령군(宜寧郡) 상정리교회(上亭里敎會)가 성립(成立)하다. 선시(先是)에 선교사(宣敎師) 손안로(孫安路, [Andrew Adamson])가 전도(傳道)로 입회(立會)하니라.

의령군(宜寧郡) 신반교회(新班敎會)가 성립(成立)하다. 선교사(宣敎師) 손안로(孫安路, [Andrew Adamson])가 전도입회(傳道立會)하니라.

협천군(陜川郡) 덕천리교회(德川里敎會)가 성립(成立)하다. 선시(先是)에 하찬옥(河贊玉)이 전도(傳道)하야 신종자(信從者) 일다(日多)하야 이선언(李先彥)의 사저(私邸)에서 예배(禮拜)하더니 지시(至是)하야 예배당(禮拜堂)을 신축(新築)하니라.

산청군(山淸郡) 도리교회(道里敎會)가 성립(成立)하다. 김중하(金仲夏)가 열심전도(熱心傳道)하야 신자일가(信者日加)하야 자기(自己) 사저(私邸)에 예배(禮拜)하더니 지시(至是)하야 예배당(禮拜堂)을 건축(建築)하니라.[288]

산청군(山淸郡) 새동교회(塞洞敎會)가 성립(成立)하다. 선시(先是)에 한용회(韓勇浩) 등(等) 50여인(五十餘人)이 신종(信從)하야 관사군기소(官舍軍機所)를 차득(借得)하야 예배(禮拜)하더니 후(後)에 예배당(禮拜堂)을 매수(買收)하야 예배(禮拜)하니라.

협천군(陜川郡) 삼가금리교회(三嘉錦里敎會)가 성립(成立)하다. 선시(先是)에 박규석(朴奎奭)의 전도(傳道)로 교회(敎會)를 설립(設立)하고 교인(敎人) 최성우(崔聖友)와 최기환(崔基煥)의 사저(私邸)에 예배(禮拜)하니라.

삼천포(三千浦) 동금리교회(東錦里敎會)가 성립(成立)하다. 선교사(宣敎師) 거열휴(巨烈烋, [Hugh Currell])가 전도설립(傳道設立)하니라. 후(後)에 신도(信徒) 중(中) 낙심자다(落心者多)하야 30여인(三十餘人)이 공모(共謀)하야 예배당(禮拜堂)을 방매(放賣)코저 할 시(時)에 독실(篤實)한 신자(信者) 정봉기(鄭奉琪)가 능욕(凌辱)과 핍박(逼迫)을 다수(多受)하며 능(能)히 지보(支保)하니라.

동래군(洞萊郡) 장전리교회(長田里敎會) 성립(成立)하다. 초(初)에 선교사(宣敎師) 왕길지(王吉志, [G. Engel]) 조사(助師) 정덕생(鄭德生)이 전도(傳道)하야 김수찬(金洙燦) 부부(夫婦)가 신종(信從)하고 신자점가(信者漸加)하야 본리(本里) 사숙(私塾)에 예배(禮拜)하더니 후(後)에 열심연보(熱心捐補)하야 해사숙(該私塾)을 매수(買收)하야 예배당(禮拜堂)으로 사용(使用)하니라.

고성군읍교회(固城郡邑敎會)가 성립(成立)하다. 선시(先是)에 김학규(金鶴奎), 이백행(李白行) 등(等)이 선교사(宣敎師) 손안로(孫安路, [Andrew Adamson])의게 문도신종(聞道信從)하고 열심전도(熱心傳道)하야 초옥수간(草屋數間)을 매수(買收)하야 예배당(禮拜堂)으로 사용(使用)하니라.

진주군(晋州郡) 일반성(一斑城) 창촌교회(倉村敎會)가 성립(成立)하다. 초(初)에 박성애(朴晟愛)의 전도(傳道)로 정완우(鄭完祐) 등(等) 10여인(十餘人)이 신종(信從)하고 완우(完祐)의 사저(私邸)에 예배(禮拜)하더니 불구(不久)에 초옥(草屋)을 매수(買收)하야 예배당(禮拜堂)으로 사용(使用)하니라.

밀양읍교회(密陽邑敎會)가 성립(成立)하다. 초(初)에 선교사(宣敎師) 심익순(沈翊舜, [Walter E. Smith])의 전도(傳道)로 고삼종(高三宗) 등(等)이

신종(信從)하야 후(後)에 점(漸)[289]왕(旺)하야 예배당(禮拜堂)을 건축(建築)하니라.

의령군(宜寧郡) 백아리교회(白也里敎會)가 성립(成立)하다. 선시(先是)에 김용식(金龍式)이 신종(信從)하고 설립(設立)하야 선교사(宣敎師) 맹호은(孟浩恩, [Frederick J. L. MacRae])이 시무(視務)하니라.

고성군(固城郡) 연화리교회(蓮花里敎會)가 성립(成立)하다. 선시(先是)에 한전영(韓殿英)이 김문선(金文善)의 전도(傳道)에 감화신종(感化信從)하고 열심전도(熱心傳道)하야 서병기(徐柄基) 등(等) 수십인(數十人)이 신종(信從)하야 설립교회(設立敎會)러니 후(後)에 쇠미(衰微)하고 지금(至今) 부흥(復興)하니라.

동래군(東萊郡) 금사리교회(錦絲裡敎會)가 성립(成立)하다. 선시(先是)에 선교사(宣敎師) 왕길지(王吉志, [G. Engel]) 조사(助師) 정덕생(鄭德生)의 전도(傳道)로 김생곤(金生坤) 전가귀도(全家歸道)하야 교회(敎會)가 성립(成立)되고 선교사(宣敎師) 매견시(梅見施, [James Noble McKenzie]) 조사(助師) 양인석(梁仁錫)이 시무(視務)하니라.

울산군(蔚山郡) 굴화리교회(屈火里敎會)가 성립(成立)하다. 선시(先是)에 김재영(金在永)이 전도(傳道)하야 안경욱(安敬勗) 등(等)이 신종(信從)하고 안경재(安敬載) 사저(私邸)에 예배(禮拜)하더니 예배당(禮拜堂)을 건축(建築)하니라.

안동군(安東郡) 만촌리교회(晚村里敎會)가 성립(成立)하다.

안동군(安東郡) 온혜교회(溫惠敎會)가 성립(成立)하다. 초(初)에 이동태(李東泰), 이원춘(李源春) 등(等)이 신종(信從)하야 설립(設立)하니라.

청송군(靑松郡) 노래교회(老萊敎會)가 성립(成立)하다. 선시(先是)에 선교사(宣敎師) 연위득(延威得, [Edwin A. Renich])이 전도(傳道)하야 설립(設立)하니라.

안동군(安東郡) 오대교회(梧垈敎會)가 성립(成立)하다. 선시(先是) 선교사(宣敎師) 어도만(魚塗萬, [Walter C. Erdman, 1877-1948])이 전도(傳道)하얏고 완고(頑固)의 핍박(逼迫)을 인(因)하야 무한(無限)한 곤고(困苦)

를 당(當)함으로 낙심자다(落心者多)하나 지금(至今) 부흥(復興)하니라.[290]

영양군(英陽郡) 계동교회(桂洞敎會)가 성립(成立)하다. 선시(先是)에 강영익(姜永翼), 전첨구(田忝九) 등(等)이 신종(信從)하고 기후(其後)에 점왕(漸旺)하야 교회(敎會)을 설립(設立)하얏난대 당시(當時) 면장(面長) 박치화(朴致華)의 핍박(逼迫)과 날소(捺訴)를 인(因)하야 곤난(困難)이 심(甚)하나 교회(敎會)난 진흥(振興)하니라.

영주군(榮州郡) 내매교회(乃梅敎會)가 강신옥(姜信玉) 강재원(姜載元) 강병창(姜炳昌) 등(等)이 신종(信從)함으로 설립(設立)되다.

의성군(義城郡) 삼분동교회(三汾洞敎會)가 예배당(禮拜堂) 8간(八間)을 중건(重建)하다. 수년간(數年間) 왕성(旺盛)하야 상락교회(上洛敎會)와 괴당부회(槐堂附會)가 본리(本里)로부터 분립(分立)함을 인(因)하야 쇠미(衰微)하더니 본교회(本敎會) 신도(信徒) 박영환(朴永環)이 자기주소(自己住所) 부근(附近)에 예배당(禮拜堂)을 이축(移築)하니 즉(卽) 신기동(新基洞)이라 교회부흥(敎會復興)하니라.

봉화군(奉化郡) 문촌교회(文村敎會)가 성립(成立)하다. 선시(先是)에 장복진(張復震)이 기자(其子) 두문(斗文)으로 더부러 일시신교(一時信敎)하고 내매교회(乃梅敎會)에 왕래예배(往來禮拜)하더니 장씨일문(張氏一門)이 협의(協議)하고 거개신주(擧皆信主)하야 선조(先祖)의 재소(齋所)를 수리(修理)하야 예배당(禮拜堂)으로 사용(使用)하며 전문족(全門族) 40여인(四十餘人)이 회집예배(會集禮拜)하고 묘전 5두락(墓田五斗落)을 기부(寄附)하야 접빈(接賓)에 공용(供用)케 하니라. 미기(未幾)에 전도인(傳道人) 장치견(張致見)과 조사(助師) 김성삼(金聖三)이 래조(來助)하고 장사성(張師聖)으로 교회(敎會)를 인도(引導)하게 하니라. 교회전진(敎會前進)하야 신도(信徒) 100여인(百餘人)에 달(達)하고 법전면(法田面) 척곡리교회(尺谷里敎會)을 분립(分立)하니라. 선교사(宣敎師) 오월번(吳越藩, [Arthur G. Welbon]) 조사(助師) 엄응삼(嚴應三), 김원휘(金原輝) 등(等)이 상계시무(相繼視務)하니라.

경산군(慶山郡) 사월동교회(沙月洞敎會)가 황경선(黃敬善)을 장로(長老)로 장립(將立)하야 당회(堂會)를 조직(組織)하다.

1909년(一千九百九年) 기유(己酉)에 청도군(淸道郡) 칠곡교회(七谷敎會)가 성립(成立)하다. 초(初)에 정용환(鄭龍煥)이 대구(大邱)에서 문도(聞道)[291]하고 신종전도(信從傳道)하야 교우점왕(敎友漸旺)하야 송서교회(松西敎會)로 래왕예배(來往禮拜)하더니 지시(至是)하야 분립(分立)한 후(後)에 조사(助師) 김용효(金容孝)가 시무(視務)하니라.

의성군(義城郡) 산운교회(山雲敎會)가 성립(成立)하다. 선시(先是) 이노정(李魯珽)이 신주(信主)하고 전도(傳道)하야 교인(敎人)이 일가(日加)하야 예배당(禮拜堂)을 신축(新築)하고 교회(敎會)를 설립(設立)하니라. 선교사(宣敎師) 어도만(魚塗萬, [Walter C. Erdman, 1877-1948])과 조사(助師) 박영조(朴永祚)와 영수(領袖) 박제회(朴濟華)가 시무(視務)하니라.

의성군(義城郡) 삼산교회(三山敎會)가 성립(成立)하다. 초(初)에 본처(本處) 교우(敎友)가 비봉교회(飛鳳敎會)에 래왕예배(來往禮拜)러니 지시(至是)하야 예배당(禮拜堂)을 건축(建築)하고 분립(分立)하니라. 영수(領袖) 정치석(鄭致碩) 김두연(金斗演) 집사 김현준(金顯俊) 등(等)이 시무(視務)하니라.

선산군(善山郡) 상림교회(上林敎會)가 성립(成立)하다. 초(初)에 선교사(宣敎師) 어도만(魚塗萬, [Walter C. Erdman, 1877-1948])의 전도(傳道)로 귀도자중(歸道者衆)하야 열심연보(熱心捐補)하야 예배당(禮拜堂)을 건축(建築)하니라. 조사(助師) 김기원(金基源), 권영해(權永海)와 영수(領袖) 유택준(俞宅濬)이 시무(視務)하니라.

경산군(慶山郡) 당곡교회(堂谷敎會)가 성립(成立)하다. 초(初)에 한기원(韓基源)이 신주(信主)하고 봉화동교회(鳳會洞敎會)에 래왕예배(來往禮拜)하더니 후(後)에 신자(信者) 30여인(三十餘人)이 합심연보(合心捐補)하야 예배당(禮拜堂)을 신축(新築)하고 분립(分立)이러니 수월(數月) 후(後)에 자인읍교회(慈仁邑敎會)와 합병(合倂)하니라.

경산군(慶山郡) 삼북교회(三北敎會)가 성립(成立)하다. 고산면(孤山面)

사월교회(沙月敎會)로부터 분립(分立)하니 조사(助師) 정재순(鄭在淳), 박승명(朴承明)과 영수(領袖) 서재준(徐在俊) 집사 이종성(李鐘城)이 상계시무(相繼視務)하니라.

경산군(慶山郡) 북사교회(北四敎會)가 성립(成立)하다. 선교사(宣敎師) 안의와(安義窩, [James Edward Adams, 1867-1929])의 전도(傳道)로 신종자다(信從者多)하더니 지시(至是)하야 예(禮)[292]배당(拜堂)을 신축(新築)하고 내반교회(內盤敎會)로부터 분립(分立)하니 영수(領袖) 한기원(韓基元) 집사(執事) 백남채(白南埰)가 인도(引導)하니라.

달성군(達城郡) 침산교회(砧山敎會)가 성립(成立)하다. 선시(先是)에 본리(本里) 기인(幾人)이 남성정회(南城町會)로 래왕예배(來往禮拜)러니 교도점다(敎徒漸多)하야 예배당(禮拜堂)을 신축(新築)하고 분립(分立)하니 조사(助師) 박덕일(朴德逸)이 시무(視務)하니라.

달성군(達城郡) 신당교회(新塘敎會)가 성립(成立)하다. 선시(先是)에 김문진(金文振)이 신교(信敎)하고 남성정교회(南城町敎會)에 래왕예배(來往禮拜)하더니 신도점가(信徒漸加)하야 리숙(里塾)을 예배당(禮拜堂)으로 정(定)하고 남성정(南城町)으로부터 분립(分立)하니 조사(助師) 김영호(金榮浩)가 시무(視務)하다.

울릉도(欝陵島) 라리교회(羅里敎會)가 성립(成立)하다. 선시(先是)에 강원도(江原道) 삼척군(三陟郡) 부호(浮湖) 감리교우(監理敎友) 김병두(金秉斗)가 래전복음(來傳福音)하야 함영수(咸永洙) 등(等) 수인(數人)이 인가귀도(引家歸道)하야 예배당(禮拜堂)을 신축(新築)하고 교회(敎會)를 설립(設立)하니라.

울릉도(欝陵島) 장흥교회(長興敎會)와 근동교회(芹洞敎會)와 도동교회(道洞敎會)가 성립(成立)하다. 차삼교회(此三敎會)난 감리회(監理會) 교우(敎友) 김병두(金秉斗)가 전도설립(傳道設立)한 자(者)라. 예배당(禮拜堂)을 건축(建築)하고 각자(各自) 성립(成立)하니 도동교회(道洞敎會) 김성서(金聖瑞)난 자기가옥(自己家屋)을 예배당(禮拜堂)으로 봉납(奉納)하니라.

영천군(永川郡) 자천교회(慈川敎會)가 성립(成立)하다. 선교사(宣敎師)

어도만(魚塗萬, [Walter C. Erdman, 1877-1948])이 전도설립(傳道設立)하고 신자(信者)가 합심연보(合心捐補)하야 예배당(禮拜堂)을 신축(新築)하니라. 조사(助師) 곽해민(郭海玟) 영수(領袖) 김덕쉬(金德守) 집사(執事) 현수익(玄壽益)이 인도(引導)하니라.

의성군(義城郡) 청로교회(靑路敎會)가 성립(成立)하다. 최(初)에 김성락(金聲洛)의 전도(傳道)로 10여(十餘) 신도(信徒)가 기(起)하야 운산교회(雲山敎會)에 래왕예배(來往禮拜)하더니 합심연보(合心捐補)하야 예배당(禮拜堂)을 건축(建築)하니 조사(助師) 박영화(朴永和) 영수(領袖) 김병규(金炳奎)가 시무(視務)해[293]니라.

울산군(蔚山郡) 보은교회(寶隱敎會)가 성립(成立)하다. 선시(先是)에 우홍규(禹洪奎) 등(等) 수십여인(數十餘人)이 신종(信從)하고 합심연보(合心捐補)하야 예배당(禮拜堂)을 건축(建築)하다. 조사(助師) 김준홍(金俊洪)이 시무(視務)하니라.

울산군(蔚山郡) 언양면(彦陽面) 동부교회(東部敎會)가 성립(成立)하다. 선시(先是) 김성희(金星熙) 등(等) 수십여인(數十餘人)이 신종(信從)하고 수남교회(水南敎會)로부터 분립(分立)하니 선교사(宣敎師) 왕길지(王吉志, [G. Engel])가 관리(管理)하니라.

동래군(東萊郡) 송정교회(松亭敎會)가 성립(成立)하다. 최(初)에 이윤백(李允伯), 이작지(李作支) 등(等)이 신종(信從)하고 기장동부교회(機張東部敎會)에 래왕예배(來往禮拜)하더니 신도일왕(信徒日旺)하야 예배당(禮拜堂)을 신축(新築)하고 자립(自立)하니 선교사(宣敎師) 왕길지(王吉志, [G. Engel])와 조사(助師) 정덕생(鄭德生)이 전도(傳道)하니라.

울산군(蔚山郡) 언양면(彦陽面) 반천교회(盤泉敎會)가 성립(成立)하다. 선교사(宣敎師) 왕길지(王吉志, [G. Engel])의 전도(傳道)로 오상갑(吳相甲) 등(等) 10여인(十餘人)이 신종(信從)하야 설립(設立)하니라.

협천군(陜川郡) 구원동교회(舊原洞敎會)가 성립(成立)하다. 선시(先是)에 박문옥(朴文玉), 배명술(裵明述) 등(等)이 신종(信從)하야 설립(設立)이러니 요수창일(潦水漲溢)로 예배당(禮拜堂)이 도괴(倒壞)함에 교우(敎友) 2

인(二人)이 참사(慘死)하고 교회(敎會)도 쇠퇴(衰退)하니라.

진주군(晋州郡) 승내동교회(勝內洞敎會)가 성립(成立)하다. 김양오(金良五) 등(等) 4인(四人)이 신종(信從)하야 초옥(草屋) 3간(三間)을 매수(買收)하야 예배당(禮拜堂)으로 사용(使用)하니라.

사천군읍교회(泗川郡邑敎會)가 성립(成立)하다. 초(初)에 최성봉(崔聖奉), 손덕언(孫德彦) 등(等)이 신종(信從)하야 초옥(草屋) 3간(三間)을 매수(買收)해[294]야 예배당(禮拜堂)으로 사용(使用)하니라.

진주군(晋州郡) 반성교회(班城敎會)가 성립(成立)하다. 초(初)에 정관우(鄭寬雨) 등(等) 기인(幾人)이 신종(信從)하고 초옥(草屋)을 매수(買收)하야 예배당(禮拜堂)으로 사용(使用)하니라. 여도(女徒) 방소월(方小月)이 소유답(所有畓)을 본회(本會)에 기부(寄附)하니라.

하동군(河東郡) 입석리교회(立石里敎會)사 성립(成立)하다. 선시(先是)에 선교사(宣敎師) 거열휴(巨烈烋 [Hugh Currell])의 전도(傳道)로 신도점다(信徒漸多)하야 본리(本里)에 초옥(草屋)을 매수(買收)하야 예배(禮拜)하니라.

하동군(河東郡) 여의리교회(如意里敎會)가 성립(成立)하다. 선교사(宣敎師) 거열휴(巨烈烋 [Hugh Currell])가 인도(引導)하니라.

진주군(晋州郡) 남성동교회(南星洞敎會)가 성립(成立)하다. 초(初)에 김유완(金有完), 박내준(朴乃俊)이 신종(信從)하니라.

창원군(昌原郡) 가주리교회(佳住里敎會)가 성립(成立)하다. 선시(先是)에 김치홍(金致洪)이 김해읍교회(金海邑敎會)에 왕(往)하야 도(道)를 문(聞)하고 신종전도(信從傳道)하야 신도점왕(信徒漸旺)하야 교회(敎會)가 창시(創始)러니 기후(其後)에 경(更)히 쇠미(衰微)하니 영수(領袖) 지상진(池尙珍)의 독실(篤實)한 신행(信行)을 인(因)하야 교회전진(敎會前進)하니라.

남해군(南海郡) 평산교회(平山敎會)가 성립(成立)하다. 선시(先是)에 이복향(李馥香)이 신종(信從)하고 초옥(草屋)을 매수(買收)하야 예배당(禮拜堂)으로 사용(使用)하니라.

거창군(居昌郡) 와룡리교회(臥龍里敎會)가 성립(成立)하다. 선시(先是)

에 경성(京城) 박응용(朴應用)의 전도(傳道)로 본동(本洞) 서재(書齋)에셔 40여인(四十餘人)이 예배(禮拜)하더니 미구(未久)에 예배당(禮拜堂)을 건축(建築)하니라. 인도자(引導者) 김윤명(金潤明)이 무거(無據)한 의병혐의(義兵嫌疑)로 피착(被捉)하니 교회(敎會)가 환난(患難)에 이(罹)하야 근근(僅々) 7인(七人)이 예배(禮拜)하다가 기후(其後) 부흥(復興)하니라.[295]

남해군(南海郡) 창선(昌善) 상신교회(上新敎會)가 성립(成立)하다. 선시(先是)에 선교사(宣敎師) 거열휴(巨烈烋, [Hugh Currell])의 전도(傳道)로 신자점기(信者漸起)하야 교회(敎會)를 설립(設立)하니라.

남해군(南海郡) 북변교회(北邊敎會)가 성립(成立)하다. 선시(先是)에 박태선(朴泰善), 김진해(金振海)가 신종(信從)하야 초옥(草屋)을 매수(買收)하야 회집예배(會集禮拜)하니라.

거창읍교회(居昌邑敎會)가 성립(成立)하다. 선시(先是)에 조재룡(曺在龍), 김억쥬(金億住) 등(等)이 신주(信主)하고 오형선(吳亨善) 사저(私邸)에셔 예배(禮拜)하더니 읍내(邑內)에 예배당(禮拜堂)을 건축(建築)하니라.

함안군(咸安郡) 외암리교회(外岩里敎會)가 성립(成立)하다. 안승우(安昇宇), 송신명(宋信明)이 신종설립(信從設立)하니라.

함안군(咸安郡) 북교회(北敎會)가 성립(成立)하다. 선교사(宣敎師) 손안로(孫安路, [Andrew Adamson])의 전도(傳道)로 성립(成立)하니라.

함안군(咸安郡) 구성리교회(龜城里敎會)가 성립(成立)하다. 선시(先是)에 남경오(南敬五) 김씨련(金氏連)이 신종전도(信從傳道)하야 교회(敎會)를 성립(成立)하고 손종일(孫鍾一)을 장로(長老)로 장립(將立)하야 당회(堂會)를 조직(組織)하니라.

울산군(蔚山郡) 궁근정교회(弓根亭敎會)가 성립(成立)하다. 선시(先是)에 우학현(禹學鉉), 추봉종(秋鳳鍾) 등(等) 수십인(數十人)이 신종(信從)하야 교회(敎會)을 설립(設立)하니 조사(助師) 김준홍(金俊洪)이 시무(視務)하다.

함안군(咸安郡) 하기리교회(下基里敎會)가 성립(成立)하다. 초(初)에 박성태(朴聖泰)의 전도(傳道)로 안승환(安昇桓), 김만협(金萬俠) 등(等)이 신종(信從)하고 백산동교회(白山洞敎會)에 래왕예배(來往禮拜)하더니 지시(至是)하야 예배당(禮拜堂)을 건축(建築)하니라.

영주군(榮州郡) 내매리교회(乃梅里敎會)가 성립(成立) 당시(當時)에난 교인(敎人)들이 50리(五十里) 방령회(芳苓會)와 30리(三十里) 지곡회(芝谷會)에 래(來)[296]왕예배(往禮拜)하더니 지시(至是)하야 예배당(禮拜堂)을 건축(建築)하니라.

영덕군(盈德郡) 락평교회(洛坪敎會)가 성립(成立)하다. 선시(先是) 김태두(金泰斗)난 63세(六十三歲) 노인(老人)이라. 300여리(三百餘里) 노정(路程) 대구(大邱)에 왕(往)하야 선교사(宣敎師) 쇼(蘇) 목사(牧師)의게 복음(福音)을 문(聞)하고 귀(歸)하야 린인(鄰人) 최봉희(崔鳳熙)와 동맹신종(同盟信從)하야 당지(當地) 벽간정(碧干亭)에서 열심전도(熱心傳道)하야 30여인(三十餘人)이 김태두(金泰斗) 사저(私邸)에서 예배(禮拜)러니 신자(信者) 100여인(百餘人)이 회집(會集)이 불능(不能)함으로 최봉희(崔鳳熙)의 가옥 6간(家屋六間)을 매수(買收)하야 3간(三間)을 증축(增築)하야 예배당(禮拜堂)으로 사용(使用)하니라.

예천군(醴泉郡) 효갈동교회(孝葛洞敎會)가 성립(成立)하다. 선시(先是)에 장영기(張永基) 등(等) 수인(數人)이 신종(信從)하고 점점진리(漸々眞理)를 심오(深悟)하야 교회(敎會)를 성립(成立)하니라.

안동군(安東郡) 장사리교회(長沙里敎會)가 점점흥왕(漸々興旺)하야 회당(會堂)을 증축(增築)하고 소호리(蘇湖里)에 교회(敎會)를 분립(分立)하얏고 선교사(宣敎師) 오월번(吳越藩, [Arthur G. Welbon]) 조사(助師) 김인옥(金仁玉), 권수백(權秀伯), 김성삼(金聖三) 등(等)이 질상시무(迭相視務)하니라.

청송군(靑松郡) 삼하선교회(三下宣敎會)가 성립(成立)하다. 선교사(宣敎師) 연위득(延威得, [Edwin A. Renich])이 전도성립(傳道成立)하니라. 윤위택(尹渭宅), 윤필영(尹弼永)이 인도(引導)하니라.

안동군(安東郡) 의일교회(宜一敎會)가 성립(成立)하다. 초(初)에 선교사(宣敎師) 권찬영(權燦永, [John Young Crothers])이 전도설립(傳道設立)

하고 김충서(金忠瑞)가 인도(引導)하니라.

안동군(安東郡) 법상동교회(法尚洞敎會)가 성립(成立)하다. 선시(先是)에 강복영(姜福永), 권중락(權重洛), 부인(婦人) 원화순(元和順), 정선이(鄭善伊) 등(等)이 [297] 신종(信從)하고 영주(榮州) 지곡교회(芝谷敎會)에 래왕예배(來徃禮拜)하더니 선교사(宣敎師) 안의와(安義窩, [James Edward Adams, 1867-1929])가 매서(賣書) 김병우(金炳宇)를 파송(派送)하야 본읍(本邑) 서문외(西門外)에 초옥(草屋) 5간(五間)의 서원(書院)을 창립(創立)하고 전도(傳道)하며 교회(敎會)를 인도(引導)하니라.

안동군(安東郡) 구미교회(九尾敎會)가 성립(成立)하다. 권취성(權聚星), 윤영문(尹永文), 김병용(金炳容)이 신종(信從)하야 성립(成立)하니라.

의성군(義城郡) 구계교회(龜溪敎會)가 성립(成立)하다. 배연원(裵淵源), 배선도(裵善道)가 신종(信從)하야 성립(成立)하니라.

안동군(安東郡) 매정교회(梅井敎會)가 성립(成立)하다. 초(初)에 임학수(林學洙), 임경수(林鏡洙) 양인(兩人)이 신주(信主)하고 열심전도(熱心傳道)하야 70여인(七十餘人)이 회개귀주(悔改歸主)하야 3간옥(三間屋)을 건축(建築)하야 예배(禮拜)하니라. 후(後)에 조사(助師) 엄응삼(嚴應三) 매서(賣書) 장치견(張致見)이 래(來)하야 협력전도(協力傳道)하야 원입자(願入者)가 다(多)한지라. 열심출연(熱心出捐)하야 예배당(禮拜堂) 8간(八間)을 증축(增築)하니라.

봉화군(奉化郡) 척곡교회(尺谷敎會)가 성립(成立)하다. 선시(先是)에 장복우(張復佑)가 문촌(文村) 장씨(張氏) 교회(敎會)에 왕신(徃信)하고 귀가(歸家)하야 린인(鄰人) 김종숙(金鐘淑) 등(等)에게 전도(傳道)하야 신종(信從)하니라.

봉화군(奉化郡) 압동교회(鴨洞敎會)가 성립(成立)하다. 선시(先是)에 황보흠(黃堡欽)이 신주(信主)하고 풍기(豊基)와 내매교회(乃梅敎會)에 래왕예배(來徃禮拜)하더니 부형(父兄)과 가족(家族)에게 락형(烙刑)의 박해(迫害)를 수(受)하며 병난(兵亂) 중(中)에 무고(誣告)를 피(被)하야 포살(砲殺)을 기수(幾受)하얏스나 지종독신(至終篤信)하야 교회(敎會)를 경성(竟成)하니라.

　영주군(榮州郡) 대평교회(大坪敎會)가 성립(成立)하다. 초(初)에 대구(大邱) 전도인(傳道人) 이문주(李文主)가 순행전도(巡行傳道)하야 수십인(數十人)이 신(信)[298]종(從)하고 후(後)에 이상림(李相林), 정석주(鄭錫周) 등(等)이 신주입회(信主立會)하니라.

　안동군(安東郡) 수동교회(水洞敎會)가 성립(成立)하다. 권사선(權士先), 김용한(金容漢) 등(等)이 신교(信敎)하고 풍산하리교회(豊山下里敎會)에 래왕예배(來往禮拜)하더니 점차(漸次) 신도일가(信徒日加)하야 김용한(金容漢) 가(家)에 예배(禮拜)하니라.

　의성군(義城郡) 대사교회(大司敎會)가 성립(成立)하다. 이화실(李華實), 이이경(李利景) 등(等)이 신주(信主)하고 쌍계교회(雙溪敎會)에 래왕예배(來往禮拜)하며 열심전도(熱心傳道)하야 교도점가(敎徒漸加)하야 합심연보(合心捐補)하야 기도실(祈禱室) 4간(四間)을 신축(新築)하고 교회(敎會)를 분립(分立)하니라.

　의성군(義城郡) 장림교회(長林敎會)가 성립(成立)하다. 초(初)에 이상규(李相珪), 남계문(南啓文), 지문상(池文祥) 등(等)이 신주(信主)하고 하수동교회(下水洞敎會)에 래왕예배(來往禮拜)하더니 신도일가(信徒日加)하야 예배당(禮拜堂)을 신건(新建)하고 교회(敎會)를 분립(分立)하니 조사(助師) 권중화(權重澕) 영수(領袖) 오택근(吳澤根)이 시무(視務)하니라.

　1910년(一千九百十年) 경술(庚戌)에 창원군(昌原郡) 목포교회(木浦敎會)가 이현필(李賢弼)을 장로(長老)로 장립(將立)하야 당회(堂會)를 조직(組織)하고 조사(助師) 박성애(朴晟愛)가 시무(視務)하니라.

　의성군(義城郡) 하령교회(河寧敎會) 신도(信徒)가 괴산회(槐山會)로 래왕예배(來往禮拜)하더니 기도실(祈禱室) 3간(三間)을 건축(建築)하고 지시(至是)하야 분립(分立)하니 선교사(宣敎師) 어도만(魚道萬, [Walter C. Erdman, 1877-1948]) 등(等)과 조사(助師) 곽해문(郭海文) 등(等)이 상계시무(相繼視務)하니라.

　달성군(達城郡) 범어교회(泛魚敎會)가 성립(成立)하다. 여도(女徒) 배양이(裵良伊) 박순이(朴順尹) 등(等)이 신종(信從)하고 남성정회(南城町會)로 래왕예배(來往禮拜)하더니 점차전진(漸次前進)하야 교회성립(敎會成立)하니라. 영슈(領袖) 유병기(劉秉基) 집사(執事) 배종호(裵宗鎬)가 인도(引導)하니라.[299]

달성군(達城郡) 설화교회(舌化敎會)가 성립(成立)하다. 여전도인(女傳道人) 강씨(姜氏)가 전도(傳道)하야 신도점기(信徒漸起)하야 조암리교회(租岩里敎會)에 래왕예배(來往禮拜)하더니 합심연보(合心捐補)하야 예배당(禮拜堂)을 신건(新建)하야 교회(敎會)를 분립(分立)하고 염봉남(廉鳳南)을 장로(長老)로 장립(將立)하니 당회(堂會)가 성립(成立)하다.

상주군(尙州郡) 서정교회(西町敎會)가 성립(成立)하다. 선교사(宣敎師) 전해리(傳海利, [Henry Munro Bruen, 1874-1957])와 남성정(南城町) 여신도(女信徒) 서희원(徐喜媛)이 각(各) 50원(五十圓)을 출연(出捐)하야 예배당(禮拜堂)을 신축(新築)하고 교회(敎會)를 분립(分立)하니 영슈(領袖) 송병근(宋秉根) 집사(執事) 최대익(崔大益)이 인도(引導)하니라.

울릉도(鬱陵島) 평리교회(平里敎會)가 성립(成立)하다. 초(初)에 정윤식(鄭允植)이 신종(信從)하고 자기(自己) 가옥(家屋) 일부(一部)를 예배당(禮拜堂)으로 봉납(奉納)하고 교회(敎會)를 설립(設立)하니 영슈(領袖) 정윤식(鄭允植) 집사(執事) 박춘목(朴春睦)이 인도(引導)하니라.

울산군(蔚山郡) 월평교회(月坪敎會)가 성립(成立)하다. 선교사(宣敎師) 왕길지(王吉志, [G. Engell])의 전도(傳道)로 교우점기(敎友漸起)하야 교인(敎人) 사저(私邸)에서 예배(禮拜)하더니 경주교회(慶州敎會) 김희조(金熙祚)가 금 150원(金百五十圓)을 연보(捐補)함으로 가옥(家屋)을 매슈(買收)하야 예배당(禮拜堂)으로 사용(使用)하니라.

울산군(蔚山郡) 서생교회(西生敎會)가 성립(成立)하다. 초(初)에 박차준(朴次俊)이 신교(信敎)하고 신평교회(新坪敎會)에 래왕예배(來往禮拜)하더니 신자일가(信者日加)하야 예배당(禮拜堂)을 신축(新築)하니라.

울산군(蔚山郡) 지당교회(池塘敎會)가 성립(成立)하다. 초(初)에 손진병(孫晉柄, 박종하(朴鍾夏)가 병영교회(兵營敎會)에 래왕예배(來往禮拜)하더니 가옥(家屋)을 매수(買收)하야 교회(敎會)를 설립(設立)하니라.

진주군(晉州郡) 신풍리교회(新豊里敎會)난 황원석(黃原錫), 김치옥(金致玉)이 신주설립(信主設立)하니라.[300]

진주군(晉州郡) 대평교회(大坪敎會)난 김덕칠(金德七)이 신종(信從)하야 설립(設立)하니라.

진주군(晉州郡) 송곡교회(松谷敎會)난 정성극(鄭性克), 박윤언(朴允彥)이 신종(信從)하야 설립(設立)하고 여신도(女信徒) 하(河)마리아가 예배당(禮拜堂) 기지(基址) 30평(三十坪)을 기부(寄附)하니라.

영주군읍교회(榮州郡邑敎會)가 성립(成立)하다. 선시(先是) 정석용(鄭錫用)이 대평(大坪)에 거주(居住) 시(時)에 신종(信從)하고 당지(當地)에 이주(移住)하야 열심전도(熱心傳道)하며 교회(敎會)를 분립(分立)하고 남녀신도(男女信徒) 수인(數人)이 내매교회(乃梅敎會)로 래왕예배(來往禮拜)하더니 기후(其後)에 초옥(草屋)을 매수(買收)하야 예배당(禮拜堂)으로 사용(使用)하니라.

영덕군(盈德郡) 락평동교회(洛坪洞敎會)에서 일신의숙(一新義塾)을 설립(設立)하야 회중자제(會中子弟)를 교육(敎育)하더니 경비문제(經費問題)로 분규(紛糾)가 생(生)하야 최봉희(崔鳳熙)가 신도(信徒)와 학부형(學父兄)을 유인(誘引)하야 구세군(救世軍)에 투입(投入)하고 예배당(禮拜堂)을 자기소유(自己所有)라 하야 반환(返還)을 강구(強求)함으로 교회(敎會)난 대변(對辨)을 불용(不用)하고 본(本) 예배당(禮拜堂)을 환부(還付)한 후(後)에 예배당(禮拜堂)을 신축(新築)하니라.

영주군(榮州郡) 풍기교회(豊基敎會)가 성립(成立)하다. 선시(先是)에 김용휘(金用彙), 이시동(李時東) 등(等)이 신종(信從)하고 각자(各自) 예배(禮拜)러니 지시(至是)하야 초옥(草屋) 12간(十二間)을 매수(買收)하야 예배(禮拜)하고 선교사(宣敎師) 오월번(吳越藩, [Arthur G. Welbon]) 조사(助師) 김원휘(金原輝) 시무(視務)하니라.

안동군(安東郡) 석동동교회(石東洞敎會)가 성립(成立)하다. 초(初)에 배병학(裵秉鶴)이 신종(信從)하고 방령교회(芳嶺敎會)로 래왕예배(來往禮拜)

하더니 신자점기(信者漸起)하야 교회(敎會)를 설립(設立)하니라.

안동군(安東郡) 구룡동(九龍洞) 동교교회(東橋敎會)가 성립(成立)하다. 초(初)에 박순기(朴順起), 이동소(李東沼) 등(等)이 신주(信主)하고 방령교회(芳嶺敎會)[301]에 래왕예배(來往禮拜)하더니 지시(至是)하야 교회(敎會)를 설립(設立)하니라.

안동군(安東郡) 장수동교회(長水洞敎會)가 성립(成立)하다. 선시(先是)에 홍재동(洪在東), 홍재삼(洪在三) 등(等)이 신종(信從)하더니 교도점왕(敎徒漸旺)하야 교회(敎會)를 설립(設立)하니라.

영양군(英陽郡) 포산동교회(葡山洞敎會)가 성립(成立)하다. 선시(先是)에 조병우(趙秉宇), 안석종(安錫鍾) 등(等)이 이상동(李相東)의 발론(發論)을 시인(是認)하야 신종(信從)하고 이상동(李相東) 가(家)에서 예배(禮拜)하니 원입자(願入者)가 70여인(七十餘人)이더라.

영덕군(盈德郡) 무곡동교회(畝谷洞敎會)가 성립(成立)하다. 초(初)에 이상화(李相和), 김원수(金源秀) 등(等)이 신종(信從)하야 설립(設立)하니라.

영덕군(盈德郡) 화천교회(華川敎會)가 성립(成立)하다. 선시(先是)에 김용근(金溶根), 김용규(金溶奎)와 기형제(基兄弟) 숙질(叔侄)이 신종(信從)하야 문중(門中) 사숙(私塾) 화수재(花樹齋)에서 예배(禮拜)하니 교회(敎會)가 성립(成立)하니라. 기후(其後) 본처(本處)에서 화재(火災)가 유(有)하야 생활(生活)이 곤난(困難)하나 전교회(全敎會)가 전력(專力)하야 예배당(禮拜堂)을 신축(新築)하고 남녀전도회(男女傳道會)를 조직(組織)하야 춘추양기(春秋兩期)를 분(分)하야 전도(傳道)하니라.

봉화군(奉化郡) 척곡교회(尺谷敎會)가 완성(完成)하다. 최재구(崔在九)가 토지 2두락(土地李斗落)을 기부(寄附)함으로 9간(九間) 예배당(禮拜堂)을 신축(新築)하고 서숙(書塾) 6간(六間)도 건축(建築)하니라.

예천군(醴泉郡) 신풍리교회(新豊里敎會)가 성립(成立)하다. 초(初)에 윤순흥(尹順興)이 신주(信主)에고 열심기도(熱心祈禱)하더니 전도인(傳道人) 강익영(姜翼永)과 손영균(孫永均)이 갱상래조(更相來助)하야 윤명혁(尹明赫) 등(等) 수인(數人)과 청년(靑年) 윤우삼(尹友三) 등(等) 수인(數人)이 접종신기(接踵信起)하야 교회전진(敎會前進)하고 예배당(禮拜堂)을 건축(建築)하니 선교사(宣敎師) 인노절(印魯節, [Rodger Earl Winn]) 등(等)과 조사(助師) 황영규(黃永奎) 등(等)이 상계시무(相繼視務)하니[302]라.

1911년(一千九百十一年) 신해(辛亥)[에 울산군(蔚山郡) 전읍교회(錢邑敎會)가 이기연(李基衍)을 장로(長老)로 장립(將立)하야 당회(堂會)를 조직(組織)하니라.

김천군(金泉郡) 송곡교회(松谷敎會)가 성립(成立)하다. 선교사(宣敎師) 전해리(傳海利, [Henry Munro Bruen, 1874-1957])가 전도(傳道)하야 설립(設立)하고 예배당(禮拜堂)을 신축(新築)하니 조사(助師) 이재욱(李載旭)이 시무(視務)하다.

선산군(善山郡) 백자동교회(栢子洞敎會)가 성립(成立)하다. 본동(本洞) 신자(信者) 기인(幾人)이 전도(傳道)하야 교도일가(敎徒日加)하야 교회(敎會)를 설립(設立)하니 조사(助師) 이문주(李文主) 영수(領袖) 김원계(金元桂) 집사(執事) 최석우(崔錫右)가 인도(引導)하니라.

영일군(迎日郡) 칠포교회(七浦敎會)가 성립(成立)하다. 초(初)에 교우(敎友) 기인(幾人)이 흥해교회(興海敎會)로 래왕예배(來往禮拜)하더니 신자점가(信者漸加)하야 예배당(禮拜堂)을 신축(新築)하고 교회(敎會)를 분립(分立)하니 조사(助師) 황경선(黃敬善), 박문찬(朴文燦)과 영수(領袖) 김홍규(金洪圭)가 상계시무(相繼視務)하니라.

군위군(軍威郡) 선곡교회(仙谷敎會)가 성립(成立)하다. 선시(先是)에 박기조(朴基肇), 박기후(朴其厚) 등(等)이 신주(信主)하고 협력전도(協力傳道)하야 신자일가(信者日加)하야 교회(敎會)가 성립(成立)하고 합심연보(合心捐補)하야 예배당(禮拜堂)을 신축(新築)하니 조사(助師) 박제화(朴濟和), 박동휘(朴東輝)가 상계시무(相繼視務)하니라.

의성군(義城郡) 도동교회(道洞敎會)가 성립(成立)하다. 선시(先是)에 신자(信者) 기인(幾人)이 비봉교회(飛鳳敎會)에 래왕예배(來往禮拜)러니 후(後)에 점왕(漸旺)하야 예배당(禮拜堂)을 신축(新築)하고 교회(敎會)를 분립(分立)하니 김기화(金麒和), 김천특(金千特) 등(等)이 노력탄성(努力彈誠)

하고 조사(助師)[303] 박영화(朴永和)가 시무(視務)하니라.

　칠곡군(漆谷郡) 남율교회(南栗敎會)가 성립(成立)하다. 선시(先是)에 선교사(宣敎師) 권일두(權日斗, [M. W. Greenfield])가 조사(助師)를 파송전도(派送傳道)하야 건당립회(建堂立會)하고 조사(助師) 이사윤(李士允)으로 시무(視務)하니라.

　칠곡군(漆谷郡) 옥계교회(玉溪敎會)가 성립(成立)하다. 쵸(初)에 박용화(朴龍和), 양용준(梁用俊) 등(等)이 신쥬(信主)하고 린근(鄰近)에서 전도(傳道)하야 교회(敎會)을 설립(設立)하니 조사(助師) 김성삼(金成三), 권영해(權永海) 등(等)이 상계시무(相繼視務)하니라.

　칠곡군(漆谷郡) 천평교회(泉坪敎會)가 성립(成立)하다. 쵸(初)에 황헌백(黃憲白), 황태백(黃泰白) 등(等)이 신종전도(信從傳道)하야 교회(敎會)를 설립(設立)하니라.

　영덕군(盈德郡) 매정교회(梅亭敎會)가 성립(成立)하다. 선시(先是)에 강우근(姜佑根), 노태식(盧台植) 등(等)이 신쥬(信主)하고 교회(敎會)를 창시(創始)러니 선천(宣川) 신성학교(信聖學校) 전도인(傳道人) 차재명(車載明)이 래조(來助)하야 신진쟈(新進者) 10여인(十餘人)이 합심(合心)하야 일득일(一得一)의 목적(目的)으로 기도(祈禱)하야 신쟈(信者)가 30여인(三十餘人)에 지(至)하고 합심협력(合心協力)하야 예배당(禮拜堂)을 건축(建築)하며 영신학교(永新學校)도 설립(設立)하야 교육(敎育)을 병시(並施)하얏스며 경성(京城) 여전도인(女傳道人) 고원향(高元鄕)이 래조(來助)하야 여자계(女子界)에 유익(有益)이 다대(多大)하니라.

　영덕군(盈德郡) 송천동교회(松川洞敎會)가 성립(成立)하다. 선시(先是) 여도(女徒) 권씨종즁(權氏宗中)이 신쥬(信主)하고 문즁(門中) 정쟈(亭子)를 임시(臨時) 예배처소(禮拜處所)로 정(定)하니 교회시립(敎會始立)이라가 거개타락(擧皆墮落)하고 권유동(權有東) 등(等) 수인(數人)이 근근지과(僅僅支過)하더니 하양군(河陽郡) 봉동교회(鳳洞敎會)로부터 김치운(金致雲), 김성욱(金聲郁), 도달규(都達圭) 3인(三人)이 이쥬(移住)하야 김치운(金致雲) 사저(私邸)에서 예(禮)[304]배(拜)하고 교회(敎會)가 부흥(復興)하야 합심연보(合心捐補)하야 예배당(禮拜堂)을 신축(新築)하니라.

영덕군(盈德郡) 황장동(黃腸洞) 흘무곡교회(屹無谷敎會)가 성립(成立)하다. 선시(先是)에 정순용(鄭順用) 형제(兄弟)가 신주(信主)하고 후(後)에 김주일(金周日) 형제(兄弟)와 이석산(李石山), 전가(全家)가 귀도(歸道)하야 락평(洛坪), 포산(葡山) 양교회(兩敎會)로 래왕예배(來往禮拜)하며 교회(敎會)를 창설(創設)하니라.

영덕군(盈德郡) 금호동교회(錦湖洞敎會)가 성립(成立)하다. 초(初)에 이현철(李炫轍)이 신교(信敎)하고 화천교회(華川敎會)에 래왕예배(來往禮拜)하더니 후(後)에 점왕(漸旺)하야 열심연보(熱心捐補)하야 예배당(禮拜堂)을 건축(建築)하고 교회(敎會)를 분립(分立)하니라.

김해군(金海郡) 무계리교회(茂溪里敎會)가 성립(成立)하다. 초(初)에 우군서(禹君瑞)의 전도(傳道)를 인(因)하야 황대봉(黃大鳳)의 처(妻)와 강천지(姜天志)가 신종(信從)하야 열심전도(熱心傳道)하야 김진언(金振彥), 박인견(朴仁見) 등(等)이 신(信)하고 황대봉(黃大鳳) 가(家)에서 예배(禮拜)하더니 예배당(禮拜堂)을 신축(新築)하고 교회(敎會)를 설립(設立)하니라.

남해군(南海郡) 당항리교회(唐項里敎會)가 성립(成立)하다. 선시(先是)에 강우호(姜禹昊)가 신종(信從)하고 초옥(草屋) 3간(三間)을 매수(買收)하야 예배(禮拜)하더니 후(後)에 당항리(唐項里)에 예배당(禮拜堂)을 이축(移築)하니라.

남해군(南海郡) 영지리교회(靈芝里敎會)가 성립(成立)하다. 선시(先是)에 이재영(李在榮)이 전도(傳道)하야 신자점왕(信者漸旺)하야 설립교회(設立敎會)하고 예배당(禮拜堂)을 신축(新築)하니라.

김해군(金海郡) 관동교회(官洞敎會)를 성립(成立)하다. 김성백(金成栢), 강태필(姜太必) 등(等)이 신종전도(信從傳道)하야 율하리교회(栗下里敎會)를 신건(新建)하다.[305]

김해군(金海郡) 주중리교회(酒中里敎會)가 성립(成立)하다. 초(初)에 윤희상(尹熙尙), 오천모(吳千模) 등(等)이 신종설립(信從設立)하다.

동래군(東萊郡) 구양교회(久陽敎會)가 성립(成立)하다. 본지(本地) 신도

(信徒) 삼사인(三四人)이 부산진(釜山鎭) 맨츠쓰의게 수도신종(受道信從)하고 전도(傳道)하야 예배당(禮拜堂)을 신축(新築)하니라.

동래군(東萊郡) 산성교회(山城敎會)가 성립(成立)하다. 선교사(宣敎師) 왕길지(王吉志, [G. Engel])가 전도(傳道)하야 교회(敎會)를 성립(成立)하고 예배당(禮拜堂)을 건축(建築)하니라. 조사(助師) 우봉석(禹鳳錫), 박기찬(朴基燦)이 상계시무(相繼視務)하다.

동래군(東萊郡) 두구동교회(杜邱洞敎會)가 성립(成立)하다. 초(初)에 정현의(鄭賢儀)가 인가귀도(引家歸道)하야 열심전도(熱心傳道)하야 성립교회(成立敎會)하니라. 조사(助師) 정덕생(鄭德生), 양인석(梁仁錫)이 차제시무(次第視務)하다.

동래군(東萊郡) 내덕리교회(內德里敎會)가 성립(成立)하다. 초(初)에 최영수(崔榮壽)가 신종(信從)하고 인가귀도(引家歸道)하야 건당립회(建堂立會)하고 영수(領袖) 우귀득(禹貴得)이 충실시무(忠實視務)하다.

동래군(東萊郡) 월전교회(月田敎會)가 성립(成立)하다. 선시(先是)에 최상림(崔尙林), 박재형(朴在衡)이 신종(信從)하고 인가귀도(引家歸道)하야 기장읍회(機張邑會)에 래왕예배(來往禮拜)하더니 지시(至是)하야 예배당(禮拜堂)을 신축(新築)하고 교회(敎會)를 성립(成立)하니라.

동래군(東萊郡) 하단리교회(下端里敎會)가 성립(成立)하다. 선교사(宣敎師) 왕길지(王吉志, [G. Engel])가 전도(傳道)하야 입회(立會)하고 예배당(禮拜堂)을 신축(新築)하니라.

안동군(安東郡) 의일교회(宜一敎會)가 계명소학교(啓明小學校)를 설립(設立)하야 자녀(子女)를 교육(敎育)하니라.

영덕군(盈德郡) 화개동교회(華開洞敎會)가 성립(成立)하다. 선시(先是)에 주재면(朱載冕) 여도(女徒) 권길이(權吉伊), 강호근(姜浩根), 강보근(姜甫根) 등(等)이 [306] 신종(信從)하고 강호근(姜浩根) 가(家)에셔 예배(禮拜)하더니 불신자(不信者)의 구타(毆打)와 핍박(逼迫)을 인(因)하야 예배처소(禮拜處所)를 주재면(朱載冕) 가(家)로 변경(變更)하고 핍박(逼迫)과 능욕(凌辱)이 부절(不絶)하나 성신(聖神)이 동사(同事)하야 신입자(新入者) 이

래자(移來者) 익다(益多)함으로 교회(敎會)성립(成立)하니라.

안동군(安東郡) 아곡교회(阿谷敎會)가 성립(成立)하다. 초(初)에 권시필(權時弼), 권봉원(權鳳源) 2인(二人)이 신종(信從)하고 국곡교회(菊谷敎會)로 래왕예배(來往禮拜)하더니 신자일가(信者日加)하야 예배당(禮拜堂)을 신축(新築)하고 조사(助師) 임학수(林鶴洙)가 시무(視務)하니라.

영덕군(盈德郡) 원전교회(院前敎會)가 성립(成立)하다. 선시(先是)에 황장동(黃陽洞) 흘무곡거(屹蕪谷居) 정순용(鄭順用)의 형제(兄弟)가 신교(信敎)하고 기후(其後) 이석산(李石山) 전가귀도(全家歸道)하야 교회(敎會)를 성립(成立)니라.

칠곡군(漆谷郡) 복성교회(福星敎會)가 박상하(朴相夏)을 장로(長老)로 장립(將立)하니 당회(堂會)가 성립(成立)하니라.

부산(釜山) 초량교회(草梁敎會)가 연와제(煉瓦製) 예배당(禮拜堂) 70여평(七十餘坪)을 미려(美麗)하게 건축(建築)하니라.

구마산교회(舊馬山敎會)가 상남동(上南洞)에 예배당(禮拜堂)을 건축(建築)하니라.

2. 전도(二, 傳道)

1907년(一千九百七年) 정미(丁未)[에] 대구부(大邱府) 남성정교회(南城町敎會)에셔 전도회(傳道會)을 조직(組織)할새 회(會)의 명칭(名稱)은 경세회(儆世會)라 칭(稱)하고 이문주(李文主), 최경성(崔景成)을 부근(附近) 각처(各處)에 파송(派送)하야 전도(傳道)함으로 신자(信者)가 다진(多進)하니라.

3. 환난(三, 患難)[307]

1908년(一千九百八年) 무신(戊申)[에] 거창군교회(居昌郡敎會)난 의병(義兵)의 난(亂)을 인(因)하야 불소(不少)의 해(害)을 밧앗나니라.

울산군(蔚山郡) 전읍리교회(錢邑里敎會)에서난 의병(義兵)의 난(亂)에 의외(意外)의 핍박(逼迫)을 밧고 주일(主日)에 예배(禮拜)도 임의(任意)로 설행(設行)치 못하얏나니라.

1909년(一千九百九年) 기유(己酉)[에] 경산군(慶山郡) 죽전교회(竹田敎會)난 라마교(羅馬敎)을 인(因)하야 대해(大害)를 밧앗나니라.

1911년(一千九百十一年) 신해(辛亥)[에] 김천(金泉) 복전교회(福田敎會)난 구세군(救世軍)을 인(因)하야 분요(紛擾)가 기(起)하얏나니라.

4. 교육(四, 敎育)

1908년(一千九百八年) 무신(戊申)[에] 영천군(永川郡) 평천교회(平泉敎會)에서 기독 양덕학교(基督 養德學校)와 신녕교회(新寧敎會)에서 흥화학교(興和學校)와 김천군(金泉郡) 유성교회(柳城敎會)에서 광륜학교(廣倫學校)와 동군(同郡) 월명교회(月明敎會)에서 창성학교(彰聖學校)와 대양교회(大陽敎會)에서 영흥학교(永興學校)와 복전교회(福田敎會)에서 계명학교(啓明學校)와 전지교회(田旨敎會)에서 진신학교(進新學校)와 칠곡군(漆谷郡) 진평교회(眞坪敎會)에서 광명학교(光明學校)와 의성군(義城郡) 비봉교회(飛鳳敎會)에서 계신학교(啓新學校)와 경산군(慶山郡) 자인교회(慈仁敎會)에서 덕숭학교(德崇學校)와 영천군(永川郡) 우천교회(牛川敎會)에서 진흥학교(進興學校)를 차제설립(次第設立)하야 신자(信者)의 자녀(子女)를 교육(敎育)하얏고 우천교회(牛川敎會) 김주하(金周夏)난 교육사업(敎育事業)에 헌신(獻身)하고 자기(自己)의 재산전부(財産全部)를 학교(學校)에 기부(寄附)하니라.

1909년(一千九百九年) 기유(己酉)[에] 김천군(金泉郡) 동부동교회(東部洞敎會)에셔 영흥학교(永興學校)를 설립(設立)하니라.

1910년(一千九百十年) 경술(庚戌)[에] 의성군(義城郡) 삼산교회(三山敎會)에셔 계명학교(啓明學校)를 설립(設立)하니라.[308]

이상(以上) 각(各) 학교(學校) 중(中), 양덕(養德), 흥화(興和), 광륜(廣倫), 진신(進新), 진흥(進興), 계명(啓明) 등(等) 학교(學校)난 인가(認可)을 수(受)하야 아동교육(兒童敎育)에 다대(多大)한 공효(功效)가 잇슬 쑨 아니라 교회발전(敎會發展)에 불소(不少)한 찬조(贊助)가 되니라.

5. 자선(五, 慈善)

1910년(一千九百十年) 경술(庚戌)[에] 선교사(宣敎師) 매견시(梅見施, [James Noble McKenzie])가 애란나병환자구호회(愛蘭癩病患者救護會)에셔 기부(寄附)한 건축비(建築費) 2만원(二萬圓)으로 동래(東萊) 나병격리원(癩病隔離院)을 설립(設立)하고 매년(每年) 보내난 경비(經費) 3만원(三萬圓)으로 경영(經營)하난 중(中) 가긍가련(可矜可憐)한 다수(多數)의 환자(患者)을 계속치료(繼續治療)하야 사회(社會)에 막대(莫大)한 공헌(供獻)이 잇난 동시(同時)에 주(主)의 사업발전(事業發展)에 무한(無限)한 협조(協助)가 되니라.

선시(先是)에 기설(旣設)한 대구나병원(大邱癩病院)도 지궁차련(至窮且憐)한 환자(患者)을 계속치료(繼續治療)함으로 교회(敎會)에 만흔 유익(有益)을 주니라.

제 14 장
함경대리회(咸鏡代理會)

시시(是時)에 원산(元山) 보광학교(普光學校)와 함흥(咸興) 영생학교(永生學校)난 중등교육(中等教育)으로 근면진행(勤勉進行)하난 바 수다인재(數多人材)를 배양(培養)하얏스니 선교사회(宣教師會)의 공헌(貢獻)이 가위대의(可謂大矣)로다.

1910, 조선예수교장로회 함경대리회

1. 교회조직(一, 教會組織)

1907년(一千九百七年) 정미(丁未)에 영흥군(永興郡) 태을교회(太乙教會)가 성립(成立)하다. 선시(先是)에 본처인(本處人) 김영하(金永夏), 백기(白基)[309]선(善), 김동철(金東哲), 이봉운(李鳳雲), 이기헌(李基憲) 등(等)이 동시결신(同時決信)하고 원산항(元山港)에 전왕(專往)하야 선교사(宣教師) 업아력(鄴亞力, [A. F. Robb])을 방간(訪間)하고 성경(聖經) 등(等)을 매수(買收)하고 예배당(禮拜堂)을 건축(建築)하야 교회(教會)를 설립(設立)이러니 후래(後來)에 흉년(凶年)을 거조(遽遭)하야 교인(教人)이 사산(四散)하고 회당(會堂)이 일공(一空)이러니 수년(數年) 이후(以後)에 교인(教人)

유문환(劉文煥)이 해지(該地)에 왕(往)하야 신자(信者)를 권(勸)함으로 교인(敎人)이 부집(復集)하야 교회(敎會)가 중흥(中興)하니라.

함흥군읍교회(咸興郡邑敎會)에서 김창보(金昌甫)를 장로(長老)로 장립(將立)하야 당회(堂會)를 조직(組織)하다. 자시(自是)로 장홍술(張弘述), 석승문(石承文), 박치형(朴致衡), 김현찬(金鉉贊), 홍기진(洪基鎭), 배영근(裵永根), 최영학(崔榮鶴), 모학복(毛鶴福), 김중석(金仲錫), 임희영(林喜榮), 이진명(李鎭明), 권승경(權昇經) 등(等)이 상계(相繼)하야 장로(長老)로 시무(視務)하니라.

단천군읍교회(端川郡邑敎會)에 교인(敎人)이 점증(漸增)하야 종전예배당(從前禮拜堂)은 수용(收容)키 불능(不能)한지라. 교인(敎人) 김택서(金宅西), 허인섭(許仁燮), 최기준(崔基俊) 등(等)의 발기(發起)로 전회(全會)가 협력(協力)하야 재목(材木)을 채취(採取)하며 기지(基地)를 의정(議定)하야 예배당(禮拜堂)을 건축(建築)할새 당시(當時) 기지(基址)가 국유(國有)에 편입(編入)이라. 공사(工事)를 재기(纔起)에 관사(官司)가 제지(制止)함에 교회(敎會)의 경영(經營)이 수포(水泡)에 도귀(徒歸)하엿스니 가탄(可歎)기시(其時)가 오이러 급(及) 자못함이러라.

경성군(鏡城郡) 고읍교회(古邑敎會)가 성립(成立)하다. 선시(先是)에 전도인(傳道人) 안순영(安順永)이 차처(此處)에 래도(來到)하야 전도(傳道)함에 신자(信者) 10여인(十餘人)이 신종(信從)이라. 신자(信者) 사제(私第)에서 예배(禮拜)러니 기후(其後)에 신도(信徒)가 백유여인(百有餘人)에 증진(增進)함지라. 와가(瓦家) 8간(八間)을 매수(買收)하야 예배당(禮拜堂)을 이정(移定)하니라.

중국(中國) 동만주(東滿洲) 와룡동교회(臥龍洞敎會)가 성립(成立)하다. 선시(先是)에 남감리회(南監理會) 선교사(宣敎師) 하리영(河鯉永, [Robert Hardie])과 전도인(傳道人) 이화(李和)[310]춘(春)이 전도(傳道)하야 신자점흥(信者漸興)함에 교회(敎會)를 설립(設立)하엿더니 지시(至是)하야 장감양교(長監兩敎)의 분계조약(分界條約)에 의(依)하야 장로회(長老會) 관리(管理)에 귀(歸)함에 선교사(宣敎師) 부두일(富斗一, [W. R. Foote])과 목사

(牧師) 김영제(金永濟)가 륜행(輪行)하며 시무(視務)하나라.

1908년(一千九百八年) 무신(戊申)에 고원군(高原郡) 하고읍교회(下古邑敎會)가 성립(成立)하다. 선시(先是)에 본처인(本處人) 김상건(金相鍵), 김윤건(金允鍵), 김성건(金聲鍵) 형제(兄弟) 3인(三人)이 동시독신(同時篤信)하고 덕지교회(德池敎會)에 왕래예배(往來禮拜)러니 기후(其後)에 신자점기(信者漸起)함으로 예배당(禮拜堂)을 신축(新築)하고 교회(敎會)를 성립(成立)하니 당시(當時) 선교사(宣敎師)난 업아력(鄴亞力, [A. F. Robb])이요 조사(助師)난 김내범(金迺範)이러라. 김문(金門) 형제(兄弟) 3인(三人)이 신도(信道) 후(後)에 기사당(其祠堂)을 소각(燒却)하엿더니 동내(洞內)의 핍박(逼迫)이 대기(大起)하야 곤욕(困辱)을 비상(備嘗)하엿스되 초지(初志)를 불변(不變)하고 지종인슈(至終忍受)하더니 후래(後來)에 상건(相鍵) 급(及) 기자(其子) 한슈(翰洙)가 상계(相繼)하야 장로(長老)로 시무(視務)하나라.

동군(同郡) 계남교회(溪南敎會)가 성립(成立)하다. 선시(先是)에 유림학자(儒林學者) 이욱(李郁)이 승도(勝都)를 편구(遍求)하야 계남(溪南)에 우거(寓居)하엿더니 예수교리(敎理)의 진정(眞正)함을 득문(得聞)하고 덕지교회(德池敎會)에 전왕(專徃)하야 교리(敎理)를 상문(詳聞)하고 드듸여 신도(信徒)가 되어 성경(聖經)을 탐구(探究)하고 린인(隣人)의게 전도(傳道)하야 양기호(梁基昊) 등(等) 오륙인(五六人)이 병기(並起)함에 기후(其後) 신자(信者)가 속흥(續興)하난지라. 향리(鄕里)의 핍박(逼迫)을 강인(强忍)하야 예배당(禮拜堂)을 건축(建築)하고 교회(敎會)를 분립(分立)하니라.

북청군(北靑郡) 신창교회(新昌敎會)가 성립(成立)하다. 선시(先是)에 선교사(宣敎師) 마구례(馬具禮, [D. M. McRae]), 영재형(榮在馨, [Lither Lisger Young])이 시처(是處)에 도급(到及)하야 복음(福音)을 전도(傳道)함에 신태하(申泰廈), 정석조(鄭石朝), 궁일덕(弓馹德) 3인(三人)이 시신(始信)하야 신흥학교(新興學校)에서 예배(禮拜)을 거행(擧行)하니 교원전부(校員全部)와 학생일동(學生一同)이 병신(並信)하야 성황(盛況)을 파성(頗成)이러니 의외(意外)에 마희(魔戲)를 거죠(遽遭)하야 신자(信者)[311]가 사산

(四散)하고 존자무기(存者無幾)하야 정처(定處)가 무(無)히 예배(禮拜)를 수(守)하더니 지시(至是)하야 교회(教會)가 부흥(復興)하야 예배당(禮拜堂)을 건축(建築)하고 교회(教會)를 확립(確立)하니 당시(當時) 조사(助師)난 한도석(韓道錫)이오 여전도(女傳道)난 강희련(康熙鍊)이라. 양인(兩人)이 열심전도(熱心傳道)하니 린근(鄰近) 각처(各處)에 교회(教會)가 흥(興)하난지라. 청해면(青海面)의 장호리(長湖里)와 승평리(昇平里)와 포항리(浦項里)와 천상리(川上里)와 속면(俗面)의 서호리(西湖里)와 오복리(梧福里)와 거산리(居山里)와 평리(坪里)와 신창면(新昌面)의 만춘리(晩春里)와 평산면(坪山面)의 동상리(東上里) 등(等) 10여처(十餘處)에 교회(教會)가 병립(並立)하니라.

회령군(會寧郡) 승암동교회(勝岩洞教會)에서 초옥(草屋) 8간(八間)을 매수(買收)하야 예배당(禮拜堂)으로 사용(使用)하니라.

회령군읍교회(會寧郡邑教會)가 성립(成立)하다. 선시(先是)에 성진군선교회(城津郡 宣教會)로부터 전도인(傳道人) 안순용(安順容)을 차군(此郡)에 파송(派送)하야 전도(傳道)함에 황학빈(黃鶴彬), 김흥준(金興俊), 김희원(金希元), 윤천여(尹天汝) 등(等)이 시신(始信)하고 윤천여(尹天汝) 사제(私第)에서 예배(禮拜)하고 교회(教會)를 창립(創立)하니라.

명천군(明川郡) 수서동교회(水西洞教會)가 성립(成立)하다. 선시(先是)에 본군수(本郡守) 이교준(李教俊)이 상가면(上加面) 사무소(事務所)에 면민대회(面民大會)를 소집(召集)하고 학교교육(學校教育)을 장려(奬勵)하되 면내(面內)에 공동재산(共同財產)은 양촌동(楊村洞) 보흥학교(普興學校)에 일병기부(一並寄附)하라 함에 수서동민(水西洞民)은 불응(不應)하고 예수도리(道理)를 밋고 공동재산(共同財產)을 교회(教會)에 기부(寄附)하다. 당시(當時)에 50여명(五十餘名)의 신자(信者)가 김공훈(金公勳) 사제(私第)에셔 회집(會集)이러니 신자우왕(信者尤旺)함에 예배당(禮拜堂)을 신축(新築)하고 교회(教會)를 확립(確立)하니라.

명천군(明川郡) 자계동교회(自桂洞教會)가 성립(成立)하다. 선시(先是)에 본군수(本郡守) 이교준(李教俊)이 공동재산(共同財產)을 보흥학교(普興

學校)에 일(一)[312]병기부(並寄附)하라 함에 동민(洞民) 유력자(有力者) 등(等)이 예수도리(道理)를 밋고 공동재산(共同財産)을 교회(敎會)에 기부(寄附)하니 당시(當時)에 이종주(李鐘周), 김종필(金鍾弼), 이학수(李學洙) 등(等) 30여인(三十餘人)이 김종필(金鍾弼) 사제(私第)에셔 회집(會集)이다가 신자우가(信者尤加)함에 이학수(李學洙) 사제(私第)에 예배(禮拜)하고 교회(敎會)를 창립(創立)하니라.

이원군(利原郡) 곡구교회(谷口敎會)가 성립(成立)하다. 선시(先是)에 전도인(傳道人) 한진하(韓振河)가 시처(是處)에 래도(來到)하야 복음(福音)을 전(傳)함에 조성학(趙成學), 김승호(金昇浩) 등(等) 30여인(三十餘人)이 연속신도(連續信徒)하야 김승호(金昇浩) 가(家)에서 회집(會集)이러니 기후(其後) 선교사(宣敎師) 구례선(具禮善, [R. G. Grierson]), 노아력(魯亞力, [A. Russell Ross]) 양인(兩人)이 래슌(來巡) 시(時)에 김기남(金基南), 김종국(金鐘國) 등(等) 수인(數人)이 역신(亦信)하야 관서리(舘西里) 오봉재(五峰齋)에 회당(會堂)을 이전(移轉)하니라.

이원군(利原郡) 하전교회(荷田敎會)가 성립(成立)하다. 선시(先是)에 본리(本里) 신자(信者) 육칠인(六七人)이 수년간(數年間)에 조덕수(趙德修) 가(家)에셔 회집(會集)이러니 기후(其後)에 리중(里中)의 학교(學校)를 차득(借得)하야 예배당(禮拜堂)으로 사용(使用)하니라. 수하면(水下面) 상농교회(上農敎會)도 동시병립(同時並立)하니라.

이원군(利原郡) 서면(西面) 신흥리교회(新興里敎會)가 성립(成立)하다. 선시(先是)에 각리(各里) 공동재산(共同財産)을 수합(收合)하야 학교(學校)의 기본(基本)으로 편입(編入)할새 본리(本里) 전주(全州) 이문(李門)의 학계전토(學契田土)도 역당(亦當) 기부(寄附)라. 피등(彼等)이 이위(以爲)하되 예수교도(敎徒)난 자유(自由)이 재산(財産)을 가보(可保)라 하야 교인(敎人) 임소천(任小天)을 방문(訪問)하야 도리(道理)를 득문(得聞)하고 본리(本里) 남녀(男女) 50여인(五十餘人)이 리중(里中) 서당(書堂)에셔 예배(禮拜)하며 신자(信者) 김영호(金永鎬)를 교사(敎師)로 연빙(延聘)하야 리중(里中) 아동(兒童)을 교도(敎導)러니 기후(其後)에 지토(志士) 이동휘(李東

輝)와 권서(勸書) 한진소(韓辰昭)가 병래(並來)하야 전도(傳道)하니 교회(敎會)가 부흥(復興)이라. 당시(當時) 영수(領袖)난 이(李)[313]용영(容英)이오 집사(執事)난 이하현(李河賢)이러라.

길주군(吉州郡) 용동(龍洞), 회전(會前), 불노(不老) 3교회(三敎會)가 동시성립(同時成立)하다. 선시(先是)에 전도인(傳道人) 박병수(朴丙壽)가 성진(城津) 선교사(宣敎師)의 파송(派送)을 특몽(特蒙)하야 복음(福音)을 본군(本郡)에 래전(來傳)할새 신자(信者)가 붕흥(朋興)하야 용동(龍洞)에 70여인(七十餘人)과 창전(倉前)에 60여인(六十餘人)이 교회(敎會)를 분립(分立)하고 미기(未幾)에 불노(不老)에도 30여명(三十餘名)의 신자(信者)가 교회(敎會)를 성립(成立)하다.

성진군(城津郡) 학동면(鶴東面) 한동교회(閑洞敎會)가 성립(成立)하다. 시처(是處)난 항구(港口)라. 각처(各處) 인사(人士)가 운집(雲集)할새 신자(信者)도 점다(漸多)하야 임시(臨時)로 사제(私第)를 차용(借用)이러니 기후(其後)에 신자점왕(信者漸旺)하야 교회(敎會)를 설립(設立)하나라.

성진군(城津郡) 항내교회(港內敎會)에서 이두섭(李斗燮)을 장로(長老)로 장립(將立)하야 당회(堂會)를 조직(組織)하다. 선교사(宣敎師) 구례선(具禮善, [R. G. Grierson])이 전도(傳道)사업(事業)을 확정(確定) 이후(以後)에 노아력(魯亞力, [A. Russell Ross]), 서고도(徐高道, [William Scott]), 부록도(富祿道, [Sameul J. Proctor]), 남존경(南尊敬, [Mary Maud Rogers]) 등(等) 선교사(宣敎師)가 계속 래주(繼續來住)하야 륜류 전도(輪流 傳道)하나라.

중국(中國) 동만주(東滿洲) 모아산교회(帽兒山敎會)가 성립(成立)하다. 선시(先是)에 교인(敎人) 이응현(李應賢)이 시처(是處)에 전도(傳道)함에 이병춘(李秉春) 등(等)이 시신(始信)하고 기후(其後) 교인(敎人)이 점차증가(漸次增加)하야 일대민가(一大民家)를 매수(買收)하야 예배당(禮拜堂)으로 사용(使用)하니 선교사(宣敎師) 부두일(富斗一, [W. R. Foote]), 박걸(朴傑, [A. H. Barker])과 조사(助師) 김영제(金永濟), 김내범(金迺範)이 연속 래순(連續來巡)하야 회무(會務)를 관리(管理)하나라. 시처(是處) 교인(敎人)

은 생활(生活)이 편의(便宜)하고 신애(信愛)가 구비(具備)하야 동인가권(同人家眷) 갓치 상시상휼(相視相恤)하니 연합(聯合)한 교회(敎會)가 가위(可謂)하리로다. 후래(後來)에 장학수(張學秀)를 장로(長老)로 장립(將立)하야 당회(堂會)를 조직(組織)하니라.[314]

1909년(一千九百九年) 기유(己酉)에 홍원군(洪原郡) 삼동교회(三洞敎會)가 성립(成立)하다. 선시(先是)에 정평(定平) 교인(敎人) 최장환(崔章煥)이 차지(此地)에 이주(移住)하야 린근(隣近)에 전도(傳道)함에 리내(里內) 10여인(十餘人)이 신종(信從)하야 예배당(禮拜堂)을 건축(建築)하고 교회(敎會)를 설립(設立)하니 당시(當時) 집사(執事)난 최배건(崔培健), 김제환(金濟煥) 등(等) 양인(兩人)이러라. 후래(後來)에 신포(新浦)와 삼포(三浦)가 통합(通合)하야 김제현(金濟鉉)을 장로(長老)로 장립(將立)하야 합당회(合堂會)를 조직(組織)하고 목사(牧師) 한병직(韓秉稷), 한원칠(韓元七)이 상계시무(相繼視務)하니라.

홍원군(洪原郡) 조래교회(鳥來敎會)가 성립(成立)하다. 선시(先是)에 본리인(本里人) 김정희(金廷熙), 김호진(金豪鎭), 김세헌(金世憲) 3인(三人)이 복음(福音)을 득문(得聞)하고 동지(同志) 10여인(十餘人)을 집합(集合)하야 신자(信者) 사제(私第)에서 윤회예배(輪回禮拜)하니 비의(匪意)에 시험(試驗)을 거조(遽遭)하야 예배(禮拜)를 정폐(停廢)하니 선교사(宣敎師) 영재형(榮在馨, [Lither Lisger Young]), 조율림(趙栗林) 양인(兩人)이 교회(敎會)를 순회(巡回)할 쌔에 영수(領袖) 김일신(金一信) 김중근(金重根)과 집사(執事) 김경윤(金庚允) 김석보(金碩輔) 등(等)이 열성활동(熱誠活動)하야 교회(敎會)의 시련(試鍊)을 제거(除去)하고 부노(父老)의 완고(頑固)를 벽파(劈破)하야 교회(敎會)가 부활(復活)하니라.

단천군읍교회(端川郡邑敎會)에 신자(信者)난 점다(漸多)하되 회당(會堂)이 심착(甚窄)함으로 교인(敎人)이 위려(爲慮)하니 지시(至是)하야 교인(敎人) 김병수(金炳洙), 강봉섭(姜鳳燮), 임득영(林得榮), 허인섭(許仁燮), 정기환(鄭基煥) 등(等)이 협의(協議)하야 읍내작청(邑內作廳)을 매수(買收)하야 예배당(禮拜堂)으로 사용(使用)하니 기후(其後) 수년(數年)에 교인(敎

人)이 이위(以爲) 관문(官門) 근처(近處)에 부인(婦人) 래왕(來往)이 비편(非便)이라 하야 유신학교(維新學校)를 매수(買收)하야 예배당(禮拜堂)으로 사용(使用)하고 이창갑(李昌甲), 정기환(鄭基煥) 양인(兩人)은 대종(大鍾) 1좌(一座)를 기부(寄附)하니라.

길주군(吉州郡) 옥보동교회(玉甫洞敎會)가 성립(成立)하다. 선시(先是)에 전도인(傳道人) 김계안(金桂顔)이 선교사(宣敎師)의 파송(派送)을 특피(特被)하야 [315] 차처(此處)에 복음(福音)을 래전(來傳)하니 신자(信者) 팔구인(八九人)이 계흥(繼興)이라 교회(敎會)를 설립(設立)하니라.

성진군(城津郡) 농성동교회(農城洞敎會)가 성립(成立)하다. 선시(先是)에 전도인(傳道人) 조경백(曹京伯)이 선교사(宣敎師) 구례선(具禮善, [R. G. Grierson])의 파송(派送)을 특피(特被)하야 차처(此處)에 복음(福音)을 래전(來傳)하니 동시(同時) 피소자(被召者)가 근 수백명(近 數百名)이라. 수년(數年)를 불과(不過)하야 재래(在來)의 폐습(弊習)을 혁거(革祛)하고 진리(眞理)의 훈계(訓戒)를 각수(恪守)하야 신성(神聖)한 교회(敎會)를 건립(建立)하니라.

명천군(明川郡) 아간장교회(阿間場敎會)가 성립(成立)하다. 선시(先是)에 전도인(傳道人) 김계안(金桂顔), 이종범(李宗範)이 선교사(宣敎師)의 파송(派送)을 병피(並被)하야 차처(此處)에 복음(福音)을 래전(來傳)할새 당시(當時)에 용암(龍岩) 김하련(金河鍊)과 기동(基洞) 최종륜(崔宗崙), 최극륜(崔克崙)과 황곡(黃谷) 김용봉(金容逢), 장익주(張翼周) 등(等)이 병신(並信)하야 열심(熱心)으로 전도(傳道)함에 이상(以上) 3처(三處)에 각기(各其) 교회(敎會)를 설립(設立)하고 미기(未幾)에 각(各) 예배당(禮拜堂)을 건축(建築)하니라.

이원군읍교회(利原郡邑敎會)가 성립(成立)하다. 선시(先是)에 선교사(宣敎師) 구례선(具禮善, [R. G. Grierson])이 시처(是處)에 래도(來到)하야 전도(傳道)할새 읍인(邑人) 임소천(任小天)이 시신(始信)하고 린인(鄰人)의게 경전(更傳)하야 수십신자(數十信者)를 연득(連得)하야 교회(敎會)를 건립(建立)하니라.

이원군(利原郡) 남면(南面) 송당리교회(松堂里敎會)가 성립(成立)하다. 선시(先是)에 리내(里內) 공유재산사건(公有財產事件)이 발생(發生)함에 예수교회(敎會)를 의뢰보존(依賴保存)할 동기(動機)로 리인(里人)이 경향(傾向)하던 바 이동휘(李東輝), 한진허(韓振訶) 등(等)이 적래(適來)하야 전도(傳道)하니 동시(同時) 결신자(決信者) 삼사백인(三四百人)이라 교회(敎會)를 수성(遂成)하니라.

이원군(利原郡) 서면(西面) 문평리교회(文坪里敎會)가 성립(成立)하다. 선시(先是)에 교원(敎員) 이종훈(李鍾薰)이 본리(本里) 문창학교(文昌學校)에 도임(到任)하야 복음(福音)을 선전(宣傳)함에 학생(學生)이 구신(俱信)하고 리인(里人) 강진제(姜鎭濟), 강현수(姜賢秀), 강석봉(姜錫鳳) 등(等)이 차신(且信)이러니[316] 기후(其後)에 선교사(宣敎師) 구례선(具禮善, [R. G. Grierson])과 이동휘(李東輝)와 교원(敎員) 이종한(李鐘翰) 등(等)이 열심 전도(熱心傳道)하니 교회대진(敎會大振)하니라.

이원군(利原郡) 서면(西面) 이덕리교회(梨德里敎會)가 성립(成立)하다. 선시(先是)에 교원(敎員) 모학수(毛鶴洙[원산인(元山人)] 본리(本里) 동명학교(東明學校)에 도임(到任)하야 복음(福音)을 선전(宣傳)함에 리인(里人) 이병쥬(李秉周), 이창규(李昌奎), 이용범(李用範), 이창건(李昌健), 이범재(李範在) 등(等)이 구신(俱信)하야 동명학교(東明學校)로 예배소(禮拜所)를 의정(議定)하고 교회(敎會)를 설립(設立)하니라.

이원군(利原郡) 은용덕교회(隱龍德敎會)가 성립(成立)하다. 선시(先是)에 이동휘(李東輝)가 시처(是處)에 전도(傳道)할새 리내(里內) 3인(三人)이 결신(決信)하야 백반고난(百般苦難)을 감수(甘受)하니 당시(當時)에 감이신자점다(感而信者漸多)라. 교회(敎會)를 성립(成立)하니라.

종성군읍교회(鍾城郡邑敎會)가 성립(成立)하다. 선시(先是)에 약상(藥商) 고일섭(高一涉)이 본읍(邑)에 래쥬(來住)하야 복음(福音)을 선전(宣傳)하니 신도(信徒)가 초흥(稍興)이라. 오준경(吳俊京) 가(家)에 회집(會集)이러니 월수년(越數年)에 신도(信徒)가 관부(官府)에 유사(有事)하야 회집(會集)을 잠정(暫停)이라가 신우(神佑)를 우몽(優蒙)하야 주일(主日)을 경수

(更守)하니 목사(牧師) 김영제(金永濟)가 누도간권(屢到懇勸)함으로 신자득력(信者得力)하야 교회(敎會)를 수성(遂成)하니라.

중국(中國) 동만주(東滿洲) 명동교회(明東敎會)가 성립(成立)하다. 선시(先是)에 신자(信者) 정재면(鄭載冕)이 시처(是處)에 전도(傳道)함에 김약연(金躍淵), 김하규(金河奎), 김정규(金定奎), 문정호(文定鎬), 문치정(文治正), 최봉기(崔鳳岐) 등(等)이 시신(始信)하고 기후(其後)에 신도우증(信徒尤增)이라. 선교사(宣敎師) 박걸(朴傑, [A. H. Barker])과 목사(牧師) 김영제(金永濟)가 래순(來巡)하야 교회(敎會)를 수성(遂成)하니라.

중국(中國) 동만주(東滿洲) 호천포교회(湖泉浦敎會)가 성립(成立)하다. 선시(先是)에 신자(信者) 최봉렬(崔鳳烈)이 시처(是處)에 전도(傳道)함에 한수량(韓秀良)이 최초신종(最初信從)하고 미구(未久)에 기형(其兄) 수학(秀學)이 역신(亦信)함에 교도증가(敎徒增加)하나지라. 선교사(宣敎師) 박걸(朴傑, [A. H. Barker])과 목사(牧師)[317] 김영제(金永濟)가 래순(來巡)하야 교회(敎會)를 설립(設立)하니 당시(當時) 영수(領袖)난 한수현(韓秀鉉), 이용권(李用權)이라. 열심근무(熱心勤務)하야 교회융흥(敎會隆興)함에 예배당(禮拜堂)을 건축(建築)하니라.

중국(中國) 동만주(東滿洲) 혼춘성내교회(琿春城內敎會)가 성립(成立)하다. 선시(先是)에 신자(信者) 오병묵(吳秉默)이 시처(是處)에 래주(來住)하야 신자(信者) 황병길(黃炳吉)로 더브러 협의(協議)하야 강당(講堂)을 성립(成立)하고 예배(禮拜)와 전도(傳道)로 병용(並用)하니 개(蓋) 중국교회제도(中國敎會制度)를 효칙(效則)함이라. 선교사(宣敎師) 박걸(朴傑, [A. H. Barker])과 조사(助師) 감내범(金迺範)이 순시(巡視)하야 교회(敎會)를 성립(成立)하고 조익형(趙益亨), 정용하(鄭用河), 고일섭(高日燮) 등(等)이 교회(敎會)를 도솔(導率)하더니 기후(其後)에 평서노회(平西老會)에서 목사(牧師) 이병하(李柄夏)을 특파시무(特派視務)할새 예배당(禮拜堂)을 건축(建築)하고 학교(學校)를 병립(並立)하야 동포자녀(同胞子女)를 교육(敎育)하더라.

중국(中國) 동만주(東滿洲) 용정시교회(龍井市敎會)에 조사(助師) 김계안(金桂顔)이 이주(移住)하야 간도지방(間島地方)에 순회전도(巡回傳道)하니 교회대진(敎會大振)이러라. 개(蓋) 김군(金君)은 본시(本是) 불교인(佛敎人)으로 아교(我敎)에 투입(投入)하야 진리(眞理)를 심구(深究)하고 전도(傳道)에 열심(熱心)하야 다년(多年) 권서(勸書)로 근무(勤務)하더니 도금(到今) 조사(助師)로 담임(擔任)하니라.

　　노령(露領) 해삼위교회(海參威敎會)가 성립(成立)하다. 선시(先是)에 성진항(城津港)에 거류(居留)하난 선교사(宣敎師) 구례선(具禮善, [R. G. Grierson]), 업아력(業亞力, [A. F. Robb])과 전도인(傳道人) 전훈석(全燻錫), 홍순국(洪淳國), 이두섭(李斗燮) 등(等)이 함북(咸北) 각군(各郡)과 중국(中國) 동만(東滿)과 노령(露領) 연추(燕秋) 등지(等地)로 경과(經過)하야 해삼위항(海參威港)에 도달(到達)하야 1주(一週) 전도(傳道)할새 여간(如干) 신자(信者)로 더브러 수차예배(數次禮拜)하다 적기(適其) 시(時)난 일로교전(日露交戰) 시기(時機)가 박근(迫近)한지라. 노인(露人)의 구금(拘禁)과 수사(搜查)을 무수(無數)히 경과(經過)하얏스나 당시(當時) 선교사(宣敎師)난 개(皆) 영인(英人)이라. 국권(國權)으로 인(因)하야 무사(無事)히 환귀(還歸)하니라. 기후(其後)에 원산(元山) 교인(敎人) 김사겸(金士謙)이 전도인(傳道人)[318] 김유보(金有甫), 모학수(毛鶴壽)를 시처(是處)에 파송(派送)하야 교회(敎會)를 성립(成立)이러니 시년(是年)에 조선노회(朝鮮老會)로서 최관흘(崔寬屹)을 전도목사(傳道牧師)로 특파(特派)하야 교회(敎會)를 관리(管理)하니라.

　　1910년(一千九百十年) 신해(辛亥)에 고원군(高原郡) 덕지교회(德池敎會)에서 장두익(張斗翼), 김내범(金迺範)을 장로(長老)로 장립(將立)하야 당회(堂會)를 조직(組織)하고 기후(其後)에 교회(敎會)가 우흥(尤興)하야 정기준(鄭基俊)이 계속(繼續)하야 장로(長老)로 장립(將立)하고 김내범(金迺範), 전계은(全啓殷), 엄치상(嚴致相), 김학수(金學洙)가 상계(相繼)하야 조사(助師)로 시무(視務)하니라.

　　정평군(定平郡) 파춘교회(播春敎會)에서 최원기(崔元基), 강석준(康錫俊)을 장로(長老)로 장립(將立)하야 당회(堂會)를 조직(組織)하다. 양인(兩

人)이 다 회무(會務)에 열심(熱心)하고 강군(康君)은 전도회(傳道會)를 조직(組織)하며 예배당(禮拜堂)을 건축(建築)함에 선력(宣力)이 최다(最多)하고 차기(且其) 부인(婦人) 신마대(申馬大)난 소유가옥(所有家屋)을 전도회(傳道會) 중(中)에 기부(寄附)하니라.

고원군(高原郡) 송현교회(松峴敎會)가 성립(成立)하다. 선시(先是)에 본처인(本處人) 한흥인(韓興仁)이 덕지교회(德池敎會)에 왕(往)하야 복음(福音)을 득문(得聞)하고 친지(親知)의게 선전(宣傳)하더니 기후(其後)에 교인(敎人) 이욱(李郁)이 이래(移來)하야 다인(多人)의게 전도(傳道)하야 신자(信者)을 다득(多得)함에 예배당(禮拜堂)를 설립(設立)하고 교회(敎會)를 완성(完成)하니라.

안변군(安邊郡) 미현교회(美峴敎會)가 성립(成立)하다. 선시(先是)에 본처인(本處人) 신응상(申應相), 김봉구(金鳳球), 이재선(李在善)이 복음(福音)을 시개(始開)하고 본읍(本邑) 교회(敎會)에 왕래예배(往來禮拜)러니 신도점흥(信徒漸興)함에 선교사(宣敎師) 부두일(富斗一, [W. R. Foote])이 강기선(姜基善)을 파송(派送)하야 교무(敎務)를 인도(引導)하더니 교회우진(敎會尤進)하야 예배당(禮拜堂)을 건축(建築)하고 교회(敎會)를 성립(成立)하다. 기후(其後)에 강기선(姜基善)을 장로(長老)로 장립(將立)하야 당회(堂會)를 조직(組織)하고 이기찬(李基燦)이 다시 장로(長老)되여 회무(會務)를 공집(共執)하더라.[319]

함흥군(咸興郡) 중하리교회(中荷里敎會)가 성립(成立)하다. 선시(先是)에 선교사(宣敎師) 영재형(榮在馨, [Lither Lisger Young])이 시처(是處)에 래도(來到)하야 교도(敎徒)의 형편(形便)과 지리(地理)의 관계(關係)을 심찰(深察)하야 신창리교회(新昌里敎會)부터 분립(分立)하니라.

명천군(明川郡) 자계리교회(自桂里敎會)에서 예배당(禮拜堂)을 신축(新築)하니라.

명천군(明川郡) 대암교회(臺岩敎會)가 성립(成立)하다. 선시(先是)에 교인(敎人) 이자운(李子雲)이 복음(福音)을 시전(始傳)하야 신자(信者) 3인(三人)을 시득(始得)하고 지시(至是)하야 교인(敎人) 김계선(金啓善)이 복음(福音)을 차전(且傳)하야 신자(信者) 6인(六人)을 연득(連得)함이 리내(里內) 영성학교(永成學校)에 회집(會集)하야 교회(敎會)를 성립(成立)하니라.

동군(同郡) 화태교회(花台敎會)가 성립(成立)하다. 선시(先是)에 교인(敎人) 이두섭(李斗燮), 김문운(金文云), 김계안(金桂顔), 김택서(金宅西), 이정화(李正華) 등(等)이 본군(本郡) 각처(各處)에 편행전도(遍行傳道)할새 당시(當時)에 본처(本處) 신자(信者)가 점흥(漸興)이라. 신자(信者) 주자명(朱慈明) 가(家)에서 회집(會集)이러니 기후(其後)에 독신자(篤信者) 홍재우(洪在祐)가 차처(此處)에 이래(移來)하야 교회(敎會)를 진흥(振興)케 함으로 교회(敎會)가 득력(得力)하야 거액(巨額)을 연보(捐補)하야 10간(十間) 예배당(禮拜堂)을 신축(新築)하고 교직(敎職)을 선정(撰定)이러니 미기(未幾)에 교내(敎內)에 요사(遙事)가 현출(現出)하야 신자타락(信者墮落)이러니 유행(唯幸) 손용한(孫龍漢), 이승혜(李承惠)의 열성안위(熱誠安慰)을 득뢰(得賴)하야 교회(敎會)가 근보(僅保)하야 광현교회(匡峴敎會)와 합력(合力)하야 이영수(李永洙)를 조사(助師)로 연빙(延聘)하고 김씨신항(金氏信恒)을 전도(傳道)로 시무(視務)하니라.

이원군(利原郡) 장문리교회(塲門里敎會)가 성립(成立)하다. 선시(先是)에 교인(敎人) 임득률(林得律), 김재근(金載根) 양군(兩君)의 전도(傳道)로 김준경(金俊景) 장홍달(張弘達) 등(等) 10여인(十餘人)이 결신(決信)하고 송당리교회(松堂里敎會)에 치왕(馳住)하야 예배모범(禮拜模範)을 학득(學得)한 후(後)에 이동휘(李東輝)와 권서(勸書) 한진해(韓振河)의 강설(講說)을 심감(深感)하고 목사(牧師) 한득룡(韓得龍)의게 경훈(經訓)을 우몽(又蒙)하야 교회(敎會)가 점진(漸進)하니[320]라.

단천군(端川郡) 여해진교회(汝海津敎會)가 성립(成立)하다. 선시(先是)에 이동휘(李東輝)의 전도(傳道)로 감응자(感應者) 수십명(數十名)이 신자(信者) 사제(私第)에서 회집(會集)이러니 교도자(敎徒者) 태무(殆無)함을 인(因)하야 미구(未久) 해산(解散)하고 기후(其後)에 신자(信者) 강봉회(姜鳳鎬)의 권면(勸勉)으로 회개자(悔改者) 수십명(數十名)이 다시 사제(私第)

에 회집예배(會集禮拜)하니라.

　단천군(端川郡) 원덕리교회(院德里敎會)에서 문성기(文成基)을 장로(長老)로 장립(將立)하야 당회(堂會)을 조직(組織)하니라.

　단천군(端川郡) 중평교회(仲坪敎會)에서 예배당(禮拜堂)을 신축(新築)할새 선교사(宣敎師)난 기지(基地) 500평(五百坪)을 기부(寄附)하고 교인(敎人)은 천여원(千餘元)을 수합(收合)하야 24간(二十四間)을 준공(竣工)하니 읍내(邑內)의 제일(第一)의 건물(建物)이러라.

　갑산읍교회(甲山邑敎會)가 성립(成立)하다. 선시(先是) 선교사(宣敎師) 구례선(具禮善, [R. G. Grierson])과 교인(敎人) 남승오(南承五)가 차처(此處)에 래도(來到)하야 복음(福音)을 선전(宣傳)함에 강박(姜珀), 조용팔(趙龍八), 조옥진(趙玉振) 등(等) 오륙인(五六人)이 동시이신(同時而信)하야 강박(姜珀) 사제(私第)에 회집(會集)하고 교회(敎會)를 성립(成立)이러니 기후(其後)에 교도자(敎徒者) 무(無)함으로 교회미약(敎會微弱)하니라.

　경흥군읍교회(慶興郡邑敎會)가 성립(成立)하다. 선시(先是)에 신자(信者) 김계안(金桂顔)이 본읍(本邑)에 래도(來到)하야 복음(福音)을 전파(傳播)할새 흥명야학교장(興明夜學校長) 김태훈(金泰勳)과 교사(敎師) 김문협(金文協) 17인(十七人)이 동시결신(同時決信)하야 야교강당(夜校講堂)에서 예배(禮拜)하야 교회(敎會)를 설정(設定)하니라.

　경흥군(慶興郡) 굴포교회(屈浦敎會)가 성립(成立)하다. 선시(先是)에 침례회(浸禮會) 전도인(傳道人) 장조환(張朝煥)이 시처(是處)에 래도(來到)하야 전도(傳道)할새 문병권(文炳權), 문병록(文炳祿), 문병섭(文炳燮) 유종석(柳宗錫), 김창렬(金昌烈) 등(等)이 동시이신(同時而信)하야 문병권(文炳權) 가(家)에셔[321] 예배(禮拜)러니 신도(信徒)가 점증(漸增)함에 교회(敎會)를 성립(成立)하다. 기후(其後)에 장로회(長老會)에 속귀(屬歸)하니 선교사(宣敎師) 매도날(梅道㮈, [D. A. MacDonald])이 단임시무(担任視務)하니라.

　회령군읍교회(會寧郡邑敎會)가 성립(成立) 수년(數年)에 회무부진(會務不振)이러니 성진선교사회(城津宣敎師會)로부터 김문삼(金文三)을 특파

(特派)하야 회무(會務)를 발전(發展)케 할새 북면(北面) 1리(一里)[금(今) 예배당(禮拜堂)]에 와가(瓦家) 2좌(二座)를 매수(買收)하야 일(一)은 예배당(禮拜堂)으로 사용(使用)하고 일(一)은 목사주택(牧師住宅)으로 확정(確定)하다. 시시(是時)에 함경대리회(咸鏡代里會)[유금(猶今) 노회(老會)]로부터 선교사(宣敎師) 매길로(梅吉鲁)와 목사(牧師) 김영제(金永濟)로 시처(是處) 당회위원(堂會委員)을 삼아 교회(敎會)를 관리(管理)케 하고 또 선교사회(宣敎師會)로부터 여전도인(女傳道人) 이마리아(李馬利亞)를 시처(是處)에 파송(派送)하야 부인회무(婦人會務)를 관조(贊助)케 하니라.

성진군(城津郡) 학동면(鶴東面) 간리교회(間里敎會)에서 교인(敎人)이 열성(熱誠)으로 연보(捐補)하야 예배당(禮拜堂)을 건축(建築)하니라.

중국(中國) 동만주(東滿洲) 용정시교회(龍井市敎會)에서 예당(禮堂)을 신축(新築)하다.

중국(中國) 동만주(東滿洲) 만진기교회(滿眞基敎會)가 성립(成立)하다. 선시(先是)에 교인(敎人) 한수현(韓秀鉉)의 전도(傳道)로 본리(本里) 강성황(姜成璜), 강용철(姜容哲)이 시신(始信)하고 예배(禮拜)를 성근(誠勤)하더니 미기(未幾)에 강씨(姜氏)의 족인(族人)이 초진(稍進)하야 교회(敎會)를 설립(設立)하니 당시(當時) 목사(牧師)난 감내범(金迺範)이요 조사(助師)난 서창희(徐昌熙)러라.

중국(中國) 동만주(東滿洲) 대황구교회(大荒溝敎會)가 성립(成立)하다. 선시(先是)에 교인(敎人) 김하정(金夏鼎), 김동현(金東鉉) 양인(兩人)이 차처(此處)에 래주(來住)하야 복음(福音)을 전도(傳道)함에 신자(信者)가 초흥(稍興)하야 교회(敎會)를 설립(設立)하니 선교사(宣敎師) 박걸(朴傑, [A. H. Barker])과 목사(牧師) 감내범(金迺範)이 유시(有時)로 래순(來巡)하더라. 기후(其後)에 이병하(李炳夏)가 목사(牧師)로 시무(視務)할 시(時)에 정용하(鄭用河)를 장로(長老)로 장립(將立)하야 [322] 당회(堂會)를 조직(組織)하니라.

중국(中國) 동만주(東滿洲) 차대인구교회(車大人溝敎會)가 성립(成立)하다. 선시(先是)에 교인(敎人) 김강(金剛), 김병현(金秉鉉), 김명규(金明奎)

등(等)이 열성전도(熱誠傳道)함으로 교회설립(敎會設立)하니 선교사(宣敎師) 박걸(朴傑, [A. H. Barker]) 서고도(徐高道, [William Scott])와 목사(牧師) 이병하(李炳夏) 등(等)이 윤회시무(輪回視務)하니라.

중국(中國) 동만주(東滿州) 경신향(敬信鄕) 옥천동교회(玉泉洞敎會)가 성립(成立)하다. 선시(先是)에 교인(敎人) 이춘(李春)이 차지(此地)에 래주(來住)하야 전도(傳道)함으로 신자점흥(信者漸興)하야 교회수성(敎會遂成)하니 선교사(宣敎師) 박걸(朴傑 [A. H. Barker])과 목사(牧師) 이병하(李炳夏)가 윤행시무(輪行視務)하니라.

1911년(一千九百十一年) 신해(辛亥)에 정평읍교회(定平邑敎會)에서 장예학(張禮學), 이종하(李宗夏)를 장로(長老)로 장립(將立)하야 당회(堂會)를 조직(組織)하다.

홍원군읍교회(洪原郡邑敎會)에서 한병직(韓秉職), 한원칠(韓元七)이 상계(相繼)하야 목사(牧師)로 시무(視務)하고 남녀전도회(男女傳道會)를 창립(創立)하야 성적(成績)이 파호(頗好)러라.

경성군(鏡城郡) 승암동교회(勝岩洞敎會)에서 전도인(傳道人) 박병수(朴丙壽), 강두송(姜斗松)을 청래(請來)하야 사경회(査經會)를 시개(始開)하니 신자(信者)가 다회(多會)러라.

고원군(高原郡) 미둔면교회(彌屯面敎會)에서 회무(會務)가 점진(漸進)하야 예배당(禮拜堂)을 신축(新築)하고 강봉규(姜鳳奎)를 장로(長老)로 장립(將立)하야 당회(堂會)를 조직(組織)하니라.

회령군읍교회(會寧郡邑敎會)에 선교사(宣敎師) 박걸(朴傑, [A. H. Barker]) 부부(夫婦)와 매도날(梅道捺, [D. A. MacDonald]) 부부(夫婦)와 의사(醫師) 만수필(萬壽弼, [Thomas D. Mansfield]) 부부(夫婦)와 어학교사(語學敎師) 강두화(姜斗和), 김관식(金觀植), 김석현(金碩鉉), 유영호(劉永浩), 최경재(崔璟在) 등(等)이 성진(城津)으로부터 이주(移住)하야 복음(福音)을 확증(確證)[323]함에 교회(敎會)가 대진(大振)이러라.

이원군(利原郡) 남면(南面) 포항리교회(浦項里敎會)가 성립(成立)하다. 선시(先是)에 이동휘(李東輝), 신경두(辛慶斗) 양인(兩人)이 시처(是處)에 래도(來到)하야 전도(傳道)함에 신자진흥(信者振興)이러니 지시(至是)하야 이균(李君)의 간권(懇勸)과 교인(敎人)의 열성(熱誠)으로 연보(捐補)를 수합(收合)하야 본리(本里) 서당(書堂)을 매수(買收)하야 예배당(禮拜堂)으로 사용(使用)하니라.

종성군읍교회(鍾城郡邑敎會)난 시난(試難)이 천지(荐至)함으로 회무(會務)가 점쇠(漸衰)러니 목사(牧師) 김영제(金永濟)가 누도권면(屢到勸勉)하니 교인(敎人)이 부흥(復興)이러라.

경흥군(慶興郡) 서포항교회(西浦項敎會)가 성립(成立)하다. 선시(先是)에 동아기독교인(東亞基督敎人) 이자운(李子雲)이 교리(敎理)를 선전(宣傳)함에 시처(是處) 야학교생(夜學校生) 10여인(十餘人)이 동시결신(同時決信)하고 학교(學校)에서 예배(禮拜)하니 기후(其後)에 신자가다(信者加多)함에 초즙(草葺) 6간(六間)을 건축(建築)하야 예배당(禮拜堂)으로 사용(使用)하니라.

중국(中國) 동만주(東滿洲) 장백현교회(長白縣敎會)가 성립(成立)하다. 선시(先是)에 신자(信者) 이은경(李殷卿), 조덕수(趙德脩), 오주섭(吳周燮) 등(等)이 내지(內地)로부터 시처(是處)에 이주(移住)하야 동현(同縣) 신흥덕촌(新興德村)에 복음(福音)을 시전(始傳)하야 교회수성(敎會遂成)하니라.

중국(中國) 동만주(東滿洲) 장은평교회(藏恩坪敎會)가 성립(成立)하다. 선시(先是)에 성진인(城津人) 노자(老者) 양진섭(梁鎭燮)이 가족(家族) 12호(十二戶) 72인(七十二人)을 영솔(領率)하고 시처(是處)에 이주(移住)하야 교회(敎會)를 설립(設立)하고 동명(洞名)을 장은평(藏恩坪)이라 명명(命名)하니 재석이색렬(在昔以色列)이 12자(十二子)의 가족(家族) 72인(七十二人)을 영솔(領率)하고 애급(埃及)으로 이주(移住)함과 상응(相應)이러라. 성진(城津) 본처(本處) 교우(敎友) 추래자역(追來者亦) 사오가(四五家)가 병력(並力)하야 예배당(禮拜堂)을 건축(建築)하다. 선교사(宣敎師) 박걸(朴傑, [A. H. Barker]), 부두일(富斗一, [W. R. Foote])과 목사(牧師)[324] 김영제(金永濟, 김내범(金迺範)이 상계시무(相繼視務)하고 장로(長老) 양형식(梁亨植), 양종식(梁宗植), 이태언(李泰彦), 양창식(梁昌植)이 역계시무(亦繼視

務)하니 시처(是處) 위치(位置)난 동만(東滿) 제일(第一)이라. 현하(現下) 교도(敎徒)가 300여인(三百餘人)이요 교인(敎人) 이래자(移來者)난 축년증가(逐年增加)하나니 장래발전(將來發展)할 소망(所望)이 심대(甚大)러라.

중국(中國) 동만주(東滿洲) 적안평교회(赤岸坪敎會)가 성립(成立)하다. 선시(先是)에 전도인(傳道人) 김계안(金桂顏)이 시처(是處)에 전도(傳道)할새 김봉렬(金鳳烈)이 시신(始信)하고 기후(其後) 신도(信徒)가 계흥(繼興)하야 40여인(四十餘人)에 기달(己達)한지라. 목사(牧師) 김영제(金永濟)가 래순(來巡)하야 교회(敎會)를 설립(設立)하고 예배당(禮拜堂)을 신축(新築)한지라. 후래(後來) 목사(牧師)난 부두일(富斗一, [W. R. Foote]), 김내범(金迺範), 이하영(李夏榮), 최덕준(崔德峻)이오 장로(長老)난 이태현(李台現), 염창화(廉昌和), 최봉렬(崔鳳烈)이니 상계근무(相繼勤務)하야 교회전진(敎會前進)이러라.

중국(中國) 동만주(東滿洲) 국자가교회(局子街敎會)가 성립(成立)하다. 선시(先是)에 평양(平壤) 교인(敎人) 유기연(柳基淵)이 차처(此處)에 이주(移住)하야 복음(福音)을 선전(宣傳)함에 신자점기(信者漸起)하야 예배당(禮拜堂)을 건축(建築)하고 목사(牧師) 박걸(朴傑)[A. H. Barker], 김영제(金永濟) 양인(兩人)이 래순(來巡)하야 교회(敎會)를 성립(成立)이러니 기후(其後)에 목사(牧師) 부두일(富斗一, W. R. Foote), 김내범(金迺範), 최덕준(崔德峻), 유지선(柳芝善)과 장로(長老) 유찬희(柳纘熙), 서성권(徐成權) 박의섭(朴義涉), 유우일(俞愚一), 유흥원(柳興元)이 상계시무(相繼視務)하니 교회전진(敎會前進)이러라.

중국(中國) 동만주(東滿洲) 정동교회(正東敎會)가 성립(成立)하다. 선시(先是)에 교인(敎人) 강익태(姜翼泰)의 전도(傳道)로 유한풍(俞漢豊)이 시신(始信)하고 기후(其後)에 신자우흥(信者尤興)하야 40여인(四十餘人)이 회집(會集)이러니 목사(牧師) 김내범(金迺範)이 래순(來巡)하야 교회(敎會)을 설립(設立)하고 유한풍(俞漢豊)이 집사(執事)로 시무(視務)함에 교회(敎會)가 전진(前進)이러라.

중국(中國) 동만주(東滿洲) 화용현교회(和龍縣敎會)가 성립(成立)하다.

선시(先是)에 성진(城津) 교인(敎人) 남성호(南星昊)가 차처(此處)에 래주(來住)하야 전(傳)|325|도(道)함에 신자초흥(信者稍興)이라 교회(敎會)를 설립(設立)하니 당시(當時) 목사(牧師)난 최선탁(崔善鐸)이요 조사(助師)난 문재린(文在獜)이러라.

중국(中國) 동만주(東滿洲) 은포교회(隱浦敎會)가 성립(成立)하다. 선시(先是)에 장로(長老) 김약연(金躍淵)의 전도(傳道)로 심성문(沈成文), 엄방진(嚴邦鎭)이 시신(始信)하고 기후(其後)에 신자계흥(信者繼興)이라 교회(敎會)를 설립(設立)하니 당시(當時) 목사(牧師)난 최선탁(崔善鐸)이요 조사(助師)난 문재린(文在獜)이요 집사(執事)난 김용연(金湧淵), 김원변(金元變), 윤영복(尹永福)이러라.

중국(中國) 동만주(東滿洲) 두도구교회(頭道溝敎會)가 성립(成立)하다. 선시(先是)에 교인(敎人) 강찬규(姜燦奎), 홍일표(洪一杓) 양군(兩君)이 차처(此處)에 래도(來到)하야 복음(福音)을 선전(宣傳)함에 신자계기(信者繼起)하고 이래신자(移來信者)도 불소(不少)하니 선교사(宣敎師) 박걸(朴傑, [A. H. Barker])과 목사(牧師) 김내범(金迺範)이 래순(來巡)하야 교회(敎會)을 설립(設立)하니라.

기후(其後)에 예배당(禮拜堂)을 건축(建築)하며 장로(長老)를 장립(將立)하야 당회(堂會)를 조직(組織)하니 시무장로(視務長老)난 이순창(李順昌), 조명환(曺命煥), 조병수(趙秉洙)러라.

중국(中國) 동만주(東滿洲) 간장암교회(間獐岩敎會)가 성립(成立)하다. 선시(先是)에 교인(敎人) 강백규(姜百奎)의 전도(傳道)로 김영섭(金永燮), 김동의(金東義), 김동희(金東熙) 등(等) 10여인(十餘人)이 상계이신(相繼而信)하야 설립(設立)하니 선교사(宣敎師) 박걸(朴傑 [A. H. Barker])과 목사(牧師) 김영제(金永濟)가 래순(來巡)하야 교회(敎會)를 진흥(振興)하야 예배당(禮拜堂)을 건축(建築)하고 장로(長老)를 장립(將立)하야 당회(堂會)를 조직(組織)하니 기시(其時) 장로(長老)난 현기윤(玄基允)이러라.

중국(中國) 동만주(東滿洲) 신풍교회(新豊敎會)가 성립(成立)하다. 선시(先是)에 교인(敎人) 진형권(陳衡權)의 전도(傳道)로 신자계기(信者繼起)하야 교회(敎會)를 설립(設立)하니 당시(當時) 선교사(宣敎師)난 박걸(朴傑, [A. H. Barker])이요, 목사(牧師)난 이병하(李炳柄)러라.

중국(中國) 동만주(東滿洲) 일송정교회(一松亭敎會)가 성립(成立)하다. 선시(先是)에 교인(敎人) 공원보(孔元甫), 박병섭(朴秉燮) 양군(兩君)의 전도(傳道)로 신(信)[326]자계기(者繼起)하야 교회(敎會)를 성립(成立)하니 당시(當時) 선교사(宣敎師)난 박걸(朴傑, [A. H. Barker])이요 목사(牧師)난 이병하(李炳夏)러라.

중국(中國) 동만주(東滿洲) 금당촌교회(金唐村敎會)가 성립(成立)하다. 선시(先是)에 교인(敎人) 오재영(吳在榮)이 차지(此地)에 래쥬(來住)하야 전도(傳道)함에 신자계기(信者繼起)하야 교회(敎會)를 성립(成立)하니 당시(當時) 목사(牧師) 이병하(李柄夏)러라.

2. 전도(二, 傳道)

1907년(一千九百七年) 정미(丁未) 이후(以後)에 원산(元山) 교인(敎人) 김사겸(金仕謙)이 전도(傳道)에 전무(專務)하야 양계소업(養鷄所業)으로 수득(收得)한 이금(利金)을 전도비용(傳道費用)에 공헌(貢獻)하야 노령(露領) 해삼위(海蔘威)에 김유보(金有甫)를 파송(派送)하고 문천(文川) 고원(高原) 영흥(永興) 등지(等地)에 모학슈(毛鶴洙)와 유문환(柳文煥)을 파송(派送)하야 사지전도(使之傳道)케 하니라.

1910년(一千九百十年) 경술(庚戌)에 100만명(百萬名) 전도대(傳道隊)가 경성(京城)으로부터 각처(各處)에 편행전도(遍行傳道)하야 교회대진(敎會大振)하니라.

선교사(宣敎師) 등(等)이 지리(地理)를 순찰(巡察)하고 구역(區域)을 획정(畵定)하야 성진항(城津港)을 중심지(中心地)을 삼고 북청(北靑), 이원(利原), 단천(端川), 삼슈(三水), 갑산(甲山), 길쥬(吉州), 명천(明川), 경성(鏡城), 부령(富寧), 회령(會寧), 종성(鍾城), 온성(穩城), 경원(慶原), 경흥(慶

興) 동만주(東滿洲), 해삼위(海蔘威) 등지(等地)에 전력전도(專力傳道)할새 3국(三國) 전도회(傳道會)를 조직(組織)하야 각처(各處)에 파송(派送)하니라.

3. 환난(三, 患難)

1910년(一千九百十年) 경술(庚戌) 경(頃)에 동만주(東滿洲) 대황구교회(大荒溝敎會)에서 학교교육(學校敎育)을 위(爲)하야 중국(中國) 관헌(官憲)의게 무수협박(無數脅迫)을 당(當)하야 교회(敎會)의 곤난(困難)이 자심(滋甚)하엿스나 유시주은(惟是主恩)으로 불구(不久)에 안정(安定)하니라.[327]

4. 교육(四, 敎育)

시시(是時)에 원산(元山) 보광학교(普光學校)와 함흥(咸興) 영생학교(永生學校)난 중등교육(中等敎育)으로 근면진행(勤勉進行)하난 바 수다인재(數多人材)를 배양(培養)하얏스니 선교사회(宣敎師會)의 공헌(貢獻)이 가위대의(可謂大矣)로다. 동만(東滿) 각처(各處)에도 교인(敎人) 소재(所在)에난 학교(學校)를 필립(必立)하야 자녀(子女)를 무훈(務訓)하나 석재기교(惜哉其校)을 종방(從放)키 불능(不能)하도다.

5. 자선(五, 慈善)

차시대(此時代) 중(中) 선교사회(宣敎師會)로부터 각(各) 선교구(宣敎區)에 제중원(濟衆院)을 설립(設立)하야 병자(病者)를 구제(救濟)하며 각(各) 교회(敎會)에셔난 예배당(禮拜堂)을 건축(建築)할새 혹(或) 기지(基地)

를 기부(寄附)하며 혹(或) 금액(金額)을 공납(貢納)하난 자(者) 개다(概多) 하더라.

6. 진흥(六, 振興)

차시대(此時代) 중(中)에 함경(咸鏡) 선교사회(宣敎師會)난 5구(五區)를 분정(分定)하야 원산(元山), 함흥(咸興), 성진(城津), 회령(會寧), 동만(東滿)에 각기(各其) 선교사회(宣敎師會)를 성립(成立)하고 전도회(傳道會)를 조직(組織)하며 전도회인(傳道會人)을 파송(派送)하야 복음(福音)을 무전(務傳)하니 교회진흥(敎會振興)이 어사위성(於斯爲盛)이로라.

조선예수교장로회사기(朝鮮예수敎長老會史記) (終)[328]

색인(索引)

ㄱ

가물남교회 186, 233, 280, 288, 291
가음정교회 215
가주리교회 365
가천교회 353
가학리교회 202
각금리교회 116
간동장교회 126
간리교회 394
간병제(簡秉濟) 172
간성교회 147
간장암교회 398
간촌교회 79
간화동서재 266
갈산리교회 313
갈원교회 93, 161
갈전리교회 216
감사일 201, 242
갑산읍교회 393
갑암교회 275
갑을교회 352
강경조(康敬祚) 68
강경조(姜景祚) 172
강계군읍교회 171, 230, 278, 287, 289, 291
강관욱(康寬煜) 107
강국서(姜國瑞) 175
강규찬(姜奎燦) 259, 297
강기봉(康琦鳳) 271
강기선(姜基善) 391
강기수(康紀守) 107
강낙언(姜洛彦) 332
강낙옹(康洛翁) 271
강낙원(姜樂遠) 353
강낙호(康樂浩) 75
강대년(康大年) 117, 296

강대외(姜大畏) 338
강덕삼(康德三) 101, 109
강덕삼(姜德三) 139
강도경(姜道京) 328
강도원(姜道遠) 351
강돈욱(康敦煜) 107
강동읍교회 99
강동촌교회 159
강두송(姜斗松) 395
강두수(姜斗秀) 354, 355
강두화(姜斗和) 157, 395
강두희(姜斗熙) 224
강득풍(姜得豊) 210
강만채(姜晩採) 217
강만호(康萬浩) 350
강문봉(姜文鳳) 278
강문성(姜文成) 87
강문회(姜文會) 224
강백(姜珀) 393
강백규(姜百奎) 398
강병담(康秉談) 325
강병창(姜炳昌) 361
강복영(姜福永) 368
강봉규(姜鳳奎) 395
강봉섭(姜鳳燮) 386
강봉호(姜鳳鎬) 392
강사겸(姜士謙) 209
강사흥(姜士興) 175, 225
강석봉(姜錫鳳) 388
강석준(姜錫俊) 390
강성봉(姜聖奉) 329
강성엽(康成燁) 294
강성칠(姜成七) 103
강성황(姜成璜) 394
강세영(康世榮) 138
강세종(康世宗) 138
강송백(姜松栢) 218
강순경(姜順敬) 199

강승국(康承國) 116
강승두(康昇斗) 116
강시혁(姜時奕) 329, 337
강신삼(康信三) 88
강신옥(姜信玉) 361
강신창(姜信昌) 190
강영길(康永吉) 271
강영애(姜永愛) 195
강영익(姜永翼) 361
강용철(姜容哲) 394
강우근(姜佑根) 374
강우호(姜禹昊) 375
강원선(姜元善) 150
강유문(康愈文) 181
강유훈(康有勳) 104, 105, 109, 118, 119, 161, 196, 294, 298, 305, 308
강윤칠(姜允七) 162
강응삼(姜應三) 323
강이허(康利河) 101
강이형(康利衡) 271
강익수(姜益秀) 335, 341
강익영(姜翼永) 372
강익태(姜翼泰) 397
강인성(康仁性) 181
강인숙(姜仁淑) 341
강린우(姜麟祐) 112
강일선(姜日善) 284
강일수(康日叟) 271
강자선(姜自善) 341
강재원(姜載元) 361
강재풍(姜在豊) 102
강정단(康丁端) 81
강정두(康正斗) 116
강정수(康禎洙) 81
강정수(康貞洙) 297
강제건(姜濟健) 111, 112
강제현(姜濟賢) 187, 261, 272

색인 403

강준서(姜俊西) 200
강진교회 91
강진제(姜鎭濟) 388
강진홍(康鎭洪) 220
강진희(姜晉會) 224
강찬규(姜燦奎) 398
강찬수(康賛洙) 81
강창보(姜昌保) 179
강천지(姜天志) 375
강촌교회 69
강치수(康致洙) 81
강태범(姜太範) 85
강태역(姜太晹) 341
강태필(姜太必) 375
강필수(姜弼秀) 217
강학수(康鶴洙) 81
강학홍(康學弘) 119
강한영(姜漢永) 222
강현수(姜賢秀) 388
강형린(姜亨璘) 140
강호근(姜浩根) 376
강호연(姜浩然) 224
강호윤(姜浩允) 73
강희련(康熙鍊) 383
개명리교회 168
개복동교회 193, 344, 346
개천읍교회 196, 213
개포교회 190
객기교회 219
거열휴(巨烈烋, Hugh Currell)
　　184, 358, 359, 366
거창군교회 378
거창읍교회 366
건산교리교회 210
건지산교회 206, 248
건천리교회 314
결사대사건 147
겸이포교회 208
경도리교회 299, 310
경무총감부증옥사변 286
경산교회 351
경상대리회 349
경성군읍교회 159
경성읍교회 171
경세회 377
경신학교 257, 289

경응천(慶應天) 261
경전교회 96
경주교회 370
경천리교회 116
경충대리회 245
경화동교회 183
경환(慶煥) 173
경흥군읍교회 393
계군(桂君, Edwin H. Kagin)
　　173, 248
계남교회 382
계내리교회 354
계덕봉(桂德鳳) 212
계동교회 166, 212
계동교회(영양) 361
계림동 지회 222
계명육(桂明陸) 155
계명소학교 376
계명학교 378, 379
계복하(桂福厦) 288
계시항(桂時恒) 280
계신학교 378
계암교회 98
계영수(桂英秀) 259
계원신(桂元信) 280
계이영(桂利榮) 260, 280
계익겸(桂翊謙) 275
계인수(桂仁秀, Alistair G.
　　Cairns) 207, 265
계진호(桂眞浩) 275
계택선(桂澤宣) 182, 293, 296,
　　297, 308
고갑교회 302
고군보(高君甫) 86
고내리교회 156, 232
고내수(高乃秀) 193
고당리교회 226
고득순(高得恂) 340
고라복(高羅福, Robert
　　Thornwell Coit) 321,
　　323, 325, 330, 337, 343,
　　347
고려위(高麗偉[高麗緯]) 322,
　　331
고령교회 177
고보석(高寶石) 287

고봉상(高鳳祥) 107, 254
고봉익(高鳳翊) 149
고봉헌(高奉翰) 105
고부교회 260, 288
고사영(高士英) 196, 306
고산리교회 146
고산읍교회 344
고산진교회 212, 230, 274
고삼종(高三宗) 360
고석주(高石柱) 121
고성모(高聖模) 121, 156
고성군읍교회 359
고송교회 233
고송리교회 204
고순익(高順益) 178
고승엽(高承燁) 97, 269
고승진(高承鎭) 81
고시귀(高時歸) 136
고시중(高時仲) 198
고시혁(高時赫) 136
고언(高彦, Roscoe C. Coen)
　　250, 252, 256
고영진(高永鎭) 300
고요한(高요한) 236
고원향(高元鄕) 374
고읍교회 109, 127, 166, 288,
　　381
고읍교회 260, 291
고읍리교회 252
고응선(高應善) 76
고응엽(高應燁) 301
고응택(高應澤) 301
고인보(高仁甫) 158
고인수(高仁秀) 331
고일규(高日奎) 298
고일섭(高一涉) 388
고일섭(高日燮) 389
고잔리교회 321
고재선(高載善) 268
고제학(高濟學) 204
고지형(高志亨) 117
고찬두(高燦斗) 178
고찬익(高燦益) 201, 203, 249,
　　258
고창교회 81, 97, 221
고현리교회 224, 313

고현표(高鉉表) 329
고홍기(高弘耆) 266
곡구교회 384
곡산읍교회 74
골말교회 331
공슈(孔洙) 267
공시진(孔時振) 219
공원보(孔元甫) 399
공위량(孔韋亮, William C. Kerr) 6, 221
공의회규칙제정위원 134
공인동교회 290
곽경락(郭景洛) 180
곽경묵(郭敬默) 183, 351, 357
곽경한(郭京漢) 253
곽기방(郭基方) 295
곽내성(郭耐性) 101
곽노철(郭魯哲) 209
곽덕원(郭德元) 252
곽봉승(郭崶承) 345
곽산교회 112, 187, 210, 291
곽산읍교회 232
곽상빈(郭相彬) 312
곽안련(郭安連, Charles Allen Clark) 6, 7, 153, 163, 165, 177, 203, 205, 246, 247, 249, 250, 251, 253, 255
곽양로(郭陽魯) 112
곽영택(郭永澤) 78, 102
곽우영(郭宇盈) 223, 326
곽정도(郭正道) 157
곽준응(郭俊膺) 96
곽준응(郭俊應) 212
곽채근(郭采根) 345
곽해문(郭海文) 369
곽해민(郭海玟) 364
관계리교회 155, 235
관기교회 188, 231
관동교회(부여) 171, 333
관동교회(김해) 375
관리교회(의주) 135, 207, 231, 269, 291, 355, 356
관리교회(이천) 205
관산교회 261
관산리교회 175

관상동교회 139
관서전도회 124
광기교회 188
광동학교 287, 289
광릉천교회 204
광명교회 202
광명학교(선산) 234
광명학교(칠곡) 378
광산학교 288
광석동교회 235
광성리교회 112, 132
광성학교(선산) 233
광성학교(선천) 289
광암리교회 162
광양군읍교회 329
광륜학교 378
광제암교회 228
광제원교회 180
광주나병원 347
광탄교회 108
광현교회 392
광화교회 185
괴당교회 353
괴동교회 142, 349
괴산교회 173
괴산읍교회 154
괴평교회 141, 142, 143
교동교회 69, 85
교육협회 176
구계교회 368
구고산교회 84
구동교회 192, 234
구동창교회 293
구례선(具禮善, Robert G. Grierson) 104, 123, 145, 153, 158, 159, 172, 227, 384, 385, 387, 388, 390, 393
구례군읍교회 329
구례인(具禮仁, John Curtis Crane) 226, 343, 348
구룡리교회 330
구마산교회 140, 377
구문화읍교회 144
구미교회 368
구봉교회 149

구봉리교회 192, 334
구상리교회 338
구성군읍내교회 187
구성동교회 212
구성리교회 366
구성숙(具成淑) 226
구세학당 130
구수업(具壽業) 352
구암교회 312
구암리교회 121, 346
구암리교회 200
구양교회 376
구영록(具永祿) 264
구원동교회 364
구읍교회 281
구자경(具滋警) 302
구재리교회 318
구정리교회 327, 341
구준덕(具峻德) 88
구창교회 308
구춘선(具春善) 227
구평교회 265
구포교회 214
국곡교회 151, 221, 354, 377
국립병원 50
국자가교회 397
군사리교회 327
군예빈(君芮彬, Edwin Wade Koons) 68, 163, 202, 221, 249, 251
굴포교회 393
굴화리교회 360
궁근정교회 366
궁일덕(弓馹德) 382
권국진(權國鎭) 73
권기현(權基現) 168
권길이(權吉伊) 376
권돈표(權敦杓) 193, 195
권봉원(權鳳源) 377
권사복(權思馥) 313
권사선(權士先) 369
권세일(權世日) 226
권세일(權世一) 226
권수백(權秀伯) 151, 173, 367
권승경(權昇經) 381
권승우(權承佑) 205

색인 405

권승하(權承夏) 104
권시필(權恃弼) 377
권영식(權英湜) 178, 249
권영식(權映湜) 202, 251
권영해(權永海) 142, 143, 170, 362, 374
권유동(權有東) 374
권일두(權日斗) 357, 374
권임함(權任咸, Frank W. Cunningham) 351, 352
권재학(權在學) 215
권정락(權正樂) 194
권종석(權宗錫) 215
권종중(權宗中) 374
권중락(權重洛) 368
권중화(權重澕) 369
권찬영(權粲永, John Young Crothers) 10, 220, 368
권취성(權聚星) 368
권형모(權衡模) 194
권희순(權熙淳) 195
귀암교회 113
귀일교회 180, 308
귀진교회 278
근동교회 363
금곡교회(송화) 172, 315
　　금곡교회(경산) 188
금곡교회(평산) 222
금광리교회 205
금당리교회 334
금당촌교회 399
금듀(?)교회 284
금사리교회 360
금산군읍내교회 319, 334
금산교회 79
금석범(琴錫範) 142, 188
금석호(琴錫浩) 216
금성리교회 331, 340
금성리교회 333
금토리교회 177
금평리교회 326
금호동교회 375
금혼교회 357
기독교청년회 176
기독신문 134
기독양덕학교 378

기리교회 178
기보(奇普, Daniel L. Gifford) 51, 123
기서나(奇西拿) 221
기성학교 233
기양교회 97, 147
기일(奇一, James Scarth Gale) 51, 52, 53, 56, 67, 84, 176, 242, 243, 267
기장동부교회 364
기재민(奇在敏) 221
기전여학교 347
기탄교회 92, 152, 233
길기하(吉基夏) 137
길례태(吉禮泰, Philip L. Gillett) 176
길변하(吉邊河) 321
길상교회 187
길상홍(吉祥興) 136
길선주(吉善宙) 99, 201, 237, 238, 241, 243, 293
길종수(吉宗秀) 136
길창율(吉昌律) 296
길형천(吉亨天) 136
김가전(金嘉全) 318
김갑옥(金甲玉) 136
김강(金剛) 394
김강릉(金江陵) 189
김강선(金剛瑄) 105, 304
김건영(金健永) 174
김건우(金建祐) 296, 305, 306
김건주(金建柱) 107, 169, 262, 273
김건하(金健夏) 101
김건하(金鍵夏) 306
김견신(金堅信) 99
김경덕(金鏡德) 251
김경래(金鏡來) 218
김경문(金景文) 340
김경반(金敬磐) 66
김경번(金慶番) 70
김경삼(金敬三) 107, 115, 167
김경선(金敬先) 226
김경섭(金景燮) 158
김경섭(金京燮) 158
김경섭(金敬燮) 268

김경수(金敬守) 141
김경수(金景洙) 162
김경엽(金京燁) 68
김경오(金京五) 200
김경운(金京云) 332
김경원(金京元) 200
김경유(金敬裕) 320
김경윤(金庚允) 386
김경일(金敬一) 88, 185
김경준(金敬俊) 268
김경하(金敬夏) 164
김경현(金景鉉) 124, 280
김경현(金景賢) 180
김경현(金敬鉉) 193
김경환(金慶煥) 178
김계간(金啓幹) 300
김계선(金啓善) 84, 107-108, 391
김계수(金桂洙) 343
김계안(金桂顏) 387, 389-390, 392, 393, 397
김계홍(金桂洪) 344
김고근(金固根) 87
김곤희(金坤羲) 150
김공근(金珙根) 119, 197
김공원(金公元) 184
김공훈(金公勳) 383
김관근(金灌根) 54, 66, 77, 86, 89, 97, 137, 270, 277
김관식(金觀植) 395
김관일(金觀一) 115, 295, 302
김관중(金贊仲) 327
김관필(金寬弼) 282
김관하(金官夏) 120
김관현(金寬鉉) 159
김광순(金光淳) 82
김광옥(金光玉) 79
김광욱(金光郁) 313
김광진(金光鎭) 205
김광현(金光鉉) 134
김교회(金敎瑚) 99
김국견(金國見) 354
김국서(金國瑞) 174
김국주(金國柱) 185
김국찬(金國贊) 276
김국홍(金國鴻) 116

김군옥(金君玉) 342	228, 294, 382, 385, 389, 390, 394, 396, 397, 398	김두연(金斗演) 362
김권명(金權明) 198		김두영(金斗英) 109
김권중(金權仲) 151	김내봉(金來鳳) 214	김두영(金斗榮) 120
김귀성(金貴成) 135	김내윤(金乃允) 83	김두원(金斗源) 262
김규엽(金奎燁) 150	김노택(金魯澤) 91	김두증(金頭曾) 280
김규현(金奎鉉) 172	김노하(金老河) 111	김두찬(金斗贊) 103
김극선(金克鮮) 88	김농승(金蘢承) 185, 211, 281	김두천(金斗千) 341
김근이(金根伊) 173	김농승(金蘢承) 221	김두현(金斗鉉) 193
김기경(金基景) 120	김달성(金達成) 333, 336, 341, 342	김두형(金斗瀅) 76, 92, 93
김기남(金基南) 384		김두호(金斗昊) 74, 91, 99
김기반(金基磐) 88, 136, 275	김대건(金大鍵) 171	김두홍(金斗弘) 284
김기반(金其磐) 132	김대수(金大洙) 325	김득길(金得吉) 273
김기반(金基盤) 186	김대혁(金大赫) 66	김득임(金得稔) 179
김기범(金基範) 184	김대홍(金大弘) 335	김마리아(金瑪利亞) 140
김기봉(金基峰) 287	김덕경(金德卿) 83, 217	김만곤(金滿坤) 207
김기순(金基淳) 84, 109	김덕경(金德景) 168	김만성(金萬聲) 218
김기엽(金驥燁) 116	김덕관(金德觀) 117	김만실(金萬實) 103
김기완(金基完) 276	김덕규(金德奎) 96	김만협(金萬俠) 367
김기원(金基源) 83, 142, 143, 156, 169, 217, 220, 362	김덕선(金德善) 88	김맹동(金孟洞) 322
	김덕성(金德聖) 313	김명경(金明庚) 213
김기원(金基元) 178, 276	김덕수(金德守) 321, 364	김명규(金明奎) 394
김기원(金基遠) 215	김덕여(金德汝) 112	김명안(金明安) 225
김기주(金琦柱) 139	김덕윤(金德潤) 146, 153	김명운(金明運) 93
김기진(金基珍) 354	김덕준(金德俊) 218	김명진(金明振) 191
김기찬(金基贊) 151, 198	김덕칠(金德七) 371	김명철(金明哲) 280
김기창(金基昌) 234	김덕화(金德化) 135	김명칠(金明七) 214
김기창(金基珥) 298	김덕회(金德會) 102	김명현(金命顯) 217
김기항(金基恒) 109, 174	김도숙(金道淑) 319	김명희(金明熙) 208
김기현(金基鉉) 202, 253, 254	김도순(金道淳) 75	김모니가(金모니가) 145, 159, 235
김기형(金其亨) 212	김도운(金道云) 120	
김기화(金麒和) 374	김도인(金道仁) 162	김몽한(金蒙漢) 96
김기환(金基煥) 334	김도전(金道田) 333	김문규(金文奎) 284
김기황(金基璜) 90	김도형(金道瀅) 105	김문극(金文極) 219
김기황(金基黃) 103	김도흥(金道興) 170, 350	김문기(金文基) 168
김길창(金吉昌) 183	김동규(金東奎) 113, 312	김문모(金文模) 109
김나득(金羅得) 235	김동규(金洞奎) 222	김문삼(金文三) 151, 162, 175, 198, 199, 393
김나오미(金나오미) 163	김동섭(金東燮) 162	
김나움(金나움) 145	김동원(金東元) 297	김문선(金文善) 188, 360
김낙구(金洛龜) 173	김동의(金東義) 398	김문식(金文植) 272
김낙규(金洛奎) 301	김동철(金東哲) 380	김문옥(金文玉) 214
김낙문(金樂汶) 66	김동현(金東鉉) 394	김문운(金文云) 392
김낙봉(金樂鳳) 76	김동형(金東亨) 295, 305	김문의(金文益) 214, 215
김낙회(金洛鎬) 277	김동희(金東熙) 398	김문일(金文一) 281
김난수(金蘭洙) 219	김두남(金斗南) 321	김문진(金文振) 363
김내규(金內規) 219	김두범(金斗範) 211	김문철(金文喆) 101
김내범(金迺範) 11, 194, 227,	김두선(金斗善) 93	김문협(金文協) 393

색 인 407

김민근(金珉根) 109
김민철(金敏哲) 185, 261, 285
김민호(金敏鎬) 261
김반익(金磐益) 101
김백경(金白敬) 106
김백경(金伯敬) 126
김백영(金伯榮) 70, 78, 90, 113
김백원(金百源) 166
김백윤(金白允) 224
김변윤(金釆允) 341
김병갑(金秉甲) 54, 77
김병관(金炳官) 277
김병국(金炳國) 271
김병규(金炳奎) 264, 364
김병농(金炳穠) 87, 232, 274, 281
김병두(金炳斗) 93
김병두(金秉斗) 363
김병로(金秉魯) 166
김병록(金秉錄) 300, 305
김병류(金炳崙) 78
김병린(金秉獜) 271
김병모(金炳慕) 159
김병석(金炳錫) 151
김병섭(金秉燮) 174, 320
김병수(金炳洙) 219, 386
김병식(金秉湜) 329
김병용(金炳容) 368
김병우(金炳宇) 368
김병원(金炳元) 87, 171, 282
김병육(金炳育) 85
김병윤(金炳允) 333
김병일(金秉一) 151
김병제(金秉濟) 210
김병현(金秉鉉) 394
김병호(金炳鎬) 142, 219
김병훈(金炳勳) 221-222
김보경(金寶京) 319
김보준(金保俊) 274
김봉관(金鳳觀) 294
김봉구(金鳳球) 391
김봉근(金奉根) 135
김봉기(金奉基) 343
김봉길(金鳳吉) 137, 138
김봉래(金蓬來) 193
김봉명(金鳳明) 267

김봉문(金鳳文) 267
김봉삼(金奉三) 270
김봉수(金奉守) 78
김봉열(金鳳烈) 397
김봉원(金鳳元) 264
김봉조(金鳳祚) 110
김봉주(金鳳朱) 148
김봉준(金鳳俊) 65
김봉진(金奉珍) 273
김봉천(金奉天) 332
김봉학(金鳳鶴) 148
김봉학(金鳳學) 187
김봉한(金鳳翰) 300
김봉한(金奉翰) 93
김봉헌(金鳳憲) 136
김봉현(金奉玄) 332
김사겸(金仕謙) 108, 235, 399
김사겸(金士謙) 390
김사길(金士吉) 161, 296
김사벽(金史璧) 93
김사선(金士先) 165
김사요(金思堯) 74
김사요(金思堯) 117
김사윤(金士允) 343
김사필(金思泌) 254
김상건(金相鍵) 382
김상국(金常國) 188
김상규(金象奎) 148
김상규(金相奎) 161, 300
김상렬(金尚烈) 268
김상률(金尚律) 215
김상백(金尚伯) 174, 196
김상범(金相範) 183
김상세(金相世) 353
김상연(金相淵) 191
김상오(金相五) 356
김상옥(金相玉) 51, 178
김상윤(金尚倫) 285
김상은(金相殷) 262
김상정(金相貞) 278
김상현(金相鉉) 101
김상현(金尚鉉) 134, 185
김생곤(金生坤) 360
김서규(金瑞奎) 332
김서기(金瑞基) 340
김서면(金西緬) 264

김서봉(金瑞鳳) 273
김서항(金西恒) 294
김석겸(金錫謙) 122
김석관(金錫觀) 295
김석례(金錫禮) 52
김석보(金碩輔) 386
김석조(金碩祚) 111
김석조(金錫祚) 160
김석창(金錫昌) 186, 210, 244, 259, 261, 280
김석현(金碩鉉) 395
김석호(金錫浩) 78
김석흡(金錫洽) 180
김석흡(金錫恰) 298
김선교(金善敎) 96
김선규(金善敎) 96
김선두(金善斗) 9, 298, 301
김선보(金先甫) 163
김선실(金善實) 173
김선주(金善周) 85
김선필(金善弼) 112
김선화(金善華) 115
김선환(金善煥) 209
김선희(金善羲) 150
김성각(金成珏) 80, 197
김성건(金聲鍵) 382
김성락(金聲洛) 363
김성룡(金成龍) 167
김성모(金聖模) 304
김성모(金成模) 314
김성문(金鋮文) 174
김성백(金成栢) 375
김성보(金成甫) 79
김성빈(金成彬) 226, 339
김성삼(金聖三) 121, 169, 173, 189, 190, 220, 221, 353, 356, 361, 367
김성삼(金成三) 350, 374
김성서(金聖瑞) 280, 363
김성섭(金聖涉) 275
김성수(金聖受) 167, 300, 303
김성수(金成洙) 185
김성수(金聖洙) 211, 298,
김성식(金星植) 193, 339
김성신(金聖信) 124
김성실(金誠實) 203

김성실(金成實) 251	김순경(金順敬) 322, 331	김영구(金永九) 91
김성우(金聖友) 184	김순권(金舜權) 338	김영국(金永國) 82, 157
김성우(金聖佑) 226	김순여(金順汝) 142, 356	김영국(金榮國) 334
김성욱(金聲旭) 169	김순일(金順一) 214	김영근(金永根) 135, 185
김성욱(金聲郁) 374	김승교(金昇敎) 102	김영두(金永斗) 327
김성원(金誠源) 327	김승록(金昇錄) 95	김영락(金榮洛) 118
김성윤(金成允) 140	김승만(金承萬) 178	김영렬(金永烈) 211
김성의(金聖義) 271	김승설(金昇說) 281	김영례(金永禮) 288
김성종(金聖鍾) 345	김승오(金昇五) 171	김영률(金永律) 180
김성즙(金聖楫) 250, 255, 256	김승용(金勝容) 93	김영백(金永白) 82
김성진(金成鎭) 103	김승원(金承元) 66	김영생(金永生) 294
김성집(金聖集) 205, 249, 251	김승의(金承義) 227	김영선(金永善) 118, 207, 343
김성탁(金聖鐸) 242, 243	김승철(金升喆) 312	김영섭(金永燮) 398
김성태(金成台) 162	김승칠(金承七) 199	김영수(金永守) 203
김성택(金聖澤) 181-182, 357	김승호(金昇浩) 384	김영수(金永壽) 205
김성필(金聖弼) 205	김시영(金時榮) 307	김영숙(金永淑) 94, 175
김성호(金聲瑚) 115, 305	김사용(金時容) 66	김영순(金永順) 180
김성호(金聖浩) 153	김시정(金時正) 81	김영식(金永湜) 79
김성호(金聖皓) 206	김시항(金時恒) 107	김영식(金英植) 339
김성호(金成浩) 217	김신각(金信恪) 185	김영옥(金永玉) 65
김성화(金聖化) 184	김신경(金信敬) 178	김영옥(金永玉) 189
김성환(金聖煥) 252-253	김신국(金信國) 282	김영전(金永甸) 148
김성희(金星熙) 364	김신극(金信極) 270	김영제(金永濟) 122, 149, 228,
김세(金世, William John Mckenzie) 선교사 73	김신망(金信望) 81	243, 382, 385, 389, 394,
	김신일(金信一) 274	396, 397, 398,
김세민(金世民) 107, 352	김신항(金信恒) 392	김영준(金永俊) 161, 290, 314
김세범(金世範) 98	김약연(金躍淵) 389, 398	김영준(金永駿) 263
김세석(金世錫) 115	김양석(金良錫) 141	김영진(金永鎭) 322, 341, 342
김세열(金世烈) 331	김양오(金良五) 365	김영진(金榮鎭) 325
김세의(金世義) 282	김억주(金億住) 366	김영찬(金永讚) 168
김세진(金世珍) 168	김언모(金彦模) 255	김영채(金永彩) 142, 143, 170,
김세헌(金世憲) 386	김여련(金麗鍊) 212	190, 219
김세현(金世賢) 265	김여옥(金汝玉) 222	김영택(金永澤) 302
김소(金昭, John F. Genso) 250	김여욱(金汝旭) 108-109	김영하(金永夏) 380
	김여현(金鳳顯) 138, 139, 160,	김영한(金永漢) 146, 254
김수경(金壽卿) 164	161, 174, 213, 296	김영호(金永浩) 202, 203
김수규(金守奎) 91	김여홍(金汝洪) 331	김영호(金榮浩) 363
김수봉(金守鳳) 91, 296	김여환(金汝環) 137	김영호(金永鎬) 384
김수억(金守億) 68, 235	김연범(金演範) 214, 358	김영환(金永換) 162
김수여(金守汝) 353	김연보(金練甫) 228	김영훈(金永勳) 11, 12, 16, 17,
김수영(金秀英) 149	김연순(金連順) 252	18, 276, 306
김수은(金受恩) 213	김연표(金連杓) 318	김예상(金禮尙) 79
김수의(金守益) 168	김열근(金悅根) 312	김오치(金午峙) 322
김수찬(金洙燦) 359	김영간(金永幹) 91	김옥순(金玉順) 80
김수홍(金守弘) 214	김영경(金榮璟) 304	김옥여(金玉汝) 121, 156
김숙현(金淑鉉) 108	김영광(金榮光) 75	김완연(金完然) 146

색 인 409

김요중(金堯重) 324	김원수(金源秀) 372	김응진(金應振) 213
김용관(金用官) 93	김원순(金元淳) 247	김응진(金應晉) 309
김용국(金用國) 167	김원식(金元植) 93	김의면(金義冕) 112
김용규(金容奎) 189	김원여(金元汝) 70, 71	김의석(金義錫) 87
김용규(金容奎) 372	김원유(金元瑜) 124, 135, 292	김의수(金義洙) 306
김용근(金容根) 372	김원중(金元仲) 319	김의전(金義典) 261
김용기(金用基) 74, 138, 147	김원호(金元浩) 280	김의종(金義鍾) 142
김용률(金用律) 306	김원휘(金原輝) 350, 361, 371	김이근(金利根) 79
김용묵(金容黙) 222	김원흠(金元欽) 270	김이련(金利鍊) 77
김용범(金用範) 265	김월룡(金月龍) 90	김이승(金履昇) 211
김용보(金容甫) 68, 107	김유목(金有穆) 305	김이제(金利濟) 302, 305
김용봉(金容逢) 387	김유보(金有甫) 390, 399	김이진(金利鎭) 305
김용삼(金用三) 294	김유순(金裕淳) 131	김이함(金以咸) 269
김용서(金用瑞) 208	김유완(金有完) 365	김이형(金利亨) 117
김용섭(金用燮) 66	김유현(金有鉉) 180	김이호(金利鎬) 207
김용수(金用洙) 80, 102, 174	김윤건(金允鍵) 382	김이홍(金利弘) 69
김용순(金龍淳) 92, 181	김윤구(金允九) 171	김익두(金益斗) 79, 159, 160,
김용승(金龍昇) 263	김윤급(金允及) 274	314
김용식(金龍式) 360	김윤만(金允萬) 207	김익련(金益鍊) 267
김용연(金湧淵) 398	김윤명(金潤明) 366	김익범(金益範) 262
김용전(金用田) 139	김윤문(金允文) 186	김익수(金益洙) 103
김용전(金龍田) 297	김윤상(金允尙) 303	김익용(金翊鎔) 283
김용주(金龍珠) 141	김윤석(金允石) 329	김익주(金益周) 261
김용주(金用周) 316	김윤섭(金允燮) 323	김익진(金益鎭) 93
김용즙(金用楫) 282	김윤수(金允洙) 174, 175, 200	김익천(金益天) 226
김용태(金容泰) 188, 189	김윤식(金允植) 321	김익형(金益亨) 267
김용한(金容漢) 369	김윤옥(金允玉) 101	김익홍(金益弘) 171
김용해(金龍海) 109	김윤옥(金潤玉) 268	김익화(金益化) 112
김용효(金容孝) 355, 362	김윤점(金允漸) 68	김인경(金仁卿) 165
김용휘(金用彙) 371	김윤정(金允貞) 287	김인관(金仁寬) 302
김용흥(金龍興) 182	김윤환(金允煥) 162	김인구(金仁九) 105, 303
김우근(金宇根) 340	김은반(金恩磐) 269	김인규(金仁奎) 300
김우례(金祐禮) 168	김은칠(金恩七) 117	김인도(金仁道) 265
김우삼(金友三) 169	김응건(金應鍵) 88	김인모(金仁慕) 140
김우필(金禹弼) 122, 227	김응곤(金應坤) 149	김인배(金仁培) 218
김운기(金雲起) 278	김응규(金應奎) 82	김인석(金仁錫) 209
김운삼(金云三) 339	김응규(金應圭) 223, 326	김인선(金仁善) 204
김운식(金云植) 319, 339	김응기(金應琪) 216	김인수(金寅洙) 150, 250
김원경(金元敬) 247	김응두(金應斗) 189	김인옥(金仁玉) 160, 174, 367
김원계(金元桂) 373	김응렴(金應濂) 149	김인우(金麟佑) 80
김원배(金源培) 164, 195	김응선(金應善) 307	김인운(金人云) 226
김원변(金元變) 398	김응주(金應周) 76, 96, 264,	김인주(金仁柱) 337
김원보(金元甫) 307	305, 306	김인찬(金仁贊) 93, 322
김원부(金元富) 210	김응주(金鷹周) 80, 101, 105,	김인호(金仁浩) 143, 290
김원선(金元善) 183	212	김일신(金一信) 386
김원섭(金元燮) 95	김응준(金應俊) 76	김일언(金一彦) 171

김일현(金日鉉) 197-198
김자관(金子官) 235
김자원(金子源) 143
김장호(金庄鎬) 150
김장화(金長和) 225
김재건(金在鍵) 75
김재규(金在規) 219
김재균(金在均) 280
김재근(金在根) 295
김재근(金載根) 392
김재목(金在穆) 116, 305
김재섭(金在涉) 99
김재수(金在洙) 329
김재숙(金載璹) 147
김재숙(金在淑) 226
김재순(金在淳) 179
김재언(金載彦) 194
김재여(金在汝) 82
김재영(金在永) 141, 360
김재원(金在元) 198, 333, 342
김재유(金在裕) 198
김재윤(金在潤) 198, 220
김재정(金載禎) 74, 99
김재조(金在祚) 197, 198, 346
김재준(金載俊) 187
김재찬(金在贊) 198
김재택(金在宅) 113
김재호(金在皓) 164
김재환(金在煥) 129
김점권(金点權) 143
김정관(金正寬) 326
김정교(金貞教) 315
김정규(金定奎) 389
김정록(金正祿) 194
김정률(金貞律) 196
김정민(金正民) 146
김정민(金定民) 177
김정석(金靖錫) 357
김정선(金正善) 225, 322
김정섭(金貞涉) 314
김정수(金貞洙) 166
김정수(金鼎洙) 272
김정수(金正洙) 276
김정식(金貞植) 176, 258
김정연(金鼎淵) 65
김정진(金鼎鎭) 272

김정현(金定鉉) 52, 159
김정현(金正賢) 173, 248, 253
김정화(金正化) 315
김정훈(金貞訓) 295
김정희(金廷熙) 386
김제근(金濟根) 81
김제원(金濟元) 119
김제현(金濟賢) 119
김제현(金濟鉉) 386
김종국(金鐘國) 384
김종배(金鐘培) 205
김종상(金鍾商) 202
김종섭(金鍾燮) 76, 80, 86,
 101, 104, 105, 106, 114,
 116, 118, 166
김종섭(金宗燮) 105, 298
김종수(金鍾洙) 16, 175
김종숙(金鐘淑) 368
김종원(金鍾元) 253
김종필(金鍾弼) 384
김종하(金宗河) 290
김종한(金宗漢) 168
김종호(金宗浩) 82
김주관(金周寬) 168, 216
김주빈(金周彬) 328
김주옥(金周玉) 121
김주은(金主恩) 140
김주일(金周日) 375
김주현(金周鉉) 154
김주환(金周煥) 332
김준건(金俊健) 88, 269
김준건(金俊健) 89
김준경(金俊景) 392
김준기(金俊基) 246
김준달(金俊達) 217
김준열(金俊烈) 307
김준문(金俊文) 112
김준오(金俊五) 174
김준탁(金俊鐸) 303
김준현(金俊鉉) 153, 158
김준호(金俊浩) 218, 350
김준홍(金俊洪) 364, 366
김준환(金俊煥) 174
김중권(金重權) 202
김중근(金重根) 386
김중석(金仲錫) 145, 381

김중수(金重洙) 339
김중오(金仲五) 328, 329
김중종(金仲鍾) 268
김중표(金重杓) 315
김중하(金仲夏) 358
김지교(金芝教) 79
김지선(金志善) 115
김지선(金志銑) 276
김지수(金志洙) 117, 118, 138
김지연(金芝淵) 261
김지용(金志用) 268
김지현(金志賢) 268
김지환(金志煥) 115
김진각(金鎭珏) 307
김진구(金珍具) 273
김진국(金振國) 172
김진근(金振瑾) 7, 77, 171, 243,
 286
김진기(金鎭基) 47, 71
김진상(金鎭相) 318
김진실(金眞實) 333
김진언(金振彦) 375
김진옥(金鎭玉) 315, 328, 356
김진정(金眞貞) 187
김진해(金振海) 366
김진현(金振鉉) 198
김진환(金鎭煥) 81, 295
김찬간(金贊干) 110
김찬경(金贊京) 112
김찬규(金贊奎) 110
김찬규(金燦奎) 174, 181, 308
김찬근(金贊根) 93, 306
김찬두(金燦斗) 297
김찬득(金贊得) 98
김찬섭(金贊涉) 115
김찬성(金贊成) 80
김찬성(金燦星) 110, 119, 161,
 174, 237, 297
김찬수(金贊洙) 98
김찬수(金贊守) 98
김찬욱(金贊旭) 222
김찬효(金贊孝) 110
김창건(金昌鍵) 88, 178, 269,
 277, 281
김창걸(金昌杰) 197
김창국(金昶國) 83

김창규(金昌奎) 96, 179	김치순(金致淳) 153	김한여(金漢汝) 223
김창근(金昌根) 109, 192	김치옥(金致玉) 371	김해득(金海得) 74
김창렬(金昌烈) 393	김치운(金致雲) 197, 374	김해룡(金海龍) 197
김창무(金昌武) 284	김치원(金致元) 186, 197	김해읍교회 97, 182, 184, 365
김창문(金昌文) 66, 105, 107,	김치준(金致俊) 76	김행권(金行權) 342
147, 154, 296	김치형(金致亨) 186	김행민(金行敏) 268
김창보(金昌甫) 381	김치홍(金致洪) 365	김혁주(金赫柱) 325
김창석(金昌錫) 272	김치화(金致化) 234	김현가(金顯價) 141
김창선(金昌善) 105	김탁해(金倬河) 120, 161, 296	김현경(金賢瓊) 306
김창수(金昌守) 222	김태두(金泰斗) 367	김현관(金顯寬) 255
김창수(金昌洙) 325, 339, 344	김태로(金泰櫓) 89, 90	김현규(金顯圭) 206, 248
김창술(金昌述) 278	김태룡(金泰龍) 274	김현모(金賢模) 168
김창식(金昌植) 95, 125, 340	김태빈(金泰彬) 305	김현문(金賢文) 261
김창용(金昌庸) 78	김태석(金泰錫) 144	김현수(金顯洙) 103
김창원(金昌源) 96, 105	김태언(金泰彦) 342	김현준(金顯俊) 362
김창일(金昌一) 102, 221	김태윤(金泰允) 264, 296, 301	김현찬(金鉉贊) 381
김창재(金昌幸) 158	김태하(金泰河) 189	김현택(金顯澤) 154
김창제(金昶濟) 159	김태호(金泰鎬) 328, 343	김형건(金亨鍵) 88
김창제(金昌濟) 224	김태훈(金泰勳) 393	김형걸(金亨杰) 104
김창현(金昌鉉) 108	김태희(金泰熙) 253	김형모(金瀅模) 223
김창흡(金昌洽) 137	김택보(金宅甫) 155, 300	김형원(金亨元) 189
김창희(金昌禧) 99	김택서(金宅西) 381, 392	김형재(金亨哉) 242
김창희(金昌熙) 148	김택순(金澤純) 354	김형정(金亨鼎) 196
김천근(金天根) 110	김택진(金澤鎭) 174, 300	김형준(金亨俊) 196
김천섭(金千涉) 280	김판금(金判今) 355	김형찬(金亨燦) 167
김천수(金千壽) 344	김평장(金平章) 337	김호건(金浩鍵) 269
김천업(金千業) 183	김포읍교회 86, 233, 254	김호순(金鎬淳) 278
김천일(金千一) 80, 93, 109,	김필수(金弼秀) 121, 242, 243,	김호용(金浩鏞) 183
110, 161, 197, 300, 303,	244, 318, 344, 345	김호준(金好俊) 149
306, 308	김필순(金弼淳) 165	김호준(金浩俊) 156, 188, 190,
김천특(金千特) 374	김필호(金弼浩) 190	219
김철수(金喆洙) 325	김하규(金河奎) 389	김호진(金豪鎭) 386
김춘경(金春京) 152, 164	김하련(金河鍊) 387	김홍규(金洪圭) 373
김춘기(金春基) 134	김하정(金夏鼎) 394	김홍도(金弘道) 191
김충서(金忠瑞) 368	김학건(金鶴鍵) 139	김홍련(金弘蓮) 196
김취옥(金聚玉) 261	김학규(金鶴奎) 359	김홍련(金弘連) 342
김취익(金就益) 66, 166	김학련(金學鍊) 263, 269	김홍식(金弘植) 249, 250, 251
김치경(金致敏) 171	김학문(金學文) 179	김홍식(金洪植) 340
김치규(金致奎) 100	김학배(金學培) 173, 194	김홍주(金鴻周) 102
김치근(金致根) 96	김학봉(金鶴奉) 213	김홍주(金弘周) 113
김치도(金致道) 70, 103	김학선(金學善) 283	김훈석(金塤錫) 196
김치만(金致萬) 210	김학수(金學洙) 390	김화권(金華權) 202
김치묵(金致黙) 162	김학인(金學仁) 197, 210	김화목(金和睦) 294
김치백(金致伯) 144	김학호(金學浩) 112	김화순(金和順) 196
김치삼(金致三) 80, 144	김한복(金漢福) 160, 316	김화일(金化日) 352
김치수(金致洙) 174, 216	김한수(金翰洙) 382	김화집(金化集) 283

김효걸(金孝杰) 105
김효범(金孝範) 357
김효섭(金孝涉) 76, 95, 103
김효순(金孝順) 48
김흥경(金興京) 72, 80, 146, 163
김흥령(金興玲) 180
김흥보(金興甫) 103
김흥서(金興瑞) 202
김흥준(金興俊) 383
김희국(金熙局) 276
김희원(金希元) 383
김희조(金熙祚) 370
김희진(金希鎭) 263
김희태(金希泰) 298

ㄴ

나기환(羅基煥) 120, 196
나남교회 171
나대벽(羅大闢, D. M. Ryall) 86
나득렴(羅得濂) 306
나만기(羅萬基) 353
나병규(羅炳奎) 88
나병선(羅炳善) 145
나병수(羅秉洙) 212
나봉식(羅鳳植) 165
나성준(羅成俊) 303
나순복(羅順福) 212, 303
나순설(羅順卨) 212, 303
나순우(羅順愚) 212
나약한(羅約翰, John Ross) 137
나인선(羅仁善) 294
나초주(羅楚柱, George Leck) 111, 123
나형순(羅亨淳) 167
낙원교회 288
낙원동교회 269
낙원삼성학교 289
낙평교회 367, 375
낙평동교회 371
난마리교회 300
난산교회 320
남건우(南健佑) 219

남경오(南敬五) 366
남계문(南啓文) 369
남관리교회 305
남궁리교회 114, 309
남궁혁(南宮爀) 175
남녀창덕학교 309
남대리(南大理, LeRoy Tate Newland) 122, 162, 200, 321, 323, 330, 332, 336, 339, 340
남대문외교회 247, 256
남동교회 263, 291
남리교회 115
남미장로회선교회 53, 73, 86, 104, 111, 123, 153, 163, 347,
남북교회 286
남산교회 97, 99, 112, 131, 136, 137, 154, 228, 263, 273
남산교회 281
남산사원 269
남성동교회 365
남성정교회 82, 188, 217, 351, 363, 377
남성호(南星昊) 398
남수용(南守用) 353
남승오(南承五) 393
남시교회 169, 211, 288, 291
남원군읍교회 326
남율교회 374
남응우(南應佑) 115
남재교회 288, 291
남재동교회 269, 281
남전교회 143
남전리교회 339
남정교회 354
남존경(南尊敬, Mary M. Rogers) 385
남종삼(南鍾三) 45
남지현(南址鉉) 354
남창교회 82
남창리교회 342
남호교회 98, 131, 210
낭성리교회 84
내곡교회 250
내곡리교회 252

내당동교회 220
내덕리교회 376
내도리교회 298
내동교회 136, 149, 213, 233, 288
내리교회 167, 169
내매교회 361, 368, 371
내매리교회 367
내반교회 189, 363
내삼리교회 184
내서리교회 90, 309, 308
내칠교회 356
내포리교회 161
냉정동교회 113
노경우(盧敬禹) 96
노계교회 146
노곡리교회 256
노국전(魯國典) 88, 260
노기주(盧基疇) 80
노덕경(盧德卿) 167
노동관(盧東寬) 297
노라복(魯羅福, Robert Knox) 323, 336, 339, 340, 341
노래교회 360
노랑교회 205, 255
노병주(盧秉周) 294
노병헌(盧秉憲) 322
노보을(魯普乙, William Arthur Noble) 96
노북교회 136, 166, 206, 263, 270, 292
노북예배당 166
노북회당 135
노상교회 170, 233
노상회(盧尙繪) 210
노석원(盧石元) 170
노석태(盧錫泰) 263
노성구(盧聖九) 203
노세붕(盧世奉) 263
노세영(盧世永, Cyril Ross) 97, 107, 140, 187, 265
노시태(盧時泰) 197
노아력(魯亞力, A. Russell Ross) 145, 384, 385
노양배(魯養培) 166
노윤룡(盧允龍) 203, 254

색 인 · 413

노윤식(盧允植) 101, 105, 119
노응표(盧應杓) 175, 200, 332
노인묵(盧仁默) 167, 182, 299
노재원(盧載源) 95, 295
노점록(魯点錄) 142
노정관(魯晶瓘) 88, 259
노정교회(蘆井敎會) 81
노정린(魯晶璘) 259
노진형(盧鎭衡) 92
노진호(盧鎭浩) 148
노찬민(盧贊敏) 271
노춘섭(盧春燮) 159
노태식(盧台植) 374
노학구(盧學九) 103, 175
노해리(盧魯)解理, Harry Andrew) 171, 194, 284
노현리교회 214
노현애(盧賢愛) 202
노형열(盧亨烈) 323
노효몽(魯孝蒙) 88
노효욱(魯孝郁) 88
노효준(魯孝俊) 88, 260
노효진(魯孝晋) 88
노효함(魯孝咸) 88, 260
노홍인(魯興仁) 78
녹전교회 220
논산감리회 319
농건동교회 280
농성동교회 387
뇌석차교회 158, 271, 279
누산리교회 164
누촌교회 296
능동교회 117
능성리교회 180, 301
능전교회 84
능치교회 355

ㄷ

다지도교회 270
단금(單金) 227
단도교회 112, 280
단산촌교회 78
단천군읍교회 122, 171, 382, 386
달성교회 139

달전교회 174
달하리교회 101
당곡교회 260, 288, 362
당동교회 209
당령교회 267, 282, 288
당목교회 207, 281
당상리교회 321
당원리교회 315
당점교회 154
당포동교회 70
당항교회 375
당후교회 166, 269, 270, 287
대갈리교회 252
대곡교회 356
대관교회 264
대구나병원 349, 379
대기암교회 82, 100, 126, 158
대도교회 219
대도동교회 349
대동고아원 289
대동교회 69, 174
대동군읍교회 306
대동리교회 205
대리교회 226, 339
대명학교 287
대목교회 280
대문동교회 276
대방리교회 330
대불리교회 320
대붕암리교회 224
대사교회 369
대성교회 185, 232-233
대송리교회 170, 208, 230
대수리교회 234
대악리교회 225
대안교회 76
대암교회 391
대야동교회 277
대양교회 218, 378
대영성서교회 71, 72
대오유리교회 303
대우동교회 264
대원교회 101
대원군(大院君) 45, 195
대월교회 336
대유동교회 282

대유리교회 343
대장리교회 156, 326
대전리교회 162
대종교 38, 42
대척리교회 332
대천리교회 293, 297
대치리교회 338, 343
대평교회 369, 371
대포리교회 152, 294, 321, 347
대한매일신보 94
대현교회 251
대화정교회 195
대황구교회 394, 400
덕곡리교회 335
덕동교회 268
덕리교회 94
덕림교회 200, 335, 345
덕림리교회 175
덕림학교 233
덕봉교회 173
덕산리교회 332
덕산면교회 69
덕소교회 161
덕숭학교 378
덕안리교회 71
덕암교회 266
덕양리교회 304
덕우리교회 306
덕지교회 93, 103, 234, 382, 390, 391
덕지리교회 306
덕천교회 126, 231, 262, 287
덕천동교회 107
덕천리교회 358
덕천읍교회 109, 119, 174, 232
덕촌교회 253
덕해교회 77
덕흘리교회 315
덕흥교회 112, 231, 262, 271, 281
데비늬(Linnie Davis) 53
도달규(都達圭) 374
도대선(都大善, Samuel K. Dodson) 151, 162, 225, 322, 324, 330, 331, 332, 339, 340, 342

도덕리교회 99
도동교회 363, 373
도리교회 358
도라동교회 235
도마스(Robert Jermain Thomas) 47
도산교회 142
도서원(都瑞元, John U. Selwyn Toms) 147, 252, 254, 256
도온리교회 314
도이동교회 91, 235, 301
도정섭(都廷燮) 164, 205
도정의(都正儀) 152
도정이(都正伊) 226, 322
도정희(都正熙) 72, 86, 162
도작가교회 117
도청리교회 199
도치(都治) 선교사 131
도하리교회 335
도학리교회 166
도화담교회 327
독립협회사건 176
돈다리교회 333
동교교회 372
동금리교회 359
동도교회 217
동래나병격리원 379
동래읍교회 182
동림교회 136, 185, 210, 232
동막교회 249, 256
동명학교 388
동문교회 185, 210, 211, 267, 267-268
동문동교회 271
동문외교회 98
동부교회 182, 364
동부동교회 378
동사교회 290
동사동교회 274
동산교회 194
동삼리교회 148, 309
동상교회 263, 268, 281, 288
동서교회 277
동연교회 192, 346
동우교회 96

동장교회 106, 113, 266, 308
동주교회 285
동지학회 234
동창교회 114
동창리교회 315
동평리교회 85, 92
동학 75
동학난 65
동학당 72
동항리교회 151
동현병원 165
두구교회 376
두단교회 298
두단리교회 298
두도구교회 398
두벌교회 149, 209, 296
두벌동교회 91
두암리교회 197
두정리교회 191, 192, 234, 326, 333
두현리교회 319
두화리교회 328
둑도교회 202
둑좌동교회 118
둔전리교회 164
둔토리교회 177
득신학교 309
떼비이스(J. Henry Davies) 56

ㄹ

라리교회 363
라마교 83, 128, 219, 378
라마교당 313
라마교도 125, 128, 195
라마교인 69, 128, 129, 194, 229, 230, 331, 356
라마교회 78, 102, 144
라마교회장 69
로마교세 160
로마교인 160
로스 요한(羅約翰, John Ross) 48, 49, 54, 71

ㅁ

마가이(Robert Peter MacKay) 선교사 236
마관술(馬觀述) 92
마구례(馬具(求)禮, Duncan Murdoch McRae) 103, 104, 122, 123, 145, 157, 158, 227, 382
마로덕(馬路德, Luther O. McCutchen) 143, 153, 157, 191, 192, 223, 224, 334
마로득(馬路得, Ronald Roy Meyers) 318, 319, 320, 321, 327, 328, 334
마룡교회 207, 291
마산교회 227
마산동교회 294, 297
마상동교회 216
마서규(馬瑞奎) 103, 111, 122, 332, 333, 336, 341, 342
마암교회 122
마여현(馬女峴) 328
마영준(馬永俊) 65
마장리교회 352
마전교회 180, 282
마전신명학교 288
마천교회 183
마촌교회 110
마포삼열(馬布三悅, Samuel Austin Moffett) 6, 51, 52, 53, 65, 66, 68, 69, 71, 73, 75, 76, 77, 80, 81, 87, 89, 91, 92, 93, 99, 110, 114, 115, 116, 117, 118, 120, 139, 160, 166, 167, 177, 182, 197, 201, 228, 240, 294, 298, 301
만국장로공의회 242
만국장로회공의회 241
만덕리교회 199
만수동교회 271, 288
만수필(萬壽弼, Thomas D. Mansfield) 395
만진기교회 394

색 인 415

만촌리교회 360
망덕리교회 105
망암교회 323
매견시(梅見施, James Noble McKenzie) 349, 360, 379
매곡교회 220
매갈노(梅吉魯) 선교사 227, 394
매도날(梅道捺, Donald A. MacDonald) 84, 393, 395
매비(Henry Davies) 선교사 52
매성교회 121
매정교회 368, 374
매켄다일(馬勒泰, John MacIntyre) 47, 71
매화동교회 79
매화치교회 138, 160
맨지씨(関氏, Isabella B. Menzies) 139, 376
맹미란(孟美蘭, Kate McMillan) 146, 235
맹의와(孟義窩, Edwin Frost McFarland) 149, 177, 188, 219, 350, 351, 356, 357
맹진리교회 336
맹현리(孟顯理, Henry Douglas McCallie) 152, 226, 322, 325, 326, 332, 333, 335, 341, 342
맹호은(孟浩恩, Frederick John Learmonth MacRae) 360
메리뽈덴여학교 347
명광오(明光五) 196
명광호(明光浩) 120, 161, 197, 296
명당동교회 65
명대동교회 188
명동교회 389
명석동교회 67
명신여학교 288
명신학교 234, 288
명운행(明雲行) 171

명정학(明貞學) 118
명주동교회 217
명창순(明昌淳) 325
명촌교회 300
모동교회 73, 78, 85, 172, 195, 222, 312
모동지회 144
모삼열(牟三列, Samuel F. Moore) 53, 65, 247, 249, 251
모아산교회 385
모의리(牟義理, Eli M. Mowry) 116, 167, 209
모치관(牟致寬) 121
모판(P. P. Maubant) 27, 29, 44
모학복(毛鶴福) 381
모학슈(毛鶴洙) 388, 390, 399
목리교회 206
목원홍(睦原弘) 131
목인덕(穆仁德, Paul Georg von Möllendorff) 48
목저리교회 233
목치숙(睦致淑) 343
목포교회 341, 352, 369
묘곡교회 204, 233
묘동교회 158, 253
묘라리교회 327
무계리교회 375
무곡동교회 372
무동교회 351
무령교회 225
무령리교회 198
무릉리교회 73
무만리교회 197, 325, 343, 346
무산교회 211
무석교회 70, 311
무선동교회 275
무성교회 350
무성동교회 350
무익대교회 174
무진교회 148, 229
무초동교회 315
무한리교회 184
묵방리교회 206
묵천리교회 222

문경조(文敬祚) 343
문규환(文奎煥) 78
문덕인(文德仁) 183, 351, 352
문도순(文道順) 320
문명선(文明宣) 301
문명화(文明化) 250
문발리교회 233
문병권(文炳權) 393
문병록(文炳祿) 393
문병섭(文炳燮) 393
문병수(文炳秀) 261
문병주(文炳疇) 261
문산교회 84, 94
문산리교회 134, 205
문상린(文尙獜) 261
문상빈(文尙斌) 307
문성기(文成基) 158, 159, 393
문성동교회 302
문성모(文聖模) 315
문성범(文聖範) 255
문성심(文誠心) 145
문약한(文約翰, John Z. Moore) 96, 165
문양리교회 340
문양삼(文良三) 162
문영국(文永國) 330, 345
문윤국(文潤國) 98, 271
문윤국(文允國) 207
문장리교회 122
문장호(文章灝) 68
문재린(文在獜) 398
문재범(文載範) 179
문재현(文在賢) 68
문정실(文正實) 164
문정호(文定鎬) 389
문종언(文宗彦) 276
문진훤(文晋煊) 112, 262, 281
문창리교회 139
문창학교 388
문촌교회 361
문촌장씨(文村張氏) 368
문치정(文治正) 389
문치항(文致恒) 75
문태원(文太元) 225
문평리교회 388
문학삼(文學三) 225, 321

문학선(文學善) 255
문학흥(文學興) 290
문항구(文恒九) 209
문호교회 203
문흥준(文興俊) 73
문흥학교 233
미감리교회청년전도대 319, 321
미감리회전도대 321
미둔면교회 395
미림교회 166-167
미림예배당 167
미산교회 179, 234
미순공의회 243
미정리교회 116
미현교회 391
민노아(閔老雅, Frederick Scheiblin Miller) 53, 74, 80, 146, 163, 247, 248, 254, 296
민도마(閔道麿(馬), Thomas Davidson Murphy) 323, 336, 340, 341
민병석(閔丙奭) 125
민영규(閔永奎) 302
민영하(閔永河) 109
민준호(閔濬鎬) 258
민휴(閔休, Hugh Miller) 302, 249
밀양읍교회 359
밀의두(密義斗, Edward Hughes Miller) 146, 250, 254
밀피리교회 319, 339

ㅂ

박걸(朴傑, A. H. Barker) 227, 228, 385, 389, 394, 395, 396, 397, 398, 399
박경삼(朴敬三) 217
박경신(朴敬信) 171
박경언(朴京彦) 152
박경진(朴敬鎭) 169
박경칠(朴敬七) 162
박계빈(朴啓彬) 266

박계춘(朴桂春) 93
박계환(朴啓煥) 266
박관선(朴寬善) 76, 124
박관순(朴官淳) 171
박관하(朴寬夏) 167
박광배(朴光培) 78
박군현(朴君賢) 142
박규서(朴奎瑞) 260
박규석(朴奎奭) 359
박근베(朴根培) 253
박기석(朴騏錫) 338
박기순(朴基淳) 71
박기조(朴基肇) 373
박기진(朴基鎭) 217
박기찬(朴基燦) 376
박기철(朴基哲) 78
박기환(朴基煥) 261
박기후(朴基厚) 373
박낙현(朴洛鉉) 199
박낙현(朴洛鉉) 323
박내적(朴來迪) 91
박내준(朴乃俊) 365
박내찬(朴來贊) 151
박노찬(朴老燦) 115
박노화(朴魯和) 339, 344
박달표(朴達杓) 356
박대유(朴大有) 252
박대흥(朴大興) 105
박덕만(朴德萬) 343
박덕일(朴德逸) 5, 9, 10, 11, 121, 217, 218, 363
박도나(朴道拏) 279
박도주(朴道柱) 149
박도현(朴道賢) 180
박동빈(朴東彬) 312
박동언(朴東彦) 357
박동원(朴東元) 159
박동휘(朴東輝) 121, 373
박두선(朴斗善) 295
박두호(朴斗鎬) 338
박득명(朴得明) 172
박만영(朴萬永) 96
박명근(朴明根) 187
박명언(朴明彦) 173
박명출(朴明出) 151
박몽은(朴蒙恩) 275, 297

박무웅(朴茂鷹) 226
박무일(朴武一) 168
박문규(朴文奎) 312
박문근(朴文根) 169, 268
박문길(朴文吉) 183
박문백(朴文伯) 343
박문삼(朴文三) 175
박문옥(朴文玉) 364
박문찬(朴汶燦) 142, 349, 373
박문칠(朴文七) 162
박문흥(朴文興) 109
박미도(朴美道) 87
박민식(朴敏植) 90, 208, 227
박바우(朴바우) 345
박배근(朴培根) 314
박병규(朴炳奎) 316
박병룡(朴炳龍) 299
박병섭(朴兵燮) 399
박병수(朴丙壽) 385, 395
박병운(朴炳雲) 204
박병호(朴炳浩) 179
박병환(朴炳煥) 204
박복수(朴攴壽) 158
박봉건(朴鳳健) 96
박봉래(朴鳳來) 204, 327
박봉익(朴鳳翼) 148
박봉준(朴鳳俊) 210
박봉화(朴鳳華) 179
박살라미(朴撒羅米) 86
박상모(朴相模) 51
박상모(朴尙模) 51
박상응(朴尙應) 73
박상하(朴相夏) 377
박서양(朴瑞陽) 165
박석빈(朴錫彬) 222
박선래(朴善來) 339
박성관(朴聖寬) 163, 168
박성린(朴成獜) 259, 299
박성삼(朴聖三) 86
박성숙(朴聖淑) 170
박성애(朴晟愛) 184, 359, 369
박성윤(朴成允) 143, 339
박성춘(朴成春) 165
박성탁(朴成鐸) 331
박성태(朴聖泰) 215, 352, 354, 366-367

색인 417

박성호(朴成浩) 102	박용훈(朴龍訓) 161	253, 254
박성환(朴聖煥) 251	박용희(朴容羲) 252, 254, 256	박정필(朴正弼) 198
박수장(朴守長) 172	박원경(朴元京) 187	박정헌(朴禎翰) 208
박수홍(朴秀洪) 328	박원일(朴元一) 140, 166	박정흥(朴鼎興) 161
박순기(朴順起) 372	박원회(朴元會) 204	박제덕(朴濟德) 208
박순록(朴淳錄) 172	박윤간(朴允幹) 295	박제선(朴齊璇) 167
박순명(朴順明) 168	박윤상(朴允尙) 222	박제진(朴濟鎭) 167
박순석(朴順錫) 253	박윤성(朴潤聲) 320	박제홍(朴濟弘) 172
박순언(朴順彦) 334	박윤언(朴允彦) 371	박제회(朴濟和) 350, 362, 373
박순이(朴順伊) 370	박응률(朴應律) 115	박종근(朴宗根) 194, 227
박순조(朴順祚) 217, 305	박응무(朴膺茂) 206	박종도(朴宗道) 73
박승규(朴承奎) 96	박응삼(朴應三) 226, 324, 329	박종하(朴鍾夏) 371
박승림(朴承林) 88	박응서(朴應瑞) 284	박준삼(朴俊三) 95
박승명(朴承明) 147, 173, 178, 202, 255, 306, 363	박응엽(朴應燁) 158	박중근(朴重根) 165
	박응용(朴應用) 366	박진영(朴鎭榮) 75
박승봉(朴勝鳳) 203, 251, 258, 286	박응주(朴應周) 279	박진준(朴鎭俊) 82, 158
	박의섭(朴義涉) 397	박차준(朴次俊) 370
박승섭(朴勝燮) 327	박이건(朴履健) 66	박찬서(朴燦瑞) 272
박승엽(朴昇燁) 148-149, 301	박이리(朴履理) 66	박찬세(朴贊世) 186
박승호(朴承浩) 261, 275	박이애(朴利愛) 118	박찬옥(朴贊玉) 114
박신망(朴信望) 76	박이혁(朴履赫) 150, 178	박찬익(朴贊益) 122
박신연(朴信淵) 149	박이형(朴利亨) 294	박찬형(朴燦亨) 137
박신원(朴信元) 186	박익로(朴益老) 84	박창식(朴彰植) 284
박신택(朴信澤) 179	박익수(朴益守) 314	박창엽(朴昌燁) 197
박양진(朴亮鎭) 329	박인건(朴仁建) 151	박창영(朴昌英) 171
박여유(朴汝潤) 153	박인견(朴仁見) 375	박창욱(朴昶旭) 170, 171, 333
박연문(朴淵文) 356	박인관(朴仁寬) 174	박창인(朴昌仁) 332
박연세(朴淵世) 121	박인서(朴仁瑞) 184	박창학(朴昌學) 198
박영근(朴永根) 168	박인옥(朴獜玉) 265	박천군구읍교회 98, 232 287
박영도(朴英道) 206	박인옥(朴仁玉) 226	박천읍교회 131, 210, 291
박영백(朴永伯) 165	박인원(朴仁源) 162, 199, 330	박천필(朴天弼) 349
박영빈(朴永彬) 222	박인홍(朴仁弘) 197	박천흥(朴天興) 197
박영수(朴永洙) 357	박장호(朴章鎬) 190	박춘곤(朴春坤) 106
박영식(朴永植) 274, 290	박재두(朴在斗) 217	박춘목(朴春睦) 370
박영일(朴永一) 243, 301	박재실(朴在實) 149	박춘엽(朴春燁) 204
박영조(朴永祚) 170, 187, 217, 220, 362	박재윤(朴在允) 172	박춘오(朴春五) 344
	박재형(朴在衡) 376	박치영(朴致榮) 307
박영호(朴永浩) 208, 336	박정국(朴鼎國) 73	박치형(朴致衡) 157, 381
박영화(朴永和) 143, 160, 169, 350, 364, 374	박정규(朴正奎) 327	박치화(朴致華) 361
	박정률(朴正律) 276	박태노(朴泰魯) 221
박영환(朴永環) 194, 361	박정병(朴鼎柄) 196	박태선(朴泰善) 72, 163, 165, 177, 203, 205, 246, 250, 253, 255, 256, 366
박용거(朴鎔擧) 266	박정섭(朴禎涉) 180	
박용빈(朴容彬) 172	박정숙(朴正淑) 328	
박용섭(朴容涉) 66, 226, 337	박정익(朴禎翊) 297	박태호(朴泰浩) 223
박용원(朴容源) 227	박정진(朴正鎭) 329	박태화(朴泰和) 70
박용화(朴龍和) 374	박정찬(朴禎燦) 81, 139, 197	박평준(朴平俊) 291

박풍엽(朴豊燁) 81, 297
박하동(朴河東) 172, 312
박한기(朴漢箕) 343
박해민(朴海玟) 190
박해붕(朴海鵬) 188
박형락(朴亨洛) 280
박형빈(朴亨斌) 186
박호섭(朴浩涉) 115
박호연(朴浩然) 226
박홍식(朴鴻植) 84
박화선(朴化善) 215
박화수(朴和洙) 298
박화윤(朴化允) 336
박화일(朴華一) 335
박흥춘(朴興春) 290
박희원(朴禧源) 324, 330
박희준(朴希俊) 214
반석교회 80, 118, 154, 231
반성교회 365
반월리교회 151
반천교회 364
방경수(方京洙) 161
방기창(邦基昌) 65, 66, 77, 80, 81, 97, 105, 109, 118, 147, 149, 154, 166, 240, 241, 293, 296
방길곤(方吉坤) 98
방동교회 122
방령교회 220, 353, 354, 355, 372
방령회(芳苓會) 367
방문관(方文觀) 98
방사중(邦士重) 296
방산교회 345
방산리교회 198, 346
방소월(方小月) 365
방승건(方昇健) 76, 96, 306
방여곤(方汝坤) 98
방여관(方汝觀) 98
방응식(方雄植) 271
방원태(方元泰) 98
방위량(邦緯良, William N. Blair) 120, 146, 155, 181, 197
방지봉(方芝鳳) 98
방천일(方千日) 199, 225

방취정(方就貞) 288
방형묵(方亨黙) 144
방혜법(邦惠法, Herbert E. Blair) 148, 150, 171, 177, 194, 212, 265, 266, 268, 271, 274, 277, 283
방효원(方孝元) 281
방흥근(方興根) 164
배경수(裵景洙) 152, 175, 198, 199, 323, 326, 329, 330, 340
배경원(裵京元) 193
배귀례(裵貴禮, Margaret Best) 97
배덕수(裵德守) 157
배두동(裵頭洞) 183
배둔교회 352
배명술(裵明述) 364
배병학(裵秉鶴) 371-372
배사희(裵思希) 188
배상은(裵相殷) 290
배선도(裵善道) 368
배설(裵說, Ernest T. Bethell) 94
배성두(裵聖斗) 98
배성우(裵聖友) 353
배신학교 232
배신희(裵信希) 287
배안라(裵安羅) 145
배양이(裵良伊) 370
배연원(裵淵源) 368
배영근(裵永根) 381
배영죽(裵永祝) 208
배운길(裵雲吉) 203, 204, 250, 254
배위량(裵偉良, William Martyne Baird) 53, 67, 72, 82, 87, 88, 89, 115, 148, 167, 181
배유지(裵裕祉, Eugene Bell) 86, 103, 110, 122, 143, 151, 152, 162, 163, 174, 175, 198, 199, 200, 201, 225, 322, 324, 329, 330, 331, 335
배의만(裵義滿) 347

배정일(裵正一) 300
배종호(裵宗鎬) 370
배진성(裵振聲) 203
백경삼(白敬三) 162, 183
백공범(白公範) 320
백공집(白公集) 328
백기선(白基善) 380
백기준(白基俊) 183
백낙규(白洛奎) 192
백낙운(白樂云) 320
백남채(白南埰) 363
백남철(白南哲) 320
백도명(白道明) 140
백만명부흥전도회 256, 285, 291, 310
백미다(白美多, Meta Louise Biggar) 348
백봉리교회 74
백봉수(白奉守) 286
백부근(白富根) 198
백사준(白士俊) 180
백산동교회 367
백산리교회 214
백시찬(白時瓚) 259
백신칠(白信七) 217
백아덕(白雅德, Arthur L. Becker) 161
백암교회 272, 281
백암리교회 337
백아리교회 360
백여배(白汝培) 304
백여화(白麗華) 276
백영기(白永基) 266
백영신(白永信) 290
백영윤(白永允) 266
백옥인(白玉仁) 137
백용석(白用錫) 228, 262
백운기(白雲起) 191
백운학(白雲鶴) 110
백유계(白留溪) 82
백윤세(白潤世) 265
백의전(白義典) 267
백인걸(白仁傑) 126
백인석(白仁碩) 166
백일승(白日昇) 66
백자동교회 373

색 인 419

백정진(白貞振) 273, 281
백지엽(白志燁) 269
백진형(白振亨) 298
백찬준(白贊俊) 270
백촌교회 108
백치교회 323
백치묵(白致黙) 287
백한모(白漢模) 135
백현교회 210
백형제(白亨濟) 95
백호동교회 341
백홍준(白鴻俊) 49, 66
백화리교회 315
백환결(白丸潔) 295
백흥준(白興濬) 139
백흥초(白興楚) 101, 139
범어교회 370
법상동교회 368
벽단교회 274
벽동군읍교회 264, 277, 291
벽지도교회 115, 234, 310
변경준(邊京俊) 158
변기형(邊基亨) 313
변달성(邊達聖) 88
변덕진(邊德鎭) 205
변명섭(邊明燮) 252
변봉조(邊鳳朝) 66
변상순(卞相順) 331
변석동(邊錫東) 312
변석문(邊錫文) 95
변석호(卞錫鎬) 146, 204
변약한(邊約翰, John Fairman Preston) 152, 162, 163, 200, 225, 321, 323, 325, 328, 333, 336, 342, 347
변응락(邊應樂) 109
변조진(邊兆鎭, George M. Burdick) 165, 177
변창연(邊昌淵) 103, 151, 152, 162, 174, 198, 225, 322, 324, 326, 331, 340
변흥삼(邊興三) 297
병영교회 77, 371
보광학교 380, 400
보산교회 272, 280
보생리교회 151

보신교회 186
보신학교 309
보영학교 233
보은교회 364
보현교회 355
보현학교 234
보흥학교 383
복룡동교회 217
복성교회 220, 377
복성학교 288
복양리교회 314, 316
복전교회 218, 355, 378
봉곡리교회 172
봉관동교회 304
봉동교회 374
봉산교회 330, 354
봉안리교회 255
봉이섭(奉理燮) 299
봉화현교회 204, 233, 246, 250
봉황교회 169
봉황동교회 142, 219, 234
봉화동교회 169, 362
부곡교회 220
부두일(富斗一, William R. Foote) 84, 97, 104, 227, 381, 385, 391, 396, 397
부록도(富祿道, Samuel J. Proctor) 385
부림리교회 255
부백리교회 196, 306
부봉리교회 214
부산교회 140
부산진교회 139, 168
부위렴(夫偉廉, William Ford Bull) 111, 121
부평리교회 204
부해리(富解理, Henry Munro Bruen) 111
부흥동교회 197
북동교회 215
북변교회 366
북부리교회 216
북사교회 363
북장로회선교사회 104
북창교회 150
북평교회 268, 281, 288

분계실교회 352
불교 38, 42
불국동양전도부 44
불노교회 385
비봉교회 350, 362, 373, 378
비봉동교회 149
비석동교회 300
비석리교회 95, 309
비석리청년회 81
빈돈(賓頓 C. C. Vinton) 53
빙장교회 104

ㅅ

사공명달(司空明達) 350
사도교회 190
사룡리교회 209
사리원교회 73
사보담(史保淡, Richard H. Sidebotham) 168, 184, 214
사부리교회 84
사산교회 357
사악수(謝樂秀, Alfred M. Sharrocks) 111, 243, 244
사우엽(史佑業, Charles Edwin Sharp) 123, 221
사월교회 233, 363
사월동교회 362
사월리교회 142
사인장교회 119
사창교회 179
사천교회 154, 178, 212, 305
사천군읍교회 365
사천장교회 138
사촌교회 92, 94, 118
사평동교회 70, 312
사평리교회 144
사학(邪學) 44, 56, 57
사화동교회 155
삭금리교회 226, 326
삭주군읍교회 82, 291
삭주읍회 233
산당교회 350
산리교회 331

산산교회 221
산산리교회 311
산성교회 376
산운교회 362
산정 경신학교 289
산정교회 154, 206, 274
산정현교회 182, 293, 296, 297
삼가금리교회 359
삼가리교회 327
삼관교회 80, 300
삼광학교 288
삼국전도회 400
삼길교회 191, 192
삼도리교회 110, 122
삼동교회 386
삼례교회 192, 344, 346
삼북교회 363
삼분교회 194, 353
삼분동교회 361
삼산교회 362, 379
삼상교회 70, 316
삼성리교회 253
삼성학교 287, 288, 289
삼소지교회 198
삼신교회 355
삼열(三悅 Jane Samuel) 153
삼원포교회 284
삼하교회 207, 281
삼하선교회 367
삼합리교회 209
삼화교회 207
상거동교회 69
상거리교회 313
상고교회 281
상곡동교회 350
상곡리교회 354
상귀동교회 307
상농교회 384
상단교회 270, 291
상동교회 247
상동막교회 134
상락교회 361
상림교회 362
상모동교회 156
상벌리교회 79
상서평교회 265

상석리교회 222
상심리교회 202, 252, 254
상장동교회 284, 290-291
상재리교회 339
상정리교회 358
상지학교 271, 289
상촌교회 225, 347
색동교회 358
생곡리교회 353
생왕리교회 295, 302
생팔리교회 144
샤야 스톤(J. H. Chastan) 44
서경구(徐京九) 199
서경립(徐璟立) 327
서경순(徐敬淳) 280
서경조(徐景祚) 49, 52, 54, 70, 74, 113, 195, 202, 241, 245, 254, 258, 311, 355
서고도(徐高道 William Scott) 385, 395
서공선(徐公善) 327
서기견(徐岐見) 223
서기순(徐基淳) 82
서기화(徐基化) 340
서노득(徐路得) 322
서대문내교회 163
서두리교회 157
서두찬(徐斗燦) 67
서리교회 90, 146
서면교회 187, 231
서면전도회 307
서명오(徐明五) 328
서문외교회 83, 301, 318
서문정교회 331
서병기(徐柄基) 360
서병룡(徐丙龍) 165
서병준(徐丙準) 324, 330
서산리교회 332, 344
서상교회 218
서상륜(徐相崙) 47, 48, 50, 52, 54, 72, 165
서상봉(徐尙鳳) 315
서상직(徐相稷) 74
서상필(徐相珌) 253
서생교회 370
서석교회 107, 211

서성권(徐成權) 397
서성오(徐成五) 83, 141, 188, 189, 191, 219, 350, 351, 356
서성일(徐成一) 323
서순화(徐順化) 74
서암교회 183
서영선(徐永先) 170, 333
서원보(徐元甫, Wilbur C. Swearer) 163
서윤보(徐允甫) 149
서윤성(徐允成) 98
서은경(徐殷京) 252
서자명(徐子明) 83, 121, 188, 189, 191, 217, 218, 351
서재준(徐在俊) 363
서정교회 344, 370
서정문(徐正文) 147
서정보(徐廷甫) 119
서정생(徐禎生) 98
서정안(徐正安) 147
서중관(徐中寬) 337
서중일(徐仲一) 337
서창희(徐昌熙) 394
서천년(徐千年) 322
서춘경(徐春景) 146, 153
서태엽(徐泰燁) 116
서평교회 98
서포항교회 396
서필환(徐弼還) 112, 132
서한봉(徐漢鳳) 330
서화순(徐化順) 97
서화일(徐化一) 340
서회원(徐晦元) 139
서홍읍교회 160, 316
서희원(徐喜媛) 370
석경학(石敬學) 93
석근옥(石根玉) 306
석동동교회 371
석승문(石承文) 381
석암교회 294
석은찬(石殷瓚) 196
석재문(石在文) 188
석재옥(石在玉) 188
석정교회 90
석탄교회 295

석탄리교회 315
석포동교회 108, 283
석항리교회 143
선거리교회 340
선곡교회 373
선교사공의회시대 60, 64
선리교회 191
선사교회 185
선영홍(宣永鴻) 324, 328
선우성일(鮮于聖一) 187
선우탁(鮮于鐸) 139
선우훈(鮮于勳) 148
선응칠(宣應七) 162
선재련(宣在璉) 330
선천군읍남교회 279, 291
선천읍교회 131, 132, 151, 169, 230, 124
선천읍북교회 149, 259
설교방침의정위원 134
설매동교회 100, 101, 305
설화교회 370
섬거리교회 338
성경문답 83
성남교회 336
성남리교회 332
성내교회 120, 218, 297, 342, 346
성도명(成道明) 352
성동리교회 303
성면교회 283
성병섭(成炳燮) 204
성서공회 72
성성옥(成性玉) 198
성암리교회 221, 335
성영관(成永贇) 335
성재원(成在遠) 198
성정교회 351
성정리교회 199
성진군선교회 383
성진교회 144
성진선교사회 393
성진학교 289
성천군읍교회 167, 308
세곡교회 164, 177
세교회 245
세교리교회 205, 233, 248

세동교회 319
세부란시병원 50, 247
세심리교회 301
세진리교회 172
소고동교회 307
소룡리교회 191, 224, 334
소병권(蘇秉權) 142, 143
소병식(蘇秉植) 143
소성리교회 231
소시영(蘇時永) 219
소안론(蘇安論, William L. Swallen) 53, 67, 68, 83, 96, 104, 105, 115, 122, 127, 133, 155, 166, 212, 300, 304, 305
소영학교 255
소용리교회 191, 198
소죽교회 81, 110, 161
손기철(孫基鐵) 100, 101
손대희(孫大熙) 343
손덕언(孫德彦) 365
손명근(孫命根) 206
손병찬(孫昞燦) 202
손성언(孫成彦) 354
손안로(孫安路, Andrew Adamson) 67, 94, 140, 183, 195, 216, 351, 352, 353, 357, 358, 359, 366
손애광(孫愛光) 93
손양언(孫暘彦) 351
손영균(孫永均) 372
손영준(孫英俊) 178
손용진(孫容眞) 173
손용한(孫龍漢) 392
손의풍(孫義豊) 261
손종일(孫鍾一) 366
손준홍(孫俊弘) 139
손진병(孫晉柄) 370
손한주(孫漢柱) 190
손흥집(孫興集) 147, 164
송계응(宋桂應) 343
송계천(宋啓天) 167
송곡교회 371, 373
송관범(宋觀範) 304
송국진(宋國鎭) 81
송군선(宋君先) 192

송기선(宋基善) 110, 160
송남극(宋南極) 189
송남벽(宋南辟) 79
송당리교회 388, 392
송덕규(宋德奎) 284
송두순(宋斗純) 301
송림교회 189
송마리교회 134
송면리교회 206
송문수(宋文壽) 142
송문정(宋文正) 98, 267, 281
송민호(宋民鎬) 297
송백리교회 358
송병근(宋秉根) 220, 370
송병조(宋秉祚) 269, 281
송병환(宋炳煥) 314
송복렴(宋福廉) 156
송봉서(宋奉西) 246
송산교회 119, 197, 262, 291
송산리교회 115, 224
송상하(宋相夏) 51
송서교회 141, 218, 355, 362
송서리교회 248
송서면교회 234
송석우(宋碩禹) 148
송석준(宋錫俊) 54
송세문(宋世文) 171
송수원(宋燧元) 277
송순명(宋淳明) 130, 131, 163, 178
송시약(宋時若) 220
송신명(宋信明) 366
송암리교회 181
송영도(宋永道) 193, 319
송영래(宋永來) 212
송오동교회 181
송용기(宋庸基) 315
송원규(宋元奎) 224
송원선(宋元善) 87
송유현(宋有鉉) 246
송은범(宋殷範) 68
송응규(宋應奎) 222
송이운(宋利雲) 185
송인서(宋麟瑞) 65, 66, 68, 81, 99, 101, 125, 172, 240, 241, 293, 295, 298

422 조선예수교장로회사기 상

송인순(宋仁淳) 165
송정교회 364
송정동교회 118
송정리교회 113, 143, 314
송정신(宋正信) 78, 102
송정진(宋貞振) 299
송준오(宋俊五) 202
송준홍(宋準弘) 98, 267
송지동교회 87
송찬옥(宋燦玉) 211
송찬홍(宋燦弘) 185
송창걸(宋昌杰) 66
송창운(宋昌雲) 68
송창환(宋昌煥) 95, 295
송천교회 50, 95, 113, 141, 311,
송천동교회 374
송천지회 70
송택완(宋宅完) 148
송파교회 153, 233
송현교회 391
송호리교회 97, 105, 302, 309
송홍범(宋洪範) 296
송화군읍내교회 312
송화여(宋化汝) 216
송흥식(宋興植) 205
수남교회 364
수동교회 369
수두리교회 187
수락교회 357
수리교회 332
수명동교회 211, 288
수명학교 288
수부교회 267, 272, 287, 290
수산동교회 212, 305
수서동교회 383
수우교회 120
수우리교회 233-234
수저교회 139
수정교회 261
수피아여학교 347
수호리교회 340
숙선여학교 309
숙천군읍교회 80, 174, 303
순안군읍교회 105, 196, 296
순안교회 92, 117, 120
순천군읍교회 119, 152, 174,
337, 338
숭덕학교 237
숭봉학교 235
숭신여학교 288
숭신학교 233, 234
숭오교회 189, 234
숭일남학교 347
스카트란드장로회 47
습례교회 188, 233
숭내교회 365
숭동교회 72, 165, 233, 251
숭동예배(교회)당 7, 9, 247
숭동학교 233
숭암동교회 383, 395
숭인학교 288
시란돈(施蘭敦, William B.
Scranton) 51, 154
시례교회 156
시례동교회 183
시산리교회 215
시중학교 289
시천교 38, 41, 42
시흥읍교회 164
신경두(辛慶斗) 395
신경린(申敬麟) 98
신경운(申敬云) 171, 333
신경천(申敬天) 98
신광명(申光明) 181
신국명(申國明) 272
신금곡(申金谷) 171
신기남(申奇男) 253
신기동교회 189
신기리교회 312, 315
신기성(申基成) 205
신나열(申羅悅) 322
신당교회 363
신대리교회 75, 134, 145
신덕규(申德奎) 117
신덕리교회 199, 314, 321
신덕호(申德澔) 169
신도교회 268
신도우(申道佑) 332
신도장교회 265
신령교회 217
신룡교회 140
신리교회 223
신마대(申馬大) 391
신만균(申萬均) 174
신명국(申明國) 186
신명학교 233, 287, 288, 289
신문내교회 22, 131, 205, 245,
258
신문내제일예배당 52
신미도교회 168
신반교회 358
신반석(申磐石) 124
신봉상(申鳳祥) 282
신봉정(申鳳廷) 282
신사리교회 135, 245, 250
신상호(申尙昊) 125
신서동교회 276
신석연(申錫連) 79
신성교회 268, 281, 288
신성리교회 169
신성언(申聖彦) 191
신성일(申性日) 343
신성춘(申成春) 204
신성학교 286, 287, 288, 309,
374
신시교회 77, 264
신안교회 277
신약전서 71, 94
신여장(申汝長) 205
신영교회 378
신영근(申永根) 285
신영리교회 172
신영호(申永浩) 212
신용옥(辛容玉) 156
신우구(申瑀求) 226, 337
신원교회 78, 150
신원리교회 314
신유관(愼維琯) 157
신읍교회 296, 307
신응상(申應相) 391
신의주제일교회 282
신이범(申利範) 92
신일서(申日瑞) 280
신자영(辛子英) 321
신재용(申在容) 303
신점교회 233, 246
신점리교회 257
신정룡(辛正龍) 78

색 인 423

신종호(申宗浩) 314
신진곤(申珍坤) 271
신창교회 99, 109, 131, 168, 169, 232, 268, 276, 281, 382
신창리교회 391
신창준(申昌俊) 159
신창호(申昌浩) 145
신창희(申昌熙) 84, 127
신천리교회 175, 199
신천군읍교회 159, 316
신촌교회 156
신치삼(申致三) 225
신태연(申泰衍) 187
신태하(申泰廈) 104, 382
신태학(申泰鶴) 354
신평교회 370
신평리교회 328, 353
신풍교회 271, 398
신풍리교회 183, 215, 235, 335, 371, 372
신하용(申河容) 174
신학보(申學甫) 70
신현장(申鉉章) 80
신호리교회 323
신화순(申和淳) 72, 86, 134, 164, 202
신환포교회 229
신황교회 337, 338
신황리교회 324, 338, 346
신효범(申孝範) 92
신효일(申孝一) 274
신흥동교회 277
신흥리교회 76, 84, 115, 324, 383
신흥리 회당 138
신흥학교 287, 289, 347, 382
실업교회 190
심곡교회 164
심성문(沈成文) 398
심원용(沈遠用) 255
심은택(沈殷澤) 318
심익순(沈翊舜, Walter Everett Smith) 140, 153, 168, 182, 183, 184, 214, 215, 216, 353, 354, 358,

359-360
심익현(沈益鉉) 101, 105, 107, 305, 306
심정리교회 147
심중기(沈重基) 112
심취명(沈就明) 168, 201
쌍계교회 160, 173, 221, 369
쌍계리교회 322
쌍류하교회 275

ㅇ

아간장교회 387
아곡교회 154, 377
아편설라(亞扁薛羅, Henry G. Appenzeller) 49, 51
안경삼(安敬三) 312
안경재(安敬載) 360
안곡교회 122
안국동교회 251
안극선(安極善) 248
안기주(安基柱) 301
안내인(安乃仁) 336
안대선(安大善, Wallace Jay Anderson) 249
안덕보(安德保) 213
안덕화(安德化) 225
안도동교회 278
안동식(安東植) 119, 138, 152, 284
안득생(安得生) 294
안락소학교 346
안련(安連, Horace Newton Allen) 49, 50, 132
안명환(安明煥) 107
안변군읍내교회 84, 235
안병균(安秉均) 102
안병송(安秉松) 278
안봉렬(安奉烈) 117
안봉주(安鳳周) 149, 181, 297
안석종(安錫鍾) 372
안성읍내교회 255
안세흡(安世洽) 266
안순영(安順永) 227, 381
안순용(安淳順容) 145, 383
안승순(安昇詢) 183-184

안승우(安昇宇) 366
안승원(安承源) 108, 178, 229, 261, 265, 277
안승환(安昇桓) 367
안식교 66, 76, 216
안악읍교회 316
안악읍내교회 69
안양동교회 117, 118
안의와(安義窩, James Edward Adams) 7, 75, 141, 142, 189, 190, 191, 217, 218, 351, 363, 368
안종필(安鐘弼) 142
안주성내교회 120
안주읍교회 232
안준(安濬) 124, 232
안창률(安昌律) 145
안창석(安昌錫) 131
안창호(安昌鎬) 74, 105
안채륜(安采倫, Charles Henry Pratt) 226, 343, 348
안치호(安致護) 117, 182, 208
안태중(安泰仲) 167
안태흠(安泰欽) 264
안평교회 149
압동교회 368
애란나병환자구호회 349, 379
애창교회 161
야소교서회 54
약한복음 94
양경팔(梁景八) 223
양경하(梁京河) 207
양경현(梁敬鉉) 171, 318
양기범(梁基範) 137
양기전(梁基甸) 137
양기혁(梁基赫) 259
양기호(梁基昊) 382
양기화(梁基華) 112
양대록(梁大伸) 162
양덕학교 378
양동교회 103
양동환(楊東煥) 102
양로고아회 309
양림리교회 174
양명진(楊明鎭) 212
양무정자교회 227

양산읍교회 216
양생촌교회 222, 313
양석규(梁錫奎) 229
양석봉(梁石峰) 333
양석주(梁錫柱) 193, 344
양선보(楊善甫) 221
양성교회 351
양성남학교 309
양성률(梁成律) 223
양성번(楊成蕃) 160
양성춘(楊生春) 297
양성칙(梁聖則) 312
양성학교 309
양시교회 137, 232, 262, 268, 273, 287, 291
양신학교 289
양실학원 232, 234, 287, 288
양영식(梁永植) 139
양영진(梁永珍) 137
양용준(梁用俊) 374
양용하(楊容夏) 314
양원복(楊元福) 102
양원우(梁元祐) 179
양응칠(梁應七) 121
양의근(楊義根) 174, 300
양의환(梁諱煥) 354
양인석(梁仁錫) 360, 376
양재리교회 250
양전백(梁甸伯) 5, 12, 13, 16, 17, 22, 28, 30, 54, 77, 82, 86, 89, 97, 98, 123, 124, 136, 137, 149, 150, 168, 232, 241, 244, 259, 271, 290, 292
양조환(梁祚煥) 354
양종식(梁宗植) 396
양주삼(梁柱三) 335
양준식(梁俊湜) 206, 276
양지리교회 300
양진규(梁鎭奎) 216
양진섭(梁鎭燮) 396
양창식(梁昌植) 396
양책교회 281
양최환(梁最煥) 96
양태진(梁泰鎭) 144
양평리교회 233, 246
양평읍교회 203, 250, 253, 257
양포교회 118
양형식(梁亨植) 396
양화리교회 81
어궁교회 273
어도만(魚塗萬, Walter C. Erdman) 121, 189, 190, 219, 220, 221, 350, 360, 362, 364, 369
어동교회 96
어부산교회 301
어비신(魚丕信, Oliver R. Avison) 72, 130, 247
어아력(魚亞力, A. M. Earle) 선교사 193
어을빈(魚乙彬 Charles H. Irvin) 107
어전리교회 223
어파교회 120, 161
억량기교회 95, 309
엄방진(嚴邦鎭) 398
엄병하(嚴炳夏) 271
엄성렴(嚴戌濂) 221
엄응삼(嚴應三) 221, 361, 368
엄이선(嚴利善) 261
엄주환(嚴柱煥) 224
엄치상(嚴致相) 227, 390
엄태섭(嚴泰燮) 101
업아력(業亞力, Alexander F. Robb) 6, 84, 146, 159, 194, 227, 228, 236, 237, 380, 382, 390
업자내(業習乃, Jemmie B. Robb) 163
여운남(呂運南) 222
여운형(呂運亨) 204
여의리교회 365
여충호(呂忠鎬) 217
여풍현(呂豊鉉) 254
여해진교회 392
여현기(呂賢基) 195
여홍창(呂興昌) 135
연교리교회 314
연당교회 355
연동교회 80, 176, 178, 197, 202, 203, 233, 245, 249, 253, 258
연동여학교 131
연동중학교 257
연등리교회 312
연리교회 301
연봉교회 266, 282
연봉리교회 90, 166, 296
연수동교회 127
연수학교 289
연위득(延威得, Edwin A. Renich) 선교사 360, 367
연자동여학교 257
연평교회 277, 281
연화동교회 306
연화리교회 360
열파교회 99, 148
염도선(廉道善) 316
염동환(廉東煥) 224
염방교회 111, 291
염봉남(廉鳳南) 189, 351, 370
염산리교회 330, 345
염창화(廉昌和) 397
염치언(廉致彦) 222
영동교회 185, 272, 287, 291
영등교회 344
영등포교회 178, 233, 246, 249, 254
영명학교 233, 346, 347
영생학교 380, 400
영서현교회 67
영선학교 346
영성학교 288, 289, 309, 392
영신교회 162, 198, 326, 346
영신숙사 208
영신학교 374
영신학당 131
영실중학교 289
영어공의회 13, 97, 111
영원동교회 145
영원읍교회 196, 233
영유읍교회 160
영재형(榮在馨, Lither Lisger Young) 227, 382, 386, 391
영주군읍교회 371
영주동교회 140

영지리교회 375
영창학교 234
영평교회 179
영흥남학교 347
영흥리교회 336
영흥읍교회 158
영흥학교 378
예동교회 145, 319
예명교회 105, 303
예명선(睿明善) 171
예수교서원 177
오가동교회 234
오건영(吳健泳) 153
오건영(吳建泳) 252
오경갑(吳敬甲) 275
오경선(吳慶善) 253, 258
오경수(吳景洙) 191, 334
오계동교회 170
오계한(吳啓漢) 70, 311
오계한(吳啓翰) 314
오광리교회 357
오기선(吳基善) 320
오기원(吳基元, Clement C. Owen) 103, 104, 111, 123, 143, 152, 162, 163, 174, 175, 198, 199, 226, 322, 323, 324, 326, 329, 330, 331, 332, 339
오대교회 360
오덕근(吳德根) 224
오도국(吳道國) 327
오득인(吳得仁) 10, 11, 316
오리원교회 357
오문경(吳文京) 270
오문진(吳文珍) 197
오변규(吳釆圭) 336, 341
오병묵(吳秉黙) 389
오봉래(吳鳳來) 79
오봉서(吳鳳瑞) 70
오사복(吳士福) 302
오사순(吳士舜) 225, 324, 342
오산교회 272
오산리교회 218
오삼근(吳三根) 145
오상갑(吳相甲) 364
오상운(吳相雲) 156

오석주(吳錫柱) 328
오성강(吳成綱) 73
오수리교회 173
오승권(吳承權) 210
오승기(吳昇基) 84
오승초(吳昇楚) 68
오영현(吳永賢) 315
오원삼(吳元三) 328
오원선(吳元善) 96
오원집(吳元執) 224
오월번(吳越藩 Arthur G. Welbon) 115, 123, 165, 221, 353, 361, 367, 371
오유리교회 310
오윤선(吳胤善) 297
오응백(吳應伯) 297
오응식(吳應植) 222
오의광(吳義国) 169
오익현(吳益鉉) 160
오인관(吳麟官) 93
오인묵(吳仁黙) 121
오재영(吳在榮) 399
오재천(吳在天) 320
오정래(吳正來) 79
오정준(吳貞俊) 284
오제선(吳濟善) 222
오제세(吳濟世) 189
오주섭(吳周燮) 296
오죽교회 255
오준영(吳俊京) 388
오천모(吳千模) 375
오천보(吳天甫) 145, 206
오촌리교회 166
오치만(吳致萬) 305
오치숙(吳致叔) 186
오치은(吳致殷) 288
오태도(吳太都) 162, 339
오태숙(吳太淑) 327
오태욱(吳太郁) 226, 322
오택근(吳澤根) 369
오택륜(吳宅倫) 195, 312
오택영(吳宅泳) 195
오필선(吳弼善) 212
오하준(吳夏俊) 74
오하준(吳夏準) 97, 302
오현척(吳賢倜) 275

오형선(吳亨善) 215, 366
오호리교회 214
오흥진(吳興鎭) 302
오희구(吳羲龜) 167
옥계교회 254, 374
옥과리교회 175, 224
옥련동교회 302
옥보동교회 387
옥봉리교회 184, 214
옥성학교 268
옥승옥(玉承玉) 110
옥천동교회 395
옥치욱(玉致旭) 183
옥평교회 84
옥하리교회 337
온혜교회 360
옹천교회 353
와룡동교회 381
와룡리교회 366
와촌교회 252
왈불 선교사 86
왕길지(王吉志, George O. Enger) 5, 6, 7, 8, 9, 10, 11, 22, 123, 140, 163, 182, 183, 214, 215, 351, 352, 359, 360, 364, 370, 376
왕병기(王炳基) 101, 102, 139
왕순칠(王巡七) 333
왕십리교회 178
왕청문교회 279
왕하리교회 226
왜관교회 170
외서창교회 75, 309
외암리교회 149, 208, 366
외양자교회 158
외하리교회 116, 305
요기리교회 200
요천수교회 279
요포교회 100
용강리교회 202
용강읍교회 147
용경교회 260
용광학교 234
용당교회 325
용덕리교회 196
용동교회 385

용봉교회 262, 272, 281, 287
용산교회 126, 136, 180, 208, 256, 269, 281, 291
용산리교회 100
용상교회 263
용서리교회 320
용성교회 199
용소교회 351
용소동예배당 210
용소리교회 152
용수동교회 301
용악리교회 117, 150, 309
용암교회 184, 288
용연교회 131
용연리교회 90, 144, 293, 299
용운교회 273
용원리교회 183
용유교회 267, 288
용정동교회 143
용정시교회 227, 389, 394
용진교회 233
용현교회 174
용현리교회 196
우군서(禹君瑞) 216, 375
우귀득(禹貴得) 376
우기모(禹琦謨) 66, 97, 105
우기모(禹琦模) 304
우밀리교회 307
우봉석(禹鳳錫) 376
우산교회 110, 152, 200
우수영교회 152, 322
우월순(禹越淳, Robert Manton Wilson) 322
우응제(禹應濟) 313
우정순(禹貞淳) 297
우종서(禹鍾瑞) 53, 143, 313
우지룡(禹志龍) 125
우천교회 378
우천동교회 217, 218
우천리교회 101, 305
우춘국(禹春國) 183
우학리교회 325
우학현(禹學鉉) 366
우홍규(禹洪奎) 364
운림리교회 323
운산교회 364

운전교회 266, 287
운천교회 178, 276, 291
웅동교회 330
웅포교회 223
원가리(元佳理, James Kelly Unger) 322, 339
원덕관(元德貫) 333, 336, 341
원덕리교회 158, 393
원덕찬(元德贊) 337
원동교회 186, 288
원두우(元杜尤, Horace G. Underwood) 48, 49, 50, 51, 52, 53, 55, 56, 70, 72, 74, 86, 91, 99, 102, 104, 130, 134, 135, 164, 176, 178, 201, 202, 205, 206, 241, 242, 245, 246, 247, 251, 252, 254, 255, 256, 258
원리교회 115
원명오(元明五) 333
원무상(元茂祥) 262
원병태(元炳泰) 285
원봉수(元奉守) 333
원사기(元士基) 333
원산부내교회 150
원산항교회 107
원석련(元碩連) 137
원석호(元碩浩) 137
원성교회 262
원세성(元世性) 147, 252, 256
원세택(元世澤) 282
원송교회 149, 219
원용덕(元容德) 95
원용주(元龍珠) 77
원장리교회 117, 309
원전교회 377
원정환(元貞煥) 91
원진교회 323
원형준(元亨俊) 90
원형중(元亨仲) 273
원화순(元和順) 368
월명교회 156, 378
월백리교회 86
월봉리교회 323, 345
월산교회 219

월산리교회 342
월성리교회 157, 233
월안리교회 137, 184, 185
월전교회 376
월평교회 299, 341, 370
월호동교회 141
위대모(魏大模, Norman C. Whittemore) 86, 87, 97, 98, 108, 136, 137, 168, 186, 275, 280
위북리교회 84
위원석(魏元碩) 274, 285, 290
위원읍교회 194
위원읍회 233
위창석(韋昌錫) 301
위철치(魏喆治, George H. Winn) 156
유경순(劉景舜) 355
유경엽(劉景燁) 90
유계준(劉啓俊) 297
유공선(劉公善) 86, 254
유광록(劉光祿) 304
유광오(柳光五) 326
유광호(劉光浩) 197
유교 36, 38, 39, 41, 42, 43
유기도(柳基道) 354
유기량(柳冀亮) 203
유기연(柳基淵) 181, 397
유기택(柳基宅) 223, 344
유남순(劉南順) 250
유내삼(俞乃三) 215
유내춘(柳來春) 223, 339
유대남(劉戴南) 121
유대모(柳大模, A. Damer Drew) 121, 193
유도교회 194
유동빈(柳東彬) 69
유리교회 148, 309
유마리아(劉馬利亞) 87
유목동교회 150
유문보(俞文甫) 314
유문환(劉文煥) 381
유문환(柳文煥) 399
유병기(劉秉基) 370
유봉수(劉奉守) 182
유상도(劉尙道) 107, 126, 154,

186
유상돈(劉尙燉) 89
유상리교회 319
유상엽(劉尙燁) 89
유상찬(劉尙燦) 187
유상환(兪尙煥) 161
유상환(劉尙煥) 186, 187
유상희(劉尙熙) 154
유서백(柳西伯 John Samuel
  Nisbet) 323, 326, 336,
  340, 341
유석룡(柳錫龍) 148, 181
유성교회 187, 378
유성렬(劉性烈) 334
유성준(兪成俊) 160
유성준(兪星濬) 176, 251
유성철(柳堽七) 135, 250, 256
유순리교회 113
유신학교 232, 289, 387
유여대(劉女大) 177
유여대(劉如大) 282, 287
유영천(劉永天) 266
유영호(劉永浩) 395
유용서(劉容瑞) 122
유우일(兪愚一) 397
유원명(劉元明) 87
유원용(劉元龍) 87
유윤칙(劉允則) 111
유일청(兪一淸) 161
유전악(兪全岳) 238
유정리교회 312
유정백(劉貞伯) 136
유정직(兪貞稷) 295
유종석(柳宗錫) 393
유주원(兪周元) 183
유중근(劉重根) 86
유지선(柳芝善) 397
유진국(兪鎭國) 312
유진만(兪鎭萬) 256
유찬수(兪贊洙) 110, 120
유찬주(兪贊柱) 266
유찬희(兪讚熙) 397
유창래(柳昌來) 339
유창운(柳昌云) 300
유천교회 195, 312
유천복(劉天福) 88, 269, 273

유초도교회 273
유치선(劉致善) 207
유치화(劉致化) 184
유태연(劉泰然) 68, 84, 150
유택준(兪宅濬) 362
유판돌(兪判㐦) 183
유하수(柳廈秀) 173
유한풍(兪漢豊) 397
유형근(劉亨根) 66
유홍근(柳弘根) 262
유홍건(柳興建) 222
유홍렬(劉興列) 72
유흥렬(劉興烈) 146, 153, 164,
  165, 177, 252
유흥원(柳興元) 397
육영공원 50, 57
윤경신(尹敬信) 249
윤군서(尹君瑞) 305
윤기복(尹基福) 295
윤기(효?)(尹基孝(?)) 219
윤동화(尹東華) 171
윤두하(尹斗夏) 91
윤득신(尹得信) 267
윤명혁(尹明赫) 372
윤문옥(尹文玉) 78, 314
윤병석(尹炳錫) 148
윤병옥(尹並玉) 338
윤병혁(尹炳爀) 142
윤봉호(尹鳳浩) 315
윤산온(尹山溫 George S.
  McCune) 100, 116, 148,
  167, 180, 181, 209, 295,
  307
윤상구(尹相求) 183
윤상덕(尹相德) 164
윤상덕(尹尙德) 178
윤성덕(尹相悳) 203
윤상삼(尹相三) 110, 199, 331
윤상삼(尹尙三) 323
윤상현(尹相鉉) 218
윤상훈(尹庠勳) 178
윤석주(尹錫柱) 283
윤순흥(尹順興) 372
윤식명(尹植明) 223, 326, 339
윤영문(尹永文) 368
윤영복(尹永福) 398

윤외리교회 357
윤우삼(尹友三) 373
윤원도(尹元道) 178
윤원식(尹元植) 148
윤위택(尹渭宅) 367
윤의창(尹義昌) 281
윤익주(尹益柱) 271
윤천녀(尹天汝) 383
윤치경(尹致景) 131
윤치은(尹致殷) 282
윤치주(尹致周) 282
윤치홍(尹致興) 168
윤태흠(尹泰欽) 115
윤필영(尹弼永) 367
윤학선(尹學善) 150
윤홍채(尹鴻彩) 153
윤홍선(尹興善) 299
윤희복(尹希福) 137, 211, 281
윤희상(尹熙尙) 375
윤희웅(尹喜熊) 221
율곡리교회 162, 224, 326,
율리교회 307
율지교회 120, 294
율하리교회 375
융신학교 233
은곡교회 163
은봉교회 264
은북지교회 221
은산리교회 196, 298
은용덕교회 388
은율군읍교회 102
은파교회 113
은포교회 398
은행리교회 313
음진실(陰眞實) 255
읍북교회 280
읍서교회 281, 282, 287
읍천교회 218
응암리교회 334
의동교회 78, 103
의령읍교회 354
의병 220, 246, 257, 345, 377
의병난 325, 329, 345, 377
의성학교 233
의일교회 367, 376
의주군읍내교회 87

의주군읍동교회 262, 282
의주군읍서교회 282, 287
의주군창회 233
의주읍교회 131, 229, 232, 234
이강환(李康奐) 43
이건도(李健度) 196
이건필(李建必) 160
이경락(李京洛) 177
이경래(李景來) 152
이경만(李耕萬) 211, 259
이경모(李景模) 95
이경무(李璟懋) 98
이경문(李敬文) 143
이경민(李景敏) 106
이경백(李慶白) 354
이경일(李敬一) 333, 342
이경즙(李京楫) 273
이경필(李敬弼) 162, 223, 225, 320, 330
이경호(李庚灝) 285
이경화(李景化) 334
이경화(李敬華) 350
이경휘(李敬徽) 106
이경휘(李敬輝) 333
이계수(李桂秀) 122, 162, 198, 200, 225, 330
이계완(李啓完) 336
이계춘(李桂春) 356
이공숙(李公淑) 170, 333, 340
이관선(李寬善) 242
이관성(李觀城) 138
이관실(李觀實) 138
이관용(李寬容) 217
이관협(李寬浹) 186
이교백(李敎伯) 351
이교준(李敎俊) 383
이국보(李國輔) 156
이국호(李國浩) 283
이군서(李君瑞) 212
이군신(李君臣) 331
이귀일(李貴鎰) 145
이귀현(李貴賢) 199
이규학(李奎鶴) 355
이극성(李克成) 184
이근배(李根培) 188
이근식(李根植) 68

이근식(李根軾) 298
이근재(李根載) 317
이근진(李根眞) 88
이근택(李根澤) 129
이근필(李根弼) 68
이근혁(李根赫) 137
이기남(李起南) 165, 203, 204, 250
이기락(李基洛) 274
이기만(李基萬) 356
이기상(李己祥) 183
이기선(李基善) 157
이기선(李基宣) 210
이기수(李基守) 135-136
이기언(李基彦) 78, 103
이기연(李基衍) 373
이기영(李基英) 172
이기우(李基禹) 356
이기유(李基由) 217
이기준(李基俊) 250
이기찬(李基燦) 391
이기창(李基昌) 208, 296, 305
이기태(李基太) 70
이기풍(李基豊) 68, 83, 123, 241, 242, 325, 333, 336, 342
이기행(李基行) 142
이기헌(李基憲) 380
이기형(李基馨) 194, 207, 212, 281
이기홍(李基洪) 324
이기화(李基花) 159, 358
이기환(李基煥) 321
이길함(李吉咸, Graham Lee) 53, 68, 69, 77, 79, 81, 82, 87, 90, 93, 100, 106, 116, 117, 126, 148, 167, 172, 180, 181, 208, 209, 237, 240, 242, 296, 299, 301, 302, 307
이낙서(李洛西) 199
이낙선(李洛善) 178, 252
이낙현(李落賢) 180
이내보(李乃寶) 280
이내수(李來洙) 321
이노정(李魯珽) 362

이눌서(李訥瑞, William D. Reynolds) 6, 53, 64, 73, 146, 242, 244, 328
이달운(李達雲) 209
이대영(李大榮) 191
이덕(李德, Clarence F. Reid) 134
이덕년(李德年) 333
이덕륜(李德倫) 246
이덕리교회 388
이덕주(李德周) 326
이덕환(李德煥) 181, 182, 235
이덕희(李德熙) 200
이도삼(李道三) 226, 343
이도원(李道元) 107, 235
이도종(李道宗) 333
이도형(李道亨) 117
이돈수(李敎壽) 318
이동령(李東寧) 284
이동석(李東錫) 114, 305
이동소(李東沼) 372
이동순(李東舜) 263
이동승(李東昇) 73
이동식(李東植) 260, 314
이동준(李東俊) 266, 301
이동태(李東泰) 360
이동휘(李東輝) 384, 388, 392, 395
이두섭(李斗燮) 159, 385, 390, 392
이두찬(李斗燦) 88
이두천(李斗天) 190
이득림(李得霖) 118
이득주(李得珠) 175
이령리교회 107
이로도교회 97, 105
이마리아(李馬利亞) 280, 394
이만기(李萬基) 161, 173, 194, 296
이만식(李萬植) 197
이명성(李明星) 252
이명헌(李明憲) 178, 202
이명혁(李明赫) 246
이명화(李明和) 282
이목교회 352
이목동교회 105

색인 429

이목리교회 303, 327
이문관(李文寬) 152
이문동교회 255
이문명(李文明) 76
이문서(李文瑞) 183
이문영(李文英) 162
이문오(李文五) 110
이문옥(李文玉) 136
이문주(李文主) 156, 170, 189,
    369, 373, 377
이미교회 328
이민성(李敏成) 113
이민순(李敏淳) 94
이밀교회 285
이방언(李方彦) 322
이방익(李邦翼) 307
이백행(李白行) 359
이범재(李範載) 252
이범재(李範在) 388
이범준(李範俊) 164
이벽양(李璧養) 351
이병규(李炳奎) 78
이병묵(李炳默) 329
이병병(李炳柄) 399
이병언(李炳彦) 227
이병주(李秉周) 388
이병준(李炳俊) 289, 309
이병춘(李秉春) 385
이병하(李炳夏) 305, 394, 395,
    399
이병하(李柄夏) 389
이보국(李輔國) 321
이보연(李輔璉) 227
이복향(李馥香) 365
이봉규(李鳳奎) 280
이봉덕(李鳳德) 186
이봉도(李鳳道) 158
이봉도(李奉道) 284
이봉래(李鳳來) 154
이봉운(李鳳雲) 380
이봉윤(李奉允) 277
이봉조(李鳳朝) 89, 280, 356
이봉춘(李奉春) 86
이봉태(李鳳泰) 179, 267
이봉하(李鳳河) 100
이사원(李士允) 119, 164, 374

이상겸(李尙謙) 112, 262
이상규(李相珪) 369
이상근(李尙根) 102, 172
이상동(李相東) 372
이상려(李象呂) 204
이상련(李相連) 232
이상림(李相林) 369
이상문(李相文) 135
이상백(李尙白) 267, 290
이상재(李商在) 176, 258
이상하(李尙夏) 155
이상화(李相和) 372
이서봉(李瑞奉) 118
이석관(李碩寬) 118
이석락(李晳洛) 217
이석문(李錫文) 181
이석산(李石山) 375, 377
이석윤(李錫潤) 142, 143
이석준(李錫俊) 92
이석진(李錫璡) 250, 256
이석팔(李錫八) 147
이석풍(李錫豊) 122
이선광(李善光) 342
이선국(李先國) 143
이선길(李善吉) 280
이선동교회 356
이선언(李先彦) 358
이성강(李成綱) 314
이성관(李聖貫) 215
이성국(李成國) 306
이성근(李成根) 88, 252
이성덕(李成德) 88
이성률(李成律) 169
이성문(李聖文) 164
이성보(李成甫) 185
이성삼(李聖三) 103, 108,
    220-221
이성삼(李省三) 136
이성삼(李成森) 169
이성삼(李成三) 259
이성서(李成瑞) 79
이성서(李性瑞) 256
이성실(李成實) 170
이성옥(李成玉) 141
이성의(李成儀) 144
이성의(李聖儀) 173

이성일(李成一) 143, 339
이성재(李聖哉) 226
이성재(李成幸) 320
이성전(李聖田) 284
이성준(李成俊) 160
이성춘(李成春) 143, 339
이성하(李成夏) 47, 48, 49, 100,
    287
이성현(李成賢) 341
이성화(李成化) 152
이세주(李世疇) 114, 309
이소준(李小俊) 188
이손덕(李孫德) 109
이수덕(李秀德) 356
이수만(李秀萬) 252
이수암(李秀岩) 138
이수용(李秀容) 252
이수현(李守鉉) 121
이순길(李順吉) 329
이순만(李順萬) 81
이순명(李順明) 157
이순언(李淳彦) 168
이순언(李順彦) 280
이순여(李順汝) 204
이순창(李順昌) 144, 398
이승규(李承奎) 140
이승두(李承斗) 65, 318
이승락(李承洛) 81, 113, 137
이승룡(李承龍) 79
이승만(李承晩) 176
이승문(李承文) 280
이승인(李承仁) 334
이승진(李承鎭) 81
이승청(李承淸) 179
이승혜(李承惠) 392
이승훈(李昇薰) 272
이시권(李時權) 149
이시동(李時東) 371
이시영(李時榮) 209
이시학(李時學) 100
이시헌(李時憲) 76
이시화(李時和) 279
이신경(李信敬) 290
이신달(李身達) 45
이신영(李信永) 149
이신주(李信柱) 271

이신행(李信行) 124
이신화(李信和) 282
이아각(李雅各, James I. Paisley) 330
이아지(李阿只) 345
이안리교회 263, 272
이안리교회 167
이양식(李養植) 181
이양자교회 104, 108
이여진(李汝進) 178
이여한(李汝漢) 165, 251
이연화(李蓮和) 145
이연화(李連化) 225
이영균(李英均) 164
이영백(李永伯) 151
이영복(李永福) 114
이영수(李永秀) 208
이영수(李永洙) 392
이영언(李榮彦) 65, 76, 106, 114
이영옥(李榮玉) 156
이영용(李永庸) 159
이영우(李靈雨) 190
이영하(李英夏) 208
이영한(李英瀚) 216
이영호(李永浩) 314
이영희(李英熙) 225, 234, 324, 331, 342
이오엽(李五葉) 158
이완용(李完鎔) 126
이용권(李用權) 389
이용덕(李龍德) 186
이용린(李龍麟) 115, 120
이용린(李用獜) 208, 212, 304
이용린(李龍獜) 235
이용범(李用範) 388
이용빈(李龍彬) 228, 265
이용석(李容錫) 146, 178, 205
이용순(李龍淳) 120
이용영(李容英) 385
이용익(李容翊) 129
이용제(李鏞齊) 85
이용진(李用鎭) 76, 305
이용추(李容麤) 295
이용화(李龍化) 106
이용화(李容華) 202

이우혁(李雨赫) 196, 213
이욱(李郁) 382, 391
이운선(李云先) 177
이운영(李雲英) 313
이운오(李雲五) 326
이원국(李元局) 88
이원군읍교회 387
이원긍(李源兢) 176, 246, 253, 258
이원도(李元道) 138
이원민(李元敏) 68, 254
이원방(李元方) 225
이원백(李元伯) 226, 343
이원복(李元福) 269, 273
이원서(李元瑞) 74
이원순(李元順) 205
이원실(李元實) 276
이원여(李元汝) 148
이원일(李元日) 335
이원지(李元智) 319
이원춘(李源春) 360
이원필(李元弼) 223, 334, 344
이원형(李元亨) 179
이유용(李裕容) 94
이유장(李有章) 162
이유정(李裕禎) 208
이윤모(李潤模) 138, 297, 298
이윤묵(李允黙) 267
이윤백(李允伯) 364
이윤빈(李允彬) 226
이윤삼(李允三) 225, 339
이윤식(李允植) 186
이윤옥(李允玉) 98, 185, 267, 268, 284
이윤일(李允一) 185
이윤종(李允宗) 98, 267
이윤증(李允曾) 88
이윤창(李允昌) 294
이윤팔(李潤八) 214
이윤형(李允炯) 305
이은경(李殷卿) 396
이은영(李殷榮) 165
이은하(李恩河) 262
이응락(李應洛) 305
이응인(李應寅) 51
이응찬(李應贊) 47, 71

이응현(李應賢) 385
이응호(李應澔) 66
이의근(李義根) 135
이의달(李義達) 277
이의석(李義錫) 51
이의옥(李義玉) 280
이의종(李義宗) 333
이이경(李利景) 369
이익률(李翊律) 274
이익성(李益盛) 313
이익진(李益鎭) 211
이인덕(李仁德) 290
이인선(李仁善) 306
이인수(李寅秀) 270
이인옥(李仁玉) 190
이인준(李仁俊) 150
이인택(李仁宅) 161
이인휘(李寅徽) 277
이일만(李一萬) 90
이일문(李一文) 319
이일성(李日成) 267
이일영(李一永) 155, 208
이자운(李子雲) 391, 396
이자익(李自益) 192, 333
이자일(李子日) 225
이자효(李慈孝) 333
이작지(李作支) 364
이장용(李長鎔) 203
이장호(李章鎬) 152, 332
이재선(李在善) 73, 391
이재수(李在樹) 355
이재순(李在淳) 172
이재언(李在彦) 326
이재영(李在永) 139, 375
이재욱(李載旭) 141, 188, 218, 220, 356, 373
이재중(李載重) 182
이재채(李在彩) 121
이재풍(李載豊) 107
이재풍(李在豊) 138, 306
이재형(李在衡) 75
이재홍(李在洪) 355
이정권(李正權) 226
이정목(李廷睦) 307
이정선(李正善) 98
이정수(李正洙) 158

색인 431

이정운(李貞運) 93	이찬유(李贊裕) 356	이태응(李泰膺) 354
이정초(李廷楚) 197	이찬홍(李贊弘) 197	이태항(李泰恒) 209
이정하(李貞夏) 235	이창갑(李昌甲) 171, 387	이태현(李台現) 397
이정현(李貞顯) 112	이창건(李昌健) 388	이태호(李太浩) 322
이정화(李正華) 392	이창규(李昌珪) 121	이태화(李泰和) 208
이정희(李廷禧) 99	이창규(李昌奎) 388	이태화(李太和) 74
이종경(李鐘慶) 202	이창록(李昌祿) 270	이택보(李澤普) 113
이종근(李宗根) 352	이창석(李昌錫) 88, 280	이택순(李宅淳) 208
이종범(李宗範) 387	이창실(李昌實) 209	이택조(李宅祚) 144
이종석(李宗碩) 267	이창영(李昌榮) 186, 248	이택중(李澤仲) 301
이종섭(李宗燮) 164	이창영(李昌英) 211	이택진(李澤鎭) 74, 305
이종성(李鐘城) 363	이창조(李昌祚) 295	이통숙(李通淑) 200
이종수(李宗洙) 356	이창호(李昌浩) 109, 312	이파봉(李芭奉) 335
이종순(李鍾順) 355	이채영(李采榮) 85	이풍순(李豊順) 246
이종연(李宗淵) 121	이처화(李處化) 199	이필세(李弼世) 219
이종운(李鍾雲) 147	이천교회 303, 306	이하영(李夏榮) 397
이종주(李鐘周) 384	이천리교회 166	이하응(李昰應) 195
이종진(李鍾振) 217	이철주(李喆疇) 113	이하현(李河賢) 385
이종태(李鐘泰) 189	이철호(李喆浩) 78	이학면(李學勉) 171
이종하(李宗夏) 157, 395	이청풍(李淸風) 110	이학범(李學範) 110
이종한(李鐘翰) 388	이최려(李最呂) 204	이학선(李學善) 299
이종호(李宗浩) 178	이춘(李春) 395	이학성(李鶴聲) 211
이종호(李鍾浩) 206, 248	이춘경(李春景) 72, 134, 164,	이학성(李學聖) 295
이종훈(李鍾薰) 388	165, 178, 204, 246, 250,	이학수(李學洙) 384
이종희(李宗禧) 270	253	이학신(李學信) 263
이주복(李柱復) 138	이춘경(李春耕) 223	이학엽(李學燁) 279
이주상(李周庠) 335	이춘선(李春善) 193	이학주(李學柱) 112
이주한(李柱漢) 108	이춘섭(李春燮) 181	이한규(李漢奎) 188, 218
이주호(李周好) 220	이춘중(李春仲) 142	이한두(李漢斗) 69, 79
이준백(李俊白) 280	이춘형(李春瀅) 68	이한재(李漢幸) 192
이준서(李俊瑞) 231	이춘흥(李春興) 226	이한진(李漢鎭) 66, 295
이준영(李俊英) 137	이치겸(李致謙) 74	이항엽(李恒燁) 282
이준영(李俊榮) 356	이치국(李致國) 137	이행규(李行奎) 172
이중진(李重鎭) 297	이치도(李致道) 323, 333	이행언(李行彦) 152, 332
이중호(李重浩) 272	이치룡(李致龍) 196	이현교회 169
이중화(李仲花) 225, 341	이치선(李致善) 184	이현묵(李賢黙) 207
이지윤(李志潤) 139, 152	이치수(李致洙) 196, 213, 303	이현서(李賢瑞) 68
이지현(李芝鉉) 178	이치전(李致甸) 185	이현석(李顯錫) 89
이지훈(李芝勛) 212	이치화(李致華) 185	이현신(李賢信) 160
이진명(李鎭明) 381	이치화(李致化) 190	이현철(李玄轍) 375
이진방(李鎭邦) 120, 297, 306	이태겸(李泰謙) 74	이현필(李賢弼) 86, 369
이진성(李鎭成) 98	이태근(李泰根) 90	이형락(李亨樂) 88
이찬경(李贊京) 328	이태성(李泰成) 220	이형숙(李亨淑) 322, 343
이찬두(李燦斗) 297	이태수(李泰洙) 266	이형언(李亨彦) 322
이찬영(李贊永) 102	이태언(李泰彦) 396	이형원(李亨元) 179
이찬용(李贊用) 313	이태영(李泰永) 354	이형춘(李亨春) 112

이혜련(李惠連) 266	일신학교 234, 289	임신덕(林信德) 106
이혜주(李惠疇) 306	일진회 330	임영순(林永淳) 283
이호근(李虎根) 270	일천교회 168	임영식(任永植) 158
이호성(李鎬成) 193	일청전역 91	임영오(林營五) 216
이호인(李浩仁) 351	일청전화 77	임원여(林元汝) 170
이호재(李鎬幸) 253	임경수(任景洙) 327	임윤간(林允幹) 95
이호종(李昊鍾) 333	임경수(林鏡洙) 368	임윤재(任倫幸) 191
이호효(李昊孝) 333	임경운(林京云) 158	임응익(林應益) 92, 92-93
이홍언(李鴻彦) 167	임공진(任公鎭) 178	임응천(林應天) 221
이화동교회 96	임공진(林公振) 202	임익화(林益和) 95
이화민(李化敏) 341	임관(林觀) 96	임재봉(林在鳳) 354
이화실(李華實) 369	임관영(任寬永) 209	임재순(林在淳) 272
이화일(李化一) 185	임관호(林寬浩) 282	임정현(林靖鉉) 202
이화일(李化日) 343	임구환(任九桓) 334	임제훈(林齊勳) 115
이화준(李和俊) 171	임군삼(林君三) 117	임종순(林鍾純) 244
이화중(李化中) 319	임권준(林權俊) 321	임종하(林鍾夏) 141, 142
이화춘(李化春) 327	임기준(林奇俊) 117	임주조(林柱祚) 282
이화춘(李和春) 381	임기천(林己千) 356	임준호(林俊鎬) 307
이효민(李孝敏) 211	임도성(林道成) 105	임지환(林芝環) 80
이효순(李孝順) 313	임도식(林道植) 220	임진숙(林鎭淑) 92
이효승(李孝承) 320	임득률(林得律) 171, 392	임진오(任鎭五) 146, 147
이홍규(李興奎) 266	임득무(林得茂) 88	임찬모(林贊謨) 117
이홍원(李興元) 321	임득영(林得榮) 386	임창모(林昌模) 167
이홍주(李興柱) 356	임득우(林得愚) 172	임창전(林昌典) 274
이희규(李熙奎) 267	임득현(林得賢) 104	임처계(林處繼) 98
이희대(李喜大) 77	임득현(林得鉉) 108	임천원(林天源) 92
이희봉(李喜鳳) 142, 170, 188,	임문길(林文吉) 149, 190	임촌교회 172
219, 354, 355	임병주(林秉柱) 148	임치명(林致明) 327
이희삼(李希三) 299	임병철(林炳喆) 221	임치수(任致守) 156
이희철(李希哲) 90	임봉상(林鳳祥) 280	임태훈(林泰勳) 115
이희청(李希淸) 267	임봉서(林鳳瑞) 265	임택순(林澤順) 294
인국서(印局西) 321	임봉준(林鳳俊) 205	임학만(林學晩) 208, 300
인노절(印魯節, Rodger Earl	임봉춘(林達春) 122	임학선(林學善) 352
Winn) 373	임봉학(林鳳鶴) 99	임학수(林學洙) 368
인덕교회 161	임사형(林士瀅) 168	임학수(林鶴洙) 377
인덕동교회 271	임상권(林相權) 312	임한국(林漢國) 93
인덕리교회 302	임상화(林祥和) 306	임해진(任海鎭) 112
인두리교회 84	임성근(林成根) 114	임현모(林賢模) 117
인산리교회 307	임성옥(任成玉) 103, 223, 322,	임형익(林亨益) 92
인실학교 234	323, 332, 336, 340, 341,	임형주(林亨柱) 95
인의동교회 355	344	임호선(林浩善) 161
인흥학교 288	임성태(林成泰) 93	임홍석(林紅石) 352
일곡교회 335	임소천(任小天) 384, 387	임화일(林化一) 225
일로전쟁 155	임수우(林守愚) 222	임회영(林晦榮) 381
일송정교회 399	임순화(林順和) 203	임효순(林孝淳) 100
일신의숙 371	임시화(林時化) 284	임희서(林喜西) 164

입산교회 291
입석교회 186, 197, 283
입석리교회 365
입암교회 168, 274, 275, 281

ㅈ

자계동교회 383
자계리교회 391
자덕교회 76, 295
자성군읍교회 275
자성동교회 270
자유교 66, 147, 171, 252, 348
자유교회 292
자인교회 378
자인읍교회 362
자천교회 364
자파구교회 275
작내리교회 356
장경교회 279
장경일(張敬一) 45
장경태(張敬泰) 192
장경현(張景賢) 279
장경호(蔣景鎬) 68
장경화(張景化) 227
장관선(張寬善) 88, 89, 112,
　　　　127, 184, 272, 276
장관옥(張官玉) 315
장구리교회 327
장군동교회 350
장규명(張奎明) 259
장규태(張奎台) 109
장낙요(張洛堯) 136
장남극(張南極) 104
장남두(張南斗) 104
장내성(張乃成) 225
장대석(張大錫) 279
장대현(張大鉉) 9, 114, 155, 167,
　　　　181, 182, 236, 237, 293,
　　　　298, 301, 308
장덕로(張德櫓) 126, 136
장덕상(張德尙) 79, 314, 316
장덕선(張德善) 224
장동교회 182, 222
장두문(張斗文) 361
장두익(張斗翼) 104, 390

장득곤(張得坤) 136
장등교회 335
장령관(長寧舘) 286
장로회헌법번역위원 134
장립교회 369
장몽원(張蒙源) 307
장문리교회 392
장문식(張文植) 104
장백현교회 396
장복우(張復佑) 368
장복진(張復震) 361
장봉주(張鳳朱) 159
장사리교회 354, 355, 367
장사성(張師聖) 361
장사일(張士日) 199
장사정(張賜禎) 238
장산교회 191
장산리교회 100
장석구(張錫九) 69
장석규(張錫奎) 69
장석두(張錫斗) 69, 70
장석영(張錫英) 69
장석원(張石源) 144
장석정(張錫鼎) 69
장석주(張錫周) 69, 166
장석지(張錫祉) 337
장선학(張善學) 73
장성덕(張聖德) 117
장성동교회 278, 290
장성수(張聖守) 188
장수동교회 372
장수만(張壽萬) 109
장승무(張承武) 112, 136, 262
장시욱(張時郁) 280
장시혁(張時赫) 259
장신포(張信布) 232
장신희(張信希) 286
장여익(張女益) 140
장여학(張勵學) 282
장연읍교회 70
장영규(張永奎) 252
장영기(張永基) 367
장예학(張禮學) 395
장옥규(張玉圭) 343
장요교회 187, 261, 272
장용삼(張容三) 318

장운식(張運栻) 136, 281
장운식(張運軾) 269
장원리교회 180
장유관(張有寬) 87, 179, 206,
　　　　234, 276, 287
장유석(張裕錫) 303
장윤현(張允鉉) 179
장은평교회 396
장응벽(張應璧) 77
장의택(張義澤) 144
장익주(張翼周) 387
장인택(張仁澤) 121
장재동교회 159
장전리교회 359
장정렬(張貞烈) 343
장정률(張正律) 132
장제명(張齊明) 111
장제백(張齊伯) 111
장제헌(張齊翰) 307
장제현(張齊鉉) 111
장조환(張朝煥) 393
장좌동교회 275
장주성(張柱性) 159
장주환(張周煥) 338
장준영(張俊英) 282
장준철(張俊哲) 158
장지영(張志英) 267
장진방(張鎭邦) 51
장창학(張昌學) 113
장창화(張昌化) 200
장채봉(張彩鳳) 150
장처중(張處仲) 217
장천교회 91, 115-116, 116,
　　　　148, 166, 293, 294, 300,
　　　　345
장천리교회 324
장천교회 148
장천오(張千五) 199, 226, 339
장천회당 303
장촌교회 102
장춘명(張春明) 164
장치견(張致見) 361, 368
장치무(張致武) 98
장치오(張致五) 192
장태현(張台顯) 88, 89
장택진(張澤辰) 104

장평리교회 255
장하순(張河舜) 136, 269
장하식(張河湜) 136
장하식(張河植) 274
장학수(張學秀) 386
장한수(張翰洙) 154
장한윤(張翰允) 135
장한진(張漢鎭) 217
장항교회 280
장현교회 117, 296
장현중(張鉉中) 329, 339
장형도(張亨道) 271
장혜성(張惠誠) 287
장호식(張浩植) 248
장흥달(張弘達) 392
장흥범(張弘範) 68
장흥술(張弘述) 84, 381
장화일(張化逸) 335
장효량(張孝良) 272
장효신(張孝信) 178
장흥교회 363
장희서(張希西) 192
재령군읍내교회 78
재령읍교회 102, 125, 221
적안평교회 397
전경백(全瓊伯) 147
전경석(田瓊錫) 278
전계은(全啓殷) 84, 390
전관일(全觀一) 299
전광묵(田光黙) 117
전광진(田廣陳) 180, 209
전군보(田君甫) 68, 83, 122, 160
전기정(田基靑) 97, 155
전도교회 127
전도회 124
전두협(全斗協) 301
전득권(全得權) 76
전득규(田得奎) 209
전라대리회 16, 318, 345
전만성(全萬聲) 355
전문보(全文寶) 264
전문헌(全文憲) 264
전병헌(田炳憲) 278
전성순(全聖淳) 164
전성현(全聖賢) 164

전신종(田信宗) 260
전연준(田延畯) 179
전영신(全榮信) 149
전용규(田龍圭) 180
전용규(田龍奎) 209
전위렴(全緯廉, William M. Junckin) 53, 73, 75, 83, 87, 121, 143, 157, 193, 201, 321
전읍교회 140, 373
전읍리교회 378
전의근(田義根) 223
전재숙(田載俶) 73
전주군남문외교회 334, 339
전주군서문외교회 83, 318
전준선(田俊善) 235
전지교회 378
전지동교회 189
전창수(田昌洙) 343
전첨구(田忝九) 361
전해리(傳海利/傳海理, Henry Munro Bruen) 121, 141, 142, 153, 156, 170, 188, 189, 190, 218, 219, 220, 351, 354, 356, 357, 370, 373
전훈석(全勳錫) 159
전훈석(全燻錫) 390
전희관(田禧觀) 138, 139
점동교회 115
정강렬(鄭糠烈) 338
정건용(鄭健鎔) 295
정경숙(鄭京淑) 200
정경학(鄭敬學) 89
정경호(鄭京浩) 321
정계성(鄭啓聖) 97
정계용(鄭繼鎔) 252
정계인(鄭啓仁) 97
정계전(鄭啓典) 313
정공빈(鄭公斌) 52
정관동교회 355
정관순(鄭寬順) 205
정관우(鄭寬雨) 365
정광순(鄭光淳) 217
정국현(鄭國鉉) 81
정국현(鄭國賢) 110

정군선(鄭君先) 190
정규열(鄭奎烈) 178
정규호(鄭圭鎬) 350
정근(鄭根) 344
정금산(丁金山) 354
정기관(鄭基官) 77
정기백(鄭基伯) 344
정기선(鄭基先) 122
정기승(鄭基昇) 77
정기영(鄭基永) 159
정기영(鄭琪永) 330
정기용(鄭機用) 340
정기점(鄭基漸) 77
정기정(鄭基定) 89, 109, 150, 184, 261, 272
정기주(鄭基周) 271
정기준(鄭基俊) 139, 196, 390
정기창(鄭基昌) 106
정기환(鄭基煥) 154, 171, 386, 387
정기회(鄭基會) 171
정낙영(鄭洛永) 284
정녀동교회 85, 172
정능기(鄭能基) 307
정달요(鄭達堯) 105
정대인(丁大仁) 352
정덕생(鄭德生) 149, 181, 183, 214, 215, 352, 354, 359, 360, 364, 376
정덕선(鄭德善) 149
정덕화(鄭德化) 355
정도명(丁道明) 198
정도연(鄭道連) 199
정도영(鄭道泳) 117
정동교회 397
정동명(鄭東明) 131
정동섭(鄭東燮) 325, 338
정마리아(鄭馬利亞) 154
정만일(鄭萬一) 175
정만혁(鄭萬爀) 193
정명리(鄭明理) 295, 299
정묘득(鄭玅得) 185
정문주(鄭文周) 192
정민조(鄭珉朝) 356
정백순(鄭伯淳) 143
정봉곤(鄭棒坤) 178

색인 435

정봉기(鄭奉琪) 359	정원삼(鄭元三) 110	정치석(鄭致碩) 362
정봉모(鄭鳳模) 150	정원형(鄭元衡) 68, 222	정치주(鄭致周) 138
정봉엽(鄭鳳燁) 137	정윤삼(鄭允三) 189, 220	정태인(鄭泰仁) 198, 227, 324,
정봉현(鄭鳳鉉) 342	정윤수(鄭允洙) 165, 248, 250,	328, 343
정상룡(鄭相龍) 263	251	정태현(鄭泰賢) 205
정서창(鄭瑞彰) 281	정윤식(鄭允植) 370	정택로(鄭宅老) 69
정서형(鄭瑞亨) 112	정윤종(鄭允鍾) 352	정평읍교회 157, 395
정석기(鄭錫基) 185	정의준(鄭義俊) 265	정평호(鄭玶浩) 329
정석용(鄭錫用) 371	정이도(鄭利道) 182	정한영(鄭漢泳) 117
정석원(鄭錫元) 344	정이진(鄭利鎭) 110	정한주(鄭漢周) 94
정석조(鄭石朝) 382	정이헌(鄭利憲) 68	정해룡(鄭海龍) 186
정석종(鄭碩鐘) 139, 298	정익경(鄭益慶) 116	정해일(鄭海一) 352
정석종(鄭錫鍾) 153	정익로(鄭益魯) 77, 115, 127,	정현모(鄭賢模) 323, 336
정석종(鄭碩鍾) 160	137	정현모(丁賢模) 323, 335, 341
정석주(鄭錫周) 369	정익수(鄭益洙) 101, 306	정현의(鄭賢儀) 376
정석창(鄭錫昌) 254	정인수(鄭寅秀) 318	정효원(鄭孝元) 282
정선이(鄭善伊) 368	정인언(鄭仁彦) 218	정흥조(鄭興祚) 211, 281
정성극(鄭性克) 371	정인호(鄭寅浩) 248	정흥태(鄭興泰) 351
정세언(鄭世彦) 98	정일신(鄭一信) 283	정희조(鄭喜祚) 149
정순모(鄭順模) 122	정일찬(鄭日贊) 219	제내리교회 193, 339, 346
정순용(鄭順用) 375, 377	정자삼(丁子三) 325, 329	제오교회 350
정승희(鄭承喜) 95	정재면(鄭載冕) 389	제주도성내교회 342, 346
정시현(鄭時賢) 185	정재봉(鄭在鳳) 189	제중원 50, 118, 132, 400
정신여중학교 257	정재순(鄭在淳) 363	제직원회전도대 313
정심교회 273, 288, 291	정정보(鄭正甫) 157	제현교회 95, 109
정약용(丁若鏞) 43	정정옥(丁正玉) 330	조경백(曹京伯) 387
정연교회 351	정제성(鄭濟性) 161	조경선(曺景先) 198
정영복(鄭永福) 313	정종운(鄭鐘云) 328, 329	조경주(曺景周) 339, 347
정영서(鄭永瑞) 260	정종희(鄭鐘晞) 328	조경화(趙景化) 327
정영선(鄭榮善) 191, 344	정주읍교회 107, 131, 210	조계환(曺桂煥) 121
정영선(丁永善) 328	정준모(鄭駿謨) 216	조곡리교회 121
정영수(鄭永洙) 350	정진기(鄭鎭基) 351	조광린(趙光麟) 112
정영우(鄭永祐) 313	정진주(鄭鎭周) 185	조구만(曺九萬) 212
정영조(鄭英朝) 182	정진하(鄭鎭河) 115	조규찬(趙圭燦) 88
정예점(鄭禮漸) 90	정진호(鄭鎭浩) 186	조규혁(趙圭赫) 343
정완식(鄭完植) 83	정진홍(鄭鎭洪) 115	조기문(曺基文) 190
정완우(鄭完祐) 359	정진황(鄭鎭璜) 93	조기식(趙基湜) 328
정용경(鄭用敬) 186	정차만(鄭旦萬) 141	조기연(趙基璉) 139
정용국(鄭龍國) 75	정찬도(鄭燦道) 344	조기철(曺基哲) 142
정용규(鄭用奎) 186	정찬모(鄭燦模) 168	조남명(趙南明) 334
정용세(鄭用世) 186	정찬유(鄭贊裕) 103	조능규(曺能奎) 138
정용하(鄭用河) 389, 394	정창신(鄭昌信) 192, 328	조능주(曺綾州) 322
정용환(鄭龍煥) 362	정창학(鄭昌學) 276	조대원(趙大元) 271
정운성(鄭雲成) 203	정창화(鄭昌化) 334	조덕삼(趙德三) 192, 333
정운찬(鄭雲瓚) 325	정창환(鄭昌煥) 137	조덕수(趙德修) 384
정운호(鄭雲浩) 356	정치문(鄭致文) 138	조덕수(趙德悄) 396

조덕찬(趙德燦) 266, 267, 271, 279
조동규(趙棟奎) 94
조동락(趙東洛) 215
조동벽(趙東壁) 215
조동직(趙東稷) 69
조동찬(趙東燦) 215
조득성(趙得聖) 111
조득성(趙得成) 179
조득청(趙得淸) 111
조득환(曺得煥) 355
조래교회 386
조마리아(趙마리아) 247
조만식(曺晩植) 297
조명환(曺命煥) 398
조문백(趙文伯) 74
조민국(趙珉國) 75
조병렬(趙乘烈) 82
조병선(趙乘善) 226, 341
조병수(趙乘洙) 398
조병우(趙乘宇) 372
조병종(趙乘從) 141
조병직(趙炳稷) 85
조병철(趙炳哲) 194
조보근(趙普根) 282
조봉경(趙鳳京) 284
조봉호(趙鳳浩) 333
조상정(趙相鼎) 73
조상학(趙尙學) 143, 198, 200, 324, 329, 330, 332, 337, 339
조석영(趙錫泳) 105
조석일(趙石逸) 198
조석일(趙碩逸) 322, 331
조선야소교장로회 200
조선야소교장로회공의회 133
조선연합자유장로회 200
조선예수교장로회 64, 241
조선예수교장로회독노회 124, 240, 333
조선주(趙宣周) 279
조성수(曺聖守) 188
조성순(趙聖淳) 164
조성식(趙聖湜) 274
조성학(趙成學) 384
조세겸(曺世箝) 198

조승근(趙承根) 158
조승윤(趙承允) 208
조승익(趙承益) 138
조승익(趙承翊) 138
조승일(趙昇一) 341
조승택(曺承澤) 213
조시저(趙時菹) 107
조신관(趙信寬) 270
조신성(趙信聖) 88, 269
조암교회 351
조암리교회 370
조애신(趙愛信) 101
조언섭(趙彦燮) 338
조영린(趙永獜) 159
조영화(趙榮華) 119
조옥진(趙玉振) 393
조완승(曺完承) 163
조왕리교회 114, 181, 208, 298, 302
조용렴(趙用廉) 97, 269
조용묵(趙用黙) 97, 269
조용팔(趙龍八) 393
조운길(趙云吉) 333
조원수(趙元水) 190
조원시(趙元始, George Heber Jones) 51
조원집(趙元集) 326
조유승(趙有承) 208
조율림(趙栗林) 386
조의환(曺義煥) 324, 325, 329, 337, 339
조익준(趙益俊) 107
조익형(趙益亨) 389
조재룡(曺在龍) 366
조재호(趙在鎬) 294
조정국(趙鼎國) 159
조정빈(趙正彬) 117
조종엽(趙鍾燁) 139
조종환(趙宗煥) 184
조주한(趙周漢) 215
조준성(趙俊聖) 105
조중관(趙重寬) 179
조중여(趙重餘) 179
조지봉(趙芝鳳) 97
조진형(趙鎭亨) 172
조창화(趙昌化) 283

조천리교회 336
조치원교회 195
조칠성(趙七星) 190
조하파(趙夏播, Joseph Hopper) 226, 326, 339, 341
조학룡(趙學龍) 99
조학선(趙學璇) 269, 287
조한진(趙漢晉) 207
조희복(趙希福) 144
종산리교회 313
종성군읍교회 388, 396
종초동교회 334
좌곡교회 85
좌징수(左澄洙) 333
좌흥리교회 320
주공삼(朱孔三) 110, 155, 181, 300, 301
주교리교회 343
주달교회 302
주덕삼(朱德三) 299
주덕유(朱德裕) 332
주동교회 294, 302
주람동교회 143
주명우(朱明禹) 270
주문언(朱文彦) 278
주백영(朱伯英) 259, 277
주병국(朱炳國) 100
주병완(朱炳完) 322
주봉서(朱鳳捿) 280
주서집(朱瑞集) 322
주영수(朱英洙) 344
주원삼(朱元三) 170
주음교회 281
주음동교회 270
주인섭(朱仁燮) 116
주자명(朱慈明) 392
주재면(朱載冕) 376
주중리교회 375
주중선(朱仲先) 185
주촌교회 81, 297, 304
주하룡(朱夏龍) 278
주현칙(朱賢則) 259
주형욱(朱亨郁) 116
죽본리교회 66, 154, 309
죽원교회 141, 232, 234

죽원리교회 205
죽전교회 219, 378
중감교회 356
중강교회 234
중강진교회 158
중단교회 111, 263, 269
중리교회 303
중원학교 287
중평교회 393
중평리교회 158
중하리교회 391
중화동교회 103
중화읍교회 100, 209, 210, 301
중흥동교회 79
중흥리교회 322
지경교회 156
지경리교회 121, 312
지곡교회 353, 354, 355, 368
지당교회 370
지문상(池文祥) 369
지방동교회 223, 344
지봉호(池鳳湖) 105
지사리교회 204, 249
지상진(池尙珍) 365
지성교회 161
지성옥(池成玉) 192
지원근(池源根) 103, 329, 331, 338
지원근(池元根) 162, 198, 226, 324
지익섭(池益燮) 208
지재한(池在漢) 324
지현교회 212, 303
진기종(陳夔鍾) 84
진남포교회 295
진명학교 233
진목리교회 225
진상동교회 326
진석교회 272
진신학교 378, 379
진안군읍내교회 327
진운옥(陳雲玉) 193, 194
진인범(陳仁凡) 323
진지리교회 95
진평교회 169, 378
진형권(陳衡權) 398

진흥교회 157
진흥학교 378, 379
쪼셉 암벝(L. M. J. Imbert) 44

[ㅊ]

차련관교회 185, 272, 291
차갑삼(車甲三) 107
차경순(車京順) 226
차대인구교회 394
차도남(車道南) 180, 181
차리교회 96, 212
차명재(車明在) 95
차병주(車秉柱) 271
차봉진(車鳳珍) 179
차상진(車相晉) 11, 202, 203, 204, 248, 250, 254
차수경(車洙敬) 267
차승오(車承五) 92
차승용(車昇庸) 70
차승호(車承浩) 179
차시헌(車始軒) 92, 303
차용걸(車龍杰) 187
차원석(車元錫) 182
차유령교회 179
차을경(車乙慶) 103, 108, 122, 145, 157, 158, 227
차이록(車利祿) 298
차재명(車載明) 15, 22, 211, 254, 374
차재은(車在恩) 106
차종학(車宗學) 68
차중선(車仲宣) 186
차진벽(車鎭璧) 80
차학연(車學淵) 98, 171, 278
차형준(車亨駿) 275
차호교회 104
찰욱교회 304
창교회 291
창길교회 173
창동교회 310
창사교회 111
창선상신교회 366
창성학교 378
창원교회 282
창전리교회 181, 314

창전리예배당 235
창전예배당 236
창촌교회 79, 312, 359
채돈식(蔡敦植) 220
채바득(蔡조得, Victor D. Chaffin) 254
채송원 101
채영환(蔡永煥) 153, 297
채정민(蔡廷敏) 100, 115, 149, 180, 209, 210, 237, 296, 301, 305, 307
채진영(蔡鎭永) 325
채필한(蔡弼翰) 305
채희목(蔡熙穆) 100
척곡교회 368, 372
척곡리교회 361
천광실(千光實) 65, 249, 251
천덕윤(千德允) 76
천덕현(千德鉉) 86
천도교 38, 41, 42
천마교회 155
천성리교회 352
천아나(千亞拿) 336
천연기(千年基) 226
천연도(千連道) 108
천연필(千年弼) 283
천원교회 170, 333
천주교 27, 29, 38, 41, 43, 44, 56, 127, 231
천주교당 129
천주교인 129
천주학 56
천평교회 374
천행균(千行均) 163
철산교회 212
철산군읍교회 88, 184, 232, 272, 286, 290, 291
청남학교 257
청년전도회 85
청담교회 250
청담리교회 256
청령교회 271
청로교회 364
청산교회 195
청산동교회 219
청산포교회 74, 295, 305

청신학교 257
청안구읍교회 248
청전교회 207, 234
청정교회 137, 279
청주읍교회 163, 195, 206, 231, 253, 254
청천교회 206, 248
청포리교회 320
체마교회 135, 179, 287
초계교회 214
초량교회 67, 377
초산읍교회 229, 232, 277
초송리교회 333
초왕리교회 193, 320
초정리교회 314
총령교회 208
최경광(崔敬光) 183
최경근(崔敬謹) 112
최경률(崔敬律) 323, 336, 341
최경성(崔璟成) 377
최경언(崔景彦) 219
최경재(崔璟在) 395
최경주(崔京胄) 265
최경중(崔敬仲) 225
최경진(崔京鎭) 192
최경택(崔京澤) 326
최경현(崔慶鉉) 81
최경화(崔敬化) 333, 339
최경화(崔京化) 336
최경환(崔京煥) 99
최관성(崔寬成) 202
최관철(崔觀喆) 96
최관흘(崔寬屹) 111, 187, 210, 242, 390
최광숙(崔光淑) 194
최광옥(崔光玉) 287
최국서(崔國瑞) 161
최국현(崔局鉉) 334, 339
최군삼(崔君三) 158
최군중(崔君仲) 357
최규희(崔奎熙) 111
최극류(崔克崙) 387
최극삼(崔克三) 334
최긍주(崔肯柱) 108
최기륜(崔奇崙) 263
최기반(崔基盤) 87
최기영(崔基永) 234
최기준(崔基俊) 136, 381
최기현(崔基鉉) 69
최기환(崔基煥) 359
최남문(崔南門) 335
최남산(崔南山) 103
최달모(崔達模) 173
최대만(崔大萬) 90
최대익(崔大益) 370
최대진(崔大珍) 192, 320, 339
최덕원(崔德潤) 260
최덕준(崔德峻) 90, 210, 397
최덕준(崔德俊) 135, 146, 204, 205, 228, 246, 293
최덕홍(崔德弘) 180
최도연(崔道淵) 187
최동림(崔東林) 171
최동석(崔東錫) 107
최득정(崔得正) 169, 187
최마리아(崔馬利亞) 103
최만백(崔萬白) 355
최만엽(崔萬燁) 81, 304
최만화(崔萬華) 169
최매리(崔매리, 최부인) 53, 86.
최명권(崔明權) 118
최명언(崔明彦) 151
최명오(崔明梧) 52, 54
최명익(崔明益) 187, 188, 218, 356
최명준(崔明俊) 166, 270, 287
최명현(崔命賢) 113
최명화(崔明化) 341
최문경(崔文景) 139
최문빈(崔文彬) 180
최배건(崔培健) 386
최백순(崔栢舜) 266
최병권(崔秉權) 74
최병륜(崔秉倫) 354
최병사(崔秉思) 129
최병은(崔秉恩) 78, 102, 172
최병진(崔秉鎭) 145
최병호(崔秉浩) 336, 341, 342
최병호(崔丙浩) 341
최봉기(崔鳳岐) 389
최봉렬(崔鳳烈) 389, 397
최봉륜(崔奉倫) 199
최봉명(崔鳳鳴) 180
최봉상(崔鳳翔) 263
최봉석(崔鳳奭) 265
최봉준(崔鳳俊) 114
최봉준(崔奉俊) 204
최봉학(崔鳳學) 145
최봉한(崔鳳翰) 196
최봉한(崔鳳漢) 252
최봉희(崔鳳熙) 367, 371
최사길(崔士吉) 149
최사집(崔仕集) 337
최상륜(崔相崙) 78
최상림(崔尙林) 376
최상식(崔相植) 160, 316
최상호(崔相鎬) 210
최서국(崔瑞國) 107
최석우(崔錫佑) 373
최석종(崔碩鐘) 118
최석호(崔錫浩) 103
최선탁(崔善鐸) 209, 299, 302, 304, 398
최선헌(崔先獻) 295
최성곤(崔聖坤) 207
최성근(崔成根) 150
최성렬(崔聖烈) 246
최성보(崔成甫) 314
최성봉(崔聖奉) 365
최성우(崔聖友) 359
최성주(崔聖柱) 107, 210
최성화(崔聖華) 254
최세광(崔世光) 308
최세용(崔世用) 208
최세진(崔世珍) 343
최승렬(崔承烈) 204
최승언(崔承彦) 301
최승조(崔承祚) 137
최승진(崔承晋) 246
최승현(崔昇鉉) 102
최승현(崔承賢) 160
최승호(崔承湖) 153
최시척(崔時倜) 263
최신준(崔信俊) 269
최앵봉(崔鶯鳳) 91
최억준(崔億俊) 204
최여순(崔女順) 109
최연수(崔演秀) 351

색인 439

최영구(崔永龜) 353
최영근(崔永根) 276
최영도(崔永道) 246
최영봉(崔永鳳) 353
최영수(崔榮壽) 376
최영택(崔榮澤) 253, 255
최영학(崔榮鶴) 381
최영호(崔永浩) 218
최용태(崔龍泰) 282
최용호(崔容鎬) 247
최운긍(崔芸兢) 269
최운기(崔雲起) 260
최운상(崔雲祥) 161
최원갑(崔元甲) 332
최원기(崔元基) 390
최원모(崔元模) 73
최원영(崔元永) 90
최원진(崔元珍) 253
최원탁(崔元鐸) 148
최위백(崔偉伯) 141
최윤길(崔允吉) 116
최윤약(崔允若) 218
최윤옥(崔允玉) 218
최윤중(崔潤仲) 157
최윤즙(崔允楫) 207
최은달(崔銀達) 100
최응구(崔應九) 256
최응렴(崔應廉) 212
최응선(崔應善) 185
최응신(崔應信) 180
최응주(崔應柱) 256
최응하(崔應河) 168
최응하(崔應夏) 207
최응호(崔應浩) 158
최의(崔義) 318
최의덕(崔義德, Lewis Boyd
  Tate) 53, 73, 83, 86, 335
최의선(崔義善) 155, 294
최의주(崔義周) 315
최익준(崔翊俊) 140
최익환(崔益煥) 172
최인준(崔仁俊) 120
최일형(崔鎰亨) 82, 100
최장환(崔章煥) 386
최재구(崔在九) 372
최재순(崔在淳) 191

최재훈(崔在勳) 294
최정곤(崔正坤) 185
최정범(崔正凡) 343
최정서(崔鼎瑞) 182, 297
최정엽(崔鼎燁) 78, 79, 172
최정의(崔珵義) 337
최정택(崔正澤) 149
최종관(崔宗官) 288
최종신(崔宗信) 68
최종엽(崔宗燁) 68
최종윤(崔宗崙) 387
최종철(崔鍾澈) 217
최종협(崔宗協) 139
최종호(崔宗浩) 290
최준섭(崔俊燮) 174
최준신(崔俊信) 88
최중진(崔重珍) 292, 348
최지현(崔志賢) 207
최진규(崔振奎) 121
최진모(崔鎭模) 152
최진문(崔鎭文) 222
최진백(崔鎭伯) 303
최진상(崔鎭常) 295
최진태(崔鎭泰) 106, 180, 208,
  308
최처도(崔處道) 107
최철(崔喆) 298
최치량(崔致良) 73, 125, 147,
  166, 213
최치문(崔致文) 199
최치삼(崔致三) 162
최태근(崔泰根) 267
최태륜(崔兌崙) 194
최태삼(崔太三) 157
최태진(崔泰鎭) 326
최학령(崔學令) 138
최학민(崔學敏) 280
최학삼(崔鶴三) 157, 326
최학성(崔學成) 157
최한익(崔漢翊) 198
최한창(崔漢昌) 218
최행권(崔行權) 73, 172
최행덕(崔行德) 187
최현모(崔鉉模) 213
최현보(崔賢輔) 107, 184, 187
최형신(崔亨信) 113

최훈(崔薰) 100
최흥서(崔興瑞) 121, 156, 193
최흥종(崔興琮) 175, 330
추동교회 197, 263
추마전(秋瑪田, Martin
  Trudinger) 156, 352,
  358
추봉종(秋鳳鍾) 366
추빈리교회 115
추용긍(秋鏞兢) 353
추자리교회 297
추풍령교회 173
춘화리교회 94, 213
취봉교회 282
취신학교 234
칠곡교회 70, 94, 362
칠곡군읍내교회 189
칠대리회 241
칠정리교회 222, 323
칠포교회 373
침산교회 363

ㅌ

타마자(打馬字子), John Van
  N. Talmage) 151, 199,
  225, 321, 322, 332, 339,
  340, 342
탁인한(卓仁漢) 204
탄포리교회 74, 105, 213
답현교회 110
태산교회 208, 291
태성리교회 138, 297
태을교 38, 42, 380
태을교회 380
태을리교회 103
태탄교회 95, 159, 316
태평교회 283
태평동교회 96, 101, 105
태평외리교회 80
태평통예배당 212
토교교회 206, 269, 288, 291
토당리교회 86
토성교회 279
토포리교회 306
통명리교회 161

통호리교회 93, 120, 234, 300
통화현교회 284, 285
퇴계원교회 233, 247
틴몬(Henry Loyola
　　Timmons) 348

ㅍ

파룡리교회 298
파사국 167-168
파읍교회 298
파춘교회 122, 390
판동교회 73, 74, 80, 89, 99,
　　101, 106, 114, 116, 124
판동예배당 106, 148, 155, 167
판문교회 223
팔동교회 110, 120, 161
팔동리교회 160
팔산리교회 358
팔청리교회 101
편하설(片夏薛, Charles F.
　　Bernheisel) 115, 119,
　　123, 139, 148, 152, 161,
　　163, 181, 182, 208, 296,
　　297, 298, 301
평나리교회 224
평남대리회 16, 293
평리교회 350, 370
평북노회 21, 292
평북대리회 16, 243, 259
평북전도회 124, 285
평산교회 365
평서노회 21, 389
평양남문외교회 72, 108, 155,
　　208, 253, 300, 306, 334,
　　339, 341
평양부내교회 131
평양성교회 155, 165, 177
평양성제이교회 155
평양신학교 8, 11, 249, 301
평양여전도회 242
평양여학교 102
평원군외 서창교회 297
평천교회 190, 378
평촌교회 226
포산교회 375

포산동교회 372
포와 201, 321
포항교회 356
포항리교회 395
표벌리교회 298
표익선(表益善) 162
푸랜취병원 347
풍곡리교회 254
풍기교회 368, 371
풍산교회 261, 355
풍산하리교회 369
풍양교회 252
풍전교회 118, 119
풍전리교회 119
풍정리교회 301
풍천교회 280
풍천읍지회 315
피득(彼得, Alexander A.
　　Pieters) 74, 79, 97, 146,
　　147, 153, 163, 164, 165,
　　177, 249, 250, 251, 253,
　　256
피목동교회 194
피엘 44
필립보(弼立甫, Charles L.
　　Phillips) 161, 181, 197,
　　297, 298, 306

ㅎ

하가리교회 321
하강교회 355
하건포교회 270, 290
하검대교회 299
하고읍교회 382
하교교회 178
하구리교회 313
하금산교회 314, 316
하기리교회 366
하단리교회 299, 376
하달교회 233
하대룡(河大龍) 103
하덕윤(河德允) 217
하도원(河道源) 118
하동교회 139, 190
하동군읍교회 358

하등명(河謄明) 274
하라리교회 122, 162
하락(賀樂, William James
　　Hall) 51
하령교회 173, 354, 369
하리교회 106, 114, 150, 309
하리영(河鯉泳, Robert A.
　　Hardie) 236, 237, 381
하마리아(河마리아) 371
하마호교회 284
하북동교회 135
하서평교회 266
하수동교회 369
하순봉(河順奉) 179
하순이(河順伊) 322
하승익(河勝翊) 147, 148
하안리교회 252
하영술(河永述) 225
하월렴(河越濂, W. B.
　　Harrison) 86
하웰드 매그늑 좐스튼 237
하위렴(河韋廉, William B.
　　Harrison) 152, 163, 223,
　　322, 341
하장동교회 284
하전교회 384
하주옥(河周玉) 350
하진창교회 213
하찬옥(河贊玉) 358
하창수(河昌洙) 151, 340
하헌옥(河憲玉) 350
학교리교회 138, 297, 309
학노리교회 138
학령교회 267
학리교회 143, 147
학면교회 232
학명리교회 225, 326
학석교회 107
학암교회 89, 109, 137, 186,
　　261
학장리교회 341
학천리교회 321
학현교회 163
한경연(韓敬然) 94
한경희(韓敬禧) 107, 149, 211,
　　266, 268, 285

색인 441

한계봉(韓啓奉) 207
한관국(韓寬國) 157
한관섭(韓寬涉) 227
한기원(韓基源) 362
한기원(韓基元) 363
한달순(韓達順) 315
한달신(韓達信) 105
한대엽(韓大燁) 93
한덕리(韓德履) 203
한덕리(韓悳履) 250, 253
한덕제(韓德濟) 259
한도석(韓道錫) 383
한동교회 385
한두일(韓斗逸) 149
한두형(韓斗亨) 149
한득룡(韓得龍) 111, 150, 265, 277, 392
한득룡(韓得龍) 155
한마리아(韓馬利亞) 249
한문경(韓文景) 255
한미조약 49
한백희(韓百熙) 192
한병직(韓秉稷) 81, 386
한병직(韓秉職) 149, 295, 395
한복순(韓馥淳) 167
한사숙(韓士淑) 319
한석겸(韓錫謙) 296
한석규(韓錫奎) 113, 285
한석린(韓錫獜) 302
한석조(韓錫祚) 136, 185
한석진(韓錫晉) 52, 54, 65, 66, 76, 82, 86, 91, 92, 93, 116, 125, 148, 166, 240, 241, 242, 243, 244, 252, 293, 294, 303
한석태(韓錫泰) 76
한선주(韓善周) 68
한성명(韓聖明) 183
한성학교 288
한송령(韓松齡) 111
한수량(韓秀良) 389
한수영(韓秀英) 224
한수학(韓秀學) 389
한수현(韓秀鉉) 389, 394
한승곤(韓承坤) 182, 293, 296, 297

한승렬(韓承烈) 166
한양직(韓暘直) 119
한영자전 67
한영희(韓永禧) 210
한예진(韓禮鎭) 269
한용호(韓勇浩) 358
한원칠(韓元七) 386, 395
한위렴(韓緯廉, William B. Hunt) 68, 97, 102, 105, 172, 221
한윤삼(韓允三) 117
한윤성(韓允成) 327
한은봉(韓恩奉) 88
한응범(韓應範) 206
한응석(韓應錫) 85
한응수(韓應秀) 260
한응현(韓應賢) 101
한의동(韓義東) 206
한익수(韓翊洙) 324
한인진(韓麟振) 137
한인택(韓仁澤) 169
한인필(韓仁弼) 169
한장교회 274
한재희(韓載禧) 211
한전교회 283
한전영(韓殿英) 360
한정관(韓貞寬) 135
한정규(韓正奎) 77
한정일(韓貞一) 102
한정화(韓正華) 158
한종구(韓鍾九) 339
한종현(韓宗鉉) 96
한주학(韓洙鶴) 191
한죽령(韓竹齡) 111
한준겸(韓俊謙) 280
한진소(韓辰昭) 385
한진하(韓振河) 384, 388, 392
한진화(韓辰和) 145
한천교회 65, 66, 81, 295, 297
한천회당 65
한차권(韓致權) 84, 108
한차순(韓致舜) 68, 69, 70, 73, 79, 85, 102, 229
한치익(韓致益) 69
한태교(韓台敎) 73
한태원(韓台源) 324, 330

한학렬(韓學烈) 228
한홍식(韓弘植) 134
한홍석(韓興錫) 214
한홍인(韓興仁) 391
함가륜(咸嘉倫, Clarence S. Hoffman) 6, 194
함경대회 16, 380, 394
함경선교사회 401
함령소학교 346
함문일(咸聞一) 149
함석규(咸錫奎) 262
함세형(咸世亨) 262
함안군북교회 366
함안군읍교회 215
함열(咸說) 168, 250, 255, 256
함영수(咸永洙) 363
함우용(咸禹鏞) 145
함우택(咸遇澤) 253
함일학교 159
함찬몽(咸纘蒙) 88
함찬원(咸贊元) 211
함태영(咸台永) 6, 12, 15, 16, 17, 18, 20, 22, 255
함흥군읍교회 83, 108, 127, 235, 381
합동공의회 133, 146, 153, 163
합동공의회시대 133
항내교회 385
항내동교회 78
항서교회 184
해남읍내교회 341
해삼위교회 390
해창교회 316
해창동교회 113
행주교회 86
향교리교회 340
허간(許侃) 103
허경신(許敬信) 280
허경지(許敬旨) 134
허계로(許啓魯) 187
허기서(許基瑞) 171
허대전(許大殿, J. Gordon Holdcroft) 177, 299, 302, 304, 305, 307
허득(許得) 103
허봉현(許奉賢) 178

허븐(許粉) 179
허선홍(許善弘) 169
허섭(許燮) 148, 181, 209
허성오(許性午) 328
허승원(許承源) 211
허원삼(許元三) 122
허윤홍(許允弘) 169
허응숙(許應淑) 222
허인섭(許仁燮) 171, 381, 386
허일(許鎰) 351
허일(許逸) 354
허일(許一, Harry James Hill) 115
허정(許鼎) 264
허제(許濟, Jesse Watson Hirst) 선교사 146, 177
허준규(許俊奎) 324
허중현(許仲賢) 160
허춘섭(許春燮) 171
허탁(許鐸) 134
허평(許坪) 134
허학서(許學瑞) 178
허화서(許化西) 178
허화준(許華俊) 322
헌문교회 190
현경반(玄敬盤) 105
현기윤(玄基允) 398
현봉주(玄鳳周) 106
현산교회 344
현수익(玄壽益) 364
현암교회 96
현의렴(玄義濂) 298
협성학교 131
협천군읍내교회 183
형제정교회 208
혜론(惠論, John W. Heron) 49, 72
호만성(胡萬成) 238
호북교회 185
호와교회 160, 179, 206, 282
호예교회 194
호천포교회 389
혼춘성내교회 389
홀동교회 304
홀루루교회 266
홍갑길(洪甲吉) 117

홍금택(洪今澤) 112
홍기진(洪基鎭) 381
홍도해(洪道海) 194
홍문동교회 165, 247
홍문동예배당 247
홍문룡(洪文龍) 112
홍범조(洪範祚) 143
홍봉식(洪鳳植) 115
홍봉주(洪鳳周) 45
홍서주(洪敍疇) 260
홍석륜(洪錫倫) 261
홍석범(洪錫範) 174
홍석봉(洪頎奉) 111
홍성서(洪戍西) 102
홍성서(洪聖瑞) 164, 254
홍성서(洪性瑞) 253, 312
홍성익(洪成益) 280
홍성준(洪聖濬) 106-107
홍성화(洪聖化) 87, 254
홍수길(洪秀吉) 80
홍순국(洪淳國) 123, 144, 159, 227, 390
홍순권(洪享權) 210
홍순기(洪享冀) 326
홍순흥(洪享興) 223, 342
홍승주(洪承疇) 264
홍승태(洪承台) 184
홍승한(洪承漢) 112, 186, 261, 272
홍신길(洪信吉) 80, 106
홍신부(洪神父, J. Wilhelm) 129
홍신애(洪信愛) 87
홍양리교회 320
홍양천(洪陽天) 169
홍여장(洪女章) 164
홍영범(洪永範) 70, 95
홍우종(洪祐鍾) 175
홍원읍교회 145
홍익명(洪翊明) 114, 302
홍인원(洪二元) 193, 344
홍일표(洪一杓) 398
홍일하(洪日河) 280
홍재기(洪在箕) 176
홍재동(洪在東) 372
홍재삼(洪在三) 372

홍재선(洪在善) 159
홍재우(洪在祐) 392
홍정익(洪貞益) 112
홍정후(洪正厚) 54
홍종두(洪鍾斗) 208
홍종익(洪鍾翌) 179
홍종익(洪鍾翊) 193, 344
홍종찬(洪鍾瓚) 141
홍종필(洪鍾弼) 11, 344
홍청여(洪淸汝) 92
홍촌교회 82
홍치렴(洪致濂) 138
홍택린(洪澤獜) 275
홍풍성(洪豊盛) 81, 304
화개동교회 376
화동리교회 167
화룡현교회 397
화림리교회 308
화산교회 357
화산리교회 192, 216, 254
화수재 372
화순군읍교회 322, 339
화오리교회 213
화전교회 165
화죽교회 206
화창면교회 277
화천교회 372, 374
화천리교회 99
화탄교회 261, 287
화태교회 392
화합교회 206
황경선(黃敬善) 142, 217, 356, 362, 373
황계년(黃啓年) 340
황국보(黃菊保) 99, 137
황국일(黃菊逸) 99
황금정교회 170, 233
황기연(黃耆淵) 251
황기전(黃基典) 99
황기혁(黃基爀) 222
황벌교회 295, 307
황대봉(黃大鳳) 375
황덕영(黃德永) 102
황룡리교회 162
황리서재 324
황면리교회 165

색 인 443

황명숙(黃明淑) 357
황명호(黃明浩) 252
황몽헌(黃夢憲) 185
황병길(黃炳吉) 389
황보익(黃保翊) 343
황보흠(黃堡欽) 368
황봉규(黃鳳奎) 108
황봉삼(黃奉三) 332
황사건(黃思鍵) 135
황사선(黃思善) 135
황사성(黃思聖) 88, 111, 135
황석홍(黃錫弘) 99
황영규(黃永奎) 373
황용규(黃龍奎) 312
황용기(黃鏞基) 104
황운기(黃雲起) 88, 286
황원곤(黃元坤) 185
황원석(黃原錫) 371
황은성(黃恩聖) 269
황인성(黃寅晟) 68, 102, 316
황재삼(黃在三) 223
황정규(黃正九) 315
황주선(黃周善) 217
황주읍교회 229, 232
황준국(黃濬國) 155, 254, 306
황준권(黃準權) 319
황춘근(黃春根) 86
황치욱(黃致郁) 139
황태백(黃泰白) 374
황태일(黃泰一) 207
황택룡(黃澤龍) 283
황학교회 189
황학빈(黃鶴彬) 383
황학인(黃學仁) 252
황한섭(黃漢涉) 213
황한주(黃漢柱) 95
황해대리회 16, 311
황헌백(黃憲白) 374
황호리(黃好理 [黃忽], Harry
    C. Whiting) 163, 221
황화정교회 319
황희연(黃喜淵) 192
회령군읍교회 383
회유리교회 138
회전교회 385
회화리교회 164

횡산교회 262
효갈동교회 367
후독교회 327
흑교리교회 299
혼희동교회 209
흘무곡교회 375
흘법(屹法, Homer B. Helbert)
    50, 57, 205
홍동교회 302
홍명야학교 393
홍안교회 353
홍주동교회 270
홍판동교회 278
홍해교회 191, 373
홍화학교 378, 379

《선교사 영어명》

A

Adams, James
    Edward(안의와, 安義窩)
    7, 75, 141, 142, 189, 190,
    191, 217, 218, 351, 363,
    368
Adamson, Andrew(손안로,
    孫安路) 67, 94, 140, 183,
    195, 216, 351, 352, 353,
    357, 358, 359, 366
Allen, Horace Newton(안련,
    安連) 49, 50, 132
Anderson, Wallace
    Jay(안대선, 安大善) 249
Andrew, Harry(노해리,
    盧魯)解理) 171, 194, 284
Appenzeller, Henry
    G.(아펜설라, 亞扁薛羅)
    49, 51
Avison, Oliver R.(어비신,
    魚丕信) 72, 130, 247

B

Baird, William
    Martyne(배위량, 裵偉良)
    53, 67, 72, 82, 87, 88, 89,
    115, 148, 167, 181
Barker, A. H.(박걸, 朴傑) 227,
    228, 385, 389, 394, 395,
    396, 397, 398, 399
Becker, Arthur L.(백아덕,
    白雅德) 161
Bell, Eugene(배유지, 裵裕祉)
    86, 103, 110, 122, 143,
    151, 152, 162, 163, 174,
    175, 198, 199, 200, 201,
    225, 322, 324, 329, 330,
    331, 335
Bernheisel, Charles
    F.(편하설, 片夏薛) 115,
    119, 123, 139, 148, 152,
    161, 163, 181, 182, 208,
    296, 297, 298, 301
Best, Margaret(배귀례,
    裵歸禮) 97
Bethell, Ernest T.(배설, 裵說)
    94
Biggar, Meta Louise(백미다,
    白美多) 348
Blair, Herbert E.(방혜법,
    邦惠法) 148, 150, 171,
    177, 194, 212, 265, 266,
    268, 271, 274, 277, 283
Blair, William N.(방위량,
    邦緯良) 120, 146, 155,
    181, 197
Bruen, Henry Munro(전해리,
    傅海利) 111, 121, 141,
    142, 153, 156, 170, 188,
    189, 190, 218, 219, 220,
    351, 354, 356, 357, 370,
    373
Bull, William Ford(부위렴,
    夫偉廉) 111, 121
Burdick, George M.(변조진,
    邊兆鎭) 165, 177

C

Cairns, Alistair G.(계인수,
    桂仁秀) 207, 265
Chaffin, Victor D.(채비득,
    蔡丕得) 254
Chastan, J. H.(샤야 스톤) 44
Clark, Charles Allen(곽안련,
    郭安連) 6, 7, 153, 163,
    165, 177, 203, 205, 246,
    247, 249, 250, 251, 253,
    255
Coen, Roscoe C.(고언, 高彦)
    250, 252, 256
Coit, Robert
    Thornwell(고라복,
    高羅福) 321, 323, 325,
    330, 337, 343, 347
Crane, John Curtis(구례인,
    具禮二) 226, 343, 348
Crothers, John
    Young(권찬영, 權燦永)
    10, 220, 368
Cunningham, Frank
    W.(권암함, 權任咸) 351,
    352
Currell, Hugh(거열휴, 巨烈烋)
    184, 358, 359, 366

D

Davies, J. Henry(떼비이스)
    52, 56
Davis, Linnie(데비느) 53
Dodson, Samuel K.(도대선,
    都大善) 151, 162, 225,
    322, 324, 330, 331, 332,
    339, 340, 342
Drew, A. Damer(유대모,
    柳大模) 121, 193

E

Earle, A. M.(어아력, 魚亞力)
    193
Enger, George O.(왕길지,
    王吉志) 5, 6, 7, 8, 9, 10,
    11, 22, 123, 140, 163, 182,
    183, 214, 215, 351, 352,
    359, 360, 364, 370, 376
Erdman, Walter C.(어도만,
    魚塗萬) 121, 189, 190,
    219, 220, 221, 350, 360,
    362, 364, 369

F

Foote, William R.(부두일,
    富斗一) 84, 97, 104, 227,
    381, 385, 391, 396, 397

G

Gale, James Scarth(기일,
    奇一) 51, 52, 53, 56, 67,
    84, 176, 242, 243, 267
Genso, John F.(김소, 金昭)

색 인 445

250
Gifford, Daniel L.(기보, 奇普) 51, 123
Gillett, Philip L.(길례태, 吉禮泰) 176
Grierson, Robert G.(구례선, 具禮善) 104, 123, 145, 153, 158, 159, 172, 227, 384, 385, 387, 388, 390, 393

Ⓗ

Hall, William James(하락, 賀樂) 51
Hardie, Robert A.(하리영, 河鯉泳) 236, 237, 381
Harrison, William B.(하위렴, 河緯廉) 86, 152, 163, 223, 322, 341
Helbert, Homer B.(흘법, 屹法) 50, 57, 205
Heron, John W.(혜론, 惠論) 49, 72
Hill, Harry James(허일, 許一) 115
Hirst, Jesse Watson(허제, 許濟) 146, 177
Hoffman, Clarence S.(함가륜, 咸嘉倫) 6, 194
Holdcroft, J. Gordon(허대전, 許大殿) 177, 299, 302, 304, 305, 307
Hopper, Joseph(조하파, 趙夏播) 226, 326, 339, 341
Hunt, William B.(한위렴, 韓緯廉) 68, 97, 102, 105, 172, 221

Ⓘ

Imbert, L. M. J.(쪼셉 암벌) 44
Irvin, Charles H.(어을빈, 魚乙彬) 107

Ⓙ

Jones, George Heber(조원시, 趙元始) 51
Junckin, William M.(전위렴, 全緯廉) 53, 73, 75, 83, 87, 121, 143, 157, 193, 201, 321

Ⓚ

Kagin, Edwin H.(계군, 桂君) 173, 248
Kerr, William C.(공위량, 孔韋亮) 6, 221
Knox, Robert(노라복, 魯羅福) 323, 336, 339, 340, 341
Koons, Edwin Wade(군예빈, 君芮彬) 68, 163, 202, 221, 249, 251

Ⓛ

Leck, George(나초주, 羅楚礎柱) 111, 123
Lee, Graham(이길함, 李吉咸) 53, 68, 69, 77, 79, 81, 82, 87, 90, 93, 100, 106, 116, 117, 126, 148, 167, 172, 180, 181, 208, 209, 237, 240, 242, 296, 299, 301, 302, 307

Ⓜ

MacDonald, Donald A.(매도날, 梅道捺) 84, 393, 395
MacIntyre, John(매켄다일, 馬勒泰) 47, 71
MacKay, Robert Peter(마가이) 236
MacRae, Frederick John Learmonth(맹호은, 孟浩恩) 360
Mansfield, Thomas D.(만수필, 萬壽弼) 395
Maubant, P. P.(모관) 27, 29, 44
McCallie, Henry Douglas(맹현리, 孟顯理) 152, 226, 322, 325, 326, 332, 333, 335, 341, 342
McCune, George S.(윤산온, 尹山溫) 100, 116, 148, 167, 180, 181, 209, 295, 307
McCutchen, Luther O.(마로덕, 馬路德) 143, 153, 157, 191, 192, 223, 224, 334
McFarland, Edwin Frost(맹의와, 孟義窩) 149, 177, 188, 219, 350, 351, 356, 357
McKenzie, James Noble(매견시, 梅見施) 349, 360, 379
Mckenzie, William John(김세, 金世) 73
McMillan, Kate(맹미란, 孟美蘭) 146, 235
McRae, Duncan Murdoch(마구례, 馬具(求)禮) 103, 104, 122, 123, 145, 157, 158, 227, 382
Menzies, Isabella B.(맨지쓰, 閔氏) 139, 376
Meyers, Ronald Roy(마로득, 馬路得) 318, 319, 320, 321, 327, 328, 334
Miller, Edward Hughes(밀의두, 密義斗) 146, 250, 254
Miller, Frederick Scheiblin(민노아, 閔老雅) 53, 74, 80, 146, 163, 247, 248, 254, 296
Miller, Hugh(민휴, 閔休) 302, 249
Moffett, Samuel

Austin(미포삼열,
馬布三悅) 6, 51, 52, 53,
65, 66, 68, 69, 71, 73, 75,
76, 77, 80, 81, 87, 89, 91,
92, 93, 99, 110, 114, 115,
116, 117, 118, 120, 139,
160, 166, 167, 177, 182,
197, 201, 228, 240, 294,
298, 301
Möllendorff, Paul Georg
von(목인덕, 穆仁德) 48
Moore, John Z.(문약한,
文約翰) 96, 165
Moore, Samuel F.(모삼열,
牟三列) 53, 65, 247, 249,
251
Mowry, Eli M.(모의리,
牟義理) 116, 167, 209
Murphy, Thomas
Davidson(민도마,
閔道磨(馬)) 323, 336,
340, 341

N

Newland, LeRoy
Tate(남대리, 南大理)
122, 162, 200, 321, 323,
330, 332, 336, 339, 340
Nisbet, John Samuel(유서백,
柳西伯) 323, 326, 336,
340, 341
Noble, William
Arthur(노보을, 魯普乙)
96

O

Owen, Clement C.(오기원,
吳基元) 103, 104, 111,
123, 143, 152, 162, 163,
174, 175, 198, 199, 226,
322, 323, 324, 326, 329,
330, 331, 332, 339

P

Paisley, James I.(이아각,
李雅各) 330
Phillips, Charles L.(필립보,
弼立甫) 161, 181, 197,
297, 298, 306
Pieters, Alexander A.(피득,
彼得) 74, 79, 97, 146, 147,
153, 163, 164, 165, 177,
249, 250, 251, 253, 256
Pratt, Charles Henry(안채륜,
安彩倫) 226, 343, 348
Preston, John
Fairman(변약한, 邊約翰)
152, 162, 163, 200, 225,
321, 323, 325, 328, 333,
336, 342, 347
Proctor, Samuel J.(부록도,
富祿道) 385

R

Renich, Edwin A.(연위득,
延威得) 360, 367
Reynolds, William D.(이눌서,
李訥瑞) 6, 53, 64, 73, 146,
242, 244, 328
Robb, Alexander F.(업아력,
鄴亞力) 6, 84, 146, 159,
194, 227, 228, 236, 237,
380, 382, 390
Robb, Jemmie B.(업지내,
鄴智乃) 163
Rogers, Mary M.(남존경,
南尊敬) 385
Ross, A. Russell(노아력,
魯亞力) 145, 384, 385
Ross, Cyril(노세영, 盧世永)
97, 107, 140, 187, 265
Ross, John(로스 요한, 羅約翰)
48, 49, 54, 71, 137
Ryall, D. M.(나대벽, 羅大闢)
86

S

Samuel, Jane(삼열, 三悅) 153
Scott, William(서고도,
徐高道) 385, 395
Scranton, William B.(시란돈,
施蘭敦) 51, 154
Sharp, Charles
Edwin(사우업, 史佑業)
123, 221
Sharrocks, Alfred M.(사악수,
謝樂秀) 111, 243, 244
Sidebotham, Richard
H.(사보담, 史保淡) 168,
184, 214
Smith, Walter
Everett(심익순, 沈翊舜)
140, 153, 168, 182, 183,
184, 214, 215, 216, 353,
354, 358, 359-360
Swallen, William L.(소안론,
蘇安論) 53, 67, 68, 83, 96,
104, 105, 115, 122, 127,
133, 155, 166, 212, 300,
304, 305
Swearer, Wilbur C.(서원보,
徐元甫) 163

T

Talmage, John Van
N.(타마자, 打馬字(子))
151, 199, 225, 321, 322,
332, 339, 340, 342
Tate, Lewis Boyd(최의덕,
崔義德) 53, 73, 83, 86,
335
Tate, Mattie S.(최(崔)매리)
53
Tate, Mattie Samuel(최부인,
崔夫人) 53, 86
Thomas, Robert
Jermain(도마스) 47
Timmons, Henry
Loyola(틴몬) 348
Toms, John U.

Selwyn(도서원, 都瑞元) 147, 252, 254, 256
Trudinger, Martin(추마전, 秋瑪田) 156, 352, 358

U

Underwood, Horace G.(원두우, 元杜尤) 48, 49, 50, 51, 52, 53, 55, 56, 70, 72, 74, 86, 91, 99, 102, 104, 130, 134, 135, 164, 176, 178, 201, 202, 205, 206, 241, 242, 245, 246, 247, 251, 252, 254, 255, 256, 258
Unger, James Kelly(원가리, 元佳理) 322, 339

V

Vinton, C. C.(빈돈, 賓頓) 53

W

Welbon, Arthur G.(오월번, 吳越藩) 115, 123, 165, 221, 353, 361, 367, 371
Whiting, Harry C.(황호리, 黃好理) 221
Whiting, Harry C.(황홀, 黃忽) 163
Whittermore, Norman C.(위대모, 魏大模) 86, 87, 97, 98, 108, 136, 137, 168, 186, 275, 280
Wilhelm, J.(홍신부, 洪神父) 129
Wilson, Robert Manton(우월순, 禹越淳) 322
Winn, George H.(위철치, 魏喆治) 156
Winn, Rodger Earl(인노절, 印魯節) 373

Y

Young, Lither Lisger(영재형, 榮在馨) 227, 382, 386, 391

박용규 교수의 저서와 역서 소개

◆ 저서

- 한국장로교사상사. 총신대학교 출판부, 1992.
- 초대교회사. 총신대학교 출판부, 1994, 한국기독교사연구소, 2016.
- 근대교회사. 총신대학교 출판부, 1995, 한국기독교사연구소, 2016.
- 죽산 박형룡 박사의 생애와 사상. 총신대학교 출판부, 1996.
- 한국교회를 깨운 복음주의 운동. 두란노, 1998.
- 한국교회를 깨운다. 생명의 말씀사, 1998.
- 평양대부흥운동. 생명의 말씀사, 2000.
- 한국기독교회사 1권 1784-1910, 2권. 1910-1960, 한국기독교사연구소, 2016.
- 평양대부흥이야기. 생명의 말씀사, 2005.
- 평양산정현교회. 생명의 말씀사, 2006.
- 제주기독교회사. 생명의 말씀사, 2008, 한국기독교사연구소, 2017.
- 부흥의 현장을 가다. 생명의 말씀사, 2008.
- 안산동산교회이야기. 큰숲, 2009.
- 강규찬과 평양산정현교회. 한국기독교사연구소, 2012.
- 사랑의교회 이야기. 생명의 말씀사, 2012.
- 세계부흥운동사. 생명의 말씀사, 2014(수정판, 한국기독교사연구소, 2016).
- 한국기독교회사 3권. 1960-2010, 한국기독교사연구소, 2018.

◆ 공저

- 이 땅 부흥케 하소서. 총신대학교 출판부, 2005.
- 총신대학교 100년사. 총신대학교, 2002.
- 장로교 총회 100년사. 예장총회, 2006.
- 선교책무. 생명의 말씀사, 2011.
- *Accountability in Missions. Eugene*: Wipf&Stock, 2011.
- 총회 100년, 한국장로교회 회고와 전망, 한국기독교사연구소, 2014.

◆ 번역서

- Noll, Hatch. Woodbridge. 기독교와 미국. 총신대학교 출판부, 1992.
- John D. Woodbridge. 인물로 본 기독교회사 상 하. 도서출판 횃불, 1993.
- David Wells, ed. 미국개혁주의신학. 엠마오, 1993, 한국기독교사연구소, 2017.
- Charles Allen Clark. 한국교회와 네비우스 선교정책. 기독교서회, 1994.
- Peter Toon. 가톨릭, 개신교와 무엇이 다른가. 도서출판 솔로몬, 1995.
- George M. Marsden. 근본주의와 미국문화. 생명의 말씀사, 1997.
- John D. Woodbridge. ed. 세속에 물들지 않는 영성. 생명의 말씀사, 2004.

한국기독교사연구소(The Korea Institute of Christian History)는 비영리단체로서 복음주의적이고 개혁주의적인 신앙에 입각하여 한국교회사 전반에 대한 역사, 문화, 출판 사업을 통해 역사의식을 고취하고, 이 시대 복음의 대사회적 문화적 민족적 책임을 충실하게 감당하여 한국교회와 사회 전 영역에 그리스도의 주관을 확립하는 것을 그 목적으로 1997년 7월 14일 창립하였다.

2004년부터 정기학술세미나를 개최하고 있으며, 2013년 4월까지 57차 정기학술세미나 및 심포지엄을 가졌다. 평양대부흥운동과 한국기독교회사 1,2권을 비롯해 많은 저술을 발행했으며, 홈페이지 www.1907revival.com 과 www.kich.org 를 통해 평양대부흥운동, 세계부흥운동, 한국교회의 정체성과 이슈를 포함하여 기독교회사에 대한 심도 있고 균형 잡힌 정보를 제공하고 있다.

주소 : 121-897 서울 마포구 합정동 376-32
전화 : 070-8235-1963, (02) 3141-1964
이메일 : kich-seoul@hanmail.net
홈페이지 : www.kich.org / www.1907revival.com
후원계좌 : 국민은행 165-21-0030-176 (예금주: 한국교회사연구소)
　　　　　　우체국 104984-01-000223 (예금주: 한국교회사연구소)